中国证券市场发展前沿问题研究

(2009)

中国证券业协会　编

中国财政经济出版社

图书在版编目（CIP）数据

中国证券市场发展前沿问题研究．2009/中国证券业协会编．—北京：中国财政经济出版社，2010.5

ISBN 978－7－5095－2180－9

Ⅰ．中…　Ⅱ．中…　Ⅲ．证券交易－资本市场－研究－中国－2009　Ⅳ．F832.51

中国版本图书馆CIP数据核字（2010）第065189号

责任编辑：付克华　　　　责任校对：王　英

封面设计：郁　佳　　　　版式设计：王　荣

中国财政经济出版社出版

URL：http：//www.cfeph.cn

E－mail：cfeph@cfeph.cn

社址：北京市海淀区阜成路甲28号　邮政编码：100142

发行处电话：88190406　财经书店电话：64033436

北京财经印刷厂印刷　　各地新华书店经销

787×1092毫米　16开　40.75印张　852 000字

2010年5月第1版　2010年5月北京第1次印刷

定价：85.00元

ISBN 978－7－5095－2180－9/F·1728

（图书出现印装问题，本社负责调换）

本社质量投诉电话：010－88190744

中国证券市场发展前沿问题研究

（2009）

中国证券业协会2009年度科研课题研究成果

评审专家委员会

主　任：

黄湘平	中国证券业协会	会长

副主任：

陈自强	中国证券业协会	副会长兼秘书长
钟蓉萨	中国证券业协会	副秘书长

（以下排名不分先后顺序）

一、初评专家（共21人）

赵山忠	中国证监会机构部综合处	处长
杨　烈	中国证监会机构部二处	处长
李宇白	中国证监会机构部三处	副处长
李至斌	中国证监会风险办综合处	处长
洪　磊	中国证监会基金监管部	副主任
汤进喜	中国证监会基金部一处	处长
林海中	中国证监会基金部五处	处长
朱树山	中国证监会市场部统计评价处	处长
高　莉	中国证监会上市监管部综合处	副处长
孙念瑞	中国证监会协调部综合处	处长
胡汝银	上海证券交易所研究中心	主任
林勇峰	上海证券交易所公司管理部	副总监
金立杨	深圳证券交易所综合研究所	所长
文　华	深圳证券交易所投资者教育办公室	副主任
何诚颖	国信证券股份有限公司	总裁助理

陈晓升	申银万国证券研究所有限公司	总经理
夏杰长	中国社科院财政与贸易经济研究所	主任
邹民生	上海证券报	首席编辑
潘志坚	中国证券业协会发展战略工作委员会	主任
袁　熙	中国证券业协会投资者教育办公室	主任
王晓国	中国证券业协会发展战略工作委员会	副主任

二、终审专家（共35人）

黄红元	中国证监会机构监管部	主任
聂庆平	中国证监会机构监管部	巡视员
杨　华	中国证监会上市监管部	主任
欧阳泽华	中国证监会上市监管部	副主任
吴　清	中国证监会基金监管部	主任
祁　斌	中国证监会研究中心	主任
崔　伟	中国证监会协调部	副主任
王东明	中信证券股份有限公司	董事长
王开国	海通证券股份有限公司	董事长
王益民	东方证券股份有限公司	董事长
冯国荣	申银万国证券股份有限公司	总裁
何　如	国信证券股份有限公司	董事长
杨　鹓	招商证券股份有限公司	总裁
陈　耿	国泰君安证券股份有限公司	总裁
徐浩明	光大证券股份有限公司	总裁
李建勇	广发证券股份有限公司	总裁
马庆泉	广发基金管理有限公司	董事长
高良玉	南方基金管理有限公司	总经理
赵学军	嘉实基金管理有限公司	总经理
张长虹	上海万国测评咨询有限公司	董事长
林义相	天相投资顾问有限公司	董事长
钱　卫	中银国际证券有限责任公司	总裁

李格平	长江证券股份有限公司	总裁
宋丽萍	深圳证券交易所	总经理
万杜娟	上海证券交易所	副总经理
陈共炎	中国证券投资者保护基金公司	董事长
刘肃毅	中国证券登记结算有限公司	副总经理
何德旭	中国社科院数量经济与技术经济研究所	党委书记
徐　忠	中国人民银行研究局《金融研究》编辑部	主任
廖　理	清华大学经济管理学院	副院长
陈自强	中国证券业协会	副会长兼秘书长
周阿满	中国证券业协会	副秘书长
钟蓉萨	中国证券业协会	副秘书长
潘志坚	中国证券业协会发展委	主任
王晓国	中国证券业协会发展委	副主任

黄湘平会长在中国证券业协会科研课题研究成果年度颁奖大会暨证券研究规范化研讨会上的讲话

（代序）

（2009 年 4 月 22 日）

各位代表：

上午好！

首先，我代表中国证券业协会，向在 2008 年度中国证券业协会科研课题研究成果评审中获奖的 35 个报送单位、214 名研究人员和 3 个最佳组织奖单位表示最热烈的祝贺！向在 2008 年度中国证券业协会科研课题研究成果评审中，付出辛勤劳动的初评委员会和复评委员会的各位专家表示最诚挚的感谢！同时，还要感谢关心和支持中国证券业协会科研课题研究工作的会员单位和有关部门，有了您们的共同努力，中国证券业协会科研课题研究工作实现了较快发展。

中国证券业协会科研课题研究工作是证券行业的一件大事。我们每年都要召开专题会议，总结上年度科研课题研究工作，表彰获奖研究人员和报送单位，交流工作经验和研究成果，研究部署本年度科研课题研究工作。今天这个会议是在国际金融危机仍未见底，我国资本市场面临复杂多变的内外部环境的形势下召开的。

借此机会，我想就证券行业研究工作谈几点看法，供大家讨论。

一、不断提高证券研究的现实生产力

我国证券研究与证券市场相伴而生，随市场发展成长壮大。在市场发展初期，公众既没有投资经验，又缺乏证券资讯，证券投资咨询服务应运而生，业余咨询人员转变为职业股评人士。沪深交易所成立后，深圳新兰德等专业投资咨询机构，通过整理个股资讯，依据技术分析，为投资者提供个股资讯和买卖建议，形成一个独立的证券投资咨询行业。1996 年君安证券开始对与自营业务紧密结合的行业公司研究，1997 年华夏证券设立专门研究部门，从事宏观经济、行业分析和上市公司研究，为机构投资者提供研究报告，为投资银行、自营、资产管理业务提供研究支持。近年来，随着我国证券市场的规范发展和证券投资咨询业务制度的建立，一批证券公司、投资咨询公司、基金公司、保险机构、QFII 等机构组建了专业研究队伍，证券投资咨询业务的市场角色日趋清晰，发布研究报告和投资顾问服务等业务模式初现轮廓，形成了一定的现实生产力，已经成为资本市场不可或缺的重要组成部分。具体表现在：

（一）加速传递证券信息，提高资本市场效率。目前 78 家证券公司设立了研究部门，研究人员超过了 2000 人，年发布研究报告 20 多万篇。机构投资者通过支付证券交易佣金以及购买研究服务等方式取得研究报告，在此基础上调整市场预期，形成投资策略，配置资产类别；权威研究报告，依靠市场势力，加上机构销售和证券经纪人的人性化网络化传播，迅速在市场上减少不对称信息，通过羊群行为，促进市场快速发现资产价格，提高市场的有效性。当今基金经理经常感叹，市场上的信息传播已经到了用秒计算的地步，正是反映证券市场的这种信息传递和价格反应的速度。

（二）促进证券服务深化，提升证券公司核心竞争力。华尔街以拥有明星分析师为荣，谁拥有最具话语权的分析师，谁就更有可能博得投融资需求的青睐。拥有研究品牌的证券公司，不仅能够取得销售研究报告的收入，使得研究业务从成本中心转变为创收业务；而且能够依靠证券研究品牌的市场势力，扩大机构投资者佣金分配份额。同时，结合经纪业务，促进证券服务深化，加强投资顾问的后台支持，提高服务的附加值，通过差异化、个性化服务扩大中小投资者佣金收入的市场占比，提升证券公司核心竞争力。

（三）提供个性化投资策略，形成中小投资者的生产力。个人投资者不可能花大量的时间阅读研究报告，也没有足够的专业能力解读研究报告。证券投资咨询机构从中小投资者的投资期限和风险偏好出发，在研究报告的基础上量身定做获取最大投资收益的方法和路径，发挥投资者教育功能，增进其投资知识和投资技能，促进其理性投资，满足中小投资者通过资本市场实现财富保值增值的需求。

二、科学把握当前证券研究的工作重点

在看到证券研究形成现实生产力的同时，我们要清醒地认识到证券研究的供给与需求脱节、制度供给滞后、监管机制不适应的矛盾还很突出。主要表现在：中小投资者的咨询服务需求没有得到有效满足，仅极少数咨询公司开始探索投资顾问业务，证券公司普遍缺乏针对中小投资者的咨询顾问服务；证券研究整体水平还有待提高，证券研究的市场定价功能未能得到充分发挥，对2008年市场的大幅调整存在集体失语现象；证券研究业务规范欠缺，证券公司研究部门独立性有待提高，证券研究业务与其他业务利益冲突还缺乏有效防范。近期，要集中解决好证券研究的针对性，科学把握当前证券研究的重点难点问题。

2009年是进入新世纪以来我国经济发展最为困难的一年，我们正面临前所未有的困难和挑战。国际金融危机仍未见底、还在蔓延，美国正在并将继续改变过度消费、储蓄不足的发展模式，通过“去资产化”修正消费者、企业和国家的三张资产负债表，实现国民经济的“去杠杆化”，导致总需求萎缩，全球通货紧缩趋势明显，国际市场需求骤减，贸易保护主义抬头，世界经济环境更加严峻，不确定因素明显增多。所有这些对出口导向型的中国经济带来了较大冲击，经济增速持续下滑已经成为影响全局的主要矛盾，高储蓄、低消费的发展模式已经成为矛盾的主要方面。目前，资本市场基本涵盖了各行业的龙头企业，与国民经济的关联度日益提高，国民经济保增长的压力不断在股市得到显现，资产价格稳定面临前所未有的困难，投资者、上市公司资产保值的愿望十分强烈；证券行业通过承担风险和管理风险获取风险收益的难度加大，感染风险的可能性和不确定性很大；中央政

府防止市场大幅波动的压力已经摆在眼前，价值分析、价格发现、风险识别和风险处置成为市场主体的内在需求和各方的关注焦点，深入研究资本市场的热点难点问题的呼声、动力和价值更加突出。

（一）准确把握证券研究的市场需求。近年来开展的股权分置改革、提高上市公司质量、实施证券公司综合治理、发展壮大机构投资者以及完善资本市场法制等综合改革，解决了各类股票的流动性，强化了上市公司各类股东的共同利益基础，改善了市场基础产品的整体质量和结构，充实了市场稳定运行的长期资金，完善了投资者合法权益的保护、市场公平公开公正运行和防患系统风险的法律制度。但是，我国资本市场“新兴加转轨”的基本特征没有改变，全面资本预算管理制度尚未推行，外部市场定价变动时常引起国内市场预期的放量调整，资本约束和价格约束还不到位，内在的稳定机制还不健全，市场大幅波动仍是当前资本市场的主要矛盾，基础性制度薄弱突出成为矛盾的主要方面，反映到投资者、上市公司、中介机构和宏观经济身上表现为不同的利益诉求和化解途径。

各市场主体一方面承担的前期市场大幅调整风险不再含糊，风险较大和期限较长是必须面对的现实；另一方面，全球正在实施的宽松货币政策和积极财政政策，导致通货膨胀的预期正在形成，经济“滞胀”的隐忧依然存在。需要依靠价值分析，形成正确的市场预期，以便投资者全面评估持久收入，调整心理账户，平衡储蓄和消费；上市公司仔细度量风险损失、要素价格和劳动生产率，近期解决好提足风险准备、处置风险，长期修正资本结构、化解风险；证券公司分析靠天吃饭盈利模式可持续发展的不确定性，基金管理公司研判股票型基金、QDII 业务的持有人大额赎回的不确定性，调整发展预期，加强成本控制，平衡业务结构；诊断宏观经济周期，决定反周期的政策措施。

（二）科学确定证券研究的选题。纵观各方的研究需求，价值分析和价格发现既是研究的起点，决定风险识别和风险处置的前提；又是研究的难点，需要理论创新和方法创新。价值分析和价格发现既是选题的重中之重，决定整个研究工作的成败；又是选题的焦点和热点，关系着各方的利益分配。这就要求各研究机构，加强价值分析和价格发现的应用理论研究，结合前期研究基础和研究优势，按照价值分析、价格发现、计量风险、定价风险和分配风险的路线确定研究选题。

2009年要重点研究以下问题：一是及时跟踪国际金融危机发展动态，加强危机演变趋势、传导路径、传导机制和应对策略研究。二是加强宏观调控政策研究，包括货币政策、财政政策、产业政策调整对资产价格的影响研究，资本市场传导当前经济政策的路径研究，资产价格波动对金融市场、实体经济影响程度和路径研究，资本市场创新促进消费研究。三是加强资本市场的稳定发展研究，包括资本市场系统风险预警技术研究，当前经济政策对直接融资挤出效应的研究，资本市场稳定的政策工具研究，资本市场改革路径研究。四是加强对证券行业改革开放和创新发展研究，包括证券行业压力测试研究，合格投资者制度研究，长期激励机制研究，分类监管政策体系研究。

三、逐步规范证券研究工作的制度机制

在有效满足证券研究市场需求的同时，要把证券研究的规范化摆在更加突出的地位。中国证监会高度重视证券研究的基础性制度建设，从1997年开始，先后颁布了《证券、期货投资咨询管理暂行办法》、《关于加强证券期货信息传播管理的若干规定》、《关于规范面向公众开展的证券投资咨询业务行为若干问题的通知》、《会员制证券投资咨询业务管理暂行规定》、《关于规范证券投资咨询机构和广播电视证券节目的通知》等法律法规，规范与证券投资咨询有关的咨询主体、市场准入、业务范围、基本义务和监管安排。中国证券业协会制定了《中国证券业协会证券分析师职业道德守则》和《关于加强会员制证券投资咨询业务自律管理的通知》等自律规范。但是，随着证券投资咨询业务的发展，基本业务的法律地位不明确，相应的业务规范空白，监管机制不适应，要求加快证券研究的基础性制度建设。

（一）完善证券研究基本业务的法律制度。现行的《证券、期货投资咨询管理暂行办法》已经不适应当前的市场环境，须加快修订《证券、期货投资咨询管理暂行办法》，明确研究报告发布隔离墙制度、流程控制、管理制度、强制披露制度、静默期安排；投资顾问服

务忠实客户原则、服务适当性原则、合同管理制度、冷冻期安排等；建立行政监管与自律管理协调配合的多层次分类监管体系。

（二）强化证券研究基本业务的自律机制。建立证券分析师和投资顾问人员分类管理制度，出台证券分析师和投资顾问人员注册管理办法和执业行为准则，建立相应的资格考试、水平考试、后续职业培训制度。

（三）明确证券研究基本业务产业化扶持政策。推行证券投资分析产品的有偿服务，探索投资顾问服务收取固定咨询费、按客户资产规模收费等收费模式，允许投资顾问作为证券公司经纪人，探索在证券发行中要求提供非承销商的第三方研究机构提供投资价值分析报告，要求经纪业务中向客户提供一定比例的第三方投资分析报告。

（四）提升中国证券业协会科研课题研究工作的引导作用。中国证券业协会科研课题研究工作，从1999年开始以来已经走过了十年的历程，形成了一整套参考选题发布、课题申报和立项、研究成果提交、评审、公示、颁奖，研究成果推介等成熟的工作制度和工作程序，引导行业开展应用证券理论研究，研究关系行业发展的重大战略问题，致力支持证券行业的改革开放和创新发展发挥了不可替代的作用；满足了会员单位提升研究水平、扩大研究品牌的需求；树立证券研究规范，倡导实证研究方法，选拔优秀研究人才，已经成为中国证券行业研究工作的独家具有立项和评选的全能平台。下一步要逐步成为证券研究的理论窗口、人才窗口、技术窗口和监管窗口。

目　录

证券市场运行类

金融产品创新类

上市公司类

基金公司类

宏观环境类

投资者教育专项课题类

证券市场运行类

一等奖

创业板市场系统风险预警技术及其应用研究

• 闻岳春　黄福宁　叶美林

1. 导　　论

1.1 选题背景

创业板主要是为技术创新型或商业模式创新型企业等高成长性企业提供融资平台服务的资本市场，由于其对推动企业技术、管理等方面创新能力的提升具有重大的推动作用，因而得到了各经济体的广泛重视。目前发展较为稳健且基本发挥了预期正面作用的境外创业板市场主要有早期设立的美国 NASDAQ 市场、日本 JASDAQ 市场、英国 AIM 市场、加拿大 TSX Venture 市场以及在新兴经济体快速发展中做出重要贡献的新近设立的中国台湾店头（OTC）市场、韩国 KOSDAQ 市场等。

同样是出于创业板可为各类创新型企业提供融资平台服务的强大功能考虑，早在 1998 年国家发改委等部门就提出要创建我国的创业板市场。此后在证监会、深圳证券交易所等历经 10 余年的细致筹备下，我国创业板运行所需的交易平台、各项交易规则、指引等基本完备，市场终于在 2009 年 10 月 30 日开始正式起航，首批上市的 28 家公司涉及到医药、电子信息、生物工程、传媒等多个领域，对其他公司申请在创业板上市的审核工作也正在有条不紊地进行当中，从目前所呈现的趋势来看，我国创业板应可发挥出为众多的中小创新型、成长型企业提供高效融资平台服务的预期功能。

然而，创业板一如其他层次的资本市场，在运行过程中同样也会遭遇到较多的冲击，因而其具有较大的运行风险。加上创业板上市公司多以创新型、成长型企业为主，且这些上市公司规模相对较小，因而其抵御宏观经济政策调整、经济周期变化、市场投机行为等冲击的能力也相对于主板市场较弱，市场运行的稳健性更易遭到系统性冲击。这在直观上表现为创业板与主板市场相比，其波动频度较高且波幅较大。从图1可以看出，即使在创业板市场发展相对完善的美国NASDAQ市场也呈现出上述特征。因而总体上来看，创业板市场出现系统性运营危机甚至关闭的可能性相对较大①。

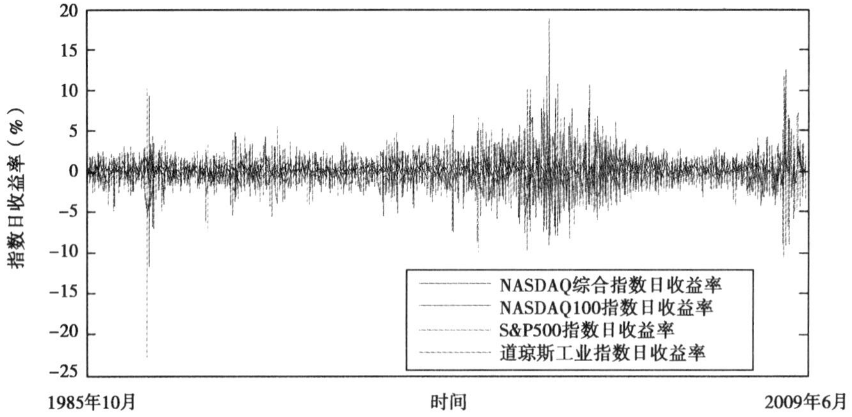

资料来源：根据“锐思数据”相关数据计算绘制。

图1 1985年10月至2009年6月美国NASDAQ市场与主板市场日收益率的比较

由于我国创业板起步不久，尚未正式发布创业板指数。因此，我们采用派式加权平均的方法，以2009年11月2日为基期，以全部28只股票为样本，计算了至11月26日的指数（基期点数为100点）。通过日对数指数收益率的计算，发现我国创业板在这段时间的波动性（标准差）为3.43，远高于上证综指、深证成指和中小企业板指数的波动性（分别为1.56、1.63和2.08）。此时间段内的对数收益率的折线图如图2所示。

仅就图2对18天中的创业板指数收益率与主板市场（包括中小企业板）相关指数收益率对比来看，创业板市场的波动幅度明显相对较大。虽然我国创业板市场必然会进一步扩容，而且投资者参与程度也将得到进一步提高，但与发展多年的主板市场（包括中小企业板）相比，市场规模、市场机制建设等方面都将依然会面临诸多问题，因此在遭受外部冲击时，创业板爆发系统性风险的可能性必然相对较高②；与此同时，创业板上市公司还具有规模较小、较依赖技术创新或商业模式创新等显著特征，在市场经济环境中其经营也极易遭遇各种内外部因素的冲击，从而在经营上呈现出不稳定的特征，这种个体的不稳定再度与创业板

① 据王晓津和佘坚（2008）提供的相关统计数据，截至2006年底全球先后成立75家创业板，但仅有41家尚在运营，而这其中尚有11家创业板上市公司总数不足100家，因此这11家市场存续的价值也存在较大疑问。

② 根据黄福宁和闻岳春（2009）的分析，即使在我国主板市场上，系统风险也是主要的。

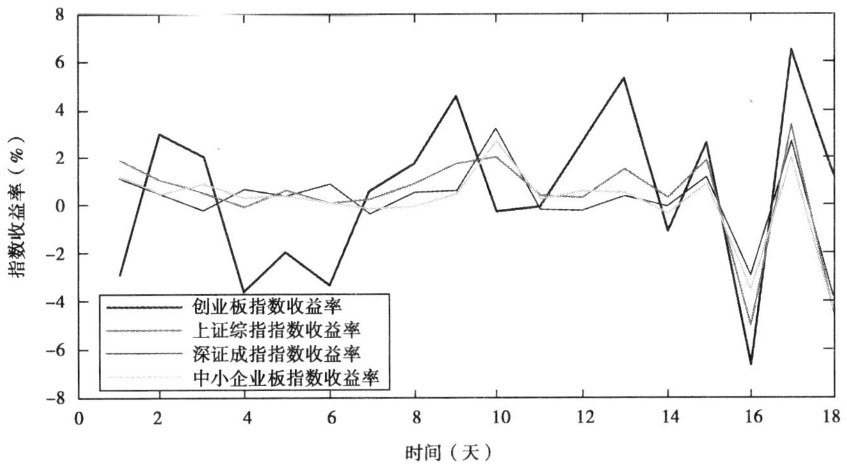

资料来源：根据“清华金融研究数据库”相关数据计算绘制。

图 2　我国创业板指数收益率变化趋势

市场规模相联系，则又将引致较为显著的交叉传染性，从而创业板市场上非系统风险转化为系统性冲击的可能性也相对较大。故综合来看，对创业板市场上的系统风险进行有效预警并及时采取治理措施是稳定创业板市场运行的重要举措，并应作为对创业板进行有效监管的常规手段。

因而，本研究将对创业板系统风险预警技术的开发和应用问题进行深入研究，预期开发的相关技术将可以为监管机构及其他市场参与者提供科学、及时的市场系统风险预警信息，并为相关决策的及时作出或调整提供信息支持，所以具有重要的理论和实践价值。

1.2　研究的目标、方法及内容

1.2.1　研究目标

鉴于现有的风险预警技术大多只是对市场风险的总体状态作出警示，而不能对警源进行深入挖掘且预警规则不稳定等缺陷，本研究的目标则是构建这样一套系统风险预警技术：不仅要能对创业板市场系统风险总体状态作出科学、稳定和一致的评估和预测，同时还要能够及时发现可能引起创业板市场系统风险积聚或大规模爆发的各主要因子及传染机制，要能从预警系统的运行中得出对市场各参与主体和监管者的有效警示信息，从而为系统风险防范措施的制定和执行提供及时、可靠的依据，并据此提升市场防范系统风险的能力，最终为创业板市场的稳健发展及其为各类技术创新型、商业模式创新型等高成长性企业提供高效率的融资服务。

1.2.2　研究方法

本研究拟主要运用以下几种研究方法：（1）比较研究的方法。主要是在已有的系统风险预警技术述评及与本研究所创建的预警技术优劣势的比较研究中；（2）系统论的方法。主要体现在对创业板市场系统风险预警的特殊性和相关指标筛选技术的研究过程中；（3）定性与定量相结合的方法。在创业板市场系统风险预警技术、风险因素量化及指标筛选技术的开发和应用研究方面将主要以定量分析为主，并辅之以定性的逻辑推理。

1.2.3 研究内容与预期创新点

为达成上述研究目标，拟通过对以下几个方面的问题的深入研究达成：创业板系统风险的特殊表征及预警的特殊需求；有效治理导向下的创业板系统风险预警技术的开发及应用；各类系统性冲击因素的量化及代表性指标选取技术的开发及应用等。在章节安排方面，总计有 5 部分，除了本部分为导论外，上述 3 个问题的研究分别安排在了第 2 - 4 部分，第 5 部分主要是对研究过程中所取得的主要结论及研究中存在的不足问题进行总结并予以适度展望。

根据上述研究内容方面的安排，本研究预期可在以下几个主要方面实现创新：（1）创业板系统风险评估指标的构建。拟通过对传统的时变 beta 方法进行进一步的修正，并引入流动性评估来具体实现这一创新；（2）创业板系统风险预警规则的构建。拟在对基于创业板系统风险评估指标统计特征所构建的预警规则基础上，将突变理论的相关研究成果引入到第二种预警规则的设计中来实现这一创新；（3）定性的系统性冲击因素量化处理技术开发和应用。拟通过借鉴货币政策中介目标的设定方法，从而利用事件分析法的简化运用来实现对定性的系统性冲击因素的量化处理。

1.3 国内外相关研究述评

通过对国内外相关主题文献的检索和初步整理，对本研究的展开具有借鉴或启发价值的成果可以归纳为 4 个方面，下文将根据文献侧重的问题进行分别述评。

1.3.1 创业板市场及其他金融市场的作用

针对创业板市场作用的专门研究一般均从融资或投资及退出渠道角度进行展开。董辅礽（2001）较早在国内对创业板市场的作用作了系统分析。其他具有代表性的近期研究如周宏等（2008）、熊三炉（2009）认为，创业板市场将是中小企业尤其科技型中小企业融资的重要融资渠道，而科技型中小企业对一国经济的发展具有非常重要的作用，故创业板市场建设是非常必要的；李艳辉（2009）则从我国风险投资退出渠道狭窄的角度论证了发展创业板市场的意义。

更常见的研究主要是从金融市场或资本市场存在的意义这一宏观角度展开，

如Schumpeter（1934）较早从理论角度分析了金融对经济增长所具有的正面作用，此后Diamond（1984），V. Bencivenga和B. Smith（1991），King和Levine（1993a，b）等的一系列实证研究对这一论断进行了进一步的明确；在上述理论及实证分析基础上，Malkiel（1998）总结指出资本市场至少可以从3个方面影响实体经济的运行，即财富效应、低成本融资对投资增长的刺激效应、资本市场所表现出对消费者及企业的信息揭示与信心引导效应等。国内对资本市场作用所作的研究近年有更为细化的趋势，如刘红忠和郑海青（2006）的研究表明以资本市场为主的市场主导型金融结构体系可显著促进经济增长，而银行主导型金融结构体系则对经济增长具有副作用；刘伟和王汝芳（2006）的实证结论与此类似，并指出我国市场主导型资本市场对经济增长的正面作用正在得以不断强化。

1.3.2 创业板市场（系统）风险来源及管理

对于创业板市场（系统）风险来源的研究有不少研究人员已经涉足，但大多是参照主板市场的风险来源进行研究；针对创业板市场风险来源进行的风险监测研究则更为少见。对于风险来源，代表性的近期研究主要有李永森（2009）认为创业板市场的风险主要来自于上市公司的成长性风险、制度性风险以及新兴加转轨市场特征下的理念风险等3个方面；孙云辉（2009）指出创业板市场的流动性风险将是未来我国创业板市场风险的重要组成部分。

在对创业板市场（系统）风险管理的研究中，董辅礽（2001）较早认为可通过合理筹划创业板上市公司结构、严格信息披露、科学配置流通股股权比例等手段防范创业板市场的风险；祁斌（2006）通过对海外创业板市场经验的总结，认为可以从制度层面上构建完备的创业板市场管理体系，但对具体构建的内容未有深入；刘鸿儒（2006）则认为在风险管理方面，英国AIM市场的经验非常值得借鉴。张蕾（2008）认为可以从创业板市场设立模式、市场准入、信息披露机制等法律规范建设角度来构建防范创业板市场风险的管理体系。

1.3.3 创业板市场稳定性与功能发挥的关系

目前对创业板市场稳定性与功能发挥之间关系的专门研究较为少见，大多是从资本市场的整体角度展开。尽管新古典经济学框架下对资本市场风险程度与产出（GDP）之间的关系一般认为是不确定的（Rotschild和Stiglitz，1971），但之后的一些实证研究如G. Ramey和V. Ramey（1995）及J. Aizenman（1997）等却证实了资本市场因风险累积及爆发所导致的频繁波动将会对社会及厂商投资产生显著的负面冲击，并因此导致总产出水平的下降，进一步认为可以从不确定性预期影响投资决策的具体机制角度对这一结论进行理论解释。

国内相关具有代表性的研究主要有，金德环等（2003）认为资本市场风险爆发所引致的异常波动由于不能反映社会经济实际状况，而不能起到合理配置资源的作用，相反还可能会因此误导投资者的行为决策等，从而对经济发展产生较大冲击；徐爱田和白钦先（2008）从虚拟经济与实体经济关系角度进行的研究，也表明资本市场风险爆发所引致的波动将会对实体经济增长产生负面冲击；王新华（2007）则认为股市由于风险爆发因素导致波动频繁或一段时间内的大起大落，可能导致居民、企业及金融部门行为发生非理性的转变，表现为偏好于虚拟经济的投入并因此减少对实体经济部门的投入，最终不利于经济的持续和稳定发展。

1.3.4 风险预警方法及其应用

大多数的研究都是就金融市场整体风险展开的，涉及的研究可分为两类：一是利用市场价格波动幅度作为衡量的标准，相关成果如王明涛等（2006）基于LPM模型，刘晓星（2008）基于VaR模型所作的研究等；还有一些风险预警方法侧重对多维评价指标的综合分析实现预警，如KLR法、各类VaR扩展方法、神经网络及模糊综合评价法等，近期具有代表性的成果如M. N. Nguyen等（2008）等。在风险预警方法的应用方面，已有研究也大多是从金融系统整体角度或某类微观机构角度展开的，如何嗣江和闻岳春等（2000）、闻岳春和陶敬刚（2007）、南旭光等（2007）所作的研究等。

针对资本市场系统性风险的评估和预警的专门研究，通常将系统性风险界定为市场的普遍性波动，大多数都是基于CAPM模型框架下展开且以β系数衡量为主，如G. Hong和S. Sarkar（2007）、G. Halkos和A. Sepetis（2007）运用β系数对风险状态的计量；R. F. Bruner和W. Li等（2008）利用CAPM模型对发达及新兴市场的风险状态进行的评估研究等；国内如李伟群（2005）直接运用β系数对资本市场风险程度的评估研究；胡朝霞等（2007）、刘景德等（2009）、任少华等（2009）运用时变估计方法对β系数进行的估计，并将其应用在A股市场系统风险的评估过程中等；还有一些研究借鉴了多维评价方法对市场系统风险预警进行了研究，如闻岳春和黄福宁等（2009）的研究等。

从上述文献及其他已检索但尚未列示的文献来看，国内外对创业板市场（系统）风险的来源及管理、金融风险预警的一般方法及其应用等方面均已有一定的研究，相关成果将为本研究的顺利展开提供充分的借鉴。但由于创业板市场风险来源及监管方面的研究大多只停留在了纯粹的理论分析层面，而以定量分析为主的且针对创业板市场风险特征的预警方法则较为少见，一致的、稳定的风险预警结论匮乏，尤其现有的系统风险预警方法不能对风险因子的变动情况作出及时反馈，故而相关的风险防范与管理措施也就较为缺乏针对性，实施的效果也必然大打折扣。因此，本研究将以创业板市场系统风险预警技术开发和应用作为具体的研究对象，通过对系统风险预警技术和相关冲击因素量化和指标筛选技术等创新性开发，预期可以弥补现有研究的不足，进而为我国创业板市场系统风险的有效监管及市场的稳健运行保驾护航，并最终在推动创业板市场各项预期功能的充分发挥等方面作出应有的贡献。

2. 创业板系统风险的特殊表征及预警的特殊需求

2.1 创业板系统风险的特殊表征

我国创业板不仅自身规模较小，且创业板与主板市场、场外市场等均存在一定的竞合关系①，而创业板市场在交易机制和参与主体等微观结构方面也都具有一定的特殊性，加之该板块所服务的上市公司规模相对较小，同时这些公司大多处于发展初期，而在经营管理上对外部环境变化的敏感度更高。因此，内、外部冲击因素均可能引致创业板遭受更为广泛和频繁的系统性冲击，且各种冲击的程度（也包括各种主观目的是为化解风险而出台的各种治理措施等）也因敏感性而更为显著，从而创业板市场波动必然表现得更为频繁，波幅也相对更大。

2.1.1 创业板系统性外部冲击来源：更为广泛

创业板由于自身规模较小、交易机制及所服务的上市公司创新性特征等，不仅容易受到主板市场等其他层次资本市场容易遭遇的政策调整、宏观经济走势突变、利率变动及购买力变化、突发性政治事件等因素的系统性冲击，同时还可能因上市公司所在行业的技术变革引发行业危机②、创业板风险与收益不匹配从而导致其与主板及其他金融市场甚至商品市场的竞争中，对资金的吸引力过小而产生流动性危机等，这些更为广泛的冲击因素将最终对创业板市场的稳健运行产生系统性冲击（如表1所示）。

此外，由于WTO过渡期已结束，我国创业板市场将会较快实现对外开放。但在创业板上市的公司具有显著的自主创新依赖特征，在其治理结构不够健全、对市场交易规则和专利申请等不够了解的情况下，极易遭遇境外投资者、类似技术研发部门及其他中介机构，如律师事务所等的诉讼。因而，我国创业板相对其他市场更易遭到国际性冲击因素的影响等，且这种影响大多是系统性的或极易由非系统性转化为系统性冲击。

---

① 主要是竞争性的关系，如因公司发展一定规模后转板从而在上市资源方面形成竞争，及市场下滑时资金偏好相对稳健的主板市场从而造成对创业板市场资金的“挤兑”等方面都会形成竞争局面等。

② 如代表新经济的网络股破灭诱发了2001－2004年创业板市场的全球性调整等。

表1　我国创业板面临的其他系统性冲击因素

冲击根源	产业及经济结构调整	技术创新外部环境变化	投资者不成熟	评级机构缺位	监管失误	其他市场微观结构特征
冲击方式	维护国有经济的主导地位及其盈利能力而出台的政策等	支持技术创新发展的融资、人员配给等渠道的显性或隐性窄化等	市场投资者在投机者操纵下易出现明显的追涨杀跌等"羊群行为"	创业板市场上市公司价值不能得到公平、公正的评估等	政策"一刀切"、过度监管（如信息披露要求过高导致商业机密泄漏等）	做市商制度缺位、实施涨跌停制度等
冲击机理	根据国际经验，创新主要由中小型私营企业作出，相关政策可能引发创业板公司质量普遍下滑和创新能力不足	导致技术创新不能得到充足的资金或人力资本的支持，进而限制了技术创新能力的提升及公司的成长	由于创业板市场公司盘面较小，容易遭遇具有信息及资金优势的投机者操纵，并在不成熟投资者跟进下，出现大幅、频繁波动	投资者不能有效识别因创新特征显著的上市公司价值，最终引发创业板资金供给的"旧车市场"问题	创业板上市公司在严格监管下，不能有效创新或者出现普遍的创新动力不足或者因商业机密泄漏导致创新被动而失败等	流动性不能得到有效保障、市场调整因其不能一次到位，而出现长时间低迷的倾向等

2.1.2　非系统性风险向系统性风险转化：更为普遍

在创业板上市公司规模和市场规模均相对较小的情况下，一些针对个别上市公司或部分行业的非系统性风险冲击因素首先会因为上市公司规模较小而产生较为严重的后果；而在市场规模较小的情况下，投资者将会对非系统性冲击所导致的后果夸大，而相应信息将会以相对主板市场信息更快的速度和更普遍的影响力传播开来，从而最终对其他上市公司乃至整个市场产生普遍影响。至此，由非系统性风险因素导致的冲击将演变为系统性冲击。

非系统性风险向系统性风险转化在创业板市场上表现得更为普遍，不仅可以从上述对信息传递分析的角度找到答案，同时还可以从市场流动性分析的角度得到解释。同样由于市场自身规模和上市公司规模较小，一旦个别上市公司遭到市场的抛弃，则其他投资者可能会对整个市场产生厌恶，从而整个市场的流动性都将受到冲击，当市场流动性不足或丧失时，市场存续的基础即已破坏，系统性风险必然爆发。

2.1.3　对冲击因素及治理措施的反应：更为显著

这一特殊表征同样可以从创业板市场的上市公司规模相对较小进而其抵御冲击的能力普遍较弱及市场自身规模较小两方面寻找到原因，此外还可从创业板市场系统冲击因素过多、冲击因素间交叉影响的情况更为普遍等方面得到解答。

当创业板市场遭到各类风险冲击因素和治理措施的影响后，基于上述原因，创业板市场的反应相对主板市场将更为敏感，极易出现反应过度的情形，从而最终导致创业板市场表现出更大的系统波动性特征。

2.2 创业板系统风险预警的特殊需求

正是由于创业板系统风险具有上述3个方面的特殊表征，市场在运行的稳定性、可持续性方面与各类系统风险冲击因素、治理措施三者间的关系也更为敏感且复杂——不仅冲击因素和治理措施可直接、敏感地影响到创业板市场运行，同时创业板市场自身在受到影响后波动也会呈现出更为显著的长记忆性。因而，在及时、有效识别创业板系统风险状态和警源方面，相对主板市场的系统风险预警而言必然更为复杂和困难。结合上节对创业板系统风险特殊表征的相关分析，在创业板系统风险预警体系构建时需要充分考虑以下几个方面的特殊需求。

（1）系统风险突变可能性大，因而更强调预警信息发布的及时性和对突变情形的准确预测。由于创业板遭受的系统性冲击来源广，且各种冲击因素之间交叉传染的可能性大，加之创业板自身免疫于系统性冲击的能力差。因而，创业板系统风险状态发生突变的可能性较之其他市场更高，这就需要在创业板系统风险预警中更为关注预警信息发布的及时性。在预警信息发布的及时性这一特殊需求方面，拟通过以每日样本数据来具体实现；而对于突变情形的准确预测，则拟通过引入突变理论来具体实现。

（2）系统风险表现多样化，因而更强调预警系统信息发布的多维性。创业板的非系统风险极易向系统风险转化，且风险因子之间因市场自身具有脆弱性而传染性更强，创业板市场系统风险表现得更为多样化，故在预警过程中需要特别关注。这一特殊需求拟以多维的风险评测指标和标准制定来实现。

（3）系统性冲击因素多且关系复杂，因而更强调因素的准确量化及代表性指标的科学选取。正如前文分析所指出的，创业板更易遭受外部冲击，部分冲击因素作为定性指标需要有准确的量化方法；进一步来讲，当同一冲击因素对应于多个定量指标时，如何选取具有代表性的指标应用于警源的挖掘，若所选取的指标代表性不足，则定量分析结论可信度必然会大打折扣，甚至于得出错误的定量分析结论，并最终影响到决策的效果。

（4）市场自身规模与上市公司规模相对较小，市场交投方面的极端情形极易出现，因而预警系统构建时更强调对市场流动性的考察。理论上，流动性是市场存在的基础，但创业板由于自身规模较小且上市公司的规模也较小，故而投资者的“羊群效应”更易出现，即追涨杀跌的情况将更为普遍，极端情形因此也较多见。而根据王晓津和佘坚（2008）的研究，流动性丧失也是大部分境外创业板运营失败的主要原因之一。因而，在对我国创业板系统风险进行预警时，应通过强调对市场流动性的监测以提高风险预警的准确性。

3. 创业板系统风险预警技术的开发及应用

3.1 传统系统风险评估和预警技术述评

创业板市场的系统风险如同其他层次资本市场的系统风险，均是相对于非系统风险而言的，在本研究中为模型建构需要，特别界定为可能对创业板市场的稳定运营造成系统性威胁的各种可能性状态。目前国内外对资本市场系统风险状态进行评估的方法主要是用 beta 系数进行衡量，而对于系统风险的预警则鲜有专门的研究。

3.1.1 系统风险评估的传统 beta 方法

这是在 CAPM 框架下对市场模型中市场收益率系数估计所形成的对资本市场系统风险评估最为常用的方法。其中传统的市场模型形如式（1）：

$$r_i = a_i + \beta_i r_m + \varepsilon_i \tag{1}$$

其中，r_i 为第 i 种单项或组合资产的收益率，a_i 为常量，r_m 为市场收益率，ε_i 为随机扰动项，β 根据 CAPM 模型假定可估计为：

$$\hat{\beta} = \frac{\mathrm{cov}\ (r_i,\ r_m)}{\sigma_m^2} \tag{2}$$

同时，由式（1）还可得到单项或组合资产的收益率方差（σ_i^2）和市场方差（σ_m^2）之间的关系表达式：

$$\sigma_i^2 = \beta_i^2 + \sigma_m^2 + \sigma_{\varepsilon,i}^2 \tag{3}$$

由式（3）可知，单项或资产组合中系统风险占资产全部风险的比例可由式（4）计算得到，或结合式（2）进一步得到改进的可实际估计系统风险比例的计算公式（5），从而最终得到各单项股票资产或组合资产中系统风险程度的评估值。

$$prop\_\ sysrisk = \frac{\beta_i^2 \sigma_m^2}{\sigma_i^2} \tag{4}$$

$$\text{或 } prop\_\ sysrisk = \frac{\mathrm{cov}\ (r_i,\ r_m)^2}{\sigma_i^2 \sigma_m^2} \tag{5}$$

3.1.2 基于 beta 的系统风险计量方法的改进

由于诸多实证分析如 Chen 和 Keown（1981），Brooks 等（1998），Asgharian 等（2000），国内的宋逢明和李翰阳（2004），胡朝霞和陈浪南（2007）等均认为资本市场 beta 具有时变特征，因而传统模型应予以改进。具有时变特征的传统市场模型和 Schwert 和 Seguin（1990）提出的 SS 市场模型可分别表述为：

$$r_{i,t} = a_{i,t} + \beta_{i,t} r_{m,t} + \varepsilon_{i,t} \tag{6}$$

$$r_{i,t} = a_{i,t} + \beta_{i,t} r_{m,t} + \delta_i \frac{r_{m,t}}{\sigma_{m,t}^2} + \varepsilon_{i,t} \tag{7}$$

其中，式（7）中的$\beta_{i,t}$和$\delta_{i,t}$均为待估常参数，且SS市场模型中的时变beta可由式（8）估计得到：

$$\beta_{i,t} = \beta_i + \frac{\delta_{i,t}}{\sigma_{m,t}^2} \tag{8}$$

虽然运用beta系数是评估资本市场系统风险状态最常用的方法，但是这一方法（传统的或时变估计的）对于市场系统风险的理解存在偏差——实际上只是衡量了个股或股票组合中的系统风险状态，而非资本市场本身的系统风险状态。为此，诸多学者在beta方法方面作出了适当改进①，最具代表性的是任少华等（2009）提出可用待估市场的收益率替代资产收益率r_i，并用包含股票、债券、商品期货加权收益率替代原模型中的市场收益率r_m，从而直接完成待估市场相对整个金融市场的beta估计。

但即使在任少华等（2009）的改进思路下，由beta系数的含义知，它依然只是反映了待估市场相对于其他金融市场对系统性冲击因素的反应程度，而未能对市场的健康状态作出全面评价——尤其在作为市场生命线及存在价值方面的流动性问题方面及依据冲击来源所进行的风险治理方面，均未能有完备的信息提供。

3.1.3 其他（系统）风险评估和预警方法

在风险评估的方法上，如均值-方差模型（M-V）、在险价值计量模型（VaR）、下偏矩模型（LPM）、传统突变理论、基于混沌与分形理论的分形维测度（Alvarez R. J. 等，2002；Kantelhardt J. W. 等，2002；胡雪明和宋学锋，2003；施锡铨和艾克凤，2004）及新近基于Keming Yu等（2001，2007）基础上所开发的贝叶斯分位数回归模型（王新宇和宋学锋，2009）等风险计量分析方法由于不能很好地分辨系统风险和非系统风险，故而在系统风险评估中基本未能得到推广。

在风险预警理论研究方面，自Kaminsky、Lizondo和Reinhart（1997）提出利用风险评价指标与相应阀值的对比来完成风险预警（即KLR模型）后，虽然相关风险预警的技术得以不断开发出来，如等比例危险模型（PHM；南旭光和

① 另外还有一种改进主要是针对beta估计的准确性方面，如胡朝霞和陈浪南（2007），刘景德和张捷（2009）针对涨跌停制度引入了审查的SS模型，并针对异方差性做了比较实证分析。同时后者还针对模型主要是测度个股或资产组合中系统风险程度而非测度整个市场系统风险程度问题，试图通过对A+H股的时变beta比较实现改进。

孟卫东，2007）、Probit/Logit 模型（Berg 和 Coke，2004）、基于神经网络的风险预警技术（Ng、Quek 和 Jiang，2008）等，但这些模型鲜有被应用到系统风险预警和研究中。

针对上述各种不足，闻岳春和黄福宁等（2009）试图依据资本市场系统风险冲击因素均值复归的统计特征及相互间模糊作用关系，构建了一个市场系统风险综合评估的新思路，并针对资本市场系统风险预警研究方面的不足，提出了一个依据指标值平稳化处理后的风险状态外推预测模型，从而根据未来市场系统风险变化趋势实现风险状态的预警。然而，该模型假设相关系统冲击因素遵循影响力平稳发展及其他外部环境不发生突变等，因而在准确认识冲击因素的方向、强度等方面均没有实质性的信息提供，因此这一尝试在风险治理实践中的借鉴价值有限。此外，该模型对系统风险和非系统风险也同样没有很好地分辨。

因而，本研究将以时变的多类 beta 和附加流动性的综合评价指标构建来实现对系统风险的识别和评估，并针对风险评估结论，利用突变理论的相关成果建立双重预警规则，进而利用敏感性分析完成对警源的挖掘，这一预警模型体系相对更为科学、严谨和实用。

3.2 有效治理导向下创业板系统风险预警模型体系的构建

3.2.1 预警模型体系构建的基本思路

基于前文对已有（系统）风险评估和预警技术的回顾及对创业板系统风险预警特殊需求的分析，本研究将针对 beta 计量方法不能反映市场流动性状况的缺陷，首先构建一个附加市场流动性监测的系统风险状态评估模型，同时根据所构造的统计量的统计特征，利用突变理论的相关成果构建相应的双重风险预警规则，进而利用敏感性检验完成对各冲击因素或治理措施的实际冲击或治理效应的作用方向及显著性分析等，从而最终为是否需要对市场进行治理及如何提高治理措施的针对性等提供决策支持（如图 3）。其中本节将主要对模型体系的构建思路、模型假设及风险评估指标体系的构建等进行研究，而侧重于模型应用的预警规则和敏感性分析等研究则放在 3.3 节中。

3.2.2 模型的基本假设

针对创业板系统风险的特殊表征及对其预警的特殊需求，结合拟构建预警模型体系所运用的相关理论已有的假设前提，本研究拟通过以下 3 个假设的设定来实现模型体系的具体构建。

（1）所评估的创业板市场是半强式有效的。这一假设主要是为强调创业板市场对所有公开的信息及历史信息（包括市场已了解的各种冲击因素及公告的治理措施、相关指标历史数据所蕴含的信息等）都有充分的反应，而对未公开

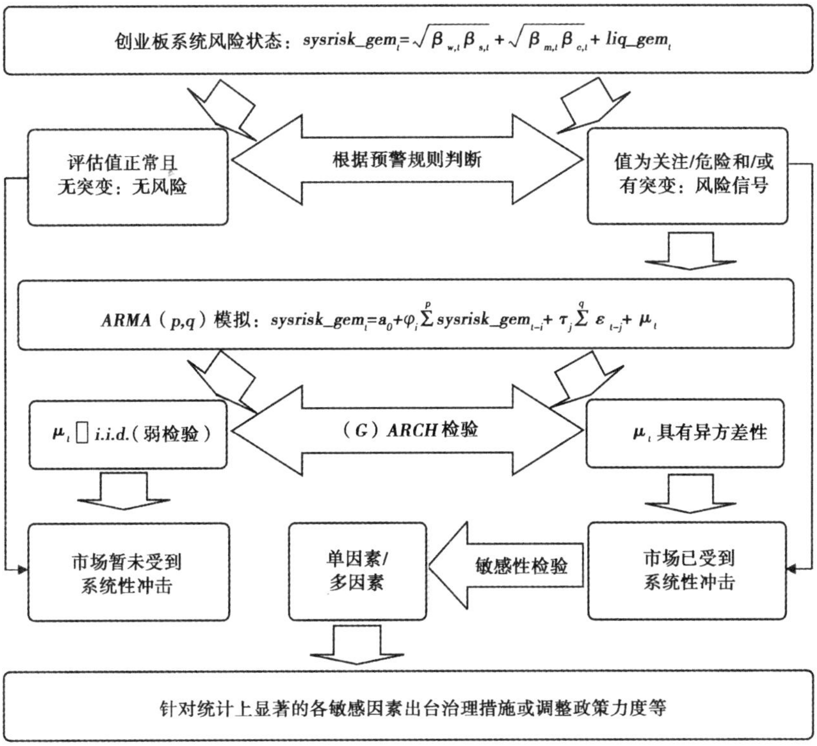

图 3　有效治理导向下创业板系统风险预警模型体系的构建思路

的内幕消息市场则不会作出反应，进而用于计量系统风险状态的评价指标会跟随冲击或治理措施的公开而出现显著的变化。

（2）各类系统性冲击将会对市场流动性产生显著影响。一般来说，系统冲击会造成 beta 出现随时间而变动的特征，但是为了将系统风险的评估拓展为附带有流动性评价的功能，这里首先假设各类系统性冲击也将对市场流动性产生统计上的显著影响。

（3）衡量系统风险程度的各 beta 及流动性指标具有时变特征且趋势上具有平稳性，并在统计上服从特定的分布。这一假设主要是为预警阀值的确定提供理论依据，并为可利用 ARMA（p，q）模型对残差进行计算和对冲击及治理效果的评估进行统计分析。

3.2.3　附加市场流动性监测的系统风险状态评估模型

根据前文对创业板系统风险的界定，仅依赖基于收益率指标计算的 beta 来衡量系统风险状态是不完整的，作为市场生存的一切基础的流动性必须也得以衡量（Yakov A. 和 Haim M.，1986）。根据 Kyle（1985）对市场流动性的理解，构建的流动性评价指标必须能够反映市场的紧度、深度及弹性要求等①。根据已有的市场流动性评价指标体系的构建方法，并同时反映我国创业板运行初期市场规模将不断扩大的事实，本文提出一个新的测度市场流动性指标，如式（9）：

$$liq_t = \left|\frac{vol_t}{p_t v_t}\right| \tag{9}$$

式（9）中的 liq_t 表示第 t 日创业板市场的流动性状况，vol_t 和 p_t 分别表示 t 日的市场成交量和收盘价相对 $t-1$ 日相应指标的增量，v_t 表示市场当日以收盘价计算的市值。

同时，为促使 beta 系数能够更全面地反映创业板系统风险来源的广泛性和影响的敏感性等特征，本研究通过同时计算几个 beta 来反映，具体包括反映创业板权重股对外部系统冲击因素（或治理措施）反应程度的 $\beta_{w,t}$，反映创业板不同行业对外部系统冲击因素（或治理措施）反应程度的 $\beta_{s,t}$（这两个指标的市场收益率均以创业板自身的收益率计算，组合收益率以组合内个股市值作为权重进行调整）；以及反映创业板相对包含主板和创业板市场两部分的股票市场的系统风险敏感性指标 $\beta_{m,t}$，和反映创业板相对包含股票、国债市场在内的资本市场的系统风险敏感性指标 $\beta_{c,t}$（这两个指标的市场收益率分别以根据权重调整的两市场加权平均收益率替代）②。

综合考虑 beta 和流动性的 t 时刻创业板系统风险状态评估模型可由式（10）给出：

$$sysrisk\_\ gem_t = \sqrt{\beta_{w,t}\beta_{s,t}} + \sqrt{\beta_{m,t}\beta_{c,t}} + liq\_\ gem_t \tag{10}$$

式（10）中的 $liq\_\ gem_t$ 是对式（9）所求得的对数增长率，即 $liq\_\ gem_t = \ln\left(\frac{liq_t}{liq_{t-1}}\right)$；此外，式（10）将 $\beta_{w,t}$ 和 $\beta_{s,t}$、$\beta_{m,t}$ 和 $\beta_{c,t}$ 分别作为两组，主要是考虑到两组指标评价的侧重点在组内具有类似性而在组间具有差异性而设置的。前一组可称为创业板内部系统风险评估指标，后一组可称为创业板整体系统风险评估指标；以几何平均对指标值进行处理则是为了确保能够对综合后的 beta 进行风险管理意义上的解释，即根据与数值 1 的对比说明创业板内相应资产相对创业板及创业板作为整体时，相对其他市场对系统冲击的反应是过度（大于 1）或不足（小于 1）。

3.3 系统风险预警规则与预警模型的应用

3.3.1 基于系统风险状态评估结论的系统预警规则

---

① 具体含义除可参考相关原始文献之外，还可参考刘红忠（2003），第 36－38 页相关内容。

② 各 beta 的具体值可根据式（6）计算或由式（8）估计得到，在此不再详述。

对风险的预警不应单纯地停留在系统风险状态的评估上，同时还要根据一定的规则建立预警信号发出的标准。包括两个层次：一是基于 $sysrisk\_gem_t$ 指标的预警，二是基于式（10）中各分量指标的预警。对于 $sysrisk\_gem_t$ 值，过大或过小都将是危险的，因此，本研究在借鉴 KLR 法基础上构建了一个基于正态分布特征的预警规则（如表 2）。

表 2　　基于 $sysrisk\_gem_t$ 值和正态分布特征的预警规则

信号等级	正　常	关　注
判断标准	$\in(\bar{S}-\alpha_1\sigma^2,\ \bar{S}-\alpha_2\sigma^2)$	$\in(\bar{S}-\alpha_3\sigma^2,\ \bar{S}-\alpha_1\sigma^2]\cup[\bar{S}-\alpha_2\sigma^2,\ \bar{S}-\alpha_4\sigma^2)$
信号等级	危　险	
判断标准	$\in(-\infty,\ \bar{S}-\alpha_3\sigma^2]\cup[\bar{S}-\alpha_4\sigma^2,\ +\infty)$	

注：$\bar{S}$ 为待估 T 期间各期 $sysrisk\_gem_t$ 的均值；α_i 为常参数（$i=1,2,3,4$）。由于市场通常在出现过度或不足反应过程中的实际平稳程度具有差异，故一般有 $\alpha_1\neq\alpha_2$ 及 $\alpha_3\neq\alpha_4$；在预警标准的确定上，为谨慎起见，临界值归入更为危险的风险状态中。

对于各分量指标也可以建立类似于表 2 的预警规则。而这里对分量指标也进行预警判断方面的强调，主要是出于各分量指标具有各自不同的含义而考虑的。譬如对于 $\sqrt{\beta_{w,t}\beta_{s,t}}$ 分量指标，若该指标评估值介于危险区间内，则说明创业板市场上权重股或者行业发生了危机，此时应对此进行进一步的细化分析，以明确具体是哪只权重股或者哪个行业比较危险，从而为有效防范和化解可能的系统风险冲击提供详尽的源头性信息。

因此，基于两个层面的分析可以更为系统地了解创业板所遭受的系统冲击程度及哪个部位遭受了系统冲击并可能进一步引发整个创业板的系统性危机。图 4 以雷达图的形式形象地描述了系统风险预警信号的发布机制。

3.3.2　基于突变理论的系统风险预警规则

由于创业板具有相对主板的特殊性，其在系统风险的表征上也具有一定的特殊性，而这必然要求在对创业板系统风险进行预警的过程中能够对评估指标体系的突变进行有效判别，鉴于上一小节中的预警规则具有不能对突变识别且主观性较强等缺陷，为满足上述特殊预警需求，本部分拟在系统风险状态评估结论的预警规则构建的基础上，运用突变理论（Rene Thom，1972）对 $sysrisk\_gem_t$ 指标（下文分析将以此作为代表性指标展开）和式（10）中的各分量指标进行基于突变点判别的预警模型和规则构建①。

（1）突变理论在风险预警中的应用思路。

① 本节主要参考了都兴富（1994）的相关研究成果。

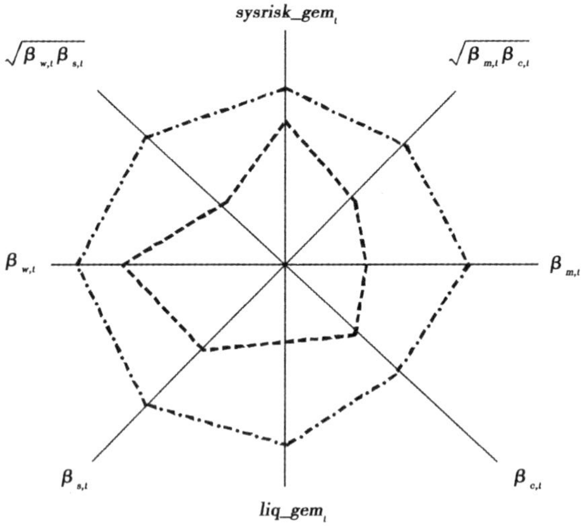

图 4　创业板系统风险预警信号的发布机制

在某一期间 T 内，可通过式（10）求得 $sysrisk\_\ gem_t$ 及各分量指标的每日数据，从而得到相应的时间序列。这里为行文描述简便，记 SR 为 $sysrisk\_\ gem_t$ 构成的考察期 T 内形成的时间序列，以 sr_{t_i}表示序列 SR 第 t_i 日（这里主要是为了与风险评估指标体系的下标区分，所以在 t 下增加了下标 i）的系统风险评估值，即有 $SR=(sr_{t_1},\ sr_{t_2},\ \cdots\cdots,\ sr_{t_n})$，其中 $t_i\in T$。根据突变理论，可构建以下动力方程组，如方程组（11）：

$$\begin{cases} J = \int_{t_i}^{t_j} L(sr_t, \dot{sr}_t, t)\,dt \\ \hat{J} = \int_{t_i}^{t_j} \hat{L}(sr_t, \dot{sr}_t, t)\,dt \end{cases} \tag{11}$$

式（11）中的 J 和 $\hat{J}$ 分别为经济 *D'Alembert* 和经济超 *D'Alembert* 动力方程，$L(sr_t,\ \dot{sr}_t,\ t)$和 $\hat{L}(sr_t,\ \dot{sr}_t,\ t)$（以下分别简记为 L 和 $\hat{L}$）分别为经济 *Lagrange* 函数和经济超 *Lagrange* 函数，$\dot{sr}_t$为序列的经一阶差分所得增量，t_i，$t_j\in T$。根据突变理论，当 J 和 $\hat{J}$ 出现满足突变点判别标准的情形发生时，根据 *D'Alembert - Lagrange*原理，上述情形等同于 L 和 $\hat{L}$ 应同时满足一阶和二阶拉氏方程，如方程组（12）：

$$\begin{cases} \frac{d}{dt}\times\frac{\delta L}{\delta \dot{sr}_{t_i}} - \frac{\delta L}{\delta sr_{t_j}} = 0 \\ \frac{d^2}{dt^2}\times\frac{\partial^2 \hat{L}}{\partial \dot{sr}_{t_i}\partial sr_{t_j}} - 2\frac{d}{dt}\times\frac{\partial^2 \hat{L}}{\partial \dot{sr}_{t_i}\partial sr_{t_j}} + \frac{\partial^2 \hat{L}}{\partial \dot{sr}_{t_i}\partial sr_{t_j}} = 0 \end{cases} \tag{12}$$

若只满足方程组（12）中的一阶条件，而不满足二阶条件，则可认定为系统风险加速行程中的暂停点，若同时满足，则原有的系统风险状态将有可能发生逆转。因此，对创业板系统风险是否发生突变的预警分析的重点问题即已转变为求解 L 和 $\hat{L}$。根据都兴富（1994）所构建的单指标 L 和 $\hat{L}$ 计算规则，可构建如下方程组，即方程组（13）：

$$\begin{cases} L_{t_i} = T_{t_i} - U_{t_i} \\ \hat{L}_{t_i} = D_{t_i} - E_{t_i} \end{cases} \tag{13}$$

其中，T_{t_i}为待评估指标 t_i 时的动能值，U_{t_i}为待评估指标势能值，D_{t_i}为待评估指标超动能值，E_{t_i}为待评估指标超势能值。以上指标及相关指标的具体计算方法分别由式（14）至式（22）给出，相关指标的具体含义界定如下：v_{t_i}为速度，A_{t_i}为加速度，B_{t_i}为超加速度，F_{t_i}为综合力，G_{t_i}为综合超力（即突变力）：

$$T_{t_i} = sr_{t_i} \times v_{t_i}^2 \tag{14}$$

$$U_{t_i} = -F_{t_i} \times sr_{t_i} \tag{15}$$

$$D_{t_i} = \frac{2}{3} v_{t_i}^3 \times sr_{t_i} \tag{16}$$

$$E_{t_i} = -G_{t_i} \times sr_{t_i} \tag{17}$$

$$v_{t_i} = \frac{dSR}{dt} \approx sr_{t_i} - sr_{t_{i-1}} \tag{18}$$

$$A_{t_i} = \frac{d^2 SR}{dt^2} \approx sr_{t_i} - 2sr_{t_{i-1}} + sr_{t_{i-2}} \tag{19}$$

$$B_{t_i} = \frac{d^2 A}{dt^2} \approx sr_{t_i} - 3sr_{t_{i-1}} + 3sr_{t_{i-2}} - sr_{t_{i-3}} \tag{20}$$

$$F_{t_i} = sr_{t_i} \times A_{t_i} + v_{t_i}^2 \tag{21}$$

$$G_{t_i} = sr_{t_i} \times B_{t_i} + 3v_{t_i} \times A_{t_i} \tag{22}$$

（2）预警规则的建立。

参照都兴富（1994）在宏观经济指标预警中的方法，并结合创业板系统风险预警的特殊需求，拟通过以下步骤实现预警信息的发布。

第一，基于 L 和 $\hat{L}$ 的直观判断。首先是根据两个指标值的大小与前后时点上的指标值进行对比，若发生显著变化，则说明有突变可能；进而结合式（12）进行是否是驻点或突变点的判别，即当完全满足式（12）时，可认为创业板系统风险具有突变倾向，若只有一阶条件被满足，则系统风险将在原趋势上进一步加强；最后针对 L 和 $\hat{L}$ 中的 U_{t_i}和 E_{t_i}的符号进行判别，若两者均为负，则待估指标存在突变可能。

第二，基于 L 和 $\hat{L}$ 与临界值接近度的判断。建立这样的规则，主要是考虑到上述直观的规则不能对何时发生突变进行预测，因此，这里将根据突变理论分别构造出关于 L 和 $\hat{L}$ 的势函数和分歧函数，由于 L 和 $\hat{L}$ 又是 U_{t_i} 和 E_{t_i} 的函数，故可得到形如式（23）至式（24）的接近 $appr_{t_i}$ 度计算公式（以 L 为例，$\hat{L}$ 的接近度计算可进行类似构建）：

$$\ln(P_{t_i}) = \ln(-\delta) + \vartheta\ln(s(U_{t_i})) \tag{23}$$

$$appr_{t_i} = \frac{[\ln(-\delta) + \vartheta\ln(s(U_{t_i})) - \ln(P_{t_i})]}{\ln(P_{t_i})} \tag{24}$$

其中，$P_{t_i}=f(L)$，f、s 为映射规则，δ、ϑ 为待估参数，可通过 T 期内相关数据，利用 OLS 回归方法得到。特别地，当突变为尖点型突变（Cusp Catastrophe）时，有 $P_{t_i}=6L_{t_i}^2$，$s(U_{t_i})=U_{t_i}^2$。

依据式（24）计算得到在各时点的接近度值，若显著地落在根据 $\overline{appr_{t_i}}$（均值）计算得到的 ζ 邻域之外（$\overline{appr_{t_i}}$ 为期间 T 内 $appr_{t_i}$ 的均值，$\zeta \in R^+$ 且应尽可能大），则可断定待评估的系统风险将会发生突变，满足条件的 ζ 越大，则发生突变的可能性越大①。

第三，基于其他辅助性指标的判断。主要的辅助性指标包括对系统风险评估指标序列 SR 和 A、B 计算的指标增长率 LV_{t_i}、指标加速度增长率 LA_{t_i} 和指标超加速度增长率 LB_{t_i} 等，其中尤以 LV_{t_i} 最为重要，第 t_i 时点上的风险评价指标速度增长率 LV_{t_i} 的计算可由式（25）给出：

$$LV_{t_i} = \frac{sr_{t_i} - sr_{t_{i-1}}}{sr_{t_{i-1}}} \tag{25}$$

对于这些辅助性指标，判断依据主要是根据期间 T 内指标值极差和风险等级数目划分步长，从而构建出相应的评判区间，进而依据 t_i 时点上 LV_{t_i} 落在不同区间发出不同信号。一般来讲，较低的 LV_{t_i} 表示系统风险状态发生突变的可能性不大，而越趋近于 T 期间内的最大值，发生突变的可能性就越大，速度也越快。

（3）预警信号发布机制。

综合上述基于突变理论所构建的预警规则，并结合前文中的风险等级（三级，即正常、关注和危险）划分，将预警信号的发布机制归纳为表 3。

3.3.3　冲击程度及治理效果的敏感性检验

对创业板系统风险根据一定的规则完成风险状态的预警信号发布后，依然没有达到风险预警模型构建的终极目标——即对引起市场系统风险的因素进行准确、合理的评估，从而对有效防范和化解系统风险提供决策信息支持。本研究拟

---

① 这与都兴富（1994）所给出的规则有实证性区别，这里主要是根据 $appr_{t_i}$ 的统计特征所作出的，且在突变的判断准则上更易理解。

表 3　　　　基于突变理论系统风险预警信号的发布机制

信号等级	L			$\hat{L}$			LV_t
	前后对比	式（12）	U_{t_i}符号	前后对比	式（12）	E_{t_i}符号	LV_{t_i}的值
正常	无显著变化	满足/不满足一阶条件	正号	无显著变化	不满足二阶条件	正号	$\in [LV_{\min}, LV_{\min}+length]$
关注	有一定变化	满足一阶条件	负号	有一定变化	满足二阶条件	负号	$\in [LV_{\min}+length, LV_{\min}+2length]$
危险	有显著变化	满足一阶条件	负号	有显著变化	满足二阶条件	负号	$\in [LV_{\min}+2length, LV_{\min}+3length]$

注：$length=\frac{LV_{\max}-LV_{\min}}{n}$，$n$ 为风险等级数，针对本研究只进行三级风险预警，因此有 $n=3$。

在评估各类风险冲击因素的负面效应并进行深层挖掘的同时，还将期间 T 内出台的各项治理措施的实际效果也纳入评估范畴，以便能为更为有效地治理创业板系统风险提供信息支持。

对于经过评估所得的创业板系统风险状态值 $sysrisk\_gem_t$ 及其各分量指标值时间序列，若各类可能的系统冲击因素或治理措施未能对系统风险状态产生冲击，则在未产生系统冲击或治理效果期间的时间序列应具有平稳性统计特征，即第 t 期的 $sysrisk\_gem_t$ 及其各分量指标值可通过各自指标的滞后 p 阶值与具有非独立性的滞后 q 阶误差实现较好地 $ARMA$（p，q）拟合，而在此情形下所得到的残差项应是随机游走且应独立同分布。故而，在没有显著的冲击或治理效应条件下，评估指标值可用式（26）很好地进行拟合①：

$$sysrisk\_gem_t = a_0 + \varphi_i \sum_{i=1}^{p} sysrisk\_gem_{t-1} + \tau_j \sum_{j=1}^{q} \varepsilon_{t-j} + \mu_t \qquad (26)$$

式（26）中 a_0 为待估常数项，φ_i 和 τ_j 分别为序列滞后 i 阶和误差 j 阶各项待估系数，μ_t 为残差项，且在冲击或治理效应不显著时有 μ_t □ $i.\ i.\ d.$ 。

根据上述分析，若通过（G）$ARCH$ 检验发现 μ_t 存在异方差，则说明创业板市场遭遇了系统性冲击因素或治理措施的影响②，此时可通过敏感性检验对冲击因素或治理措施的效应显著性、方向等进行统计检验。为更为系统和一致地评估

---

① 在冲击或治理效应不显著条件下，其他分量评估指标也可以构建类似式（26）的 ARMA 模型进行预测，同时针对其他分量评估指标也可做相应的（G）ARCH 及冲击或治理效应的敏感性测试等，不再赘述。

② 由于大多数研究均表明时间序列具有异方差性是常态，因而基于此进行判断的准确性较差，故而不能代替前述的两种预警规则进行预警。

各类冲击因素及治理措施的效应，这里构建两组敏感性检验方程，其中式（27）给出的是单因素敏感性检验，式（28）给出的是多因素敏感性检验。

$$\mu_t = \gamma_{i,0} + \gamma_{i,t} F_{i,t} + \partial_{i,t} \tag{27}$$

$$\mu_t = \lambda_{i,0} + \gamma_{i,t} \sum_{i=1}^{n} F_{i,t} + \vartheta_{i,t} \tag{28}$$

式中 $F_{i,t}$表示第 i 种冲击因素或治理措施 t 期值，$\gamma_{i,0}$和 $\lambda_{i,0}$，$\partial_{i,t}$和 $\vartheta_{i,t}$分别为单因素和多因素敏感性检验的常数项和残差项，$\gamma_{i,t}$为相应变量的系数项。

冲击因素及治理措施效应的敏感性检验标准可以一般回归模型性能拟合评价和系数显著性检验方法来确定，即以 R^2（或$\overline{R_2}$）及系数 t 检验（或 p 值）作为判断标准。若统计上模型和相应变量的系数显著，则说明该冲击因素或治理措施已对创业板系统风险产生了显著效应，反之则反；此外，对系数项符号的判断还可以说明冲击或治理措施对创业板系统风险的影响方向。

4. 系统性冲击因素的指标量化处理技术及其应用

在上一章中，本研究已在附加流动性及对传统 beta 方法的扩展基础上实现了对创业板系统风险评估指标的构建，并基于系统风险评估指标的统计特征和突变理论分别构建了相应的预警规则和信号发布机制。但由于创业板系统风险具有的各种特殊表征和风险预警的特殊需求，及构建模型进行计量分析的需要，针对部分冲击因素是定性指标、定期公布而没有日数据的指标等情形，这些冲击因素尚需做进一步的处理，包括对定性因素的量化处理、定期公布数据的日化处理和代表性指标的筛选。

4.1 定性的冲击事件量化技术

4.1.1 定性的冲击事件量化新思路

创业板市场遭遇的系统性冲击相当部分是非量化的指标，譬如宏观经济政策的调整、突发性政治事件的爆发等。由于计量模型分析的需要，对这部分定性冲击因素需要进行科学、合理的量化。目前已有的量化处理方法主要包括德尔菲法、（模糊）综合评价法、（模糊）层次分析法及引入虚拟变量等，然而前 3 种方法的主观性较强，量化结果难以统一，甚至有矛盾结论出现，而虚拟变量则在计量分析尤其敏感性分析中表现得不敏感。故而，在对定性的系统性冲击因素量化中，需要采取其他方法以避免上述缺陷。

本研究所提出的针对定性的冲击因素进行量化的方法，主要是借鉴货币政策操作中的货币政策工具、中介目标及最终目标的关联关系实现的，具体构建思路

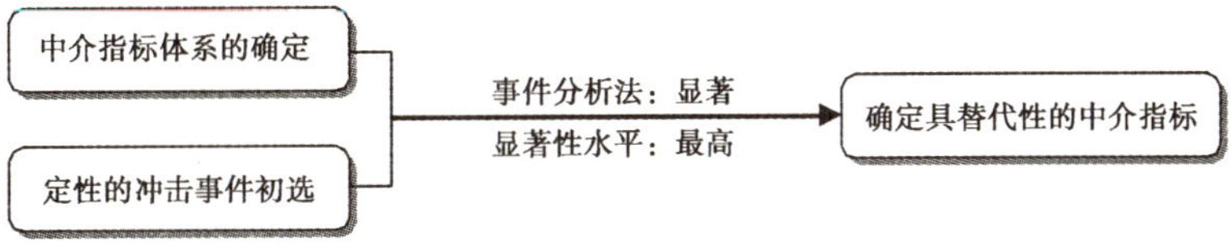

图 5　定性的系统性冲击因素实现间接量化的思路

如下（如图 5 所示）：首先，选定创业板市场对各类定性的系统性冲击因素具有可测性的中介指标；其次，利用事件分析法对期间 T 内发生的各系统性冲击事件于所设定的中介指标的影响进行统计分析和检验；最后，对统计上显著的中介指标，将显著性水平最高的中介指标认定为可代替定性的冲击事件的量化指标。

4.1.2　量化处理技术及其应用步骤

根据上述实现定性事件间接量化处理的思路，拟通过 3 个具体的技术处理步骤来实现。

（1）中介指标体系的确定。在对定性冲击因素的中介指标初选中，为确保其真正具备代表性并能起到预期的中介作用，需要遵循以下几个原则：①可测性原则。只有具备可测性，前述量化的思路方才具有实际操作价值；②敏感性原则。这主要是从所选择的中介指标必须是对各类系统冲击因素能有较敏感的反应考虑的，若初步选择的中介指标均不能对冲击因素作出敏感的反应，则中介指标的代表性也就无从谈起；③与创业板系统风险的关联性原则。作为中介指标需要切实体现出其中介作用，因此，对于初步选择的中介指标体系必须与创业板系统风险状况具有直接的关联性；④中介指标数量上的有限性原则。中介指标的数目不能过多，否则在进行中介指标的最终确定时计算量会过大，从而影响到判别的效率。当然，中介指标的数量也不能过少，以避免代表性不足等。

根据上述原则，并结合第二部分中对相关定性冲击因素的分析和相关研究结论，拟以以下 5 个有日数据的指标作为备选的中介指标：①市场交易量的对数增长率（*ln_ vol*）；②创业板综合指数的对数收益率（*ln_index*）；③以市值为权重计算的市场加权平均换手率（*a_ tor*）；④反映预期的动态市盈率（*d_ pe*）；⑤以市值为权重计算的市场加权平均能量潮指标等（*a_ obv*）。

（2）期间定性事件的初选。对于拟考察的期间 T 内所有可能对市场造成系统性冲击的定性事件进行罗列，并确定各事件的事件窗口（$L_1 = \tau_2 - \tau_1$）及估计窗口（$L_2 = \tau_1 - \tau_0$）、事后窗口（$L_3 = \tau_3 - \tau_2$），以便为下一步运用事件分析法对中介指标进行具体筛选做好准备。

（3）事件分析法在中介指标确定中的应用。根据事件分析法的研究程序，在完成对期间系统性冲击事件的初选和相关窗口划分基础上，可依次通过以下程

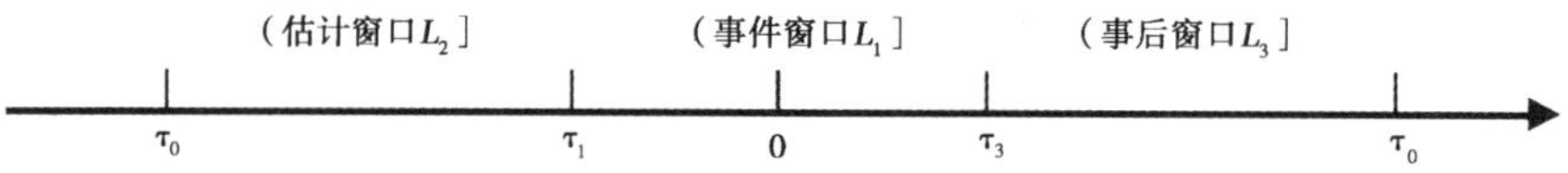

图 6 系统性冲击事件的 3 个窗口划分

序完成各系统性冲击事件代表性中介指标的最后确定，从而完成间接量化处理的任务：①计算期间 T 内的各初选中介指标均值，并以此作为各中介指标期间正常水平值 av_i，其中 i 分别表示 $ln\_\ vol$ 等5 个初选的中介指标符号；②将各初选中介指标的实际值（$ln\_\ vol$ 等五个中介指标值）与各自正常水平值间的离差作为相应中介指标的超常值，即 $ab\_i = i - av\_i$；③根据各指标的超常值计算期间累计超常值 $cab\_\ i = \sum_{t=\tau_0}^{\tau_3} ab\_\ i_t$；④对初选指标的反应情况做统计检验。针对 ab_i 和 cab_i 构建两个统计量，即由式（29）和式（30）进行标准化的处理过程。

$$S\_ab\_i = \frac{(ab\_i - \overline{ab\_i}}{\sigma_{ab\_i}} \qquad (29)$$

$$S\_cab\_i = \frac{(cab\_i - \overline{cab\_i}}{\sigma_{cab\_i}} \qquad (30)$$

若统计量 $S\_ab\_i \in N$（0，1）及 $S\_cab\_i \in t\left(0,\ \frac{L_2-2}{L_2-4}\right)$（当 $L_2 < 30$ 时）或 $S\_cab\_i \in N$（0，1）（当 $L_2 \geqslant 30$ 时）统计检验均显著，则说明相关系统性冲击事件对第 i 个中介指标没有显著影响（零假设 H_0），反之则说明该指标具有较好的替代性（备择假设 H_1）。依据显著性程度的 p 值，若第 i 个中介指标的 p 值在所有 5 个中介指标中最大，则可将此第 i 个中介指标确定为最优的可替代定性的系统性冲击因素的指标，从而实现了定性事件的间接量化处理。

4.2 定期公布数据的日化处理技术

4.2.1 数据日化处理的必要性

鉴于创业板市场对各种宏观经济数据等公布的敏感性，可以将这些指标作为待考虑的系统性冲击因素。然而，如基础货币投放、GDP 增长情况、社会消费品零售总额等宏观经济指标，通常是按月甚至按季度进行公布的，即使在本研究所作出的半强式有效市场假设下，这些定期公布的数据也会因为市场的分析而得以至少部分地对创业板市场产生系统性影响，即实际影响会在公告日之前显现。

然而，按月或者季度公布的数据不能满足对创业板系统风险预警的特殊需求——对风险因子的敏感性和系统风险状态突变的普遍性需要逐日进行预警。故而，对这些定期公布数据需要将其转化为日数据，即需要进行日化处理。

4.2.2　日化技术及其应用步骤

为有效地实现定期公布数据的日化处理，满足计量化分析的需要，对定期数据在逐日分配过程中假设其具有如下特征：在定期公布的数据覆盖期间（τ_0，τ_e）$\in T$内，影响力度服从这样的概率分布，该概率分布的密度函数具有依公告时间分段且单调递减的特征。具体来说，可将（τ_0，τ_e）分为两段，一段是从事件真实突变时点的τ_0（可确定为上次公告日次日）时刻至数据实际公告日τ_p，另一时段是从τ_p至对系统风险进行评估日τ_e。进行这样的划分主要是为更准确地刻画τ_p日的事件公告效应与之前的（τ_0，τ_p）期间内事件影响力之间可能出现跳跃而做出的，图7给出了上述逻辑分析的一个大致示意。

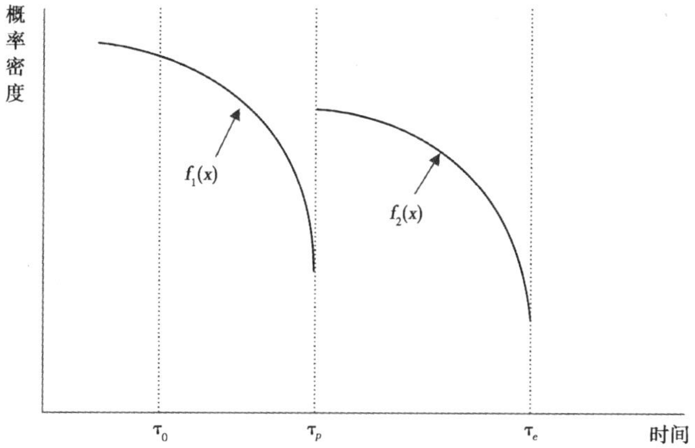

图7　定期公布数据在T评估期间内的逐日分配示意

根据上述分析，可构建分配到$\tau_i \in$（τ_0，τ_e）日的数据，可由式（31）给出，式中F_{τ_i}为分配到第τ_i日的数据，f（x）为各时段对应的概率密度函数①。

$$F_{\tau_i} = \begin{cases} \int_{\tau_{i-1}}^{\tau_i} f_1(x)dx, i = 1,2,\cdots\cdots,p \\ \int_{\tau_{i-1}}^{\tau_i} f_2(x)dx, i = p+1,\cdots\cdots,e \end{cases} \tag{31}$$

通过这样的日化处理，不仅可以完成对创业板产生系统性冲击的各项定期公布的宏观经济指标数据的日化处理，以满足风险预警模型进行定量分析的需要。同时，在敏感性分析阶段，由于对概率密度函数的特征进行了合理假设，可以进一步提高敏感性检验的准确性。从而为创业板系统风险警源的更为全面、准确挖掘及相关风险治理政策措施的及时、科学出台提供支持。

---

①　为估计简便计，可采用单调递减的线性函数代替，如令其形如f（x）$= -ax+b$等，其中a、b为参数且有$a>0$。

5. 研究展望

通过对创业板系统风险特殊表征和预警的特殊需求等的分析，并以此为指引，在借鉴相关（系统）风险评估和预警方法基础上，通过双重预警规则的设计及敏感性分析技术的引入，同时配合以对两类特殊冲击因素的量化处理技术，本研究完成了包含预警信号发布和警源挖掘的创业板系统风险预警技术和指标选取技术的开发和应用研究。

虽然本研究在系统风险预警技术的开发和应用及指标选取技术等方面有所创新，并形成了较为完备的体系。但限于我国创业板正式运营时间尚短，因而还没有足够的样本来完成对本研究所构建的创业板系统风险预警模型体系的实际应用性做实证检验。此外，在突变理论在确定系统风险预警规则中的应用、定性的系统冲击因素之中中介指标的初步选取、日化数据时概率密度函数在不同指标中的具体形式等细节问题方面的研究还有待进一步深入。

参考文献

[1] Rolf H. Weber, V. Menoud, 2007, *Systemic Risks as a Topic of Financial Conglomerates' Prudential Supervision* [J]. Banking & Finance Law Review, 22 (3), 377 -403.

[2] Schumpeter, Joseph A., 1934, *The theory of economic development* [M]. Cambridge: Harvard University Press.

[3] Yakov Amihud, Haim Mendelson, 1986, *Asset Pricing and the Bid - ask Spread* [J]. Journal of Financial Economics, 17 (2), 223 -249.

[4] 董辅礽：“创业板市场早设比晚设好”，《经济研究参考》，2001，(47)，26 -27。

[5] 都兴富：《突变理论在经济领域的应用》，电子科技大学出版社，1994。

[6] 何嗣江、闻岳春、严谷军：“关于构建金融机构营运状况预警系统的设想”，《金融研究》，2000，(12)，73 -78。

[7] 胡雪明、宋学锋：“深沪股票市场的多重分形分析”，《数量经济技术经济研究》，2003，(8)，124 -127。

[8] 孙云辉：“创业板市场流动性风险与制度创新”，《财会研究》，2009，(4)：61 -63。

[9] 王明涛：《证券市场风险测度——管理模型研究》，上海财经大学出版社，2006。

[10] 王晓津、佘坚："海外创业板市场发展状况及趋势研究"，深圳证券交易所综合研究所，2008 年 5 月。

[11] 王新华："资本市场活跃对各经济主体投资行为的影响"，《国际金融研究》，2007，(5)，75－80。

[12] 王新宇、宋学锋："基于贝叶斯分位数回归的市场风险测度模型与应用"，《系统管理学报》，2009，(2)，40－48。

[13] 闻岳春、黄福宁等："资本市场系统风险的评估、预警及控制研究"，中国证券业协会主编，《中国证券市场发展前沿问题研究》，中国财政经济出版社，2009，44－73。

[14] 闻岳春、陶敬刚："证券业综合经营新趋势下风险监控机制研究——以证券控股公司为例"，《商业经济与管理》，2007，(10)，32－37。

[15] 吴云峰、宋逢明："中国股市系统流动性研究"，《工业技术经济》，2008，(1)，125－128。

[16] 熊三炉："论我国创业板推出将促进科技型中小企业发展"，《科技管理研究》，2009，(1)，41－43。

[17] 徐爱田、白钦先：《金融虚拟性研究》，中国金融出版社，2008。

[18] 张蕾："论创业板市场风险控制法律制度的创新与借鉴"，《北京工业大学学报》(社会科学版)，2008，(1)，61－67。

[19] 周宏、梁楠、付尚媛："创业板市场：科技型中小企业重要的融资渠道"，《投资研究》，2008，(9)，13－16。

（作者单位：浙商证券有限责任公司）

二等奖

中国股票市场有效性问题研究
——实证分析与政策建议

• 周小全　徐海军　高　上　周　捷　林豪杰　李　建

以深沪交易所为标志的中国正式的股票市场诞生不过十多年，对其效率的评价看法不一。西方主流的股票市场效率理论是法玛的有效市场假说，这种效率理论实际上是信息效率理论。人们通常按信息集的不同类型，将市场效率划分为3种水平：一是"强式有效市场"，在该市场中，现时股票市场价格反映了所有（私人）信息，没有人能够利用包括内幕消息在内的任何信息获得超额收益；二是"中强式有效市场"，在该市场中，现时股票市场价格反映了所有公开的相关信息，如年报、剪报、报纸专栏等等，因此，没有人能够获益于公司的资产负债表、损益表、分配方案、股票拆细等的宣布，也不可能获利于对这些公开信息的分析（或基本分析）；三是"弱式有效市场"，在该市场中，现时股票市场价格充分反映了所有过去的价格或收益的信息，因此没有人能够通过分析价格运动（或技术分析）获得超额收益。后来许多学者运用多种计量模型，对有效市场假说进行了经验检验，形成了初步的经验检验方法体系。我国也有一些学者尝试对中国股票市场的有效性进行经验检验，具有一定的理论研究意义和实际意义。本课题旨在运用实证分析方法，通过大样本的分段检验，得出中国股票市场具有弱式有效性的基本特征，并在此基础上提出，中国股票市场的改革应走效率型之路，实现可持续发展。

1. 中国股票市场有效性的实证分析

1.1　文献回顾和数据处理

对于中国股票市场效率的研究已经不是一个新的课题，从中国建立股票市场之日开始，关心股票市场发展的学者就孜孜不倦地探索各种方法来检验市场的有效性，试图通过对市场有效性的研究来促进股票市场健康、快速发展。但从本课题所涉猎的文献来看，学者对中国股票市场有效性进行实证研究所得出的结论并不一致，存在较大差异。例如，1994年俞乔应用误差项序列相关检验、游程检验、非参量性检验等方法对沪深两市1990年和1994年的相关数据进行了实证分析，分析结果表明沪深两市不具备弱式有效性；1995年宋颂兴和金伟根检验了沪市1992年年底至1994年10月的周股价，认为此阶段沪市基本达到了弱式有效的条件；1996年吴世农选取沪市12只股票的日收盘价格进行自相关分析，结果表明样本时间序列与滞后1日或5日的序列存在显著的线性关系，因而认为沪市不具备弱式有效性；1997年林小明等人得出了我国股市具有弱式有效性的结论；1998年范龙振和张子刚运用基于最小二乘法的DF检验，对深发展、深万科、深金田、深安达、深星源等5只股票进行了检验，结果表明这5种股票的价格变动与股票市场的弱式有效性一致，说明深圳股市起步虽晚，但已取得了很大的发展，已显示出弱式有效性；1999年陈旭等选用了沪深两市自成立起至1997年年初的数据，运用比较法研究了股价与宏观经济的相关性、股票的内在价值和信息效率，认为我国股市仍处于非有效阶段；2000年魏玉根以上证综合指数1992年11月1日至1999年10月31日的收益率为样本，运用TTS模拟和符合检验法，认为当时的股市还不具备弱式有效性；2002年马向前选取1990年12月至2000年12月为样本区间，运用序列相关检验和ADF检验，得出了1993年以后我国股市已经达到了程度非常低的弱式有效水平的检验结果。

上述对现有研究文献的回顾表明，不同学者利用不同的检验模型（大多采用了随机游走模型、时间序列相关检验模型）、不同的数据、不同的方法，得出了我国股票市场信息效率截然不同的结论。本课题认为，学者之所以得出不同的结论，主要在于我国股票市场的历史较短，可供分析的样本不足，从很小的样本中很难通过股价是否符合随机游走特征来判定市场是否达到了弱式有效性。因此，对我国股票市场有效性的研究，必须注意大样本和充分考虑股票市场改革的标志性事件，即大样本、外加分段来进行时间序列相关性检验和游程检验。

中国股票市场成立时间虽然不长，其间却经历了几个阶段性的变化。自20世纪90年代初期沪深两个交易所成立，整个20世纪90年代两市在大盘走势、上市公司服务以及市场成交额上全面竞争，沪深两市的相对主导地位也几经转换。然而，2000年10月深市为筹备创业板而停发新股，直到2004年5月17日设立中小企业板（简称中小板）后才重新恢复了新企业上市（但仅限于中小企业），这一事件使得深市效率降低，而沪市则从此在信息方面起到了先导作用①。就沪市自身的

① 王一鸣和赵留彦：“深市停发新股对我国股市波动溢出效应的影响：向量GARCH模型方法”，《中国会计与财务研究》（香港），2004，Vol.6，No.1。

发展而言，1992 年 5 月 21 日是一个具有历史意义的日子，这一天上海证券交易所宣布全面放开股价，意味着沪市也真正成为名副其实的市场。因此，本课题选择了最能代表沪市整体走势的上证综指为研究对象，以上证综指 1992 年 5 月 21 日至 2009 年 10 月 30 日的每日收盘数据和每周收盘数据为分析样本。

股票市场弱式有效应该满足两个假设：一是连续性股票价格的变化相互独立，二是价格变化应该是具有同分布的随机变量。由于第二个假设在统计检验上的难度，如果对第一个假设进行实证检验后满足假设条件，则可近似认为股票市场中的价格是随机游走的，符合弱式有效的特征，也即股票市场是一个弱式有效的市场。

在具体研究中，本课题拟对日数据进行时间序列相关性检验，包括 1992 年 5 月 21 日至 2009 年 10 月 30 日的 4265 个数据；对周数据进行时间序列相关性检验，包括 1992 年 5 月 22 日至 2009 年 10 月 30 日的 876 个数据；游程检验用的每日收盘原始数据期间是 1992 年 5 月 21 日至 2009 年 10 月 30 日，共 4265 个原始数据。

在数据处理上，本课题以股指涨跌幅度的对数一阶差分作为收益率指标①。令 P_t 和 P_{t-1} 分别为 t 期和 $t-1$ 期期末的股票价格，R_t 为期间内所持有股票的差分方式的收益率，假定采用连续复利，R_t 可以表示为：

$$R_t = \ln(P_t/P_{t-1}) = \ln P_t - \ln P_{t-1} \tag{1}$$

1.2 时间序列相关性检验

对于股指而言，时间序列的相关性检验是为了考察当前股指是否与历史股指数据存在相关关系，进而检验股指运行是否存在某种规律或趋势。序列相关程度用序列相关系数的大小表示，如果股指走势是随机的，那么系列相关系数趋于零。巴特利已经证明，若一个时间序列是纯随机的，即表现出白噪音性状。在大样本中，自相关系数近似服从均值为 0 和方差等于样本容量之倒数的正态分布。

相隔 k 期的股指相关系数 $\hat{I}_K$ 可以表示为：

$$\hat{I}_K = \frac{\sum_{t=1}^{n-k}(R_t - \bar{R})(R_{t+k} - \bar{R})}{\sum_{t=1}^{n}(R_t - \bar{R})^2} \tag{2}$$

其中，$\bar{R}$ 为 $\{R_t\}$ 序列的均值，n 为总样本数，$\{R_t\}$ 存在有限方差，数据系列相关系数的标准差为 $s(I_k) = \sqrt{1/(n-k)}$。任何一个总体 95% 的置信区间

---

① 法玛（1965）认为，采用对数差分形式计算股价收益率具有三个优点：一是股价变化不大时，对数收益率近似于百分比收益率；二是股价涨跌幅度常常随价格上升而加大，采用对数差分可稳定股价变化，消除股价涨跌对于股价水平的依赖关系，而且百分比收益率具有正偏倾向；三是对数收益率趋近于正态分布，而收益率的正态分布对金融实证研究具有重要价值。

就是$\hat{I}_K \pm 1.96$ [$s(I_K)$]。如果上述区间包括了零值，则不能拒绝真实 I_K 为零的假设，但若这个区间没有包括 0，则拒绝真实 I_K 为零的假设。

1.2.1　不分时间段的日数据检验

根据相关系数的计算公式，分别计算 R_t 和 R_{t+k}（$k=1, 2, \cdots 40$）数据序列之间的序列相关系数，数据期间是 1992 年 5 月 21 日至 2009 年 10 月 30 日共 4265 个数据。本课题选取滞后期为连续的 1－40 天，$k=40$ 时，意味着检验的是上证综合指数与 40 个交易日（大约两个月）后的指数的相关影响。数据系列相关系数的标准差为 $s(I_K)=0.0154$，任何一个总体 95% 的置信区间就是 $\hat{I}_K \pm 1.96(0.0154)$，即 $\hat{I}_K \pm 0.0302$。相关系数分析结果见表 1。

表 1　　上证综指日收益率序列相关系数（$\hat{I}_K$）表

滞后交易日数	相关系数	滞后交易日数	相关系数	滞后交易日数	相关系数	滞后交易日数	相关系数	滞后交易日数	相关系数
1	0.02	9	0.03	17	0	25	-0.05*	33	0.02
2	0.01	10	-0.02	18	0.02	26	0.01	34	0.03
3	0.05*	11	-0.04*	19	0.02	27	-0.04*	35	0.03
4	0.05*	12	0.04*	20	-0.03	28	0.02	36	-0.02
5	0.03*	13	0	21	0	29	0.02	37	-0.02
6	-0.05*	14	0.01	22	0	30	0.02	38	-0.01
7	0.01	15	0.02	23	-0.03	31	0	39	0
8	-0.03*	16	0.03	24	-0.01	32	-0.01	40	0.01

注：* 表示在 5% 显著水平下显著异于零，个数为 9 个。

数据是小数点后保留两位四舍五入而成。滞后交易日为 5 天时，相关系数是 0.0310167；滞后交易日为 8 天时，相关系数是 －0.0333144。这两个系数均在置信区间 $\hat{I}_K \pm 0.0302$ 之外，表明置信度为 0.05 时，这两个系数的相关性都是显著的。

表 1 上证综指日收益率序列相关系数的数据分析表明：

（1）有 9 个自相关系数在 5% 的显著水平下显著异于 0，收益率 $\{R_t\}$ 序列的自相关系数呈现先大后小的趋势；

（2）三阶、四阶、五阶、六阶、八阶、十一阶、十二阶、二十五阶、二十七阶共 9 个自相关系数绝对值较大，且在 5% 的置信水平上显著异于零；

（3）除上述 9 个阶次以外，其他阶次的自相关系数绝对值较小，尤其是二、七、十三、十四、十七、二十一、二十二、二十四、二十六、三十一、三十二、三十八、三十九和四十阶等 14 个阶次的相关系数较小。

总体来看，表 1 数据似乎表明了“滞后期越长，则相关性越小”的这样一种趋向，这在一定程度上表明，在一个较短的滞后期区间内，当天的股指对未来较短天数内的股指走向具有指导作用，这同时也证明，上述趋向或规律在做较长滞后期时的预测也有效。

1.2.2 分时间段的日数据检验

从沪深交易所正式成立至今，中国股票市场始终坚持“市场化、规范化、国际化”的发展方向循序推进、稳步发展。期间，经历了1996年以前的发展中规范阶段、1997－2006年的规范中发展阶段和2007年至今的全新发展阶段等3个阶段，这3个阶段分别有着如下典型的特征。

第一阶段：1991－1996年，初期的发展中规范阶段。以1992年国务院证券管理委员会和中国证监会的成立为标志，全国性的股票市场形成并逐步发展。众所周知，中国股市是以改革实验田的角色出现在经济舞台上的，是在“坚决试”的精神下试出来的。这种角色和定位，注定了中国证券市场在发展之初，不得不经历“发展中发现问题、解决问题”、“摸着石头过河”这一阶段。因此，这一阶段股票市场发展的总体特征是“发展中规范”，股票市场发展的基础设施和制度均是在这一阶段逐渐形成的。

第二阶段：1997－2006年，规范中发展阶段。以1997年中国金融体系“分业经营、分业管理”原则①的确定以及1998年《证券法》的出台为标志，中国股票市场步入规范发展阶段。在第一阶段建章立制的基础上，从维护证券市场“三公”原则、保护投资者利益的角度出发，这一阶段更强调各项规章制度的落实，加强了对市场各方参与者行为规范的监督管理。在执法过程中，监管部门查处了一些重大的违法违规案件，如琼民源案、红光实业案、银广夏案等虚假披露、欺诈和内幕交易案件，中科创业案、亿安科技案等操纵市场案件，以及德隆系案、科龙电器案、南方证券、闽发证券等综合违法案件，打击了证券市场的不法行为。同时，国务院于2004年1月发布了《关于推进资本市场改革开放和稳定发展的若干意见》，资本市场开始逐步推行一系列改革措施，完善各项基础性制度。

第三阶段：2007年至今，全新发展阶段。随着股权分置改革、多层次资本市场体系建设、上市公司质量全面提升、证券公司综合治理、股票发行体制改革、机构投资者超常规发展等一系列旨在完善市场基本制度和恢复市场功能的改革措施的逐步到位，中国股票市场发生了深刻的变化，运行更加符合市场化规律，已经步入一个全新的发展阶段。

考虑到不同发展阶段所具备的典型特征，不免将影响到股票市场的信息效率

---

① 1997年11月召开的全国金融工作会议确定了银行业、证券业、保险业分业经营、分业管理的原则。

以及样本大容量的需要，本部分将在上述不分时间段对日数据进行检验的基础上，根据股票市场发展的阶段性特征，按两个截选时间段对日数据进行检验分析。第一个截选时间段为 1997 年 1 月 2 日至 2006 年 12 月 29 日，也即股市处于规范中发展阶段；第二个截选时间段为 2007 年 1 月 4 日至 2009 年 10 月 30 日，也即股票市场步入全新发展阶段。

（1）第一个截选时间段分析：1997 年 1 月 2 日至 2006 年 12 月 29 日。

本分段后的样本数为 2411 个。数据系列相关系数的标准差为 $s(\hat{I}_K)=0.0205$，任何一个总体 95% 的置信区间就是 $\hat{I}_K \pm 1.96\ (0.0205)$，即 $\hat{I}_K \pm 0.0402$。相关系数的分析结果见表 2。

表 2　　上证综指日收益率序列相关系数（$\hat{I}_K$）表

滞后交易日数	相关系数	滞后交易日数	相关系数	滞后交易日数	相关系数	滞后交易日数	相关系数	滞后交易日数	相关系数
1	0	9	-0.02	17	0.02	25	-0.05*	33	0.02
2	-0.03	10	0.02	18	0.01	26	0.04	34	0.07**
3	0.04	11	0.02	19	0.01	27	-0.02	35	0
4	0.04*	12	0.05*	20	0.03	28	0	36	-0.01
5	-0.01	13	-0.01	21	-0.06**	29	0.07**	37	0.01
6	-0.01	14	0.01	22	0	30	0.02	38	0.01
7	0.02	15	0.07**	23	-0.03	31	0	39	0.03
8	-0.02	16	0	24	0.04	32	-0.02	40	-0.02

注：* 表示在 5% 显著水平下显著异于零，个数为 7 个。

数据是保留小数点后保留两位四舍五入而成：滞后交易日为 4 天时，相关系数为 0.0412264，在置信区间 $\hat{I}_K \pm 0.0402$ 之外，表明置信度为 0.05 时，第四阶系数的相关性是显著的。

表 2 数据分析表明：

①在中国股票市场发展的第二阶段即规范中发展阶段，股票持有收益率 $\{R_t\}$ 序列的自相关系数也没有呈现先大后小的趋势，表现较为均衡；

②四阶、十二阶、十五阶、二十一阶、二十五阶、二十九阶和三十四阶共 7 个自相关系数绝对值较大，大于 0.0402，且在 5% 的置信水平上显著异于零，其他阶次的自相关系数绝对值较小；

③较之不分段的检验方式，本分段后的日收益率序列自相关系数在 5% 的置信水平上显著异于零的个数为 7 个，小于不分段检验中的 9 个，且分布更为均衡。

总体而言，通过与不分段检验的结果比较分析，可以看出，上证综合指数日收益率序列在股市步入 1997 年后到 2006 年年底间的随机性态有所加强，指数中表现出一定的白噪音性态。这从一个侧面反映，在股票市场步入规范中发展阶段，随着股票市场制度体系的逐渐完善，以及对规章制度的执行力度和对市场参与者行为规范的逐渐重视，发展初期盛行的庄家操纵股价、上市公司披露虚假信息、内幕交易等破坏市场秩序的行为在一定程度上得以整治，股票市场的信息效率也随之逐渐提高。

（2）第二个截选时间段分析：2007 年 1 月 4 日至 2009 年 10 月 30 日。

本分段后的样本数为 688 个。数据系列相关系数的标准差为 $s(\hat{I}_K)=0.0393$，任何一个总体 95% 的置信区间就是 $\hat{I}_K \pm 1.96(0.0393)$，即 $\hat{I}_K \pm 0.0770$。相关系数分析结果见表 3。

表 3　　上证综指日收益率序列相关系数（$\hat{I}_K$）表

滞后交易日数	相关系数	滞后交易日数	相关系数	滞后交易日数	相关系数	滞后交易日数	相关系数	滞后交易日数	相关系数
1	-0.01	9	-0.02	17	-0.03	25	-0.02	33	-0.07
2	-0.02	10	-0.01	18	0.06	26	-0.02	34	0.06
3	0.03	11	0.06	19	-0.03	27	0.04	35	0.05
4	0.08*	12	0.02	20	-0.04	28	0.02	36	-0.05
5	0.02	13	0.06	21	-0.01	29	-0.03	37	0.06
6	-0.05	14	-0.01	22	0.06	30	-0.01	38	0.04
7	0.01	15	0.09*	23	0.03	31	0.03	39	0.04
8	-0.03	16	-0.02	24	0.02	32	-0.04	40	0.02

注：* 表示在 5% 显著水平下显著异于零，个数为 2 个。

表 3 数据分析表明：

①在中国股票市场发展的第三个阶段即全新发展阶段，股票持有收益率 $\{R_t\}$ 序列的自相关系数也没有呈现先大后小的趋势，表现较为均衡；

②在这一阶段的日数据检验中，只有四阶和十五阶这 2 个自相关系数绝对值较大，大于 0.0770，且在 5% 的置信水平上显著异于零，其他阶次的自相关系数绝对值较小；

③本分段后的日收益率序列自相关系数在 5% 的置信水平上显著异于零的个数分布较为均衡，5% 显著性水平下异于 0 的个数仅为 2 个，既少于不分段日数据检验中的 9 个，也少于第一个截选时间段（1997 年 1 月 2 日至 2006 年 12 月 29 日）日数据检验中的 7 个。

总体来看，通过与不分段检验结果以及分段检验中的第一个截选时间检验结果相比较可以看出，2007 年以来，上证综合指数日收益率序列的随机性特征更为突出，指数中的白噪音性态更为清晰。这在一定程度上反映，随着股权分置改革的顺利完成，大股东、上市公司、投资者等各方的利益基础逐渐趋同，中国股票市场进入了一个全新发展阶段。此外，2007 年以来，基于资本实力的大幅提升和应对市场竞争的需要，各家证券公司纷纷加大研究投入，以证券公司内设证券研究机构为主的证券分析师队伍迅速壮大，分析师研究报告的数量明显增加，研究能力大为提升，研究报告的发布更为规范，这都极大地加快了市场信息的传递速度，从而缓解了客观存在的市场信息分布不对称。因此，2007 年以来，中国股票市场的运行更为健康，人为操纵股价的空间日渐缩小，股市的信息效率明显增加，初现“弱式有效”的市场特征。

1.2.3　不分时间段的周数据检验

考虑到日数据前后几天的可预测性普遍要强些，这对于随机分析会产生干扰。因此，本课题同时运用上证综指周数据对随机游走现象再次进行分析检验，数据期间是 1992 年 5 月 22 日至 2009 年 10 月 30 日共 876 个数据。考虑到样本容量要求，我们对周数据部分时间段进行检验。数据系列相关系数的标准差 $s(\hat{I}_K)=0.0346$，任何一个总体 95% 的置信区间就是 $\hat{I}_K \pm 1.96(0.0346)$，即 $\hat{I}_K \pm 0.0678$。相关系数分析结果见表 4。

表 4　　上证综指周收益率序列相关系数表（$\hat{I}_K$ 值）

滞后交易日数	相关系数	滞后交易日数	相关系数	滞后交易日数	相关系数	滞后交易日数	相关系数	滞后交易日数	相关系数
1	0.07*	9	0.04	17	-0.04	25	-0.05	33	0.04
2	-0.04	10	0.01	18	0.02	26	-0.05	34	-0.02
3	0.04	11	0.06	19	0.03	27	-0.04	35	0.01
4	0.01	12	-0.02	20	0.01	28	0.01	36	0.05
5	-0.04	13	-0.05	21	-0.02	29	0.10**	37	0
6	0.03	14	0	22	-0.05	30	0.04	38	0.03
7	0.02	15	-0.01	23	-0.03	31	-0.03	39	0.07*
8	-0.03	16	-0.02	24	-0.03	32	-0.07	40	0.11**

注：* 表示在 5% 显著水平下显著异于零，个数为 4 个。

表 4 的数据分析表明：

（1）在 5% 显著性水平下，周数据检验中自相关系数显著异于 0 的仅有 4 个，相对于日数据检验，随机游走的特征更加突出；

（2）周收益率序列中的一阶自相关系数绝对值较大，而且只有第二十九阶、第四十阶的数据在5%显著性水平下非常显著地异于0。这表明，上证综指的周历史数据对第二十九期和第四十期数据具有一定的预测作用，呈现出一定的趋向性。这可以解释成样本单位期间长的数据可能更符合宏观经济运行的规律，所以更具有可预测性①。而且，市场在长期内具有基于波浪理论等可预测性的观念，这些观念也可能促使股指朝着这个被人们预期的方向运行。

1.2.4 Q 值检验

按博克斯和皮尔斯检验原理，不用检验个别自相关系数的统计显著性，可用 Q 统计量来检验所有自相关系数都同时为0的联合假设。即考虑到股价时间序列上的自相关系数仅是对滞后各期之间的相关程度进行的独立性检验，有必要运用Box－Ljung修正检验统计量对总体相关系数进行联合检验。初始假设为：$I_1 = I_2 = \cdots = I_{40} = 0$。

$$Q(k) = n(n+2)\sum_{m=1}^{k}\frac{1}{n-m}I^2 m \quad (3)$$

以下利用上述公式分别对上证综指不分段的日数据、两次分段后的日数据、不分段的周数据进行 Q 值检验。

（1）不分段日数据的 Q 值检验结果。

在不分段情况下，上证综指日收盘数据取值范围是1992年5月21日至2009年10月30日，$K=40$，I_1，$I_2 \cdots I_{40}$来自于表1，Q 服从自由度为 $k=40$ 的 χ^2 分布。

根据公式计算可得：$Q=116.47$。

查表可知自由度为40，Pr（$\chi^2>26.51$）$=0.95$，即5%显著性水平下的临界值为26.51。显然，Q 值大于临界值，是临界值26.51的4.39倍。

（2）分段后日数据第一截取时间段的 Q 值检验结果。

若上证综指分段后的日收盘数据取值范围是1997年1月2日至2006年12月29日，$K=40$，I_1，$I_2 \cdots I_{40}$来自于表2。

根据公式计算可得：$Q=93.98$。Q 值大于临界值，是临界值26.51的3.54倍。因此拒绝所有真实的（I_K 都为0）虚拟假设，至少它们中有某些一定非零。

（3）分段后日数据第二截取时间段的 Q 值检验结果。

若上证综指分段后的日收盘数据取值范围是2007年1月4日至2009年10月30日，$K=40$，I_1，$I_2 \cdots I_{40}$来自表3。

① 股票市场可能先于经济形势的变化作出反应，意味着对经济状况作了较为充分的预测后，将有助于预测股票市场的运行。

根据公式计算可得：$Q=48.01$。Q 值大于临界值，是临界值 26.51 的 1.81 倍。因此拒绝所有真实的（I_K 都为 0）虚拟假设，至少它们中有某些一定非零。

（4）不分段周数据的 Q 值检验结果。

在不分段情况下，上证综指周收盘数据取值范围是 1992 年 5 月 22 日至 2009 年 10 月 30 日，$K=40$，I_1，$I_2 \cdots I_{40}$ 来自表 4。

根据公式计算可得：$Q=67.71$。Q 值大于临界值，是临界值 26.51 的 2.55 倍。因此拒绝所有真实的（I_K 都为 0）虚拟假设，至少它们中有某些一定非零。

以上分析显示，4 种情况下的 Q 值均大于临界值，这表明了上证综指具有一定的随机性。其中，（1）1997 年 1 月 2 日至 2006 年 12 月 29 日间日数据的 Q 值小于不分段的情况，表明 1997 年 1 月 2 日至 2006 年 12 月 29 日间股指的随机性强于 1997 年以前；（2）2007 年 1 月 4 日至 2009 年 10 月 30 日间日数据的 Q 值明显小于 1997 年 1 月 2 日至 2006 年 12 月 29 日间日数据的 Q 值，表明 2007 年以来股指的随机性明显强于 2006 年年底以前；（3）上证综指周收盘数据的 Q 值明显小于不分段日数据的 Q 值和 1997 年 1 月 2 日到 2006 年年底区间日数据的 Q 值，但略高于 2007 年以后分段日数据的 Q 值，表明从整体上看周数据比日数据更具随机游走的特征，同时也进一步表明 2007 年以来股指随机游走的特征非常明显。

1.3 游程检验

考虑到时间序列相关性检验存在两个缺点：一是可能受到异常值的干扰，但在相关系数中不能反映；二是可能受到有限方差存在与否的影响。因此，本部分拟通过游程检验法来检验我国股票市场的有效性，以弥补时间序列相关性检验的不足。

游程检验从考察股指变化的正负方向入手，来确定一个序列的所有观察值中非随机性趋势出现的所有情况。股票价格连续性地单向运动称为一个游程，所以理论上存在 3 种游程形式：上升游程、零游程和下降游程。但实际上，零游程出现的概率很小，所以主要是两种游程数目。由于股指可能会在一段时期内一直同方向运动，所以游程的实际长度会大于预期游程的长度；反之，实际游程的数目会小于股价随机变化时的预期游程数目，因为随机运动意味着在下一个交易日股指上升和下降的概率是一样的。

这里，记 N 为 $\{R_t\}$ 序列的样本总数；n_i（$i=1, 2, 3$）分别为不同方向的股指变化天数，其中 n_1 为股指上升运动的天数、n_2 为股指下降运动的天数、n_3 为股指横向运动的天数；记 M 为实际游程数目，序列 $\{R_t\}$ 的预期游程数、标准差和标准化正态变量分别记为 m、σ_m、K，根据法玛在 1965 年给出的公式，m、σ_m、K 的计算公式如下：

$$m=[N(N+1)-\sum_{i=1}^{3}n_i^{\ 2}]/N \tag{4}$$

$$\sigma_m=\sqrt{\frac{\sum_{i=1}^{3}n_i^{\ 2}[\sum_{i=1}^{3}n_i^{\ 2}+N(N+1)]-2N\sum_{i=1}^{3}n_i^{\ 3}-N^3}{N^2(N-1)}} \tag{5}$$

$$K=\frac{(M-1/2)\quad -m}{\sigma_m} \tag{6}$$

当 N 足够大时，K 趋近于期望值为0、方差为1的正态分布。给定0.1的显著水平，正态分布可信的 K 临界值为1.65，所以如果 K 值在（-1.65，1.65）内时，股指变化就接受随机性假设，否则就认为股指变化具有某种趋向性。

下面，分别对上证综指不分段的日数据和两次分段后的日数据进行游程检验。

1.3.1　不分段日数据的游程检验

在不分段的日数据区间1992年5月21日至2009年10月30日共4265个原始数据中，$N=4264$，上证综指正向变化 $n_1=2186$，负向变化 $n_2=2077$，横向变化 $n_3=1$（精确到小数点后7位，如果再往下精确，可能 $n_3=0$）。实际游程数 $M=2129$。

计算可得 $m=2132.61$；$\sigma_m=32.62$；$K=-0.13$。

1.3.2　分段后日数据第一截取时间段的游程检验

在分段日数据区间1997年1月2日至2006年12月29日共2411个原始数据中，$N=2410$，上证综指正向变化 $n_1=1253$，负向变化 $n_2=1156$，横向变化 $n_3=1$（精确到小数点后7位，如果再往下精确，可能 $n_3=0$）。实际游程数目 $M=1194$。

计算可得 $m=1205.05$；$\sigma_m=24.49$；$K=-0.47$。

1.3.3　分段后日数据第二截取时间段的游程检验

在分段日数据区间2007年1月4日至2009年10月30日共688个原始数据中，$N=687$，上证综指正向变化 $n_1=384$，负向变化 $n_2=303$，横向变化 $n_3=0$。实际游程数目 $M=342$。

计算可得 $m=339.72$；$\sigma_m=12.91$；$K=0.14$。

上述分析结果表明：（1）1992年5月21日至2009年10月30日，上证综指日收益率序列的实际游程数与预期游程数的差额占预期游程数的-0.2%，K 值为-0.13，位于（-1.65，1.65）区间；（2）1997年1月2日至2006年12月29日，上证综指日收益率序列的实际游程数与预期游程数的差额占预期游程数的-1%，K 值为-0.47，位于（-1.65，1.65）区间；（3）2007年1月4日至2009年10月30日，上证综指日收益率序列的实际游程数与预期游程数的差额占预期游程数的1%，K值为0.14，位于（-1.65，1.65）区间。可见，在上述3种情况下，上证综指日收盘指数的变化均接受随机性假设，也即根据上证综指的历史数据对上证综指进行预测不能获得超额收益，且在0.1的显著性水平下具有可信性。

2. 中国股票市场具有弱式有效性的特征

通过第一部分的实证分析可以看出，中国股票市场具有弱式有效性的特征，具体表现在以下3个方面：

2.1 上证综指的走势具有随机性

在本课题前述分析中，对不分段日数据的时间序列相关性检验的结果表明，上证综指走势不具有随机性。但是，对分段后日数据检验（包括两个截选时间段：1997年1月2日-2006年12月29日、2007年1月4日-2009年10月30日）和不分段周数据检验的结果均表明，上证综指的随机性特征逐渐加强。基于"周数据比日数据更具说服力"的判断，再加之，对日数据进行游程检验的结果也表明上证综指走势具有随机性，因此，本课题认为，上证综指的走势具有随机性特征。

2.2 上证综指随机性特征的趋势在不断加强

通过对不分段日数据检验结果、截取1997年1月2日-2006年12月29日的日数据分段检验结果、2007年1月4日-2009年10月30日的日数据分段检验结果等三个结果进行比较，可以发现，上证综指随机性特征的趋势在不断加强。对此，本课题认为，影响上证综指走势随机性特征的因素主要有以下几方面：

2.2.1 "羊群效应"

股票市场建立初期，投资者对股票市场还缺乏深入了解，"跟风现象"、"羊群效应"等较为突出，如果某个"权威"机构或人士预测了股票市场的未来趋向，大部分投资者一般会认同这种趋向，上证综指就会朝着这个方向运行。随着投资者投资实践的增多和相关知识的普及，"羊群效应"会逐渐减弱。

2.2.2 市场规模

股票市场建立初期的股票数目较少，上市公司的股本规模也普遍偏小，所以操纵股票价格对上证综指的影响也比较明显。在股票供求失衡、操纵股价相对容易且不易被查处的阶段，上证综指可能的走势具有某种趋向性，这种趋向性运动也有利于股票操纵者更好地操纵股价。随着股票市场的不断完善，该因素的影响力变得越来越弱。

2.2.3　投资者结构

作为资本市场信息的使用者，中国股票市场的投资者长期以来均是以中小投资者为主，中小投资者信息获取和处理能力比较弱，往往通过最方便、最通俗的渠道获取信息，不加甄别地作出投资决策，这一行为极易助涨“羊群效应”，也容易被市场操纵者所利用，从而导致上证综指的走势表现出某种趋向。

2.2.4　上市公司信息披露质量

股票市场的信息不对称及其引发的道德风险和逆向选择问题是股票市场进行会计信息披露的根本动因。在我国股票市场成立之初，上市公司的信息披露存在虚假陈述情况严重、会计信息披露不充分、会计信息披露不及时、关联方关系及其交易披露不规范等诸多问题，股票市场的信息质量不能保证，也就无法保证股票市场的信息效率。

2.2.5　证券投资咨询队伍

证券投资咨询机构及其投资咨询人员往往具有优于一般投资者的信息收集途径和专业分析能力，通过他们为投资人提供证券投资分析、预测或者建议等直接或间接有偿咨询服务的活动，将大大降低投资者的信息搜寻与分析成本，提高市场的信息效率，使市场定价在套利竞争的作用下促进市场的有效性。

自1997年我国金融体系实行“分业经营、分业监管”以及《公司法》、《证券法》出台以来，我国股票市场的规模迅速扩大、市场制度体系不断完备，对操纵股价、内幕交易等违规行为的惩处力度不断加大；随着对上市公司监管的加强，上市公司质量也不断提升；随着机构投资者的发展，投资者结构不断优化；而具有专业知识的证券投资咨询队伍的出现，更是加深了对市场信息的挖掘和传递。上述这一系列的改变，分别从不同侧面推动了股票市场信息效率的提升，因此也导致了上证综指走势的随机性特征逐渐增加。

2.3　2007年以来，我国股票市场“弱式有效”的特征较为清晰

虽然上证综指日数据在1997年以前和1997年1月2日至2006年12月29日期间我国股票市场的随机性较弱，但对于长单位期间的周数据而言，表现出弱有效性特征的趋势较为明显。而且通过对2007年1月4日至2009年10月30日区间分段日数据与2006年年底以前的分段日数据对比，表明2007年以来上证综指的随机游走特征明显进一步加强。对此，本文认为，随着股权分置改革的顺利完成，大股东、上市公司、投资者等各方的利益基础逐渐趋同，在相关监管制度的指引下，各方的行为也更趋于规范；再加之，随着证券公司综合治理的圆满完成，以证券公司内设证券研究机构为主的证券投资咨询队伍迅速壮大，证券研究

报告的数量明显增加、质量大为提升、研究报告的发布更为规范和迅速，这都提高了市场信息的挖掘深度和使用效率，使得相关的历史信息能更为充分反映到股票价格中。整体来说，我国股票市场运行具有随机性特征，达到了弱式有效，尤其是2007年以来，这一特征更为明显。

3. 中国发展有效性股票市场的几点建议

3.1 中国股票市场改革应走效率型之路

如上所述，中国股票市场仅仅用了不到20年的时间，便具有了弱式有效性特征，走过了一些发达国家几十年甚至上百年的道路。

回顾中国股票市场近年的发展历程，我们可以清晰地看出，我国股票市场走过的道路有自己非常独特的地方。与很多成熟市场漫长的自我演进发展模式不同，中国股票市场是由政府与市场共同推动的，即政府自上而下推动的市场化改革与市场的自我演进相结合。一些重要变革的成功关键也都是坚持了市场化的改革方向，并采取了政府与市场有机结合的方式，循序渐进地推进。

美国市场经过200多年发展到了今天，其间，它经历过市场完全依靠自由演进的发展模式所带来的过渡震荡，也经历过危机之后政府对股票市场的全面整顿和清理，走过了很多弯路，支付了昂贵的社会成本。

作为一个新兴市场，我们应该充分发挥后发优势。在看到成熟市场走过的历程之后，怎样吸取它们的教训，少走弯路，怎样作出一个合理的制度设计，在市场和政府之间找到一个比较好的平衡，是我们应该思考的。立足于为国民经济服务，借鉴国际市场的经验和教训，结合我国经济和股票市场的现实情况，有序地推进市场化改革，充分调动各个市场参与主体的积极性，坚持走效率型之路，以实现可持续发展，不仅是过去数年我国股票市场改革发展得以顺利进行的根本原因和有效性不断提高的重要举措，也是未来我们建设中国股票市场行之有效的方法，应该成为中国股票市场发展的一个坚定不移的方向。

3.2 效率型股票市场发展的政策建议

中国效率型股票市场的战略定位和目标是，将股票市场建设成为更加公正、透明、高效的市场，为中国经济资源的有效配置作出重要贡献；成为更加开放和具有国际竞争力的市场，在国际金融体系中发挥重要的作用。中国股票市场发展的政策理念必须从单一的需求管理过渡到供求协调管理，政策的重心是扩大供给、优化结构并不断地疏导内部需求、积极拓展外部需求，以实现股票市场供求的战略平衡。具体来讲，本课题提出效率型股票市场发展的以下政策建议要点。

第一，对于一个稳定而成熟的股票市场体系，合理的多层次和适度的复杂性是必备的特点。组织体系的结构化与证券资产的丰富化是股票市场体系合理多层次与适度复杂性的保证，也是中国股票市场体系稳定与市场效率提高的保障。

第二，合理界定政府在股票市场发展中的行为边界是保障中国股票市场发展的重要条件之一。摒弃转型与后发国家习惯的过度干预症，克服政府与市场的对立论，在市场亲善论与国家推动发展论中寻求与提倡市场增进论。

第三，以协调的观点看待股票市场的增量与存量改革，看待产权结构与市场结构改革。适时加强企业的产权建设，使企业成为真正的市场主体，从而发挥其主动适应性与能动性。

第四，中国股票市场改革与发展应遵循系统性、开放性与效率型的原则，变革的核心是应加强市场基础设施与高层制度性资源建设，既要建立合理多层次与适度复杂性的股票市场体系，更要从系统的视角注重股票市场效率的提高，尤其应在遵循市场内生路径依赖的同时，加强市场基础设施与高层功能性资源建设。具体来讲，一方面，政府应采取措施，将重心转移到加强市场基础设施建设上来；另一方面，制度是全局性的，改革应该统揽全局，股票市场制度变革是中国渐进性的、先易后难的金融改革绕不过的难关，高层制度性资源变革重要性更大，但效果较慢，其建设绝非朝夕之功，与社会文化、法律等诸多因素有较大关联。如何制定协调的股票市场、资本市场、金融、经济发展战略显得尤为重要。

第五，优化股票市场结构，健全市场运行机制，改善市场生态环境，加强市场基础设施建设是提高股票市场效率的必由之路。具体来讲，提高中国股票市场效率的充分必要条件是实现市场质性发展与量性增长的协调、各层次金融资源的协调、市场内部效率与外部效率的协调、市场静态效率与动态效率的协调、市场宏观效率与微观效率的协调、虚拟经济与实体经济的协调以及股票市场改革、创新及开放的协调。

参考文献

[1] Bartlett, M. S., 1937, *Properties of sufficiency and statistical tests* [J], Proceedings of the Royal Statistical Society Series A 160, 268 – 282.

[2] 中国证监会：《中国资本市场发展报告》，中国金融出版社，2008 年。

[3] 周小全：《资本市场效率论——二元视角下的理论分析与中国实证研究》，中国财政经济出版社，2008 年。

（作者单位：中原证券股份有限公司　河南财经学院国际经贸关系研究所）

三等奖

信贷资金流入股市规模和途径研究（摘要）

·胡月晓　许　瑾

本文主要研究在我国当前情况下，信贷资金可能流入股市的渠道和规模。

对于信贷资金流入股市的途径，本文认为要有4种方式：资金置换、贷款回笼、抵押套现、曲线入市。

通过对货币数量和股票价格间的分析可知，货币数量和股票价格间并不存在简单的一一对应关系。因此，在对测算流入股市的信贷资金规模研究方法的选择上，本文认为，不能单从股票价格本身变动表现，推断流入股市的信贷资金或股票市场上资金规模变化，必须从实体经济领域着手，寻找信贷资金流入股市的变动情况。这一认识决定了本文的研究思路，本文按以下逻辑展开。首先，我们阐述了采用测算信贷流入股市方法的原因，由于货币数量变动对股票价格走势的影响复杂，我们只能从实体经济领域着手，寻找信贷资金流入股市的变动情况；其次，我们简要论述了信贷资金流入股市的途径；接下来，我们对信贷流入股市的规模分居民和企业情况，采用多种方法进行了测算；最后就我们的测算结果进行了简要分析，并提出了一些政策建议。

在采用总额法来计算企业经营活动对信贷资金需求的过程中，本文又分别采用了收入法（企业经营收入情况与所需信贷资金呈正相关关系）、产出法（工业增加值与信贷资金需求呈正相关关系）和资产法（企业短期贷款与流动资产呈正相关关系，企业中长期贷款与全社会投资呈正相关关系）来进行估算，最终的测算结果取这3种方法的平均值；我们认为超过正常需求的信贷投放最终都将形成沉淀资金或移作它用，即流入股市或楼市。本文还测算了居民部门贷款漏出的情况。本文通过相关性分析指出新增居民贷款的变动和股指间的联动关系明显，2005年以来每年平均有45%的新增居民贷款流入了股市。综合判断，我们测算出2009年前三季度贷款流入股市的规模应该在25672.45亿元至41475.75亿元之间，占新增贷款的比重在29.61% -47.84%之间。更为重要的是，前3

季度新增贷款中，闲置资金规模也很庞大，我们测算闲置数量可能达 22466.02 亿元，占新增贷款数量的 25.91%；闲置规模最高可能为 51127.31 亿元，占比为 58.97%（产出法测算）。

对于如此庞大的信贷资金流入股市，本文认为会影响商业银行、资本市场甚至整个社会的稳定运行，为此给出了防范信贷资金流入股市的几点建议：一是要按照经济增长的需求来控制信贷规模；二是增强货币当局的独立性；三是加强贷后的管理；四是加强对商业银行的风险监管。

（作者单位：上海证券有限责任公司）

国内分析师预测能反映市场预期吗？——基于MBE的市场反应研究（摘要）

• 汪　辉　曹　胜

新兴资本市场的发展也伴随着证券分析师行业的发展，国内分析师行业自20世纪初步入迅速成长轨道后，基于价值投资基础的分析师盈利预测对股票市场的影响日益受到人们关注。但是关于分析师的众多基础性问题在国内仍较少有实证检验，其中，一个重要的问题就是他们提供的预测能否反映市场上投资者对企业盈利情况的预期？也就是说国内市场投资者在意这个“信息传递者”吗？从市场的角度出发，如果企业实际披露的盈余达到或者超过了分析师的预期（Meet - or - Beat Expectation，MBE），这个差额会不会以及会在多大程度上影响其股票价格？另外，如果国内的股票市场会对MBE有正面的市场反应，那么上市公司高管是否也注意到了MBE带来的好处，并通过盈余管理来避免MBE带来的负面影响呢？本文将针对这些问题展开实证研究。

为了检验我国分析师盈利预测能否影响并反映市场预期，本文从达到或超过盈利预期的角度出发，对基于分析师盈利预测的MBE市场反应进行检验。根据WIND金融资讯搜集的针对2005 - 2007年财报的券商分析师盈利预测样本，发现了一些与成熟资本市场类似的和有差异的结论。类似的结论有：（1）二级市场会调高MBE股票的相对估值；（2）分析师的盈利预测要比管理层披露的业绩预测更好地反映出市场预期；（3）发现了“针对MBE的盈余管理”的一些痕迹。同时也发现了一些国内和成熟资本市场不同的结论：（1）由于国内分析师预测只提供年度预测，所以较多的预测出现在报表日与披露日之间；（2）针对MBE信息，短窗口内市场提前约5 - 10个交易日开始显著反应，存在报表信息的较早泄露；（3）机构控盘程度越高就能明显抑制短期股价的波动，但从较长期限来看，未发现机构持股比率越高的公司MBE带来的溢价更高；（4）市场对包含更多盈余管理成份的公司短期内会相应降低估值，但对长期股价的影响没有得到数据的支持；(5) 由于市场的大幅波动，针对 MBE 构造的投资组合收益率虽然保持为正，但也跟着大幅波动。

本文的敏感性检验表明，股票市场大环境的起落对结论的影响主要在于超额收益的多少，而不影响结论的稳定性。敏感性检验还发现，管理层的盈利预测虽然与分析师的盈利预测相关性很高，但分析师预测作为市场预期的替代要比管理层盈利预测更好；同时，机构投资者的存在会加剧对 MBE 的长期 CAR 值的区分。我们还通过上市公司盈利是否构造了 MBE 套利投资组合，MBE 组合取得了正的超额报酬，这表明 MBE 论题对 A 股二级市场具有经济重要性。

在得到上述结论的基础上，我们还对证券分析师行业的发展、上市公司盈余管理以及年报信息的提前泄露提出了政策建议。

（作者单位：海通证券股份有限公司　上海财经大学）

内幕交易的预警研究（摘要）

• 祖传夫　李　戈　李　帅　郭晓杰　梁　健　周　祎

内幕交易从根本上违背了证券市场的公平性原则，损害了资本市场的发展根基。由于内幕交易手段复杂、取证困难且危害巨大，防患于未然显得尤为重要。从诸多国家的立法来看，大多建立了以持股报告制度、信息披露制度、行为限制制度及内部控制制度为基本内容的内幕交易防范制度体系。本文拟先从内幕信息、内幕人员、内幕交易行为这 3 大核心要素入手以把握内幕交易的含义，再分析我国社会现有的法律制度体系对内幕交易的约束与疏漏，并力图寻求症结所在，在借鉴国外立法的基础上进行设想，以期构建、完善严密的内幕交易预警机制。同时引入博弈模型来定量地探讨内幕交易的事后处置。

本文第一部分首先从内幕交易、内幕人员、内幕信息等 3 个方面来分析内幕交易的内涵和外延。并在此基础上尝试给出内幕交易较为精确的定义。接着从事前预防制度、事中控制制度、事后制裁制度来分析内幕交易的防控体系。最后综述了一下国内外关于内幕交易的研究现状。

本文第二部分主要介绍和比较发达国家关于内幕交易的监管体系。首先比较了美国和英国的监管机构。然后从立法与制度、交易所/证券业协会等行业组织的相关管理办法与市场监察体系、上市公司/中介服务机构的内部控制制度来比较国外监管部门的制度体系。

本文第三部分首先通过事件研究法、价格波动性分析、信息价格发现效率 3 个角度，通过实证的方法来研究内幕交易的判定。并把这 3 种方法运用到实例中，事实证明结合这 3 种方法是可以有效地判别内幕交易的。然后探讨了一下我国内幕交易的监管现状，并在此基础上研究了我国内幕交易的形成机理。通过研究笔者认为虚拟经济系统是证券欺诈行为发生的客观基础，对称信息条件下不完全信息的获知是导致我国证券市场上内幕交易行为产生的直接原因。

本文第四部分主要探讨了我国内幕交易的预警研究。这部分是本文研究的重点。主要从组织结构的完善、市场监控系统的建立和完善、法制建设和完善已有的预警制度这 3 个方面来探讨了如何在现有的基础上完善我国的内幕交易的预警体系。其中一些建议，笔者相信可以为我国的内幕交易的监管事业的发展提供一些帮助。

本文第五部分主要研究内幕交易的处置。笔者以定量化的方法建立内幕交易处罚的博弈模型，来研究内幕交易的事后处置。结合中国证券市场自身的特点和内幕交易可能带来的社会危害，采用了经济学中博弈论的分析方法，对监管机构进行内幕交易事后处置的成本和给社会经济带来的收益进行定量的经济成本分析，为相应的监管机构能够进行有效的监管提出切实可行的建议。

（作者单位：东兴证券股份有限公司）

投资者行为与股市波动性关系研究——投资者情绪指数编制及其应用（摘要）

• 胡 浩 严高剑 赵文荣 马 坚

1970 年，Fama 提出有效市场假说，然而，越来越多的金融异象及相关研究表明，有效市场只是理论上的一种极端情形，在现实环境中不可能存在，投资者容易受到情绪波动的影响，产生认知偏差和情绪偏差。当投资者总体上表现为理性时，投资者情绪并不会影响市场均衡，但当投资者中的噪声交易者占据上风时，投资者情绪将导致资产价格偏离均衡，出现异常波动，甚至是长期偏离。Shleifer（2000）认为，对有效状态系统性的、显著的偏离是金融市场长期存在的现象。

以金融心理学为基础结合有限套利理论，行为金融学构建了一系列理论模型对市场异象进行解释，这种视角逐渐获得了学界和投资者的认可。与有效市场假设不同，行为金融学认为投资者并非完全理性的，存在着认知偏差和情绪偏差，这些偏差可能导致金融市场整体出现系统偏差，而且这种偏差会反过来影响投资者对于资产价格的理性判断，导致认知偏差和情绪偏差进一步的自我强化，形成反馈机制，由此放大乐观或者悲观的情绪，催生股市泡沫或者导致股灾。直到这种偏差被纠正，泡沫或者破裂方可被逐渐修正。因此，如果能够度量投资者情绪，将其用于证券市场的时机选择、风格轮动或者行业比较，无疑可以给投资者的操作提供重要的参考建议。本文尝试搭建一套监控 A 股市场投资者情绪的体系，通过编制综合指数来度量投资者情绪，进而将其运用于指导投资实践。

投资者情绪指数包括显性和隐性两种，其中，显性指数是通过直接调查获得数据资料来反映投资者情绪状况的指数，其调查手段包括观点整理、问卷调查等。隐性指数通常选择已经公认的或者得到有利实证研究支持的可测情绪指示变量，如封闭式基金折价率、IPOs 首日溢价率、新增净开户数等，进行数理合成而得的综合性量化指标。本文所论述的投资者情绪指数属于后者。

本文精选投资者情绪系列指标（上涨下跌比、创新高创新低比、PE、PB、换手率、封闭式基金折价率、IPO数量及首日涨幅、A股净开户数等），通过主成分法构建投资者情绪指数，其中第一主成分称之为“投资者情绪水平指数”，第二主成分称之为“投资者情绪变动指数”。我们尝试着将它运用于时机选择、风格轮动和行业比较等，得到以下结论：

（1）投资者水平指数的值在 ±2 之间波动，可以提前 1－2 月预测股市的大顶和大底。投资者变动指数与基金仓位结合起来用，可以判断指数的重要拐点。

（2）投资者情绪指数可以用来解释亏损股相对盈利股的折溢价、小盘股相对大盘股的折溢价。依此结论，在投资者情绪高涨的时候，投资亏损股和小盘股可能带来更高的投资收益。

（3）在 CAPM 模型中加入情绪指数，估计出的情绪 β 具有投资指导意义。当投资者情绪上升时，可以超配健康设备、制药生物、软件服务等具有高的正情绪 β 的行业；当投资者情绪下降时，可以超配商业银行、多样金融、能源等具有高的负情绪 β 行业。

综合来说，情绪因素在证券交易中占据了较为重要的位置，从行为金融的角度研究投资者的情绪，既可以帮助我们理解某些市场异象，也可以帮助我们进行投资决策。本文利用数理模型建立了一种隐性投资者情绪指数，实证研究表明它对于指导投资活动具有重要的参考意义。

（作者单位：中信证券股份有限公司）

投资者情绪对股票市场影响研究（摘要）

• 史永东　朱　萍　甄红线　陈日清　李竹薇　田　蕊

传统金融学没能给出任何投资者情绪对证券市场的影响，但在行为金融学的框架下，投资者情绪是决定证券价格和市场运行的重要因素之一，投资者情绪及其研究是行为金融学的重要组成部分。

开展投资者情绪的研究意义有 4 点：一是有助于理解金融市场上投资者的行为；二是有利于理解收益、波动性和交易量的互动机理；三是有助于揭示投资者对股票预测的偏差以及利用这些偏差获得超额收益的可能性；四是有助于把握投资者的心理特征，为市场调控提供理论指导。

投资者情绪是反映投资者心理的重要因素，在这个框架下，研究投资者的情绪影响因素，以及投资者的情绪会对未来股票收益率产生何种影响就显得非常重要。

研究投资者情绪的关键在于情绪的测度，参考国内外学者对投资者情绪的研究，对现有的投资者情绪指数按照来源进行分类整理，发现过去情绪测量研究中往往存在指标过于单一和测量结果中混杂着经济基本面成分的问题，从而致使研究结论可能不够准确。为克服这两个缺陷，本报告融入能够反映国内股票市场投资者情绪变化的指标，即在封闭式基金折价、换手率、IPO 数量及上市首日收益、封闭式基金持股和新增投资者开户数 6 项指标的基础上，采用主成分分析方法构建了一个适合测度国内股票市场投资者情绪的综合指数，并剔除了相关宏观经济因素对它的影响。

在构造的投资者情绪指数的基础上，以 1999 年 1 月至 2008 年 12 月的上海证券交易所 A 股指数收益率观察值作为估计样本，分别用 RW 模型、MIDAS 模型和 GARCH（1，1）模型对一期模型和两期模型进行了估计。

本文通过实证检验发现投资者情绪能够影响收益均值和方差之间的均衡关系。在低情绪期，市场的超额收益同其波动率间呈现正相关关系，但在高情绪期，这种正相关关系减弱甚至为 0。这个结论和人们的认知是一致的，在泡沫时期，情绪投资者，即非理性投资者频繁进行交易会降低市场的合理性。

另外，实证结果表明在不同的情绪期里，市场价格对波动创新的反应程度也有所不同，这为证明论文的论点提出了间接的理论支持。在高情绪期，市场收益与当期波动创新间的负相关关系会明显减弱，这说明在这一时期，市场价格的下降会小于不利的收益波动率的冲击，市场表现出对收益波动相对较低的厌恶程度。

本文致力于行为金融学术研究前沿，在验证和理解投资者情绪对市场的影响时，结合大量心理学、行为学和决策科学的最新研究成果，大胆尝试将其结合到金融市场的研究中，论文的研究已涉及到行为金融的核心领域——投资者情绪的多个主要方面，具有一定的系统性和完整性。国内外少有对投资者情绪的量化和对市场影响这方面的研究，现存的关于投资者情绪研究的文献只是指出了投资者情绪能够影响市场的价格水平和预期收益率。而本文发现，投资者情绪能够影响市场风险收益的均衡。因此，本文建议应该把投资者情绪对股市影响加入到股票价格模型和风险收益补偿模型中去，增加模型的实证性。

（作者单位：东北财经大学应用金融中心）

金融产品创新类

一等奖

融资融券业务标的证券、可充抵保证金证券实证研究

• 魏舒明　提云涛　袁英杰

1. 前　　言

标的证券是融资融券业务中客户可以融资买入或融券卖出的证券，监管规则规定证券公司向客户融资融券时，应针对不同的标的证券收取一定比例的保证金。保证金可以证券充抵，这类证券即可充抵保证金证券。融资融券可充抵保证金证券的折算率就是根据证券的风险情况，确定的证券在充抵保证金时的折算比率。

确定融资融券业务中标的证券、可充抵保证金证券，及厘定可充抵保证金证券折算率（以下简称“确定股票池及厘定折算率”），是融资融券业务风险管理的重要手段，是该项业务开展必不可少的关键环节。虽然根据我国融资融券业务的制度设计，证券交易所将会公布上述证券的基本名单和最高折算率，但各家券商基于自身业务管理和风险控制的不同要求，仍有必要在交易所公告的基础上，对证券名单及折算率作进一步筛选和厘定。这就需要券商有一套符合自身管理和风险控制要求的科学方法。

虽然沪深交易所在《融资融券试点实施细则》中规定股票、证券投资基金、债券等均可能作为标的证券，并且分别规定了各种证券充抵保证金时的最高折算率，但除了标的股票之外，对符合哪些条件的基金、债券可作为标的证券、可充抵保证金证券并未作详细说明。同时，就债券而言，交易所已有成熟的标准券折算管理体系，未来融资融券业务应可作为借鉴，而基金则可以看作是股票、债券、现金的不同比例组合。相较之下，交易所对股票作为标的证券和可充抵保证金证券的条件规定更为明确，而且股票的波动大，影响其价格的因素也多，对标的股票和可充抵保证金股票管理的研究，在融资融券业务的风险控制中显得尤为重要。鉴于此，本文对标的证券、可充抵保证金证券的研究，聚焦于股票。

在海外证券市场上，融资融券业务开展时间已比较长，部分规模较大的投资

银行对标的股票、可充抵保证金股票及折算率的筛选和计算，有专门的团队研究。但海外投行往往将这方面的研究作为其业务风险控制的核心内容，通常只公布最终的股票名单和折算率，而不会具体介绍研究方法。从介绍融资融券业务及银行股票质押贷款业务的文献中，大致了解到其筛选和计算方式可以分为：纯粹模型计算、完全专家评议以及模型计算与专家评议相结合3类；在构建模型的方法选择上，以风险价值法（VAR法）为代表的基于价格的统计方法，以及在其基础上发展的风险调整资本收益法（Raroc）及信贷矩阵法（Credit Metrics）等的运用较为广泛。而海外的中小型券商则通常是将各家大行公布的标的股票、可充抵保证金股票及折算率加以比较，作适应性调整后，作为自己的标准。

从目前查阅到的资料来看，交易所和券商在筹备融资融券业务的过程中，涉及了相关内容的研究，但至今没有发布过任何研究成果。目前只能找到一些国内学者基于股票质押贷款业务，对用于质押股票进行研究的论文。

由于沪深交易所市场与海外市场相比，有着很大的差异，即使获得海外市场对标的股票、可充抵保证金股票及折算率的研究方法和研究成果也不可能照搬；而融资融券业务显然也不等同于股票质押贷款，国内学者在股票质押贷款研究中取得的成果，也不宜照搬用于融资融券业务；况且单纯基于价格的统计方法，在金融市场出现极端波动情况及上市公司质地变化时，其参考价值也会大打折扣；因此，必须根据沪深交易所市场和融资融券业务的特点作针对性研究。

本文依托申银万国证券雄厚的研究力量、境外子公司实践经验及公司长期从事证券业务过程中积累的大量业务数据、业务管理和风险控制经验，通过采用多因素模型和风险矩阵结合专家评议并加以动态管理的方法，对融资融券业务标的股票、可充抵保证金股票及折算率的专项研究，取得了较为理想的实证检验成果，为融资融券业务的管理和风险控制提供了有力支持。

2. 国内外研究综述

2.1 海外研究综述

由于股票价格波动受股票市场、公司信用风险、流动性等多种因素的影响，关于股票池及折算率的研究，多集中在以下方法：

风险价值法（VAR）。所谓VaR就是在正常情况下，一定时期内，一定的置信水平下某种资产组合面临的最大损失。1993年7月G30国成员曾发表了一个关于金融衍生工具的报告，首次建议用“风险价值系统”（Value at Risk System，简称VARS）来评估金融风险。在1999年新巴塞尔协议征求意见稿中，新巴塞尔委员会又极力提倡商业银行用 VaR 模型度量其所面临的信用风险。在 2004 年发布的新巴塞尔协议中委员会把风险管理的对象扩大到市场风险、信用风险和操作风险的总和，并进一步主张用 VaR 模型对商业银行面临的风险进行综合管理。

在 VaR 方法提出后，因为其简洁明了，受到了金融机构的广泛关注和应用。众多学者也对该方法进行系统、全面的研究。但是，VaR 模型是对正常的市场环境中金融资产的风险的衡量，但一旦金融环境出现动荡，即当极端情况发生时，VaR 模型所代表的风险大小就失去了参考价值。然而，很多时候恰恰是这些极端值，决定了如何完善对所有市场状况下的风险衡量。

2.2 国内研究

国内基于股票质押贷款业务对股票及折算率问题的研究，仍然以 VaR 等方法来确定折算率。在引进西方比较成熟的技术的过程中，国内众多学者和专家对 VaR 展开不同程度的研究。田文昭等（2003）以随机选取的满足《证券公司股票质押贷款管理办法》的 20 只股票为对象，用建立的结合上市公司基本面、股价的变异性的调整风险值（VaR）模型实证分析对这些股票进行了实证分析，在此基础上对经过模型调整和未调整的 2 类组合的风险值、质押率和贷款金额进行了比较。认为经过模型调整后的贷款组合的风险值普遍低于未调整组合的风险值，而质押率和贷款金额普遍高于未调整的贷款组合的质押率和贷款金额，从而实现了在一定条件下风险的有效规避。范英和魏一鸣（2003）将 VaR 方法应用于股票质押率的估计中，讨论股票组合的质押率与风险的关系。并将这种方法用于计算我国上海股票市场的股票组合 7 天贷款的质押率。实证研究表明，这种基于 VaR 的股票质押率评估方法具有动态评估、较高的质押率和较低风险的优点。杜海涛（2002）以上证综合指数、上证 180 指数、深证综合指数与深圳成份指数为样本，用 RiskMetrics 方法来计算上述指数的 VaR（置信水平为 95%），结果表明对下一个交易日上述指数的跌幅不会超过相应的 VaR 值有 95% 的把握。后对 RiskMetrics 方法得到的 VaR 结果进行历史检验，发现 RiskMetrics 方法得到的 VaR 值均在一定程度上低估了真正的风险值。作者更利用失败频率检验法来进一步判别方法的有效性，其结果证明 RiskMetrics 在计算指数 VaR 的过程中是有效的。另外，通过对历史数据的观察发现，在市场相对平稳的时候 VaR 预测结果较好；当市场出现大幅波动的时候由于模型数据滞后导致计算出的 VaR 会低估市场。王志诚等（2002）曾对几种比较常用的 VaR 方法：J. P. 摩根的指数加权移动平均法、历史 VaR 方法、模型历史法进行实证研究，认为采用 J. P. 摩根的指数加权移动平均法时，贷款期限较短时，0.95 以上的衰减因子对模拟质押贷款结果的影响差异比较小。然而对于期限稍长的贷款，比较大的衰减因子给出的结果则有比较明显的变化。

2.3 研究中的问题

从海内外研究来看，确定股票池及厘定折算率仍然是传统的基于价格的统计方法为主，很少考虑股票背后的上市公司运营质量等方面的问题。而从实际来看，虽然短期可以用统计模型确定股票及折算率，但无法明确公司质地对股价波动的影响，而公司质地与股价的波动，特别是股价下跌紧密相关，因此，在考虑融资融券的股票及折算率时，应该考虑公司质地的影响。

3. 模型的构建和检验

3.1 模型依据及其计量

3.1.1 公司经营与股价表现的理论

现代投资理论认为股票波动取决于市场波动以及 beta 系数。股票的 beta 系数与公司运营质量、流动性、波动性等紧密相关。即：

$$r_i = r_f + \beta_i(r_i - r_m) \tag{1}$$

$$\beta_i = \beta(f_{i,run}, f_{i,L}, f_{i,v}) \tag{2}$$

其中，r_i 是股票 i 的收益率，r_f 是无风险利率，r_m 是市场收益率，β_i 是股票 i 的 beta 系数，$f_{i,run}$是公司运营因子、$f_{i,L}$是股票流动性因子、$f_{i,v}$是股票的波动性因子。

当 r_f、r_m、β_i 相互独立时，有：

$$Var(r_i) = Var(r_f) + Var(\beta_i)(Var(r_i) + Var(r_m)) \tag{3}$$

即：

$$Var(r_i) = \frac{Var(r_f) + Var(\beta_i) \times Var(r_m)}{1 - Var(r_i)} \tag{4}$$

可以发现，股价波动率是公司运营、股票流动性以及股票波动性的函数，而融资融券可充抵保证金证券的折算率的风险主要来自股价大幅度下跌。因此确定股票池及厘定折算率时就要综合考虑不同股票公司运营、股票流动性以及股票波动性等因子的差异。

3.1.2 公司经营的财务指标计量

从上市公司运营来看，公司运营涵盖资产质量、内部管理能力、上下游谈判能力、产品的竞争力以及综合盈利表现等。虽然这些能力多是定性的不可计量的，但仍旧可以反映在公司的财务指标中。例如，如果公司的产品竞争力强，上下游谈判能力强，其应收账款往往低于行业平均水平，而应付账款则往往高于行业的平均水平，同时，产品的毛利率也可能比较高。如果公司的管理能力强，往往资产周转率、应收账款周转率高于平均水平。从杜邦分解来看，公司盈利最终与毛利率、周转率、杠杆水平、三项费用占比等紧密相关。有：

$$ROE = ROA \times L = \frac{NetP}{Margin} \times \frac{Margin}{Asset} \times L$$

$$= (1 - MarginRate - FeesRate) \times (1 - TaxRate) \times \frac{Margin}{Asset} \times L$$

从竞争优势来看，公司运营能力包括盈利能力、管理能力、上下游谈判能力等。优质公司因为在持续经营能力、抗风险能力以及盈利能力等方面高于其他公司，公司股票在二级市场的表现也会超过其他公司。该模型根据上市公司财务指标评估公司运营质量。这些能力可以分别用财务指标表示（见表1）。

表1　　公司运营评分财务指标一览

指标名称	指标计算	说　明
应收账款占比	应收账款/总资产	上下游谈判能力及产品竞争力
应付账款占比	应付账款/总资产	
毛利率	（主营业务收入－主营业务成本）/主营业务收入	
销售现金收入	销售商品、提供劳务收到的现金/主营业务收入	收入和资产质量
权益比率	净资产/总资产	
资产现金率	（现金＋短期投资）/总资产	
资产周转率	主营业务收入/［（期初总资产＋期末总资产）/2］	公司管理能力
存货周转率	主营业务成本/［（期初存货＋期末存货）/2］	
应收账款周转率	主营业务收入/［（期初应收账款＋期末应收账款）/2］	
三费占比	（营业费用＋管理费用＋财务费用）/主营业务收入	
权益税前报酬率	利润总额/净资产	公司盈利能力
资产报酬率	利润总额/总资产	
资本回报率	［净利润＋利息×（1－实际税率）］/资本#	

注：#资本＝应收股利－应付股利＋净存货＋其他流动资产－其他流动负债＋无形资产及其他长期资产＋长期投资合计＋应收账款－应付账款

除应收账款占比、三费占比是反向指标之外，其他均是正向指标。

3.1.3　股票流动性与波动性的计量

流动性是金融市场的基础，没有流动性就没有金融市场。流动性是市场立即执行一笔交易的可能性，在一定时间完成交易所需要的成本，或按照意愿完成交易的时间。包括宽度、深度、速度和弹性4个方面的内容。所谓宽度就是交易价格偏离市场均衡价格的程度；所谓深度就是在已有市场状态下，能够实现的最大交易数量；所谓速度就是完成交易需要的时间；所谓弹性就是因为交易使股票的均衡价格发生变化后股价恢复到原有水平需要的时间。另外，交易中的冲击成本随着主动性交易金额呈非线性增长，需要用单独指标计量。通常用成交额、宽度、深度、速度、Amivest 比率、冲击成本参数等指标来计量（见表2）①。

表2　计量流动性指标一览

指　标	算　法	说　明
成交额	一定时间的成交额	正向指标
宽度	$(P_a - P_b)/2$	P_a 和 P_b 分别是买入报价和卖出报价。反向指标
深度	$(Vol_b + Vol_a)/2$	Vol_a 和 Vol_b 分别是主动性买盘金额和主动性卖盘金额。正向指标
速度	$L_v = V/Depth$	V 是日成交额，$Depth$ 即深度。正向指标
Amivest 比率	$\sum_{t=1}^{n} P_{it}V_{it} \Big/ \sum_{i=1}^{n} \lvert \% \Delta P_{it} \rvert$	P_{it}是 t 日股票 i 的收盘价，$P_{it}V_{it}$是 t 日股票 I 的交易额，$\sum_{i=1}^{n} \lvert \% \Delta P_{it} \rvert$ 是一定时间内股票 i 的价格绝对变化率之和。正向指标
冲击成本参数	$Y = \alpha X^{\beta}$ 中的 β	Y 是冲击成本，X 是交易额。反向指标

资料来源：申万研究。

波动性就是股价的波动幅度，实证研究中用标准差、最大相对波幅衡量波动性。在考察期内，股票 i 的收益为 R_j，期数为 m，平均收益率为 $\overline{R}_i = \frac{1}{m} \sum R_j$，有标准差：

$$\sigma_i = \left(\frac{1}{m-1} \sum_{i=1}^{m} (R_i - \overline{R}_i)^2 \right)^{1/2} \tag{5}$$

在考察期内，股票 i 的复权后最低价为 $P_{i,\min}$，复权后最高价为 $P_{i,\max}$，复权后最低价为 $\overline{P}_i$，有最大相对波幅：

$$RI_i = \frac{P_{i,\max} - P_{i,\min}}{\overline{P}_i} \tag{6}$$

---

① 实证研究表明，成交额是最好的综合性指标，可以综合宽度、深度、速度、Amvest 比率以及 Martin 系数等各种指标。冲击成本参数与其他流动性指标、股本规模的相关系数都比较小，是相对独立的指标。Lillo（2002）利用 $Y = \alpha X^{\beta}$（其中 Y 是冲击成本，X 是交易额）研究纽交所交易量与冲击成本的关系，发现冲击成本随着交易额增加呈非线性增加，提云涛（2003）研究上交所股票交易量与冲击成本的关系，发现也有类似的结果。因此对冲击成本需要有单独的指标。

3.2 模型的构建与运行

3.2.1 模型三因子的计分

构建和运行模型时，首先对运营因子、流动性因子、波动性因子进行计分。三类因子的计分方法如下。

运营因子计分。采用综合评分法评估上市公司运营质量并把公司分组，再根据公司所在分组确定公司股票的运营质量折算率。考虑到不同行业的差别，分别把上市公司分为工业、金融、贸易、综合四大行业。具体方法如下：

（1）第 i 类指标 j 的排序序号作为得分 $S_{i,j}$，正向指标排降序，反向指标排升序；

（2）把第 i 类的所有指标得分加总 $\sum_j S_{i,j}$，再排序，序号作为得分 $C_{i,j}$；

（3）把各类的得分 C_i 加总 $\sum_i C_i$，排序，序号作为公司的最终得分 Q_i；

（4）按得分把股票分成 10 组，根据所在组得到评级 G_i；

（5）可充抵保证金的股票，根据评级计算运营质量调整系数 D_C。

流动性因子、波动性因子计分。流动性、波动性赋值方式。采用综合计分评估股票的流动性与波动性。即：

（1）把股票 i 的指标 j 排序，用排序序号作为得分 $S_{i,j}$，正向指标排降序，负向指标拍升序；

（2）把第 i 类的所有指标得分加总 $\sum_j S_{i,j}$，再排序，序号作为得分 Q_i；

（3）按得分把股票分成 10 组，根据所在组得到评级 G_i，对照表 3 确定流动性调整折现系数。

表 3　　流动性折现系数

G	1，2	3，4	5，6	7，8	9，10
D_C	1.00	0.90	0.80	0.70	0.60
D_L	1.00	0.90	0.80	0.70	0.60
D_S	1.00	0.90	0.80	0.70	0.60

3.2.2 可充抵保证金证券折算率的计算

股票折算率模型就是对可以充抵证券保证金的股票，根据其发行公司的运营、流动性、波动性以及持股集中度等要素计算充抵保证金股票的折算率。

根据可充抵保证金折算率（简称折算率）模型，分别计算每期股票波动性、流动性以及运营质量折算因子，为了验证计算方法，分别采用乘积、均值、最大、最小4种方法计算股票的折算率，即：

乘积： $d_1 = ME \times D_S \times D_L \times D_C$ （7）

均值： $d_2 = ME \times (D_S + D_L + D_C) /3$ （8）

最大： $d_3 = ME \times MAX (D_S, D_L, D_C)$ （9）

最小： $d_4 = ME \times MIN (D_S, D_L, D_C)$ （10）

其中，D_S 是波动率折算因子，D_L 是流动性折算因子，D_C 是运营质量折算因子，ME 是各类股票的可充抵保证金折算率上限。其中，上证180指数成份股股票、深圳100指数成份股股票折算率最高不超过70%；其他股票折算率最高不超过65%。

3.2.3 标的证券保证金比例的计算

按照交易所规定，标的证券保证金比例应与其折算率相匹配。考虑到折算率较高的标的证券可以对应较低的保证金比例，折算率较低的标的证券则应该对应较高的保证金比例，据此，本文设计与折算率匹配的融资融券保证金计算公式如下：

融资保证金比例 =（1 - 标的证券折算率）+ α

融券保证金比例 =（1 - 标的证券折算率）+ β

在上述公式中，α、β是常量，由券商根据交易所及公司业务管理和风险控制的要求设定，在取值时必须确保即使有最高折算率的标的证券，其融资融券的保证金比例也不低于交易所的最低保证金比例要求。

同时，由于理论上融券业务的风险敞口较融资业务大，因此在设定公式常量时，β必须大于α，以确保同一标的证券的融券保证金比例高于融资保证金比例。

3.3 研究样本

虽然交易所规定作为融资买入或融券卖出的标的股票必须满足：（1）在本所上市交易满3个月；（2）融资买入标的股票的流通股本不少于1亿股或流通市值不低于5亿元，融券卖出标的股票的流通股本不少于2亿股或流通市值不低于8亿元；（3）股东人数不少于4000人；（4）近3个月内日均换手率不低于基准指数日均换手率的20%，日均涨跌幅的平均值与基准指数涨跌幅的平均值的偏离值不超过4个百分点，且波动幅度不超过基准指数波动幅度的500%以上；（5）股票发行公司已完成股权分置改革；（6）股票交易未被本所实行特别处理等条件，但是实际业务中，券商只会选择优质公司的股票作为融资融券业务的标的股票，因此在满足交易所融资融券标的股票中从基本面进一步精选，选出300只股票作为研究对象。

首先根据资产、收入和净利润3项指标，在申万一级行业中，每个行业中选择资产、收入和净利润3项指标综合排名前2名公司入选，共44只股票入选。然后再根据运营质量、流动性和波动性的综合得分，选择256家公司的股票，合计300家公司的股票作为实证研究对象。鉴于综合行业公司主营不明显，不选择其行业龙头。

精选的股票作为融资融券标的更合适。从流通市值来看，精选的300只股票明显增加。另外，精选的300只股票涵盖了各行业的龙头公司，并且相对市场平均水平其运营质量较高，流动性较好和波动性较低的公司（见表4）。

表4　融资融券标的统计

日期	融资标的				融券标的			
	满足条件所有股票		样本300只		满足条件所有股票		样本300只	
	个数	平均流通市值（亿元）	平均流通市值（亿元）	流通市值占比	个数	平均流通市值（亿元）	平均流通市值（亿元）	流通市值占比
2006-5-8	607	15.41	20.61	66.10%	370	21.88	23.69	87.79%
2006-9-1	727	15.87	24.49	63.68%	458	21.91	25.96	77.61%
2007-5-8	971	36.85	63.94	54.34%	889	39.64	64.02	55.22%
2007-9-3	999	51.34	91.86	53.77%	937	54.30	91.86	54.20%
2008-5-5	1042	54.02	123.99	66.54%	946	58.83	123.99	67.28%
2008-9-1	945	30.32	55.39	58.00%	747	36.73	57.06	62.39%
2009-1-5	975	30.88	65.77	65.93%	752	38.26	66.32	69.54%

资料来源：申万研究，流通市值占比=精选300只股票的流通市值/满足条件所有股票的流通市值。

本文选择2006-2008年数据实证分析所采用的折算率计算模型。因为运营因子需要用公司的年报（或中报）的财务数据计算，流动性因子和波动性因子需要用最近3个月日数据计算。而上市公司年报披露截至日为第二年4月底，中报披露截至日为当年8月底，所以每年5月和9月根据最近公布的年报（或中报）以及最近3个月的交易数据确定折算率因子。

3.4　模型结果的实证研究

考虑到可充抵保证金证券的范围超过标的证券，并完全涵盖标的证券的范围，且标的证券保证金比例应与其折算率相匹配，因此，本文在研究中，通过可充抵保证金证券折算率对模型结果进行实证研究。

3.4.1 指标合理性分析

计算 3 方面折算因子的相关性（表 5）。可以发现，因子之间的相关系数较低，说明模型选择的指标体系比较综合全面，包含的重复信息比较少。

表 5　　三个折算因子的相关性

日　期	运营质量—波动性	波动性—流动性	流动性—运营质量
2006 - 5	-0.10	-0.11	0.28
2006 - 9	-0.12	-0.11	0.29
2007 - 5	0.06	0.04	0.12
2007 - 9	-0.09	-0.05	0.11
2008 - 5	-0.22	-0.12	0.03
2008 - 9	-0.24	-0.13	0.12

3.4.2 三因子模型能否有效覆盖风险

采用乘积法计算折算率比较合适。见表 6。

在市场大幅下跌时，股票跌破充抵保证金价值[①]的可能比较大，如表 7 所示，从 2007 年 9 月开始，股票跌破充抵价值的概率在上升。根据计算公式，采用乘积法计算的折算率水平最低，因此在市场大幅下跌时，股票跌破充抵价值的概率最小。故采用乘积法计算折算率比较稳健。

表 6　　不同方法计算的折算率均值

日期	股票数	乘积	均值	最大	最小
2006 - 5	1353	26.83%	42.86%	49.21%	36.37%
2006 - 9	1349	26.85%	42.85%	49.33%	36.51%
2007 - 5	1411	26.95%	42.73%	48.95%	36.55%
2007 - 9	1450	26.60%	42.62%	49.16%	36.10%
2008 - 5	1526	26.21%	42.43%	49.35%	35.67%
2008 - 9	1574	26.05%	42.24%	49.12%	35.62%

数据来源：申万研究。

根据折算率计算模型[②]，计算 3 方面的折算因子时，其各组成指标都采用等权重，计算折算率时 3 方面的折算因子也是等权重。在实际应用中，可以考虑采用不同的权重来计算折算率。

① 充抵价值 = 股票市值 × （1 - 折算率）。

② 充抵保证金证券折算率模型及长期停牌股票处理。

表 7 风险暴露比例①

日期	乘积	均值	最大	最小
2006－5	0.00%	0.15%	0.83%	0.00%
2006－9	0.00%	0.00%	0.15%	0.00%
2007－5	0.07%	0.36%	2.82%	0.14%
2007－9	2.90%	13.85%	23.75%	6.29%
2008－5	3.95%	17.96%	31.67%	9.13%
2008－9	0.39%	4.80%	12.13%	1.36%

注：这里的日期是指公布折算率的日期，计算风险暴露比例参考的时间区间是该日期到下个公布日期。

资料来源：申万研究。

4. 股票池、折算率的确定及动态管理

4.1 模型结果的运用方式

由于模型结果仅反映了过去一段时间股票的财报数据、市场波动及流动性情况，并不能反映该股在未来一段时间里，基本面可能发生的变化，以及由于其基本面变化或市场变化而可能引致的股价波动和流动性变化。同时，单纯运用模型筛选和计算的结果也可能忽略股票模型因子覆盖范围以外的风险。

为了克服单纯模型筛选和计算的不足，本文在研究中引入了专家评议的方法，包括两轮相互独立的专家评议和最终的公司审议。

申银万国证券研究所作为A股市场上的领先卖方研究机构，拥有一支经验丰富的研究员团队，其行业研究几乎覆盖了所有上市公司的行业，并对数百家上市公司进行跟踪研究。本文的卖方研究专家评议正是依托这样一支专家团队。

4.2 股票池、折算率的确定

在确定标的证券股票池时，首先根据模型筛选，选择排名靠前的股票，直至超过交易所公布股票数目的一定比例，然后与交易所公布的股票名单进行比对，剔除与交易所不一致的，获得初选名单。

由于交易所尚未明确可充抵保证金证券的选择条件，本文假设所有未被列为

① 风险暴露比例是指某一阶段，下跌幅度大于（1－折算率）的股票数占整体市场股票数的比例，也可以称做充抵股票风险暴露的概率。

特别处理（ST、＊ST）的股票，均可充抵保证金。其折算率确定，以模型的计算结果为基础。

以上初选名单和模型计算的折算率将会送到相对应的行业研究员手中，由行业研究员从基本分析的角度，出具专业意见。鉴于模型筛选和计算的严肃性，遵循审慎原则，在实践中要求研究员只能提出减少证券品种和降低折算率的建议。

同时，考虑到研究所的卖方研究更多的是关注股票的基本面，可能与市场反映存在一些偏差。为克服这一不足，自营部门将会对模型筛选和计算的结果进行独立的买方研究专家评议。自营部门的研究团队，作为买方研究者，会更多地从市场价格波动及流动性风险的角度评价个股。在实践中，自营部门研究员会针对模型筛选和计算的结果，独立地提出减少证券品种和降低折算率的建议。

需要特别指出的是，买方研究和卖方研究专家的评议是完全相互独立的，其评议的对象都是模型筛选和计算的直接结果，其评议建议也是互不影响的。两个部门的评议建议将汇总到公司总部，由融资融券业务风险管理部门，根据公司风险控制的要求，在模型筛选和计算结果的基础上，提出减少证券品种和降低折算率的最终建议，并提交公司信用业务管理委员会审议后发布。

4.3 股票池、折算率的动态管理

4.3.1 动态管理的方法及触发条件

由于股票的基本面情况、市场波动及流动性情况等会不断发生变化，对标的证券、可充抵保证金证券及其折算率的筛选和计算必须动态进行。在业务实践中，证券名单及折算率会在每年5月上市公司年报发布全面完成后，定期按照以上方法整体回顾调整一次。但考虑到业务开展的初期，市场各方、相关部门及人员对业务的理解会有一个逐步深入的过程，为了更好地控制风险，最初3年，建议最少每年调整两次，即每年的5月上市公司年报发布全面完成后和10月上市公司半年报发布全面完成后。

相对于标的证券、可充抵保证金证券及其折算率的定期动态调整，如果市场、个股及客户出现特殊情况，可能引致市场、个股波动超出模型覆盖的最大波动率，或可能引致证券公司承担超出预期的风险时，则需要启动应急的动态管理措施。

通过对A股市场过去数年波动情况的研究，结合申银万国证券长期从事证券业务过程中积累的风险控制经验，本文大致归纳出以下几类特殊情形，可能会预示市场、个股将会出现超出预期的波动，或券商可能会面临超出预期的风险。

（1）在一段时间内，被通知追加保证金的账户数量，超过该券商所有授信额度账户总量的一定比例；

（2）券商全体融资融券业务客户账户的整体维持担保比例低于一定比例；

（3）市场整体市净率高（低）于过去一段时间的历史均值超过一定幅度；

（4）市场出现对个别证券的重大传闻，可能引起证券价格的剧烈波动或影响证券的上市地位；

（5）证券市场的业务规则发生变化，或发生重大经济事件、社会事件，可能引起证券价格的剧烈波动或影响证券的上市地位；

（6）券商的卖方或买方研究部门根据研究结果，认为个别证券或其发行人基本面发生重大变化，可能引起证券价格的剧烈波动或影响证券的上市地位。

在实践中，证券公司需要针对以上各种情形，建立起相应的制度、流程，在这些情形发生时，分别由相应部门和岗位发起对标的证券、可充抵保证金证券及其折算率的应急动态调整。

以申银万国证券为例：公司通过制度、流程，对公司信用业务管理部门和风险管理部门根据客户担保物价值的变化情况及市场变化情况，卖方研究和买方研究部门根据研究结果，针对上述情形提出调整建议并由业务管理责任部门发起调整流程，作了明确规定。实证研究表明，适时的动态调整，能够有效控制业务风险，以下以基于估值的折算率调整与检验为例，加以说明。

4.3.2 基于估值的折算率调整与检验

当市场不断上涨，风险增大时，股票未来下跌的幅度可能更大，如果能够降低股票的折算率，那么将降低充抵保证金证券的风险暴露概率。因此，本文考虑根据市场风险程度来动态调整股票折算率。

本文用市场的 PB 偏离历史均值来判断市场的风险程度，历史均值是过去 24 个月度市场 PB 的平均值 MPB，同时计算其标准差 SPB。如果 $PB < MPB - SPB$，那么股票的折算率上限降低到原来的 90%；如果 $PB < MPB - x \times SPB$，其中 $x \geqslant 2$，那么股票的折算率上限降低到原来的 80%。通过数据计算发现，市场在 2006 年 9 月、2007 年 5 月、2007 年 9 月时偏离历史均值 1 个标准差，则把股票的折算率上限降低到 90%，能够显著降低充抵保证金证券的风险暴露比例。

进一步研究，本文对风险最大的 2008 年 5 月至 2008 年 9 月时间段做了折算率对风险暴露比例的敏感性分析，结果见表 8 和表 9。数据显示，根据市场风险情况对折算率进行动态调整，显著降低了风险暴露比例，同时市场风险暴露比例大于一定数值的概率大幅降低。大幅降低充抵股票的风险暴露比例需要确定合适的市场风险调整比例，这需要增加业务人员的主观判断。另外，当市场 PB 恢复到一定范围或者业务人员判断市场风险降低后，可以调高因市场风险调整折算率的上限。

表 8　　市场风险调整对风险暴露比例的敏感性分析

（2008 年 5 月至 2008 年 9 月）

市场风险调整比例	乘积	求均值	取最大	取最小
100%	3.95%	17.96%	31.67%	9.13%
90%	2.01%	11.60%	21.27%	5.27%
80%	0.87%	7.51%	13.27%	1.73%

资料来源：申万研究。

表 9　　大于一定风险暴露比例的概率（2008 年 5 月至 2008 年 9 月）

风险暴露比例 市场风险调整比例	> =1%	> =5%	> =10%	> =15%	> =20%	> =25%
100%	100.00%	1.91%	0.00%	0.00%	0.00%	0.00%
90%	99.73%	0.00%	0.00%	0.00%	0.00%	0.00%
80%	29.64%	0.00%	0.00%	0.00%	0.00%	0.00%

资料来源：申万研究。

进一步构造统计假设检验，分析股票的折算率是否能够覆盖因股票下跌而带来的风险。有以下原假设和备选假设。

H_0：折算率不能覆盖股票下跌风险的概率大于 5%（即风险暴露比例大于 5%）；

H_1：折算率不能覆盖股票下跌风险的概率小于 5%（即风险暴露比例小于 5%）；

假设股票 i 的折算率能够覆盖股票下跌风险，则取值 1，如果不能，取值 0，P 表示各期股票的风险暴露比例，这样假设变成对二项分布中概率 P 的检验。

H_0：P 大于 5%；H_1：P 小于等于 5%。

构造的统计量：$P = (np - np_0) / \sqrt{n \times p_0 \times (1 - p_0)}$

其中，n 是各期股票的数目，$p_0 = 5\%$，计算结果如表 10。取置信水平为 5% 时，$t_{0.05} = -1.65$，不管是否考虑市场风险调整，检验均拒绝 H_0，接受 H_1；取置信水平为 1% 时，$t_{0.01} = -2.33$，只有未考虑市场风险调整的 2008 年 5 月期，检验接受 H_0。

假设检验结果表明，在置信水平为 5% 时，不管是否考虑市场风险调整，该折算率模型下股票风险暴露比例小于 5%，未考虑市场风险调整的 2008 年 5 月期股票风险暴露比例大于 5% 存在的概率是 2.56%，其他期股票风险暴露比例大于 5% 存在的概率是 1%。

表 10　　假设检验结果

日期	2006－5	2006－9	2007－5	2007－9		2008－5		2008－9
市场风险调整比例	100%	100%	100%	100%	100%	90%	80%	100%
统计值 P	－8.36	－8.35	－8.37	－3.63	－1.85	－5.30	－7.32	－8.31
拒绝或接受 H_0（置信水平 5%）	拒绝	拒绝	拒绝	拒绝	拒绝	拒绝	拒绝	拒绝
拒绝或接受 H_0（置信水平 1%）	拒绝	拒绝	拒绝	拒绝	接受	拒绝	拒绝	拒绝

数据来源：申万研究。

5. 结论和建议

5.1　研究结论

由于符合交易所关于融资融券标的证券要求的股票数目较多，考虑从中进行精选。选择的方法是优先考虑行业龙头，然后根据股票运营质量、流动性、波动性 3 个方面评分的综合评分排名，从中满足条件股票中精选，结果发现精选的股票作为融资融券标的更合适。

公司运营质量涵盖资产质量、内部管理能力、上下游谈判能力、产品的竞争力以及综合盈利表现；流动性是市场立即执行一笔交易的可能性，在一定时间完成交易所需要的成本，或按照意愿完成交易的时间，包括宽度、深度、速度和弹性 4 个方面的内容；波动性就是股价的波动幅度，用标准差、最大相对波幅衡量波动性。

根据模型，分别计算每期股票波动性、流动性以及运营质量折算因子，分别采用乘积、均值、最大、最小 4 种方法计算股票的折算率。其中，采用乘积法计算股票折算率，股票跌破充抵价值的概率最小，从稳健保守的角度考虑，实际中采用乘积法更合适。

模型三因子的相关性较低，说明模型包含重复信息较少，指标体系综合全面。建议 3 个方面指标内部各指标评分权重采用等权重，并建议 3 个方面指标折算因子采用等权重。

假设检验结果表明，在 5% 的置信水平下，采用模型计算的折算率能够覆盖股票下跌带来的风险；在此基础上，为更好地控制风险，满足更谨慎的置信水平要求，本文引入了专家定性判断和动态管理的设计；同时，考虑到应对市场风险的变化，本文进一步引入了以市场 PB 偏离度为指标动态调整模型结果的设计。

在实证检验中，本文设计的专家评议、动态管理和动态调整方法确实能够显著降低了股票池和折算率的风险暴露。

5.2 建议

股票池、折算率的确定对券商强化业务管理和风险控制的意义重大，但由于对标的证券、可充抵保证金证券及其折算率的研究，往往需要券商设立专业团队，并有强大的数据基础、研究力量和风险管理支持，这些条件并非每家券商都具备的，而且如果所有券商都各自为政开展这方面的研究，也不利于提高行业的整体效率。因此在海外市场，通常是以一些大型投行为主力开展研究。以香港市场为例，通常由少数几家大投行率先公布对机构投资者融资融券的标的证券名单、可充抵保证金证券名单及其折算率，其余中小券商则以此为基础，根据自身情况作适应性调整之后，定出对本公司客户适用的证券名单及折算率。

鉴于此，本文提出以下建议：

（1）股票池、折算率的确定对券商开展融资融券业务管理和风险控制意义重大，建议监管部门将券商这方面的研究管理能力，纳入对券商业务能力核查的重要指标，促进券商深化业务准备。

（2）对股票池、折算率的管理是券商业务风险控制的重要手段，其研究的独立性显得尤为重要，建议券商强化业务隔离和利益冲突防范，确保该项研究的独立性。

（3）为提高行业整体效率，参考海外市场经验，建议监管部门有意识地组织、推动大券商投入力量开展标的证券、可充抵保证金证券及其折算率的研究，推广其研究成果运用及动态风险管理的方法，逐步形成一些行业标准。

参考文献

[1] Didier Cossin, Zhijiang Huang, and Fernando Gonzalez. Working Paper Series – A Framework For Collateral Risk Control Determination《European Central Bank Working Paper》2003 No. 209

[2] 武剑："规避股票质押贷款的风险"，《现代商业银行》，2000 年第 5 期，46 – 48 页。

[3] 王志诚、赵士波、田昆："股票质押贷款的实证研究"，《经济科学》，2002 年第 1 期，73 – 84 页。

（作者单位：申银万国证券股份有限公司）

二等奖

我国 IPO 市场的询价发行机制研究

• 张　俊　单永志　刘钰善　孟铁柱　顾弘智　查文舜

1. 绪　　论

1.1　研究背景和意义

新股首次公开发行（Initial Public Offerings，简称 IPO），是指企业第一次向公众出售股票，并随即在证券交易所挂牌上市，形成一个具有流动性的交易市场（Ritter，1998）。因此，IPO 是股份公司由少数人持股向公众持股转变的重要步骤，为资金需求者提供了筹措资金的渠道，在股权融资行为中占据最主导的地位。此外，IPO 也为资金供应者提供了投资和获利的机会，并且形成了资金流动的利益导向机制，促进市场的资源配置不断优化。

在对新股发行的研究中，涉及最多的无疑就是在全球各地证券市场中层出不穷的上市首日超额收益（First – Day Abnormal Return）或称新股抑价（Underpricing）现象，被列为金融研究的十大“异象”之一，深受广大研究学者的重视。从早期的 Stoll 和 Curley（1970）、Reilly（1973）、Logue（1973）以及 Ibbotson（1975）对 IPO 超额收益现象研究以来，学者先后针对不同的股票市场进行实证分析，并从信息不对称、代理理论、行为金融等多个角度对 IPO 抑价提出了各种解释，当然对此至今尚未得出一致认同的理论解释。

随着对 IPO 抑价研究的深入，研究者开始关注发行机制对 IPO 抑价的影响，新股发行机制逐渐成为研究者们感兴趣的一个研究方向。Loughran、Ritter 和 Rydqvist（1994）以及 Chowdhry 和 Sherman（1996）等众多的理论和实证研究均表明发行机制是影响新股发行效率的重要因素之一。这里所谓的发行机制就是 IPO 发行机制，是指新股定价、分配和出售给投资者的整个机制过程。从世界主要证券市场的实践来看，不同证券市场的发行机制有很大的差别。一般认为，全球范围内新股发行机制主要包括累计投标询价机制（Bookbuilding)、拍卖机制(Auction)、固定价格机制（Fixed Price）以及混合机制（Hybrid）4 种形式。在实践中，各国证券监管机构根据本国证券市场的实际情况，通常规定采用其中的一种或几种方式。

表 1　　我国 A 股市场 IPO 发行年度统计表（1991 - 2007 年）

年份	发行个数	年均发行价格（元）	年均发行数量（百万股）	年均募资总额（百万元）	年均上市首日收益率（%）
1991	9	2.39	35.95	78.03	1034.19
1992	34	16.77	19.59	90.08	408.07
1993	105	4.59	44.95	189.36	164.09
1994	34	5.66	26.04	143.41	78.49
1995	11	4.59	46.04	167.68	101.22
1996	151	6.04	22.42	131.11	112.96
1997	175	6.25	60.88	355.55	149.41
1998	96	5.75	64.32	374.78	134.46
1999	88	6.25	89.33	546.02	113.92
2000	133	8.45	80.77	596.80	154.39
2001	67	9.46	118.59	839.39	136.49
2002	69	7.17	169.78	749.22	125.63
2003	66	7.42	126.72	687.13	71.84
2004	98	8.55	56.00	360.67	70.18
2005	14	6.87	89.39	376.67	47.53
2006	70	8.39	529.44	2346.52	86.53
2007	118	11.47	338.13	3788.11	195.87
合计	1338	7.42	112.84	695.33	187.37

与大多数国家相比，我国新股发行市场上 IPO 抑价现象相当明显，我国的新股抑价幅度非常之大，高居全球之冠，并且长期居高不下，更是吸引了众多中外学者的关注。根据 1991 年 1 月 1 日至 2007 年 12 月 31 日在上海和深圳证券交易所挂牌上市的 A 股公司的数据样本，可以得到如表 1 所示的新股发行年度统计表。从表 1 中可以发现我国 A 股 IPO 呈现 3 大特征：一是年均发行数量、募资总

额整体呈增长趋势，表明随着我国市场规模的逐步扩大，发行规模有逐渐增大的趋势；二是上市收益率绝对值很高，全部1338家样本公司平均首日收益率为187.37%，远远高出世界各国约29.8%的平均收益率水平（Loughran、Ritter和Rydqvist，1994）；三是17年来，新股年度平均收益率水平呈整体下降趋势，仅在2007年有所飙升，这可能与我国新股发行机制的变迁相联系。

通过与Ritter（2008）的美国自1991年至2007年的IPO数据比较可以作出中美两国的比较图，如图1所示。从图中可以看出，2000年前我国的发行家数都远远低于美国每年IPO家数，2001－2003年3年间美国的发行家数大幅萎缩，我国的发行家数基本与其持平，2004年以后美国每年的发行家数有所回升，比我国略高一些。尽管美国历年发行家数的波动性较大，但是其首日收益率水平却始终保持较低水平，历年均值仅为22.4%；而我国的首日收益率水平在1993年后比最初两年的超高值有大幅下降，但始终比美国的首日收益率水平高出40－180个百分点。

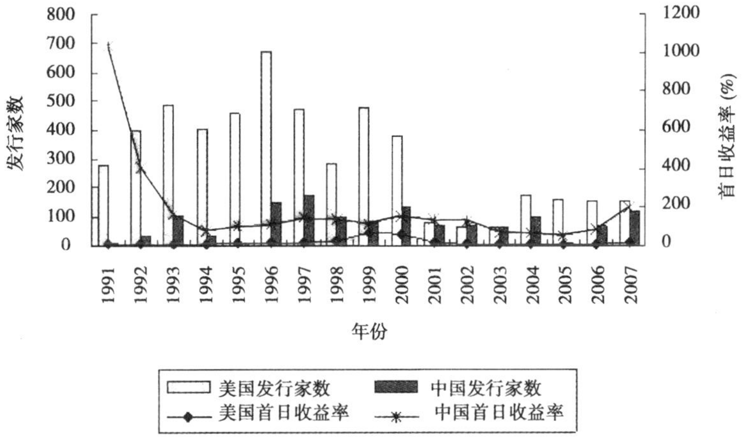

图1　中美两国发行家数及首日收益率比较（1991－2007年）

学者普遍认为导致我国股票发行市场效率低下的重要原因之一就是发行机制的非市场化，因此纷纷建议提高我国发行机制的市场化程度，作为提高一级市场效率、降低IPO抑价程度的重要手段和措施。基于这一认识，从20世纪90年代末期开始，管理层对我国的新股发行机制进行了多次变革，具体表现为新股发行方式的不断演变更新，先后出现过认购证表发行、与银行储蓄存款挂钩发行方式、全额预缴款、比例配售的发行方式、上网竞价、上网定价发行方式、上网定价与法人配售相结合的发行方式、二级市场市值配售发行以及网下询价与上网定价等多种发行方式。2004年12月7日，证监会正式发布《关于首次公开发行股票实行询价制度若干问题的通知》，标志着我国的新股发行开始全面实行市场化方式，询价制开始成为我国核心的新股发行机制。

纵观国内外新股发行市场，毫无疑问，询价机制以其灵活的配售、较强的信息收集能力和价格发现功能而日趋流行，目前已经受到普遍认同，成为当今国际上最为普遍采用的发行机制。当然，由于我国证券市场发展时间尚短，受到我国特有的市场条件、投资者结构等各方面因素的影响，为了适合我国国情，我国现行的询价制度与成熟资本市场上主流的询价机制相比存在着本质的区别。首先，我国监管机构明确规定了IPO配售实行“价高者得”的分配原则，询价对象能否获得股票分配以及所获分配数量均取决于询价对象在累计投标中所出的报价和购买数量，从分配规则来看更接近于拍卖机制，这就使得承销商失去了任意分配股票的权利。其次，我国投资者结构里中小投资者数量众多，为了顾及广大中小投资者的利益，我国现行的询价制度是与固定价格机制混合使用的，机构投资者可以通过网下累计投标询价和网上固定价格申购两个平台来申购新股，广大中小投资者只能参与网上固定价格申购新股，网上获售的IPO新股上市即可交易，可以自由选择短线投资或长期持有，网下获配的IPO股份则受到锁定期限制，增加了机构投资者的持股风险，但获售比例一般远高于网上中签率。基于以上研究背景，本文将结合我国询价发行与主流询价机制的差异点以及我国询价发行的流程背景，主要围绕询价发行的配售权要素，对不同配售权条件下的询价发行过程以及IPO参与者的行动策略对询价发行的影响等方面进行深入的探索和研究，其学术意义和实用意义在于：

（1）从实证上检验了发行机制对IPO上市后收益率的影响，并测度了投资者情绪指标，从而为解释我国IPO高抑价现象、评价我国实行的询价发行机制提供参考依据。

（2）针对自主分配权的分析和考察，从理论上丰富了对询价发行机制的研究，从实践上对未来进一步完善我国现行询价制度、改进新股发行效率具有现实参考意义。

（3）对无自主配售权下与固定价格发售混合的询价发行的研究则充分考虑了我国特殊的市场环境，贴近我国询价发行的实际背景，有助于在当前把握作为询价发行主体的机构投资者的申购策略对发行的影响。

1.2 研究内容

本文具体研究内容如下：

（1）询价发行机制对IPO上市首日收益率的影响。

我国新股发行在经历了市场化改革引入询价机制后，究竟该如何评价我国采用的询价发行机制呢？为此通过实证分析检验了发行机制对IPO上市首日收益率的影响，比较了询价发行与固定价格发行在减小IPO抑价程度方面的显著性。此外，考虑到我国在实行了询价发行之后IPO高抑价现状依然存在，有可能受到在我国市场表现尤为突出的投资者情绪的影响，因此建立了投资者情绪指标，并将其加入控制变量，在此基础上再对上市首日收益率进行回归分析。为了比较全面地对我国所采用的询价发行作出评价，还有必要对我国询价发行在上市后持有收益率方面的整体表现也作出评价，考虑到我国参与网下询价的机构投资者获配的股份受到锁定期限制，因此选择对询价发行方式与固定价格发行方式下的网下配售新股锁定期到期时持有收益率进行统计比较。

（2）允许自主分配权时询价发行的机制设计。

我国目前采用的询价发行机制限制了承销商的自主分配权，不具备国际主流询价机制中承销商可以任意分配股票的特质，那么自主分配权到底有什么用处呢？我国应该放开限制尝试赋予承销商自由分配权吗？对于上述两个问题，将通过对询价发行的机制设计来加以解释和探讨，考虑询价发行中同时利用折价和分配两种措施来激励知情投资者据实提供私人信息。

（3）无自主分配权时询价与固定价格混合发行下的申购策略。

当承销商不具备分配股份的自主权时，参与询价的机构投资者无疑成为了询价发行的主体，可以通过研究机构投资者的申购策略来得到新股价格、判断各个因素对询价发行的影响。此外，考虑到我国最常用的询价发行方式是网下机构投资者累计投标询价与网上固定价格公开发售混合的方式，由于网上、网下两个申购平台机构投资者都可以参加，那么网上、网下这两部分的申购是否同时进行将会对机构投资者的申购策略产生一定的影响，因此将加上与固定价格发售混合的条件来进行考察。

1.3 研究方法及框架结构

对于我国询价发行机制对IPO上市后收益率的影响，主要采用了实证分析的方法，利用统计和计量经济工具，通过建立计量经济模型，运用回归分析等统计技术进行实证分析。对于不同配售权要素条件下的询价机制研究，本文主要应用了金融市场微观结构理论、机制设计理论、拍卖理论、最优控制理论等相关理论，并且通过数值模拟的方法，在充分考虑了询价机制在我国应用背景的基础上进行深入的分析和探讨。

本文共分为6部分进行论述，其框架结构如下：

第1部分为绪论，主要分析本文的研究背景与意义，同时还对本文的研究方法、组织结构进行了说明。

第2部分为文献综述部分，概述了主要的发行机制，并介绍了世界各国发行机制的使用状况。随后是专门对询价机制相关研究文献的回顾，阐述了询价机制的信息收集与配售权，以及与其他发行机制比较的优缺点，为后续部分的深入分析奠定了研究基础。

第3部分首先对我国新股发行方式的变迁历程进行了梳理，并根据发行机制本质对众多发行方式进行了归类。随后通过实证检验我国发行机制对IPO上市首日超额收益率的影响，重点考察了我国最新一轮的发行机制改革，即2005年1月开始全面实行的询价发行方式对IPO上市首日收益率的影响。进一步来讲，考虑到我国的市场特点，在回归分析的控制变量中加入了投资者情绪指标，试图对我国长期维持的IPO高抑价现象作出合理的解释。另外，为了评判我国询价发行确定的发行价格是否接近真实的市场价格、体现出实际的投资价值，还对询价发行中参与网下询价获配新股的机构投资者的锁定期到期持有收益率进行了统计比较，得出对我国IPO市场中询价发行的客观评价。

通过第3部分中的实证分析结果可以发现我国的询价发行还有进一步改善发展的空间，自然，我们会想到目前我国询价发行与主流询价机制之间存在的差异，首当其冲的便是分配股份的自主权。第4部分通过机制设计理论，剖析了自主分配权在激励信息收集、降低折价水平等提高IPO效率方面所起到的作用，指出我国未来赋予承销商自主分配权的必要性。

第5部分则对无自主分配权条件下的询价发行机制进行了研究探讨，结合我国实际最常用的询价与固定价格混合发行的方式，研究了作为询价发行主体的机构投资者将采取怎样的申购策略，以及这些申购策略会对发行价格、IPO抑价以及发行价格与真实价值之间差异产生怎样的影响。第5部分为我国在当前情况下降低IPO抑价水平、减少发行价格与真实机制之间差异、提高询价发行效率提供了一定的思路。

最后，第6部分是本文的主要结论和未来的研究展望。

2. 文献综述

2.1 发行机制

2.1.1 主要发行机制概述

新股发行机制是指新股定价、分配和出售给投资者的整个机制过程。发行机制的核心内容有两个：（1）价格发现，为公司IPO确定一个合适的价格；（2）在价格既定的情况下，通过一定的程序分配发售股票。因此说，发行机制最为本质的内涵就是新股的定价方式与发行方式。一般而言，设计一套 IPO 发行机制或者对已有的发行机制进行区分，需要依据两个标准：（1）在确定 IPO 价格前是否通过一套机制收集了投资者的价格、数量需求信息；（2）承销商是否拥有自由分配发售股票的权力。根据以上两个标准，可以将世界各国证券市场采用的发行机制大致分为累计投标询价机制、固定价格机制、拍卖机制、混合机制 4 大类。此外，随着互联网的出现和日益发达，近年来还渐渐发展起互联网 IPO 和 DPO（Direct Public Offering）。在实践中，各国证券监管机构根据本国证券市场的实际情况，通常规定采用其中的一种或几种方式。

（1）固定价格机制。

固定价格机制，又称为公开发售机制，是指由行政方式确定，或由承销商根据对发行公司的价值评估，在估价结果范围内与发行公司协商确定一个固定的发行价格，并根据该价格向投资者公开发售。根据定价之后股票的分配方式，固定价格方法可以进一步分为允许配售和公开认购两种形式。前者允许承销商自由分配股票（至少是部分），后者则没有赋予承销商这种权力。在实践中，固定价格公开认购方法被更多地采用。大多数新兴市场都曾经或正在使用这种方法。

与其他发行机制相比，固定价格机制具有以下特点：

①从承销商确定发行价格、投资者申购股票到新股真正上市交易之间，往往有两周到两个月的时间差；

②投资者申购需要预先全额缴款，申购款在申购期间予以冻结，申购未成功后解冻并返还，而该笔资金的利息由发行人获得；

③一般情况下，固定价格机制都会对申购上限进行限制，客观上构成对大规模申购的歧视，从而限制了大的机构投资者可以购买的数量，更多向中小投资者倾斜。

由于在固定价格机制下，发行价格的确定是将投资者排除在外，发行价格形成过程缺乏承销商与投资者的互动博弈过程，因此这种方法的市场化程度不足，在定价效率上逊于其他方法。尽管如此，固定价格机制具有低成本的优势，并且比较符合"公平原则"，因而比较适合市场容量较小、个人投资者比重较大的国家或发行量比较小的项目，所以说固定价格机制在世界各国的使用仍然十分普遍。

（2）拍卖机制。

拍卖机制的基本原则就是通过投资者之间的公开竞价来产生发行价格，从而最大限度地发掘公司股票的投资价值，促使发行价格贴近市场价值，并按照投资者出价高低分配股票。在拍卖机制下，投资者在规定时间内申报申购价格和数量，申购结束后，主承销商对所有有效申购按价格从高到低进行累计，累计申购量达到新股发行量的价位就是有效价位，在其之上的所有申报都中标。根据投标人最终所付价格又可以将拍卖机制分为歧视价格拍卖（Discriminatory Price Auction，各中标者的购买价格就是自己的出价）和统一价格拍卖（Uniform Price Auction，所有中标人都统一按有效价位成交）两种形式。另外，一些国家还使用了被称为“肮脏拍卖”（Dirty Auction）的发行机制，发行人将选择一个累计申购量大于新股发行量的价位作为有效价位，即最终成交价格低于市场出清价，从而产生一个人为的抑价。

拍卖机制的主要特征是：

①拍卖机制提供了在IPO价格确立前收集投资者的需求价格、需求数量的机制，具有较高的市场化程度；

②股票的分配是根据事先规定的规则在现有的投标基础上进行的，承销商对股票自由分配的权力最小。

尽管拍卖机制的市场化程度最高，承销商和发行人在发行中的影响力最小，保证了发行的透明度和不易产生腐败，但在统一价格拍卖下容易引发“搭便车”行为。在拍卖中，出一个很高的价格就意味着在市场出清价上获得股票分配便有了保证。市场存在少数“搭便车”者可能还不是大问题，一旦太多的人采用这种策略就可能会导致超额认购和严重溢价，从而扭曲定价过程。

（3）累计投标询价机制。

累计投标询价机制是目前国际证券市场上最为常用的股票发行机制之一，尤其在英、美等机构投资者比例较高的国家更为普遍。通常，这一发行机制包括了确定价格区间、累计投标询价和价格支持3个步骤。在发行的初始阶段，承销商首先根据拟发行公司的估价确定出一个初步的价格区间。此后，承销商通过路演等方式向潜在的投资者推介发行公司的基本情况，并根据法律规定披露发行公司的相关信息。与此同时，承销商与一些可能有购买意向的机构投资者接触，并要求机构投资者在价格区间内按照不同的发行价格申报认购数量，这一申报认购价格和数量的时期就是累计投标询价期。累计投标询价期结束后，承销商将所有投资者在同一价格的申购量累计计算，得出一系列在不同价格之上的总申购量。最后，按照总申购金额超过发行筹资额的一定倍数（即超额认购倍数）确定发行价格，并根据预订单的情况对投资者分配股票。通常情形下，在股票挂牌交易后的一个月内，承销商还要对该股票给予价格支持，即当二级市场价格跌破发行价时，承销商要在二级市场上买入发行的股票，以维持股价，当然，承销商必须严格遵守监管当局的有关规定，并在招股说明书中披露稳定股价的方法和金额。

与固定价格机制、拍卖机制相比，累计投标询价机制的主要特点包括：

①定价过程中的路演和征求订单机制。主承销商在初步确定新股发行价格区间之后，由发行公司召开的路演推介会，征集机构投资者在不同发行价格下的需求数量订单，建立簿记，并在此基础上对发行价格进行修正，最后确定发行价格；

②分配股份的自主权。在累计投标询价机制下主承销商拥有根据预订单自主进行股票分配的权力；

③发行数量的控制权。累计投标询价机制下主承销商对股票发行数量拥有最大可达预定发行数量15%的自主控制权；

④主要发售对象不同。在累计投标询价机制下，参与发行定价过程并获得股票分配的主要是大的机构投资者，并且往往是承销商的老主顾，中小投资者通常排除在新股的发行定价过程之外，也很少能获得新股分配；

⑤定价时机的确定。与固定价格机制事先确定发行价格不同，累计投标询价机制下股票的发行价格一般情形下都是在股票正式发售之前的最后一刻才最终确定。

当然，累计投标询价机制也不可避免地存在问题。由于承销商拥有分配股份的极大权力，大大倾斜于机构投资者，而个人投资者却不得其门而入，IPO实际上是一个由主承销商操控的“黑箱”。一些媒体曾爆出许多承销商以分配IPO为条件，要求机构投资者在二级市场上购买股票，或支付过高的交易佣金的丑闻。当承销商以自身利益最大化为根本取向时，也可能与关联机构投资者共同实施操纵行为，扭曲市场价格，损害其他投资者利益。

（4）混合机制。

相对于固定价格机制，累计投标询价、拍卖有更好的价格发现能力，但这两种方式适用于以机构投资者为主的市场。如果一个市场的机构投资者还没有占据主导地位，同时监管者希望让资金实力薄弱的中小投资者也有机会更多地参与到IPO过程中，就会引入折衷的产物——混合机制。

混合机制是前3种基本发行机制的有机结合，即在一次IPO过程中分别对不同的份额采用不同的发行机制。根据3种基本发行机制的两两组合可以分为累计投标询价与固定价格混合机制、累计投标询价与拍卖混合机制以及固定价格与拍卖混合机制3种形式。其中，累计投标询价与固定价格混合机制是使用最为广泛的一种。在这一机制下，通过组织机构投资者进行累计投标，并在这个环节完成价格发现，确定IPO价格，但是股票并不全部分配给参与累计投标的机构投资者，而是拿出一部分以固定价格公开发售给公众投资者，这里所使用的“固定价格”就是通过机构投资者累计投标确立的价格。累计投标询价与固定价格混合机制将累计投标方式的灵活定价机制与固定价格公开认购下对个人投资者的公平对待相结合，既充分发挥了机构投资者在价格发现方面的能力，使新股定价反映市场需求，又能够保障个人投资者在新股认购中的利益。

尽管关于混合机制的效率目前还存在争议，但它在融合不同 IPO 发行机制以取长补短的方面的确具有其他机制不可比拟的优势，对于那些正在走向成熟或开放的新兴市场适用性更为显著。同时，混合机制凭借其所具有的这种平衡多方面利益的作用，影响力正日益上升，甚至在欧美等发达成熟市场中也得到了推广。

（5）互联网 IPO 和 DPO。

互联网 IPO 是指通过互联网出售 IPO 的股票，主要有两种形式：以 Wit Capital 为代表的 IPO 在线电子经纪和以 W. R. Hambrecht 为代表的 IPO 互联网承销商。前者并未改变累计投标询价机制的标准过程，Wit Capital 以买者的身份参与到传统的 IPO 定价和分配程序中去，之后在互联网上采用“先到先买”的原则将 IPO 股票再进一步出售给他们的客户。而 W. R. Hambrecht 采用的则是通过互联网以封闭出价、统一价格、“肮脏拍卖”的方式出售 IPO 股票，整个过程接近于统一价格拍卖。一般来说，通过这种网上拍卖出售的主要都是小公司的 IPO 股票，投资者则主要包括那些无法进入大型的以累计投标询价机制出售 IPO 股票的中小投资者。在大多数情况下，互联网只是改变了 IPO 中信息传递、信息收集的技术实现手段，而 IPO 机制仍然是拍卖或累计投标方式。

另一种创新的 IPO 机制称作 DPO（Direct Public Offering），是指由发行股票的公司自己直接（主要通过互联网）出售 IPO 股票，无需投资银行的介入。在理论上，无论是从 IPO 价格确定方式，还是股票分配方式来看，DPO 都可以重新定义一种全新的 IPO 定价机制。但从目前发展情况来看，由于这种方式对公司自身的信誉、知名度和公司管理人员操作能力的要求甚高，不少希望实现 DPO 的公司都由于无法达到最低筹资额而宣告失败。从未来发展趋势来看，DPO 有希望成为传统 IPO 发行机制之外的一个补充手段。

2.1.2 各国发行机制的使用

为了能够更好地为我国 IPO 发行机制的改革与发展方向提供借鉴，有必要了解全球不同国家和地区的发行机制采用规律，对各个国家和地区的 IPO 发行机制的演进趋势加以把握。

赵林茂（2005）、杨记军（2006）对全球不同地理区域以及成熟市场与新兴市场所采用发行机制的规律及演进趋势进行了总结，发现不同地理区域的所最常用的发行机制呈现出不同的特征。如表 2 所示，在欧洲和美洲，以累计投标询价机制为主要发行机制的国家占据绝大多数，在亚太地区以及非洲/中东地区则是以固定价格机制为主要发行机制的国家占据绝大多数。从全球范围来看，累计投标询价机制被作为主要发行机制的比例处于绝对优势，占样本国家的比例达56.82%。

表2　　不同地理区域主要发行机制的采用比例

	累计投标询价机制	固定价格机制	拍卖机制
欧洲	86.67%	13.33%	0
美洲	66.67%	33.33%	0
亚太地区	40.00%	53.33%	6.67%
非洲/中东地区	0.00%	80.00%	20.00%
全球	56.82%	38.64%	4.55%

表3　　发达国家市场与新兴国家市场主要发行机制的采用比例

	累计投标询价机制	固定价格机制	拍卖机制
发达国家市场	94.44%	5.56%	0
新兴国家市场	30.77%	61.54%	7.69%

如果以经济发展程度对各个国家加以区分，所表现的主要发行机制使用差异则更为明显：发达国家市场基本上全部以累计投标询价机制作为主要发行机制，而绝大多数新兴国家市场则以固定价格机制为主要发行机制。如表3所示，从中可以发现，在发达国家和新兴市场，主要发行机制的采用规律明显不同。在发达国家市场，主要使用累计投标询价机制的国家占比达到94.44%；在新兴国家市场，主要使用固定价格机制的国家占比为61.54%。

显然，发行机制的采用比例应该是动态变化的，根据固定价格机制和拍卖机制分别在过去和现在采用比例的变化可以分析其演进趋势，由于没有累计投标询价机制过去采用比例的具体数据，因此未在表中列出。由表4可以发现，使用固定价格机制的国家的比例在欧洲下降得最为突出，其次是亚太地区，而美洲和中东地区则保持不变，从全球范围内来看是趋于下降的；与此同时，拍卖机制在欧洲、亚太地区和非洲/中东地区都下降得较为显著，美洲地区的下降比例不是非常明显，总体上全球的采用比例也趋于下降。根据表5对成熟市场与新兴市场的统计比较可以发现，发达国家的成熟市场中使用固定价格机制的国家比例有非常显著的下降，而在新兴市场国家下降却并不明显，也就是说，到目前为止，在新兴市场国家中，虽然并不一定作为主要发行机制，但绝大多数的国家仍在使用固定价格机制。另一方面，无论是在成熟市场，还是在新兴市场，拍卖机制基本都被放弃了，迄今只剩下少数国家仍在使用拍卖机制。

表 4　不同地理区域固定价格机制、拍卖机制采用比例的变化

区域	固定价格机制采用比例			拍卖机制采用比例		
	过去	现在	变化	过去	现在	变化
欧洲	93.33%	46.67%	-46.67%	46.67%	13.33%	-33.33%
美洲	55.56%	55.56%	0.00%	44.44%	33.33%	-11.11%
亚太地区	93.33%	73.33%	-20.00%	33.33%	6.67%	-26.67%
非洲/中东地区	100.00%	100.00%	0.00%	40.00%	20.00%	-20.00%
全球	86.36%	63.64%	-22.73%	40.91%	15.91%	-25.00%

表 5　发达国家市场和新兴国家市场固定价格机制、拍卖机制采用比例的变化

区域	固定价格机制采用比例			拍卖机制采用比例		
	过去	现在	变化	过去	现在	变化
发达国家	77.78%	33.33%	-44.44%	55.56%	16.67%	-38.89%
新兴市场	92.31%	84.62%	-7.69%	30.77%	15.38%	-15.38%

总体而言，世界各地的主要发行机制的采用规律完全不同：在欧洲和美洲，绝大多数国家以累计投标询价机制作为主要发行机制，而在亚太、非洲和中东地区，以固定价格机制为主要发行机制的国家则占据绝对优势。从动态角度来看，发行机制在全球范围总的演进趋势是累计投标询价机制日趋流行，而固定价格机制和拍卖机制的应用日益减少，但这一演进趋势在发达国家尤为明显，而在新兴市场国家则并不显著。另外，根据 Jagannathan 和 Sherman（2006）以及 Ritter（2008），表 6 汇总了 43 个国家和地区的发行机制应用情况，除了表明了与前述相符的特征趋势外，各国的抑价水平也显示出新兴市场（如中国、印度、巴西、马来西亚等）的 IPO 抑价幅度要明显高于发达国家的成熟市场（如英国、美国、加拿大等）。另外，从表 6 还可以看出，欧美国家中政府干预限定发行方法的只占少数，而亚洲绝大多数国家的发行方法都要受到政府限定。

在 20 世纪 90 年代以前，累计投标询价机制主要在北美市场使用，全球范围内采用的比例比较低，但随后在全球 IPO 市场上就出现了一个显著变化，那就是累计投标询价机制这一发行机制被愈来愈多的国家所采用，并逐渐占据了主导地位，而曾经被广为使用的固定价格机制和拍卖机制则日益退出 IPO 舞台。美式累计投标方法影响日盛存在两个主要原因：（1）美式累计投标方式在有效揭示信息，价格发现方面是最有效的方式，信息经济学的基本理论和 IPO 实践都可以证明这点；（2）从 20 世纪 80 年代中后期开始，面向全球投资者的大规模 IPO 越

来越多（国有企业私有化运动是重要的供给），这类 IPO 一般会选择将资金供给充裕的美国市场作为重要目标。一项 IPO 要被美国投资者接受，就需要遵守美国投资者的游戏规则去使用累计投标询价方式。对于美式累计投标地位的上升，Sherman（2002）考察了 44 个国家的 IPO 定价机制，其分析结论是只要累计投标方式在一个国家不受禁止，它就会成为主要的 IPO 定价机制。

总之，目前的发展趋势是各国或地区的 IPO 制度向累计投标询价方式的融合，原先常见的固定价格发行方法开始变得不是那么普及，尤其在发行量较大的项目和较大、较活跃的市场中，但是在较小的主要面对个人投资者的国家，如亚洲、南美、非洲和欧洲的部分国家仍然在使用这一方法，因此它不会很快消失。

对拍卖方法的使用则出现了一些矛盾的现象。一方面在许多金融工具的发行中仍然广泛使用拍卖机制，其中主要是政府债券，但在 IPO 中却并不多见，主要在欧洲的英、法、意、葡、瑞典和亚洲的日本、新加坡和台湾等国家或地区曾经使用过；而且在累计投标询价机制引入前后，大部分国家都放弃了拍卖方法。在那些仍然使用拍卖方法的少数几个国家和地区（如中国台湾、以色列），都或多或少存在着对累计投标询价机制的限制。然而，近年来在一些国家，拍卖方法似乎又有上升的趋势，在 IPO 发行的过程中出现了多种改进的拍卖机制，并且被认为是最优的发行机制。

由于各种机制各有优点和难分优劣，许多国家或地区开始针对各自特点实行混合发售方法，其中最普遍的是累计投标询价与固定价格发行的混合。累计投标询价与固定价格混合机制的典型代表是中国香港证券市场。由于投资者结构中散户投资者比重较大，1980 - 1994 年间香港 IPO 多采用固定价格公开发售方式。随着中国香港证券市场国际化程度的日益加强，1994 年 11 月香港证监会和香港联交所《关于招股机制的联合政策声明》出台，从此中国香港的大型新股发行转向累计投标询价与固定价格混合机制。在中国香港的混合机制下，发行股份分为中国香港认购部分和国际配售部分两部分。在大部分情况下，两者分别占招股总额的 10% - 15% 和 85% - 90%，其中中国香港认购部分供公众及机构投资者公开认购。设立公开认购部分的一个主要目的是使中国香港的个人投资者可以有机会参与新股发行，国际配售部分由承销商配售给经过甄选的国际（包括中国香港）投资机构及专业投资者，股份的配给原则与累计投标方式一致，允许承销商歧视性配售，发行价格则由国际配售部分的累计投标询价确定。由于混合发行机制特别适合正在走向成熟或开放的新兴市场使用，因此有进一步发展的空间。

表 6 43 个国家和地区的发行机制应用情况汇总

国家和地区	抑价水平（时间区间）	政府是否限定发行方法	最常用的发行机制	是否使用固定价格发行机制	固定价格公开发行是否要求预先缴款	是否使用询价机制	询价是否日益流行	何时首次使用询价机制	是否使用拍卖机制	单一/多价格拍卖机制	是否使用混合机制
捷克		是	固定价格	是，第一轮必用	是，30%	否	否		第二轮可能使用	单一	可能拍卖与固定价格混合，但不常用
芬兰	17.20%（1971－2006 年）	否	询价与固定价格混合	是，主要针对散户部分	通常要求散户预缴	是，主要针对机构	是		允许	单一	是，对机构询价，再以询价得到的固定价格对散户
法国	10.70%（1983－2006 年）	是	询价与固定价格混合	是，主要针对散户部分	否，但要求账户上有相应资金	是，主要针对机构	是	1993 年	很少	单一	询价必须与固定价格混合
德国	26.90%（1978－2006 年）	否	询价	曾经使用，现在已被询价取代	否	是，几乎所有 IPO 使用	是	1995 年	否		是，“摇彩”方法常用于散户的新股分配
匈牙利	16.5%（1990－2001 年）	否	询价与固定价格混合	是，主要针对散户部分	是，最少 10%	是，主要针对机构	是	1994 年	允许，但未用过		是，询价与固定价格混合最常用
爱尔兰	36%（1990－2003 年）	否	类似询价	是，主要用于较大的发行	是	仅针对国际发行中的机构			极少用		是，偶尔使用询价与固定价格混合

续表

国家和地区	抑价水平（时间区间）	政府是否限定发行方法	最常用的发行机制	是否使用固定价格发行机制	固定价格公开发行是否要求预先缴款	是否使用询价机制	询价是否日益流行	何时首次使用询价机制	是否使用拍卖机制	单一/多价格拍卖机制	是否使用混合机制
意大利	18.20%（1985－2006年）		询价与固定价格混合	是，主要针对散户部分	否	是，主要针对机构	是		不使用		是，询价与固定价格混合
西班牙	10.90%（1986－2006年）	否	询价与固定价格混合	是，主要针对散户部分	否，有时要求存款/押金	是，主要针对机构	是		允许，但不惯用		是，询价与固定价格混合
荷兰	10.20%（1982－2006年）	否	询价与固定价格混合	正逐步淘汰	否	是，主要针对机构	是	近些年	允许	多价格	是，询价与固定价格混合
挪威	9.60%（1984－2006年）	否	询价与固定价格混合	很少，除非作为混合发行的部分	否，不经常	是，主要针对机构	是	近些年愈发流行	是，但很少使用	单一	是，对机构询价，再以询价得到的固定价格对散户
葡萄牙	11.60%（1992－2006年）	是	询价与固定价格混合	是，最常用	是	是，主要针对机构	是	1995年6月	极少	单一	是，对机构询价，再以询价得到的固定价格对散户
瑞典	27.30%（1980－2006年）	否	询价与固定价格混合	是	是	是，主要针对机构	是		否		是，询价与固定价格混合
瑞士	29.30%（1983－2006年）	否	询价	是，20世纪80年代最常用	否	是，最早大型国际IPO使用，现在国内亦用	是		允许，20世纪90年代末用		

续表

国家和地区	抑价水平（时间区间）	政府是否限定发行方法	最常用的发行机制	是否使用固定价格发行机制	固定价格公开发行是否要求预先缴款	是否使用询价机制	询价是否日益流行	何时首次使用询价机制	是否使用拍卖机制	单一/多价格拍卖机制	是否使用混合机制
英国	16.80%（1959－2006年）	是	固定价格	是，最常用	是	是，主要针对大型国际发行	在分配期间流行使用		允许，不流行	单一	可能拍卖与固定价格混合，但不常用
奥地利	6.50%（1971－2006年）	否		小公司经常使用	否	是，传统上是大型IPO	是		否		是，规模较大的询价发行也包括固定价格发行部分
美国	18.00%（1960－2006年）	否	询价	否		是	已占统治地位		是，但不多，2005年8月有14个IPO中使用	单一	是，但很少
加拿大	7.10%（1971－2006年）	是	询价	是，有时与询价混合使用	否	是，主要方法			否		有时，询价与固定价格混合，无须预先缴款
墨西哥	33.00%（1987－1990年） 4%（1990－2001年）		固定价格	是					仅针对私募且只给一个买家		

续表

国家和地区	抑价水平（时间区间）	政府是否限定发行方法	最常用的发行机制	是否使用固定价格发行机制	固定价格公开发行是否要求预先缴款	是否使用询价机制	询价是否日益流行	何时首次使用询价机制	是否使用拍卖机制	单一/多价格拍卖机制	是否使用混合机制
巴巴多斯	8%（1990－2001 年）		固定价格	是	是						
阿根廷	7.5%（1990－2001 年）	否	询价与固定价格混合			是		1993 年	1992 年使用		是，询价与固定价格混合
巴西	78.50%（1979－1990 年） 6%（1990－2001 年）	否	固定价格	是	是	是，最初用于全球发行，现也用于一些国内发行	是，正在逐步取代固定价格	1992 年全球发行	允许使用	均使用过	否
巴拉圭		否	固定价格		否	允许，但未用			允许，但未用		
秘鲁		否	询价与固定价格混合	是	有时，但不经常	是	是，尤其对机构		是		是，询价与固定价格混合
智利	8.80%（1982－1997 年）	否	询价与拍卖混合	允许		是	是	1995 年	是		是，询价决定价格，在交易所对养老金投资者进行拍卖
澳大利亚	19.80%（1976－2006 年）	否	询价	已经消失	是	是	几乎占统治地位	1992 年	从未使用		是，公开价格的询价发行很广泛

续表

国家和地区	抑价水平（时间区间）	政府是否限定发行方法	最常用的发行机制	是否使用固定价格发行机制	固定价格公开发行是否要求预先缴款	是否使用询价机制	询价是否日益流行	何时首次使用询价机制	是否使用拍卖机制	单一/多价格拍卖机制	是否使用混合机制
新西兰	20.30%（1979－2006年）	是	固定价格，但由经纪人决定分配	是	是，法定最少10%	是	是	1997年	实际中没有应用	单一	是，对机构询价，再以询价得到的固定价格对散户
中国	164.50%（1990－2005年）	是	固定价格	是	是	是，主要针对机构	是	A股IPO为1999年，国际发行更早			是，询价发行也包括固定价格部分
中国香港	15.90%（1980－2006年）	是	固定，但询价与固定价格混合正日益增多	是	是	是	是	1994年	1993年起允许使用，但从未使用过		是，询价仅与固定价格混合
印度	95.40%（1990－2004年）	是	固定价格	是，最常用	通常	是	还未流行	1995年	否		是，10%的IPO需要通过固定价格来分配
印度尼西亚	20.20%（1989－2003年）	是	固定价格	是	是	否			否		
日本	40.10%（1970－2006年）	是	询价	是		是	是	1997/1998年	是	多价格	是，拍卖50%的新股，余下的以拍卖平均投标价出售

续表

国家和地区	抑价水平（时间区间）	政府是否限定发行方法	最常用的发行机制	是否使用固定价格发行机制	固定价格公开发行是否要求预先缴款	是否使用询价机制	询价是否日益流行	何时首次使用询价机制	是否使用拍卖机制	单一/多价格拍卖机制	是否使用混合机制
韩国	58.40%（1980－2006 年）	是	询价	是，在 1998 年前是唯一的方法	是	是，最常用	是	1998/1999 年	否，除非不在交易所上市		是
马来西亚	69.60%（1980－2006 年）		固定价格	是，最常用	是						
巴基斯坦	35.66%（2000－2006 年）	是	固定价格	是	是	否			仅针对私募，且只给一个买家		否
斯里兰卡		否	固定价格	是	是	允许，但未广泛使用			允许，但未广泛使用		
新加坡	28.30%（1973－2006 年）	是	固定价格	是，最常用	是，有时是固定费用	是	是	第一次 1995 年，第二次 1999 年，政府允许是 2000 年 3 月	允许，但 1994 年起未用	单一	是，所有的拍卖（也可能询价）都有固定部分

续表

国家和地区	抑价水平（时间区间）	政府是否限定发行方法	最常用的发行机制	是否使用固定价格发行机制	固定价格公开发行是否要求预先缴款	是否使用询价机制	询价是否日益流行	何时首次使用询价机制	是否使用拍卖机制	单一/多价格拍卖机制	是否使用混合机制
中国台湾	37.20%（1980－2006年）	是	固定价格，通常与拍卖混合	是，基本半数IPO使用	否，只收取NTD30费用	允许，混合发行中发行50%	否	1995年，首次允许	是，混合发行中发行50%	多价格	是，拍卖或询价与固定价格混合
泰国	36.90%（1987－2006年）	是	询价与固定价格混合	是	是	是，尤其对大型IPO	是				是，询价与固定价格混合
以色列	12.10%（1990－1994年）	是	拍卖	是	否	否，但正在考虑中			是，最常用	单一	
约旦		是	固定价格		是						
土耳其	10.80%（1990－2004年）	是	固定价格	是	是	允许，在20世纪90年代中期流行	否		允许，但未用	单一	
南非	32.70%（1980－1991年）	是	类似询价	是，但不流行	是	分配时类似于询价，但价格预先确定			否		是，类似询价和固定价格混合
肯尼亚			固定价格	是	是						否

2.2 累计投标询价机制

2.2.1 信息收集与新股配售权

累计投标询价机制最大的特点就是在市场需求信息的收集上具有优势，可以说累计投标询价机制就是一种信息收集机制。同时，累计投标询价机制另一个特点就是承销商被赋予了灵活的配售权，在分配对象、分配数量以及累计发售数量上具有极大的主控性。

Cornelli 和 Goldreich（2003）从实证角度分析了投资银行是如何利用累计投标询价机制进行信息收集的。研究发现，投资银行在对新股进行定价时在很大程度上依赖于新股申购报价中所包含的信息，其中新股申购者提供的限制性报价对发行价格有着非常明显的影响，而其他因素如超额认购水平（整个股票需求除以拟发行总量）等对发行价格有着相对较小的影响。他们研究了新股申购账簿中的信息是如何被反映到新股的价格中的，其研究结果发现，包含限价的报价能够传递较多的信息，特别是由那些经常参与申购的大机构投资者所报出的报价对发行价格的确定有着较大的影响，而对发行价格最有影响力的报价正是在新股分配中受到优待的报价。Cornelli 和 Goldreich（2003）实证研究结果支持了 Benveniste 和 Spindt（1989）的观点，即投资银行确实是通过询价从投资者那里收集有关新股定价的信息。

Sherman 和 Titman（2002）、Maksimovic 和 Pichler（2004）认为，为了激励有信息投资者披露真实信息，发行人必须以 IPO 抑价发行的方式付出代价，因此询价阶段发行人的信息收集是有成本的，信息收集越充分，IPO 定价越准确，但发行成本相应也越高。Maksimovic 和 Pichler 研究了 IPO 询价阶段最优信息收集量的决定以及 IPO 抑价的成因，所得出的一个重要结论是：如果对 IPO 分配规则没有任何外生性限制，则发行人可以设计出最优的 IPO 统一价格发售机制，既可以使信息投资者真实披露他们所拥有的信息，又无须向其支付信息租金，从而使 IPO 期望抑价为零。

Benveniste、Busaba 和 Wilhelm（2002）以及 Benveniste 等（2003）结合 IPO 的“热销”市场进一步考察了信息收集成本问题，他们认为，对 IPO 价值估计的不确定性主要由两部分组成，即公司自身价值的不确定性和行业价值的不确定性，通过观察某行业已发行 IPO 的有关情况，投资者可以获得行业价值的相关信息，继而对该行业即将上市的 IPO 进行估价时，就可以降低估价成本。这种信息上的“规模经济”效应可能阻碍 IPO 发行，因为先行者必须完全补偿机构投资者收集行业信息的成本，而追随者却可以搭便车。为了克服这种“信息外部性”，承销商可以通过与投资者的长期合作关系，对其行业信息收集成本进行序贯补偿。该理论与IPO发行中的实际情况相符，即承销商一般会专注于承销某一行业的IPO，且同一行业的IPO发行常常会集中在某一时间段内进行。

Busaba（2006）分析了另外一种可行机制：若发行人在询价期间获得的信息不利，他们可以取消IPO发行。当机构投资者意识到这种取消IPO发行的事前承诺可置信时，则隐藏有利信息可能使他们失去从IPO申购中获利的机会。通过这种可置信的承诺，发行人可以有效降低信息收集成本，达到和通过抑价补偿投资者一样的效果。

最初关注新股配售权的模型是Benveniste和Spindt（1989），在此模型中，承销商运用他们的分配权力从投资者处获取信息，减少平均抑价并提高发行收益。正如Sherman（2000）所说，如果承销商拥有给投资者分配新股的权力，那么用来获取信息揭示的平均抑价水平就可得以减小。

Loughran和Ritter（2002）考察了承销商和发行人之间的冲突。如果承销商拥有分配股份的权力，那么这一权力的运用不会自动地符合发行公司的最优利益，承销商也许会故意留出比必要更大的抑价空间，然后将股票分配给对自己以后发行有利或其他利益相关体。

许多实证文章着重从机构投资者和个人投资者之间的区别来检验IPO分配。机构投资者与个人投资者是不同的，他们的规模决定了其更具信息优势，是更重要的客户。有证据显示使用询价发行方式时机构投资者得到了优先的分配。Hanley和Welhelm（1995）则通过对1983－1988年期间38家样本公司的研究证实了投资银行在发行过程中确实存在战略分配行为。Ljungqvist和Wilhelm（2002）的研究也表明无论在美国还是在其他国家，投资银行在对所发行股票的分配过程中更偏向于将股票分配给机构投资者，机构投资者获得的发行份额越大，最终发行价相对于招股说明书公布的询价区间所作出的调整也越大。如果对投资银行自由分配股份的权力进行限制，则最终发行价相对于招股说明书所做的调整越小，这意味着在发行过程中信息挖掘不充分。Sherman（2000）、Sherman和Titman（2002）的研究指出如果投资银行有能力在以后的发行中给那些真实反映市场需求状况的投资者以更优惠的分配政策，则有助于IPO定价中关于价格信息的挖掘，投资者信息挖掘中的成本与抑价程度之间存在均衡解。Aggarwal、Renna、Prabhala和Puri（2002）对机构投资者所获得股票分配份额与首日收益率之间的关系进行研究的结果表明，机构投资者获得的股票分配份额与首日收益率存在正相关关系，这种关系可能是由于投资银行将具有较高投资需求的股票更多地分配给机构投资者造成的。Cornelli和Goldreich（2001）对一个包含有39个采用累计投标询价机制的国际范围的股票发行的报价与分配进行了研究，他们发现，承销商对那些在报价中提供发行信息的投资者分配了较多的新股。具体来讲，经常参与申购的投资者收到了较多的表现较好的股票分配，特别当新股发行出现大幅超额认购的时候。另外，来自发行人国家的投资者收到了较多的股票分配，这是因为本地的投资者拥有较多的信息。Cornelli 和 Goldreich 的研究还发现，那些对其所报出申购价进行修正的投资者——这可以理解为随着时间的推移而不断提供了额外信息，这些投资者也在分配新股时得到了投资银行的照顾。另外，投资银行对保险公司和养老金在新股分配时也提供了优惠。最后，投资银行还对那些直接向 IPO 账簿管理者申购新股的投资者以多分配新股的形式提供了优惠，这可能是因为投资银行试图增加其在发行总费用中的份额，以提高其自身的发行收入。

在新股配售权的范畴中，承销商不仅能够控制谁获得股票，还能控制累计分配的股票数量。成熟市场中几乎所有的 IPO 都包含了上限 15% 的超额配售选择权（又称“绿鞋”期权）。在分配股票时，如果需求旺盛，承销商将分配 115% 的股票，随后如果后市交易的股价比较弱势的话，承销商可以最多买回 15% 的超额股票。

Aggarwal（2000）专注于超额配售股票的数量，指出如果承销商预计需求疲软，他很可能分配发售高至 135% 的股票而拥有超出超额配售选择权范围的空头头寸，随后承销商再买回增加的这 20% 的股票，并拥有买回其余 15% 股票的选择权；如果预计对 IPO 的需求旺盛，承销商不会持有超出超额配售选择权范围的空头头寸，因为轧平这些空头头寸的成本很高。Zhang（2001）则认为分配发售超额的股票促进了后市对该股的需求，这是因为分配到股票的机构投资者更愿意继续持有股票，而如果他们在首发中没有得到股票则不太可能在后市中买股票。超额发售导致购买并持有的需求过剩，推高了发行价格以及后市的价格。

2.2.2　比较优缺点

金融全球化的趋势及不同国家在不同时期发行机制的演变使得各种发行机制之间的比较成为可能，从中有助于我们加深对累计投标询价机制的优缺点的了解。

累计投标询价方法的支持者进行了大量的理论模型和实证分析，试图证明累计投标询价才是最优的 IPO 机制。Benvensite 和 Spindt（1989）最先探讨了询价发行中承销商与机构投资者之间的关系，他们认为承销商和机构投资者之间的长期关系可以降低 IPO 抑价水平。Benveniste 和 Wilhelm（1997）也认为，承销商与潜在投资者的关系使得累计投标询价比其他机制更有效率。

Sherman（2000）拓展了 Benveniste 和 Spindt（1989）中有关承销商与机构投资者长期关系重要性的观点，认为尽管在获取信息的成本较高的条件下，机构投资者不能获得超额收益，这种长期关系也不能用来减少机构投资者的回报水平，但是在多期重复业务往来的框架下，承销商能够减少信息不灵通的个人投资者的超额收益，从而取得一样的效果——降低 IPO 抑价水平。

Biais 和 Faugeron - Crouzet（2002）对不同国家的发行机制进行了研究，研究结果发现累计投标询价方式能够很好地挖掘市场关于股票价格的信息，因此是相对较好的发行机制，固定价格发行机制导致定价的非效率化，而拍卖机制会产生所谓的“赢者诅咒”，并且也会由于竞标者存在合谋可能而产生非效率性。

Jagannathan 和 Sherman（2006）认为拍卖方式会陷入参与者数量无法预料的被动局面，并且“搭便车”问题以及“赢者诅咒”问题都阻碍了价格发现过程，因此与累计投标询价方式相比略逊一筹。此外，固定价格发行的抑价程度一般也都大于累计投标询价的抑价程度，因此总体而言累计投标询价机制最受青睐。

然而，批评者认为，在累计投标询价中，承销商拥有分配股份的权力，可能是以自身利益而非发行人利益最大化为根本取向。另外，承销商可能大大倾向于机构投资者，而个人投资者却备受冷落，IPO 实际上是一个由主承销商操纵的“黑箱”，由于缺乏透明度，从而比较容易滋生腐败丑闻。Ausubel 和 Cramton（1997）就认为当前美国采用累计投标询价发行下的抑价水平似乎远远高于必要的水平，高度的抑价水平意味着销售新股的机制表现欠佳，因此建议使用拍卖方法来进 IPO。Jagannathan 和 Sherman（2005）提出改进累计投标询价，在配售过程中引入更大的透明度。

Derrien 和 Womack（2002）使用法国股票市场的数据，比较了使用累计投标询价法发行的 IPO 和使用统一价格拍卖发行的 IPO，实证结果表明 IPO 抑价在累计投标询价法下比在拍卖法下高。

Beierlein（2000）采用美国、日本和以色列（分别对应于累计投标询价法、差别价格拍卖和统一价格拍卖）的数据进行实证分析，结果发现 IPO 抑价在累计投标询价法下比在拍卖法下高，即使在实证模型中控制了市场条件、公司规模、主承销商和收集的信息等变量之后也是如此。因此，文章得出结论：与拍卖法相比，累计投标询价法既不降低 IPO 抑价水平也不增加定价的准确性。当然，Beierlein 也指出文章涉及的 3 种 IPO 机制的数据分别来自于不同的国家和时期，尽管采取了一些办法控制这些国别差异，但是实证结果仍然可能受到影响。

还有一些研究在肯定了累计投标询价机制的优点的同时也指出了其存在的缺点。Ljungqvist、Jenkinson 和 Wilhelm（2000）对 1992 - 1999 年 65 个国家的 IPO 实证分析表明，尽管收费和抑价程度偏高，累计投标询价法的推广还是对全球范国内 IPO 市场的效率起到了推动作用。但是他们的实证研究同样也表明，在美国投资银行介入或是美国市场为主要发行市场时，累计投标询价方法的上述优势才更加明显。这一点似乎又支持了累计投标询价方法的反对者的观点：美式累计投标询价法的推广并非源于该机制的效率和优越性，而是由于美国资本市场的强大和美国投资银行的重要地位。

Sherman（2002）认为，在累计投标询价法下几乎不存在发行失败的风险，因为承销商会选择足够数量的投资者，协调机构投资者与个人投资者的数量，保证足够数量的投资者有激励参与申购并考察所发行的股票，并阻止“搭便车者”主导发行过程。而在拍卖法下，发行人无法决定竞标人的数量，出现认购不足的概率要大得多。因此，尽管累计投标询价法下 IPO 抑价程度可能高于拍卖法，但是由于累计投标询价发行风险较低，这一机制对风险厌恶型的发行人还是有一定吸引力的。另一方面，Sherman（2002）也指出，如果有足够数量的投资者拥有“偶然发现的信息”，那么累计投标询价法表现可能不如差别价格拍卖，因为后者能够以较低的成本吸引广大而分散的投资者群体参与申购。

Kutsuna 和 Smith（2004）以日本市场的数据对累计投标询价机制和各类拍卖机制之间的关系进行了进一步研究。两篇文章都发现，IPO 抑价在累计投标询价法下较高。但是，Kutsuna 和 Smith（2004）同时发现，累计投标询价发行方式较其他发行机制而言在定价方面更为准确，对于较大规模的发行而言，可以降低发行成本。而拍卖机制尽管对小规模公司的发行更为有利，但这种拍卖机制往往更容易将小规模公司拒之门外。虽然就总体而言累计投标询价并没有降低发行成本，但考虑到其带来的定价准确性，1997 年后大多数日本公司更倾向于采用累计投标询价方式发行股票。

国内对询价发行机制的研究上还处于起步阶段，尽管我国从 1999 年 7 月开始就曾断断续续进行过 IPO 询价发行试点，但询价机制在我国的全面推行从 2005 年 1 月才开始，已有的文献也主要是从实证上检验询价发行机制是否对 IPO 抑价产生了影响，如杨记军和赵昌文（2006）对 2005 年询价发行的 IPO 样本进行研究表明询价机制的确显著降低了 IPO 抑价。王海峰等（2006）也得出了同样的结论，发现询价发行机制降低了 IPO 抑价水平和方差，并降低了投资银行的承销风险。

总之，研究一般认为累计投标询价机制在信息收集和价格发现方面确实优于固定价格机制，但是在累计投标询价方法和拍卖方法究竟孰优孰劣这一问题上仍然存在争议。不过，各国（地区）IPO 制度向累计投标询价方法的融合基本已经成为一个世界性的趋势，一国（地区）的证券市场要实现向全球的扩展，必须适应和接受累计投标询价机制，这一点已经是勿庸置疑的。

3. 询价发行机制与IPO上市后收益率的实证分析

新股上市后的收益率一直是人们关注的热点，尤其是新股上市首日收益率，也就是IPO抑价问题，更是得到了广泛的研究。我国的证券市场自成立以来，新股发行抑价一直堪称世界之最且长期居高不下，这种异常现象吸引了众多学者基于我国特有的制度和市场背景提出了各种观点。归纳起来，基本可以分为两种观点：一种认为是一级市场定价偏低造成IPO高抑价。例如，杜莘等（2001）认为非市场化的定价方式使新股定价偏低，从而产生IPO高抑价，刘力和王汀汀（2003）认为发行价格的管制使得一级市场的定价无法体现流通股的流通权价值，刘玉灿等（2005）认为以询价方式发行的新股定价偏低，不能降低首日收益率，蒋顺才等（2006）认为我国一级市场的发行制度是影响IPO首日收益率的主要因素；另一种观点认为并非IPO定价偏低，而是二级市场的价格过高。例如，宋逢明和梁洪昀（2001）认为二级市场的价格水平、市场人气对新股首日回报影响显著，相对一级市场处于主要地位，周孝华等（2005）认为由于我国二级市场投资者对IPO股的狂热情绪导致上市首日存在很高的噪声交易从而形成IPO高抑价，曹凤岐和董秀良（2006）认为我国IPO发行价较二级市场价格更能反映公司内在价值，造成IPO抑价过高的主要原因是二级市场价格虚高。

显然，第一种观点主要针对的就是发行机制的问题。回顾我国新股发行方式的诸多变迁，可以清楚地看到监管机构一直致力于寻求适合我国国情的市场化的发行机制，希望通过发行机制的市场化改革来改善我国股市的IPO效率扭曲程度。由于我国股市与成熟市场相比具有许多特殊性，表现之一就是即使在同一发行机制下，也往往演绎出多种表现形式，因此，3.1节首先梳理了我国新股发行方式的变迁过程。3.2节则重点考察了我国最新一轮的发行机制改革，即2005年1月1日开始全面实施的询价发行方式对IPO上市首日收益率的影响。当然，由于我国在实行了询价发行后，IPO高抑价现状依然存在，这就让人很自然地联想到在我国市场表现尤为突出的投资者情绪问题，由此也会对第二种观点产生认同，因而在3.2节中还建立了投资者情绪指标，并将其作为控制变量，在此基础上对上市首日收益率进行了回归分析。此外，为了比较全面地对我国采用的询价发行做出评价，本章除了考察我国询价发行在首日收益率方面的表现，还希望对我国询价发行在上市后持有收益率方面也做出评价，考虑到我国参与网下询价的机构投资者获配的股份受到锁定期限制，因此3.3节选择对询价发行方式与固定价格发行方式下的网下配售新股锁定期到期时持有收益率进行了统计比较。实证分析的数据主要来自于Wind金融数据库、度量衡金融数据库以及中国证券登记结算有限责任公司统计报表，使用 EXCEL 进行数据整理并用 SAS 9.0 进行统计分析。

3.1 我国新股发行方式的变迁历程

发行方式是指发行公司及承销商具体采取何种方式、通过何种途径来发售新股。我国股票市场经过近 20 年的发展，直至目前已拥有近 1800 家上市公司的规模，这期间我国新股发行方式先后采用了众多的形式，概括起来，主要分为网上发行和网下发行两种类型。早期采用较多的是认购证方式、与储蓄存款挂钩方式、全额预缴款方式等网下发行方式，这些方式存在发行环节多、认购成本高、社会工作量大、效率低、一级市场投资风险不容易控制的缺点。随着电子交易技术的发展，网下方式逐步被淘汰，取而代之的是网上发行方式，主要包括上网竞价发行、上网定价发行、上网发行与向法人配售相结合、上网询价发行、向二级市场投资者配售发行、上网发行与向二级市场投资者配售相结合、网上网下累计投标询价、网下询价与向二级市场投资者配售相结合、网下询价与上网定价相结合等方式，这些发行方式充分利用了证券市场的电子交易系统，使得发行更公开、更公平、更快捷、成本更低。

3.1.1 网下发行方式

在股市发展的早期阶段，由于技术条件和认识水平所限，新股发行方式主要是网下发行，并先后采用了以下的发行方式。

（1）认购证方式。

认购证方式分为限量发行新股认购证和无限量发行新股认购证两种方法。限量发行新股认购证在 1991 - 1992 年发行新股时采用，同时也是最早采用的新股发行方式，投资者只有先购买有限数量的认购证，再凭该证购买股票。由于此种发行策略是严重供不应求而被迫采取的一种限制需求的措施，因而导致了炒买炒卖认购证等恶性炒作行为，同时，由于发行程序透明度较差，发行机构也曾出现私自截留申请表等徇私舞弊现象，严重违背了“三公”原则，深圳“8.19 事件”便是其中典型的代表，因此这种发售方式实施不久后便被终止。

无限量发行新股认购证方式针对限量发行认购证方式的主要弊端提出了改进措施，它可保证所有投资者在规定时间内均能买到认购证，但能否有资格购买到股票，尚需要摇号抽签决定。1992 年上海率先尝试采用无限量发行新股认购证方式发行新股，并在 1992 年 12 月 17 日发布的《国务院关于进一步加强证券市场宏观管理的通知》得以确认。这种方式初步体现了“三公”原则，但其致命缺陷是发行成本相当高，加之中签率又非常低，因此这一方式也很快退出了发行舞台。

（2）无限量发售申请表、与银行储蓄存款挂钩方式。

1993 年 8 月 18 日国务院证券委颁布《1993 年股票发售与认购办法》规定，发行方式可以采用无限量发售申请表、与银行储蓄存款挂钩方式，即指在规定期限内无限量发售专项定期定额存单，根据存单发售数量、待发行股票数量及每张中签存单可认购股份数量的多少确定中签率，通过公开摇号抽签方式决定中签者，中签者持中签存单到指定网点换股。按具体做法不同可分“无限量发售专项定期定额存单”（即专项存单）和“全额保证金存入定额定期特种储蓄存款”（即全额存款）两种方式。此种方式避免了投资者购买认购证所造成的资金损失，大大减少了社会资源的浪费，降低了一级市场成本，并且可以吸筹社会闲资，吸引新投资者入市，但缺点是引发公众储蓄的转移，有利于机构和大户，而对中小投资者不公平，由此出现的高价转售中签表现象也会带来很强的投机性。

（3）全额预缴款、比例配售方式。

从 1995 年下半年开始至 1999 年，我国主要采用全额预缴款、比例配售方式发行新股，包括“余款即退”和“余款转存”两种方式。“余款即退”方式是指投资者在规定的申购时间内，将全额申购款存入主承销商在收款银行设立的专户中，申购结束后转存银行专户进行冻结，在对到账资金进行验资和确定有效申购后，根据股票发行量和申购总量计算配售比例，进行股票配售，余款返还投资者的股票发行方式。1996 年开始“余款即退”成为主流的发行方式，其一切工作均利用交易所网络自动进行，与曾经使用过的发行方式比较，是最为完善的一种，不仅具有效率高、成本低、安全快捷等优点，也避免了资金体外流动，完全消除了一级半市场。“余款转存”方式除申购余款转为存款，利息按同期银行存款利率计算之外，其余规定均与“余款即退”方式相同，在一定程度上避免了购买认购证的风险和损失。

3.1.2 网上发行方式

由于网下发行方式存在一个共同的弊病，即易于形成一个混乱的“一级半市场”，因此，随着现代通讯和网络技术的发展，一种利用证券交易所现有交易系统发行新股的网上发行方式就迅速成为新股发行的标准方式。所谓网上发行就是指利用证券交易所的交易系统，投资者按现行委托买入股票的方式进行股票申购。

（1）上网竞价发行方式。

1994 - 1995 年间，曾有哈岁宝、琼金盘厦华电子和青海三普 4 家公司试点了上网竞价发行方式。上网竞价发行实质即为拍卖机制的一种形式，投资者的报价高低决定了投资者能否获得股票分配以及所获股票分配的数量。在上网竞价发行下，当新股发行申购时，主承销商为唯一“卖方”，其卖出数为新股实际发行数，卖出价格为发行底价，投资者则在指定的时间内，以不低于发行底价的价格进行申购，申购结束后交易所电脑主机按照集合竞价原则决定发行价格，按照“价格优先、时间优先”原则产生申购成功者和实际发行价格。

由于拍卖机制本身易产生“搭便车”行为以及参与投标人数的不确定性等缺陷，加上当时我国股票市场规模太小，股票供给与需求极不平衡，普通投资者对各种股票的价值缺乏正确和合理的判断，在市场过热的情况下更容易出现非理性的申报价格，使得股票发行定价往往较高，投机气氛太浓，导致投资者面临较大风险，因而没有再加以推广竞价发行方式。

（2）上网定价发行方式。

上网定价发行可以看作固定价格机制的一种形式，投资者只能以固定的发行价格进行申购，投资者能否获得股票分配以及分配数量则取决于超额认购下的分配方式，以及承销商是否具有分配权。

在上网定价发行方式下，投资者只能以发行人或监管层确定的固定价格进行申购，主承销商利用证券交易所的交易系统，并作为股票的唯一“卖方”，将核准发行的股票输入其在证券交易所的股票发行专户，投资者在指定的时间内以确定的发行价格通过与证券交易所联网的各证券营业网点进行委托申购，是一种价定、量定的发行方式。申购结束后，由证券交易所交易系统主机统计有效申购总量和有效申购户数，并根据发行数量、有效申购总量和有效申购户数确定申购者的认购股数。当有效申购总量小于或等于该股票发行量时，投资者按其有效申购量认购股票，余额部分按承销协议处理；当有效申购总量大于该股发行量时，由证券交易所主机排定申报号，通过摇号抽签等方式决定股东名单和认购数量。

由于上网定价方式充分利用了证券交易所现有的交易系统，是目前为止交易费用最低、效率最高、最有利于个人投资者参与的发行方式，因此自 1996 年以后，上网定价方式逐渐占据了主导地位。

（3）上网发行与向法人配售相结合。

1999 年 7 月证监会发布了《关于进一步完善股票发行方式的通知》，引入了法人配售询价机制，出台了上网发行和法人配售相结合的发行方式。在该方式中，一部分新股向法人投资者配售，一部分则采用上网发行方式向一般投资者出售。参与配售的法人投资者包括战略投资者、证券投资基金和一般法人，通常均被要求有一个最低持股期限，也就是所谓的锁定期，其中，战略投资者须持有 6 个月以上，其他普通法人投资者持股期限可以稍短，一般为 3 个月。确定发行价格时，发行公司和主承销商可以首先制定一个发行价格区间，随后通过召开配售对象问答会等推介方式，了解配售对象的认购意愿，在经证监会核准的价格区间内确定最终发行价格，最终发行价格在价格区间之外的须报证监会重新核准。

法人配售方式的引入是我国股票发行机制的重大改革，在这一发行方式下，路演、向机构投资者询价以及战略投资者等概念首次引入我国IPO市场，极大地促进了我国新股发行过程的市场化，然而，这一市场化的发行机制在我国IPO市场的运行并不尽如人意，在兼顾社会公平及引导理性和长期投资理念方面并未取得预期效果，先后出现了法人配售权黑箱交易以及战略投资者并不“战略”的一些不合理现象，因此从2000年下半年开始，其应用就逐步减少，后来主要在一些超级大盘股如宝钢、中石化等的发行中采用。

(4) 网上网下累计投标询价。

网上网下累计投标询价发行方式是指发行人和主承销商可以在定价底限之上(包括定价区间)，采取机构投资者网下累计投标询价和公众投资者网上累计投标询价同时进行的方式，通过累计计算对应不同价格的机构投资者和公众投资者的申购数量之和，来确定发行价格以及配售与公开发行的数量。

在这种方式下，网上包括中小投资者在内的其他投资者也可以通过累计投标询价方式参与价格的发现过程，体现了对所有投资者的公平性，但由于实际中网上网下同时累计投标询价操作起来比较复杂，实际采用的发行公司较少。最早应用网上网下累计投标询价方式的是2000年12月招股发行的振华港机，随后仅在2001-2002年间又有五、六家公司使用了该种方式发行新股，其中，2002年3月招商银行向社会公开发行15亿股A股时采用了网上网下累计投标询价，在国内大规模招股中尚属首次。

(5) 上网询价发行方式。

上网询价发行方式，又称为网上询价或网上累计投标询价，是一种事先确定发行数量，而发行价格不定的发行方式，其发行方式类似于股票上网定价发行。区别在于申购时主承销商只给出股票的发行价格区间，而非一固定的发行价格，投资者在价格区间进行申购委托。申购结束后，主承销商根据申购结果按照一定的超额认购倍数确定发行价格，高于或等于该发行价格的申购为有效申购。再由证券交易所交易系统主机统计有效申购总量和有效申购户数，并根据发行数量、有效申购总量和有效申购户数确定申购者的认购股数。

2001年11月，华联综超在发行时采用了上网询价发行方式。此后，在实行全部向二级市场投资者配售之前，这一发行方式得到了较多的应用。

(6) 上网发行与向二级市场投资者配售相结合。

2000年2月13日，中国证监会发布通知试行向二级市场投资者配售新股。该通知规定在新股发行时，将一定比例的新股由上网公开发行改为向二级市场投资者配售，投资者根据其持有上市流通证券的市值和折算的申购限量自愿申购新股。投资者持有上市流通证券的市值是按招股说明书概要刊登前一个交易日收盘价计算的上市流通股票、证券投资基金和可转换债券市值的总和。投资者每持有上市流通证券市值10000元限申购新股1000股，申购新股的数量应为1000股的整数倍，投资者持有上市流通证券市值不足10000元的部分，不赋予申购权，每一股票账户最高申购量不得超过发行公司公开发行总量的千分之一，每一股票账户只能申购一次，重复的申购视为无效申购，投资者申购新股时，无需预先缴纳申购款，但申购一经确认，不得撤销。这一发行方式实行后不久，便因技术原因暂停实行。

（7）向二级市场投资者配售。

为了平衡一、二级市场的利益分配格局，鼓励投资者树立价值投资理念，2002年5月20日，中国证监会发布通知恢复向二级市场投资者配售新股，规定发行公司及其主承销商采用向二级市场投资者配售方式发行新股，基本原则是优先满足市值申购部分，在此前提下，配售比例应在50% -100%之间确定。

2002年6月，精伦电子首次实行了全额二级市场配售的发行方式。此后一直到2004年9月暂停发行新股为止，期间所有新股发行均采用了全部向二级市场投资者配售的方式。二级市场配售是一种典型的“彩票机制”，使得新股分配更加分散。

新股发行的市值配售使得一级市场较高的无风险收益向二级市场投资者让渡，有利于优化一、二级市场的资金配置格局，提高资金利用效率；市值配售为中小投资者创造了一个较好的投资机会，因不用预先缴纳申购款，就可以获配售新股的资格，这使中小投资者持股比例有较明显上升，有助于上市公司形成大、中、小三级适宜的投资者结构。然而，市值配售存在的问题是中签率极低、收益有限，积极效应很小；其次，市值配售也使一级市场的资金蓄水池随之消失，证券市场潜在的入市资金大幅减少，二级市场的资金处于封闭运行状态（特别是在证券市场较为低迷的情况下），届时可能出现二级市场的资金存量只能越来越少，市场对新股的承接力下降的情况；另外，市值配售的最大获益者往往是“沉积筹码”的拥有者，那些比较活跃或主动的投资者并没有因此受益。

（8）网下询价与二级市场配售相结合。

2004年8月28日全国人大常委会审议通过《公司法》和《证券法》修正案，修改后的《公司法》和《证券法》删除了新股发行价格须经监管机构核准的规定，从而使得新股发行机制市场化改革成为必然。2004年8月30日，中国证监会公布了关于试行询价机制的征求意见稿，公开向市场征求意见。在充分考虑市场反馈意见的基础上，2004 年 12 月 7 日中国证监会发布了《关于首次公开发行股票试行询价制度若干问题的通知》及配套文件《股票发行审核标准备忘录第 18 号——对首次公开发行股票询价对象条件和行为的监管要求》，规定自 2005 年 1 月 1 日起所有新股发行均采用询价机制。2005 年试行询价制度后，首先采用的是网下累计投标询价与二级市场配售相结合的发行方式，黔源电力、中材国际、飞亚股份等均使用该方式进行 IPO。

根据中国证监会的规定，合格的网下询价对象包括符合规定条件的证券投资基金管理公司、证券公司、信托投资公司、财务公司、保险机构投资者以及合格境外机构投资者（QFII）等 6 类机构投资者。依据中国证券业协会所公布的 IPO 询价对象名录，目前符合条件的第一批询价对象共计 134 家机构投资者。

询价过程可以分为两个阶段：初步询价阶段和累计投标阶段。在初步询价阶段，发行人及其保荐机构向不少于 20 家询价对象进行初步询价，并根据询价对象的报价结果确定发行价格区间及相应的市盈率区间。公开发行股数在 4 亿股（含 4 亿股）以上的，参与初步询价的询价对象不少于 50 家。当发行价格区间确定后，发行人及其保荐机构在发行价格区间内向询价对象进行累计投标询价，并根据累计投标询价结果确定发行价格。在累计投标阶段，所有合格的询价对象均可以参与。

当发行人及其保荐机构确定发行价格后，必须向参与累计投标询价的询价对象配售股票，公开发行数量在 4 亿股以下的，配售数量一般不超过本次发行总量的 20%，公开发行数量在 4 亿股以上（含 4 亿股）的，配售数量一般不超过本次发行总量的 50%。如果发行价格以上的有效申购总量大于拟向询价对象配售的股份数量时，发行人及其保荐机构需要对发行价格以上的全部有效申购进行同比例配售。配售比例为拟向询价对象配售的股份数量除以发行价格以上的有效申购总量。向询价对象配售完成后，发行人及其保荐机构必须将其余股票以相同价格向社会公众投资者公开发行。

与前面上网发行与法人配售相结合的方式相比，虽然都可以称之为询价机制，但两者仍然存在以下几方面的差异：

第一，询价对象不同。在法人配售询价机制中，询价对象包括了所有在中华人民共和国境内登记注册的除证券经营机构以外的有权购买人民币普通股的法人。根据与发行公司的关系，法人可以分为战略投资者和一般法人投资者。法人配售询价机制中询价对象范围过于广泛，并且其中许多询价对象并不具备对发行公司进行准确估值的能力和意愿，因此试图通过询价过程进行价值发现的意图便难以实现。最新这轮询价机制中询价对象则仅限于符合规定的证券投资基金管理公司、证券公司、信托投资公司、财务公司、保险机构投资者以及合格境外机构投资者等6类机构投资者。与法人配售询价机制相比，此次询价机制中的询价对象设定则更为合理。

第二，价格决定机制不同。法人配售询价机制中，发行人和承销商首先自主决定发行价格区间，然后通过路演询价过程获取配售对象的认购意愿，并在此基础上确定最终发行价格。询价机制中，发行价格区间的确定取决于初步询价过程中询价对象的报价，同时，最终发行价格通过所有询价对象进行累计投标决定。二者相比较，法人配售询价机制中发行人和承销商对于发行价格的决定拥有较大的控制力，而在询价机制下，询价对象对于发行价格的确定则具有比较大的影响力。

第三，股票分配规则不同。法人配售询价机制中，虽然根据规定发行人不具备完全的分配权，但从配售实践来看，发行人在配售额度内对配售对象具有一定的选择权，即发行人有权确定各类机构投资者的配售比例，自主选择战略投资者并给予优先配售。在询价机制中，询价对象能否获得股票分配则完全取决于累计投标询价过程中其所申购的股票数量和所报价格，发行人不具备任何自主分配的权力。

（9）网下询价与上网定价相结合。

2006年6月，恢复资金申购后，股票发行采用网下累计投标询价与资金申购上网定价相结合的方式。中工国际是第一家使用该方式发行的上市公司，随后截至目前，网下询价与上网定价相结合方式成为我国A股市场最常用的发行方式。

（10）战略配售、网下询价与上网定价相结合。

我国证券法律规定：首次公开发行股票数量在4亿元以上的，可以向战略投资者配售股票，战略投资者不得参与首次公开发行股票的初步询价和累计投标询价，并应当承诺获得本次配售的股票持有期限不得少于12个月，持有期自本次公开发行的股票上市之日起算。对于首次公开发行股票超过一定规模时引入战略投资者，向其配售一部分股票，并锁定持股期限，既有利于吸引长期增量资金进入证券市场，改善投资者的结构，同时也有利于缓解市场资金压力、稳定投资者预期，对该股票实现平稳发行上市具有重要作用。2006年6月中国远洋开始采用战略配售、网下询价与上网定价相结合的方式发行新股，随后工商银行、中国平安等一些大型公司的新股发行也陆续使用了该种方式。

包括早期的3种网下发行方式在内，总共有12种发行方式（由于上网竞价方式只有4家公司试点使用，因此未列入考察范围）。根据这些发行方式相对于基本发行机制的属性，大致可以将其划分以为两类：第一类是具有单纯固定价格发行机制本质的发行方式，包括早期的网下发行方式、上网定价发行、向二级市场配售发行以及上网定价与二级市场配售相结合方式；第二类则包括上网询价发行方式、网上网下累计投标询价发行方式、法人配售与上网定价相结合方式、网下询价与上网定价结合方式、网下询价与二级市场配售相结合方式以及战略配售、网下询价与上网定价相结合方式，这6种发行方式均属于询价发行机制的不同表现形式。

表7比较了在不同发行方式下首日收益率水平的统计结果，统计样本选取了自1991年1月至2008年11月在沪深两地上市的1592只IPO股票，剔除数据缺失样本290个，有效样本为1302个。显然，网下发行方式的首日收益率水平要远远高于网上发行方式，均值超过了400%，而在网上发行方式中，网下询价与二级市场配售结合方式、网上网下累计投标询价方式以及战略配售、网下询价与上网定价相结合3种方式的首日收益率水平约在50%左右，二级市场配售方式的平均首日收益率达到84%，上网定价发行、上网定价与二级市场配售相结合、法人配售与上网定价发行相结合、网下询价与上网定价相结合、上网询价这5种网上发行方式的平均首日收益率均在120% -150%之间。

表7　　不同发行方式下首日收益率比较

发行方式		首日收益率				
		均值	标准差	中值	最小值	最大值
网下发行		4.1879	6.0108	2.2375	-0.8690	35.5000
网上发行	上网定价发行	1.4517	0.8702	1.3100	0.0074	4.7677
	二级市场配售	0.8399	0.6311	0.7526	-0.0900	4.2825
	上网定价与二级市场配售	1.5038	0.9241	1.4212	0.1133	4.6907
	法人配售与上网定价	1.2289	0.7040	1.2091	0.0332	2.6695
	网下询价与上网定价	1.3943	1.0492	1.0291	0.0028	5.3812
	网下询价与二级市场配售	0.4511	0.3479	0.4644	0.0279	1.3386
	网上网下累计投标询价	0.5594	0.2061	0.5719	0.2683	0.8224
	战略配售、网下询价与上网定价	0.5193	0.3128	0.5125	0.0513	0.9603
	上网询价	1.4855	0.8342	1.2143	0.4182	3.1157

3.2 询价发行机制与上市首日收益率

Leleux 和 Paliard（1996）以及 Derrien 和 Womach（2003）均发现不同的发行机制对 IPO 抑价影响确实不同。Su 和 Fleisher（1999）以及 Ma 和 Faff（2007）也指出不同的 IPO 发行方式或是政府所主导的 IPO 定价方式都会影响 IPO 抑价幅度。Zhang（2007）同时考察了 IPO 定价方式与发行方式对 IPO 抑价的影响。本节将对我国发行机制在改革变迁中所演绎出的具体方式与 IPO 上市首日收益率的关系进行实证分析，数据选取了 2003 年 1 月 1 日至 2007 年 5 月 31 日在沪深两地上市的 293 只 IPO 股票作为研究对象，剔除数据缺失样本 6 个，有效样本为 287 个。

根据 3.1 节对发行方式的划分，可以将样本分为两段：2003 年 1 月至 2004 年 12 月间的发行方式基本上都是向二级市场配售，属于单纯固定价格机制类的发行方式，样本数 166 个；2005 年 1 月至 2007 年 5 月间的发行方式包括网下询价与二级市场配售相结合方式、网下询价与上网定价相结合方式、战略配售、网下询价与上网定价相结合方式，均属于询价机制类的发行方式，样本数 121 个。图 2 显示了每月平均的 IPO 股票首日收益率，空白月份为停发新股阶段。从图中添加的两段均值线可以看出，询价制下的首日收益率平均水平整体上要高于固定价格制下的首日收益率平均水平。

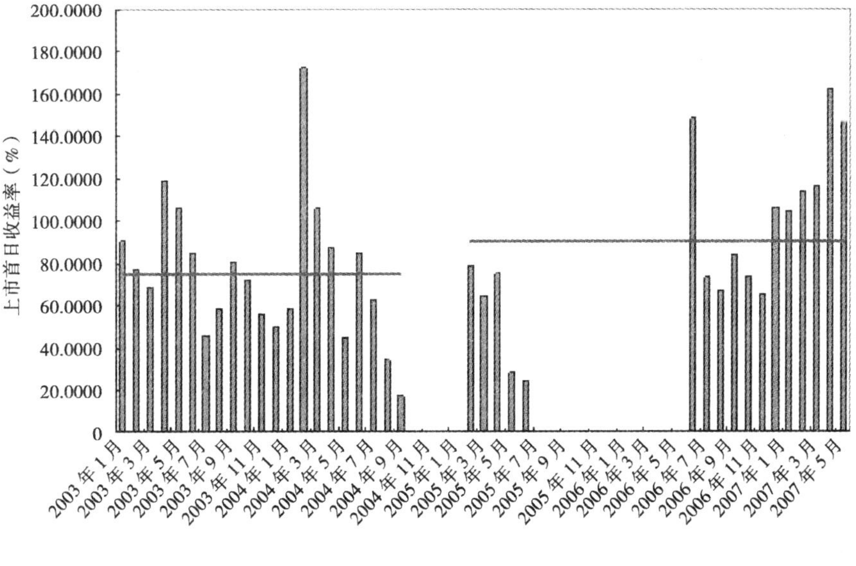

图 2　2003 年 1 月至 2007 年 5 月我国 A 股 IPO 月均首日收益率

3.2.1 研究变量的选择

在进行实证检验时，以 IPO 上市首日收益率（FDRETURN）作为被解释变量。此处的首日收益率是指超过市场平均水平的超额收益率，用于调整 IPO 首日收益率的市场行情基准指数，在上交所上市的公司用上证 A 股指数（000002），在深交所上市的公司用深证成份 A 股指数（399002）。

解释变量为发行机制，设定虚拟变量 OM，等于 0 时代表单纯固定价格机制类的发行方式，等于 1 时代表询价机制类的发行方式。融合了询价机制特点的发行方式由于市场化程度更高，与单纯固定价格类的发行方式相比，应该能不同程度的降低 IPO 抑价，因此预期 OM 与 IPO 抑价程度负相关。

此外，为了正确地刻画新股上市首日收益率，还需要将其他可能有影响的因素考虑进来，为此，综合前人的研究成果并结合本章所选择的样本，选取以下因素作为控制变量：

中签率（LOTRATE）：中签率所表明的是一般投资者在一级市场上对 IPO 新股的申购需求，Koh 和 Walter（1989），Lin 和 Fok（1997）以及 Chi 和 Padgett（2005）以中签率来衡量流行效应，参与 IPO 申购的投资者越多则流行效应越明显，进而导致中签率大幅降低，加大了申购风险，投资者会要求更高的抑价来补偿。发行方和承销商为了确保发行成功，往往会采取供给低于需求的策略以及折价发行的策略，以期产生所谓的流行效应，吸引更多的投资者参与申购，确保 IPO 发行成功，此举会使得中签率大幅降低，加深了 IPO 抑价幅度，因此预期中签率与 IPO 抑价幅度负相关。

上市首日换手率（TURNOVER）：换手率指标所表征的则是二级市场上投资者对新股的需求，换手率越高，二级市场对 IPO 的需求就越旺，因此预期该指标应与 IPO 抑价正相关。

发行至上市的间隔期（天）（INTERVAL）：发行至上市的间隔期越长，事前不确定性越大，而且在此期间投资者的申购资金会受到冻结，因此投资者所承担的风险越大，同时 IPO 申购的成本也越高，其所要求的回报率就越高，故而预期其应与首日收益率正相关。

IPO 发行规模（百万股）（ISSUESIZE）：Beatty 和 Ritter（1986）认为，发行规模可以作为度量公司风险的一个代理指标，发行规模越小的公司，其投机性越强，风险也越大。宋逢明和梁洪昀（2001）、Chi 和 Padgett（2005）等认为，发行规模大增加了供给，从而就意味着价格炒作难度的增加，因此它应该与 IPO 上市首日收益率负相关。

发行市盈率（PE）：在我国 IPO 市场上，市盈率往往是制定新股发行价格的主要依据，这个指标越高，新股定价就越高，二级市场价格上升的空间也就越小，因此它们应与 IPO 上市首日收益率负相关。

发行前一年每股净资产（NTA）：每股净资产越高，股东拥有的资产现值越多，公司发展潜力与其股票的投资价值越大，投资者所承担的投资风险越小，因此 IPO 抑价相应越小，预期每股净资产与 IPO 上市首日收益率负相关。

发行前一年每股收益（EPS）：公司的经营业绩特别是税后利润水平直接反映了一个公司的经营能力和上市时的价值，代表公司盈利能力的每股收益越高，说明公司质地越好，投资者参与该公司新股申购所面临的风险就越小，因此认为每股收益与 IPO 抑价成负相关。

公司成立时间（FIRMAGE）：发行公司成立的时间越长，则公司的经营运作相对于较年轻的公司就更正规成熟，相关的信息质量就越好，信息的不对称程度就越低，因而 IPO 抑价幅度就应该越小，认为公司成立时间与 IPO 抑价负相关。

行业（INDUSTRY）：当发行公司是冶金、化工、化纤、造纸、纺织服装、机械制造等传统行业时为 0，当发行公司是信息技术、传媒文化、房地产等新兴行业时则为 1。传统行业处于发展周期的成熟阶段，业绩稳定但成长速度已明显放缓，而新兴行业未来成长空间远远超过传统行业，发行公司所处行业的发展前景会影响到投资者对该公司发展前景的预期，因此属于新兴行业的公司业绩具有不断走高的预期，对投资者的吸引力更大，IPO 抑价也相应增大。

表 8 汇总了各变量名及其定义描述和预期方向。

表 9 为各个变量的描述性统计结果，样本的 IPO 首日超额收益率均值达到 80.45%，最大值高达 340.72%，当然也有跌破发行价的 IPO 公司，首日收益率为 -9.12%。从发行方式变量 OM 均值比较可以看出，采用询价类发行方式的公司样本数要少于固定价格类发行方式。发行前一年的每股净资产平均为 2.37 元，最大达到 8.13 元，最小为 1.02 元。发行前一年每股收益的均值为 0.5011 元，变动范围不大，处于 0.04 元至 1.77 元之间。发行规模平均达到了 2.2621 亿股，波动范围很大，最大、最小值分别为 149.5 亿股和 1340 万股。发行市盈率均值为 20.9 倍，波动范围从 6.78 倍到 97.8 倍。发行到上市的间隔期从 8 天到 28 天不等，平均而言，发行到上市的等待时间约为 5.63 天。公司成立至发行的时间间隔平均为 1972 天，中值为 1577 天，表明样本期间的 IPO 公司大多是成立不到五年的新公司。中签率方面，平均值为 0.2349%，最低时只有 0.0219%，表明我国的新股认购极其踊跃，市场投机气氛浓厚。新股上市首日换手率比较高，平均达到了 58.5759%，最高达到 94.0529%，表明市场交投非常活跃，短线资金大量介入。行业的平均值为 0.1945，中值为 0，说明样本期间的 IPO 公司中属于传统行业的占大多数。

表8 **变量说明汇总表**

		变量含义	变量名	预期方向	变量定义及描述
被解释变量		首日收益率	FDRETURN		$\frac{\text{IPO 股票上市首日收盘价}-\text{发行价格}}{\text{发行价格}}-\frac{\text{上市首日市场收盘指数}-\text{发行日市场收盘指数}}{\text{发行日市场收盘指数}}$
解释变量		发行机制（虚拟变量）	OM	-	询价类发行方式为1，固定价格类发行方式为0
控制变量	流行效应	中签率	LOTRATE	-	有效申购数量/新股发行数量
		上市首日换手率	TURNOVER	+	上市首日该股成交量/该股流通股总数
	事前不确定性	发行至上市时间间隔	INTERVAL	+	从宣告进行公开发行，接受公开申购至正式挂牌上市期间所需天数
	公司特质	发行规模	ISSUESIZE	-	首次公开发行股票规模（百万股）
		发行市盈率	PE	-	发行价格/发行前一年每股收益
		发行前一年每股净资产	NTA	-	（总资产-总负债）/总股本数
		发行前一年每股收益	EPS	-	发行前一年税后利润/总股本数
		公司成立至公开发行新股时间间隔	FIRMAGE	-	从公司成立之日，至宣告进行公开发行之间的时间天数
		行业（虚拟变量）	INDUSTRY	+	传统行业为0，新兴行业为1

表9 **各个变量的描述性统计**

变量	均值	标准差	中值	最小值	最大值
首日超额收益率（FDRETURN）	0.8045	0.5600	0.7127	-0.0912	3.4072
发行方式（OM）	0.4300	0.4960	0	0	1

续表

变量	均值	标准差	中值	最小值	最大值
每股净资产（元）(NTA)	2.3737	0.9278	2.1900	1.0200	8.1300
每股收益（元）(EPS)	0.5011	0.2936	0.4200	0.0400	1.7700
发行规模（百万股）(ISSUESIZE)	226.21	1034.19	40.00	13.40	14950.00
市盈率（倍）(PE)	20.90	8.05	19.83	6.78	97.80
发行至上市间隔（天）(INTERVAL)	5.63	3.2365	15	8	28
公司成立至发行间隔（天）(FIRMAGE)	1972	1167.03	1577	109	7331
中签率（%）(LOTRATE)	0.2349	0.4729	0.0812	0.0219	5.3275
首日换手率（%）(FDTURNOVER)	58.5759	13.2259	58.5438	11.8154	94.0529
行业 (INDUSTRY)	0.1945	0.3965	0	0	1

3.2.2 回归分析

表10列出了对IPO首日收益率的回归统计结果。其中各变量的方差膨胀因子（VIF）均小于10，估计容许值（TOL）大于0.1，不存在严重的共线性问题。DW值接近2，残差无自相关。另外，Chi－Square的p值大于0.1，不存在异方差问题。调整R^2值等于0.4080，回归拟合度较好，模型具有较好的解释能力。

从回归结果可以看到，发行机制（OM）与IPO首日收益率显著负相关，符合所预期的方向，说明与单纯的固定价格机制类的发行方式相比，询价机制类的发行方式能不同程度的降低IPO抑价水平。

在其他控制变量中，代表事前不确定性的发行至上市的时间间隔（INTERVAL）与IPO首日收益率成负向关系，与预期相反，但并不显著，这表明事前的不确定性并未对IPO抑价幅度产生显著影响。

表 10 我国 A 股 IPO 首日收益率回归统计结果

变量	预期符号	未标准化系数	标准化系数	t 值	P 值	VIF 值	TOL 值
Intercept	/	-0.83148***	0***	-3.48	<0.0006	0	
OM	-	-0.39898***	-0.36298***	-4.91	<0.0001	2.28263	0.43809
NTA	-	-0.10173**	-0.16611**	-2.59	0.0103	1.71962	0.58152
EPS	-	0.03569	0.02013	0.31	0.7583	1.78066	0.56159
ISSUESIZE	-	-4.7E-11	0.09673	1.16	0.2487	2.91992	0.34248
PE	-	0.00978**	0.13051**	2.16	0.0321	1.52945	0.65383
INTERVAL	+	-0.00504	0.02956	-0.57	0.5724	1.14053	0.87679
FIRMAGE	-	2.5E-05	0.04944	0.92	0.3584	1.20408	0.83051
LOTRATE	-	-0.24633*	-0.16997*	-1.87	0.0621	3.42998	0.29155
FDTURNOVER	+	0.03060***	0.75050***	12.14	<0.0001	1.59404	0.62734
INDUSTRY	+	0.02165	0.01608	0.31	0.7545	1.10169	0.90770
Adj. R^2=0.4080		DW=1.781		Chi-Square=53.39		Pr>ChiSq=0.8005	

注：*、**、*** 分别表示在 10%、5% 和 1% 的水平下显著。

中签率（LOTRATE）和上市首日换手率（FDTURNOVER）与 IPO 首日收益率的关系，从实证结果来看，回归系数符号均与预期相符，并且分别达到 90% 和 99% 的显著性水平，说明流行效应明显。中签率越低、首日换手率越高，意味着市场的投机性越强，申购新股的风险越大，由此投资者所要求的折价补偿也越高，这与 Koh 和 Walter（1989）、Welch（1992）、Lin 和 Fok（1997）以及 Chi 和 Padgett（2002）的发现相同。

与公司特质有关的控制变量中，统计结果显著的有发行前每股净资产（NTA）和发行市盈率（PE）。其中，发行前每股净资产（NTA）与预期方向相符，说明市场比较认可每股净资产高、公司质地好的新股风险性小的观点，所要求的抑价补偿比较低。发行市盈率（PE）的回归系数方向却与预期相反，这意味着发行市盈率的提高使得二级市场价格的上升空间不减反增，进一步说明了我国二级市场的投机气氛浓厚。

由此可见，我国自 2005 年 1 月开始实施的询价发行机制比之前单纯的固定价格机制更能有效缓解上市首日的超额收益率水平，减小新股抑价程度，这点与杨记军，赵昌文（2006）以及王海峰等（2006）得出的结论相同。

3.2.3 考虑投资者情绪的回归分析

3.2.2 节的实证分析结果表明引入询价机制后所采取的发行方式确实在某种程度上降低了 IPO 抑价水平，但从表 1 以及图 2 可以看出，我国 IPO 高抑价的现状依然存在，虽然全面引入询价机制的 2005 年的年均上市首日收益率降至 50%以下，但随后两年又相继出现大幅攀升，2007 年的首日收益率水平甚至超过自 1993 年以来的历年最高水平，这说明我国 IPO 抑价的影响因素不单是一级市场发行机制所确定的发行价格的问题，还涉及到二级市场上市首日价格虚高的问题。我们很自然地会推测是我国市场中表现尤为突出的投资者情绪问题导致了二级市场对刚上市的 IPO 股票定价过高。为此，本节在控制变量中加入二级市场的投资者情绪因素，在此基础上考察发行机制和投资者情绪对新股首日收益率的影响。

首先，需要构造衡量二级市场投资者情绪的指标。投资者情绪已逐渐成为众多新股抑价研究的焦点，构造投资者情绪代理指标的方法各不相同。Aggarwal 等（2002）使用股评家的推荐买入评价数量衡量市场投资者情绪，Rajan 和 Servaes（2002）采用账面/市值比率（B/M）来衡量投资者的情绪，Cornell 等（2006）利用 IPO 预售市场（Grey Market）上的交易价格作为投资者情绪的代理指标，宋逢明和梁洪昀（2001）用换手率、成交量反映市场人气，周孝华等（2005）以换手率和看涨指标等等作为投资者情绪的代理指标，韩立岩和伍燕然（2007）用换手率和交易所月新开户数代表投资者情绪。此外，一些文献虽然不是研究 IPO 问题，但也涉及投资者情绪的度量，Chopra 等（1993）以封闭基金抑价率作为投资者情绪代理指标，Neal 和 Wheatley（1998）除了用封闭基金抑价还用共同基金净赎回量衡量投资者情绪，刘宏忠和张昉（2004）用流动性指标来衡量市场投资者的情绪，王美今和孙建军（2004）用“央视看盘”中看涨人数与看跌人数之比表示投资者情绪指数，Baker 和 Wurgler（2006）综合了封闭基金抑价、换手率、IPO 数量、IPO 首日平均收益率、股票与债券发行比例、市账比（M/B）的红利溢价 6 个因素来构造投资者情绪指标，熊维勤（2007）选择 IPO 上市前 10 只新股的平均抑价率和首日换手率来刻画投资者的先验乐观情绪。可以说，到目前为止还没有确定的或是毫无争议的投资者情绪指标。

考虑到用单个因素来刻画二级市场的投资者情绪不够全面，为了能够更好地研究投资者情绪对新股收益率的影响，本节构造了综合 5 项因素的情绪指标，这 5 项因素分别是 A 股大盘指数（AINDEX）、A 股换手率（TURNOVER）、新增账户数（ACCOUNT）、封闭基金折价率（CEFD）以及 A 股成交额与债券成交额之比（AVSB）。选取样本阶段从 2003 年 1 月至 2007 年 5 月，均为月度数据，所用的数据来源包括 Wind 数据库、中国证券登记结算有限责任公司统计报表，使用 EXCEL 进行数据整理并用 SAS 9.0 进行统计分析。

AINDEX 取月均上证 A 指与月均深成份 A 指的平均，TURNOVER 取所有 A 股月换手率均值，ACCOUNT 为每月 A 股、B 股及封闭式基金的新增开户数减去新销户数，CEFD 等于每月封闭基金单位净值减去市价后与基金单位净值之比，AVSB 则是 A 股月累计成交金额与债券月累计成交金额之比。前 4 个因素均已有文献用作衡量投资者情绪，本课题提出第 5 个因素是因为当投资者情绪高涨时，更愿意投资风险较高的股票市场或提高股票投资的比重，而当投资者情绪低落时，则倾向于投资风险较低的债券市场或加大债券的投资比重，因此 A 股与债券的累计成交金额之比也含有情绪因素。

由于每个因素既包含一些投资者情绪信息又包含一些与投资者情绪无关的其他信息。因此，需要通过主成分分析来滤除无关噪声，捕捉 5 个因素中的共同成分。表 11 列出了主成分分析的结果，从 Panel A 可见一些因素之间的相关性比较强，存在信息上的重叠，而 Panel B 显示前两个成分特征值对应的方差累计占总方差的 95.25%，已经超过了一般要求的 85% 水平，因此前两个主成分已经代表了绝大部分的信息。

提取前两个主成分 Prin1 和 Prin2，再按两个主成分所对应的特征值（分别为 $\lambda_1 = 3.7317$，$\lambda_2 = 1.0310$）计算加权平均，如公式（1）所示，即可得到主成分综合的每月二级市场投资者情绪指标（SENTIMENT）。

$$\text{SENTIMENT} = \frac{\lambda_1}{\lambda_1 + \lambda_2}\text{P}rin1 + \frac{\lambda_2}{\lambda_1 + \lambda_2}\text{P}rin2 = 0.7835\text{P}rin1 + 0.2165\text{P}rin2 \qquad (1)$$

表 11　　二级市场投资者情绪的主成分分析

Panel A　相关系数矩阵

	AINDEX	TURNOVER	ACCOUNT	CEFD	AVSB
AINDEX	1.0000	0.8593	0.9405	-0.2414	0.9329
TURNOVER	0.8593	1.0000	0.8538	0.0503	0.8870
ACCOUNT	0.9405	0.8538	1.0000	-0.1819	0.9438
CEFD	-0.2414	0.0503	-0.1819	1.0000	-0.1088
AVSB	0.9329	0.8870	0.9438	-0.1088	1.0000

Panel B　修正矩阵的特征值

	特征值	方差	比例	累计贡献率
1	3.7317	2.7007	0.7463	0.7463
2	1.0310	0.9028	0.2062	0.9525
3	0.1282	0.07040	0.0256	0.9782
4	0.0578	0.0065	0.0116	0.9897
5	0.0513		0.0103	1.0000

续表

Panel C 特征向量				
	Prin1	Prin2	Prin3	Prin4
AINDEX	0.5043	-0.0828	0.1458	0.8182
TURNOVER	0.4784	0.2334	-0.8293	-0.0839
ACCOUNT	0.5036	-0.0243	0.4320	-0.1965
CEFD	-0.0894	0.9669	0.2091	0.1161
AVSB	0.5051	0.0569	0.2462	-0.5209

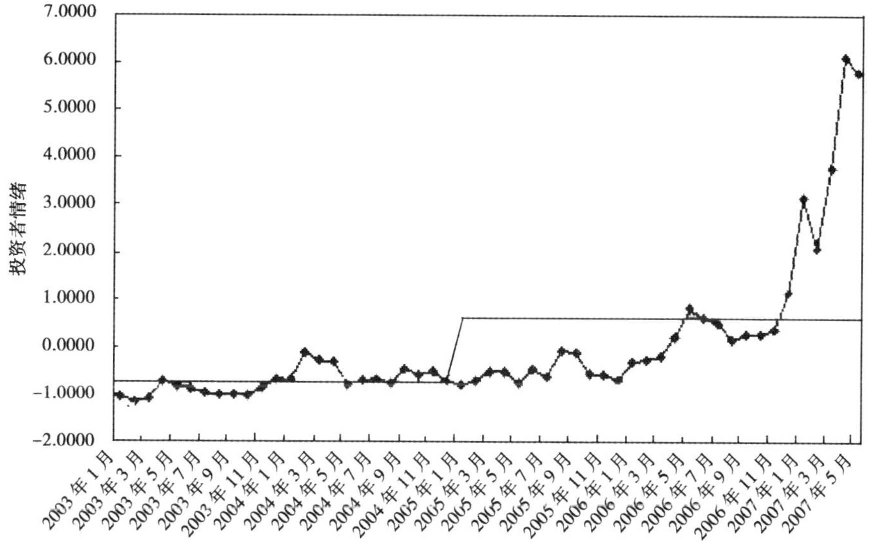

图3 2003年1月至2007年5月我国二级市场的投资者情绪指标

图3显示了2003年1月至2007年5月的市场投资者情绪趋势，并且标出了2005年1月前后两段区间的投资者情绪平均水平，可以看出2005年1月后整个二级市场的投资者情绪水平呈逐渐高涨态势，平均水平显著高于前一阶段。

为了研究发行机制、投资者情绪与IPO首日收益率之间的关系，依然选择上市首日收益率（FDRETURN）作为被解释变量，解释变量为发行机制（OM），控制变量中加入投资者情绪指标（SENTIMENT）。考虑到二级市场投资者情绪指标是月度数据，因此取各样本IPO股票上市前一个月的情绪指标数据，用$SENTIMENT_{T-1}$来表示，其他控制变量与3.2.1节中的相同，此处不再赘述。

表 12　　2003－2007 年我国 A 股 IPO 首日收益率回归统计结果

变量	预期符号	未标准化系数	标准化系数	t 值	P 值	VIF 值	TOL 值
Intercept	/	－0.57685 **	0 **	－2.18	0.0301	0	
OM	－	－0.51341 ***	－0.46739 ***	－5.21	<0.0001	3.32631	0.30063
NTA	－	－0.11394 ***	－0.18636 ***	－2.85	0.0048	1.77150	0.56449
EPS	－	0.03818	0.02145	0.33	0.7453	1.79891	0.55589
ISSUESIZE	－	6.2E－11	0.12956	1.51	0.1327	3.04894	0.32798
PE	－	0.00838 *	0.11206 *	1.81	0.0709	1.57715	0.63406
INTERVAL	＋	－0.00385	－0.02264	－0.43	0.6669	1.14128	0.87621
FIRMAGE	－	1.4E－05	0.02740	0.50	0.6155	1.22723	0.81484
LOTRATE	－	－0.33721 **	－0.23379 **	－2.44	0.0155	3.80183	0.26303
FDTURNOVER	＋	0.02931 ***	0.72150 ***	11.37	<0.0001	1.66492	0.60063
INDUSTRY	＋	0.02212	0.01621	0.31	0.7549	1.11180	0.89944
$SENTIMENT_{T-1}$	＋	0.17884 **	0.20103 **	2.22	0.0276	3.40031	0.29409
Adj. R^2 =0.5149		DW =1.734		Chi－Square =75.37		Pr > ChiSq =0.4989	

注：*、**、*** 分别表示在 10%、5% 和 1% 的水平下显著。

控制了投资者情绪变量后的回归分析结果如表 12 所示，与表 10 中的调整 R^2 值比较可以发现，加入二级市场投资者情绪控制变量的回归模型对 IPO 首日收益率的解释能力明显提高，回归拟合度更好。其中，发行机制变量（OM）依然具有很强的统计显著性且回归系数为负，说明询价机制确实比固定价格制更有助于降低 IPO 首日收益率水平，减小新股抑价程度。而二级市场投资者情绪变量（$SENTIMENT_{T-1}$）的回归系数为正且统计显著性也非常强，说明上市前一月的二级市场投资者情绪越高涨，IPO 上市首日收益率就越高，新股抑价程度就越大。

由此可见，在 2005 年 1 月至 2007 年 5 月期间的询价制阶段，由于当时整个二级市场投资者情绪的高涨，抵消或掩盖了发行机制的影响，使得询价机制阶段的首日收益率依然维持较高的 IPO 抑价程度，甚至表现得超过固定价格制阶段的抑价程度。这点与熊维勤（2007）中的结论相同，由于投资者乐观情绪的存在，使得询价发行制度的实施虽然有助于降低新股抑价水平，但却不能完全消除 IPO 高抑价现象。

3.3 询价发行机制与锁定期到期持有收益率

我国IPO市场规定机构投资者在参与网下累计投标询价中申购到IPO股票后必须持有一段时期方才获准上市，这一段时期就是锁定期。锁定期制度自20世纪90年代中期开始在发行规模达到一定标准的IPO中推行，从2005年起伴随着询价发行方式的实施而全面推行。对机构投资者所持股份加以锁定限制的主要目的在于促使机构投资者树立长期投资理念，抑制其对新股的过度炒作，平抑IPO上市之初的价格波动，同时也是增加机构投资者的持股风险，促使其按IPO真实价值进行投资。

锁定期到期持有收益率是指从发行时申购到新股开始一直持有新股至锁定期满后再卖出股票所得到的收益率，可以由锁定期满时的收盘价减去发行价后再与发行价之比得到。根据wind数据库自1991年1月至2008年11月在A股市场发行上市的新股有关数据，将作为锁定目标的机构投资者分为3类，即一般法人、基金以及战略投资者。同样，将样本的各种发行方式按3.1节的划分归为固定价格类发行和询价类发行，以便对两类发行方式进行比较。

表13和图4首先统计比较了向各类机构投资者分配股票数量占发行总量的比例，可以看出，一般法人在固定价格类发行中获配股份占比的均值达到26.05%，而在询价类发行中获配股份占比降到20.73%。对基金的配售股份占比在固定价格类发行中平均水平为12.7%，而在询价类发行中则上升到20.39%。而战略投资者仅在询价类发行方式中才被引入，所获配的股份数量占比在3类机构投资者中最高，均值达到了32.24%。总体上可以看出询价类发行方式向机构投资者配售股票的占比要明显高于固定价格类发行方式。

表13　　机构投资者配售比例描述性统计

	固定价格类发行			询价类发行		
	一般法人	基金	战略投资者	一般法人	基金	战略投资者
均值	0.2605	0.1270	\	0.2073	0.2039	0.3224
标准差	0.1383	0.0626	\	0.0425	0.1256	0.1331
中值	0.2862	0.1000	\	0.2000	0.2000	0.3000
最大值	0.4902	0.5950	\	0.5221	0.5950	0.6000
最小值	0.0323	0.0325	\	0.0100	0.0097	0.0654

另外，表14和图5还统计比较了各类机构投资者的锁定期，由于固定价格类发行方式下一般法人锁定期的数据缺失，因此无法进行统计。从中可以看出，基金在固定价格类发行方式下的锁定期平均为77天，约合2个半月，而在询价

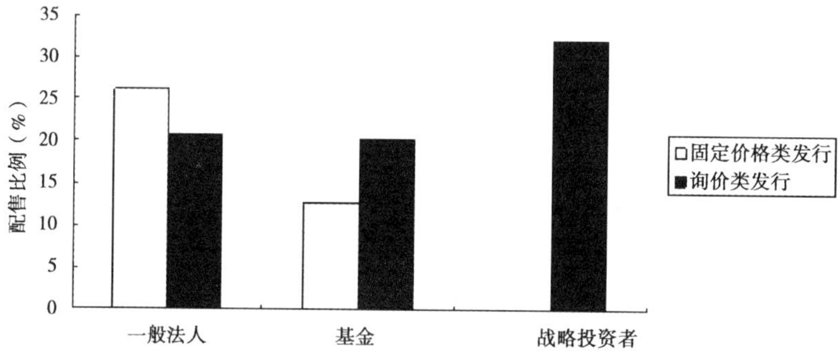

图 4　各类机构投资者新股配售比例比较

类发行方式下的均值则增加到 119 天，约合 4 个月。在询价类发行方式下，平均锁定期最长的属战略投资者，超过 1 年长达 409 天，而一般法人的锁定期均值相对最短，为期 95 天约合 3 个月。

表 14　　机构投资者锁定期描述性统计

	固定价格类发行			询价类发行		
	一般法人	基金	战略投资者	一般法人	基金	战略投资者
均值	\	77	\	95	119	409
标准差	\	37. 17	\	0. 0425	76. 31	216. 09
中值	\	62	\	92	155	366
最大值	\	189	\	457	195	1097
最小值	\	0	\	79	0	1

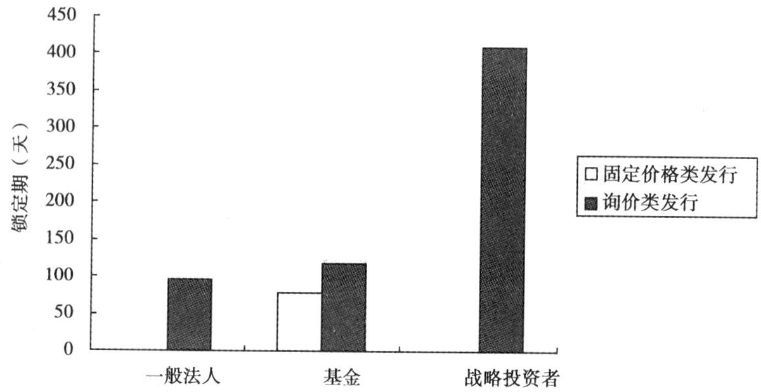

图 5　各类机构投资者锁定期的比较

表 15 和图 6 则统计比较了各类机构投资者锁定期到期时的持有收益率，此处的持有收益率是指超过市场平均水平的超额收益率，同样，用于调整持有收益率的市场行情基准指数，在上交所上市的公司用上证 A 股指数（000002），在深交所上市的公司用深证成份 A 股指数（399002）。从中可以发现，基金在询价类发行方式下的锁定期到期持有收益率均值达到 109.43%，略高于在固定价格类发行方式下的平均值 107.89%。在询价类发行方式下，各类机构投资者锁定期到期持有收益率的均值都超过了 100%，其中基金的持有收益率均值最高，战略投资者的均值次之为 106.18%，一般法人的均值最小但也高达 103.72%。

表 15　　锁定期到期时的持有收益率的描述性统计

	固定价格类发行			询价类发行		
	一般法人	基金	战略投资者	一般法人	基金	战略投资者
均值	\	1.0789	\	1.0372	1.0943	1.0618
标准差	\	0.7827	\	0.7972	0.7767	1.0417
中值	\	1.0000	\	0.8397	0.9263	0.8508
最大值	\	5.2682	\	4.3800	3.0928	4.8999
最小值	\	0.1141	\	-0.2300	0.0253	-1.1940

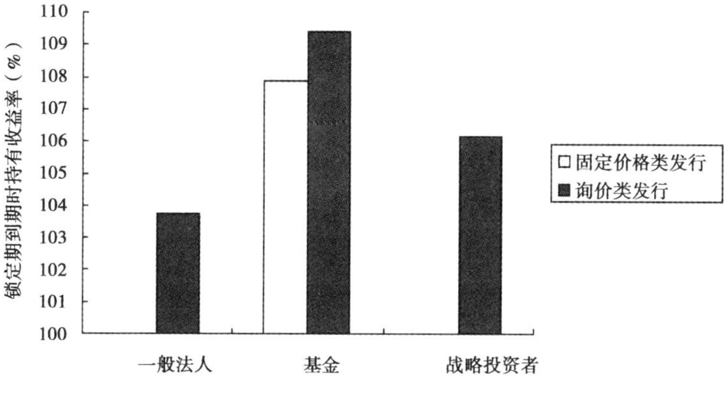

图 6　各类机构投资者锁定期到期时的持有收益率

由此可见，机构投资者在询价类发行方式下的配售股份占发行总量的比例、锁定期长度都较固定价格类发行方式下的水平有所提高，但锁定期到期时的持有收益率依然维持较高水平，甚至高于固定价格类发行方式下的持有收益率。机构投资者配售得到的 IPO 股票即使在锁定期解除后也依然能获得 100% 以上的超额回报，这说明我国的询价发行还未能有效发挥价格发现功能，最终确定的发行价格并未体现真实的市场价格，离实际的投资价值尚有距离。达到如此之高的锁定期到期持有收益率水平，也就不难解释我国市场中的机构投资者会在解除锁定后的前几个交易日内集中抛售其锁定股份的现象了。

3.4 本部分小结

以我国A股市场的新股发行为背景，首先对我国的新股发行方式的变迁历程作一回顾，将各种发行方式划分为单纯的固定价格机制类和询价机制类两大类。以2003年1月至2007年5月期间在沪、深两地上市的A股IPO股票为研究样本，实证分析了发行机制对IPO首日收益率的影响。结果表明询价机制类的发行方式相对于固定价格机制类的发行方式能够显著抑制IPO高企的首日超额回报、降低IPO抑价程度。

考虑到我国实行了询价发行之后，IPO高抑价现状依然存在，推测抑价因素中除了发行机制对发行价格的影响之外，还包括投资者情绪导致的二级市场价格虚高的因素。通过主成分分析综合5项因素建立了二级市场投资者情绪指标，并将其加入控制变量，实证结果表明：加入二级市场投资者情绪变量的回归模型对IPO首日收益率的解释能力明显提高；询价机制确实比固定价格制更有助于降低IPO首日收益率水平，减小新股抑价程度；同时，上市前一月的二级市场投资者情绪对IPO首日收益率正向影响显著，投资者情绪越高涨，IPO首日收益率越高；由于询价制阶段的二级市场投资者情绪相对于固定价格制阶段普遍高涨，抵消或掩盖了询价机制降低抑价的作用，使得询价制阶段的首日收益率平均水平高于固定价格制阶段。

另外，通过询价类发行方式与固定价格类发行方式下的锁定期到期收益率的统计比较发现，向机构投资者配售的股票在经过锁定期后依然能获得很高的超额收益率，询价类发行方式下的锁定期到期持有收益率水平甚至高于固定价格类发行方式下的持有收益率，说明我国的询价发行目前只是相对抑制了我国严重高企的IPO首日收益率水平，但是还未能有效发挥价格发现功能，所得到的发行价格离真实的市场价格还有差距，因此，目前的询价发行还没有从根本上消除我国申购新股时过高的无风险超额回报。

总体而言，询价机制的引入有助于降低我国A股IPO首日收益率，询价与固定价格混合类的发行方式值得继续推广采用。另外，我国市场受投资者情绪影响显著，发行机制的各项改革能否发挥作用会受到市场投资者情绪的影响，样本考察期的询价制阶段正是由于当时整个二级市场投资者情绪的高涨，抵消或掩盖了发行机制的作用，使得询价机制阶段的首日收益率依然维持较高的IPO抑价程度，甚至高于固定价格制阶段的抑价程度，因此，我国发行机制的改革要想取得真正令人满意的效果，首先必须加强对投资者合理有序的引导，注重培养长期投资、价值投资的理念，降低市场投机氛围，防止或减少非理性的投资者情绪蔓延。

4. 自主分配权下的询价发行机制

第 3 部分中 3.2 节的实证分析表明，询价机制的引入在一定程度上改变了我国 IPO 高抑价的现状，但 3.3 节的统计结果同时也显示目前我国采用的询价发行方式还未有效发挥价格发现功能，最终确定的发行价格并未体现真实的市场价格，从而使得网下配售股份的锁定期到期时的持有收益率水平依然偏高。我们很自然地会想到我国询价发行中尚未实行的要素之一——分配股份的自主权，承销商有无自主分配股份的权力也是我国询价发行与国际主流询价机制的最大差异点，我们有必要对自主分配权在询价发行中的作用和意义进行研究，并希望从中得到未来如何进一步提高询价发行效率的启示，本部分将应用机制设计理论对此展开研究。

4.1 分配与折价并用下的机制设计

机制设计理论的基本框架最早由美国经济学家 Hurwicz 严格给出，其研究对象既可以是对整个经济制度的一般均衡设计，也可以是对某个经济活动的激励机制设计。机制设计理论研究的主要问题是：对于任意的一个想要达到的既定目标，在自由选择、自愿交换的分散化决策条件下，能否并且怎样设计一个经济机制来达到既定的社会目标或其他经济目标。

通常，研究讨论和分析均建立在如下共同的经济环境设定基础之上：IPO 过程的参与主体分别是发行公司、承销商以及投资者；发行公司的内在价值（真实价值）是私人信息，发行公司与承销商不具有关于公司真实价值的私人信息；投资者中的知情投资者对于发行公司的真实价值拥有私人信息（完美或不完美信息），而不知情投资者则不拥有此私人信息；发行公司与承销商之间不存在代理问题，即承销商以发行公司的利益最大化为行为目标；发行公司期望通过机制设计以获取知情投资者关于公司真实价值的私人信息，并最大化发行收入。

由此可见，承销商通过何种手段或机制以诱使知情投资者提供私人信息是最优发行机制设计的核心内容，同时也是实现 IPO 效率的关键。一般而言，最优发行机制中的 IPO 效率实现机制分为以下 4 种：承销商有意的低定价、承销商实行价格歧视、承销商实行数量歧视以及非知情投资者参与IPO过程的数量。

在机制设计理论的分析框架下，不同模型中最优发行机制的共同特性表明，最优发行机制其实具备了累计投标询价机制的关键要素：第一，承销商应该具有股票分配的任意权力；第二，承销商应该掌握发行价格的决定权。由于询价机制无法对投资者进行价格歧视，因而往往采取与低定价或数量歧视相对应的激励措施，即向机构投资者提供折价，或者对承销股数进行优先分配。

与已有文献不同的是，本部分同时关注了新股询价发行中的分配和折价两种激励措施，并且在价格区间的制定中引入了发行底价，考察了价格区间与分配量之间的密切关系，着重研究了承销商如何对应机构投资者的报价制定出最优的价格区间，并在发生超额认购时采用最优的分配策略，从而可以使激励更加富有成效，达到节省融资成本、提高发行收益的目的。

4.1.1　模型假设及激励约束

假设1：承销发行的新股总量为N，股票的真实价格为P，P的取值有P_H和P_L两种可能，其中$P_L=P_H-\Delta P<P_H$，P等于P_H和P_L的概率分别为θ_H和θ_L，且$\theta_H+\theta_L=1$。

假设2：有两类共计$K+1$个潜在的风险中性的投资者参加询价，第一类是作为承销商初询对象的知情投资者，记为投资者0，其财富约束为W^*，拥有搜集分析股价信息的能力，信息成本为c，第二类是参加累计投标的不知情投资者，记为投资者1，2，…，K，没有关于股票价格的私人信息，累计投标结果出现超额认购（即参加累计投标者的申购总量大于股票发行总量）的概率为β。

假设3：询价过程分为4个阶段。I阶段，承销商设定发行底价$\tilde{P}$（$\tilde{P}<P_L<P_H$），并对投资者0进行初步询价，经过信息搜集，投资者0报价为p，并且总是申购在财富约束减去信息成本（即W^*-c）允许范围内的最大数量股票；II阶段，承销商基于投资者0的报价p制定折价水平d_p，从而确定价格区间为$[\tilde{P}, p-d_p]$；III阶段，不知情投资者在价格区间内累计投标，出现超额认购的概率为β；IV阶段，承销商确定最终发行价格以及如何将股份分配给各投标者。

假设4：发生超额认购时由承销商决定给知情投资者和不知情投资者的分配量，并且以价格区间上限（$p-d_p$）来分配所有股份，其他情况下则按投资者的实际申购量进行分配，并且以价格区间下限$\tilde{P}$来售出。

另外，为了便于说明，表16列出有关折价和分配的变量定义。

表 16 变量及其定义

变量	变量定义
d_H	知情投资者 0 报价为 P_H 时，承销商制定的折价水平
d_L	知情投资者 0 报价为 P_L 时，承销商制定的折价水平
$\overline{d}$	期望折价水平，即 $\overline{d}=\theta_H d_H+\theta_L d_L$
q_H	知情投资者 0 报价为 P_H，且发生超额认购时，承销商给知情投资者 0 的分配量
q_L	知情投资者 0 报价为 P_L，且发生超额认购时，承销商给知情投资者 0 的分配量
$q_{U,H}$	知情投资者 0 报价为 P_H，且发生超额认购时，承销商给不知情者的分配量
$q_{U,L}$	知情投资者 0 报价为 P_L，且发生超额认购时，承销商给不知情者的分配量

承销商既希望能达到较高的发行价以获得较高的发行收益，又希望能尽量准确地定价以便于后面继续顺利开展融资活动，因而需要设计如下的激励约束来促使投资者 0 搜集信息并且如实报价：

（1）如实报价的激励约束。

首先，假定投资者 0 搜集了信息并且已经知道了 P 的真实值，承销商通过选择折价水平 d_H、d_L 以及分配量 q_H、q_L 来促使投资者 0 如实报价。

要让投资者 0 在真实价格状态为 P_H 时如实报价，必须满足如实报 P_H 的收益大于故意报 P_L 时的收益，由此可得约束表达式为：

$$(P_H-\tilde{P})\frac{W^*-c}{\tilde{P}}(1-\beta)+d_Hq_H\beta\geqslant(P_L-\tilde{P})\frac{W^*-c}{\tilde{P}}(1-\beta)+(d_L+\Delta P)q_L\beta$$

即：

$$d_H\geqslant\frac{q_L}{q_H}(d_L+\Delta P) \tag{2}$$

同样，要让投资者 0 在真实价格状态为 P_L 时如实报价，必须满足如实报 P_L 的收益大于故意报 P_H 时的收益，约束表达式为：

$$(P_L-\tilde{P})\frac{W^*-c}{\tilde{P}}(1-\beta)+d_Lq_L\beta\geqslant(P_H-\tilde{P})\frac{W^*-c}{\tilde{P}}(1-\beta)+(d_H+\Delta P)q_H\beta$$

即：

$$d_H\leqslant\frac{q_L}{q_H}(d_L+\Delta P) \tag{3}$$

约束公式（2）和（3）代表了让知情者揭示真实价格所需要的激励约束条件。

（2）搜索信息的激励约束。

在报价前，知情者还需要受到激励约束去承担搜集信息的成本，而不是作出不知情的报价，因此，除了满足了如实报价的约束，还必须对知情者搜集信息进行激励约束，使得投资者0确实付出成本进行信息搜集后并如实报价的收益要大于没有搜集信息而错误报价的收益。约束表达式（4）和（5）分别对应没有搜集信息而将 P_H 错报成 P_L 的情况以及将 P_L 错报成 P_H 的情况：

$$\left[\theta_H(P_H-\tilde{P})\frac{W^*-c}{\tilde{P}}+\theta_L(P_L-\tilde{P})\frac{W^*-c}{\tilde{P}}\right](1-\beta)+(\theta_H d_H q_H+\theta_L d_L q_L)\beta-c$$

$$\geqslant\left[\theta_H(P_H-\tilde{P})\frac{W^*-c}{\tilde{P}}+\theta_L(P_L-\tilde{P})\frac{W^*-c}{\tilde{P}}\right](1-\beta)+[\theta_H(d_L+\Delta P)q_L+\theta_L d_L q_L]\beta$$

即：

$$d_H\geqslant\frac{q_L}{q_H}(d_L+\Delta P)+\frac{c}{\theta_H q_H\beta} \tag{4}$$

$$\left[\theta_H(P_H-\tilde{P})\frac{W^*-c}{\tilde{P}}+\theta_L(P_L-\tilde{P})\frac{W^*-c}{\tilde{P}}\right](1-\beta)+(\theta_H d_H q_H+\theta_L d_L q_L)(1-\beta)-c$$

$$\geqslant\left[\theta_H(P_H-\tilde{P})\frac{W^*-c}{\tilde{P}}+\theta_L(P_L-\tilde{P})\frac{W^*-c}{\tilde{P}}\right](1-\beta)+[\theta_H d_H q_H+\theta_L(d_H-\Delta P)q_H]\beta$$

即：

$$d_H\leqslant\frac{q_L}{q_H}d_L+\Delta P-\frac{c}{\theta_L q_H\beta} \tag{5}$$

（3）其他约束。

此外，为了吸引投资者投标认购，保证IPO顺利完成，承销商通常设定的折价水平均不小于零，即：

$$d_H\geqslant 0, d_L\geqslant 0 \tag{6}$$

显然，$[\tilde{P},\ p-d_p]$ 作为价格区间还应满足：$\tilde{P}\leqslant P_L-d_L$，$\tilde{P}\leqslant P_H-d_H$，即：

$$d_L\leqslant P_L-\tilde{P}, d_H\leqslant P_H-\tilde{P} \tag{7}$$

最后，为了满足市场出清条件，分配给投资者0和投资者1，2，…，K 的总量应等于股票发行总量，即：

$$q_i+Kq_{U,i}=N,\quad i\in\{H,L\} \tag{8}$$

承销商的目标就是在激励投资者0搜集信息并如实报价的情况下，使得发行股票的期望收益最大化。承销发行股票的期望收益可以写为：

$$E(\prod)=[\theta_H(P_H-d_H)+\theta_L(P_L-d_L)]N\beta+\tilde{P}N(1-\beta)$$

$$=(\theta_H P_H+\theta_L P_L-\bar{d})N\beta+\tilde{P}N(1-\beta) \tag{9}$$

由公式（9）不难看出，期望收益最大也就等同于期望折价水平 $\bar{d}$ 最小，同时发行底价 $\tilde{P}$ 最大，因此，承销商的目标函数可以表示如下：

$$\min_{d_H, d_L, q_H, q_L, q_{U,H}, q_{U,L}, \tilde{P}} \quad \bar{d} - \tilde{P} = (\theta_H d_H + \theta_L d_L) - \tilde{P}$$

$$\text{s.t.} \quad d_H \geqslant \frac{q_L}{q_H}(d_L + \Delta P)$$

$$d_H \leqslant \frac{q_L}{q_H} d_L + \Delta P$$

$$d_H \geqslant \frac{q_L}{q_H}(d_L + \Delta P) + \frac{c}{\theta_H q_H \beta}$$

$$d_H \leqslant \frac{q_L}{q_H} d_L + \Delta P - \frac{c}{\theta_L q_H \beta}$$

$$d_H \geqslant 0, d_L \geqslant 0$$

$$d_L \leqslant P_L - \tilde{P}, d_H \leqslant P_H - \tilde{P}$$

$$q_H + Kq_{U,H} = N, \quad q_L + Kq_{U,L} = N$$

其中，满足的约束条件分别就是前述的公式（2）至公式（8）。承销商需要制定满足激励约束条件的价格区间以及分配策略，共包括 7 个决策变量，即分别对应 P_L 和 P_H 的两个折价水平、4 个分配数量以及发行底价。

4.1.2　价格区间及分配数量

经过以上模型的建立以及激励约束条件的给定，可以得出以下关于价格区间及分配数量的 3 个结论。

结论 1　当承销商设定的价格区间 $[\tilde{P}, P_H - d_H]$、$[\tilde{P}, P_L - d_L]$ 以及在超额认购时的分配数量 q_H、q_L、$q_{U,H}$、$q_{U,L}$ 满足公式（2）至公式（8）的激励约束条件时，就可以达到使知情投资者搜集信息并且真实报价的均衡。

证明：由机制设计理论可知，一旦承销商设定了搜集信息和如实报价的激励约束条件后，知情投资者便没有理由偏离均衡作出其他选择，因为这样只会减少收益，所以，均衡结果显然就是知情者努力搜集信息并做出真实的报价。

结论 2　可行的折价水平（d_L，d_H）取决于承销商分配给知情投资者的股票数量以及设定的发行底价：

（1）如果 $q_H - q_L < \frac{c}{\Delta P \theta_L \theta_H \beta}$ 或者 $\tilde{P} + \frac{q_L}{q_H}\Delta P + \frac{c}{\theta_H q_H \beta} > P_H$，则没有可行的折价来保证知情者做出真实的报价。

（2）如果 $q_H - q_L \geqslant \frac{c}{\Delta P\theta_L\theta_H\beta}$ 且 $\tilde{P} + \frac{q_L}{q_H}\Delta P + \frac{c}{\theta_H q_H\beta} \leqslant P_H$，则存在可行的折价集，且其中最优折价为 $(d_L^*, d_H^*) = \left(0, \frac{q_L}{q_H}\Delta P + \frac{c}{\theta_H q_H\beta}\right)$，最优期望折价为 $\bar{d}^* = \frac{1}{q_H}\left(\theta_H q_L\Delta P + \frac{c}{\beta}\right)$，同时，最优发行底价的表达式为 $\tilde{P}^* = \min\left(P_L,\ P_H - \frac{q_L}{q_H}\Delta P - \frac{c}{\theta_H q_H\beta}\right)$。

证明：显然，激励约束条件公式（2）和公式（3）已经包含在公式(4）和公式（5）中，可以不必再考虑。于是，图7描述了在满足约束公式（6）的（d_L，d_H）空间中的约束公式（4）、公式（5）和公式（7）。

其中，公式（10）代表公式（4）中取等号情况，即：

$$d_H = \frac{q_L}{q_H}(d_L + \Delta P) + \frac{c}{\theta_H q_H\beta} \tag{10}$$

公式（11）代表公式（5）中取等号情况，即：

$$d_H = \frac{q_L}{q_H}d_L + \Delta P - \frac{c}{\theta_L q_H\beta} \tag{11}$$

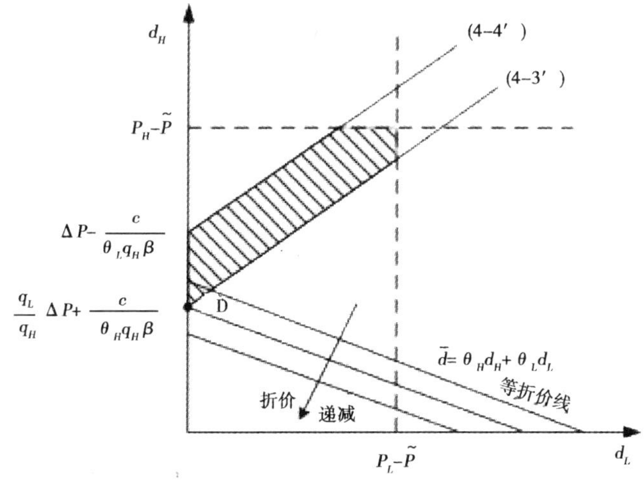

图7　可行折价区域

另外，图7中还显示了3条平行的、递减的等折价线，表达式即为 $\bar{d} = \theta_H d_H + \theta_L d_L$，且 $\bar{d}$ 从上至下递减。

注意，如果公式（10）的截距超过公式（11）的截距或者 $P_H - \tilde{P}$ 小于公式（10）的截距，也就是说如果$\frac{q_L}{q_H}\Delta P+\frac{c}{\theta_H q_H\beta}>\Delta P-\frac{c}{\theta_L q_H\beta}$，或者$P_H-\tilde{P}<\frac{q_L}{q_H}\Delta P+\frac{c}{\theta_H q_H\beta}$，即$q_H-q_L<\frac{c}{\Delta P\theta_L\theta_H\beta}$，或者$\tilde{P}+\frac{q_L}{q_H}\Delta P+\frac{c}{\theta_H q_H\beta}>P_H$，此时无解，即没有可行的折价。

如果$\frac{q_L}{q_H}\Delta P+\frac{c}{\theta_H q_H\beta}\leqslant\Delta P-\frac{c}{\theta_L q_H\beta}$且$P_H-\tilde{P}\geqslant\frac{q_L}{q_H}\Delta P+\frac{c}{\theta_H q_H\beta}$，即$q_H-q_L\geqslant\frac{c}{\Delta P\theta_L\theta_H\beta}$且$\tilde{P}+\frac{q_L}{q_H}\Delta P+\frac{c}{\theta_H q_H\beta}\leqslant P_H$，则存在可行的折价区域，如图 7 中阴影部分所示。

从图 7 中可以清楚地看到，等折价线与可行折价区域相交的最左下点（D 点）就是最优折价解，即（d_L^*，d_H^*）$=\left(0,\ \frac{q_L}{q_H}\Delta P+\frac{c}{\theta_H q_H\beta}\right)$，此时期望折价$\bar{d}$最小。

同时，不难发现，当虚线$d_H=P_H-\tilde{P}$恰好过D点时，即$P_H-\tilde{P}=d_H^*$时，发行底价$\tilde{P}$最大，当然此时$\tilde{P}$还必须满足（4－6）式中$d_L\leqslant P_L-\tilde{P}$的约束条件，即$\tilde{P}\leqslant P_L-d_L^*$，因此，最高的发行底价为$\tilde{P}^*=\min$（$P_L-d_L^*$，$P_H-d_H^*$），即$\tilde{P}^*=\min\left(P_L,\ P_H-\frac{q_L}{q_H}\Delta P-\frac{c}{\theta_H q_H\beta}\right)$。

从结论 2 中我们知道了可行折价存在的条件，以及最优折价和发行底价的表达式，显然最优折价和发行底价都与q_H和q_L有关，很自然地，我们会进一步地分析承销商应如何确定分配量q_L和q_H以得到期望折价的最低值和发行底价的最高值，从而得出最优的价格区间。

结论 3　最优折价水平与q_L成正比，与q_H成反比；当$P_H-d_H^*<P_L$时，最优发行底价与q_L成反比，与q_H成正比；因此，使承销发行的期望收益最大化的最优分配量为：

$$q_L^*=0,q_H^*=\frac{\beta\theta_H(W^*-c)+c}{\beta\theta_H P_H},$$

$$q_{U,L}^*=\frac{N}{K},\quad q_{U,H}^*=\frac{\beta\theta_H(NP_H-W^*+c)-c}{K\beta\theta_H P_H};$$

此时，最优折价为$(d_L^*,d_H^*)=\left(0,\frac{cP_H}{\beta\theta_H(W^*-c)+c}\right)$，最优的期望折价为$\bar{d}^*=\frac{c\theta_H P_H}{\beta\theta_H(W^*-c)+c}$，最优发行底价为$\tilde{P}^*=\min\left(P_L,\frac{\beta\theta_H P_H(W^*-c)}{\beta\theta_H(W^*-c)+c}\right)$。

对应知情投资者 0 报价 P_H 和 P_L 的最优价格区间分别为：

$$[\tilde{P}^*, P_H - d_H^*] = \left[\min\left(P_L, \frac{\beta\theta_H P_H(W^* - c)}{\beta\theta_H(W^* - c) + c}\right),\quad \frac{\beta\theta_H P_H(W^* - c)}{\beta\theta_H(W^* - c) + c}\right],$$

$$[\tilde{P}^*, P_L - d_L^*] = \left[\min\left(P_L, \frac{\beta\theta_H P_H(W^* - c)}{\beta\theta_H(W^* - c) + c}\right),\quad P_L\right]。$$

从结论 3 中我们可以看出，折价及发行底价都与分配数量之间存在着非常密切的关系，承销商有策略地分配股票可以有效地降低折价水平并保证较高的发行底价，由此制定出的最优价格区间就可以降低融资成本。具体而言，在真实价格为 P_H 且发生超额认购时，承销商分配给知情投资者所能承受的全额数量，再将剩余的数量均分给不知情投资者，直观上理解就是，承销商在 P_H 状态时制定的折价就是为了补偿知情投资者为了搜集信息付出的成本，因此，要让折价水平最低只需分配给知情投资者所能接受的最大数量的股票；而在真实价格为 P_L 时，由于此时折价为 0，知情投资者无利可图，所以没有必要分配股票给知情投资者。

4.2 我国询价发行中的价格区间

4.1 节的研究分析中涉及了询价发行的价格区间，那么本节就简单地对我国询价发行中由初步询价得到的实际价格区间做一番考察。根据 Wind 数据库中我国 A 股市场自 2005 年 1 月开始全面采用询价发行至 2008 年 9 月间发行上市的 280 只新股数据，表 17 至表 20 以及图 8 和图 9 显示了我国初步询价得到的价格区间宽度以及最终发行价格在价格区间中的位置，与之进行对比的是香港市场自 1999 年 12 月至 2008 年 10 月间发行上市的 381 只新股数据。

此处的询价区间宽度定义为价格上限和价格下限之差与价格下限的比值，即等于$\frac{p_H - p_L}{p_L}$。该比值越接近 0，说明价格区间范围越窄，价格上下限的相对差异越小，询价中各个参与者的报价比较接近。该比值越大，说明价格区间的范围越宽，价格上下限的相对差异越大，意味着各个参与询价的机构投资者的报价差别比较悬殊。通过表 17、表 18 以及图 8 的比较不难看出，我国 A 股市场询价发行中经过初步询价得到的价格区间宽度要明显大于香港市场的价格区间宽度。我国 A 股市场的询价区间宽度大多都超过了 1，均值为 1.23，最大值甚至达到了 3.55，那就意味着我国询价发行中初步询价所得到的最高报价往往是最低报价的 2 倍以上，极端值等于 4.55 倍。另一方面，香港市场的价格区间宽度多集中在 0.5 以下，均值为 0.25，最大值也只有 1.09，价格上限基本不超过价格下限的 2 倍。相比之下，说明参与我国 A 股 IPO 初步询价的机构投资者在对待报价上还不够认真负责，报价比较随意，甚至有部分询价机构有故意扰乱询价区间的嫌疑，影响了询价机制的价格发现功能。

表 17　中国 A 股市场与中国香港市场 IPO 询价区间宽度比较

询价区间宽度范围	中国 A 股 IPO 询价区间属于该范围次数	中国香港 IPO 询价区间属于该范围次数
0	0	37
(0, 0.1]	0	19
(0.1, 0.2]	0	76
(0.2, 0.3]	1	130
(0.3, 0.4]	5	77
(0.4, 0.5]	3	26
(0.5, 0.6]	11	10
(0.6, 0.7]	10	2
(0.7, 0.8]	18	3
(0.8, 0.9]	22	0
(0.9, 1]	31	0
(1, +∞)	179	1

表 18　中国 A 股市场与中国香港市场 IPO 询价区间宽度的描述性统计

	均值	中值	最大值	最小值	标准差
中国 A 股 IPO 询价区间宽度	1.23	1.15	3.55	0.78	0.51
中国香港 IPO 询价区间宽度	0.25	0.25	1.09	0.00	0.15

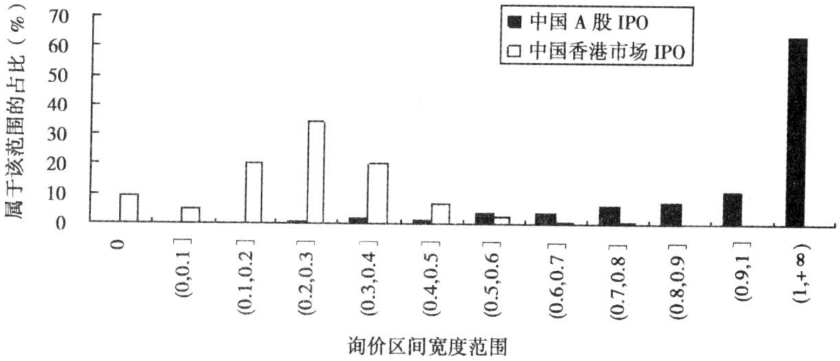

图 8　中国 A 股市场与中国香港市场 IPO 询价区间宽度的分布占比情况

表 19　　中国 A 股市场与中国香港市场 IPO 发行价格位置比较

发行价格位置范围	中国 A 股 IPO 发行价格属于该范围次数	中国香港 IPO 发行价格属于该范围次数
(−∞ , 0)	0	4
0	0	50
(0, 0.1]	4	11
(0.1, 0.2]	25	18
(0.2, 0.3]	51	10
(0.3, 0.4]	61	12
(0.4, 0.5]	64	19
(0.5, 0.6]	47	19
(0.6, 0.7]	22	16
(0.7, 0.8]	6	20
(0.8, 0.9]	0	21
(0.9, 1]	0	12
1	0	132
$p_0 = p_H = p_L$	0	37

表 20　　中国 A 股市场与中国香港市场 IPO 发行价格位置的描述性统计

	均值	中值	最大值	最小值	标准差
中国 A 股 IPO 发行价格位置	0.40	0.40	0.79	0.00	0.15
中国香港 IPO 发行价格位置	0.62	0.78	1.00	−1.22	0.42

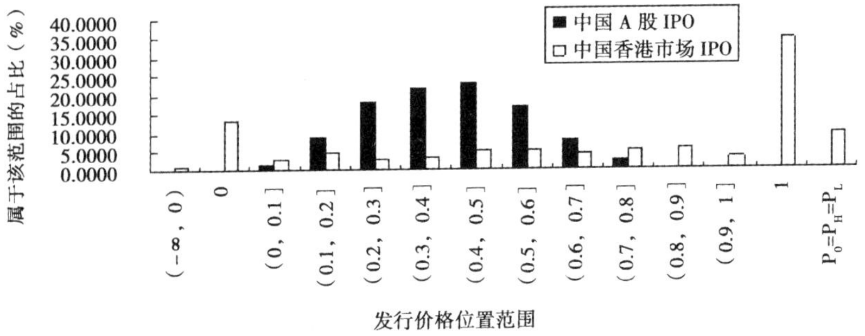

图 9　中国 A 股市场与中国香港市场 IPO 发行价格位置的分布占比情况

而此处的发行价格位置则定义为发行价格和价格下限之差与价格上限和价格

下限之差的比值，即等于$\frac{p_0-p_L}{p_H-p_L}$。该比值越接近0，说明最终发行价格越接近价格下限，该比值越大，说明发行价格越接近价格上限。通过表19、表20以及图9的比较可以发现，我国A股市场询价发行价格在价格区间中的位置均值为0.40，较香港市场的0.62偏低，这在某种程度上说明我国A股市场的机构投资者在初步询价后得到的价格区间内进行正式累计投标时有尽量压低价格的倾向。另外，我国A股市场IPO发行价格位置的分布多数集中在0.3-0.5的范围内，而香港市场发行价格位置除了在0和1两端的分布较多以外，在0和1之间的分布比较均匀。注意到，由于我国A股市场的询价区间具有一定的强制性，最终发行价格必须位于价格区间以内，而香港市场的询价区间更多的是一种参考，最终的发行价格可以不在价格区间内，因此香港IPO发行价格位置还会出现小于0的情况。

总体而言，目前我国A股市场询价发行中价格区间的质量水准并不高，主要表现在价格区间宽度较大、发行价格位置集中偏低，这也进一步说明我国的询价发行还存在需要改进的地方，尚有完善提升的空间。

4.3 本部分小结

在询价发行中允许自主分配权的条件下，承销商除了可以利用折价来激励投资者真实报价以外，同时还可以充分利用分配股份的自主权来实现激励，通过机制设计分析可以总结出以下要点：

（1）通过制定满足激励约束条件的发行底价、折价以及分配数量，承销商可以让知情的投资者努力搜集信息并如实报告价格信息；

（2）可行折价区域取决于超额认购时分配给知情投资者的股票数量以及设定的发行底价；

（3）最优折价和最优发行底价均与分配数量关系密切，承销商在发生超额认购时可以有策略地分配股票，从而有效地降低折价水平并保证较高的发行底价。

基于以上结论，可以得出以下启示和建议：

（1）我国监管当局可以考虑在适当的时候赋予承销商一定的新股分配权。目前在我国的新股询价发行中，询价对象能否获得股票分配以及所获分配数量均取决于询价对象在累计投标中所出的报价和申购数量，承销商只能根据事先确定的规则进行分配，并不具有任意分配股票的权力，而询价机制的诸多优点正是在于承销商拥有对新股的分配权，因此监管当局可以在时机适当的时候，通过试点的方式赋予主承销商一定程度的新股分配权，进而提高新股定价的精确性，并且降低融资成本。

（2）制定价格区间时可以考虑设定下限，即确定发行底价。目前我国新股询价的价格区间一般都是根据机构报价制定的，部分参加初询的机构投资者胡乱报价或故意压价可能会导致整个价格区间偏低，使发行人和承销商蒙受损失，无法募集到足额资金，为了避免此类情况的发生，可以先设定好价格区间的下限，然后再根据机构的报价来确定折价水平和价格区间上限。

（3）应充分利用激励机制来抑制目前我国新股发行市场两步询价带来的投机空间。我国的询价制采用了先初步询价、再累计投标询价的方法，而机构在初步询价时不用支付保证金也不必申购，导致部分机构投资者不负责任地随意报价，或者故意压价以便于在累计投标时能够以低价申购到新股，这在某种程度上扭曲了新股的发行价，解决的途径之一就是承销商通过合适的折价与分配策略来促使参加初询的机构投资者进行充分尽职的调查和真实全面的信息反馈。

5. 无自主分配权下与固定价格发售混合的询价发行机制

通过第4部分的分析，我们认识了询价机制的自主分配股份权的意义，而目前我国的询价发行中实际实行的是“价高者得”的分配原则，询价对象能否获得股票分配以及所获分配数量均取决于询价对象在累计投标中所出的报价和购买数量。为了兼顾我国特殊的市场环境，贴近我国询价发行的实际背景，有必要对在无自主分配权条件下的询价发行进行深入研究。

由于我国市场中特殊的投资者结构，询价机制在我国的新股发行中通常是与固定价格机制混合使用的，从2005年1月全面引入询价机制至今，我国IPO采用最多的莫过于网下询价与上网定价相结合的发行方式，因此本部分的研究中还加入了与固定价格发售混合的这一条件。随着我国证券市场的迅速发展，机构投资者队伍日益壮大，也逐渐成为新股询价发行的主要参与者。当承销商不具备分配股份的自主权时，机构投资者作为市场参与者的主体，其申购新股的策略会对发行价格、抑价水平等产生直接影响，特别当面对网下累计投标询价和网上固定价格发售两个新股申购平台时，机构投资者会采用怎样的新股申购策略、会给询价发行带来哪些影响成为一个值得研究的问题。

5.1 询价与固定价格同步混合发行

2006年9月证监会发布了《证券发行与承销管理办法》，对IPO程序做出重大调整，在进一步规范询价机制基础上，简化缩短了整个证券发行和承销过程。在此之前，我国实行的是序贯混合发行方式，即首先进行网下累计投标询价，确定发行价格，再在网上以固定价格公开发售。而《证券发行与承销管理办法》则将序贯混合发行方式调整为同步混合发行方式（Simultaneous Hybrid Offering），即规定网下申购与网上申购同步进行，其最大特点就是发行价直到“最后一分钟”才敲定，申购新股的竞争更加激烈。图 10 描述了同步混合发行方式下新股发行的流程。新股发行前的初步询价阶段与序贯混合发行相同；到了新股申购阶段就是网上、网下同步进行申购，其中网上申购投资者按价格区间上限缴款申购，而同时机构投资者在网下累计投标确定出发行价格；在新股获售阶段，网上申购者通过摇号确定所获新股量，网下机构投资者则按比例配售新股，结算后冻结的申购资金予以解冻；新股上市后的流程与序贯混合发行无异。

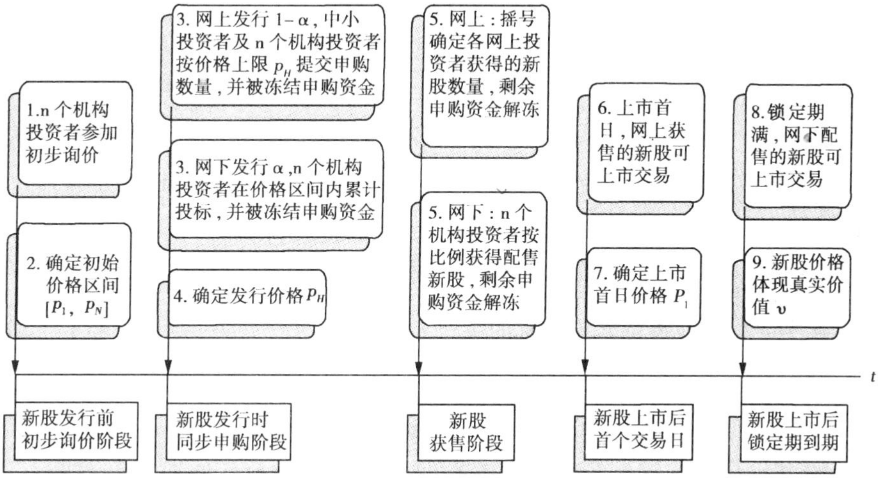

图 10　同步发行方式下的 IPO 流程图

显然，询价与固定价格混合发行是采用序贯方式还是同步方式直接影响着机构投资者参与申购新股的投标策略及资金分配。在序贯混合发行时，机构投资者往往可以将申购资金先全额投入到新股的网下询价配售中，等到网下询价配售结束、申购资金解冻后，再用余下的资金进行随后的上网定价申购，这样的话，机构投资者的资金重复使用率较高；而在同步混合发行下，参与网下申购的机构资金不能重复使用进行网上申购，机构投资者必须权衡好网上、网下申购的期望收益，对网上、网下申购资金事先做出合理有利的分配。

对应询价与固定价格同步混合发行方式下，机构投资者将如何把握新股申购策略成为一个值得研究的问题。而目前已有的涉及 IPO 申购策略的文献大多集中在固定价格、累计投标询价和拍卖 3 种发行方式，而在混合发行方式方面，则主要是一些实证研究和评述。由此可见，已有的文献缺乏对混合发行方式下机构投资者申购策略及其对发行价格、抑价水平等的影响方面的研究，本部分的研究对此可以做出一定的补充。

5.2 同步混合发行下的资金分配及其影响分析

5.2.1 条件设定

假定总共发行1个单位的新股，并假定这1个单位是无限可分的，其中网下发售部分为 α（$0<\alpha<1$），网上公开发行部分为 $1-\alpha$。新股未来的真实价值为 v。新股经过初步询价确定的价格区间为［p_L，p_H］，机构投资者在此价格区间内累计投标从而确定发行价格 p_0。新股上市后首日的市场价格为 p_1，且 p_1 大于 v 的概率为 γ。

假定共有 n 个对称的、相互竞争的机构投资者同时参加网下累计投标和网上申购，且均为风险中性。机构投资者 i（$i=1$，…，n）的资金约束为 w_i，考虑到《证券发行与承销管理办法》规定参与网下配售的机构投资者必须参与初步询价，因此假定参加网下初步询价所需的信息成本为 c_i。另外，由于参加网上公开申购的还有广大公众投资者，网上投资者获得新股的数量是通过摇号决定，因此假定参与网上申购的其他公众投资者的申购资金为 d，则网上申购中签率为 $\theta=\dfrac{1-\alpha}{d+\sum_{i=1}^{n}w_i^F}$。机构投资者 i 拥有的关于 v、p_1、γ 和 d 的信息用 s_i 表示，即机构投资者 i 拥有的期望值可表示为 v（s_i）、p_1（s_i）、γ（s_i）和 d（s_i）。由于在同步混合发行方式下，网上与网下申购是同时进行的，为了使期望收益最大化，机构投资者必须事先对网上网下的申购资金做出最优的分配，由此假设机构投资者 i 为网上申购分配的资金为 w_i^F（s_i），简写为 w_i^F，余下的资金 $w_i-w_i^F$ 即为参与网下申购的资金。

在机构投资者参加完累计投标后，承销商可以根据汇总的价量订单表确定发行价 p_0，p_0 就是使累计超额需求量非负的最高价格，发行价的保留价则定为价格区间的下限 p_L：

$$p_0=\begin{cases}\max\left\{p_0\left|\sum_i w_i-c_i-w_i^F\geqslant\alpha p_0,p_0\geqslant p_L\right.\right\} & if\left\{p_0\left|\sum_i w_i-c_i-w_i^F\geqslant\alpha p_0,p_0\geqslant p_L\right.\right\}\neq\Phi\\ P_L & if\left\{p_0\left|\sum_i w_i-c_i-w_i^F\geqslant\alpha p_0,p_0\geqslant p_L\right.\right\}=\Phi\end{cases}\tag{12}$$

由于规定获得网下配售新股的机构投资者必须存在不低于3个月的锁定期，因此机构投资者参加网下申购的头寸就意味着准备长期持有的股票，不妨假定网下申购到的新股长期持有到实现股票的真实价值 v；而网上公开申购到的新股没有锁定期的约束，上市后即可交易，因此机构投资者参加网上申购的头寸就意味着具有一定的灵活性，当股票真实价值大于上市初期价格，则可以长期持有到实现真实价值，而当股票真实价值小于上市初期价格则可以短线操作，不妨假定短线操作即在上市首日以市价抛售。

5.2.2　最优资金分配策略

机构投资者在网下申购时会出现两种情况：一是未发生超额认购，累计投标询价的结果不超过价格区间上限，网下配售比例为100%；二是发生了超额认购，即使价格达到价格区间上限申购量也依然超过网下发售量，网下配售比例小于100%。

首先看第一种情况，此时应有机构投资者分配给网下的申购资金总额小于 αp_H，即：

$$\sum_{i=1}^{n}(w_i - c_k - w_i^F) < \alpha p_H \tag{13}$$

那么，应该有发行价格 p_0（$p_0 < p_H$）满足公式（14）：

$$\sum_{i=1}^{n}(w_i - c_i - w_i^F) = \alpha p_0 \tag{14}$$

由公式（14）可得 p_0 的表达式为：

$$p_0 = \frac{\sum_{i=1}^{n}(w_i - c_i - w_i^F)}{\alpha} = \frac{(w_i - c_i - w_i^F) + \sum_{j\neq i}(w_j - c_j - w_j^F)}{\alpha} \tag{15}$$

那么，机构投资者 i 参加网下累计投标申购新股的收益为：

$$\pi_i^B = (v(s_i) - p_0)\frac{w_i - c_i - w_i^F}{p_0} \tag{16}$$

机构投资者 i 参加网上固定价格公开申购新股的收益为：

$$\pi_i^F = \gamma(s_i)(p_1(s_i) - p_0)w_i^F\frac{1-\alpha}{d(s_i) + w_i^F + \sum_{j\neq i}w_j^F} + (1-\gamma(s_i))(v(s_i) - p_0)w_i^F\frac{1-\alpha}{d(s_i) + w_i^F + \sum_{j\neq i}w_j^F} \tag{17}$$

由公式（16）和公式（17）可得机构投资者 i 申购新股的总收益为：

$$\pi_i = \pi_i^B + \pi_i^F = (v(s_i) - p_0)\frac{w_i - c_i - w_i^F}{p_0} + \frac{(1-\alpha)w_i^F[\gamma(s_i)p_1(s_i) + (1-\gamma(s_i))v(s_i) - p_0]}{d(s_i) + w_i^F + \sum_{j\neq i}w_j^F} \tag{18}$$

公式（18）对 w_i^F 求导可得：

$$\frac{\partial \pi_i}{\partial w_i^F} = \frac{-\alpha v(s_i)\sum_{j\neq i}(w_j - c_j - w_j^F)}{[w_i - c_i - w_i^F + \sum_{j\neq i}(w_j - c_j - w_j^F)]^2} + 1$$

$$+\frac{(1-\alpha)\left\{\left[\alpha\gamma(s_i)p_1(s_i) - w_i + 2w_i^F - \sum_{j\neq i}(w_j - c_j - w_j^F) + \alpha(1-\gamma(s_i))v(s_i)\right](d(s_i) + \sum_{j\neq i}w_j^F) + (w_i^F)^2\right\}}{\alpha\left(d(s_i) + w_i^F + \sum_{j\neq i}w_j^F\right)^2} \tag{19}$$

当 n 个机构投资者均为对称时，即 $v(s_i) = \bar{v}$，$p_1(s_i) = \bar{p}_1$，$\gamma(s_i) = \bar{\gamma}$，$d(s_i) = \bar{d}$，并且 $w_i = w$，$c_i = c$，此时，$w_i^F(s_i) = w^F$，那么，可由公式（19）求得各个机构投资者期望收益对网上分配资金的偏微分方程为：

$$\frac{\partial \pi}{\partial w^F} = \sum_{k=1}^{n}\frac{\partial \pi_k}{\partial w_k^F}\Big/ n = \frac{-\alpha\bar{v}(n-1)(w-c-w^F)}{[n(w-c-w^F)]^2} + 1$$

$$+\frac{(1-\alpha)[\bar{d} + (n-1)w^F][\overline{\gamma p}_1 + (1-\bar{\gamma})\bar{v}]}{(\bar{d} + nw^F)^2}$$

$$-\frac{(1-\alpha)n(w-c-w^F)}{\alpha(\bar{d} + nw^F)} + \frac{(1-\alpha)w^F(\bar{d} + nw)}{\alpha(\bar{d} + nw^F)^2} \tag{20}$$

第二种情况下，机构投资者们分配给网下的申购资金总额大于 αp_H，即：$\sum_{k=1}^{N}(w_k - c_k - w_k^F) \geqslant \alpha p_H$，此时 $p_0 = p_H$，网下配售比例为 $\rho = \frac{\alpha p_H}{\sum_{k=1}^{N}(w_k - c_k - w_k^F)}$。

那么，机构投资者 i 参加网下累计投标申购新股的收益为：

$$\pi_i^B = (v(s_i) - p_H)\frac{w_i - c_i - w_i^F}{p_H}\frac{\alpha p_H}{(w_i - c_i - w_i^F) + \sum_{j\neq i}(w_j - c_j - w_j^F)} \tag{21}$$

机构投资者 i 参加网上固定价格公开申购新股的收益为：

$$\pi_i^F = \gamma(s_i)(p_1(s_i) - p_H)w_i^F\frac{1-\alpha}{d(s_i) + w_i^F + \sum_{j\neq i}w_j^F} + (1-\gamma(s_i))(v(s_i) - p_H)w_i^F$$

$$\frac{1-\alpha}{d(s_i) + w_i^F + \sum_{j\neq i}w_j^F} \tag{22}$$

由公式（21）和公式（22）可得机构投资者 i 申购新股的总收益为：

$$\pi_i = \pi_i^B + \pi_i^F = (v(s_i) - p_H)\frac{w_i - c_i - w_i^F}{p_H}\frac{\alpha p_H}{(w_i - c_i - w_i^F) + \sum_{j\neq i}(w_j - c_j - w_j^F)}$$

$$+\frac{(1-\alpha)w_i^F[\gamma(s_i)p_1(s_i)+(1-\gamma(s_i))v(s_i)-p_H]}{d(s_i)+w_i^F+\sum_{j\neq i}w_j^F} \tag{23}$$

公式（23）对 w_i^F 求导可得：

$$\frac{\partial\pi_i}{\partial w_i^F}=\frac{-\alpha(v(s_i)-p_H)\sum_{j\neq i}(w_j-c_j-w_j^F)}{[w_i-c_i-w_i^F+\sum_{j\neq i}(w_j-c_j-w_j^F)]^2}$$

$$+\frac{(1-\alpha)[\gamma(s_i)p_1(s_i)+(1-\gamma(s_i))v(s_i)-p_H](d(s_i)+\sum_{j\neq i}w_j^F)}{\left(d(s_i)+w_i^F+\sum_{j\neq i}w_j^F\right)^2} \tag{24}$$

同样，当 n 个机构投资者均为对称时，可由公式（24）求得各个机构投资者期望收益对网上分配资金的偏微分方程为：

$$\frac{\partial\pi}{\partial w^F}=\sum_{k=1}^{n}\frac{\partial\pi_k}{\partial w_k^F}\Big/n=\frac{-\alpha(\bar{v}-p_H)(n-1)(w-c-w^F)}{[n(w-c-w^F)]^2}$$

$$+\frac{(1-\alpha)[\bar{d}+(n-1)w^F][\overline{\gamma p}_1+(1-\bar{\gamma})\bar{v}-p_H]}{(\bar{d}+nw^F)^2} \tag{25}$$

由此可知，最优网上分配资金策略应该满足方程（20）及方程（25），但由于公式（20）和公式（25）的形式比较复杂，要求出解析解比较困难，因此使用 MATLAB R2006a 进行数值仿真。

5.2.3　数值仿真及影响分析

假定每个机构投资者的财富约束均为 $w=1$，价格区间 $[p_L,p_H]=[16,20]$。其他 7 个变量的默认值分别为：$\bar{v}=21$，$\bar{p}_1=\bar{v}+3$，$\bar{\gamma}=40\%$，$\bar{d}=150$，$n=30$，$\alpha=30\%$，$c=5\%w$。以下考察 7 个变量取不同值时的情形，当某一个变量变化时，其他变量保持为默认值。图 11 至图 17 中纵坐标为 wf 的子图显示了对应某一变量变化时的最优网上分配资金，另外纵坐标为 ew、ratiob、ratiof、p_0 以及 underpricing 的子图分别代表期望收益、网下配售比例、网上中签率、发行价格以及抑价程度对应某一变量变化时的结果。

图 11 显示，机构投资者分配给网上的申购资金 wf 在新股真实价值 $\bar{v}$ 小于 21.5 时从 0.7793 小幅递减至 0.7509，当新股真实价值 $\bar{v}$ 达到 21.5 后网上分配资金降低到 0 并维持不变。机构投资者的期望收益 ew 则随着 $\bar{v}$ 的增加而不断提高，在 $\bar{v}$ 超过 21.5 后表现得尤为明显。而网下的配售比例 ratiob 在 $\bar{v}$ 达到

21.5 前始终为 1，网下没有发生超额申购，在 $\bar{v}$ 达到 21.5 后出现了超额申购，网下配售比例降为 0.2105 并保持不变。网下询价得到的发行价格 p_0 先是从 17.07 开始递增至 19.91，当 $\bar{v}$ 大于 21 后发行价便保持在 20，即价格区间的上限。抑价程度 underpricing 则从 0.23 递减至 0.2053，并在 $\bar{v}$ 达到 21.5 后，从 0.225 递增至 0.45。网上申购的中签率 ratiof 则在 $\bar{v}$ 达到 21.5 前从 0.0807 递增至 0.0933，并在 $\bar{v}$ 大于 21.5 后保持 0.0933 不变。这需要指出的是，仿真中设定 $\bar{p}_1 = \bar{v} + 3$。

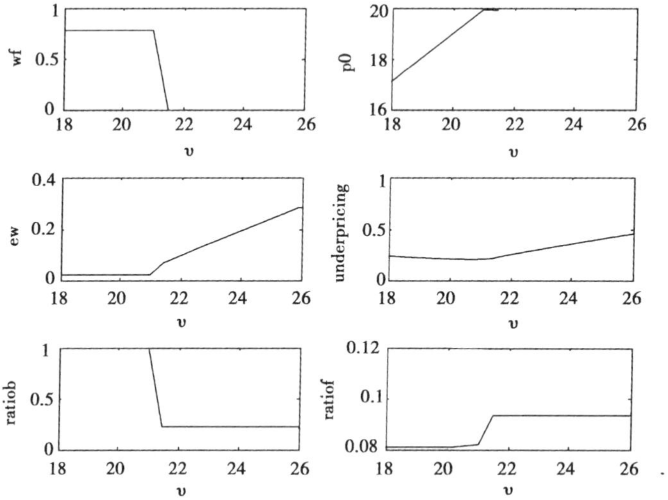

图 11　新股真实价值 $\bar{v}$ 取不同值时的最优资金分配策略

当新股上市后初期的市场价格高于股票真实价值的可能性 $\bar{\gamma}$ 越大，机构投资者分配给网上的申购资金就越大。如图 12 所示，当 $\bar{\gamma}$ 从 0.1 递增至 0.9 时，最优网上分配资金 wf 从 0.7501 递增至 0.7522，此时机构投资者的期望收益 ew 也是随之递增的，网下的配售比例 ratiob 则始终为 1，说明网下并未出现超额申购，而网上申购的中签率 ratiof 则是越来越低，网下询价得到的发行价 p_0 逐步递减，抑价程度 underpricing 也因此呈现递增趋势。从发行方来看，无疑希望上市后初期市场价格高于股票真实价值的概率越小越好，此时发行价格较高，发行收益也较高。从市场监管者角度看，也是希望这一概率越小越好，因为发行抑价水平较低，网上申购的中签率较高，新股发行更加有效和公平。

由图 13 很容易看出，当新股上市后初期的市场价格高出股票真实价值的数值 $\bar{p}_1 - \bar{v}$ 从 1 递增到 5 时，各个子图中的变化趋势都与图 12 的一致，说明上市

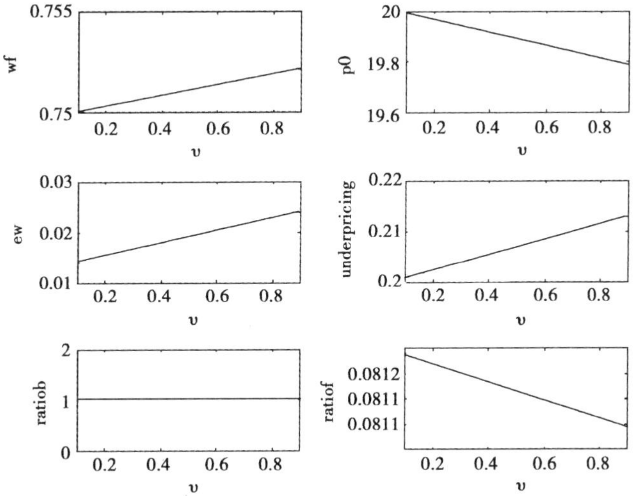

图 12　上市首日价格高于真实价值概率 $\bar{\gamma}$ 取不同值时的最优资金分配策略

后初期的市场价格 $\bar{p}_1$与 γ 对机构投资者资金分配策略的影响实质是相同的。从发行方和市场监管者角度看，都希望上市初期价格与新股真实价值的差异越小越好，此时发行价格较高，发行收益较高，发行抑价水平较低，网上申购的中签率较高，新股发行更加有效和公平。

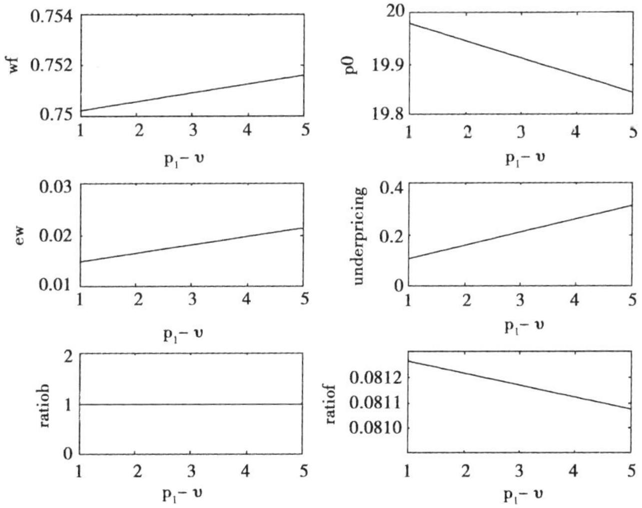

图 13　上市首日价格期望与真实价值期望差异 $\bar{p}_1 - \bar{v}$ 取不同值时的最优资金分配策略

随着参与网上申购的其他资金 $\bar{d}$ 的增加，机构投资者分配给网上的申购资金 wf 在 $\bar{d}$ 小于 200 时小幅递减，当 $\bar{d}$ 达到 200 后分配给网上的资金才增加到 0.78 并维持不变。机构投资者的期望收益 ew 则在 $\bar{d}$ 小于 200 时处于较低的水平，当 $\bar{d}$ 达到 200 时才有较大的提高。而网下的配售比例 ratiob 始终为 1，说明网下没有出现超额申购，网上申购的中签率 ratiof 则一直从 0.1142 平缓递减至 0.0433。网下询价得到的发行价格 p_0 从 19.74 开始小幅递增至 19.99，当 $\bar{d}$ 达到 200 时大幅降低到 17 并维持不变，抑价程度则呈现出与发行价格相对应的变化趋势，如图 14 所示。不难看出，在网上申购的其他资金数量达到 200 以前，机构投资者分配给网上的申购资金相对较少，这意味着机构投资者参与网下申购的力度加大，从而发行方可以以较高的发行价格发行新股，获得较高的发行收益，此时对应的抑价水平也较低，而网上申购的中签率显然是申购资金越少中签率越高。

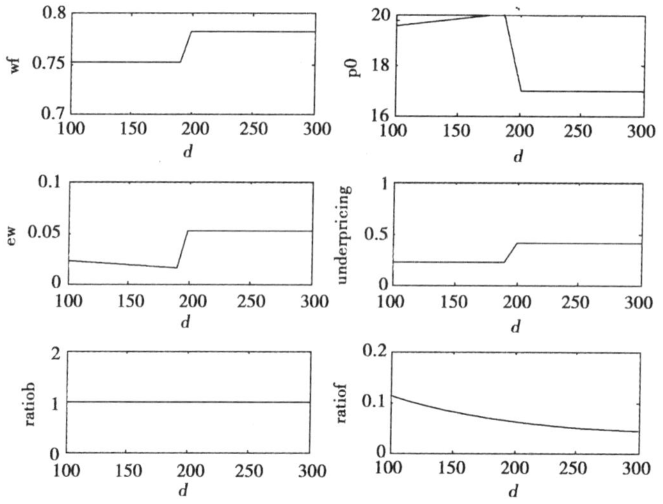

图 14　参与网上申购的其他资金 $\bar{d}$ 取不同值时的最优资金分配策略

图 15 显示，随着参与网下网上申购的机构投资者的数量 n 的增加，机构投资者分配给网上的申购资金 wf 呈现先增后降再增的变化趋势，当 n 从 20 增加到 30 时，网上分配资金从 0.6568 增加到 0.7509，当 n 增加到 40 时，分配给网上的申购资金降到 0.1990，随后当 n 从 50 递增到 100 时，网上分配资金从 0.3158 递增至 0.5530。机构投资者的期望收益 ew 在 n 从 20 增至 40 中递减的幅度较大，当 n 大于 40 后就保持小幅递减。而网下的配售比例 ratiob 则在 n 等于 20 和 30 时还保持为 1，当 n 大于 30 后就从 0.1997 递减至 0.1511，说明网下在 n 达到 40 后

出现了超额申购。网下询价得到的发行价 p_0 从 19.54 开始逐步攀升，当 n 达到 40 后就始终等于 20，即价格区间的上限，抑价程度 underpricing 也呈现出与发行价格相对应的变化趋势，从 0.228 递减至 0.2 并在 n 达到 40 后始终维持在 0.2。网上申购的中签率 ratiof 则呈现出与网上分配资金 wf 相反的变化趋势。可见，当参与网下网上收购的机构投资者数量达到 40 后，机构投资者分配给网上的申购资金大幅降低，也就相当于网下申购的资金大幅增加，从而得到较高的发行价格，发行方的收益提高，发行抑价也得以降低，而机构投资者的期望收益和网下配售比例则在机构投资者数量达到 40 时出现大幅下降并维持在较低水平。

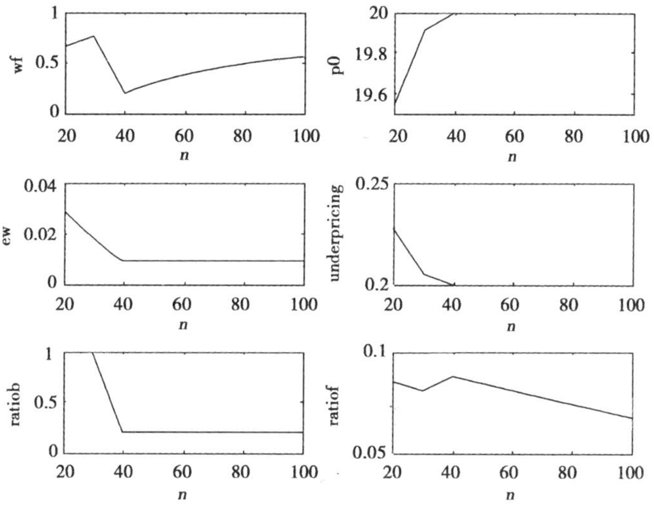

图 15　机构投资者数量 n 取不同值时的最优资金分配策略

当网下发售的新股比例 α 逐渐增加时，机构投资者分配给网上的申购资金呈现分段变化的趋势，当 α 从 0.2 增加到 0.25 时，网上分配资金先是从 0.3599 递减至 0.1891，而当 α 为 0.26 时，网上分配资金增大到 0.7780，随后递减至 0.7034，最后当 α 从 0.38 增加至 0.4，分配给网上的申购资金保持为 0.78 不变。机构投资者的期望收益 ew 则经历了 3 个阶段的抬升变化，而网下的配售比例 ratiob 则在 α 从 0.2 增加到 0.25 的过程中，从 0.226 降低到 0.219，随后始终保持为 1，说明网下在 α 小于等于 0.25 时出现了超额申购。发行价格 p_0 在 α 小于等于 0.25 时始终等于价格区间上限，随后回落至 19.85 再逐步递增到 20，最后当 α 超过 0.37 时，p0 大幅降低并维持在 16，即价格区间的下限，抑价程度 underpricing 呈现出与发行价格相对应的变化趋势。而网上申购的中签率 ratiof 呈现三段式递减趋势，如图 16 所示。大体而言，网下发售新股的比例不超过 0.25 时机构投资者分配给网上的申购资金相对较少，那么分配给网下申购的资金就相对较多，网下申购确定的发行价格就会较高，发行方可以获得较多的发行收益，与此同时，抑价水平较低，而网上申购的中签率则保持较高水平。当然，此时机构投资者的期望收益以及网下的配售比例都是比较低的。

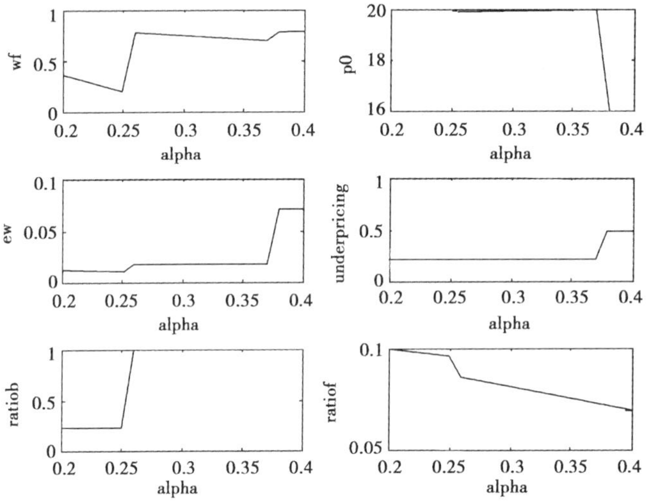

图 16 网下发售新股比例 α 取不同值时的最优资金分配策略

随着机构投资者参加网下初步询价所需信息成本 c 的增加，如图 17 所示，机构投资者分配给网上的申购资金 wf 也呈现分段变化的特征，在 c 小于 0.03 时从 0.0489 小幅递减至 0.0322，当 c 达到 0.03 时大幅攀升到 0.7709，随后又开始小幅递减至 0.7008。机构投资者的期望收益 ew 与网上分配资金 wf 有着相同的变化趋势。网下的配售比例 ratiob 在 c 小于 0.03 时，从 0.2103 小幅递增至 0.211，当 c 达到 0.03 后则上升至 1 并始终保持不变，说明网下没有出现超额申购。网下询价得到的发行价 p0 在 c 小于 0.03 时始终等于价格区间上限 20，当 c 达到 0.03 后，发行价降至 19.91 随后又有小幅递增，抑价程度 underpricing 则呈现出与发行价格相对应的变化趋势，先是维持在 0.2，当 c 达到 0.03 后，又从 0.2055 逐步递减至 0.2048。网上申购的中签率 ratiof 则呈现与网上分配资金 wf 正好相反的变化趋势。显然，机构投资者参加询价所需的信息成本小于 0.03 时，网上申购分配的资金最低，相应的，发行价格和发行收益最高，发行抑价相对最低，网上申购中签率则保持较高水平，而机构投资者的期望收益以及网下配售比例则处于最低水平。

通过本节研究，得出机构投资者在同步混合发行中同时参与网下累计投标和网上公开申购的最优资金分配策略。另外，在各机构投资者完全对称的情况下，通过数值仿真显示了各变量取不同值时的资金分配策略、发行价格等的变化情

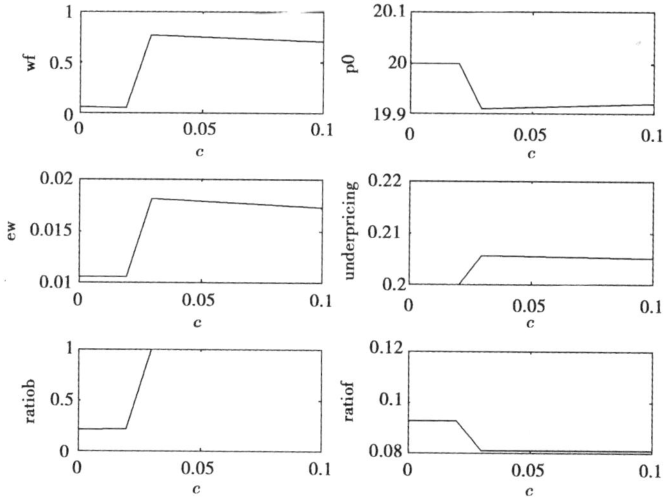

图 17 信息成本 c 取不同值时的最优资金分配策略

况，发现随着新股真实价值期望的增加，机构投资者会逐步减少网上资金的分配量，加大对网下申购的力度，从而提高了发行价格；相反地，随着上市首日价格高于真实价值概率、上市首日价格期望的递增，分配给网上的申购资金会随之递增，而发行价格则逐渐降低；而当网上申购的其他资金、机构投资者数量、网下发售新股的比例以及信息成本等变量递增时，网上最优资金分配及发行价格均表现出分段变化的特点。从图 10 至图 17 的结果也可以看出，当各个变量发生变化时，机构投资者的资金分配策略对发行价格、IPO 抑价水平以及发行价格与真实价值差异的影响，大体上与 6.2 节的影响表现相同。也就是说，在同步混合发行下，随着真实价值期望、上市首日价格期望、上市首日价格高于真实价值的概率、网下发行比例、信息成本的减少或是随着机构投资者数量的增加，IPO 抑价以及发行价格与真实价值的差异都会有所降低。

5.3 本部分小结

基于我国 IPO 市场询价发行中承销商尚无自主分配权的情况，新股的发行价格、抑价水平、发行价与真实价值的差异等都将受到参与网下累计投标询价的机构投资者申购行为的影响，再加上我国最常用的询价与固定价格发售混合的条件，本部分通过对机构投资者申购策略的分析进而得出其对询价发行的影响。

同步混合发行是网下网上申购同步进行的，必须事先解决网上网下申购资金的分配问题。通过建立模型分析，得出最优资金分配策略，并对机构投资者完全对称的情况进行了数值仿真。结果发现，在同步混合发行方式下，随着新股真实价值期望的增加，机构投资者会逐步减少网上资金的分配量，加大对网下申购的力度，相反地，随着上市首日价格高于真实价值概率、上市首日价格期望的递增，分配给网上的申购资金会随之递增，而当网上申购的其他资金、机构投资者数量、网下发售新股的比例以及信息成本等变量递增时，网上最优资金分配表现出分段变化的特点。

归纳而言就是，随着真实价值期望、上市首日价格期望、上市首日价格高于真实价值的概率、网下发行比例、网下申购成本的减少，或是随着机构投资者数量的增加，IPO 抑价以及发行价格与真实价值的差异都会有所降低。

上述结论可以带来如下启示：在承销商没有自主分配权的条件下，当询价与固定价格同步混合发行时，为了达到降低 IPO 抑价水平、减小发行价格与真实价值差异、提高询价发行效率的目的，市场管理层可以适当地减少网下向机构投资者发售的股票比例，或是放宽参与网下询价的限制、降低机构投资者参与网下询价申购的成本，鼓励更多的机构投资者参与网下累计投标询价。

6. 结论与展望

6.1 主要结论

本文旨在对全球最为流行且在我国应用日益广泛深入的询价发行机制进行系统的分析研究，从而为今后我国新股发行中进一步完善现行询价制度、开展市场化改革提供借鉴和参考。通过运用金融市场微观结构理论、机制设计理论、拍卖理论、最优控制理论等相关理论，从以下 3 个方面对询价机制进行详细的分析和考察。

（1）本文对我国 IPO 上市后的收益率进行了实证分析，着重考察我国新股询价发行机制对 IPO 抑价水平的影响。

在回顾了我国新股发行方式的变迁历程之后，将各种发行方式划分为单纯的固定价格机制类和询价机制类两大类。通过实证检验发行机制对 IPO 上市首日收益率影响的结果表明：相比固定价格机制类的发行方式，询价机制类的发行方式能够显著降低我国 IPO 过高的首日超额回报率、缓解 IPO 抑价问题。特别地，由于我国引入询价发行后的 IPO 抑价水平依然维持在高位，为了对询价机制的引入作出客观的评判，本文通过主成分分析法构建了投资者情绪指标，考察了在控制变量中加入投资者情绪的基础上发行机制对新股上市首日收益率的影响。实证分析证实了以下推断：询价机制虽然有效，但因为我国市场受投资者情绪影响显著，投资者情绪的高涨，抵消或掩盖了询价机制所起的作用，使得询价机制阶段的首日收益率依然维持较高的IPO抑价程度，甚至表现得超过固定价格制阶段的抑价程度。

另外，通过统计比较询价类发行方式与固定价格类发行方式下的锁定期到期收益率，可以发现：向机构投资者配售的股票在经过锁定期后仍然能够获得非常之高的超额收益率，询价类发行方式下的锁定期到期持有收益率水平甚至高于固定价格类发行方式下的持有收益率。

由此可以得到对我国所实行的询价发行的评价：询价机制的引入有助于降低我国A股IPO首日收益率，值得继续推广采用，但同时询价发行也会受到高涨的投资者情绪的影响，被抵消或掩盖了作用的发挥；另一方面，询价发行所得到的发行价格离实际的市场投资价值还有差距，还未有效发挥价格发现功能、从根本上消除我国申购新股时过高的无风险超额回报，因此未来有待不断改进完善。

(2) 基于我国与主流询价机制最大的差异点——分配股份自主权，分析了允许自主分配权时的询价机制及其所带来的益处。

通过有自主分配权时询价发行的机制设计可以发现：承销商除了可以利用折价来激励知情投资者真实报价以外，同时还可以充分利用分配权来实现激励；当发行底价、折价水平以及分配数量满足激励约束条件时，承销商可以让知情投资者努力搜集信息并如实报告价格信息；最优折价水平和最优发行底价均与分配数量之间关系密切，承销商在发生超额认购时通过有策略地分配股票，可以有效地降低折价水平并保证较高的发行底价。这表明了询价机制的自主分配权可以提高新股定价的准确性，减少IPO抑价程度并且降低融资成本，确实能带来可观的益处，因此建议我国监管当局可以考虑在适当的时候赋予承销商一定的新股分配权。

(3) 结合我国目前实际情况，对无自主分配权下的与固定价格混合的询价发行过程进行了考察。

由此可以得到如下结论：在同步混合发行方式下，随着新股真实价值期望的增加，机构投资者会逐步减少网上资金的分配量，加大对网下申购的力度，相反，随着上市首日价格高于真实价值概率、上市首日价格期望的递增，分配给网上的申购资金会随之递增，而当网上申购的其他资金、机构投资者数量、网下发售新股的比例以及信息成本等变量递增时，网上资金分配呈现分段变化的特点。机构投资者在同步混合方式下的申购策略使得发行价格、IPO抑价以及发行价格与真实价值差异对各个变量变化时的响应变化可以归纳为：随着真实价值期望、上市首日价格期望、上市首日价格高于真实价值的概率、网下发行比例、网下申购成本的减少，或者随着机构投资者数量的增加，IPO抑价以及发行价格与真实价值的差异都会有所降低。市场管理层可以根据这些关系采取适当的措施以达到降低 IPO 抑价水平、减小发行价格与真实价值差异，提高询价发行效率的目的。

本文的研究结果具有理论和实践两方面的重要意义，既检验了发行机制对 IPO 抑价的影响，肯定了我国引入询价机制所带来的积极作用，又指出了目前我国询价发行中尚需改进的地方，同时在理论上拓展了研究视野，丰富了对询价机制配售权的研究，对现实中深化改进我国询价发行效率提供了参考。

6.2 研究展望

本文围绕新股发行中的询价机制展开了系统的研究和分析，取得了一定的成果，但是由于时间、精力以及研究内容所限，其中尚有很多问题课题没有涉及，或者已经在本文中进行了分析但尚未深入探讨，这些问题都有待在未来作进一步的研究。

（1）在我国特有的制度背景和投资者结构下，应该采用何种具体的新股发行、分配方式才能既实现 IPO 效率又兼顾公平性，需要多方面汲取海外经验，进一步借鉴香港等证券市场的发行市场规模、投资银行特点来分析个人投资者参与新股发行的途径，根据我国具体国情，结合理论与实证分析，对于机构投资者与个人投资者的股票认购比例等问题进行深入探讨。

（2）关于询价发行的最优机制设计的研究，本文仅仅研究了低定价和数量歧视两种激励方式，参与投资者数量的控制也是一种有效的效率实现机制，可以为现实中决定参与累计投标询价的投资者数量提供参考，解决究竟是控制询价对象范围还是放开参与对象限制更加有利于实现 IPO 效率的问题。另外，目前我国新股询价时的价格区间一般都是根据机构报价制定的，因而存在部分参加初询的机构投资者合谋故意压价的可能，如何对此进行机制设计，使机构投资者在初步询价环节也能真实报价，也是一个值得研究的问题。

（3）询价与固定价格同步混合发行方式下，本文主要考虑的是机构投资者完全对称的情况，当参与的机构投资者相互异质时，应该如何求解申购策略还有待进一步研究。

参考文献

[1] Aggarwal, R. Allocation of initial public offerings and flipping activity [J]. Journal of Financial Economics, 2003, 68: 111 – 136.

[2] Aggarwal, R. Stabilization activities by underwriters after initial public offerings [J]. Journal of Finance, 2000, 55: 1075 – 1103.

[3] Aggarwal, R., Prabhala, N. R., Puri, M. Institutional allocation in initial public offerings: Empirical evidence [J]. Journal of Finance, 2002, 57 (4): 1421 – 1442.

［4］王海峰、何君光、张宗益："询价制与承销风险实证研究"，《金融研究》，2006（5）：61－69。

［5］王晋斌："新股申购预期超额报酬测度及其可能原因的解释"，《经济研究》，1997（12）：17－24。

［6］王军波、邓述慧："上海和深圳证券一级市场比较分析"，《系统工程理论与实践》，2000（12）：11－21。

［7］王美今、孙建军："中国股市收益、收益波动与投资者情绪"，《经济研究》，2004（10）：75－83。

［8］熊维勤："我国 IPO 高抑价和询价发行机制研究"［博士论文］，重庆：重庆大学，2007。

［9］夏新平、汪宜霞："行为金融、信息效率与新股长期表现"，《外国经济与管理》，2003（4）：34－38。

［10］杨丹："上市公司壳资源价值与新股定价实证研究"，《经济学家》，2002，4：108－116。

［11］杨记军、赵昌文："定价机制、承销方式与发行成本：来自中国 IPO 市场的证据"，《金融研究》，2006（5）：51－60。

［12］杨记军："IPO 定价机制研究"［博士论文］，成都：四川大学，2006。

［13］赵林茂："中国证券市场新股发行 IPO 效率研究"［博士论文］，杭州：浙江大学，2005。

［14］周孝华、胡国生、荀思："中国股市 IPOs 高抑价的噪声分析"，《软科学》，2005，19（5）：30－33。

［15］周孝华、宋坤、杨秀苔："股票价格持续大幅波动前后多重分形谱的异常及分析"，《管理工程学报》，2006（2）：92－96。

（作者单位：申银万国证券股份有限公司）

投资者分类制度下的融资融券客户征信研究

• 万　励　夏　涛

1. 客户征信概述

所谓征信，英文为“Credit Checking”或“Credit Investigation”，字面理解为征求信用或验证信用。具体来说，征信是指为信用活动提供的信用信息服务，实践中表现为通过专业化的机构依法采集、调查、保存、整理、提供企业和个人的信用信息，并对其资信状况进行评价，以此满足从事信用活动的机构在信用交易中对信用信息的需要，解决借贷市场信息不对称和逆向选择的问题。

1.1　客户征信理论概述

早在100多年前西方已建立起个人信用制度，特别是近几十年由于消费信贷管理中对个人信用的广泛使用，个人信用制度得到不断完善和改进，信用评估方法和技术也得到长足发展。对于个人信用信息的采集、利用、提供和管理等一系列征信活动所产生的效应，世界各国的经济学家都进行了理论和实证上的研究。图里奥·雅派利、乔治·帕迪利亚和马柯·帕格诺（1993）对信息共享在扩大借款人群体、降低违约率和贷款利率等方面的优势进行了研究。克莱恩利（1992）用博弈论的模型论述了如何通过树立征信公司的信誉来解决道德风险和逆向选择问题。韦尔凯曼（1995）开发了一个关于道德风险和逆向选择的模型，根据该模型，信用历史可以降低道德风险和逆向选择的影响，并改善社会福利。钱德勒和帕克（1989）、钱德勒和约翰逊（1992）分析了相对于仅利用信用申请表中的信息，将信息报告中的信息用于信用评分模型的重要性。

在国内，征信评级的研究主要针对征信体系建立、国外经验借鉴以及征信模式讨论等方面，并提出相关建议。吴国平（2005）从征信立法角度研究了中国征信体系建设立法问题，从理论上论述了政府在征信体系建设中的法定职责，分析了我国征信业的法律制度及其存在的问题，对构建我国征信业法律规范提出了建设性的意见和方案。马长林（2002）认为个体行为的诚信关系到市场运作的健康和规范。庄志龄（2003）从建立近代信用体系的角度出发，探讨了中国征信的组织结构及开展信用调查活动的情况。

由此可见，国外学者偏重于研究信用评估的方法以及具体应用，而国内学者着重对制度、体系以及模式进行了探讨和研究。这也与国外信用制度已有上百年历史，而我们信用体系建设刚刚起步有很大关系。

1.2 客户信用评分方法综述

客户信用评分方法（Credit Scoring Method）是确定客户信用风险程度的一种方法。它最初的使用，可以追溯至20世纪30年代，美国著名统计师亨利·威尔士创立了用数量化方法对消费者的贷款申请进行打分。《消费者分期付款信贷的风险因素》（1941）一书正式地、系统地提出使用数理统计模型辅助消费者授信决策的观念。1956年，美国Fair－Isaac公司开发出第一个商业用途的信用评分模型，辅助金融机构作出信贷业务决策。进入20世纪80年代，人工智能如专家系统、神经网络等被引入消费者个人信用评分领域，用于协助借贷机构进行贷款决策、信用评估等。

客户信用评分的方法很多，从宏观上大致可分为主观方法和客观方法两大类。

主观方法是利用经验产生信用评分规则或者评分结果的一种方式。具体做法是先确定指标体系，然后据主观经验建立分析体系，为每个指标赋予不同的权重值，进而把主观数据化和模型化，形成个人信用评分模型。在主观方法中，比较出名的有国外金融机构普遍采用的“5C和1S”方法，即以5C和1S信息作为是否授信的最重要指标，分析受信人的信用状况。它包括：

（1）申请者的品德（Character），指申请者的还款意愿、通过身份核实其就业情况，审查其借款申请的准确性，是否有历史违约记录等；

（2）申请者的条件（Condition），指申请者的基本条件，如受教育情况、户籍、居住地、家庭状况等；

（3）申请者资产状况（Capital），指申请者的财富，包括个人住房情况、银行存款及投资情况等；

（4）申请者还款能力（Capacity），指申请者获取收入的能力，是征信评级的基础，包括年收入、其他负债所占收入比例等，可以考察申请者的支付能力，并从收入的稳定性分析其偿还债务的能力；

（5）申请人借款的抵押担保（Collateral），指申请者不能如约偿债时，用作抵押的资产的可提供性，主要以不动产、银行存款、股票等财产所有权进行衡量；

（6）稳定性（Stability），指申请者工作和居所的稳定性。

"5C 和 1S" 信用评级模型在国外经过大量实践的检验，并广泛运用于各行业，具有很强的适用性和有效性。其他主观方法还有 "SP"、"SW" 等等。

客观方法是指在统计学或运筹学的基础上，从客观数据出发，总结出规律建立信用评分模型的一种方法。包括线性规划法、Logistic 回归、分类树，神经网络、遗传算法等。

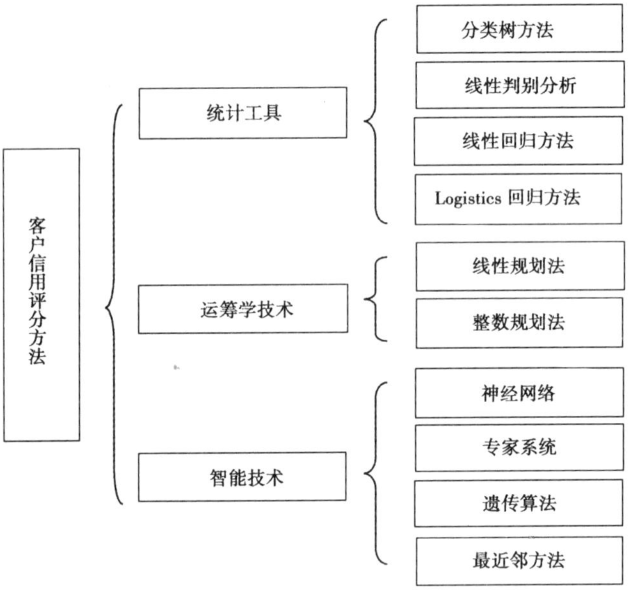

图 1　主要客户信用评分方法

1.3　我国客户征信发展现状

我国征信业从 20 世纪 80 年代起步以来，从事信用报告、信用评分、信用评级等征信业务的机构逐渐增加，目前业务较活跃的征信机构已达 300 多家。随着经济市场化程度的加深，推进市场经济发展过程中，征信业务的需求与供给不断扩大，征信市场已初具规模，征信业在经济中的作用日益显现。但由于我国对征信业的管理长期监管缺位，征信市场有效需求不足、市场秩序混乱、征信服务不规范、征信机构缺乏竞争力等问题已经严重制约我国征信业的发展，迫切要求政府加强对征信业的引导、扶持和管理。

2002 年党的十六大提出，要"健全现代市场经济的社会信用体系"。十六届三中全会也进一步明确"按照完善法规、特许经营、商业运作、专业服务的方向，加快建设企业和个人信用服务体系，建立信用监督和失信惩戒制度"。2009 年 10 月 12 日，国务院法制办公布了《征信管理条例（征求意见稿)》。《征信管理条例》将有效改善我国征信市场机构设置混乱、业务开展无序、征信内容随意和公众信用权利频频受损的现状，也在一定程度上弥补了我国在征信立法上的空白，必将对未来我国征信市场的规范发展以及维护金融稳定起到重要作用。不仅如此，征信管理条例还将给融资融券征信业务带来便利：

（1）《征信管理条例》为证券公司客户征信提供了有效渠道。《条例》对中国征信中心提供对外查询的服务职能，以及金融机构和信息主体本身查询信息主体的相关信用信息等内容进行了明确规定，从而确定了其他机构如证券公司向中国征信中心获取客户信用信息的途径。

（2）《征信管理条例》对证券公司融资融券客户征信相关内部制度的完善有较强的指导作用，主要体现在：①征信业务不得公开信息主体的相关信息，应当建立健全征信信息保密制度。②建立黑名单制度，其信息主体的信用污点可有时间限制。③建立客户征信档案管理机制。

2. 融资融券客户征信的含义、特点和国内外经验

2.1 融资融券客户征信的含义

融资融券业务，是指证券公司向客户出借资金供其买入上市证券或者出借上市证券供其卖出，并收取担保物的经营活动。

证监会《证券公司融资融券业务试点管理办法》第十二条规定，证券公司在向客户融资、融券前，应当办理客户征信，了解客户的身份、财产与收入状况、证券投资经验和风险偏好。通过对客户的征信，考察客户是否具备进行融资融券交易的资产实力及投资能力来决定客户是否适合融资融券交易以及融资融券交易规模的大小，从而达到向合适的客户提供适当产品的目的。

融资融券客户征信，是指证券公司在向客户融资、融券前，通过一定的程序和方式，收集客户资料并对其真实性、准确性进行调查，根据客户的身份、财产与收入状况、证券投资经验和风险偏好等因素，评估客户的风险承担能力和违约的可能性，从而将客户划分为不同类别与层次，为融资融券客户授信提供依据的过程。

2.2 融资融券客户征信的特点

融资融券业务除具备证券经纪业务的委托代理的特点之外，还具备信用借贷、信用担保以及信托等性质，这也决定了在考察融资融券客户的偿债能力和违约风险时，更加注重考察客户证券资产价值、投资风险控制能力等与证券市场相

关的要素。

2.2.1 融资融券业务的特点

(1) 融资融券业务具备证券经纪业务委托代理的特点。

融资融券业务中，客户与证券公司之间具备传统经纪业务的委托代理关系，即双方是一种委托和受托的关系，证券公司作为中介机构为客户提供进行证券交易的条件和便利。相关业务规则要求融资融券客户必须在证券公司已有相关的交易历史和记录，这也构成了融资融券客户信用评估基本数据基础和重要的信息来源。

(2) 融资融券业务具备信用借贷的特点。

融资融券业务中，证券公司作为授信方，根据客户的信用状况以及财产评估给予客户一定的信用额度，并根据客户的申请向其融出资金或证券供其在市场中进行交易。因此，与传统的证券经纪业务不同，证券公司和投资者之间还存在着借贷关系，即证券公司作为资金或证券的借出方，客户是资金或证券的借入方。从这个意义上说，融资融券交易是一种具有抵押性质的信用交易。因此，在其他金融领域特别是银行信贷实践中被广泛引用的客户信用评估的理论、模型和方法，对融资融券客户的信用评估具有一定的参考和借鉴意义。

(3) 融资融券业务具备信托的某些特点。

根据我国信托法有关规定，信托是指委托人基于对受托人的信任，将其财产权委托给受托人，由受托人按委托人的意愿以自己的名义，为受益人的利益或者特定目的，进行管理或者处分的行为。受托人因承诺信托而取得的财产即为信托财产。受托人因信托财产的管理运用、处分或者其他情形而取得的财产，也归入信托财产。《证券公司融资融券业务试点管理办法》第十四条明确规定，证券公司客户信用交易担保证券账户内的证券和客户信用交易担保资金账户内的资金，为担保证券公司因融资融券所带来的对客户债权的信托财产。

因此，融资融券业务中证券公司和客户之间存在某种程度信托关系。融资融券客户（委托人）由于进行融资融券交易而向证券公司（受托人）申请信用额度，客户信用交易担保证券账户内的证券和客户信用交易担保资金账户内的资金整体成为信托财产，作为证券公司向客户进行融资或融券所形成的债权提供担保。而作为信托财产，受托方有权对其按事前的约定或条件进行管理和处置。

正是基于这种信托关系的特点，证券公司较一般信贷关系中的授信方对融资融券客户即受信方的债权具有更强的影响和控制能力。这也决定了作为实际授信额度重要参考依据的融资融券客户信用评估，在指标选择和侧重点上不能完全照搬银行信贷业务的作法。

2.2.2 融资融券客户征信的特点

基于融资融券业务的上述特点，我们在借鉴银行客户征信评级的理论和方法时，要充分考虑两者之间的差异。

（1）融资融券交易是一种证券市场上的交易活动，客户面临着股价波动而导致投资发生亏损的风险，因此证券公司授信的安全性很大程度上取决于客户投资盈利能力和控制风险能力，而银行信贷业务的安全性则受制于客户的还款能力和还款意愿。因此，融资融券客户征信在风险防范重点上与银行信贷业务存在显著区别。

（2）正是由于风险防范重点的不同，融资融券业务更倾向于考察客户证券投资方面的性质，而银行信贷业务则更着重于客户还款能力和意愿的判断，两者在指标设置和考察重点上存在较大的差异。

融资融券客户征信更加重视客户在合同期内是否能够保证本金的安全，指标的设置更偏重于客户的交易属性，包括风险控制能力、投资盈利能力，考察的重点是客户发生亏损的可能性。而银行则更多从客户身份属性及客户的职业、收入、年龄、家庭等因素考察客户到期还款的意愿。因此，证券公司在对融资融券客户进行信用评估时，更多地是从客户的交易属性角度进行分析和评估。

（3）融资融券业务具备证券资产流动性强的特点，证券公司与客户之间存在着一定的信托关系，因此证券公司对客户的保证金和借入资产具有较强的控制能力。如客户资产低于安全指标之下时，证券公司能及时采取平仓等业务措施最大限度地保证信托财产的安全，而银行向客户授信后，即使是抵押贷款，其保全措施的时效性和及时性也远逊于证券公司融资融券业务。因此，银行更侧重于对客户收入、财产进行评估，对抵押资产更注重其资产保值和流动性，而证券公司在融资融券客户征信中则更多地考虑客户的投资风格对其证券资产的影响。

2.3 国内外融资融券客户征信实践

2.3.1 国外融资融券客户选择模式

本文主要参考了美国、日本和中国台湾 3 种融资融券客户选择模式。

（1）美国模式。

作为最早且目前融资融券业务开展最为发达的国家，美国证券市场的融资融券业务采用的是分散化信用交易模式，也是典型的市场化融资融券模式。美国有发达的金融市场、货币市场、回购市场，因此美国对信用交易主要依靠无形之手，对证券公司及投资主体并不主动干预，而是采取了市场化方式进行管理。

对于参与主体资格要求，美国对客户资格方面的要求比较宽松，如纽约交易所条例 431 和纳斯达克交易所条例 2520 明确规定：最低融资融券交易开户资金为 2000 美元并保持在此值以上；从事日交易的融资融券客户的最低开户资金为 2500 美元，并保持在此值以上、卖空账户保证金必须维持在资产净值的 30% 以上。

（2）日本模式。

作为典型的集中授信模式，日本实行的是以证券金融公司为主的专业化授信模式。日本《证券交易法》专门规定了集中的授信模式。日本现在主要有 3 家证券金融公司即日本证券金融公司、大阪证券金融公司和中部证券金融公司。这 3 家公司在日本信用交易市场中处于完全垄断的地位，它们提供股票抵押贷款、股票融资和债券融资等方面的融资融券服务，而证券公司在信用交易中的主要功能是作为中介代理客户融资融券并且可以从证券金融公司得到融券资金或借款。

日本对客户从事融资融券交易的资格要求非常严格。从开立信用交易账户开始，都需进行严格、全面的资格审核。一般由总公司或分公司经理亲自与客户面谈或做家庭访问审查无误，并在开户申请书上详细记载面谈情形后，才可以开户，且日本证券公司对于客户资格还设有消极条件，即女性顾客除有显著职业、地位、收入（如医师、律师、会计师）外，都拒绝其信用交易，野村、日与、大和、山一等四大证券公司完全拒绝女性信用交易。除女性限制外，对于未满 20 岁的未成年人及超过 60 岁的退休老人也在拒绝之列。同时只有开户并缴纳一定保证金后方可进行信用交易。

（3）中国台湾模式。

中国台湾证券市场对市场参与主体的资格要求较美国和日本更为严格，客户从事融资融券交易必须符合一定的资格条件，申请开立信用账户应当具备以下条件年满 20 岁且有行为能力的自然人或者是依法登记的法人；开立受托买卖账户已满 3 个月；最近一年内委托买卖成交 10 笔以上，累计成交金额达所申请融资额度的 50%；最近一年所得各种财产需达所申请额度的 30%（申请融资额度未逾新台币 50 万元者不适用）。

综上所述，在融资融券投资者资格要求上，美国最为宽松，只要是资金的富裕者，就可以参与融资，只要是证券的拥有者，就可以参与融券。而日本和中国台湾对投资者资格认定方面较为严格，除了资金等方面限制外，还对投资者年龄、性别、职业、交易经验、财产等进行了相关要求和限制。同时，市场的监管者均会制定系列配套的有关信用交易的法律法规，如美国。除美联储外，证券交易所和证券商协会等自律机构也从自身的角度制订了一系列的规则和条例来约束市场参与者的行为，作为对美联储的法规和行政监管的重要补充。

2.3.2 国内证券投资者分类的实践

2006年至今，在证券公司积极准备融资融券业务试点的同时，国内证券市场完成了客户交易结算资金第三方存管和不合格账户规范这两大基础性工作。随着对证券市场投资者认识的不断深入，市场进一步提出了建立合格投资者制度的设想，进行了证券投资者分类的探索。

2008年12月2日，中国证监会主席尚福林在第七届证券基金国际论坛上指出，要积极探索"合格投资者制度"，"逐步建立不同类别的投资者、不同风险程度的投资产品与不同的监管要求相协调的制度安排"。2009年全国证券期货监管会议上，尚福林将"研究建立'合格投资者'制度"作为证监会2009年和今后一个时期的重点工作之一，并表示将区别投资者的不同市场风险认知水平和承受能力，提供差异化的市场、产品和服务，并建立与此相适应的监管制度安排。"合格投资者制度"已经愈来愈为监管部门所重视。

在实践中，证券监管部门逐步在基金和创业板等品种中推行客户风险评级，将申请投资基金或创业板的客户按一定的标准进行评级和分类，并最终决定客户适合于何种投资品种。2009年下半年推出的创业板投资者适当性管理，就将客户按交易经验的年限多少进行了分类，可以说是投资者分类的最新尝试。这些思路和实践，必将对仍处在准备阶段的融资融券业务试点工作产生重大影响。

3. 融资融券客户信用评估模型

3.1 我国融资融券客户资格要求

由于融资融券交易的特殊性，并不是所有的客户都适合从事融资融券交易，因此在客户进行融资融券业务申请时，必须符合从事融资融券业务的基本条件，也被称为"准入条件"。融资融券客户信用评估模型，必须建立在"准入条件"的基础之上。

3.1.1 证券监管机构的规定

（1）证监会《证券公司融资融券业务试点管理办法》中明确规定证券公司在向客户融资、融券前，应当办理客户征信，了解客户的身份、财产与收入状况、证券投资经验和风险偏好，而对未按照要求提供有关情况、在证券公司从事证券交易不足半年、交易结算资金未纳入第三方存管、证券投资经验不足、缺乏风险承担能力或者有重大违约记录的客户以及本公司的股东、关联人，证券公司不得向其融资、融券。

（2）沪深交易所《融资融券交易试点实施细则》中规定投资者在交易所进行融资融券交易，应当按照有关规定选定一家证券公司为其开立一个信用证券账户。

（3）证券登记结算公司《融资融券试点登记结算业务实施细则》中规定投资者参与融资融券交易，应当向证券公司申请开立信用证券账户。投资者用于一家证券交易所上市证券交易的信用证券账户只能有一个。投资者申请开立信用证券账户前，应当已经持有普通证券账户，且已经在该证券公司从事证券交易达半年或半年以上。

其中，沪深交易所、登记结算公司尽管并未直接对投资者融资融券业务资格进行规定，但其关于客户信用账户及融资融券交易行为的要求，客观上对投资者的融资融券业务资格产生影响。

3.1.2 证券公司的具体规定

在证监会、沪深交易所、登记结算公司规定的基础上，证券公司对融资融券客户资格条件进行了演绎，大致包括以下内容：

（1）自然人客户必须为年满18周岁有行为能力的中国公民、法人客户必须有合法工商登记且年审正常、纳税记录正常，具有合法的证券投资资格，且不存在法律、法规、规章和沪、深证券交易所规定禁止或限制进入证券市场的情形。

（2）申请从事融资融券交易的客户所持有的普通账户必须是合格账户，开户手续规范齐备，普通资金账户和普通证券账户均为实名账户，交易结算资金已纳入第三方存管。

（3）客户在申请融资融券业务的证券公司开户并进行证券交易满半年或半年以上，且账户内可用于担保的证券资产价值满足一定数额。投资者须具备一定证券投资经验和相当的风险承受能力，无重大的违约记录。

（4）法律法规禁止参与融资融券业务的自然人和法人；拒绝提供开展融资融券交易所需相关资料的自然人和法人；公司股东和相关联系人；经认定证券投资经验、风险承受能力不足以开展融资融券交易的客户；存在到期未清偿债务的客户；历年交易记录中曾经出现恶意透支的客户；有重大如司法纠纷、刑事犯罪等违纪违法记录的客户；与其他证券公司签有融资融券协议，且协议仍未结束的客户，或在其他证券公司开立信用证券账户，尚未注销的客户，均不得进行融资融券交易。

3.2 融资融券客户信用评估模型

本文运用分类树方法，构建融资融券客户信用评估模型。由于融资融券业务目前暂未开展而无法获取相关客户违约记录和黑名单客户信息，因此模型的验证仅能偏重于定性分析和合理性推断，还需要在实践中对模型效率、精确性及误差率进行实证检验，并对相关分类标准进行修正和完善。

3.2.1 分类树的原理及特点

分类树是一种以统计理论为基础，通过计算机实现对数据进行非参数识别的技术。分类树的一般思路是，将整体样本数据生成一个层次多、叶结点多的树，按广度优先建立直到每个叶结点包含相同的类为止，以充分反映数据之间的联系。然后对其进行删减，产生一系列子树，参照一定规则从中进行选择适当大小的树。

分类树的构建主要包括以下步骤：

（1）在分类开始前，所有样本数据都集中在根结点；

（2）如果一个结点中含有的样本都属同一类，则这个结点就是一个叶结点，以样本类别为标志；

（3）如果结点中样本不同类，则选择能够最大程度把样本集合分类的变量；

（4）当结点含有的样本是同类或绝大部分是同类、或没有指标可以用来对一个结点再进行分类、或没有样本含有指标时，分割过程结束。

分类树模型具有简单直观，误差率低的特点，特别当处理许多指标组成的复杂数据时，用分类树方法产生的二叉树误差率要比通常的参数方法低。分类树又非常稳健，受少数异常数据的影响小，处理特别数据的效果非常突出。正是基于上述特点，分类树模型被广泛运用于多指标海量数据的处理，因此常常被银行等金融机构所采用。

3.2.2 客户信用评估指标因子设计

证券公司在征信评级过程中，重点需要了解客户的身份、财产与收入状况、证券投资经验和风险偏好等的内容。本文以自然人投资者为例，根据融资融券业务的特点，设计了十类客户信用评价指标因子，作为客户信用评价模型中的指标变量：

（1）证券投资年限（A1）。

客户证券投资年限是反映客户证券投资经验的一项重要指标。根据证监会的相关规定，客户在向证券公司申请融资融券业务时，必须在该证券公司开户并交易满半年。在最新公布的创业板投资者适当性管理的相关规定中，客户交易经验满两年和不满两年，成为开通创业板交易的分水岭。可见，交易经验已经成为衡量客户是否适合从事高风险投资的一项重要指标。

（2）证券资产（A2）。

客户证券资产包括现金和证券两个部分，它是客户经济实力的重要体现，也是在融资融券交易中保障贷出方利益的重要依据。目前证券公司对融资融券交易客户资产的要求一般都在100万元人民币以上。这一规定不仅有客户抵押资产充足度的考虑，同时也与融资融券业务试点初期，证券公司自身可贷出金融资产的数额限制有关。

（3）历史信用记录（A3）。

历史信用记录一般反映了投资者行为的负面信息。与正常人相比，许多存在不良信用记录的投资者都有某种不良动机，了解投资者的信用记录对于证券公司尤为重要。从短期来看，投资者可能因经济问题而无力偿债；从长远来看，存在不良信用记录的投资者，反映出其道德观念或责任心的缺乏，不排除再次形成实质性违约的可能。

在融资融券业务开展初期，客户的历史信用记录可以以中国人民银行、各商业银行以及其他征信评级机构的评级报告或通过其他途径获取的信用记录作为历史信用评分的依据。随着融资融券业务的开展，客户的信用记录不断积累，融资融券交易所发生的平仓、追保次数及补足保证金的及时性等信息均可作为历史信用记录依据。对于在近期存在违约记录的客户，证券公司将有权拒绝向其融资、融券。

（4）年龄（A4）。

国外研究结果表明，年龄对于守信与否是很有用的参考因素。一般而言，年纪较轻的投资者的收入要低，其收入的稳定性也较差，并且年轻人思想易于发生波动，对违约会产生一定影响。低于18岁的投资者由于知识结构，收入来源以及风险控制能力存在着较大的局限性，因此从保护投资者角度考虑，证券公司应规定从事融资融券业务的投资者最低年龄限制；而超过70岁的投资者由于对风险承受能力有限、生理和心理状态的不稳定性，也应该被认定为不适合从事高风险的融资融券业务。故在进行客户分类时，该年龄段投资者的融资融券业务申请理论上应被拒绝。如客户提供相关的健康证明或家庭支持材料，可适当允许客户进行低额度的融资融券交易。

（5）职业（A5）。

就业信息是个人信息中非常重要的内容。绝大多数投资者的主要经济收入来源于他的工作收入，是投资者最主要的现金流入项。是否有一份稳定的工作成为考察投资者偿债能力的重要依据。从实践上看，拥有稳定工作收入的投资者恶意违约的冲动也较无业或无固定收入者要低得多。同时，工作的地域流动性也会影响违约的可能性。

（6）个人收入（A6）。

收入是影响个人信用风险的重要因素，收入主要包括收入的多少和收入的稳定性，收入的稳定性可以衡量个人未来收入的持久性。在借贷关系中，影响借款人违约可能性的因素中，收入是处于核心地位的，许多因素往往是通过影响收入起间接作用。

虽然个人收入指标最能反映个人的还款能力，但是，受目前我国《商业银行法》规定为储户保密及个人收入不易被真实采集等条件的限制，证券公司获得这一真实数据有一定难度和局限性。

（7）不动产（A7）。

不动产一般是客户房产等不易变现的财产。

对于 A5、A6 和 A7 这 3 项评估标准的设定，主要是基于融资融券客户追加保证金、亏损后追索成功性的考虑。客户还可提供相关证明材料，证明其有足够的资产或能力在维持担保比率低于追保线或发生亏损时及时追加保证金或足额偿还债务，作为证券公司对客户进行信用评级参考依据之一。

（8）证券投资盈利能力（A8）。

客户证券投资亏损，是融资融券交易中造成客户违约的直接原因。由于证券市场的高风险性，出现股价异常波动、客户投资判断错误时就会导致客户账面产生亏损。当亏损达到一定程度时，将给证券公司（贷方）带来风险。因此，盈利能力强的客户相对于盈利能力低的客户，证券公司向其融资融券的风险要小得多。然而，盈利能力又是一项较难判断和量化的指标，短期或一段时间内的盈利并不保证其持续盈利，同时，客户投资心理和投资方向的变化，也会对其证券投资盈利能力产生较大影响。

（9）证券投资风险控制能力（A9）。

证券投资风险控制能力，是指客户掌握自身投资风险的能力，包括其实际操作中的风险规避能力和心理承受能力。证券公司可以综合使用客户在一段时间内的交易情况，如单只证券的亏损额、是否能够及时止损等因素综合判断客户的风险控制能力。具备良好风险控制能力的投资者，证券公司可给予更高的信用额度。

（10）投资风格（A10）。

在证券市场上，投资风格一般通过客户购买的产品类型来判断。按投资品种价格波动性大小，投资风格一般以“激进型”、“稳健型”来区分。一般来说，激进型投资者投资的证券品种风险较高，价格不稳定性较高，其股价剧烈波动所导致投资者面临亏损的可能性要大大高于稳健性投资者。但在实践中，激进型投资者的融资融券需求更大，稳健型投资者的融资融券需求相对小，因此，对于不同投资风格的投资者，证券公司应当综合进行判断。

评级因子具体说明及获取方式如下表 1 所示。

表 1 评级因子设置标准及说明

代码	评级因子	标准说明	指标设置	指标获取
A1	证券投资年限	客户普通证券账户在某证券公司交易年限	（1）在证券公司是否开户且交易满 18 个月。 （2）证券交易包括 A 股、B 股、基金、债券交易等。	证券公司系统自动读取。
A2	证券资产	客户证券资产，包括现金和证券两部分	客户账户内证券资产是否达到人民币 100 万元。	证券公司系统自动读取，证券按市值换算。
A3	历史信用记录	客户历史信用情况，包括融资融券交易信用情况和由专业征信机构、银行或其他单位出具的信用报告。	（1）融资融券历史交易中是否出现两次或两次以上因未及时补足保证金或平仓记录。 （2）是否存在有银行不良信用记录，包括逾期 1 个月以上还款，3 次以上低于 1 个月的逾期记录等。 （3）是否存在其他不良信用记录，是否存在犯罪记录等。	（1）融资融券信用记录由证券公司系统自动获取。 （2）客户提供专业征信机构提供的个人信用记录。 （3）证券公司从中央银行、证券监管部门、征信机构、商业银行、证券同业主动获取。
A4	年龄	客户周岁	（1）客户是否满 18 周岁且不超过 70 周岁。 （2）如客户小于 18 周岁或超过 70 周岁的，需提供直系亲属承诺函及其收入来源证明材料方视同适合交易投资者。	（1）证券公司系统直接读取身份证数据，计算客户年龄。 （2）客户提供的相关承诺函或其他证明材料。
A5	职业	客户所从事的职业	（1）职业所处的行业，以是否属于能带来稳定收入来源、社会地位中等以上、受社会认同度较高来划分。 （2）持续工作时间的年限，年限较长的好于年限较短的。	客户提供相关证明材料。
A6	个人收入	个人各种形式的资薪、奖金、补贴、租金等收入	（1）以客户 3 年以内的年收入证明或个人所得税完税证明为判断依据。 （2）年均收入是否超过 20 万元。 （3）考虑收入的地区差，采用系数进行调整。	客户提供相关证明材料。

续表

代码	评级因子	标准说明	指标设置	指标获取
A7	不动产	主要以客户房产为主的不动产	（1）可抵押房产价值是否超过100万元。 （2）考虑房产价格地区差，采用系数进行调整。	客户提供相关证明材料。
A8	盈利能力	客户证券投资的收益情况	（1）采用客户账户盈利率与沪深300指数对比的相对数来考察客户盈利能力。 （2）选取最近至少12个月客户交易数据，并划分为多个周期综合计算。	证券公司系统通过市场行情数据和客户交易数据自动计算。
A9	风险控制能力	客户控制自身投资风险的能力，主要指客户投资操作中的规避风险能力和心理承受能力	（1）通过客户单支证券止损时最大亏损率、客户所持证券波动幅度综合判断。 （2）选取最近至少12个月客户交易数据，并划分为多个周期综合计算。	证券公司系统通过市场行情数据和客户交易数据自动计算。
A10	投资风格	客户证券投资倾向	（1）根据客户所持证券的类型、同一证券类型的市盈率、市净率等指标综合判断。 （2）选取最近至少12个月的客户交易数据综合计算。	证券公司系统根据客户交易数据自动计算。

3.2.3 融资融券客户信用评估模型

（1）模型说明。

通过对融资融券客户信用评级因子的分析，本文构建了融资融券客户信用评估分类树模型。

①以证券投资客户整体而不仅仅以有融资融券需求的客户为基础构建模型；

②选取最能反映客户证券投资特性、对是否产生融资融券违约行为和是否能及时清偿债务的影响最大的指标作为区分客户的变量；

③将客户划分为不同类别及不同信用等级：

R类，即不适合从事融资融券交易的投资者。该类投资者由于其投资经验、信用状况、资产状况等原因应被证券公司拒绝从事融资融券业务。

非R类，即初步判断适合从事融资融券交易的投资者，并根据其相关属性划分为A+、A、A-、B+、B、B-、C、D等8个等级，如图2所示。

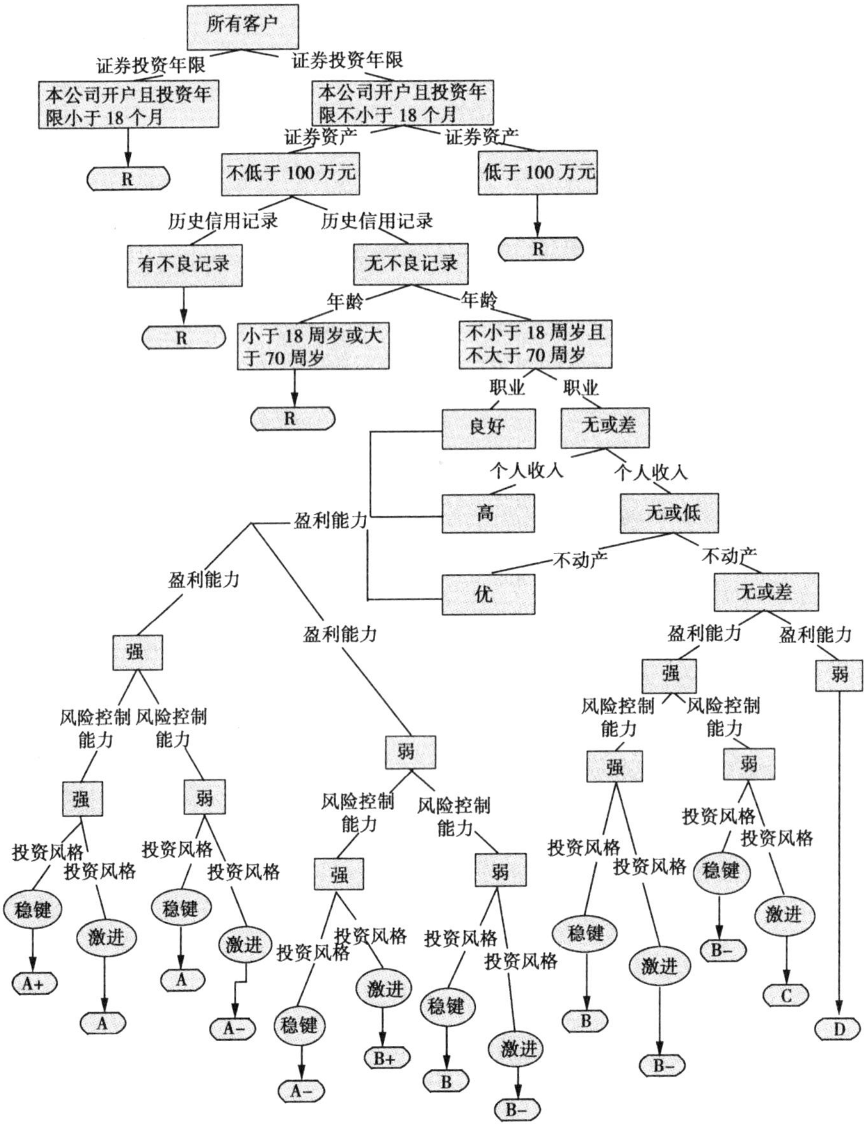

图2 融资融券客户信用评估分类树模型

(2) 数据分析。

本文选取了某证券公司全国各地营业部中随机抽取约10000名客户进行问卷调查并对其近12个月交易记录进行统计和分析，根据上述分类树模型对客户进行分类并划分信用等级，如下表2所示。

表 2　　各类别客户信用等级及占比

投资年限（A1）	资产（A2）	历史信用（A3）	年龄（A4）	职业、收入及不动产（A5、A6、A7）	盈利能力（A8）	风险控制能力（A9）	投资风格（A10）	信用等级	占比
未满 18 个月（35.59%）	—	—	—	—	—	—	—	R	35.59%
满 18 个月（64.41%）	低于 100 万元（96.59%）	—	—	—	—	—	—	R	62.21%
	不低于 100 万元（3.41%）	有（0%）	—	—	—	—	—	R	0
		无（100%）	未满 18 岁或满 70 周岁（5%）	—	—	—	—	R	0.11%
			满 18 岁且未满 70 周岁（95%）	优（70%）	强（32%）	强（73.11%）	稳健（54.43%）	A +	0.19%
							激进（45.57%）	A	0.16%
						弱（26.89）	稳健（42.12%）	A	0.06%
							激进（57.88%）	A -	0.07%
					弱（68%）	强（55.15%）	稳健（40.85%）	A -	0.22%
							激进（59.15%）	B +	0.32%
						弱（44.85）	稳健（37.87%）	B	0.17%
							激进（62.13%）	B -	0.28%
				无或差（30%）	强（45%）	强（62.25%）	稳健（57.73%）	B	0.10%
							激进（42.27%）	B -	0.07%
						弱（37.75%）	稳健（23.74%）	B -	0.03%
							激进（76.26%）	C	0.08%
					弱（55%）	—	—	D	0.34%

注：括号内百分比为该指标下客户分类的比例。由于业务尚未正式开展，客户历史信用情况暂默认为无不良信用记录。

通过上述信用评估模型，样本数据中客户不同类型及不同信用等级数量比例如下：

①R 类：占全部样本数据的 97. 91%。

②非 R 类：占全部样本数据 2. 09%。其中非 R 类的各信用等级占比如图 3 所示。

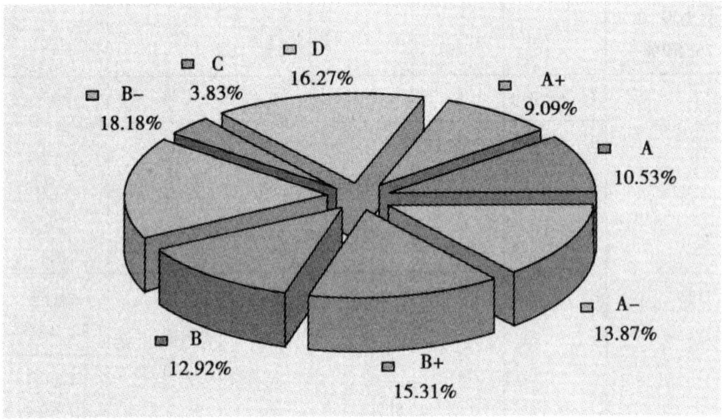

图 3　非 R 类客户信用等级占比

（3）模型评价。

根据上述分类树模型对客户进行征信评级后，近 97. 91% 的样本客户并不适合从事融资融券交易，而只有 2. 09% 样本客户具备从事融资融券的资格，且不同等级下的客户分布比例合理。

在引入分类制度后，融资融券信用评估分类树模型相对于传统的征信评级方案具备以下优势。

第一，运用分类树原理建立的信用评估模型具有简单直观的特点，能较清晰地显示各类别客户所属的信用等级以及影响客户最终信用评分的关键因素。

第二，该模型大量引用客户的历史交易数据，相对于较传统征信评级方案更为客观合理，能有效规避由于指标选择、赋值的主观性以及数据获得难易程度而影响最终评级效果的不足。

第三，该模型在指标设计上，充分考虑了指标获取的时效性和客观性，许多交易数据均可通过证券公司系统自动获得并不断更新，从而能够比较便捷地进行动态调整和信用等级重估。

第四，该模型从整个证券市场投资者群体出发，对投资者是否适合从事融资融券交易进行了整体划分，也为证券监管部门预估融资融券业务总量、对融资融券进行宏观预测提供了一种有效的借鉴方案和思路。

4. 融资融券客户征信流程设计

客户信用评估模型解决了客户征信评价的重要问题，但是，能否获得准确的客户评估结果，还需要流程来保障。证券公司应当明确融资融券客户征信的业务流程，从而完成整个客户征信业务行为。

本文将融资融券客户征信归纳为“4+1”模式，其中“4”指融资融券客户征信的一般步骤，包括资料收集——资信调查——信用评级——信用评价报告等4个环节，“1”是指客户首次征信完成后，定期或不定期对客户信用进行重新判断的动态过程。

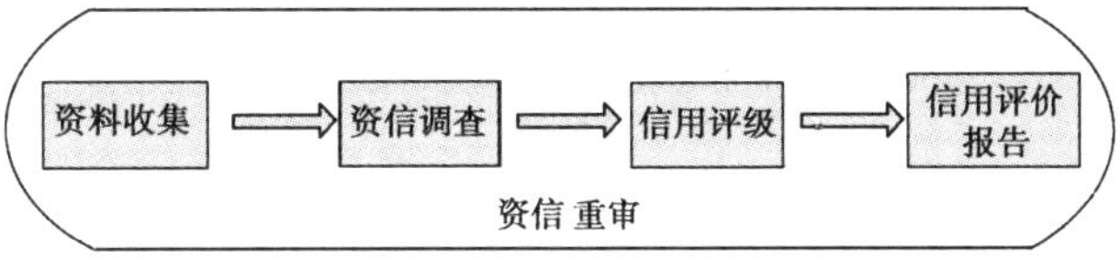

图4　融资融券客户征信步骤

4.1　客户征信资料收集

资料收集是客户征信工作的起点。客户征信资料是客户申请从事融资融券交易时，为全面证明其资信情况所提交的书面文件。客户征信资料的真实性和全面性将直接决定融资融券征信结果的客观性和有效性。

在资料收集环节，客户和证券公司存在着矛盾。客户往往因为稳私权的考虑，不会将所有个人资料提供给证券公司；而证券公司却希望客户提供尽可能多的资料，以便其对客户进行判断。为了解决这一矛盾，证券公司采用了将客户征信资料按照“必交材料”和“选交材料”分类规定的做法。

（1）必交材料是指客户在申请融资融券时必须提交的材料。如客户拒绝提供，则证券公司有权不受理其融资融券业务申请。

（2）选交材料是指客户在申请融资融券业务时，证券公司尊重客户意愿、不强制客户提交的材料，但如果客户提交，则对于提高客户信用等级有益。

在这种流程下，证券公司通过提高客户信用等级的心理预期，鼓励客户提交更为详尽的征信资料。它同时对证券公司的保密工作提出了要求，对于客户提交的任何材料，证券公司应严格为客户保密，并遵照相关法律法规及内部管理规章制度的规定妥善保管。

表 3　　融资融券业务征信材料（自然人适用）示例

序号	材料清单目录	提交情况	页数
1	个人身份证明材料（包括但不限于有效居民身份证、户籍证明等）*		
2	客户在公司开立的普通资金账户及其证券账户卡 *		
3	最近××个月证券交易交割单及交易明细对账单 *		
4	融资融券客户征信调查问卷 *		
5	申请人户口本		
6	学历证明材料（包括但不限于毕业证、学位证等）		
7	工作证明材料（包括但不限于工作证、工作单位开具的工作证明、聘任合同等）		
8	收入证明（包括但不限于银行代发工资记录、单位开具的收入证明、所得税扣缴凭证、公积金交缴证明等）		
9	银行存单		
10	除股票外其他证券		
11	房产证明		
12	水电缴费清单		
13	信用卡额度证明		
14	申请人其他证明材料，包括但不限于职称证、专业资格证书等		
15	其他机构（如中国人民银行、商业银行、征信机构）的信用评估（级）报告		
16	其他		

注：* 为必交材料。

4.2　客户资信调查

资信调查是客户征信工作的关键步骤，资信调查工作的准确性与否，直接关系着客户信用等级评定的准确性。资信调查的方式包括：

（1）资料审核。

审查资料是资信调查的最基本方式。它是指通过审查客户提交的书面资料的真实性、准确性，了解客户身份，对客户资信情况进行判断。审查资料过程中，证券公司应重点注意辨别客户提交资料的真伪，如发现伪造、变造资料或资料虚假的，应立即拒绝客户融资融券申请并记录在客户信用档案中，作为客户再次进行融资融券申请的历史信用情况资料。

需要指出的是，客户的“不良记录”是否伴随终身，是一个见仁见智的问题，证券公司可根据自身管理需要，结合《征信管理条例》的有关规定确定客户“不良记录”的存续时间或对客户征信结果的影响程度。

（2）沟通交流。

与客户沟通交流是证券公司获取客户信息的另一种有效方式。证券公司除对客户提交资料进行判断外，还可通过与客户实地交流和对话，对客户的证券投资经验和风险偏好作进一步了解，从而更加全面认识客户。它所获取的客户信息可作为客户提交书面资料的补充，作为信用评级的依据。

（3）客户回访。

证券公司可建立有效的客户回访制度，通过定期和不定期的电话回访，在了解客户需求的同时，收集客户最新的信息和资料，并对客户提供的联系方式予以验证。

（4）侧面了解。

根据实际情况，有条件的证券公司可通过其他单位或机构，如中央银行、商业银行、交易所、证券登记结算公司、其他证券公司、公安机关、工商部门等，采取信件、法人函证、走访或电话等方式，侧面了解客户资信状况。

（5）综合比较。

证券公司可将客户提供的书面材料、从其他机构掌握的客户材料、以及通过客户回访、沟通交流等方式获得的客户信征进行综合分析，相互印证，从而使客户资信调查的结果更加准确可靠。

4.3 客户信用评级

客户信用评级的目的是使证券公司有效地揭示融资融券客户偿债能力和违约风险大小。证券公司通过对客户信用进行评价，将客户按照信用高低划分为若干等级，并通过客户信用等级决定融资融券授信额度。

前文提供了客户信用评级的分类树模型。在实际业务中，证券公司根据自身情况的不同，建立了各式各样的模型，各有特点，但基本上是从以下几个方面对客户进行评价。

（1）基本信息评价。即对自然人客户的年龄、职业、教育程度以及家庭情况等，或对法人客户的所处行业类型、行业发展周期、发展状况等基本信息，依据通常的标准进行分析评价。

（2）财产和收入评价。即对客户在融资融券申请时点的所拥有的动产和不动产状况，以及客户的收入情况、收入来源的可靠性和稳定性进行分析评价。

（3）投资经验评价。即根据客户过往证券交易记录、投资年限、交易频率、交易品种对客户证券投资风格、投资能力、盈利能力及投资经验进行分析评价。

（4）风险偏好评价。即对客户进行证券投资的风险偏好进行分析，主要从投资偏好、风险控制能力、风险承受能力等方面进行评价。

（5）历史信用评价。即通过对客户过往融资融券交易的历史记录，对客户信用进行分析评价。主要对客户历史守约记录、追加保证金情况、平仓情况、银行信用卡额度及其他信用记录等方面进行评价。

证券公司运用统计方法及各种计量工作，建立客户信用评估模型，确定客户信用等级。以下是某公司客户信用等级示例：

客户信用等级分为 A+级、A 级、A-级、B+级、B 级、B-级、C 级和 D 级 8 个风险递增的级别，客户信用等级评定标准如表 4。

表 4　　客户信用等级评分表（示例）

信用等级	特征描述
A+	优秀
A	好
A-	较好
B+	良好
B	普通
B-	可接受
C	慎贷
D	拒贷

4.4　客户信用评价报告

证券公司完成客户征信评级后，应将客户个人信用状况真实记录，形成客户信用评价报告。客户信用评价报告一般分为客户信用评价和信用等级评定两个部分。客户信用评价主要包括基本信息、财产和收入、投资经验、风险偏好、历史信用等部分；信用等级评定是客户信用评价的结果，即确定客户属于信用等级的哪一层次。

从实务操作上来说，客户信用评价报告一般需要客户本人确认。一方面体现证券公司信用评价工作的公平公正，另一方面也易于让客户接受信用评级结果，并引导客户注重自身信用等级的维护。

对于证券公司来说，客户信用评价报告是客户征信工作过程和结果的反映，也是客户重要的档案资料之一，证券公司应将客户信用评价报告长期保存。

4.5 客户资信重审

客户资信重审是指证券公司定期对在融资融券协议期间的客户的资信状况进行再次、全面的征信调查。

客户资信重审可采用定期、不定期的方式进行。定期方式，顾名思义，是证券公司按照固定的周期对客户信用状况进行审查，周期可以定为3个月、6个月不等。不定期方式则是在某些严重影响客户资质的情况发生时，证券公司立即启动客户资信重审程序。例如客户财务和经营情况发生重大变化，存在恶意拖欠行为或倾向等，证券公司应立即进行客户资信重审，重新确定客户的信用等级。

5. 相关问题和建议

5.1 试点阶段融资融券客户征信面临的问题

尽管我们尝试建立了分类树客户信用评估模型，模拟设计了客户征信业务流程，但在融资融券业务试点阶段，融资融券客户征信的有效性还受到以下客观因素的制约。

（1）征信外部环境问题。在国外，不管是以民营征信服务为特征的美国征信体系模式还是信用管理机构为代表的欧洲模式，大量的专职征信服务机构和政府部门建造了一个能覆盖全社会的征信体系和系统，使信用共享和信用互换成为可能，所以不管是信用来源、还是服务范围以及资料共享方面，对需求者来说都更为便捷和有效。而我国征信行业处于刚刚起步阶段，中央银行组织商业银行建成的企业和个人征信系统，仅供银行业内部使用，尚未对外界开放。对于证券业来说，缺乏外部征信系统支持，征信成本巨大。

（2）融资融券模型本身面临的问题。首先，由于融资融券业务尚未开展，市场缺乏足够多的违约数据来对信用评级各具体指标进行验证。其次，判断投资者交易行为的评价指标值缺乏理论依据。但实际业务中，设计的指标值是否科学合理，能够对客户的证券交易行为进行准确地定性或定量评价，目前尚难形成统一意见。例如，高换手率的客户是否比低换手率的客户更适合进行融资融券交易；多长时间区间内的盈亏情况方能有效说明投资者风险控制能力和投资水平等等。

5.2 政策建议

（1）为融资融券客户征信提供良好外部条件。

证券业应实现以证监会为主导，交易所、中登公司、协会以及所有证券公司加入的证券业征信信息平台，使融资融券全面、顺利的开展，最大程度地降低融资融券业务风险。它有两方面的问题需要解决：一是需要证券监管部门出面与其他金融监管部门协商达成共识，共同出台相关监督管理规定，允许证券机构通过公开的渠道，获取征信信息平台的客户信用信息。二是进行统一的证券业征信平台建设，有效地采集来自于监督管理机构、自律性组织、证券公司、基金公司等单位的客户信息，实现信息共享。

（2）不断完善融资融券客户征信机制和模型。

第一，征信机制的完善。证券公司应加强内部管理，完善征信工作机制，不断优化征信评级流程和组织机构，从方法和指标上改进已有的征信评级体系，加强动态评级的力度，提高征信工作水平。

第二，客户信用等级的调整。证券公司应通过对融资融券业务的日常监控，对融资融券客户进行持续跟踪和服务，准确掌握融资融券客户资产及交易特点。证券公司还应主动采纳外部信息，对客户征信等级进行更新。证券公司可以根据新掌握的信息，视其对客户信用评估的影响大小，采取降低个人信用等级、不再提供融资或融券服务、依约处置担保品，直至诉诸法律等手段来化解信用风险。

第三，评估模型的调整。证券公司应通过技术手段和统计方法，对融资融券信用评估模型进行调整，从而调整客户信征结果，使其更科学、合理地反映客户信用状况，从而能够更好地对融资融券业务风险进行防范。

（3）进一步完善客户征信配套制度。

证券公司应根据《融资融券业务试点内部控制指引》，结合自身的实际情况制定融资融券业务实行集中统一征信管理制度。实现在征信过程中前、中、后台相互分离、相互制约、相互独立。其中，有两项配套制度值得重视。

第一，信用资料管理制度。信用资料管理是证券公司业务档案管理的重要组成部分，由于融资融券业务的特殊性，相对于普通业务而言，其资料的良好存续性就更为重要。证券公司在进行融资融券客户征信评级活动时，应当根据档案存储介质不同、档案内容的不同，安排专人按照不同的分类进行档案的装订和管理，实行“集中存放、责任到人”的档案保存管理制度。同时为了防止档案的丢失和泄密，还应该建立档案的借阅和审核制度。

第二，保密制度。信用信息的征集必然涉及个人信息的保护，也即隐私权的保障问题。个人信息征集中的隐私权保护已在一些立法条文中有所体现，如《征信管理条例（征求意见稿）》第二十三条规定，“征信机构应当建立健全征信信息保密管理制度，建立信息查询内部分级管理制度，在信息收集、整理、保存、加工和使用过程中确保信用信息不被泄露。征信机构的工作人员应严格遵守保密制度，不得擅自查询或越权查询该机构拥有的信息，不得泄露在业务工作中获悉的信息”。长期以来，证券公司对于客户资料保密工作一直处于较为忽视的态度，客户资料泄露的问题也时有发生。在融资融券业务中，证券公司应当更加强调客户资料的保密工作，形成客户信息内部分级管理机制，对整个融资融券客户征信活动进行控制，确保客户信用信息严格保密，避免证券公司陷入泄露客户资料的危机或诉讼之中。

参考文献

[1] Gehrig T, R Stenbacka. Information sharing and lending market competition with switching costs and poaching [J]. European Economic Review, 2007, (51), 82 - 88.

[2] Jappelli T, M Pagano. Information sharing, lending and defaults: Cross - Country evidence [J]. Journal of Banking and Finance, 2002, 26, 2032 - 2038.

[3] Malerba D. A comparative analysis of methods for pruning decision trees [J]. IEEE Trans on Pattern Analysis and Machine Intelligence, 1997, 19, 488 - 491.

[4] N Mylenko. Credit Reporting and financing constraints [R]. World Bank Policy Research Working Paper 3142, October 2003.

[5] 晏露蓉：“我国金融业统一征信平台建设问题研究”，《福建金融期刊》，2009，09，48。

[6] 陈红：“海外证券信用交易的比较研究及其启示”，《管理世界》，2007，04，45。

[7] 陈红：“我国证券融资融券交易的风险控制及完善策略”，《投资研究》，2008，10，45。

[8] 杜金贵等：“征信理论与实践”，《中国金融出版社》，2004，35 - 72。

[9] 郭磊：“从国际比较看融资融券对我国证券业的影响”，《当代经济》，2007，12，141。

[10] 金子财：“美日证券信用交易制度的比较及借鉴”，《金融与经济》，2003，12，42。

[11] 姜明辉：“分类树在个人信用评估中的应用”，《商业研究》，2003，21，86。

[12] 刘子君：“个人信用指标体系的建立与分析”，《商业现代化》，2005，03，150。

（作者单位：长江证券股份有限公司）

三等奖

中小企业集合债券信用评级研究（摘要）

• 曾江洪　雷黎涛　刘　欣　秦宇佳

中小企业集合债券（以下简称“集合债券”）是指若干个中小企业各自作为债券发行主体，确定债券发行额度，使用统一的债券名称而发行的一种企业债券。集合债券自从推出以来，在一定程度上有效地解决了发行地中小企业融资难的问题，受到企业、政府和投资者等各参与方的一致好评。从已发行的 3 只集合债券来看，市场需求充足，市场表现也很令人满意。目前，中央提出了加快发展我国债券市场的指导意见，集合债券作为一种新型的债券品种，凭借它特有的优势，将有望成为解决我国中小企业融资难的重要手段之一，得到大力发展。

作为一个新兴的金融创新产品，集合债券的发展还很不成熟，尤其是其风险计量技术不成熟，不易找到合适的担保机构，这成为发展集合债券的最大障碍。本研究报告充分考虑中小企业集合债券的特性，给出一个较为科学的计量集合债券风险状况的方法，并在此基础上对其进行合理的信用评级。

集合债券的发行主体全部都是中小企业且发行方不唯一，这使得集合债券的风险测量方法与一般企业债券有很大不同。对集合债券的信用评级可分为 3 个步骤——首先对债券发行方各企业主体进行信用评级。在此基础上，再对整个企业集合即集合债券虚拟主体进行风险计量和评级。最后，由于集合债券一般都有外部担保机构对其进行信用增级，所以，还需进一步评定信用增级后集合债券的信用情况。

本文第一部分，首先讨论中小企业个体信用评级方法。与一般企业债券相比，中小企业信用评级指标体系应增加现金流量分析指标，加强对中小企业管理者个人信用问题的关注，注重中小企业创新能力分析和成长性分析。在国内外企业信用评级的大量研究成果的基础上，结合我国国情和拟发行集合债券的中小企业的特点，本文选择相对合理的指标，采用层次分析法对各指标赋予一定的权重，设计出适合中小企业的评价指标体系；同时采用模糊数学方法和专家打分法分别对定量和定性指标打分，从而得到企业的信用等级，并得到相应的违约率。

本文的第二部分，主要讨论集合债券虚拟主体的风险计量和信用评级方法。要对债券进行评级，首先必须对其风险状况进行合理计量。集合债券包含多个发行主体，各个发行企业之间势必会存在种种联系。因此，集合债券和普通企业债券在风险计量方法方面会有很大的不同。对一般企业债券而言，测定其风险状况主要是看其违约率，高违约率对应高风险，进而对应低信用等级。而对集合债券而言，仅靠违约率不能够合理度量其风险。在违约率一定的情况下，集合债券违约的情况是多种多样的，可能是一家企业违约，也可能是 N 家企业同时违约。

企业的行业集中度和企业间的联系对集合债券的风险状况存在很大影响，行业集中度低，集合债券发生大规模违约的可能性较小，其违约风险也较低；行业集中度高，发生大规模违约的可能性就大，其违约风险也高。根据企业间的分布和联系，本部分首先定量计算出它们的违约相关性，即同时违约的概率。在充分考虑了企业之间的相关性之后，进一步测算出整个集合债券的违约率。由于单靠违约率不足以度量总体风险，从而引入另一个指标：期望损失。最后，依据概率统计的思想，给出一个相对较为合理的计量集合债券违约期望损失的方法。最终根据上面 2 个指标，对集合债券虚拟主体进行综合的信用评级。

本文的第三部分着重讨论外部担保对集合债券的增信作用。由于中小企业信用风险一般比较大，集合债券通常会寻找外部机构对其进行担保，按担保主体的业务类型不同，可以分为 3 种情况：一般企业担保、担保公司担保、银行担保。当存在外部担保的情况下，集合债券的债项级别应该是集合债券本身信用风险高低和担保主体信用风险高低相互作用的结果。本部分首先论证，不同类型的担保方对集合债券的增信作用有何不同。得出结论：当担保方的信用等级明显高于发债方时，担保存在明显的增信作用；当担保方的信用等级与发债方相当时，担保存在增信作用；当担保方的信用等级低于发债方时，在一定程度内，担保也存在一定的增信作用；而当担保方的信用等级过低时，担保不再具有增信作用。最后，综合前面得出的虚拟主体信用评级与不同的担保增信情况，给出集合债券的总体评级方法。

（作者单位：中南大学）

中国信用交易运作机制研究及建议（摘要）

• 梁　爽　张彦春　朱　婧

随着我国融资融券业务推出步伐的日益加快，将带来我国证券市场交易制度的深远变革，尤其是融券业务，使市场建立了真正做空的机制，弥补了我国证券市场交易机制的一个重大缺陷。目前，国内各大券商均在着手积极准备，各类学者和专家也对我国融资融券业务的模式、规则进行了全面分析和论证，但是在具体实践和操作层面，我国融资融券业务仍处在一个探索的阶段。从海外证券市场信用交易发展来看，由于社会经济体制、历史阶段和发展水平不同，各国均结合本国国情，运用了不同的信用交易机制和控制措施。因此，如何针对我国证券市场发展现状和投资者特性，进一步解决融资融券业务的相关技术难题，从实践层面上进行更加细致和周密的安排，充分发挥融资融券业务的市场功能，将具有十分重要和现实的指导意义。

本文借鉴海外发达证券市场信用交易的成熟做法和经验，对信用交易的核心运作机制进行了系统阐述、分析和比较，通过比较论证法，重点对融券卖空、保证金比例、维持担保比例和强行平仓等运作机制的成因、作用和特点进行了深入研究和论证，尤其对各种手段的适用条件和范围进行了详细总结，从而对各种信用交易机制的风险有了一个更加准确和科学的理论依据和评估。另一方面，本文还比较分析了我国证券市场及投资者的特点，以期在我国融资融券业务措施的选择和运用上，能够得出一个更为合理和可行的方案。结论认为，对于中国这样一个缺乏效率的证券市场，投资者的非理性投机行为较为明显，对融资融券业务采取适当从紧的控制措施将起到有效的促进作用。所以，在我国融资融券业务试点初期，因资券配比严重失衡，卖空机制对市场造成的影响将十分有限，反而更应该注重投机买空风险的控制，我们建议可以通过运用保证金比例和维持担保比例的调整，对融资融券交易进行有序引导。同时，从客户适当性管理的角度来看，本文建议管理层应制定明确可行的投资者准入门槛，有条件地逐步扩大投资者范围。此外，本文还特别建议应积极放开新股 IPO 融资申购业务，一方面在融资融券业务开展初期能够起到良好的缓冲作用，另一方面，发挥市场定价机制，有效抑制新股首日上市的过度炒作，充分保护投资者权益。

（作者单位：中国建银投资证券有限责任公司）

基于 logic 模型的信用债定价（摘要）

• 吴国栋　傅　浩

国内外均有很多信用评级机构为债券进行评级，从而给投资者提供一定的投资依据，但是目前的评级方式是一种粗犷的评级方式，从最高等级到最低等级为 8 级。但是已经发行的企业（公司）债券数目已经达到了 500 多个。企业债最本质的定价就是基于违约率来定，但是目前的评级方式显然太过粗放，且太多的随意性：例如，曾经出现过挂牌交易的 20 支企业债券无一例外都获得了 AAA 的信用评级的情况，市场基于此给出了相似的定价水平。这样定价方式显然不够合理。研究一个更为详细的定价方式尤为重要。

如何给公司债券合理定价，目前在我国还没有形成正确的指导方法，主要是简单而粗略的与国债进行对比获得一个市场都能接受的价格。事实上，长期以来由于低等级企业债的缺乏，市场并没有认真考虑过如何为企业债定价，只是将其与国债、金融债进行比较，在市场向好时，收缩利差，在市场走弱时，扩大利差。这种定价模式就是机械地照搬西方发达市场的定价规律，没有考虑我国企业本身的特性。

对于投资者而言，更关心反映某一个发债企业的违约率状况。我们基于 FICO 信用分模型和 David Durand 信用计分模型的思想，从企业财务的角度提出一种能够客观反映企业真实情况的度量模型，从而达到每个企业债违约率度量，定价的目的。考虑到企业的经营状况的数据我们能得到是一个散点的数据。一般的联系性模型难以处理。所以我们选取既可以处理连续数据也可以处理散点数据的 logtic 模型。同时我们利用多种参数检验方法验证模型的合理性。并且基于这些财务指标建立的度量模型构建一个与债券相关联的定价模型。从而使我们的债券定价方式更加合理。

研究结果表明，基于财务指标的信用度量模型，能够更好、更及时地反应企业的状况。并且在基于此度量模型构建的定价模型能更好地反应目前该企业发行的债券的真实价值。

（作者单位：东兴证券股份有限公司）

境外结构化产品成败案例分析
—— 来自买方的观点（摘要）

• 徐习佳　薛大威　林龙军　潘　峤

结构化产品在其20余年的演进过程中不断创新、日趋壮大，经历了一个产生、发展、高潮、低谷的完整周期。目前由于市场对2007－2008年金融与信贷危机的发生记忆犹新，对结构化产品，尤其是信用类结构化产品的需求正处低潮。然而，随着投资者记忆的模糊和投资需求的复苏，新型结构化产品的繁荣和相关资产泡沫的出现都有可能再次重演。因此在当前时点对境外结构化产品的兴衰成败作一个回顾总结，既有助于加深我们对现存结构化产品的了解，为投资结构化产品提供指导；又可以向卖方反馈机构投资者对结构化产品的意见和建议，推动产品更新；还能为监管部门提供核准发行结构化产品的原则参考；对于我国引入符合目前发展阶段、适合中国资本市场现状的结构化产品具有重要意义。

本文着重从资本市场买方，尤其是专业机构投资者的独特视角提出4条评判结构化产品成功失败的标准：（1）是否满足了当前市场环境下投资者的需求；（2）是否随市场环境的变化不断演进；（3）卖方是否能够明示其销售的具体结构化产品所能回避的风险和所将承受的风险；（4）卖方是否能够与买方有效沟通结构化产品的潜在假设和运作机制。本文通过对境外结构化产品成败案例的分析说明可转债、大多数利率联动产品、商品联动产品和传统信用类结构化产品总体上机制明了、结构清晰、满足了投资者的需求，因此，较为成功；而过于复杂的结构化产品，如债务抵押债券的二次方等，则由于使投资者对所承担的风险概念模糊，无法有效区分其希望对冲的风险和愿意承担并实施控制的风险，最终导致风险失控产品失败。因此，如何通过监管或自律使结构化产品销售方能够清楚明晰地向投资者突出其产品对何种风险具有转移功能和获取收益所需承担的风险种类，这成为未来结构化产品成败的关键。

运用文章提出的观点，我们认为可转债作为一种在国际上发展多年、机制成熟、市场反映良好的结构化产品可以成为适合我国当前形势、值得大力发展的投资品种。首先，可转债既有助于发行公司降低利息成本，又满足了投资者对潜在股权收益的渴求和对当期风险的回避的需求，市场需求旺盛，不必担忧发行的成败和对发行时机的选择，还能有效减小股权融资对股价的冲击；其次，可转债虽然在境外发展多年，但在国内却是目前交易所债券市场区别于银行间债券市场的主要品种，其进一步发展有助于活跃交易所债券市场，提升交易所债券市场的吸引力，是对当前大力发展公司债市场的有力支持；再次，可转债在境外发展多年，其运行机制、风险控制都相对成熟，其理论和实践经验都非常丰富，有利于我们借鉴学习；最后，可转债作为在交易所上市交易的标准化结产品具有透明度好、流动性强、成本较低的特点，既有利于投资者防范和规避风险，也有利于市场监管。由于可转债在我国当前满足成功结构化产品所需的各种条件，很受投资者认同、追捧。但由于国内可转债市场容量不大，可转债上市后价格往往会被炒的很高，在一定程度上降低了其可投资性。所以大力发展可转债、尽快扩大可转债市场容量，意义重大而深远。

（作者单位：兴业全球基金管理有限公司）

上市公司类

二等奖

上市公司高管薪酬实证分析

• 孙永祥　林浚清　战明华　朱承亮　赵月亮　俞天甲

1. 高管薪酬与公司绩效激励

高管薪酬决定问题，尤其是高管薪酬和公司绩效之间的关系问题一直是理论界广泛关注的一个问题①。代理理论主张高管薪酬应该由公司绩效决定，而经理主义者则主张高管薪酬应该由企业规模决定。不同理论学派的学者利用了形形色色数据对绩效薪酬关系问题作出了各种各样的检验，不过实证研究结果既不与理论预测一致，相互之间也存在冲突。

我们首先对高管薪酬决定与薪酬绩效弹性估计作了理论渊源回顾和国内外实证研究的综述。随后，选取了 2000 - 2007 年深圳和上海证券交易所公开发行股票的 1204 家公司作为研究对象，通过实证研究测算出我国上市公司高管薪酬绩效弹性，并进行进一步的评述。

1.1　理论渊源回顾

高管薪酬的决定问题，尤其是高管薪酬和公司绩效之间的关系问题一直是理论界长期关注的一个问题。经理主义和代理理论一直在这个领域有着广泛的争论。

1.1.1　经理主义

继 Berle and Means 之后，一些学者从经理和企业管理的角度对高级管理人员的补偿进行了系统的研究并形成了自己的理论体系（Herman，1981；Aoki，1984），我们将其称之为经理主义（Managerialism）。经理主义学者认为如果不受外部条件的限制，高管将更乐意扩张公司规模而不是利润，对规模的追求有可能导致公司规模扩张和股东回报降低现象的并存。对规模追求现象产生的原因在于

---

① Gomez - Mejia 和 Wiseman（1997）、Murphy（1999）综述了该领域的最新进展。

扩张公司规模会给高管带来更高的补偿、权力和威望（prestige）。因此，经理主义认为高管的薪水主要由公司规模确定，公司绩效不过扮演了补充角色。

1.1.2 代理理论

同经理主义相比，代理理论更加关注股东和高管利益冲突所带来的种种后果①，也更加关注能够减轻和调和这种冲突的种种机制（Hoskisson 等，1989）。代理理论有 3 个基本假定：代理人风险厌恶；代理人以自我为中心和代理人和委托人利益不一致，因此增加了代理人利己的投机行为的机会。

代理理论认为，委托人解决这个问题的方案主要包括：（1）将代理人的激励同委托人利益所在的公司产出相联系；（2）设计一个能够有效监控代理人行为和决策的机制以便防止偏离所有者利益。

总之，代理理论主张管理补偿应该由公司绩效决定，而经理主义者（managerialist）则主张执行层的薪酬应该由企业规模决定。不论是经理主义还是代理理论都有自己的补偿模型。这些补偿模型通常假定好的公司绩效需要管理层付出高的努力水平，而且也意味着管理层高的负效用（disutility）支出。因此，在信息不充分的现实世界中，管理补偿应该和公司绩效密切地结合在一起。这些补偿可以采取多种形式，包括荣誉表扬和社会声望、业界认可和预期提升、自我实现和成就感的获得以及同绩效相联系的现在和未来的货币性收入。尽管与绩效相联系的非货币性补偿很重要，但由于高层管理人员愿意以货币性补偿来代替非货币性补偿，而且货币补偿代表了一般意义上的资源要求权并同非货币性补偿高度相关，因此可以认为对高管货币性补偿的研究就是对高管补偿的研究（George P. Baker 等，1988）。

1.2 实证研究综述

多个理论学派的学者都利用形形色色数据对绩效薪酬关系问题作出了各种各样的检验（Miller，1995；Veliyath、Ferris 和 Ramaswamy，1994；Hill 和 Phan，1991；Gerhart 和 Milkovich，1990；Ehrenberg，1990；Gibbons 和 Murphy，1990；Leonard，1990；Abowd，1990；Deckop，1988；Gomez－Mejia、Tosi 和 Hinkin，1987；Deckop 和 Mahoney，1982；Loomis，1982；Ciscel 和 Carroll，1980；Foster，1980；等等）。不过实证研究结果既不与理论预测一致，相互之间也存在冲突。比如 Belkaoui 和 Picur（1993）、David、Kochhar 和 Levitas（1998）、Gray 和 Cannella（1997）的研究显示 CEO 薪酬同公司规模之间的相关系数低到 0.107、0.110 和 0.170 的水平，而 Boyd（1994）、Finkelstein 和 Boyd（1998）、Sanders 和

① 经理主义则更加关注管理人员的创造力和主动性，并更加强调公司内部的组织管理和激励。

Carpenter（1998）则认为这二者之间的相关系数为0.62、0.50和0.42。同样的冲突结果也存在于对薪酬绩效关系的研究中。

大部分实证研究以美国上市公司作为样本，主要将对CEO的补偿作为研究对象，而且以大企业为主①。对美国和英国之外的研究相对来说较少。尽管如此，已有的研究也几乎覆盖了所有西方主要国家：Meyerson（1994）研究了瑞典的高管薪酬和公司绩效问题；Kaplan（1994a）研究了德国；Sung（1999）、Kaplan（1994b）研究了日本和美国的差异；Eriksson T, Mette Lausten研究了丹麦；Xianming Zhou（2000）研究了加拿大；M. Firth，M. Tam，M. Tang.（1999）研究了香港；Barkema和Pennings（1996）研究了荷兰；Brunello、Graziano和Parigi（1996）研究了意大利。不过，只有最后面两个研究报告了同Jensen和Murphy（1990）可比的补偿绩效敏感度。

1.3 样本和变量说明

1.3.1 样本

我们选取2000－2007年在中国境内深沪上市公司作为研究对象。由于2008年受金融危机影响，为排除经济周期等宏观环境的干扰，我们剔除2008年的数据，其中上市公司治理结构数据和一般财务数据均来自CCER经济金融数据库，公司员工数、每年超额收益等数据来自wind数据库并调整计算。经过一定的筛选处理，最终我们得到2000－2007年间1204家上市公司的有效样本②。

1.3.2 高管薪酬的度量

高管人员定义为在上市公司中领取薪酬的董事会成员和公司副总以上的管理人员（包括总工程师、财务总监和董事会秘书）。本文的高管人员范围界定同中国证监会规定的需要在公司董事会报告和监事会报告中披露的高层管理人员概念是一致的，所不同的是此处定义的是领取薪酬的高管人员。是否领取薪酬一般被认为是区分是否是执行层（Executive）的标准，因此我们此处所指的高层管理人

① Rosen（1992）给出了该领域的一个研究综述。

② 数据处理的过程为：剔除金融行业数据和ST公司，按申银万国标准行业分类方法分类，合并计算员工、行业平均值、收益方差等数据，处理的过程中均重复检验，确保数据的准确性。数据处理基本原则是：（1）首先剔除金融行业的公司，因为金融行业经营方式及财务特征明显异于其他行业，如资产负债率等。（2）剔除曾经带有ST的样本，由于公司发生重大亏损时会在之前及之后的公司运作中有所反映，特别是2000－2007年宏观环境没有发生重大变化，公司发生亏损往往表现为之前经营不善的累积效应，或者存在严重的盈余管理现象，同时会对将来公司的利润产生重要影响，所以发生ST的公司各个年度存在较为严重的交叉效应，故予以剔除。（3）为保证每个行业的公司数量，行业分类采用申银万国标准行业分类方法，共分成23个行业，剔除金融服务业后剩余22个行业，为在分析中提出行业因素的影响，公司的所有财务数据均做行业调整。由于每个行业的上市公司数量较多，我们计算每年度每个行业的平均数据作为行业数据，将公司的财务数据与行业的平均数据之差作为行业调整后的数据。

员实际上是上市公司的执行层。

对高级管理层的补偿有多种形式，在经济实践中形形色色的补偿类型可以划分为货币补偿和非货币补偿两种基本类型①。高层管理人员愿意以货币性补偿来代替非货币性补偿，非货币性补偿同货币补偿高度相关，而且非货币补偿往往会形成可以预期的货币性收入，因此高管货币性补偿是高管补偿的主体和需要认真研究的内容。我们在这里假定所有的非货币性补偿都是和货币性补偿正相关的，货币性补偿是管理补偿的充分统计量。对货币补偿的研究就近似等同于对管理补偿的研究。

同发达市场经济国家相比，我国上市公司对高层管理人员的货币补偿形式比较单一。由于法律限制，我国公司普遍缺乏长期激励计划，基于股权的激励计划只在非常少数的公司中获得批准作为试点实行，所以我国上市公司高管人员的货币补偿就仅仅局限于现金补偿，即薪酬。

我国上市公司现金补偿（薪酬）基本上采用工资加奖金的形式。工资一般数额固定、按月发放，而奖金大多是与业绩相联系、按年发放（也有少数公司按季度或者半年发放）。在我们的样本中，公司的年度报表报告的是上市公司金额最高的前三名董事、前三名高管的薪酬总额和所有高管薪酬总额，均为为年度货币总收入。

由于没有固定的薪酬披露表，各家公司薪酬披露的格式不完全相同，大部分公司只按照职务的不同披露了高管人员年度收入的区间，只有少数公司详细披露了每个高管人员的职务和年度收入的确切数值②。本文的薪酬数据来自 CCER 经济金融数据库，其中没有单独披露每个高管职务和年度和年度收入的确切值，但是根据经验，利用适当的均值来描述各个高管的薪酬是可行的（M. Firth、M. Tam 和 M. Tang.，1999。Hamid Mehran.（1995）、Brunello、Graziano 和 Parigi（1996）就利用报告的薪酬区间的中位数来表示薪酬水平。另外，没有担任全年职务的和会计年度中间离职的高管人员任期内薪酬均已换算为年度薪酬；报告中所载美元和港币收入均已按照当年年底底外汇牌价中间价折算为人民币收入。

我们用两个指标来测度经理薪酬：CEO 的年度薪酬和高管人员的年度薪酬。

---

① 货币补偿主要是年度或者月度的货币收入、各种保险福利和津贴、年度分红计划所形成的收入、持有公司股份所得的年度红利、期权计划或者期股计划所形成的股票增值收入。非现金补偿包括在职消费、提升和预期提升（对于 CEO 来讲，提升往往意味着更换岗位所能够带来的更高的收入）、业界认可、荣誉表扬和社会声望、自我实现和成就感的获得，工作的独立性（Kay Mitusch，2000），正直和社会责任感等（George P. Baker 等，1988）。

② 按现行的信息披露规定，上市公司可以公布每一个高管人员的年收入，也可以公布每一个收入区间的高管人员数目。

同时满足以下条件的高层管理人员被定义为 CEO：在公司领取报酬；是董事长、总经理、二者的兼职或者董事常务副总经理；补偿水平在所有管理人员中最高。而高管人员则被定义为上市公司的董事会成员、监事会成员和公司副总以上的管理人员（包括总工程师、财务总监和董事会秘书）。本文使用金额最高的前 3 名高管的平均数来衡量 CEO 的薪酬水平，利用所有高管的平均薪酬来衡量管理层的薪酬水平。

1.3.3 公司绩效的度量

与经理薪酬相联系的公司绩效的度量一直是理论争论的一个焦点问题，公司绝对绩效的可度量性以及绩效度量指标的选取的确是激励和人力资源经济学的一个难题。代理理论认为使管理者和股东的利益一致，经理薪酬应该和股票绩效联系起来。然而，由于一些客观因素的存在，基于股票回报的的公司绩效度量可能会产生同股东回报和有效激励目标相背离的偏差。

在某些情况下，公司股票价格波动不是源于公司经营状况的变动，而是源于那些执行层不能够控制的因素。例如，经济周期或者利率变动会影响整个股票市场价格的波动，而管理层没有力量影响这些决定市场整体波动的因素（Deckop J.，1987）。另外，过高的股票价格也有可能使未来经营绩效的表现大打折扣，在很多情况下，过高的盈利预期会扭曲股票价格。尽管股票价格难以被执行层长期操纵，但是一些研究显示经理层有动力和能力在短时间内改变股票价格（Garvey 等，1998）。正是由于这些问题的存在导致了对基于股票价格的绩效度量的批评，反对者认为，绩效度量应该基于会计利润而不是股票回报（Ellig，1984；Gomez，1987）①。

衡量公司绩效的会计利润度量标准包括每股收益（EPS），每股净现金流，利润增长率，投资收益率，资产回报率（包括总资产收益率和股东权益回报率）等等。会计利润可以按照部门或者子公司分类进行分解；经理层的活动可能对会计利润有更大的影响力和控制力，因此这种度量标准是一种“有形”标准。然而，会计数字有可能被执行层通过改变会计方法或者会计标准来进行“修正”和操纵。而且，会计绩效通常只能反映短期绩效而忽视长期前景。在长期内，账面回报率、现金流和股票回报率正相关，但是在较短的时期（确定经理薪酬的时间段）内，会计利润和股票回报的衡量标准之间的没有关系甚至可能负相关。

已有的研究用了形形色色的指标来衡量公司绩效，这包括利润总额（Ciscel 和 Carroll，1980；Deckop，1988；Lewellen 和 Huntsman，1970）；权益回报率

① 基于我国市场有效性逐渐增强，下文中尝试使用市场收益和财务绩效，发现市场绩效不能解释公司的薪酬弹性，财务绩效显著有效。与 Gomez（1987）等人的研究一致。

（Miller，1995；Redling，1981）；总资产回报率（Antle 和 Smith，1986）；股票回报率（定义为已分红利加股票价格变动，Murphy，1985；Kerr 和 Bettis，1987）。而 Gomez – Mejia、Tosi 和 Hinkin（1987）则建议用综合指标来反映公司绩效以避免单个指标所带来的片面性[①]。为了能够全面地反映公司绩效，在本文中我们用基于市场回报的绩效指标和基于财务回报的绩效指标两类变量来反映公司历史绩效。主要包括股票收益率、市净率、Tobin Q 值、市盈率、市场超额收益、每股收益、权益回报率、总资产回报率、主营业务利润率等指标，所有数据均来自于 CCER 经济金融数据库[②]。

1.3.4 其他分析变量

我们用两个变量来衡量公司规模：TotalA——公司资产总额；STAFF——公司员工总数。用行业 CEO 平均薪酬和行业高管人员平均薪酬水平两个变量来衡量行业平均薪酬水平，并用这两个变量来控制行业间的薪酬水平差别，消除薪酬决定的行业差异。企业治理结构作为薪酬水平形成的基本微观机制，自然直接影响了薪酬水平的形成。不同的治理结构下经理薪酬公司治理结构在很大程度上和股权结构相联系（Jensen 和 Murphy，1990；孙永祥和黄祖辉，2000）。我们用国有股比例、高管人员人均持股数量、Herfindahl 指数（Herf）、第一大股东持股比例、Z 指数、董事会及管理层特征等指标作为治理结构的控制变量。

其中，Herfindahl 指数是衡量股权集中度的指标，我们用前十大股东的持股比例作为计算 Herfindahl 指数的依据：

$Herf = \sum_{i=1}^{10} r_i^{\,2}$，其中 r_i 为持股排名第 i 的股东所持股份占公司总股本的比例。

$0 < Herf \leq 1$，$Herf$ 值越接近 1 说明股权越集中，越接近 0 说明股权越分散。

Z 指数是第一大股东和第二大股东持股比例之比，反映第一大股东的控制能力，Z 越大，表明前两大股东的持股比例差距越大，股权越集中。此外，文中将公司分成国有企业、非国有企业等几个类别来研究不用的公司性质下不同的激励行为与效果。董事会及管理层特征也是公司评价治理结构重要的指标，包括董事会规模、总经理和董事长任职情况等。

---

① Natarajan 和 Ramachandran 的研究发现，收入和现金流变量综合在一起能比单个指标更好地反映美国公司 CEO 补偿和绩效之间的关系。他们因此得出结论：经营现金流是绩效评价的一个重要指标。我们在研究中也曾经试用了经营性现金流，但是没有发现明显的证据表明它是一个和薪酬有关系的绩效变量。

② 如前所述，本文还对以上所有的绩效变量做了行业调整，我们在绩效变量名称前加“A”来表示行业调整后的变量名称，比如 AROA 代表行业调整后的总资产回报率，AROS 表示行业调整后的股票回报率。

1.4 模型和实证结果

大部分文献隐含的认为公司绩效变动和公司绩效水平都能够解释CEO薪酬（Collins和Kothari，1989；Ali和Zarowin，1992）。但是长期绩效和短期绩效、市场绩效与财务绩效等对CEO薪酬的解释力是有差别的。

1.4.1 绩效和薪酬关系的单变量分析

为了检验不同绩效指标对我国上市公司CEO薪酬的影响，我们既采用了绩效水平指标又采用了绩效变动指标，同时对绩效的时间序列进行了探讨。我们对t期和历史绩效以及未来绩效进行了研究。附表1列出了以2005年为例的CEO薪酬和其他年份主要绩效变量之间的相关系数。

我们发现CEO薪酬水平和长期历史绩效之间存在明显的正相关关系；而和短期公司绩效之间的联系并不比长期公司绩效强。我国上市公司CEO薪酬与绩效之间还存在一种滞后反应关系，即上一期的公司绩效对CEO薪酬的影响大于当期绩效对CEO薪酬的影响，年度薪酬对该年中报公布的绩效更加敏感①。

这说明，在我国CEO薪酬水平决定问题上，持续收入和长期公司绩效是一个有效的决定因素；短期绩效并不比长期绩效来的显著。同时也说明了已经发生的历史绩效是确定我国上市公司CEO报酬的基本依据，有效绩效预期不是上市公司激励方案确定的依据。变动报酬需要在绩效评价以后支付，而评价绩效需要时间（Jensen和Murphy，1990；Baker，1992），因此才会出现这种滞后现象。

我们得到的另外一个发现是：t期之后的绩效变量同t期的薪酬具有显著的相关关系，如2005年的薪酬与2006年、2007年的绩效变量均显著相关，反映了薪酬对未来的绩效有预期作用。

可以看出，财务绩效指标中权益回报率和每股收益同CEO薪酬水平之间的关系最为明显，而Tobin Q同CEO薪酬之间的关系不明显。这说明财务绩效依然是我国上市公司评价CEO工作绩效的重要指标，股东回报伴随着市场的发展将逐渐有效，二级市场股票价格波动还存在问题，而且公司治理结构存在缺陷，大股东对小股东的代理问题明显。

Jensen和Murphy（1990）定义的报酬绩效敏感度是股东财富每变化一美元所引起的CEO财富变化的美元数。我们用每股净资产变动来衡量股东财富变化，结果显示CEO薪酬同每股净资产变化之间具有显著的相关关系。前人的研究一

---

① 我们还检验了所有高级执行层人员的薪酬（AVEPAY）同绩效指标之间的相关系数，得到了CEOPAY基本类似的结果。这说明对CEO薪酬决定的研究就基本类似于对高管团队人员的薪酬的研究。

般显示我国上市公司 CEO 薪酬同股东财富价值之间几乎没有联系，我国上市公司的股东对于管理者的激励效果不显著，这也符合我国国有企业产权不明晰导致低效率等事实。我们的结果多少是让人吃惊的。如前所述，管理补偿和公司绩效之间的关系反映了董事会和高级执行层的工作目标；揭示了信息不对称的程度和激励合约的完备性（Hart O，1988；Stacey R Kole，1997；Aghion 和 Bolton，1992）。我国虽然是以国有企业为主，所有者缺位可能导致股东的财富遭受更大的损害，但是国有企业存在行政福利，往往激励管理者努力提高企业的价值已获取晋升等特殊奖励，因此随着企业价值提升，管理者薪酬也相应提高。而对于其他性质的企业，大股东（特别是民营企业）对公司的控制能力较强，代理问题从委托代理关系往往转为大股东对小股东、对债权人的代理问题，管理者实际上服从大股东的意志，在股权流动性不强的前提下，管理者倾向于提高股东的价值。

我们通过各个年份的薪酬绩效的单变量回归，结果显示，就绝对绩效和公司间相对绩效来看，绝对绩效有更强的解释能力。未进行行业调整的每股收益、净资产回报率、每股净资产、市盈率的表现都好于相应行业调整过的指标表现。这一个发现同 Gibbons 和 Murhy（1990）发现的报酬与相对收益率的相关程度要大于对绝对收益率的相关程度恰恰相反，Holmstrom（1979）研究表明相对绩效过滤掉了全行业（或者全市场）范围内管理者无法控制的市场风险所造成的结果，同时也揭示了对 CEO 进行直接绩效评价所无法观察到的行为决策信息。但是尽管相对绩效有更强的解释能力，我国大部分国有企业为垄断行业，缺乏有效竞争但是仍可以获取高额利润，行业内部的比较不足以影响公司的薪酬体系，公司往往采用年度目标作为评价标准，因此更关注绝对绩效是否达到预定目标。同时加上相对绩效因为存在地域、公司规模或者政策等因素难以准确比较，所以绝对绩效往往与薪酬的关联度更高。

1.4.2 薪酬决定的多变量分析

在高层管理人员的薪酬决定中，除了公司绩效以外，公司规模、行业特点、治理结构特点及公司风险均有决定作用①。我们构建以下模型来检验 CEO 和高管团队薪酬的决定：

$$LnPay = \alpha + \beta_1 Performance + \beta_2 Scale + \beta_3 Industry + \beta_4 Goveranace + \mu \qquad (1)$$

其中，$LnPay$ 为薪酬变量，α 为常数项，β 为回归系数，$Performance$ 为公司

---

① 在对西方发达国家的研究中，往往并不认为 CEO 薪酬的行业差别是 CEO 薪酬决定因素，这是因为他们的研究建立在经理市场高度发达的前提之下，认为经理市场是高度竞争的。在我国经理市场相对不发达的情况下，这一种差别应该是薪酬的重要决定因素。

绩效变量，*Scale* 为公司规模变量，*Industry* 为行业平均薪酬变量，*Goveranace* 为公司治理结构变量，μ 为随机扰动项。

为了更好地体现正态性，我们选取 CEO 薪酬的自然对数（LnCEOPAY）和高管人员平均薪酬的自然对数（LnAVEPAY）两个作为薪酬变量。绩效的变量包括每股收益（EPS）、净资产收益率（ROE）和市场绩效（CAR）；公司规模采用员工总数的自然对数（LnStaff）、总资产的自然对数（LnTotalA）来衡量；为了剔除行业的影响，采用行业平均薪酬的自然对数作为控制变量（LnA_ CEOPAY、LnA_ AVPAY）；前述可知，不同性质的企业可能具有不同的薪酬绩效弹性，在此选择是否为国企作为控制变量（Kind，0 表示国企，1 表示非国企），同时为了准备考察国企性质对薪酬绩效弹性的作用在此采用绩效和薪酬的交叉变量（Kind_ EPS 和 Kind_ ROE）来控制；根据经验判断，管理层的年龄和薪酬有正相关关系，一般管理者年龄越高越具有较高的管理经验与资历，相应具有较高的薪酬；同时公司的治理结构特征对高管薪酬具有较大的影响，我们用前十位股东的持股比例的平方和（H10 指数）来表示公司的股权集中度；同时我们还增加公司 2000－2007 年的盈利的方差（VARROE）来衡量公司的业绩波动性，并加上公司是否具有薪酬考核委员会等控制变量。

经验告诉我们，财务绩效中的每股收益和净资产收益率往往具有较高的共线性，公司的总资产和员工数一般也具有较高的共线性，我们不将这类变量放在一个模型中，同时为了探究哪些因素对薪酬具有较大的影响，我们一共设立 8 个模型。

技术上首先选取 LnCEOPAY、EPS、LnStaff 及其余控制变量做回归分析，结果见附表 2。总体来看，选取模型的拟合优度在 0.1－0.3 之间，F 统计量均在 75 以上，各模型均能够较好地解释经理薪酬决定①。就变量解释能力来看，行业平均薪酬是最强有力的解释变量，每个模型中均显著有效，且均集中在 0.7 左右。说明我国经理市场并不发达，经理薪酬在很大程度上依赖于行业特点，同时也说明管理者作为人力资本存在资产专用性的特点。

其次公司绩效具有很可观的解释能力，财务绩效变量（每股收益和净资产收益率）均显著有效，而市场绩效却不容乐观，所有模型中 t 值均小于 0.5，不

---

① 我们的模型分析显示，模型回归显著，F 统计量为 226.240，通过共线性检验，但是经过怀特检验发现，模型存在严重的异方差性，重要影响变量为 CEO 行业平均薪酬的自然对数，采用加权最小二乘并利用 SPSS 估计权重。得到附表 2 的 8 个模型（已消除异方差性）。所用薪酬数据为 2000－2007 年的混合数据。附表 2 提供了全部公司薪酬和绩效关系回归分析结果。该表共报告了 8 个不同模型的分析结果，每一列为一个独立的计量经济学模型。模型 1 至模型 4 的被解释变量是 CEO 年度薪酬的自然对数（LnCEOPAY），模型 5 到模型 8 的被解释变量是高管人员年度薪酬的自然对数（LnAVEPAY）。每个解释变量的回归系数、标准差和 t 统计量在变量名称后分别给出；每个模型的显著性均在前三行给出，样本观测值在表最后一行给出。所有结果均已消除了异方差，并通过共线性检验。

十分显著，这与我国市场的有效性相关（前述已有说明）①。

同时，薪酬与公司治理结构、公司性质等因素均有不同程度的相关，也说明了经理薪酬决定的复杂性。

我们首先来看一下得到的绩效报酬的敏感情况。CEO 薪酬的自然对数与每股收益的关系，显著有效，回归系数接近于 0.41②。这表明，公司的每股收益每增长 0.10 元，CEO 年度薪酬就会增长 4.1%。同样，净资产回报率的回归系数在 0.7 左右，即公司的 ROE 每增 1.0%，CEO 年度薪酬会相应增加 0.70% 左右。总的来说，模型较好地解释了公司的财务绩效对 CEO 薪酬的影响，但是市场超额收益（市场绩效指标）与薪酬关系均不显著。

就高管平均薪酬决定来看。EPS 的回归系数约为 0.39 左右，统计显著。表明公司每股收益每增加 0.10 元，高层管理人员平均年度薪酬就会相应提高 3.9%，低于 CEO 的增长幅度，与经验事实相符。同样，净资产收益率每增加 1.0%，高管人员平均薪酬就会增加 0.66% 左右，也低于 CEO 的变化幅度。表明高管平均薪酬对绩效的敏感度小于 CEO 的薪酬对绩效的敏感度，这个结果支持 Baker 等（1988）所提出来的一般雇员薪酬绩效敏感度低的假说。这说明由于团队工作的特点，用公司绩效衡量团队中的高管人员绩效存在度量偏差；在公司一般高层管理人员激励中，提拔和锦标赛起了很重要的作用，因此一般高层管理人员薪酬绩效敏感度要低于 CEO 薪酬绩效敏感度（Baker 等，1988）；同时也说明高管团队（Top Management Team，TMT）的激励和 CEO 激励存在一定程度的差别。

其次，我们来看一下规模对薪酬决定的影响。我们用公司员工总数的自然对数和公司的总资产的自然对数来衡量公司的规模。我们的回归结果显示，CEO 的薪酬水平和总资产的关系显著正相关，与员工自然对数也具有正的系数。高管的平均薪酬和公司的员工数通过了 t 检验，显著正相关。同时与总资产的关系也为正，在 10% 的显著性水平上显著。这个发现同 Lippert 和 Moore（1994）、Ciscel 和 Carroll（1980）、Firth ，M. （1999）、Xianming Zhou （2000）、魏刚（2000）等文献的发现是类似的。

高层管理人员为扩大自己的管理权限，增加公司科层结构，来占有更多的管理资源，其具有很强的扩张企业的激励，薪酬水平也随着企业规模的增大显著增大。员工总数的自然对数对 CEO 薪酬的自然对数的回归系数为 0.03 左右，说明

---

① 方程也没有发现市场绩效和财务绩效的共线性，这说明我国二级市场和财务绩效脱钩，市场非弱势有效。

② 敏感度系数选取两个模型的均值，以下均以此计算。

高管人员控制的公司的员工每增加 1 人，高管的平均薪酬将增加 0.02 元左右，由对数模型的弹性不变可知弹性为 0.02；总资产规模的回归系数为 0.024，弹性为 0.024。员工总数的自然对数对高管平均薪酬的回归系数平均为 0.043，不变弹性为 0.043；总资产对于高管平均薪酬的回归系数为 0.0185，不变弹性为 0.0185。

可以发现，CEO 薪酬的员工数量弹性小于普通高管，这表明一般高管更偏好于员工数量，即科层结构的激励，管理员工数量增加，管理者薪酬也增加得越快。CEO 的总资产的弹性大于普通高管则表示 CEO 更多地关注企业的静态经济规模。但是二者对规模的弹性并没有太明显的差别，这说明整个高层管理团队都有扩张企业规模的激励，企业规模扩张的优先度由大到小依次是扩张资产总量和增加雇员人数。这也有助于解释为什么在我国证券市场上存在内部人控制的公司有大举扩张股本[①]、增加关联交易和热衷于进行收购兼并活动——即便这些活动无助于增加股东财富价值——这一现象[②]。

我们再来看一下行业薪酬对上市公司薪酬决定的影响。行业薪酬解释变量和薪酬之间的关系非常显著[③]，薪酬水平的决定在很大程度上依赖于行业的收入状况[④]。从结果来看，如果行业 CEO 的平均薪酬发生变动，那么公司 CEO 薪酬水平将同向变动行业 CEO 薪酬变动额的 80% 左右，两者高度相关；如果行业高管人员平均薪酬发生变动，上市公司高管人员薪酬将同向变动其 74% 左右。高管薪酬依赖于行业平均水平并且行业平均薪酬水平存在差异（魏刚，2000；李增泉，2000）说明了高层管理人员市场存在行业之间的割裂。特别在部分国企垄断行业，行业间的薪酬水平具有较高的独立性。加上同行业间的业绩往往高度可比，故行业内的公司的薪酬体系也具有一定的共性。

接着来观察企业不同性质之间的薪酬变化。我们用虚拟变量 Kind（0 表示国有企业，1 表示非国有企业），企业性质和绩效的交叉项来表示不同性质下高管薪酬绩效弹性的变化。对于企业性质，高管薪酬差异在所有模型中，所有企业类别（Kind）均不显著，表示国企和非国企的薪酬大小并没有显著的差别。不过国有控股上市公司高层管理人员往往由大股东（往往是政府或者官僚企业）直

① 如果增发或者配股募集资金总额为 5 亿元人民币，以扩张后负债总额增加 3 亿来算，资产总额将增加 8 亿人民币；以主营业务收入增加 4 亿来算（同总资产的比例差不多和样本均值的比例相同），CEO 薪酬将增加 8560 - 23690 元/年；其他高管人员薪酬将增加 6312 - 16420 元/年。

② 相关的纯理论分析请参阅 Ahimud 和 Lev（1981）；Kroll 等（1990）。

③ 我们用公司所在省份人均 GDP 作为衡量解释变量来衡量地区薪酬水平，也得到了类似的显著结果。

④ 林毅夫等（1996）认为，由于经济发展战略和经济改革的原因，行业的调整引起收入分配的地域变化。因此，地域薪酬和行业薪酬可能存在共线性问题。故采用行业薪酬指标。

接任命，高层管理人员缺乏流动性，很多国有控股上市公司的高层管理人员往往来自于政府部门，薪酬水平与经理市场相割裂，为了维持上市公司和政府部门低薪水的纵向公平和横向公平，国有控股股东也有压低上市公司高管人员薪酬的动力，并且国有企业CEO存在更多的行政与横向晋升机会，降低了薪酬激励的有效性，所以结果中CEO薪酬的系数会出现负数。

但值得注意的是，所有模型中交叉项均显著①。这是十分有趣且有意义的发现。由模型1、2、5、6可知，CEO薪酬下和高管薪酬下的每股收益的交叉项系数分别为0.011和0.010；模型3、4、7、8可知，CEO薪酬下和高管薪酬下的净资产收益率的交叉项系数分别为0.750和0.570。以净资产收益率（ROE）为例，表示当企业是非国有企业时（Kind=1），CEO和高管的薪酬的绩效弹性分别要增加0.075和0.057，很有力地证明了民企、外企等非国有企业高管的绩效弹性更大。同时，CEO的绩效弹性大于高管的绩效弹性，与前述相符。这反映国企更偏好于年度的绝对绩效考核，且存在行政或者横向的晋升，并且国企中也有压低高管薪酬的动机，所以薪酬绩效较低。非国企中往往具有更加全面或者有效的绩效考核制度，为了留住更好的管理者，非国有企业中往往愿意支付更多的绩效回报。

其次，考察内部薪酬考核组织、公司业绩波动等对企业高管薪酬的影响。结果表明，公司的业绩波动风险对高管薪酬波动关系不显著。公司是否设置薪酬考核委员会对公司管理层的薪酬没有显著影响。薪酬考核委员会的存在并没有完善公司的薪酬绩效考核机制，显著提高公司绩效，凸显出企业特别是国企中考核形式化的现状。

最后，我们来看一下治理结构高管薪酬决定的影响。H10指数表示公司前十大股东的持股比例平方和，反映公司股权集中度。我们的结果显示所有模型中Herfindahl指数和经理薪酬之间呈现负相关关系，股权越集中，高管薪酬就愈低，但是不显著。同Douglas和Santerre（1990）、Arnould（1985）、Dyl（1988）发现的股权集中度和CEO补偿之间存在反向效应的结果是一致的。负相关的原因在于股权集中度高的公司存在大股东，大股东既有监督管理层的动力，又有监督管理层的能力。他们和管理层具有相对对称的信息而且更加注重公司的人力资源成本，因此有足够的能力防止管理层被过高支付（Overpay）；同时他们也有足够的能力指定行动方案而不是设定经营目标（Backer等，2000），因此公司高管人员承担了较低的风险、责任和权力，所以薪酬也就相应地被降低了。同时不显著的原因可能为，在我国，上市公司的国有股比例较高的公司往往由原先老国有企业

① 模型6中的p值为0.055。

剥离不良资产以后改制而来，剥离后公司的绩效一般较好，因为薪酬和绩效显著相关。而在非国有企业中，薪酬绩效弹性大于国有企业，并且在大股东控制下更有效地对管理者进行监管，内部人控制现象不明显，减小代理成本的同时提升了公司业绩，同时提高了管理者薪酬。

此外，由于内部股权拥有率会在很大程度上改变了公司的控制权与利益配置，因此管理者股权（Managerial ownership）在理论分析中一直被认为是治理结构变量（Eugene F. Fama，1980；Himmelberg Charles P. 等，1999）。代理论论隐含的假定，当董事的薪酬采用公司股票的形式或者当董事独立地持有公司股份的时候，他们会象企业所有者那样行事（Pratt 和 Zeckhauser，1985）。在其他决定要素一定的条件下，他们有降低补偿成本以便提高公司价值的激励。但是我们的实证结果并不支持这一点。

2. 治理结构对绩效激励的影响

治理结构变量在高管薪酬决定中扮演了非常重要的角色，本部分将继续分析影响高管人员绩效激励的第二个重要因素：治理结构中的董事会结构。

2.1 相关研究述评

公司高管人员补偿方案是通过公司董事会这个治理机制直接确定的，尽管具体作用机制目前并不很清楚，但是董事会结构直接影响了激励方案是否基于绩效（Kose 等，1998）。董事会规模、构成（Board composition）、CEO 双重性（CEO duality）和董事会持股比例（Board hold）构成了董事会重要结构（Board Structure）[1]，也是决定董事会独立性和有效性（Board effectiveness）的 4 个最为重要的因素。本部分的目的是探讨我国上市公司董事会结构对薪酬绩效弹性的影响，并探索性地讨论中国特色的董事会结构下绩效弹性变化的原因。

首先对董事会规模的研究，只有少数文献专门研究了董事会的规模效应，大部分研究往往将团队规模作为控制变量对待（Wagner、Pfeffer 和 O'Reilly，1984；Wiersema 和 Bantel，1992）。经理主义者认为，最优董事会规模在很大程度上依赖于外部环境的性质和公司规模。外部环境的变动性和不确定性在很大程度上决定了管理工作的复杂程度和对高层董事会信息处理能力的要求。社会心理学家更多地研究一般意义上的群体规模所产生的效应。Steiner（1972）认为群体的生产

① 另外几个衡量董事会结构的指标是董事会能力结构、年龄结构和委员会结构等。

率是由群体潜在生产率减去错误进程（faulty process）所带来的损失构成。团队规模增大依旧会带来那些在小规模团队所不成问题的交流和合作问题（Shaw，1981）等。

再来看一下对董事会构成的研究。经理主义者将权力定义为执行层个人能够按照他的意愿行事的能力，并从公司内部权力配置的角度对 CEO 支配权（CEO dominance）做出了研究（Haleblian 等，1993；Finkelstein，1992）。有大量文献对董事会构成（和外生化董事会）问题进行了实证研究，但是，以美国上市公司为样本对董事会构成和公司绩效之间关系进行的实证研究结果却是模糊的。Rosenstein 和 Wyatt（1990）用标准事件研究法分析了 1980 - 1985 年间美国公司 CRSP 数据（财务数据）和华尔街日报外部董事任免公告之间的关系。他的分析结果表明外部董事公告会增加股东财富。Brickley 等（1994）也运用了标准事件研究法通过分析 1984 - 1986 年间 247 家美国采用了毒丸计划公司的董事会和市场绩效数据检验了外部董事是否代表了股东利益。Rosenstein 和 Wyatt（1990）和 Brickley 等（1994）是用股东财富衡量绩效，而那些采用其他指标来衡量绩效的研究却没有发现证据支持外部董事比例同公司绩效有什么联系。比如 Fosberg（1989）就没有证明他们的外部董事可以提升公司绩效的假设，相反他发现 POD 低的公司反而拥有较高的 ROE。Hermalin 和 Weisbach（1991）的实证研究也发现，公司财务绩效同股权结构有关系，和董事会构成无关。

接着来看一下 CEO 双重性。CEO 双重性指 CEO 在董事会中的任职，尤其是指兼任董事长。至于 CEO 双重性对薪酬绩效弹性的影响，经理主义者和警戒董事会理论（Theory of board vigilance）各有不同的观点。经理主义者认为 CEO 双重性是结构性权力的一个来源（Finkelstein，1992），同时拥有董事会职位加强了 CEO 的权力（Harrison、Torres 和 Kukalis，1988）。CEO 双重性是执行层获取权力的一个途径，这些具体的表现包括绿票讹诈支付（greenmail payment）（Kosnik，1987）、毒丸计划采用（poison pill adoption）（Mallette 和 Fowler，1992）和金降落伞补偿（golden parachute awards）（Singh 和 Harianto，1989）。经理主义者认为由于 CEO 双重性使董事会很难客观评价 CEO 的工作绩效，因此双重性减弱了董事会的监督能力（Morck、Shleifer 和 Vishny，1989）。代理理论认为，董事长与总经理合一会破坏董事会监督的独立性和有效性，两职合一和绩效是负相关的，因此二者应该进行分离；经理主义认为，两职合一有利于提高企业创新自由，有利于企业适应瞬息万变的市场环境，从而也有助于提高企业的经营管理；资源依赖理论的“环境不确定性”假说认为应该依据企业具体面对环境的不确定性的高低来确定 CEO 的双重性，不能简单地确定两职分离是合一好还是分离好。但是，理论文献一般承认，CEO 双重性是影响董事会独立性的一个重要因素，而且一般认为，CEO 和董事会主席分离的董事会能够独立于执行层的利益，因而具有更高的独立性，而两职合一的董事会具有较低的独立性（Boyd，1991）。

董事会持股比例同样是董事会的重要特征。Meckling（1976）研究表明董事会持股比例越高，公司的绩效也会越高。而 Jensen 和 Ruback（1983）认为公司董事持股比例越高，则股权越集中，股东对公司的控制力较强，会发生自利行为（在第二部分中已得出股权集中度和薪酬水平负相关），管理者更多地按照大股东的意愿经营管理企业，相应对公司的绩效及管理者的薪酬都有负作用。

2.2 董事会结构和薪酬绩效弹性实证分析

我们控制公司的绩效（每股收益）、规模（总资产自然对数）、公司类别（国企性质即其与每股收益的交叉项）、股权特征（股权集中度）、所处行业（行业中 CEO 薪酬水平的自然对数）等性质，研究公司的董事会结构对 CEO 薪酬绩效弹性的（取 CEO 薪酬的自然对数与每股收益的比较）的影响①。同时为了剔除时间序列的影响，我们控制时间变量 t②。我们选取董事会结构的主要特征变量区分模型，包括董事会规模、董事会与董事长持股比例、独立董事占比、董事会议次数及董事长与 CEO 任职的双重性等等。

---

① 括号中为选取的具体变量，同时由于前述已经说明市场绩效和公司风险的无效性，故此不引入以免增大回归方差。

② 该表第一列报告了解释变量名称。回归系数和 t 统计量紧随其后，第 2 至 15 列分别报告了 12 个运用不同样本公司的回归模型的分析结果。每一列均表示一个独立的模型。模型 1、2、3 对比了小、中、大董事会规模样本公司的 CEO 薪酬决定；模型 4、5、6 对比了低、中、高独立董事比例的样本公司 CEO 薪酬决定；模型 7、8、9、10 分别报告了董事长不兼任总经理、董事长兼任总经理、总经理不是董事会成员和总经理是董事会成员的样本公司的 CEO 薪酬决定；模型 11、12 分别报告了董事会持股和董事会不持股的样本公司的薪酬决定；模型 13、14 分别报告了董事会议次数频繁和不频繁的样本公司的薪酬决定。该表最后 3 行报告了模型的总体回归情况。所有变量和模型均通过了多重共线检验和经过异方差处理，但是具体结果没有给出。同时为了使得模型可以对比，文中做邹至庄线性约束检验（只给出检验结果），其中董事会会议、董事会持股、CEO 和董事长兼任、CEO 与董事兼任 4 个分类的邹至庄检验的 F（9，6476）值分别为 1.069、4.27、0.522、2.819，相应的 F 值查表为 1.88，故董事会会议及 CEO 董事长兼任的分类无效，两者模型是同一的，CEO 兼任董事和董事会持股分类有效。而董事会规模的分类和独立董事占比分类的邹至庄统计量 F（18，6467）分别为 4.77、2.33，相应的 F 值为 1.76，两者均分类有效。不同的董事会规模和董事会持股比例对薪酬绩效弹性有作用。

附表3对比了不同的董事会结构下CEO薪酬决定的差别①。

我们的结果显示董事会规模分类有效，随着董事会规模的扩大，CEO薪酬绩效弹性分别为0.436、0.378和0.261，呈现出下降的趋势。说明规模较低的董事会具有更高的CEO薪酬绩效弹性。三者的t值分别为6.559、13.424和5.755，均是显著的。这说明，就激励相容而言，有可能存在最优董事会规模，而该董事会规模可能要小于6人。我们可以推断，在现有董事会的结构下，较小的董事会可以有效地通过设计合理的激励机制为股东利益服务，表现为较少的董事交流成本降低，且大于"董事集思广益"带来的好处，使得较少人的董事会更加有效。这也说明了为什么现阶段我国上市公司的董事会规模大都集中在6附近。因此仅仅从激励的角度来看，我们的结果支持Yermack（1996）的结论。

我们的结果还显示独立董事占比分类有效。对比独立董事比例对CEO薪酬绩效弹性的影响，我们发现随着内部董事比例的提高，CEO薪酬绩效弹性呈现出先下降后又上升的趋势。独立董事比例高的公司CEO薪酬绩效弹性大，估计值为0.459，显著，比例较低的公司次之，估计值为0.392，显著，比例中等的公司薪酬绩效弹性最低，为0.340，显著。独立董事的存在确实对CEO薪酬激励有影响。并且高的董事会独立性和低的董事会独立性更容易将CEO激励同公司绩效联系在一起。高的独立董事比例证明独立董事的存在在一定程度上优化了CEO激励的效果，独立董事数量超过一定比例时会增加董事会的有效性，表现为合作的有效性。而较低的独立董事数量往往意味着较高的内部人控制或者外部人控制，外部人控制会形成对管理者的有效监督，增大薪酬绩效弹性，提高管理者的积极性；内部人控制则缓解了委托代理问题，降低了委托成本，管理者和外部人利益一致促使管理者更多地为公司考虑从而提高了业绩，间接提升了薪酬水平，即适度内部人控制有助于提高董事会的有效性。大部分公司的独立董事比例

① 该表第一列报告了解释变量名称。回归系数和t统计量紧随其后，第2至15列分别报告了12个运用不同样本公司的回归模型的分析结果。每一列均表示一个独立的模型。模型1、2、3对比了小、中、大董事会规模样本公司的CEO薪酬决定；模型4、5、6对比了低、中、高独立董事比例的样本公司CEO薪酬决定；模型7、8、9、10分别报告了董事长不兼任总经理、董事长兼任总经理、总经理不是董事会成员和总经理是董事会成员的样本公司的CEO薪酬决定；模型11、12分别报告了董事会持股和董事会不持股的样本公司的薪酬决定；模型13、14分别报告了董事会议次数频繁和不频繁的样本公司的薪酬决定。该表最后3行报告了模型的总体回归情况。所有变量和模型均通过了多重共线检验和经过异方差处理，但是具体结果没有给出。同时为了使得模型可以对比，文中做邹至庄线性约束检验（只给出检验结果），其中董事会会议、董事会持股、CEO和董事长兼任、CEO与董事兼任4个分类的邹至庄检验的F（9，6476）值分别为1.069、4.27、0.522、2.819，相应的F值查表为1.88，故董事会会议及CEO董事长兼任的分类无效，两者模型是同一的，CEO兼任董事和董事会持股分类有效。而董事会规模的分类和独立董事占比分类的邹至庄统计量F（18，6467）分别为4.77、2.33，相应的F值为1.76，两者均分类有效。不同的董事会规模和董事会持股比例对薪酬绩效弹性有作用。

保持在50%左右，相对难以起到更好的作用，可能是由于收入内部化且赏罚制度缺失所致。独立董事比例也带来了薪酬的规模弹性的递减，较小的独立董事比例一般出现在小公司，更倾向于扩大规模，管理者的规模薪酬弹性相应较大。

最后，让我们来看一下CEO双重性对薪酬绩效弹性的影响。由于模型通不过邹至庄检验，技术上认为两者是没有区别的，CEO与董事长兼任并不能使模型具有不同的结果。但是对比模型可以发现，董事长和总经理合一的样本公司CEO薪酬绩效弹性（0.025）稍小于董事长和总经理分离的弹性（0.0198）①。同样，总经理是董事会成员的样本公司CEO薪酬绩效弹性要小于总经理不是董事会成员的样本公司的弹性。这意味着CEO双重性影响了薪酬绩效弹性。但是影响的结果却是和内部人控制在一定程度上降低了代理成本的结论相左，由于狭义的内部人控制可以理解为内部董事比例和CEO双重性，此处CEO绩效弹性的降低因为股权结构的特殊性（表现为这两个模型中股权集中度显著有效）而变得难以解释。虽然我们已经说明适度的内部人控制和稍弱的董事会独立性有利于激励相容的实现，但模型中两类样本的股权结构特征差异明显，CEO兼任董事一般出现在非国有企业，家族企业的关联人经营有可能导致薪酬绩效弹性降低。

董事会持股比例对CEO薪酬绩效弹性的影响结果显示董事会持股将提高CEO的薪酬绩效弹性，同样两类企业与企业性质有很大关联。董事会持股使内部人可以发挥有效的监管作用而提高薪酬绩效弹性。

董事会会议频繁程度对CEO薪酬绩效的影响未通过邹至庄线性约束检验。模型不能对比，并且由于董事会交叉着CEO与董事的双重性，年度公司重大事项，会议形式不同等不确定性，其造成的差别很难有经济上的意义。

从上面的分析我们可以得出，董事会的特征对CEO薪酬激励的影响十分复杂，且各个模型甚至存在产生矛盾的结论。董事会结构的影响可能是广泛的，除了影响薪酬的决定以外，董事会结构还可能与关联交易、战略选择、执行层行动方案等有关。董事会结构对薪酬绩效弹性的影响可能被通过其他机制对公司薪酬绩效弹性产生的影响所改变。这些不同影响力量的合力可能变得相对模糊。另一种可能性是董事会的影响是十分有限的，董事会可能对公司激励方案设计具有更大的影响，但对影响公司绩效激励的其他因素作用不大，这些因素还有可能同时影响了董事会构成，董事会的独立性可能是造成董事会有效性的一个非常重要的原因。

我国上市公司董事会结构对关联交易、战略选择、执行层行动方案的影响我

① 不过就变量显著性来看，型8中EPS的t统计量小于模型7中的，而且并不显著，这很可能是由于模型8样本数量过少引起的。

们目前并不清楚，但是从组织适应性来看，董事会结构是权力和利益配置的结果(Eisenhardt 和 Schoonhoven，1990)，根据一些非学术文献和实践的经验判断，我国上市公司董事会缺乏独立性，董事会结构很可能是内生的，而影响董事会结构的因素很可能不是经济因素而是制度性的结构性因素。

3. 晋升、外部经理市场对绩效激励的影响

影响薪酬绩效弹性的另外一个因素是锦标赛（内部经理市场）和外部经理市场。晋升是锦标赛的基本形式。我们在前几部分中的结论暗示对我国上市公司而言，晋升可能是影响高管绩效激励的最重要因素之一。前面的实证研究均显示非 CEO 高管人员相应的薪酬绩效的弹性小于 CEO 薪酬绩效弹性，这暗示我国上市公司中可能存在晋升激励对绩效激励的替代。

本部分将对晋升（锦标赛）和外部经理市场对绩效激励的影响作出了全面分析，提出并检验了“我国上市公司高管激励具有基于晋升的特点”这个假说并作出分析和评价。目的是为了揭示我国上市公司高管激励更多基于晋升激励的基本特征。

3.1 基本理论分析

我们首先来分析一下企业内部的管理人员激励问题（包括高管人员和基层管理人员)。就某个企业来看，管理人员的来源有两个基本途径：公司内部培养和从外部经理市场获得。公司内部培养机制实际上就是内部晋升机制，其作用原理是锦标赛，经理人员在公司内部流动与晋升构成了内部经理市场；外部经理市场的作用机制是仕途关心（career concern)，经理人员在不同的企业之间流动构成了外部经理市场，一个企业可以从外部获得的所有经理人员构成了企业的外部经理市场环境。一般来讲，由于外部可用管理人员可以代替公司管理能力的培养，因此发达的外部经理市场对内部晋升机制是一个替代。

除了外部经理市场的不发达会导致公司选择晋升作为激励的依据外，公司选择晋升作为激励依据的另外一个原因是管理者技能的专用性。由于专用技能的存在和外部经理市场的不发达，企业往往通过内部经理市场的锦标赛机制——晋升来实现管理人员的人力资本积累和职位人员匹配。

发达的外部经理市场对内部晋升机制是一个替代。与之相对应，我们可以将公司管理者激励体系简要分为两类：基于外部市场的激励体系和基于晋升的激励体系。这两类不同的激励体系对于薪酬绩效弹性的影响是不同的。基于晋升的激励体系普遍存在“补偿后置”（backloading compensation）的现象（Lazar,

1998）。晋升激励的能量来自于不同行政层次的多少和层级间的薪酬差别。一般来说，公司行政层级越多、行政层级差别越大，来自晋升的激励就越大（因为层级的上升会带来更高的补偿水平）。比如 Medoff 和 Albrahm（1980）就发现不同层次之间的薪酬差别要比基于绩效的激励造成的同一个层次之间的薪酬差别重要。总而言之，基于外部市场的激励体系比基于晋升的激励体系拥有更高的薪酬绩效弹性。

我们再来分析一下高管人员和普通管理人员激励的不同。对于高管人员而言，晋升具有较小的激励效果，其原因在于高级执行层居于行政层级的最顶端，晋升的机会非常渺茫，对 CEO 而言则不存在晋升问题，因此对高级执行层来说薪酬就应该更多地依赖于现金补偿和公司绩效，基于产出的激励对高管人员具有更加重要的意义（Bac 和 Saglam，1999）。所以在基于晋升的激励体系中，随着行政层级的上升，薪酬差距就应当越大。Murphy（1985）发现，公司副总晋升为 CEO 之后薪酬将比其他副总高 18.8%，而如果中层晋升为高层薪酬增长大约是 10.3%。

3.2 我国上市公司高管人员基于晋升的激励假说与检验模型

改革以前，我国外部经理市场不发达，企业普遍采用工作终身制、工龄工资与内部晋升，其特点往往是雇员薪酬与公司绩效的脱节。改革以后，随着体制外经济力量的形成和经理市场的逐步建立，基于市场的激励体系首先被外资企业和民营企业采用并逐渐影响到旧国有企业，但是国有企业激励机制调整速度要远远落后于体制外的企业。在旧国有企业中，雇员对公司薪酬体系的形成具有强大的影响力，员工间横向比较的“公平”约束了高层管理人员薪水的提高和市场化进程。我国上市公司大部分由国有企业改制而来，这些公司规模很大而且往往存在同一股东控制的其他企业或者非经营性资产作为薪酬决定的参照系，直观的认识使这些企业依然沿用了旧有的基于晋升的激励。由于政治和文化因素，这种激励体系特点很可能会传染给高层管理人员的激励设计。

尽管基于晋升的激励体系要求 CEO 同非 CEO 人员的薪酬差距应该加大，但是普通雇员对高级管理人员薪酬水平较为敏感，这限制了薪酬差距的形成；另外，上市公司总经理直接由大股东任命，且任命对象往往是政府官员或者同一股东控制的企业的管理人员（何浚，1998），经理人员来源的市场化程度较低；长时间以来，体制外企业的成长一直受制于资本的限制和人才的匮乏，本土经理人的培养也需要相当长的时间，从而限制了依靠资本进入壁垒赖以生存的大型旧体制企业的外部经理人员可获得性，外部经理市场发展缓慢。这些因素都会使我国上市公司高级管理人员的激励背离标准的经济理论理论分析所得出的高管人员激励应该依赖外部市场的结论，而使其呈现出基于晋升的特点，并进而表现在薪酬绩效弹性上。我们通过对我国上市公司高管人员薪酬绩效弹性的检验来验证这种假说，如果我国上市公司高管人员的薪酬绩效弹性结构性特点同基于晋升的激励体系的薪酬绩效弹性相吻合，则说明其激励具有基于晋升的特点，如果背离这种假说，则说明不具有这个特点。

同前面的分析结构类似，我们构建以下模型来检验薪酬绩效弹性：

$$\ln CEOPAY = \alpha + \beta_1 EPS + \beta_2 ARISK + \beta_3 H10 + \beta_4 \ln A\_\ CEOPAY + \beta_5 \ln TotalA + \mu \quad (2)$$

$$\ln AVPAY = \alpha + \beta_1 EPS + \beta_2 ARISK + \beta_3 H10 + \beta_4 \ln A\_\ AVPAY + \beta_5 \ln TotalA + \mu \quad (3)$$

CEO 不存在内部晋升的可能，而非 CEO 高级执行人员具有晋升的可能，因此基于晋升的激励体系下，CEO 更加依赖于外部经理市场而非 CEO 人员的激励更加依赖于内部经理市场，因此我们有：

假设 1　基于晋升的激励体系下，CEO 薪酬绩效弹性大于非 CEO 执行人员的薪酬绩效弹性。

在基于晋升激励的高成长的公司中，由于规模快速扩张而导致的信息不对称和代理成本提高，股东对执行层的监管成本也增加了，这会使得公司高管更多地依赖于基于绩效的薪酬激励。因此我们有：

假设 2　基于晋升的激励体系下，高成长公司执行人员的薪酬绩效弹性要大于低成长性公司执行人员的薪酬绩效弹性。高科技公司更多地表现出基于绩效的薪酬弹性，而传统产业公司则更多地表现出基于晋升的薪酬激励特点。

由于在基于晋升的激励体系下，只有人员职务内部变动才能提供足够的激励强度，因此执行层有相对较高的内部变动强度；而基于外部市场的激励体系下，激励能量的获得更加依赖于可以自动调节的公司绩效，因此职务的内部变动较少而外部变动（跳槽和招聘）较多，因此我们有：

假设 3　职务内部变动较高的公司执行人员的薪酬绩效弹性要小于内部职务变动较少公司执行人员的薪酬绩效弹性。

公司规模越大，行政层级越多，根据代理理论的观点，更易引起信息不对称和代理成本的提高，为了减少这种代理成本，大规模公司就越愿意采用绩效激励（Jensen 和 Meckling，1976），因此薪酬绩效弹性就应该越高。同时由于大公司中管理人员的晋升机会更多，可能会在一定程度上减少其与小公司执行层的薪酬绩效弹性差距。因此我们有：

假设 4　基于晋升的激励体系下，多行政层级公司执行人员的薪酬绩效弹性要大于行政层级少的公司执行人员的薪酬绩效弹性。

前文已经说明，国企的高管，即使是作为 CEO 的董事长或总经理较非国企也有较大的晋升可能性和较多的晋升机会，从而国有上市公司的高管比其他上市公司的高管更加“关心仕途”，其激励也就愈发依赖于内部经理市场而不是外部经理市场，因此有：

假设5　基于晋升的激励体系下，国有上市公司执行人员的薪酬绩效弹性要小于非国有上市公司的执行人员的薪酬绩效弹性。

3.3　结果和主要发现

我们根据样本和结构的不同建立了12个经理薪酬决定模型来检验这种结果。附表4“高管变动、公司成长性、规模、性质和薪酬绩效弹性”报告了这几个不同模型的回归结果①。

我们首先来看对假设1的检验，模型显示CEO薪酬长期绩效弹性为0.381，非CEO高管人员薪酬绩效弹性系数为0.354。CEO薪酬绩效弹性高于非CEO高管人员的弹性，不过二者差别不大，这说明对非CEO执行人员存在着晋升激励。CEO薪酬对总资产自然对数lnTA的弹性是0.214，而非CEO执行人员薪酬对总资产自然对数lnTA的弹性是0.184，CEO具有比非CEO执行人员更高的薪酬资本规模弹性，所以总资产大的公司CEO与非CEO执行人员的薪酬差距比总资产小的公司更大，考虑到总资产规模大的公司的行政层级更多，从而验证了“基于晋升的激励体系中，随着行政层级的上升，薪酬差距就应当越大”（赵增耀，2002），晋升到CEO的后置补偿（职位薪水提升）比较大，从而充分说明了CEO激励更加依赖市场而非CEO执行人员激励更加依赖于晋升。故假设1成立无疑。

再来看对假设2的检验，低成长公司非CEO执行人员的薪酬对长期绩效的弹性为0.295，中成长性公司的薪酬绩效弹性为0.320，高成长性公司的薪酬绩

① 该表第一列报告了解释变量名称。回归系数和t统计量紧随其后，第2至13列报告了这12个不同模型的回归结果。每一列均表示一个独立的模型。模型1和模型2的区别在于被解释变量的不同，模型1的被解释变量是CEO年度薪酬的自然对数（这里用金额最高的前三名高级管理人员的年度平均薪酬的自然对数来代表），模型2的被解释变量是非CEO高管年度平均薪酬的自然对数。Block1、Block2、Block3为依据Rank（PE）至3tile后所进行的分类（PE为公司的年度平均市盈率），模型3、模型4、模型5分别表示低成长性样本公司，中成长性样本公司和高成长性样本公司的经理薪酬决定；Block’1、Block’3为依据Rank（执行层内部变动强度）至3tile后所进行的分类，模型6和模型7分别表示执行层内部变动相对较少的上市公司和执行层内部变动变动频繁的上市公司的经理薪酬决定，由于执行层内部变动相关信息获得的困难性，我们这里保留了以前的研究数据和回归结果；Block*1、Block*2、Block*3为依据Rank（员工总数）至3tile后所进行的分类，模型8、模型9和模型10分别表示行政层级少的样本公司、行政层级中等的样本公司和行政层级多的样本公司的经理薪酬决定；Block#1，Block#2为依据企业性质所进行的分类，模型11和模型12分别表示非国有上市样本公司和国有上市样本公司的经理薪酬决定。该表最后3行报告了模型的总体回归情况。所有模型均通过了多重共线检验和D.W检验，但是具体结果没有给出。

效弹性0.404。这说明公司成长性越高，随着规模的快速扩张，更多地依赖于高绩效激励，假设2成立①。高成长公司由于规模快速扩张而导致的信息不对称和代理成本提高，而且股东对执行层的监管成本提高，使得高成长公司高管更多地依赖于基于绩效的薪酬激励。另一方面，我们从高成长公司的名单中发现，高新技术企业占到了相当大的比重，这些企业成长性非常好，由于其本身技术密集型的特点，企业的人员规模并不会像传统产业那样随着公司的快速发展而迅速增大，其管理人员内部的晋升机会并不明显比成长性较为稳定的国有上市公司的管理人员的晋升机会更多，而公司绩效的提高会增加公司的总资产，并相应增加公司执行层的薪酬补偿，同时由于公司风险比较大，股东对执行层监管的成本增加，也更倾向于选择基于绩效的薪酬弹性。而在低成长公司中占较大比重的传统产业企业的执行层则更多体现出依赖于晋升的特点。

假设3如何呢？模型显示执行人员内部变动强度高的样本公司的薪酬绩效弹性是0.026，远低于内部变动强度低的样本公司的弹性0.035。很显著地说明了职务内部变动较高公司的执行人员薪酬绩效弹性要小于内部职务变动较少公司的弹性。从而假设3成立。

我们的结果还显示行政层级少的样本公司0.288的薪酬绩效弹性，小于行政层级中等的样本公司的0.350，更小于行政层级多的样本公司的0.374，即随着行政层级的增加，样本公司的薪酬绩效弹性也增加了，但不同行政层级数量的样本公司的薪酬绩效弹性相差并不大。代理理论认为，企业规模越大信息就越不对称，对高级执行层的监督就越困难、越昂贵，因此代理成本也就越高。为了减少这种代理成本，大规模公司就越愿意采用绩效激励（Jensen和Meckling，1976），因此薪酬绩效弹性就应该越高。我们的模型8、模型9和模型10支持了该理论的预测，假设4成立。不同规模公司间的薪酬绩效弹性差距并不明显，即并没有出现代理理论认为明显的基于绩效的激励，出现这种现象可能是由于对我国上市公司来说公司规模扩大所带来的基于晋升的激励效应很大程度上削弱了代理成本增加所带来的基于绩效的激励（监控）效应②，这显示出我国上市公司高管激励具有基于晋升的特点。

最后来看一下对假设5的检验。结果显示非国有上市公司的样本公司0.475的薪酬绩效弹性大于上市国企0.331的薪酬绩效弹性，国有上市公司有较小的薪酬绩效弹性是基于晋升的激励效应，其原因是国有上市公司高管的晋升机会比非

---

① 另外，快速成长公司的执行层薪酬股权结构变量Herf的弹性小于相对稳定公司的弹性支持高成长公司由于规模快速扩张而导致的信息不对称和代理成本提高的观点。

② 如果基于绩效的激励可以理解为监控机制（如Bac和Saglam，1999），那么这里就验证了标准理论（如Prendergast，2000）所预测的激励和监控之间的取舍关系（trade - off）。

国有上市公司要大得多。而国企对风险变量仍然是非显著的，而非国企则是基本显著的，验证了第三部分风险与薪酬绩效的预测，即国有上市公司高管对风险的厌恶程度较非国有上市公司的高管要低。综上所述，假定5是成立的，国有上市公司高管更加具有“基于晋升的特点”。

我们从结果中的另外一个推断是，基于晋升的激励体系加剧了高层管理人员的行业割裂。以高新技术企业为主的高成长类公司高管人员对行业平均薪酬水平的弹性是0.789，略大于的中成长类公司的弹性0.663，明显大于以传统产业为主的低成长类公司的弹性0.499。同样，基于晋升的大公司弹性为0.725，中等公司的弹性为0.583和小公司的弹性为0.526，模型6和模型7中也明显存在类似的结果。这可能是由于基于晋升的激励体系导致了高层管理人员的过度专业化分工和进行了过度的“企业”或者“行业”人力资本投入，从而限制了行业间的流动，进而形成了管理补偿过分依赖于行业薪酬水平的特征。但有意思的是地区工资水平（管理人员地区间的流动）和公司激励体系是否基于晋升没有明显的关系。这也有可能说明，管理技能很可能只是行业专用而不是地域专用的。

3.4 高管晋升预期影响因素实证分析

在我国公司基于晋升的激励假设5中我们得到了国有上市公司高管更加具有“基于晋升的特点”这一结论，现在我们通过二分类的 Logistic 回归模型进一步对这一假说进行检验。国有上市公司高管由于业绩的提高更容易得到晋升，高管（包括董事长和总经理）变动的可能性比非国有上市公司更大。由此我们考虑用二分类的 Logistic 回归模型来进一步检验前文假设。

同前面的分析类似，我们构建以下模型分析各因素对公司高管变动的影响：

$$Logit\ (P_{y=\text{高管变动}}) = \beta_0 + \beta_1 \text{LnCEOPAY} + \beta_2 \text{LnTotalA} + \beta_3 \text{H10} + \beta_4 \text{EPS} + \beta_5 \text{Kind} + \mu \qquad (4)$$

其中，$Logit\ (P_{y=\text{高管变动}})$ 为公司高管（董事长）变动的 logit 变换，由于在我国上市公司高管中总经理变动频繁，许多公司几乎每年更换总经理，不满足二分类的 logistic 因变量的要求，故我们用董事长变动的概率与董事长不变动的概率之比的自然对数来表示，lnCEOPAY 为 CEO 年度薪酬的自然对数，这里我们用金额最高的前三名董事的平均薪酬的自然对数来表示，lnTotalA 为公司总资产的自然对数，代表公司的规模变量，EPS 为公司的每股收益，作为公司的长期绩效变量，H10 为 Herfindahl_ 10 指数，Kind 为上市公司实际控制人类别，作为二值变量代表企业的性质，0 代表国有企业，1 代表非国有企业，β_0 为常数项，β 为回归系数，μ 为随机扰动项。该模型中我们用 $Logit\ (P_{y=\text{高管变动}})$ 来代表公司高管变动的程度，由此分析影响高管变动的各个原因。

我们得到模型检验结果在附表5中进行了报告。

结果发现 LnCEOPAY、H10、LnTotalA、EPS，Kind 的回归系数为 -0.268、-0.428、0.102、-0.477、-0.205，由其 $Waldx^2$ 检验的相应P值知，在5%的显著性水平下，除H10外各变量的总体回归系数均显著。

由此得到结果如下：

$$Logit\ (P_{y=\text{高管变动}}) = -0.282 - 0.268\text{LnCEOPAY} + 0.102\text{LnTotalA} - 0.428\text{H10} - 0.477\text{EPS} - 0.205\text{Kind} + \mu \quad (5)$$

可以看出：高管薪酬越高，高薪酬补偿提高了高管变动工作的机会成本，由此减少其工作变动的可能性；公司总资产越大，其高管变动的可能性越大，大规模公司其升迁的可能性更大，根据前文的模型假设和检验知我国大规模公司中国有企业所占比重较大，其高管甚至是CEO晋升的可能性仍然很大，所以该系数为正是合理的；每股收益即长期绩效越好，高管变动的可能性越小，这可能是基于绩效的薪酬激励减少了高管变动的可能性；而国有上市企业高管变动可能性大于非国有企业高管变动的可能性，与前文检验结果一致，从而直接说明了企业性质对高管变动的影响。

由此我们知道基于绩效的薪酬激励机制将会减小高管变动的可能性，大规模公司高管比小公司高管的晋升机会更多，国有企业高管比非国有企业高管的晋升可能性更大，进一步验证了国有企业高管激励具有“基于晋升的特点”这一假说。

3.5 基于晋升激励的进一步评析

从我们的分析可以看出，我国上市公司高级执行层薪酬激励中存在明显的“基于晋升”的特征。如前所述，由于高级管理人员和中级、基层管理人员所处的层级不同，高级管理人员应该比他们更加依赖外部市场提供的绩效激励而不是依赖晋升，我们的结果说明我国高级管理人员激励和中级、基层管理人员有很大的同构性，对前者的激励在很大程度上依赖于对后者的激励设计。

尽管基于晋升的激励“成本低廉而且易于操作”（Backer 等，1988），我国上市公司高管激励的“基于晋升”的特征还是拥有较多的缺陷。首先是就激励效果来看，它不能摆脱“晋升作为激励机制”本身所固有的缺陷。比如，晋升对错过历史晋升机会的人、晋升前景渺茫的人、个人工作绩效同晋升标准不一致的人和那些感觉自己难以在晋升锦标赛的中获胜的人激励不足（Backer 等，1988）。另外晋升的可能性不能够为高管人员过多的超出晋升标准或者在很大程度上超越同事提供足够的“多余绩效”激励。再就是晋升要求公司必须保持足够的成长性以便支持有激励效果的薪酬体系。因此，Backer 等（1988）认为在高成长性的公司当中基于晋升的激励系统可能会有效率，而在慢速增长或者衰退企业当中可能会带来问题。但是Jensn（1986）认为在自由现金流为负的公司当中，基于晋升的薪酬体系会诱使管理层将资源分配于那些可以保持公司成长性而不是那些能够增加股东价值的领域。

其次，就高层管理人员的产生机制来看，基于晋升的机制也会带来一些缺陷。在锦标赛机制下，为提供有效激励，每个行政层级业绩较好的管理人员会被晋升到更高的行政层级。但是，在很多情况下，彼得法则（Peter Principle）普遍存在，即在某一个层级上业绩较好的人未必就能够适合更高的一个行政层级（好的销售员往往不是一个好的经理，好的学者往往并不是好的系主任）。正是由于基于晋升的企业里所有员工要获得足够的激励就不得不追求更高的行政层级，而不同层级的能力要求不一样，因此这些企业往往要面对那些有才华的工程师、科学家和销售人员流失的情况。虽然曾经有学者提出"双轨晋升阶梯"（dual - track promotion ladder）方案（如 Deutsch，1986）来解决这个问题，但是在实践中由于虚拟的层级并没有任何真实的工作意图，没有取得好的效果。

我们用图1进一步说明基于晋升的激励体系不能提供最优能力匹配。图1描述了两类不同的管理人员在3个不同的行政层次上的产出状况。A类管理人员更加适合从事高层管理工作，而B类管理人员更加适合做基层管理工作。假定在高层管理人员晋升上存在锦标赛，中层管理业绩较好的人将被晋升到高级管理层，这时B类管理人员将被晋升至高层管理，这显然不符合最优能力匹配。另外，由于不同层次能力要求不一样，为实现跟层级相配合的有效能力匹配，就要求同一层次的管理者必须分化；但是由于锦标赛设置了相对一致的标准，为了在锦标赛中获胜，管理者必须运用相同的能力标准进行竞争，因此锦标赛会导致管理者能力同质。因此，能力匹配要求和锦标赛要求出现了冲突，基于晋升的激励体系在提供能力匹配时就会失效。

再其次，尽管通常认为在绩效信息难以度量的情况下，运用晋升而不是基于绩效的薪酬提供的激励更为合理。但是这并不能解释为什么晋升时应该将能力高的人更换到更适合高管能力的工作岗位而不是薪酬更高的岗位。在基于晋升的薪酬体系下，由于薪酬和工作岗位相联系而不是和能力相联系，将会导致贿赂或者其他影响行为（influence activity），从而弱化锦标赛的激励效果（Fairburn 和 Malcomson，1994）。

另外，经济理论对公司增长和内部管理能力培养理论之间的互动关系研究得较少（Bac 和 Saglam，1999），事实上，一个公司培养内部管理能力时的晋升决策会带来很多的影响，一个典型的后果是它会带来跳槽，并有可能导致新的竞争对手的建立。这种现象在国外个人企业（self - owned organizations）和专业性公

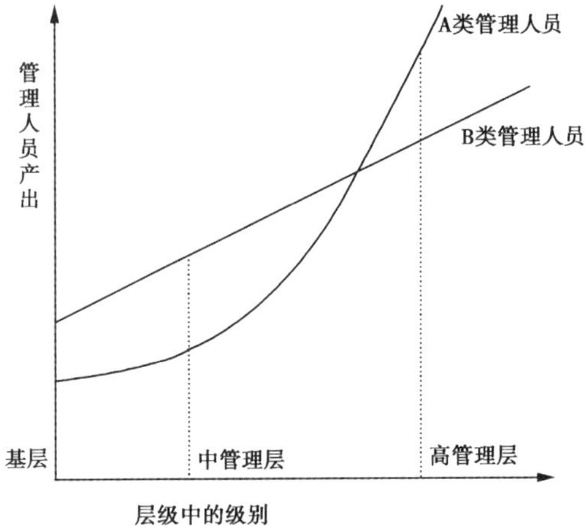

图 1　锦标赛不会导致最优能力匹配说明图

司中普遍存在，典型的例子是软件企业、律师事务所（Gilson 和 Mnookin，1989）、会计师事务所和咨询公司（Maister，1993）、建筑和工程企业、投资银行业等。在中国国有企业中这种现象就更为普遍，由于国有企业不能够提供合理有效的激励，管理人员往往将国有企业当作人力资本积累的场所，当人力资本积累到特定的程度或者负激励积累到一定程度时，高层管理人员就会离开（或者通过不离开公司但是变相操纵）国有企业，建立自己的公司，并直接或者间接同母亲企业（parent firms）进行竞争，从而导致母公司的绩效恶化。

最后，高管人员的学习决策、仕途预期（career expectations）、晋升标准和所在的公司增长战略是相互依存的。Bac 和 Saglam（1999）运用两阶段博奕论模型研究了这种依存关系，他们假定公司高级管理人员对不可观察的行业专用学习的投资是对公司增长战略的反应，由于晋升标准的可信度问题的存在，企业不能够完全避免跳槽（defections）现象，公司增长率降低的情况下，事后修正的管理者晋升（ex - post regrettable managerial promotions）就会发生。高增长使晋升决策质量降低并破坏了管理者的学习激励，高成长性公司高管人员叛逃的可能性较小，但是却很可能有很多事后非合格晋升（ex - post unqualified promotions）；而低增长会导致相反的效应但却会增加跳槽的可能性。

4. 主要结论回顾

第一，对薪酬水平和公司绩效之间相关性研究发现：CEO 薪酬水平和长期绩效之间存在明显的正相关关系；但是其同短期公司绩效之间的联系并不比长期公司绩效强。并且我国 CEO 薪酬水平和财务绩效水平正相关，而和市场绩效水平之间的相关关系并不强。财务绩效指标中每股收益和净资产回报率同 CEO 薪酬水平之间的关系最为明显，而市盈率和 Tobin Q 等同 CEO 薪酬之间的关系不明显。

另外，构建的多变量模型来检验 CEO 和高管团队薪酬的决定显示，总体来看，我们选取模型均能够很好地解释经理薪酬决定。行业平均薪酬是最强有力的解释变量，说明我国经理市场并不发达，经理薪酬在很大程度上依赖于行业特点。而绩效变量具有很好的解释能力，每股收益和净资产收益率均显著有效。

第二，我们的结果显示，董事会结构对 CEO 激励有作用，较低的董事会规模、不同的独立董事比例、CEO 双重性（最后二者构成了内部人控制）、董事会持股比例的提高有利于薪酬绩效弹性提高。但是关于董事会结构的不同因素对 CEO 绩效激励并不一致且比较模糊。这在很大程度上源于我国特殊的股权结构，董事会具有较大的内生性。从我们的实证研究可以看出，适度的内部人控制有利于公司基于绩效的激励。

另外，我们的结果还表明，应该尽快建立严厉的股东衍生诉讼制度，以增强董事会的责任和独立性，当然，在配合严厉的股东衍生诉讼制度建立的同时，还应该提高董事会成员的薪酬，并提高其绩效激励弹性以维持董事责任和利益的对等。

第三，我们基于不同视角的实证研究均显示非 CEO 高管人员相应的薪酬绩效的弹性小于 CEO 薪酬绩效弹性，这显示我国上市公司中可能存在晋升激励对绩效激励的替代特征。

我们的实证研究有一个重要发现，就是我国上市公司高级执行层薪酬激励有明显的“基于晋升”的特征。这个特征构成了我国上市公司高管人员激励的重要特色。由于高级管理人员和中级、基层管理人员所处的层级不同，高级管理人员应该比他们更加依赖外部市场提供的绩效激励而不是依赖晋升。

附表 1　　2005 年 CEO 薪酬和主要绩效变量之间的相关系数

	CEOPAY								
	年份	2000	2001	2002	2003	2004	2005	2006	2007
EPS	Pearson 相关性	-0.0936	.194**	.294**	.260**	.238**	.168**	.131**	.328**
	Sig（双侧）	0.5178	0.0000	0.0000	0.0000	0.0000	0.0000	0.0000	0.0000
	N	50	702	798	884	987	993	1047	1188
AEPS	Pearson 相关性	-0.0851	.226**	.292**	.280**	.258**	.183**	.138**	.305**
	Sig（双侧）	0.5566	0.0000	0.0000	0.0000	0.0000	0.0000	0.0000	0.0000
	N	50	702	798	884	987	993	1047	1188

续表

	CEOPAY								
	年份	2000	2001	2002	2003	2004	2005	2006	2007
ROE	Pearson 相关性	0.0671	.135**	.214**	.204**	.087**	0.0527	.103**	.088**
	Sig（双侧）	0.6432	0.0003	0.0000	0.0000	0.0060	0.0969	0.0008	0.0024
	N	50	702	798	884	987	993	1047	1188
AROE	Pearson 相关性	0.0395	.159**	.202**	.235**	.081*	0.0552	.101**	.081**
	Sig（双侧）	0.7856	0.0000	0.0000	0.0000	0.0111	0.0821	0.0011	0.0055
	N	50	702	798	884	987	993	1047	1188
APE	Pearson 相关性	-0.0893	-.106**	-.075*	-.110**	-.119**	-0.0305	-0.0541	-.081**
	Sig（双侧）	0.5373	0.0050	0.0341	0.0011	0.0002	0.3367	0.0801	0.0053
	N	50	702	798	884	987	993	1047	1188
APB	Pearson 相关性	0.0227	0.0010	-0.0572	0.0127	0.0567	.088**	0.0442	0.0295
	Sig（双侧）	0.8754	0.9798	0.1066	0.7060	0.0751	0.0057	0.1525	0.3104
	N	50	702	798	884	987	993	1047	1188
EOE	Pearson 相关性	-0.0325	.214**	.223**	.221**	.139**	.070*	.096**	.195**
	Sig（双侧）	0.8228	0.0000	0.0000	0.0000	0.0000	0.0281	0.0019	0.0000
	N	50	702	798	884	987	993	1047	1188
AEOE	Pearson 相关性	-0.0031	.159**	.203**	.196**	.124**	.071*	.092**	.196**
	Sig（双侧）	0.9829	0.0000	0.0000	0.0000	0.0001	0.0257	0.0029	0.0000
	N	50	702	798	884	987	993	1047	1188
ATAGR	Pearson 相关性	-0.0225	0.0090	.073*	0.0316	.110**	0.0582	.062*	0.0256
	Sig（双侧）	0.8769	0.8110	0.0405	0.3483	0.0005	0.0667	0.0442	0.3771
	N	50	702	798	884	987	993	1047	1188
TobinQ	Pearson 相关性	-0.1294	-0.0427	-0.0512	0.0168	.076*	.071*	0.0474	0.0558
	Sig（双侧）	0.3705	0.2588	0.1486	0.6175	0.0170	0.0257	0.1250	0.0546
	N	50	702	798	884	987	993	1047	1188
ATobinQ	Pearson 相关性	-0.1834	-0.0612	-.080*	-0.0077	0.0538	.063*	0.0390	0.0091
	Sig（双侧）	0.2025	0.1051	0.0234	0.8190	0.0914	0.0483	0.2075	0.7537
	N	50	702	798	884	987	993	1047	1188
CAR	Pearson 相关性	-0.0200	-0.0272	.072*	.191**	.187**	.111**	0.0567	-0.0095
	Sig（双侧）	0.8915	0.4731	0.0409	0.0000	0.0000	0.0005	0.0698	0.7460
	N	49	700	796	880	980	991	1025	1166

注：1. ** 表示相关性在 0.01 水平上著（双侧）。* 表示相关性在 0.05 水平上显著（双侧）。

2. 每一年作为一个周期，如在 2007 年，CEO 的薪酬和 EPS、AEPS、ROE、AOE 等在 0.01 的显著性水平上显著相关，有效样本为 1188 家；在 2002 年的 CEO 薪酬水平和 CAR（超额累计收益）在 0.05。

3. 该表样本为混合数据，包括 1204 家 2000 - 2007 年的 A 股上市公司。

附表 2　　全部公司薪酬和绩效关系回归分析

解释变量		被解释变量：LnCEO 年度薪酬（Ln*CEOPAY*）				被解释变量：Ln 高管人员年度薪酬（Ln*AVEPAY*）			
		模型 1	模型 2	模型 3	模型 4	模型 5	模型 6	模型 7	模型 8
R 方		0.281	0.281	0.249	0.248	0.163	0.161	0.132	0.126
调整 R 方		0.279	0.280	0.248	0.247	0.162	0.159	0.131	0.124
F		208.64	209.21	177.65	176.63	104.53	102.382	81.688	77.147
常数项	回归系数	1.579	1.292	0.915	0.727	2.241	2.381	1.515	1.781
	标准差	0.302	0.345	0.306	0.352	0.383	0.414	0.387	0.420
	t 统计量	5.220	3.741	2.987	2.069	5.850	5.746	3.915	4.237
行业 CEO 薪酬自然对数 LnA_ CEOPAY	回归系数	0.812	0.809	0.858	0.853				
	标准差	0.022	0.022	0.022	0.022				
	t 统计量	37.51	37.522	39.164	38.973				
行业高管薪酬自然对数 LnA_ AVPAY	回归系数					0.727	0.710	0.783	0.761
	标准差					0.031	0.031	0.032	0.031
	t 统计量					23.317	22.893	24.860	24.237
每股收益 EPS	回归系数	0.410	0.414			0.377	0.394		
	标准差	0.024	0.024			0.025	0.025		
	t 统计量	16.76	17.12			15.205	16.023		
净资产收益率 ROE	回归系数			0.690	0.704			0.652	0.678
	标准差			0.070	0.070			0.071	0.071
	t 统计量			9.903	10.109			9.240	9.576
企业性质与 EPS 交叉项 Kind_ EPS	回归系数	0.012	0.010			0.108	0.102		
	标准差	0.052	0.052			0.053	0.053		
	t 统计量	2.127	2.158			2.031	1.917		
企业性质与 ROE 交叉项 Kind_ ROE	回归系数			0.751	0.750			0.574	0.566
	标准差			0.196	0.196			0.197	0.197
	t 统计量			3.837	3.829			2.920	2.871
员工数自然对数 LnStaff	回归系数	0.011		0.029		0.036		0.053	
	标准差	0.008		0.008		0.008		0.008	
	t 统计量	1.429		3.673		4.536		6.616	
总资产自然对数 LnTotalA	回归系数		0.023		0.026		0.017		0.020
	标准差		0.011		0.011		0.011		0.011
	t 统计量		2.158		2.405		1.591		-1.808

续表

解释变量		被解释变量：LnCEO 年度薪酬（Ln*CEOPAY*）				被解释变量：Ln 高管人员年度薪酬（Ln*AVEPAY*）			
		模型 1	模型 2	模型 3	模型 4	模型 5	模型 6	模型 7	模型 8
企业性质 Kind	回归系数	-0.005	-0.007	-0.009	-0.006	0.028	0.032	0.026	0.029
	标准差	0.030	0.030	0.028	0.028	0.030	0.030	0.029	0.029
	t 统计量	0.160	0.228	-0.306	-0.226	0.938	0.293	0.902	1.008
前 10 股东持股平方和 H10	回归系数	-0.004	-0.031	-0.026	-0.070	-0.022	-0.062	-0.041	-0.099
	标准差	0.063	0.063	0.064	0.064	0.063	0.064	0.064	0.065
	t 统计量	-0.061	-0.5	-0.415	-1.096	-0.345	-0.976	-0.640	-1.522
累计超额收益 CAR	回归系数	0.001	-0.002	-0.002	-0.006	0.002	0.000	0.002	-0.005
	标准差	0.016	0.016	0.017	0.017	0.017	0.017	0.017	0.017
	t 统计量	0.078	0.111	-0.147	-0.381	0.129	-0.043	-0.100	0.317
业绩波动程度 VAR_ ROE	回归系数	0.174	0.282	0.444	0.521	0.769	0.759	1.028	0.994
	标准差	0.790	0.792	0.806	0.809	0.798	0.802	0.812	0.817
	t 统计量	-0.221	-0.356	0.550	0.645	0.964	0.947	1.266	1.216
高管平均年龄 AVAGE	回归系数	0.006	0.004	0.007	0.005	0.004	0.003	0.005	0.004
	标准差	0.003	0.003	0.003	0.003	0.003	0.003	0.003	0.003
	t 统计量	2.127	1.328	2.378	1.706	1.327	0.973	1.707	1.381
是否具有薪酬委员会 Committee	回归系数	0.013	0.007	0.007	0.002	0.016	0.013	0.011	0.008
	标准差	0.019	0.019	0.019	0.019	0.019	0.019	0.019	0.020
	t 统计量	0.663	0.392	0.371	0.088	0.842	0.671	0.582	0.402
观测值		5362	5362	5362	5362	5362	5362	5362	5362

注：1. 回归模型均来自 SPSS 统计软件。

2. 样本为 2000－2007 年上市公司薪酬与绩效数据。

3. 有效样本为 5362。

4. 所有模型均通过共线性和异方差性检验。

5. 表格中数据未报告 P 值，在此以 t 值判断参数是否有效。t 值大于 2 即在 5% 的显著性水平上显著。

附表 3

董事会结构与薪酬绩效弹性

		董事会规模（BDSIZE）			独立董事比例（IDD）			CEO 双重性（CG）				董事会持股（BDH）		董事会会议（Conf）	
		模型 1	模型 2	模型 3	模型 4	模型 5	模型 6	模型 7	模型 8	模型 9	模型 10	模型 11	模型 12	模型 13	模型 14
		Block1	Block2	Block3	Block*1	Block*2	Block*3	CG0	CG1	BG0	BG1	BDHL	BDHH	ConfL	ConfH
(Constant)	回归系数	-0.012	-1.240	-1.028	-1.006	-1.123	0.188	-1.056	-12.42	-0.688	-5.146	-1.702	-0.445	-0.057	-1.354
	t 统计量	-0.010	-2.291	-1.060	-1.006	-2.022	0.165	-2.417	-2.261	-1.493	-3.960	-2.794	-0.717	-0.846	-2.372
EPS	回归系数	0.436	0.378	0.261	0.392	0.340	0.459	0.367	0.303	0.374	0.259	0.337	0.395	0.390	0.354
	t 统计量	6.559	13.424	5.755	6.684	12.525	7.791	16.051	1.215	15.605	3.557	10.875	11.798	9.846	12.759
H10	回归系数	-0.224	-0.456	-0.692	-0.488	-0.580	-0.071	-0.480	-0.900	-0.441	-0.975	-0.535	-0.415	-0.006	-0.014
	t 统计量	-1.228	-6.010	-5.014	-3.501	-7.065	-0.391	-7.065	-0.935	-6.730	-4.196	-5.536	-4.900	-0.473	-1.330
AVAGE	回归系数	-0.003	0.015	-0.008	0.013	0.011	0.000	0.008	0.058	0.008	0.014	0.013	0.003	0.184	0.165
	t 统计量	-0.467	4.517	-1.138	1.192	3.195	-0.058	2.916	1.796	2.612	1.171	3.254	0.838	12.017	15.22
LnA_ CEOPAY	回归系数	0.568	0.782	0.673	0.692	0.742	0.665	0.735	1.374	0.715	0.939	0.764	0.712	-0.719	-0.342
	t 统计量	6.321	17.965	9.033	9.350	16.712	7.142	21.108	3.106	19.462	9.094	15.628	14.516	-7.079	-4.267
Kind	回归系数	-0.028	-0.053	0.143	0.096	-0.099	0.018	-0.043	-0.152	-0.021	-0.261	-0.151	0.075	0.006	0.012
	t 统计量	-0.478	-1.679	1.876	1.173	-3.144	0.295	-1.636	-0.631	-0.752	-3.262	-4.192	1.995	1.269	3.255
Kind_ EPS	回归系数	-0.019	0.088	0.310	0.235	0.166	-0.104	0.092	0.725	0.061	0.481	0.184	-0.029	0.684	0.763
	t 统计量	-0.188	1.585	2.248	1.163	3.078	-1.072	2.029	1.623	1.285	3.268	2.802	-0.458	12.815	16.732
t	回归系数	0.009	-0.019	0.036	-0.018	-0.024	0.002	-0.008	-0.170	-0.004	-0.056	-0.017	0.000	0.001	-0.069
	t 统计量	0.403	-1.962	1.836	-0.618	-2.263	0.096	-1.024	-1.636	-0.475	-2.357	-1.507	-0.011	0.012	-2.163

续表

		董事会规模（BDSIZE）			独立董事比例（IDD）			CEO 双重性（CG）				董事会持股（BDH）		董事会会议（Conf）	
		模型 1	模型 2	模型 3	模型 4	模型 5	模型 6	模型 7	模型 8	模型 9	模型 10	模型 11	模型 12	模型 13	模型 14
		Block1	Block2	Block3	Block * 1	Block * 2	Block * 3	CG0	CG1	BG0	BG1	BDHL	BDHH	ConfL	ConfH
LnTotalA	回归系数	0. 239	0. 141	0. 239	0. 182	0. 172	0. 168	0. 174	0. 270	0. 167	0. 252	0. 180	0. 166	0. 091	0. 099
	t 统计量	9. 267	13. 474	11. 120	6. 803	16. 007	8. 612	19. 582	2. 575	18. 058	8. 643	14. 793	12. 880	1. 074	1. 867
R^2		0. 283	0. 299	0. 453	0. 229	0. 274	0. 254	0. 323	0. 602	0. 315	0. 435	0. 330	0. 326	0. 303	0. 325
调整 R^2		0. 277	0. 298	0. 449	0. 224	0. 273	0. 254	0. 322	0. 514	0. 314	0. 428	0. 329	0. 324	0. 301	0. 324
F		54. 460	227. 91	115. 25	41. 363	201. 95	47. 92	384. 65	6. 82	338. 14	83. 49	192. 70	203. 82	140. 48	235. 21
样本数		1115	4278	1123	1121	4289	1106	6471	45	5899	617	3134	3382	2597	3915

注：1. 被解释变量为 2000 年至 2007 年 CEO 薪酬（CEOPAY）自然对数混合数据；解释变量 EPS 为公司相应会计年度的每股收益，H10 为 Herfindahl 指数，AVAGE 为高管的平均年龄，LnA_ CEOPAY 为行业 CEO 平均薪酬自然对数，Kind 为企业性质，其中 0 表示国企，1 为非国企，Kind_ EPS 表示企业性质与每股收益的交叉项，LnTotalA 表示总资产的自然对数；Block1、Block2、Block3 为依据 Rank（董事会规模）所进行的分类，分别表示小、中、大董事会规模样本公司，分类依据正态分布的原则，公司董事会规模集中在 66 左右，以董事会人数小于 66 的为小规模董事会样本公司，人数 6－8 人的为中等规模董事会样本公司，人数在 9 人及以上的为大规模董事会样本公司；Block * 1、Block * 2、Block * 3 为依据 Rank（独立董事比例）所进行的分类，分别表示低、中、高独立董事比例样本公司，同样依据正态性的原则，独立董事比例平均为 0. 5，比例小于 0. 3 的为低独立董事比例样本公司，比例大于等于 0. 3 且小于 0. 6 的为中独立董事比例样本公司，比例大于等于 0. 6 的为高独立董事比例样本公司；CG0 表示董事长不兼任总经理的公司，CG1 表示董事长兼任总经理的公司；BG0 表示总经理不是董事会成员的公司，BG1 表示总经理是董事会成员的公司。BDH0 为董事会持股比例为零的公司，BDH1 为董事会持股比例不为零的公司；ConfL 表示年度董事会会议不频繁的公司，ConfH 表示年度董事会会议频繁的公司，根据样本数量一致原则，开会次数 7 次及以上的为频繁样本，6 次及以下的不频繁样本。

2. 模型设定为根据第二部分中所述，已经通过共线性检验和经过异方差处理。

3. 模型比较需要通过邹至庄检验，其中董事会会议、董事会持股、CEO 和董事长兼任、CEO 与董事兼任四个分类的邹至庄检验的 F（9，6476）值分别为 1. 069、4. 27、0. 522、2. 819，相应的 F 值查表为 1. 88，故董事会会议及 CEO 董事长兼任的分类无效。而董事会规模的分类和独立董事占比分类的邹至庄统计量 F（18，6467）分别为 4. 77、2. 33，相应的 F 值为 1. 76，两者均分类有效。

附表 4　　**高管变动、公司成长性、规模、性质和薪酬绩效弹性**

解释变量		全部公司		按照成长性分类			按照高管变动强度分类		按照规模分类			按照公司性质分类	
		模型 1	模型 2	模型 3	模型 4	模型 5	模型 6	模型 7	模型 8	模型 9	模型 10	模型 11	模型 12
		lnCEOPAY	lnAVPAY	Block1	Block2	Block3	Block'1	Block'3	Block*1	Block*2	Block*3	Block#1	Block#2
EPS	回归系数	0.381	0.354	0.295	0.320	0.404	0.035	0.026	0.288	0.350	0.374	0.475	0.331
	t 统计量	16.543	15.262	9.228	6.285	6.635	5.264	3.562	6.224	7.842	10.801	9.157	12.627
ARISK	回归系数	-0.012	0.022	0.161	-0.175	-0.032	0.004	0.010	-0.043	-0.023	0.127	0.243	-0.024
	t 统计量	-0.195	0.360	1.738	-1.515	-0.261	1.297	2.380	-0.296	-0.242	1.277	1.915	-0.346
H10	回归系数	-0.529	-0.397	-0.553	-0.353	-0.278	-0.381	-0.090	0.231	-0.171	-0.838	-0.715	-0.323
	t 统计量	-8.273	-6.335	-5.529	-3.050	-2.464	-2.437	-0.418	1.902	-1.526	-8.571	-3.940	-4.678
lnA_ AVPAY	回归系数		0.626	0.789	0.663	0.499	0.593	0.686	0.526	0.583	0.725	0.600	0.639
	t 统计量		21.018	13.141	12.884	11.004	5.917	5.526	10.919	11.462	12.882	9.612	18.831
lnA_ CEOPAY	回归系数	0.717											
	t 统计量	33.291											
lnZPAY	回归系数						0.826	0.765					
	t 统计量						10.250	7.118					
lnTotalA	回归系数	0.214	0.184	0.181	0.188	0.159			0.198	0.184	0.220	0.271	0.166
	t 统计量	20.575	17.941	10.169	10.107	8.909			10.143	7.988	11.818	11.020	14.526
(Constant)	回归系数	-1.329	0.008	-1.654	-0.444	1.834	-3.360	-3.843	0.751	0.443	-1.833	-1.540	0.235
	t 统计量	-4.385	0.020	-2.138	-0.677	3.189	-3.077	-2.661	1.198	0.637	-2.622	-1.783	0.556
R^2		0.344	0.209	0.207	0.202	0.156	0.34	0.25	0.169	0.165	0.282	0.251	0.203
F		584.786	295.724	97.036	94.168	68.462	49.71	24.55	75.684	73.387	145.918	84.439	220.356
样本数		5593	5593	1864	1866	1863	475	356	1865	1865	1863	1266	4327

注：被解释变量为 2000－2007 年 CEO 薪酬（CEOPAY，模型 1）或高管平均薪酬（AVPAY，其他模型）的自然对数混合数据；解释变量 EPS 为公司的每股收益，ARISK 为行业调整后的风险（计算方法是公司 2000－2007 年行业调整后的公司每股收益 8 年数据的 Variance），H10 为 Herfindahl_ 10 指数，lnA_ AVPAY 为行业高管人员平均薪酬的自然对数，lnA_ CEOPAY 为行业 CEO 平均薪酬（这里用金额最高的前三名高级管理人员的行业平均薪酬来代表）的自然对数，lnZPAY 为地区平均工资的自然对数；lnTotalA 为公司总资产的自然对数；Block1、Block2、Block3 为依据 Rank（PE）至 3tile 后所进行的分类（PE 为公司的年度平均市盈率），分别表示低成长性样本公司、中成长性样本公司和高成长性样本公司；3lock'1、Block'3 为依据 Rank（执行层内部变动强度）至 3tile 后所进行的分类，分别表示高管相对稳定上市公司和高管变动频繁上市公司，这里由于 2000－2007 年间执行层内部变动相关数据获得的困难性，我们保留了以往研究数据和回归结果，这里的被解释变量为 1999 年和 2000 年高管平均薪酬（AVPAY）的自然对数混合数据，解释变量中没有用总资产的自然对数 lnTA 而使用了地区平均工资的自然对数 lnZPAY，并且 ARISK 为行业调整后的风险（计算方法是 2000－2007 年 8 个每股收益数据的 Variance）；Block*1、Block*2 和 Block*3 为依据 Rank（员工总数）至 3tile 后所进行的分类，分别表示行政层级少的上市公司，行政层级中等的公司和行政层级多的上市公司，Block#1 和 Block#2 为依据企业性质所进行的分类，分别表示非国有上市公司和国有上市公司，在我们的样本数据中将公司按照实际控制人类别分为 6 种类型（详见数据说明），这里考虑到非国有上市公司的总样本数与国有上市公司的样本数相比较少，故我们将所有非国有企业作为一个样本来进行回归分析。

表5　高管变动对公司绩效、性质、总资产、高管薪酬的 Logit 回归结果

解释变量		被解释变量 Logit（$P_{y=高管变动}$）
EPS	回归系数	-0.477
	Wald	24.860
	Sig.	0.000
Kind	回归系数	-0.205
	Wald	5.589
	Sig.	0.018
H10	回归系数	-0.428
	Wald	2.863
	Sig.	0.091
LnCEOPAY	回归系数	-0.268
	Wald	38.014
	Sig.	0.000
lnTotalA	回归系数	0.102
	Wald	6.713
	Sig.	0.010
(Constant)	回归系数	-0.282
	Wald	0.112
	Sig.	0.738
Cox&Snell R^2		0.016
Nagelkerke R^2		0.026
样本数		5952

注：被解释变量是2000－2007年中国上市公司高管变动混合数据的 logit 变换，这里我们用董事长变动的概率与董事长不变动的概率之比的自然对数 $Ln\frac{P_{y=董事长变动}}{P_{y=董事长不变动}}$来表示，解释变量 EPS 为公司的每股收益，H10 为 Herfindahl_10 指数，Kind 为上市公司实际控制人类别，0 代表国有企业，1 代表非国有企业，lnCEOPAY 为 CEO 年度薪酬的自然对数，这里我们用金额最高的前三名董事的平均薪酬的自然对数来表示，lnTotalA 为公司总资产的自然对数，代表公司的规模变量，Wald 为 Waldx^2 检验，是对总体回归系数是否为0进行的统计学检验，Sig. 为相应 P 值。

参考文献

[1] Abowd, J. (1990). Does performance－based managerial compensation affect corporate performance? International Labor Relationship Review 43 (February). 52－73.

［2］ Stacey R Kole,（1997）. The Complexity of Compensation Contract. Journal if Financial Economics. 43. 79 – 104.

［3］ Sung Wook Joh.（1999）Strategic Managerial Incentive Compensation in Japan: Relative Performance Evaluation and Produce Market Collusion. The Review of Economics and Statistics. 81（2），303 – 313.

［4］ Tosi, H. L. , & Gomez – Mejia, L.（1989）. The decoupling of CEO pay and performance: An agency theory perspective. Administrative Science Quarterly. 34, 169 – 189.

［5］ Veliyath, R. , S. P. Ferris, and K. Ramaswamy（1994）. Business Strategy and Top Management Compensation: The Mediating Effects of Employment Risk, Firm Performance, and Size, Journal of Business Research, 30（2）（June）, 149 – 160.

［6］ Xianming Zhou（2000）CEO pay, firm size, and corporate performance: Evidence from Canada. Canadian Journal of Economics, Feb. 2000, Vol. 33 Issue 1: 213, 39.

［7］ 何浚："上市公司治理结构的实证分析"，《经济研究》，1998 年。

［8］ 李增泉："激励机制与企业绩效"，《会计研究》，2000 年，1：24 – 30。

［9］ 孙永祥、黄祖辉："上市公司的股权结构与绩效"，《经济研究》，1999 年。

［10］ 魏刚："高级管理层激励与上市公司经营绩效"《经济研究》，2000 年，3：32 – 39。

［11］ 赵增耀："内部劳动市场的经济理性及其在我国的适用性"《经济研究》，2002 年，3：76 – 82。

（作者单位：财通证券有限责任公司）

我国上市公司大股东侵占问题研究
——表象、实质及演变

• 胡可果　孙宏英　迟　刚　赵小川　马洪丹　张　琳

1. 引言

1.1　研究目的及意义

自1932年伯利和米恩斯在《现代公司与私有产权》中提出所有权与控制权相分离的理论以来，股权结构相对分散、代理冲突主要存在于管理当局与外部股东之间一直被视为现代企业的两大特征和公司治理研究的前提基础。但是，近年来针对公司治理的研究表明，集中的股权结构成为一种普遍现象并保持相对的稳定，而在一些投资者法律保护比较弱的发达国家和发展中国家，这种股权集中的程度更高，如东亚新兴市场国家，很多公司都是由家族或政府控制的，这些企业的控股股东①常常通过金字塔式持股结构或交叉持股的方式获得控制权，从而使他们的控股权大于他们的现金流权（LLSV，1999；Claessens，2000）。在这种集中的股权结构下，企业的代理冲突主要体现为大股东与中小股东之间的利益冲突（Shleifer和Vishny，1997），即大股东可能会利用自己的控制权，通过各种方式来侵害中小股东的利益。控股股东的“掏空行为②”（Tunneling）会造成很多的经济后果，不仅会损害中小股东的利益，还会阻碍整个国家金融证券市场的发展。Johnson等（2000）研究表明控股股东的这种行为可能是导致1997年东南亚金融危机的原因之一。Bertrand等（2002）研究了印度公司的情况，发现也普遍存在控股股东的“掏空”行为，而且这种行为加剧了整个经济的不透明。Wurgler（2000）则研究了控股股东的这种行为对证券市场资源配置效率的影响。

---

① 本文所指控股股东即指拥有公司控制权的股东。虽然大股东不仅仅包括第一大股东，还包括其他持股比例较高的股东，但本文默认为大股东为第一大股东，并对控股股东和大股东两个概念不加区分。

② 关于Tunneling，有学者将之翻译为“掏空”行为（如李增泉，2004，2005），也有学者翻译为“利益输送”行为（如刘峰，2004），还有学者将之翻译为“隧道挖掘”，下文将对相关概念进行界定。

就我国的资本市场来看，起步晚，至今才有十多年的发展历史，目前尚处于新兴加转轨的时期。由于以前我国存在上市公司股权分置的特殊结构、企业改制上市天生缺陷和保护中小股东利益机制的缺乏等因素，导致大股东通过各种方式侵害上市公司和中小股东利益的现象屡见不鲜。其中上市公司控股股东占用上市公司资金行为，就是大股东侵害上市公司和中小股东权益的一种非常典型的直接手段。这已成为制约我国资本市场健康稳定发展的障碍和上市公司面临的最大风险。2001 年，我国证券市场涌现了银广夏、猴王集团、亿安科技等大量控制股东侵占上市公司巨额资金案件，控制股东侵占问题逐步引起重视。2001 – 2004 年，国务院、国资委、证监会相继出台了一系列文件强调要对控制股东侵占公司资产问题进行重视和治理，但是由于力度不够，具体措施不明确，收效甚微，期间，控制股东的侵占行为愈演愈烈。2005 年 10 月国务院批转了证监会《关于提高上市公司质量的意见》中指出，严禁控制股东以各种名目侵占公司资产，对已侵占资产务必在 2006 年底前偿还完毕。2006 年 6 月，上海证券交易所和深圳证券交易所首次公开发布了“关于上市公司大股东及其附属企业非经营性资金占用的通告”，根据该通告，截至 2006 年 5 月 31 日，在所有上市公司中，存在控股股东或其附属企业非经营性资金占用的有 189 家，共被占用资金 339.73 亿元，平均每家被占用资金 1.8 亿元，最高被占用资金 37.46 亿元，被占用资金超过 1 亿元的上市公司则有 84 家。值得一提的是，上述数据只是有关非经营性资金占用的数据，至于经营性资金占用，显然它更具有普遍性，也更具有隐秘性。根据统计①（汪裕川，2009），至 2007 年 12 月 31 日，存在被控股股东或其附属企业占用资金的上市公司共有 751 家，被占用资金共计 1586.04 亿元，其中，单独被控股公司占用资金的有 112 家，共 274.16 亿元，单独被控股股东的附属企业占用资金的有 412 家，共 881.89 亿元，同时被控股公司及其附属企业占用资金的有 227 家，共 429.99 亿元。2008 年 6 月 13 日，中国证监会宣布对中捷股份（002021）、九发股份（600180）两起违法占用上市公司资金案件中的相关企业及责任人进行行政处罚，并将案件移送公安机关追究刑事责任。2008 年 6 月 27 日，深圳证券交易所就德棉集团大量占用德棉股份（002072）资金的行为对相关企业及责任人进行了公开谴责。总之，大股东资金占用问题长期以来都是中国资本市场中的一个突出问题。

虽然我国监管部门三令五申禁止大股东占用上市公司资金，“清欠”也只能算是权益之计，即使是为了解决大股东占款问题监管部门还推出了“以股抵债”

① 数据来源：汪裕川：“公司治理、大股东资金占用与相关信息发现——基于莲花味精的案例研究”，厦门大学硕士学位论文，2009 年，第 2 页。

等制度创新，但毕竟是治标不治本，要从根本上解决上市公司大股东占款的问题，必须针对问题产生的根源构建长效机制。实际情况来看，我国上市公司大股东侵占问题相当突出，占用资金也仅仅是大股东侵占的一种方式，随着全流通时代的到来，大股东侵占问题比以前更加隐蔽、更为严重。因此，我国上市公司大股东侵占问题，不仅过去非常严重，今后仍然不可忽视，研究大股东资金侵占问题将具有重要的现实意义。

1.2 相关概念的界定

1.2.1 利益输送

站在上市公司角度，从资金或利益的净流向来看，利益输送有净输入和净输出两种。其中，净输入是指控股股东通过各种方式最终将利益输入到上市公司。由于上市公司的控股股东处于绝对或相对支配地位，他们选择向上市公司输入利益，使得中小股东自动受惠，这种主动“造福”中小股东的“善意”行为，不会受到法律的限制。如果仅仅局限于某个相对较短的时间，如20世纪90年代中期之前，我国一些国有控股的上市公司曾出现过类似事例。净输出式利益输送是指在上市公司与控股股东或控股股东所控制的公司之间进行的利益输送，最终是以损失上市公司利益为标志性特征。这种损失可以包括直接挪用上市公司资源、通过复杂的关联交易套取上市公司资源、牺牲上市公司的投资机会等等。

1.2.2 占用资金

一般认为，大股东占用资金行为有狭义和广义之分。狭义的大股东占用资金行为，是指大股东为了自身的利益，利用其股东的地位，对上市公司的资金予以截留、挪用等故意侵犯公司财产性利益的行为，如截留上市公司的发行募集资金、直接扣划上市公司账户上的现金等。广义的大股东占用资金行为，是指大股东为了自身的利益，利用其股东地位对上市公司的资金予以截留、挪用等故意侵犯公司的财产性利益或者通过关联交易等方式获取上市公司的其他财产性利益，但不向上市公司支付相应对价的行为。

1.2.3 掏空

从目前的研究情况来看，国内外学者对于“掏空”这个概念有着不同的理解和界定。“Tunneling（国内很多学者将其翻译为‘掏空’）”最早是由Johnson等（2000）提出来的，认为“掏空”是终极所有者利用“金字塔式股权结构”将底层公司的资金通过证券回购、资产转移等方式转移到自己手中，并使小股东的利益受到侵害的一种行为方式。国内学者在吸收国外研究成果的基础上，对“掏空”的含义又进行了丰富和发展。李增泉和余谦等（2005）指出“掏空”是赤裸裸的利益侵占行为。黄磊和裘益政（2005）和李金峰（2006）则认为“掏空行为”是控股股东在层层控股的“金字塔所有权结构”中为了自身利益将子公司的财产和利润转移出去的行为。由此看出，国内外学者们对“掏空”所下的定义是不尽相同又极为相似。

1.2.4 侵占（掠夺、隧道挖掘或隧道效应）

大股东侵占上市公司资产的行为，是一种“侵占（隧道挖掘、隧道效应）”（Tunneling）行为。“Tunneling”是 Johnson、LaPorta、Lopez - De - silances 和 Shieife（2000）提出来的概念，是指能够控制公司的大股东为了自身利益而将公司的财产或利润转移出去的行为。国内学者也有把“Tunneling”译作“掏空”、“利益侵占”、“隧道挖掘”、“隧道效应”等。它具体是指能够控制公司的股东为了自身的利益将公司的财产和利润转移出去的行为。以较低的价格将上市公司的资产出售给控股股东（或经理）拥有较高现金收益权的公司、向经理人员（控股股东在其控制的企业中往往同时担任经理）支付较高的薪水、为控股股东（或经理）拥有较高现金收益权的企业提供贷款担保、侵占公司的发展机会，乃至最为直接的偷盗等，都是控股股东“侵占”上市公司的表现。本意上，Tunneling 是一个物理学名词，描述这样一种现象：一个小球以较快的速度弹到一块木板上，人们肉眼观察到的结果是在小球没有穿过木板而反弹回来；但如果使用仪器测量则会发现在木板的另一侧有小球的电子通过，即木板中存在使小球电子得以通过的“隧道”。财务学者借用这个物理学名词描述上市公司实际控制人为私人利益以秘密方式转移公司资源的行为是非常形象的。

1.2.5 小结

纵上，“利益输送”有净输入和净输出两种，反映在上市公司与控股股东之间关系就是掏空（tunneling）与支持（propping）两种行为。掏空和支持分别是 Johnson 等（2000）与 Friedman、Johnson 和 Mitton（2003）提出的两个概念，用来反映控股股东两种截然不同的行为方式。其中，前者是指控股股东侵占上市公司利益的行为，后者则指控股股东向上市公司输送利益的行为。根据 Friedman、Johnson 和 Mitton（2003）的观察，只有将控股股东这两种行为结合起来分析才可以完整地解释新兴市场中上市公司的融资行为。因而，本文认为“利益输送”这个概念不能代表我国存在的控股股东侵占上市公司利益的行为。

广义上的“占用资金”是指大股东对上市公司任何财产的占有，并借此获取非法利益的行为。但目前我国监管部门规范的以及积极寻求解决的大股东占用均是指狭义上的占用资金。实际上，大股东占用资金只是侵占中最直接最主要的一种形式。Johnson（2000）等将侵占分为两种方式：第一，控制股东直接通过自我交易从公司中转移资产，这类的交易包括纯粹的偷盗或欺诈，资产出售、非公允关联交易，过高的管理报酬、贷款担保等。第二，控制股东增加对公司占用的份额，不直接转移资产，这主要通过摊薄股份（dilutive share issues）、挤出少数股东（minority freeze outs）、爬行收购（creeping acquisitions）或者其他歧视小股东的金融交易。因此，本文认为狭义上占用资金的概念也不能涵盖目前我国大股东侵占行为。

“掏空”与“侵占”（掠夺、隧道挖掘、隧道效应）相比，本文认为掏空更多强调的是侵占的结果，而且是最坏的结果，就是大股东将上市公司全部掏空，这与侵占作为一种行为，同时也包含了侵占结果中部分掏空不同，更能反映当前我国上市公司存在的大股东侵占现象。因此，本文将目前我国普遍存在的大股东损害中小股东利益的行为称为“侵占”（或者为“掠夺”、“隧道挖掘”、“隧道效应”）。

1.3 本文主要结构及创新之处

本文结合已有的大股东侵占研究成果，在分析相关理论的基础上，进一步解析中国上市公司大股东侵占的现象、本质及其全流通环境下的演变。具体内容安排如下：首先介绍本课题的研究目的及意义，对相关概念进行界定，并对国内外研究现状进行综述和分析。在此基础上，从“谁侵占”、“侵占谁”和“侵占什么（如何侵占）”3个方面分析我国上市公司大股东侵占的表象和本质，然后结合股权分置改革后全流通环境下我国上市公司大股东侵占问题的新变化及其趋势，最后提出抑制大股东侵占的长效机制和当前急需要解决的几个监管问题。

本文创新之处在于对我国理论界和实务界对上市公司大股东“占用”、“掏空”、“侵占”、“利益输送”等不同角度提法或者不同称谓进行归纳和总结，从“谁侵占”、“侵占谁”和“侵占什么（如何侵占）”3个方面分析我国上市公司大股东侵占的表象和本质，然后结合股权分置改革后全流通环境下我国上市公司大股东侵占问题的新变化及其趋势，对抑制我国上市公司大股东侵占提出对策和建议，并根据我国目前监管方面存在的问题提出当前亟待解决的几个问题。

2. 国内外研究现状及述评

2.1 国外研究现状及述评

由于股权集中度的提高，大股东与上市公司治理成为公司治理所有问题中的热点问题之一。Demsetz和Lehn（1985），Morek、Shleifer和Vishny（1988）、La portaetal（1999）在研究了27个发达国家的有关数据后认为，除了少数普通法系发达国家的大公司外，其余国家的公司中都普遍存在着大股东（large shareholder or blockholder）侵占问题。有的学者甚至对以前习惯按照股权结构划分公司治理模式的做法提出质疑。Prowse等（2000，2001）认为，英美模式和德日模式主要差异不在股权结构上。Demsetz 和 Lehn（1985）、Shleifer 和 Vishny（1986）和 Admati 和 Zeehner（1994）等的文章都论述了美国公司的股权结构中大股东的持股与控制状况。Morek、Shleifer 和 ViShny（1988）的研究发现，当大股东持股比例超过一定比例后，公司盈利能力与大股东持股比例成负相关。Frank 和 Mayers（1994），Rajan（1992）等论证了日本和德国的银行利用控制权从其他投资者身上抽取租金的现象。近年来，国内外的一些学者就大股东的侵占行为进行了广泛的实证研究，如 Dyck 和 Zingales（2001）、Claessenset 等（1999）研究均发现，在一些投资者保护程度较差的国家，大股东侵占小股东的情况比较突出。他们的研究均不同程度地验证了一个良好的投资者保护机制（investor protection mechanism）可以对大股东侵占行为进行有效遏制（La Porta 等，1997，1999，2000）。此外，La Porta 等学者通过大量的跨国实证研究后认为，在微观层面，大股东侵占将造成对由外部股东组成的投资者基础的侵蚀，在宏观上将严重影响资本市场的健康发展。Claessens、Djankov 和 Lang 发现这一情况在东亚地区更加严重。Johnson 等（2000）也指出，股权的过度集中极易导致大侵害小股东利益的行为。LLSV（1997，1998，2000）在一系列文章中指出，小投资者受到大股东侵害的关键原因是对投资者的法律保护不够。Claessons、Fan 和 Lang（2002）认为，大股东之所以会损害企业利益而谋取其原因主要在于大股东对企业的控制权和所有权不一致，控制权往往高于所有权。既有的证据表明，公司的所有权结构不仅影响到大股东对其他股东进行侵占（ExPropriate）的能力，还会对其侵占动机产生影响（Shleifer 和 Wolfezon，2002）；特别当司法体系等制度机制无法对投资者权益进行有效保护时，所有权结构的影响显得更为重要（Lins，2003）。

2.2 国内研究现状及述评

国内关于大股东转移上市公司利益的关注始于 20 世纪 90 年代。不过真正接受和使用“侵占”这个术语的时间还不长。在这个比较短的时间里，国内学术界产生了不少关于“侵占”的研究成果。比较多地集中在侵占与公司治理研究、侵占与支持行为研究等。在我国侵占（又称“掏空”、“隧道挖掘”）指的是上市公司大股东通过一系列的方法，将上市公司募集的资金、创造的利润、拥有的固定资产和无形资产等转移到自己口袋的行为（李增泉，2004）。李增泉等（2004）对所有权结构与控股股东的掏空行为之间的关系进行了实证分析，得出控股股东掏空与第一大股东持股比例之间存在先上升后下降的非线性关系，但与其他股东的持股比例则表现出严格的负相关关系。国有企业控制的公司的控股股东掏空行为多于非国有企业控制的上市公司。江伟（2005）通过对我国上市公司投资——现金流敏感度的分析，考察我国上市公司控制性股东掏空与支持

(Proppnig) 公司的行为。证实了控制性股东对公司的掏空与支持是对称的观点。薛爽和王鹏 (2004) 提出，掏空是影响上市公司业绩的主要因素。张光荣和曾勇 (2006) 结合托普软件案例分析了我国上市公司大股东实施支撑行为和隧道行为的动机及实施途径。孙兆斌 (2006) 从股权集中度和股权制衡两个方面，对我国上市公司股权结构与技术效率的关系进行了实证分析。马曙光 (2005) 等发现，现金股利和资金侵占同是大股东实现其股权价值最大化的手段，二者具有可替代性。马磊 (2007) 等认为中国上市公司具有典型的集中型所有权结构，法律机制对少数股东的保护非常不完善，控股股东与中小股东之间存在着严重的代理问题。郑建明、范黎波和朱媚 (2007) 发现关联担保程度与企业价值显著负相关，关联担保程度越大，对企业的价值侵害程度越高。丑建忠、黄志忠和谢军 (2008) 检验了股权激励对大股东掏空的抑制作用。这些文献对加深我们对我国上市公司大股东侵占问题的认识及实践中如何防止侵占现象的发生提出了一系列可行的对策和建议。

3. 中国上市公司大股东侵占问题的表象及本质

3.1 谁侵占

要探究我国上市公司侵占问题，首先必须要弄清是谁在侵占，是不是只有大股东有侵占行为，为什么是这样，回答了这些问题有助于我们更好地认识我国上市公司大股东侵占问题的表象和本质。

3.1.1 经理层

1932 年 Berle 和 Means 发表了具有历史意义的研究成果，提出美国大型公司的所有权和控制权分离的著名论断。在股权分散的基础上发生的侵占，其根本原因是企业所有权和经营权的分离而造成的所有者和经营者目标的不一致，所有者和经营者的信息不对称又进一步加剧了经营者侵占所有者财富的可能。管理者可能通过增加报酬、增加自己的闲暇时间、增加在职消费和回避风险（放弃风险大利润高的项目）而使得股东的财富最大化的目标不能够充分实现。不仅如此，他们还会滥用职权，直接对上市公司进行侵占，利用关联交易将企业的资源用于经营者个人的目的。在代理问题中，管理者利用关联交易进行侵占起到给自己发放临时津贴的作用，关联交易成为了管理者、股东及其子公司契约的一部分。公司可以通过关联交易对管理者进行补偿，提供给管理者更少的现金补偿的公司可以通过关联交易补偿管理者。再者因为股票期权的流动性比较差，管理者通过关联交易的侵占所得可以像现金补偿一样弥补流动性不足的问题。

关于国内存在经理层侵占上市公司的行为，在我国理论和实践中均有所涉及。其中最主要的是20世纪后20年里在国内流行的管理层收购（MBO）就是一个典型系列案例。只不过由于我国作为新兴加转轨的资本市场的股权高度集中，金字塔股权结构普遍存在的特征决定了我国上市公司存在的主要矛盾是大股东与小股东之间的利益冲突而不是经理层与股东之间的冲突。

3.1.2 控股股东

近几年来，人们逐渐发现，基于所有权与经营权分离产生的经理层与股东之间的代理问题仅仅适用美国和英国的大公司，基于所有权集中和家族（国家）控制的大股东与中小股东之间的代理问题才是全球企业的所有权结构的主导形态，尤其在东亚国家，控股股东与中小股东的矛盾代替了管理层和股东之间的矛盾，因为控股股东有能力侵占中小股东，所以侵占问题对于有着集中股权的公司尤为重要。Shleifer和Vishny（1997）认为，股权集中在少数控股股东手中，导致控股股东侵占小股东利益的问题发生。很多实证研究表明现金流和控制权的偏离程度大的公司更有可能发生侵占，交易时的价值更低。由于控股股东掌握上市公司的控制权，在法律监管不完善的情况下，控股股东可以利用其绝对优势的控制权将上市公司的利益转移至控股股东手中，同时控股股东只按照其拥有的现金流权比例承担由于利益转移而给上市公司带来的亏损。我国上市公司控股股东（包括民营和国有）通过占用资金、关联交易、并购以及股利等多种方式使得控股股东增加控制权私利而不是增加所有股东财富的现象非常普遍。

3.1.3 其他大股东

除了控股股东侵占上市公司进而侵占中小股东利益外，其他大股东又如何？从理论上讲，其他大股东较高的所有权比例具有两种效应：一方面提供了监督第一大股东的动力，另一方面也为其提供了与第一大股东合谋的基础。但是，从控股股东的角度来看，这两种效用对其来说却是一个两难选择：如果其他大股东对其进行监督，那么控股股东“掏空”行为被发现的概率就会大大提高；而另一方面，如果其他大股东选择与第一大股东合谋，则需要第一大股东与其他大股东达成某种妥协，满足其他大股东提出的利益要求，其他大股东的数量越多，控制集团内部的利益协调就越困难。因此，大股东之间无论是监督还是合谋，都会提高控股股东获取控制权私人收益的成本。Bennedsen和Wolfenzon（2000）认为，多个大股东的存在是第一大股东为了吸引更多的投资而向股东所发出的不会采取单边行动（即获取控制权私人收益）的信号，也就是说各个大股东之间的联盟会抑制大股东的“掏空”行为。关于其他大股东对控股股东“掏空”行为的抑制作用，已经积累了很多经验证据，例如，Volpin（2002）对意大利的研究表明，大股东联盟的存在，提高了公司业绩恶化时高管被更换的概率，Faccio等（2001）以及Gugler和Yurtoglu（2003）对西欧各国和德国的研究均发现，第二大股东的持股比例与公司的股利分配率存在显著的正相关关系。在我国，其他大股东如第二、三大股东（与第一大股东构成一致行动人除外）能够一定程度上监督控股股东侵占行为，没有证据证明其他大股东合谋侵占上市公司和中小股东利益现象的存在。

综上所述，由于我国股权高度集中等特征，上市公司存在的主要代理问题是控股股东与中小股东的代理问题，经理层与股东之间的代理问题即使存在也不重要，其他股东对上市公司的侵占的现象很少发生。

3.2 侵占谁

控股股东侵占表面上是侵占上市公司的利益，但由于控股股东可以利用其绝对优势的控制权将上市公司的利益转移至控股股东手中，同时控股股东只按照其拥有的现金流权比例承担由于利益转移而给上市公司带来的亏损，因此，实质上控股股东侵占的是中小股东的利益。从主观上讲，控股股东作为“理性经济人”，其利益与上市公司利益不完全一致，它具有进行“侵占”行为的动机；客观上，控股股东侵占公司利益的成本为所有股东共同分摊，而利益则为控股股东独得，同时控股股东在上市公司中拥有的“决定权”则使其具有实施“侵占”行为的能力。因此，只要通过转移上市公司资源所获得的好处大于因现金流量权的存在而遭受的损失，大股东就有动机“掏空”上市公司，对小股东实施掠夺。

3.3 侵占什么（如何侵占）

我国上市公司大股东如何侵占上市公司主要是指大股东通过什么方式侵占上市公司的资产，具体来看，大体可以分为如下几种方式：

3.3.1 大股东虚假出资

虚假出资主要表现是上市公司在设立或增资配股中，大股东名义上向上市公司投入了所认缴的资本，但实际上实物资产或现金的产权并未交割至上市公司名下，而仍然保留在原来大股东的企业中。我国比较有名的虚假出资事件有：华立高科上市时，华立集团将已抵押的土地使用权和房产作为资产投入，一直没有过户；ST 金马控股股东虚假出资，5 年之后公司亏损累累时才得以暴露等。

3.3.2 直接资金占用

大股东通过直接借款或拖欠账款等方式无偿占用上市公司资金，是大股东侵占中小股东利益最直接的方式。大股东自身资金紧张而要求上市公司为其开具承兑汇票、提供委托贷款、拆借资金或偿还债务等没有交易背景的方式下有偿甚至无偿占用资金，属于典型的直接资金占用。

3.3.3 费用负担转嫁

上市公司改制上市时，集团公司一般都将企业办社会的非生产性资产剥离或分立出来。但上市公司的正常运作仍需要集团关联公司之间相互提供有关方面的服务，因此上市公司与集团公司之间都会签订有关费用支付和分摊标准的协议，如《经营服务协议》、《综合服务协议》。此外，大股东发生的人员工资、福利费、广告费等费用由上市公司垫付。这些项目引起的资金往来成为我国上市公司与大股东关联交易的重要内容之一。

3.3.4　关联购销

大股东可通过关联购销转移销售额，在萧条时期让上市公司承担更多产品积压。利用关联购销大股东向上市公司高价提供原材料，并以低价收购产成品，再以市场价向外出售，从而赚得巨额利润，将上市公司的资源转移到关联方公司，侵害了中小股东的利益。

3.3.5　关联资产交易

如果大股东用高估的资产如无形资产、固定资产和股权等换回现金和其他资产，或者抵减所欠款项，上市公司和中小股东的利益受损。

3.3.6　担保

大股东通过上市公司的资产抵押、定期存单质押或贸易性信用保证承诺等方式，形成上市公司对大股东及其关联方担保，以达到大股东变相占用上市公司资金的目的。

3.3.7　高额现金股利

如果上市公司是拿小股东的募集资金发放现金股利，现金就堂而皇之地进入大股东的口袋。这也是部分上市公司大股东侵占中小股东利益的一种方式。

3.3.8　其他

大股东侵占上市公司进而侵害中小股东利益的方式还有：（1）合资投资公司。大股东与上市公司合资成立投资公司或其他形式的公司，资金主要由上市公司出，但是投资决策却非上市公司所能左右。（2）租赁。上市公司与其大股东关联公司之间普遍存在着资产的租赁关系，包括土地使用权、商标等无形资产的租赁和厂房、设备等固定资产的租赁。当上市公司利润水平不理想时，大股东调低租金价格或以象征性的价格收费，或上市公司以远高于市场价格的租金水平支付给大股东，增加大股东的利润。

4. 全流通环境下我国上市公司大股东侵占方式的演变

4.1　非经营占用向经营性占用转变

大股东资金占用是指一个公司的控股股东（包括控股股东的附属企业）以

各种形式占用所控制公司资金的现象。大股东资金占用可以分为经营性资金占用和非经营性资金占用。随着证券监管部门近几年来加大对资金占用尤其是对非经营性占用的检查和惩戒力度，大股东表面上的非经营性占用有所减少，但不少公司通过虚构交易、超额预付款项等方式给非经营性占用套上“经营性”的外衣，从而将占用资金合法化。此外为规避监管部门的检查，很多上市公司采取如下手段：（1）关联占用非关联化。大股东通过貌似“独立第三方”而实质上为大股东的附属企业或其他关联方来占用上市公司资金。（2）超过正常结算期的经营性占用。大股东通过超过正常信用结算期的经营性贸易方式，以达到长期占用资金的目的。（3）期间占用、期末返还。大股东及其关联方在特定会计期间内占用上市公司资金、期末归还资金，造成从上市公司期初期末资产负债表上显示大股东未占用资金的假象，但实际上却长期占用上市公司资金。

4.2 内幕交易中侵占问题

4.2.1 “大小非”减持①

股权分置改革以前，大股东一般为非流通股东，不能通过市场买卖股权，因而不太关心二级市场的股价波动。股改后，控股股东的效用函数发生了变化，一方面其恶意“圈钱”和直接占用等自利行为会受到一定抑制，另一方面它除了可能从与公司关联交易中转移收益外，还增加了利用其控制权从二级市场获取资本利得的通道，并谋求二者的平衡。因此，大小非减持中尤其是“大非减持”过程中，上市公司的大股东可能与上市公司高管和机构投资者相勾结，利用其资金优势和信息优势，以及控制权便利，从事内幕交易和市场操纵行为，并采取各种形式的“侵占行为”（tunneling）。

4.2.2 股权激励

股权分置改革消除了实施股权激励的一些重大制度障碍，为上市公司推出股权激励机制创造了良好条件。目前沪深交易所有 78 家上市公司实施了股权激励计划，还有许多公司正准备推行。这些激励计划通过建立管理层持股制度和与市值挂钩的绩效考核体系将管理层与上市公司的利益捆绑在一起，对于解决所有者与经营者之间的委托代理问题，降低代理成本将会发挥积极作用。从国际经验来看，股权激励机制又是一把“双刃剑”，它在增强管理层积极性和归属感的同时，也可能刺激上市公司管理当局利用盈余管理、选择性信息披露、内幕交易等来规避监管、谋取不当利益。美国安然事件就是高管人员通过进行盈余管理，促

① 非是指非流通股，由于股改使非流通股可以流通。持股低于 5% 的非流通股叫“小非”，大于 5% 的叫“大非”。非流通股可以流通后，大非和小非通过市场减持的行为，称为“大小非减持”。

使公司股价持续上涨，谋求巨额行权收益的典型案例。我国上市公司实施股权激励刚刚开始，如果相应的激励方案不够合理或健全、监管措施不够到位和有效，就不仅不能降低代理成本，反而有可能会成为大股东和经理层侵占上市公司和中小股东利益的一种新手段。

4.2.3 并购重组

股权分置改革消除了非流通股和流通股两个市场的分割，强化了资本市场的定价功能和控制权配置效率，为上市公司实施并购重组、加快优胜劣汰与行业整合创造了条件。上市公司的（潜在）控股股东，通过选择性信息披露或者利用并购信息进行故意炒作，引起股价的大幅波动，实施内幕交易、市场操纵等违法违规活动。从国际经验来看，兼并收购题材是最容易引发个股暴涨暴跌的因素之一，对于我国投机性较强的证券市场来说更是如此。在沸沸扬扬的炒作和重组传闻中，中小投资者往往是雾里看花，真假难辨最终成为受害者。

4.3 非公开发行（定向增发）中侵占问题

非公开发行（定向增发）作为资本市场一项重要的制度创新，被市场和监管层普遍寄予了融资、改进公司治理以及实现大股东和中小股东的利益协同等多重期望，在近两年内更是成为了中国资本市场股权再融资的主流方式之一。定向增发的推出，整体而言发挥了积极的作用，特别是大股东注入优质资产，消除同业竞争，以及上市公司引入战略投资者和机构投资者改进公司经营和业绩，对于资本市场的长远发展有着重要的意义。然而，在我国的制度背景下，定向增发在理论上存在着成为大股东利益输送工具的可能，由于缺乏一定的制度约束，大股东通过增发前的长期停牌、增发前后利润的操纵、增发完成后的高额分红以及注入劣质资产等方法实现了对大股东的利益输送，损害了中小股东的利益。

4.4 资产（债务）重组中的侵占问题

控股股东对实物资产进行夸张的描述，评估一个较高的价格卖给上公司，以此来套取现金（资产重组）或减少对上市公司的应付账项（债务重组），达到改善财务状况的目的。表面上市公司得到了“优质”资产，实际上资产到手后所发挥的价值远远低于当时的估计值，只好贱卖甚至只能闲置。控股股东除了转让实物资产之外，也可能将无形资产转让给上市公司。通过实质上的不等价交易，控股股东将无形资产以高价卖给上市公司或与上市公司有的债权进行置换，改善大股东的资产质量。无形资产、固定资产和股权等，买卖价格是通过对资产评估确立的，但是由于评估的专业性强，可验证性差，再加上目前我国法律法规的不完善和监管力度不够，资产（债务）重组成为了上市公司与控股股东进行利润转移的隐秘渠道之一。

4.5 控制权转移及并购重组中侵占问题

国外关于公司控制权转移及并购重组研究，总是从股东价值最大化等角度讨论的。然而，通过获取公司控制权，然后掏空上市公司，几乎是我国资本市场“司空见惯”的现象。随着新修订的《上市公司收购管理办法》颁布实施，上市公司收购方式将更加灵活，收购成本将不断降低，收购效率将大为提高，我国证券市场即将迎来新一轮收购兼并高潮，这给中小投资者权益保护带来了新的课题。例如一些上市公司收购中，可能发生收购人无实力、不诚信以及掏空上市公司后金蝉脱壳等问题，从而对上市公司和中小股东权益造成损害。

5. 根治我国上市公司大股东侵占问题的长效机制

毋庸讳言，大股东侵占问题一直都是中国证券市场挥之不去的顽疾，不断困扰着包括监管部门在内的市场各方参与主体。一份调查显示，在连续两年亏损的上市公司中，70%存在大股东侵占资金行为；在已退市的15家公司中，其经营失败的重要原因之一就是大股东占款。今年以来，证券市场上发生的一系列大股东占用资金案例表明上市公司大股东占款问题仍很严重，远未根治。上市公司大股东占款问题得不到根治，有着多方面的原因。但根本原因在于没有一个持久有效的机制。虽然监管部门三令五申禁止大股东占资，为了解决大股东占款问题还进行了“以股抵债”等制度创新，但毕竟是治标不治本。要从根本上解决上市公司大股东占款的问题，必须针对问题产生的根源构建长效机制。本文认为，应从以下4个方面入手。

5.1 实施整体上市，拆除大股东侵占的“平台”

我国大多数上市公司特殊的分拆上市模式是大股东占款产生的重要原因和前提条件。我国的上市公司多是从原企业中分拆一部分相对优质的资产组建而成，而大部分的不良资产以及债务和社会负担则留在集团公司，导致集团公司生产经营难以维持，资金周转困难，这构成了集团公司占用上市公司资金的直接原因。又由于集团公司在上市公司中占绝对控股地位，中小股东在现有法律框架内对其根本构不成有效的制衡，公司治理结构往往流于形式。上市公司董事会、监事会功能弱化，在实际运行中往往被大股东架空。在这种情况下，大股东通过操纵董事会和监事会以各种形式侵占上市公司资金自然难以避免。而实施集团公司整体上市后，上市公司的原有控股股东将不复存在，以国有控股上市公司为例，作为集团公司出资人的国资委将直接成为上市公司的大股东，上市公司的独立性将大大增强，大股东占款的源头将被有效切断。对于非国有上市公司而言，情况也是如此，上市公司将拥有更多的独立发展空间。同时，对于首次公开发行（IPO）的公司，监管部门必须要求其整体上市，以免出现“旧病未愈又添新伤”的情况。

5.2 引入“股东实质平等”原则，增强中小股东的行权便利性

2004 年 4 月新通过的《OECD 公司治理原则》在“股东的平等待遇”一节引入了股东实质平等原则，这是对原来的股份平等（又称形式平等）原则的重大改进。实质平等与股份平等的差异在于出发点完全不同，前者是从主体角度出发，体现的是股东不论大小，都是平等的经济行为主体，在履行了出资等义务后都享有由出资带来的完整权益；而后者是从资产角度出发，它所引申出来的是资本多数决策原则。这两者之间存在着深层次的抵触，因为资本多数决策原则往往使中小股东的表决权丧失意义，他们的意志为大股东的意志所掩盖，他们的诉求常被大股东视若无物，大股东有时为了自己的私利，利用其资本优势操纵公司，大肆侵害中小股东和利害相关者的权益。因此，国际上引入了股东实质平等原则，其目标就是要在坚持资本多数决策原则的同时，对其施加合理的限制，强调大股东对公司和中小股东的诚实信用义务，防止大股东对资本多数决策原则的滥用，以实现股东间的利益平衡。在我国构建中小股东权益保护体系的过程中，树立“股东实质平等”的核心理念，用这一原则作为根本指导方针，有着十分重要的意义，它既符合国际趋势，又可能给我国中小股东权益保护的制度建设和实际操作带来新的局面。参考 2004 年《OECD 公司治理原则》的建议，结合我国的情况，可考虑从以下方面来保障中小股东行权的便利性：（1）增强中小股东联合的便利性，如提供便利的投票权征集渠道；（2）提高中小股东在董事提名、提案中的话语权，如降低提案最低股份比例要求；（3）充分利用计算机和网络技术手段，为中小股东异地提案、投票提供便利；（4）延长公司召集股东大会相关信息公告时间，提高公告信息披露的内容和格式要求；（5）建立累积投票和比例投票制，便于中小股东集中支持特定候选人或议案；（6）提高定期和重大事项信息披露的要求，扩大信息披露范围，如董事和高级管理层的薪酬及支付依据，同时，加大外部审计的法律责任，保证信息质量。

5.3 完善股东代表诉讼制度，强化违规主体责任追究

股东代表诉讼制度在英美法上又被称为“派生诉讼”。由于此种诉讼制度是源于公司利益遭受损害而不是股东或债权人本身的利益遭受损害，因而其扩大了

中小股东的诉讼权，使中小股东能对大股东、董事、高管人员侵害公司利益的行为进行有效监督与追究。例如“安然事件”发生后，有十几家律师事务所发表声明，邀请所有在特定时段内购入过安然股票的个人和实体与他们联系，进行集体诉讼。律师等专业人士的积极参与，使得处于弱势地位的中小投资者利益保障更加有力，也使得民事赔偿机制发挥出很强的威慑作用，成为对美国证券违法行为进行监督的强大力量。此外，成熟的资本市场有比较完善的立法机制和有效的执法机制，上市公司大股东、董事、高管若敢冒险越雷池，就将付出惨痛的代价。这种制度设计能够避免或减少大股东侵害上市公司和中小股东利益行为的发生。与国外成熟资本市场相比，我国资本市场的监管法规无论是立法还是执法都仍显得过于宽松。具体表现在：(1) 立法方面，我国《公司法》并未对大股东占款问题作出直接规定，只有一些关于公司组织机构的原则性规定。例如仅对董事、监事、高管人员的义务和赔偿责任作了规定，而且这些规定过于原则，在实践中不利于操作。《刑法修正案（六)》规定上市公司的董事、监事、高级管理人员违背对公司的忠实义务，给公司造成损失构成犯罪时最高可判处 7 年以下有期徒刑。与国外成熟资本市场法律相比仍然过于宽松。(2) 执法方面，一些大股东的占款行为以及董事、高管违背忠实义务的行为没有受到应有的惩戒，监管部门对于各种违法违规活动的处罚，往往只是几十万元的罚款而已。这种轻微的处罚使得违规成本远低于违规收益。上市公司大股东及高管因此入狱的极为少见。因此，必须加大违规成本，特别是加强相关责任主体的刑法责任。一旦发现即进行严厉处罚，对违规的主体，要让其违规成本大于或等于违规收益。

5.4 严格上市公司信息披露，增强信息披露的公平性

强化信息披露虽然不能像增加投资者保护强度那么直观地制约大股东侵占行为，但是详细的信息披露可以使市场参与者更容易发现最终控制人的利益侵占行为，也便于监管部门实施监管，从而更好地发挥市场这只“无形的手”的作用。根据前述分析，本文认为需要强化的信息披露主要是以下几个方面：(1) 上市公司的控制链条。上市公司与实际控制人之间的产权及控制关系是投资者关注的重要信息。而且上市公司的所有权信息披露有简化的趋势，无法使投资者对各控制人的制衡力量作出评判。特别地，对于金字塔股权结构中各环节持股比例的变化，市公司都应使投资者知晓变化的原因和内容。(2) 注重定期报告中披露的有助于发现利益侵占行为的附注信息的年度可比性，如会计报表附注中披露的日常关联交易、关联方资金占用、对外担保等信息。(3) 注重对可能涉及利益侵占事项的临时性公告的监管。诸如关联资产置换等利益侵占方式往往以临时公告形式对外披露信息。临时公告不需要审计，也给最终控制人留下了较大的操纵空

间。股权分置时代，信息披露监管主要局限于上市公司的年报、半年报、季报以及重大事件。后股权分置时期，信息披露范围应扩大到上市公司控股股东、最终实际控制人以及机构投资者交易信息披露。除此之外，披露不仅注重真实性，更要注重公平性。针对选择性信息披露问题，必须强化对股价异常波动与信息披露联动关系的调查与处罚，强化股票停牌、严格公司和个人问责等市场监察措施，坚决打击各种形式的市场操纵行为，逐步形成对上市公司、机构投资者违规行为的有效约束和威慑。同时，在手段上，过去以形式审核为主的披露方式已不适应时代的发展，需要向合理怀疑和质疑式审查的监管方式转变，探索建立由会员单位研究机构、证监局、交易所联合对合理怀疑对象进行“会诊”的机制，缩短立案周期，加大惩处力度。

诚然，以上 4 个方面只是构建根治上市公司大股东占款长效机制的基本组成部分。根治上市公司大股东占款，是一个综合性的问题，必须从公司治理、国资管理、立法、司法、诚信建设等多层面、多角度协调推进，共同治理。

6. 当前亟待解决的几个监管问题

6.1 尽快摒弃大股东资金占用就是大股东侵占的片面认识

大股东资金占用是只是大股东侵占中最直接、最主要的一种形式，绝不是大股东侵占的全部，事实上，大股东侵占广泛存在于大股东与上市公司之间的关联交易、并购、资产（债务）重组、内幕交易以及股利政策等方方面面。国外经验表明，大股东占用资金以外的大股东侵占方式更为隐蔽，对上市公司乃至中小股东利益的侵害更为严重。因此，当前监管部门和投资者必须要清晰认识到占用资金的概念也不能涵盖目前我国大股东侵占的全部行为，“清欠”和“解保”仅仅是权益之计，竭尽全力防止大股东占用上市公司资金也不能完全维护上市公司和中小股东的利益。

6.2 尽快确定经营性占用与非经营性占用的具体标准

当前我国大股东占用资金的监管仍然存在许多模糊地带。如各上市公司每年与年报同时以临时公告形式披露的经注册会计师审计的“控股股东及其他关联方资金占用情况的专项说明”，其最重要的内容就是要按照“经营性”和“非经营性”对大股东及其关联方对上市公司资金占用进行划分，其中“非经营性占用”是坚决要杜绝的，按照新修订的《刑法（六）》的规定是违反《刑法》的。但如何判定是“经营性”还是“非经营性”占用，现行规定仍存在很多盲点，比如大股东及其关联方之间通过购销业务形成的“经营性占用”，但超过正常信用期（有的金额比较大，时间比较长）是否仍是“经营性占用”，实务中注册会计师多数凭“良心”做出相应的职业判断，没有统一的标准。

6.3 建立健全资产评估制度体系，加强对评估等中介机构的监管力度

目前，我国大股东侵占上市公司和中小股东利益的重要方式之一就是通过转让固定资产、无形资产和股权等资产给上市公司。通过实质上的不等价交易，控股股东将无形资产等以高价卖给上市公司或与上市公司一些债权和资产进行置换，或者通过定向增发置入上市公司。无形资产等价格是通过对资产评估确立的，但是由于评估的专业性强，可验证性差，再加上目前我国法律法规的不完善和监管力度不够，“评估非合理性增值”成为了上市公司与控股股东进行利润转移的隐秘渠道之一。有关部门应尽快研究各种评估问题，可以考虑制定一个专门的法律法规来规范资产评估行为。同时，监管部门应加大对评估机构、信用评级机构等中介机构的监管力度，做到上市公司评估工作的有法可依、执法必严，违法必究。

6.4 加强通过内幕交易和操纵市场进行侵占的研究和惩戒力度

随着后股权分置时期的到来，股改承诺期的结束，大股东所持股票可以上市流通，所以，大股东不可能再象股权分置时期那样对股价漠不关心，股价的高低直接关系到所持股份的价值。因此，全流通环境下上市公司大股东的利益有两部分组成：第一部分为因为股价变化所造成的持有股份价值的变化；第二部分为因为持有股份从公司得到的收入。第一部分是因为股权分置改革后所引致的，第二部分则与股权分置时期相同。正是由于大股东这种获利方式的转变，必然引起股改后大股东侵占方式的转变。根据上文中“侵占”行为的定义根据判断股价操纵也完全可能有侵占现象的发生。首先，股价操纵并不创造新价值，是一种价值转移行为；其次，在股价操纵过程中，利益一般是从处于弱势地位的小股东流向具有大股东优势的庄家，大股东的获利必然以小股东的亏损为代价，股价操纵利润的性质属于控制权收益；最后，作为违法违规行为，股价操纵只能隐蔽进行，属于“地下活动”。因此，不难得出结论：股价操纵也是大股东用以侵占小股东利益的隧道之一，股价操纵收益可以视为大股东利用其对股价的控制权而获取的控制权收益。进一步考虑到现实中股价操纵行为的普遍存在，本文认为，内幕交易和股价操纵是一种经常被控股股东利用的重要的“隧道挖掘”方式，因此，监管部门应加大对全流通市场环境下大股东行为的新变化的关注，加大对大股东

通过内幕交易和市场操纵对中小股东侵占的研究和监管力度。

参考文献

[1] La Porta, R., Lopez - de - Silance, F., Shleifer, A., and Vishny, R. 1997. Legal Determinants of External Finance. Journal of Finance 52: 1131 - 1150.

[2] La Porta, R., F. Lopez - De - Silanes, A. Shleifer and R. W. Vishny. 1999. Corporate Ownership Around the World. The Journal of Finance 54: 471 - 517.

[3] Wurgler, J. 2000. Financial Markets and The Allocation of Capital. Journal of Financial Economics 58: 187 - 214.

[4] 丑建忠、黄志忠、谢军:"股权激励能够抑制大股东掏空吗?",《经济管理》,2008 年第 17 期:48 - 53。

[5] 巩静:"股权分置改革后大股东侵占中小股东利益问题研究",《科技信息》,2008 年第 5 期:205 - 206。

[6] 贺曦:"关联交易与控股股东侵占行为研究——来自中国上市公司的证据",中南大学硕士学位论文,2006 年。

[7] 刘峰、贺建刚、魏明海:"控制权、业绩与利益输送——基于五粮液的案例研究",《管理世界》,2004,(8):102 - 118。

[8] 李增泉、孙铮、王志伟:"'掏空'与所有权安排——来自我国上市公司大股东资金占用的经验证据",《会计研究》,2004,(12):3 - 13。

[9] 李增泉、余谦、王晓坤:"掏空、支持与并购重组——来自我国上市公司的经验证据",《经济研究》,2005,(1):95 - 105。

[10] 张光荣、曾勇:"大股东的支撑行为与隧道行为",《管理世界》,2006 年第 8 期:126 - 135。

[11] 郑建明、黎波、朱媚:"关联担保、隧道效应与公司价值",《中国工业经济》,2007 年第 5 期:64 - 71。

(作者单位:中国证券监督管理委员会辽宁监管局、辽宁大学)

三等奖

中国上市公司高管薪酬激励的实证分析（摘要）

• 袁　季　马洪娟　王丽萍　邝贤锋

现代企业所有权与控制权的分离，使得委托—代理问题破茧而出。在两权分离的情况下，企业所有者与管理者的利益通常是不一致的，二者的目标函数之间存在着差别。所有者与经营者之间存在着信息不对称以及激励不相容使管理者有损害所有者利益的动机，管理者侵犯所有者利益的现象时有发生。为了使管理者和所有者之间的利益趋于一致，国内外企业纷纷对高管人员推行以公司绩效为基础的激励制度，让管理者承担经营风险，试图通过激励的方法改进高管行为和公司绩效。本文通过对我国上市公司高管薪酬激励实践进行系统的实证分析，可以全面描述我国上市公司高管激励的现状，发现我国高管激励存在的问题并为今后政策调整的方向和目标提供依据，同时为企业微观层面的高管人员激励方案的设计提供必要的理论依据。

国内外众多学者对高管人员薪酬激励和公司业绩关系的问题进行了研究，但并未取得完全一致的意见，因此有进一步研究的必要。由于很多公司将高管薪酬与公司绩效挂钩，大量的研究也证明公司绩效为高管薪酬的决定因素之一。因此，一方面，较高的高管薪酬有利于降低代理成本，促进公司绩效有所提高；另一方面，公司绩效的提高也可能影响高管薪酬，即高管薪酬与公司绩效这两个变量之间可能存在内生性问题。本研究认为，实证分析未考虑两变量之间的内生性问题也是目前有关此方面的研究未得到一致结论的原因之一。为了避免变量间的内生性对研究结果的影响，本文在货币性报酬与公司绩效的关系的实证分析中运用联立方程、固定效应模型、广义二阶段最小二乘法以及 Huasman 检验等较为先进的技术，在高管持股与公司绩效的实证分析中采用动态的方法，较好地控制了高管激励与公司绩效之间的内生性，减少了回归的偏误。

本文运用中国上市公司 2000 - 2008 年的数据从上市公司高管货币性报酬和持股两个方面分析了高管薪酬激励与公司绩效之间的关系，实证结果表明：

上市公司高管货币性报酬存在行业差异，高管货币性报酬与公司绩效显著正相关，在中国的上市公司内部采用货币性报酬的方式对高级管理人员进行激励是行之有效的办法；从高管持股方面来看，我国上市公司高管持股比例偏低，无论从高管持股大幅下降的公司还是高管持股大幅上升的公司来看，高管持股变动与公司绩效变动均不存在显著的正相关关系，采用股权激励则往往并不能达到预期的效果。

实证结果显示采用股权激励则往往并不能达到预期的效果。这一结果与国外上市公司主要通过持股激励高管的事实相悖，但为什么股权激励在我国未能在提升公司绩效方面发挥作用？其原因之一就是我国上市公司高管持股比例过低，使股权激励效应大大降低，为此，本文针对如何增加上市公司高管薪酬激励的有效性提出了相关的政策建议。

（作者单位：广州证券有限责任公司、暨南大学、广东轻工职业技术学院）

上市公司资本结构实证研究（摘要）

• 刘　喆　黄晓彬　王大力

2005年开始的“股权分置”改革（以下简称股改），标志着中国证券市场制度性建设根本改革的开始，迎来了全流通的时代。股改一方面加速了我国上市公司的市场化进程，完善了公司治理结构，提升了公司融资能力，进而改变了公司资本结构状况，另一方面，对于研究我国新兴资本市场转型过程中的企业融资行为提供了大量数据、案例，为与发达国家成熟的资本市场进行对比分析提供一个“金融实验室”。本文在全流通的背景下对企业资本结构若干问题展开研究。

首先，对全流通格局下公司资本结构偏好进行研究。全流通最直接的影响是对企业股权结构的改变，法人股、国有股一股独大，内部人控制的局面被打破，公司治理结构朝向市场化迈进。以往管理者为谋求少部分大股东的利益而倾向于股权融资，侵占中小股东的权益。经过股改，企业流通股比例逐步提升，出现了大量“全流通”企业。然而通过实证研究发现，全流通格局下我国上市公司仍然偏好股权融资，原因可能是：（1）非流通股的解禁流通，短时间内无法根本改变企业治理结构，股权制衡作用尚未显现，少数大股东仍具有较大影响力；（2）我国债券市场发达程度尚不足以为企业提供较低的融资成本，与股权融资相比并不具显著成本优势，企业管理者更倾向于通过股权融资提升市场的影响力，获得投资者青睐，同时避免遭遇财务困境。

其次，对全流通格局下企业资本结构调整能力进行研究。全流通改变了每个市场微观主体，同时也改变了整个市场环境，这两方面都使得企业更容易获得股权及债权融资。关于企业是否存在“最优资本结构”的讨论由来已久，本文通过对以往资本结构动态调整模型加以改进，结合全流通的背景，引入象征资本市场运行状况的宏观变量，并通过实证研究发现：（1）宏观经济因素显著影响企业最优资本结构，证券市场指数回报率越高，企业负债率越高；（2）全流通格局下，我国上市公司动态调整资本结构的速度显著提高，说明公司融资能力增。

最后，在探讨全流通格局下上市公司融资偏好、融资能力以及融资环境变化的基础上，探讨一个经典的问题：资本结构与公司价值相关性问题。通过前部分的研究，整体而言，一方面证明上市公司仍然偏好股权融资，另一方面证明上市公司融资能力增强了，在这样的条件下，结合流通程度不同的企业存在融资偏好与融资能力的差异，探讨企业如何通过资本结构的不同安排使公司价值最大化，是一个与企业、投资者息息相关的问题。市场化程度越高的企业，是否意味着更加优良的经营业绩，亦或是不同流通状况的企业可以通过各自不同的资本结构安排一样获得市场青睐。通过构建流通程度不同下负债比率不同的投资组合，统计各组超额收益率，发现：（1）流通程度高的企业，若负债率较高，超额收益率显著高；（2）流通程度低的企业，资本结构的不同安排，超额收益率无显著差别。

（作者单位：西南证券股份有限公司）

上市公司股份回购制度研究（摘要）

• 毕子男　金晓彤　李敬国　张晓野

随着我国证券市场的发展，上市公司股份回购的重要性愈来愈体现出来：一方面，对于上市公司而言，股份回购可以调整和改善公司的股权结构，优化资本结构，增加公司每股盈利，提高公司价值，并有助于引导市场对公司价值进行新的评估。另一方面，对于股东而言，股份回购一般是溢价收购，公开市场收购也会导致股价上涨，为投资者带来收益，有利于维护社会公众股股东的合法权益。不仅如此，股份回购对整个资本市场而言，有利于促进证券市场的高效、有序运作，尤其在股市行情持续低迷的情况下，股份回购可以在一定程度上增强市场的流动性，有利于市场走出疲软。

目前，上市公司股份回购已经成为西方成熟股票市场上一项重要金融活动和公司行为。与此同时，国外关于股份回购的理论研究也不断发展，从 20 世纪 60 年代开始，已经有大量的文献对股份回购的概念、动因和作用等方面进行了深入细致的研究，并提出了一系列关于股份回购的假说和理论。这些为我们证券市场股份回购问题的研究提供了很好的借鉴。

我国资本市场，在股权分置改革阶段就有一些上市公司利用股份回购解决历史遗留问题并取得了成功。2008 年以后，随着我国上市公司股份回购的制度体系的基本确定，天音控股等几家公司已经开始尝试在公开市场上回购社会公众股。而在理论研究方面，由于我国证券资本市场的起步较晚、上市公司股份回购的实例也不多，故关于我国上市公司股份回购的理论分析还处于探索阶段。

在这样的背景下，本文力争在以往专家学者研究成果的基础上，对上市公司股份回购的概念、形式、动机和作用等方面理论进行全面的系统性总结梳理，同时通过对比分析国外证券市场股份回购制度和实践的经验，在分析我国证券市场回购制度发展完善过程的基础之上，结合理论分析的结论，深入探讨了我国近期发生的股份回购案例，总结我国股份回购实践中的特点，并在理论研究和实践探讨的基础上对我国证券市场上的股份回购提出合理化的政策建议。

本文对股份回购制度的研究采用了从抽象到具体、从历史到现实、从国外到国内的、从理论（制度）到实践再到理论（建议）的逻辑分析方法，综合运用实例分析、定量分析与定性分析、归纳分析与演绎分析等多种分析方法，通过理论分析得出一般性结论，并应用结论对现象进行深入分析，进而抓住现象背后问题的本质。

本文研究表明：(1) 目前我国上市公司进行股份回购的方式仍较少，公司股东在股份回购过程当中缺乏选择权；(2) 尽管上市公司进行股票回购的动因在理论上可以用信息及信号传递假说、股票再发行假说、财富效应假说、股利替代假说、杠杆效应假说、代理成本假说、股东财富最大化假说等密切关联的理论假说解释，但我国上市公司股份回购动机较为单一，上市公司管理层普遍缺乏进行股份回购的主观动力；(3) 我国上市公司的股份回购仅对股价有较大的助涨作用，但在公司内部治理、债权人股权人制衡关系等其他方面的功能尚未得到有效发挥；(4) 同时，我国上市公司的股份回购还存在回购数量少、回购价格上限低、承诺兑现度不高、因其他潜在动因损害投资者利益等问题。

因此，为了完善上市公司的股份回购制度，我国应该：(1) 提高信息披露的及时性、完整性，增加操作的透明度；(2) 合理设定回购必要条件，完善限定性条款；(3) 规范回购行为的操作规程，明确股份回购程序；(4) 重视保护中小投资者的利益，严防操纵市场价格；(5) 明确在公司违法违规回购股份的法律后果和处理方式等方面加强制度建设和市场监管，以保证上市公司的股份回购在我国资本市场的发展过程中发挥应有的积极作用。

（作者单位：东北证券股份有限公司）

乘数估值在A股市场的有效性研究（摘要）

• 张　戬　李　涛　刘会明　叶丙南　杨　洋

本文考察了乘数估值模型在A股市场上的估值效率，并进一步探讨了企业核心财务数据与上市公司股权价格的相关性，并找出对目前我国A股市场上市公司的估值最为准确的乘数估值模型。

本文选用基于公司市值的乘数市盈率、市净率、市销率、市现率等4个乘数模型估计出待估值公司的理论价值，并利用单元回归模型和多元回归模型进行实证检验。

通过对比乘数估值模型的结果，发现利用市净率模型和市销率模型计算的估值结果均值与实际总市值均值最为接近，剔除掉个别年份后的市盈率模型的估值结果也与总市值均值较为接近，而基于市现率模型的估值结果与实际总市值均值偏离最远，在大多数年份与总市值均值均有较大偏离。这可能是因为市场对于净利润、净资产、销售收入等指标较为关注，侧重于从公司的盈利情况、资本结构、业务状况层面分析公司价值。

通过单因素回归分析发现，利用市盈率、市净率、市销率等模型计算出的待估值公司理论价值与总市值的相关关系都很显著，而利用市现率模型计算出的待估值公司的理论价值与总市值有正的相关关系，但是关系比较微弱。

通过多元回归模型检验发现，基于净利润、销售收入、企业自由现金流的3因素回归模型和基于净利润、净资产、企业自由现金流的3因素回归模型的回归结果对总市值的拟合效果均高于3个单因素模型，但优势不明显。多元模型相对于单元模型对总市值的解释能力更强，估值效率有所提高，但是提高有限。

因此，在A股市场，基于净资产，利用市净率模型计算出的公司理论价值对总市值的解释能力最高，估值效率最高；市销率模型对于总市值的解释能力和估值效率次之；市盈率模型对于总市值的解释能力一般，估值效率较低；市现率模型对于总市值的解释能力和估值效率非常低，几乎不适合用于A股市场估值。

（作者单位：中银国际证券有限责任公司）

证 券 公 司 类

一等奖

证券公司压力测试机制研究

• 谈伟军　于敬兢　陈代全　胡晔永

1. 绪　　论

1.1　引言

压力测试是一种重要的风险管理工具，它是通过测算金融机构在遭遇小概率极端不利情况下可能发生的损失及财务状况变化，以事前衡量金融机构风险承受能力的科学方法。实施压力测试有助于金融机构充分了解潜在风险因素与财务状况之间的关系，形成供董事会和高级管理层讨论并决定实施的应对措施，预防极端事件可能对金融机构带来的致命冲击。

总结最近几十年全球金融市场的重大风险及相关风险管理理论与实践，建立、实施并不断完善压力测试机制是提高证券公司风险管理水平、提升抗风险能力，降低行业风险水平的重要手段之一。金融危机爆发后，为衡量金融机构的风险承受能力，评估金融业未来的资本金需求状况，美国监管机构在 2009 年 2 月对 19 家最大的金融控股公司进行了为期两个月的压力测试；2009 年 5 月，巴塞尔委员会正式发布了《压力测试合理实践和监管原则》，以指导金融行业开展压力测试工作。这一切充分说明了压力测试在风险管理中占据了十分重要的地位。

当前，我国正在深化金融改革、加快建设多层次资本市场体系。随着股票、债券、期货和资产证券化产品的不断丰富和发展，汇率、利率市场化水平的不断提升，金融市场国际化程度的日益提高，我国证券公司在面临历史性发展机遇的同时，相应的风险类型和样式亦日益复杂。为促进证券行业的健康稳定发展，更好地服务于国民经济和社会发展全局，证券公司在抓住机遇快速发展的同时，需不断完善金融风险管理措施，提升风险管理水平，在“做大”的基础上，不断做强。因此，加强对压力测试的研究，对进一步提升我国证券公司风险管理水平具有十分重要的意义。

1.2 文献综述

1.2.1 国外压力测试研究与应用

自 1998 年长期资本公司巨额亏损事件之后，金融行业认识到压力测试的重要性，并逐步推行压力测试的研究和应用。2001 年 6 月，国际货币基金组织货币和交易部发表了《Stress Testing of Financial Systems：An Overview of Issues，Methodologies，and FSAP Experiences》，研究了利率风险、汇率风险、信用风险、流动性风险、股票价格风险、商品价格风险等各类风险的压力测试技术，介绍了 FSAP（Financial Sector Assessment Program）的相关分析案例，并对旨在识别金融行业脆弱性的压力测试与用于衡量金融机构风险承受力的压力测试作了对比分析。Hibers（2004）、Worrell（2004）、Sorge（2004）对不同的压力测试方法进行了比较。英国中央银行的 Drehmann（2006）、Haldane（2007）剖析了英国压力测试系统的构建方法和评测结果。美国 FDIC 的 Krimminger（2007）、欧洲中央银行的 Lind（2007）、挪威中央银行的 Moe（2007）、澳大利亚储备金融机构的 Ryan（2007）、西班牙中央银行的 Saurina（2007）分别总结了各国压力测试系统的构建等。

然而，2008 年金融危机爆发后，金融体系遭遇的损失远远超出了事前压力测试的结果。对此，各国金融专家和监管机构进行了大量的分析和总结，以试图构建更完善的压力测试机制。2009 年 2 月，英格兰银行金融稳定部的执行董事 Andrew G Haldane 在《Why Banks Failed the Stress Test》中指出，遗忘过去的危机、金融风险传递的复杂性以及不恰当的激励机制是导致压力测试失效的 3 大原因，并给出了改善压力测试的五步骤模型。巴塞尔委员会 2009 年 5 月发布的《压力测试合理实践和监管原则》，从运作机制、方法、情景选择、特殊风险 4 个方面分析了危机爆发前压力测试所存在的缺陷，并分别针对金融机构和监管者提出了压力测试的原则要求，全面覆盖了压力测试技术以及运作机制等各个方面的问题。

1.2.2 国内压力测试研究与应用

国内学者对压力测试的研究相对较晚。近年来，任宇航、孙孝坤、程功和夏恩君（2007）基于 LOGIT 回归模型研究了信用风险的压力测试方法；王景斌、王岍、陈世超、衣宏伟和唐东（2008）研究了流动性风险管理与压力测试及两者间的关系，并对流动性压力测试作了实证分析；孙彬、杨朝军和于静（2009）运用 Copula 函数分析了相关性对投资组合压力测试的影响。总体上看，国内的研究比较零散，主要侧重于在“点”上，缺乏对“面”的研究，分别针对市场风险、信用风险或流动性风险等作具体分析，缺乏对各种风险的总体评估；分别针对压力测试方法、应用等做具体研究，缺乏对方法、应用、运作机制、技术系统以及监管要求的系统分析。

在证券行业，监管机构对压力测试非常重视。证监会颁布的《证券公司风险控制指标管理办法》明确要求“证券公司应当建立健全压力测试机制，及时根据市场变化情况对公司风险控制指标进行压力测试”。上海证监局在结合辖区内率先开展压力测试的证券公司的实践经验基础上，于2008年12月向辖区内的证券公司发布了《上海辖区证券公司财务与资金状况敏感性分析和压力测试机制建设指导意见（试行）》，全面系统地从基本原则、组织实施、测试方法等方面对证券公司实施压力测试进行了指导，并要求证券公司定期向证监局报告分析测试实施情况。

1.3 研究内容及主要创新

1.3.1 主要研究内容

压力测试不仅要从“点”上作深入研究，而且要在“面”上做系统分析。本文全面涵盖了以下各个方面的内容：

（1）通过对证券公司市场风险、信用风险、操作风险、流动性风险的分析，结合国内外重大金融风险事件和国内资本市场发展，前瞻性地分析证券公司经营过程中可能面临的压力因素；

（2）运用历史模拟法、极值理论分析法以及专家分析法等不同的分析测试方法，合理确定极端情况下的压力幅度；

（3）采用Copula连结函数等方法在深入分析业务相关性基础上，综合评估证券公司在极端情况下可能面临的损失；

（4）根据证券公司净资本等风险控制指标状况，客观评价证券公司的风险承受能力，并运用风险调整收益率RAROC等资本分配模型，合理调节业务规模和业务结构；

（5）基于有效的压力测试机制既取决于模型的合理性，又取决于将压力测试真正纳入经营决策以及具备良好的技术支持，因此本文讨论了证券公司高级管理层对压力测试的责任、行业监管层对证券公司压力测试的合理约束机制以及压力测试的技术支持系统。

（6）为加深对压力测试各方面内容的综合应用，本文还以一个案例作实证分析。

1.3.2 主要创新

（1）建立一个全面、系统的压力测试机制。

本文涵盖了市场风险、流动性风险、信用风险、操作风险等各种风险因素，以及压力测试方法、应用、运作机制、技术系统以及监管要求等各个环节，探索性地建立了一个全面、系统的压力测试机制。

（2）对极端情况下不同业务风险间的相关性进行数量化实证分析。

本文运用 Copula 函数科学地解决了压力测试条件下不同风险的相关性问题，并在此基础上综合评估了证券公司在极端情况下可能面临的总体损失。

（3）建立根据风险承受能力评估结果合理配置各项业务规模的模型。

本文将 RAROC 模型与压力测试相结合，建立了在确保风险可承受的前提下，合理配置各业务规模的决策模型。

（4）全面纳入各创新业务开展前瞻性压力测试研究。

出于前瞻性研究的考虑，本文对股指期货、融资融券等创新业务运用虚拟情境分析法开展压力测试，以深入评估创新业务对证券公司风险承受能力的影响。

（5）建立压力测试信息技术系统的技术规范。

为提高压力测试效率和压力测试结果的可靠性，并确保在发生重大风险时可以及时开展压力测试，本文对压力测试信息技术系统提出了明确的技术规范。

（6）研究成果的可操作性强。

本文的针对性强，并不是单纯的理论研究，而是强调结合证券公司业务发展状况和压力测试实施过程中可能遇到的实际问题，建立一套系统的、完善的、可操作的、合理的压力测试机制，重在实际运用和推广。

2. 压力测试技术

2.1 压力测试因素

压力测试因素是指可能导致证券公司出现重大损失的各种风险因素（risk factor）。根据巴塞尔协议，金融机构的压力测试因素须涵盖市场风险、信用风险、操作风险和流动性风险等所有主要风险类型的小概率重大事件。为此，结合我国证券公司业务发展状况对各种压力测试因素作全面分析和前瞻性研究。

2.1.1 市场风险因素

市场风险主要来源于自营投资业务，包括股票投资、权证投资、债券投资、计划推出的股指期货投资以及以自有证券开展融券业务等。

（1）股价指数。

对股票投资作压力测试，最直接的方法就是以股价作压力因素，以其可能出现的最大跌幅衡量投资可能出现的重大损失。但由于证券公司的投资组合通常有十几只甚至几十只个股，且各个股同时达到最大跌幅的可能性基本不存在（以涨跌停板制度实施以来，深圳连续22个交易日收益率在2008年6月19日达到最小值-30.58%，同期个股收益率区间从獐子岛的-77.47%到渔跃医疗的11.89%，差异非常明显），因此通常以股价指数作压力测试因素。但若组合中个股数量很少，非系统风险未被充分分散化，则应基于组合本身的特征测算可能发生的损失。

另外，股价变动会对权证投资损益情况产生重大影响，但由于权证价格与正股价格之间并不是呈线性关系，因此与股票投资有所不同，权证投资的压力测试需要同时考虑正股价格下跌的一阶效应和二阶效应，即Delta效应和Gamma效应。

（2）股指期货价格。

对股指期货投资业务，期货价格上升，空头头寸可能面临损失；期货价格下降，多头头寸可能面临损失。因此，在对股指期货投资业务作压力测试时，须首先将持有的期货多头头寸与空头头寸对冲，以净头寸方向决定压力测试情景。若净头寸为多头，则以期货价格大幅下跌作压力测试；反之，则以期货价格大幅上升作压力测试。

在对股指期货投资业务作压力测试时，不能针对保证金规模作压力，而应对保证金所对应的标的指数投资规模作压力，以此衡量可能发生的亏损和保证金追加要求。

此外，在作总体压力测试时，应将股票投资的情景和期货投资的情景作综合分析。对于股指期货为净空头，在分析期货价格大幅上升所可能产生的损失时，须同时评估股票投资可能因股价指数大幅上涨而带来的收益，而不应该同时假定股票投资也因股价指数大幅下跌而形成的大额亏损。

（3）利率。

对债券投资业务，其市场风险因素体现为市场利率发生变化而导致债券价格的波动。但在债券价格的变化中，有一部分属于确定性的趋势（随着剩余期限的缩短，债券价格有向面值回归的趋势），并不属于风险，因此，直接以债券价格变化作债券投资的市场风险因素时，必然存在系统性偏差，而利率波动才是其市场风险的决定因素。

（4）波动率。

对权证投资业务，正股波动率是决定其价值的关键因素之一。随着市场环境的变化，波动率亦可能发生重大变化。以衡量标普500指数波动率变化情况的VIX指数为例，2008年9月15日，美国第四大证券公司雷曼兄弟提交破产申请前，VIX指数收报25.66；而仅在5天之后（2008年9月20日），该指数就飙升至80.86，上升幅度高达215%。因此，在市场处于小概率极端情况下时，波动率的变化可能非常大，导致权证价格发生大幅波动。基于此，巴塞尔协议要求压力测试时应分析波动率的变化对投资价值的影响。

2.1.2 信用风险因素

证券公司所面临的信用风险主要来自于企业债或公司债等自营投资业务。由于运用债券二级市场交易数据测算出的信用利差可及时反映债券投资信用风险的大小，因此可以信用利差作为信用风险的压力测试因素。

另外，证券公司从事融资融券业务也面临信用风险，且风险大小主要取决于到期日客户担保物价值。担保物价值越高，信用风险越小；担保物价值越低，信用风险越大。因此融资融券业务的信用风险因素主要是担保物价值因素。

2.1.3 操作风险因素

证券公司自营业务、承销业务、经纪业务、资产管理业务以及重大投资业务等均面临操作风险。根据巴塞尔委员会的规定，操作风险包括内部作假，外部欺诈，就业制度和工作场所安全，客户、产品和业务活动缺陷，实物资产的损坏，营业中断和信息技术系统瘫痪，执行、交割和流程管理失败7种类型。因此，操作风险的压力测试因素可据此分为7种。

2.1.4 流动性风险因素

流动性风险与市场风险、信用风险、操作风险等其他各种风险密切相关。当证券公司因市场风险、信用风险、操作风险而面临资产发生重大损失或负债意外增加时，很可能进一步面临流动性风险。此外，期货交易所或期货公司提高保证金标准，期现套利基差扩大、债券招标发行包销规模超预期、资金在途以及融资能力降低等因素亦可能造成资金短缺。因此可以认为流动性风险是证券公司总体风险状况的具体表现。但为明确分类和避免重复，流动性风险因素应指非其他风险因素引起的现金短缺，如前述保证金标准提高等因素。

2.2 压力测试幅度

压力测试幅度研究的是各压力测试因素在极端情况下可能发生的最大不利变化。

2.2.1 压力幅度的研究方法

研究压力测试幅度的方法包括历史模拟法、极值分析法以及专家分析法等，不同方法各有优缺点。

（1）历史模拟法。

历史模拟法假设压力测试因素在未来可能发生的最大不利变化与历史上曾经发生的巨幅波动相似，即以历史上最大跌幅（或涨幅）作相应的压力测试幅度。

历史模拟法的最大优势在于以过去曾经发生过的事件为基础，所确定的压力测试幅度具有很强的说服力。其劣势在于未来所有情景均局限于历史样本之内，缺乏向样本外延伸的能力，而且由于与过去相比，市场环境可能发生了重大变化，历史上的最大波动幅度可能并不一定是最坏的情况，因此可能低估证券公司在极端情况下可能面临的损失。

（2）极值分析法。

极值分析法（EVT——Extreme Value Theory）是一种研究随机变量尾部分布的参数模型，具有向样本外扩展的能力，揭示出历史上尚未发生过的情形，因此极值分析法是一种强有力的压力测试研究工具。

①GPD 模型介绍。

根据 Fisher－Tippett 定理，对各种分布，当样本足够大时，随机变量的极值服从以下广义分布（GEV 分布——Generalize Extreme Value Distribution）：

$$F(X < x|\xi,\mu,\sigma) = \exp(-(1+\xi\times\frac{x-\mu}{\sigma})^{-1/\xi}),当\ \xi\neq 0\ 时;$$

$$F(X < x|\xi,\mu,\sigma) = \exp(-\exp(\frac{x-\mu}{\sigma})),\ 当\ \xi = 0\ 时。$$

在 GEV 的实际应用中，通常采用广义帕累托分布形式（GPD——Generalized Pareto Distribution），即：

$$\begin{cases} G(Y < y|\xi,\beta) = 1-(1+\xi\frac{y}{\beta})^{-1/\xi},当\ \xi\neq 0\ 时 \\ G(Y < y|\xi,\beta) = 1-\exp(-\frac{y}{\beta}),当\ \xi = 0\ 时 \end{cases} \quad (1)$$

其中，$Y = X - u$，u 为随机变量 X 的一个足够大的阀值。ξ 和 β 分别为 GPD 分布的形状参数和尺度参数。

当形状参数 ξ 取不同值时，GPD 能够描述不同的分布：当 $\xi<0$ 时，GPD 分布可以刻画截尾分布；当 $\xi=0$ 时，GPD 分布可以刻画正态分布和对数正态分布等薄尾分布；当 $\xi>0$ 时，GPD 分布可以刻画分形分布和 t－分布等厚尾分布。因此 GPD 模型解决了利用参数模型估计压力测试幅度时选择随机变量分布形式的困难，大大提高了压力测试幅度分析的科学性和准确性。

②压力测试幅度。

在研究压力测试幅度的参数模型中，大多使用一定置信度下的分位数，即 VAR。然而，由于对非正态分布，VAR 并不是“一致的”风险测量工具，因此，可采用 ES（Expected Shortfall）测算压力测试幅度。VAR 和 ES 的区别如图 1 所示。

在图 1 中，VAR 是收益率 99% 置信区间的下限值，而 ES 则是低于 VAR 的

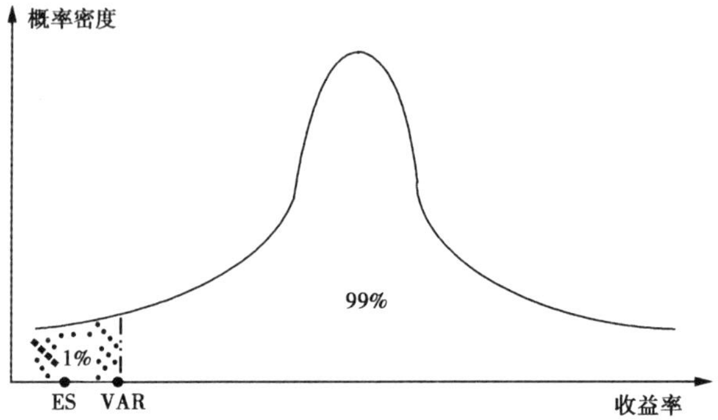

图 1　VAR 和 ES 示意图

收益率的期望值（平均值）。由于 VAR 仅反映 99% 置信度下的最大亏损，对超过该临界值的亏损情况不予考虑，因此对 VAR 相同的不同组合，在小概率极端情况下的损失差异却可能很大。因此，选择以 ES 作为压力测试幅度的标准，并以 99.9% 作为置信区间。

综上所述，在运用 GPD 模型测算各风险因素的压力测试幅度时，首先根据压力测试因素的样本数据对 GPD 模型参数作估计，然后采用蒙特卡洛模拟法测算 99.9% 置信度下的 ES 作压力测试幅度。

（3）专家分析法。

历史模拟法和极值分析法都依赖于历史数据，若市场环境与过去相比发生重大变化，则历史模拟法和极值分析法可能低估证券公司在极端情况下所可能面临的损失。与此相比，专家分析法在分析最坏情景时，除考虑过去的经验或数据之外，还可综合各种因素预见未来的某些潜在变动，对压力测试因素和幅度作前瞻性分析。所以，专家分析法也被称为"向前看"（forward - looking）的分析方法。

巴塞尔委员会指出，前瞻性压力测试应反映出通过简单复制历史压力情景所无法反映出的资产组合结构变化、新信息以及新的压力测试因素等情况。前瞻性的高度复杂性要求证券公司综合全公司范围内相关专家的知识和经验，促进不同层面的广泛交流和讨论。

2.2.2　各压力测试因素的极端情况分析

（1）股价指数。

目前，我国证券市场上关注度最高的两个指数为上证综指和深圳成指，因此，证券公司 A 股投资的压力测试幅度可采用两指数的最大跌幅中的较大值。为消除市场环境变化所带来的影响，选取涨跌停板制度实施以来的指数数据。分析结果如表 1 所示。

表 1　　股价指数连续 22 个交易日收益率的波动情况表

	历史最大跌幅	99.9% 置信度所对应的 ES
上证指数	-25.59%	-25.98%
深圳成指	-30.58%	-32.87%

根据表 1，选择 GPD 模型的分析结果，“-32.87%”作 A 股投资的压力测试幅度。

此外，本文是以 22 个交易日（相当于 1 个月）作 A 股压力测试的时间窗口。其原因在于，合理的时间窗口既取决于证券公司的投资策略和风险管理状况，又取决于相关证券的流动性状况，若时间窗口太长，则证券公司可能已经对投资组合作了重大调整（如对市场趋势的判断发生重大变化或执行止损措施等）；若时间窗口太短，则可能导致无法充分反映证券公司可能面临的最大亏损。

（2）股指期货价格。

①压力测试幅度。

因期现套利机制的作用，股指期货的波动情况应与标的指数近似（在小概率极端情况下，两者间可能出现的差异主要体现在基差压力测试幅度上）。因此，为分析沪深 300 指数期货可能出现的最大跌幅，以沪深 300 指数的相关数据作样本。

沪深 300 指数的推出时间相对较晚，最早数据日期为 2002 年 1 月 4 日，样本相对较少，但由于上证综指和深圳成指连续 22 个交易日收益率的最大跌幅均发生在 2008 年，因此，以沪深 300 指数 2002 年以来的样本数据估计其在未来可能的最大下跌幅度时不会低估风险。但是对沪深 300 指数连续 22 个交易日可能出现的最大涨幅，以 2002 年以来的样本数据进行估计时可能被低估，其原因在于上证综指和深圳成指在连续 22 个交易日内的最大涨幅均发生在 1999 年。为此，在估计沪深 300 指数期货出现连续 22 个交易日内最大跌幅时，以沪深 300 指数作样本；而对最大涨幅，以深证成指作样本。具体分析结果如表 2 所示。

表 2　　沪深 300 股指期货连续 22 个交易日收益率的波动测算表

	下跌		上涨*
	历史最大跌幅	99.9% 置信度所对应的 ES	历史最大涨幅
沪深 300 指数	-29.15%	-29.93%	—
深圳成指	—	—	55.09%

注：* 由于深圳成指与沪深 300 指数的波动情况存在较大差异，该上涨情况本身就是一种谨慎性的近似，因此不作极值分析。

根据表2，对股指期货净多头寸，取 -29.93% 作压力测试幅度；对股指期货净空头寸投资，取55.09%作压力测试幅度。

②股指期货推出后对现货市场波动性的影响分析。

关于股指期货对现货市场波动性的影响，Charles Sutcliffe 在《股指未来》一书中收集了指数期货方面的许多研究成果，其中13位学者针对股指期货市场对股价指数波动性实证分析表明，波动性不变的占8例，波动性减少的占4例，波动性增加的仅1例。因此，可假定股指期货推出后，指数的波动情况不受影响，依据当前的指数样本数据分析股指期货投资的压力测试幅度在逻辑上是合理的。同时，股指期货推出也不影响A股投资的压力测试幅度。

（3）利率。

在分析利率因素的压力幅度时，为剔除信用风险因素的影响，以国债利率作为研究对象。样本数据来源于北方之星提供的即期利率期限结构数据，分为半年期、1年期、2年期、3年期、4年期、5年期、7年期、10年期、15年期和20年期共计10种不同的期限。自1996年5月17日开始，各期限即期利率在连续22个交易日的波动情况如表3所示。

表3　不同期限国债即期收益率在连续22个交易内的变化统计分析表

	半年期	1年期	2年期	3年期	4年期	5年期	7年期	10年期	15年期	20年期
利率的最大上升值（BP）	228	187	126	82	93	131	117	146	151	88
利率变化的标准差（BP）	43	38	32	26	24	23	20	21	22	26
对应的贴现债价格降幅	1.11%	1.83%	2.47%	2.41%	3.67%	6.54%	8.14%	14.94%	24.11%	18.40%

表3数据显示，利率变化与剩余期限的关系并不明显。例如，从最大上升值来看，3年期的变化最小，更短或更长期限的变化都比3年期大。与此相比，价格降幅却体现出了良好的规律性，据此将价格降幅与剩余期限进行回归，以计算不同期限下价格降幅的回归预测值，具体如表4所示。

表 4　　不同期限债券价格降幅的回归预测值及对应的利率上升值

	半年期	1 年期	2 年期	3 年期	4 年期	5 年期	7 年期	10 年期	15 年期	20 年期
价格降幅的回归预测值	1.11%	1.69%	2.85%	4.01%	5.17%	6.33%	8.65%	12.13%	17.94%	23.74%
相应的利率上升值（BP）	228	176	150	142	138	135	135	135	138	142

根据表 4，对不同期限国债，其价格在连续 22 个交易日可能发生最大降幅或利率在同期可能发生的最大上升值均不相同。因此，在对利率风险作压力测试时，不同期限应适用不同的压力幅度，即应该首先计算债券组合的久期，然后根据表 4 运用插值法确定相应的压力测试幅度。

（4）波动率。

A 股市场上的权证数量很少，分散化作用有限，因此，对权证波动率变化的压力测试幅度，应该分别建立各正股的波动率变化模型。但若正股上市时间不够长，相应样本数据不能涵盖小概率极端风险的情况下，对正股波动率的压力测试幅度可以比照指数处理。为此，以上证综指和深证成指为样本，采用 GARCH（1，1）模型分析指数波动率的压力测试幅度：

$$
\begin{gathered}
r_t = \mu_0 + \sqrt{h_t} \times e_t \\
h_t = \alpha_0 + \alpha_1 \times r_{t-1}^2 + \beta_1 \times h_{t-1} \qquad (2) \\
e_t \sim iidN\ (0,\ 1)
\end{gathered}
$$

其中，μ_0，α_0，α_1，β_1 为参数，$\sqrt{h_1}$ 为所求的波动率。此外，目前证券公司尚不能从事备兑权证等期权空头业务，故仅对指数波动率可能出现的最大下降幅度作分析，结果如表 5 所示。

表 5　　股价指数波动率连续 22 个交易日的变动情况表

	历史最大降幅	99.9% 置信度所对应的 ES
上证指数	-64.10%	-64.75%
深圳成指	-57.19%	-57.47%

根据表 5，对指数波动率下降的压力测试幅度，取 -64.75%。

（5）信用风险因素。

①债券投资。

由于国内关于企业债的收益率曲线历史数据较少，因此，借鉴美国企业债市场的信用利差数据。在企业债的不同信用评级中，Bloomberg 提供了 AAA 级、A+级以及 BB+级收益率曲线的历史数据。

目前，国内市场上企业债的最低信用评级为 A+级，而且大部分为 AAA 级和 AA+级。出于谨慎性原则，在测算我国目前市场上各种评级企业债在极端情况下可能出现的信用利差最大变化值时，均利用美国 AAA 级和 A+级企业债信用利差最大变化值中的较大值。

以 Bloomberg 提供的自 1991 年 4 月 17 日以来的企业债和国债收益率数据为样本，AAA 级企业债信用利差的最小值为 -2BP，最大值为 222BP，最大上升值为 224BP；A+级企业债信用利差的最小值为 23BP，最大值为 351BP，最大上升值为 328BP。因此，对企业债投资信用风险的压力测试幅度，取信用利差上升 328BP。

②融资融券业务。

融资融券业务信用风险大小取决于客户担保物价值波动情况和维持担保比例的高低。根据交易所融资融券业务试点实施细则，维持担保比例为 130%。

对于融资业务，只要强制平仓后客户担保物价值下跌幅度不超过 23.08%（100/130 - 1 = -23.08%），证券公司就不会面临损失。

由于大盘基本上不可能两个或以上连续无量跌停，因此在担保物比较分散的情况下，强制平仓过程中担保物总体价值下降超过 23.08% 的可能性基本不存在，130% 的维持担保比例基本上涵盖了可能发生的最大损失。

但若客户担保物集中度高，则须对该担保物的连续跌停风险进行评估，并确定相应的压力测试幅度。以沪深 300 样本股云天化（600096）为例，自 2008 年 11 月 10 日复牌以后，连续 8 个交易日无量跌停，下跌幅度高达 57.23%。若客户全部担保物仅为云天化一只证券，则证券公司在强制平仓后可能面临 44.40%（130% ×（1 - 57.23%）- 1）的损失。但只要单个客户单只证券在其担保物中的集中度不超过 40%，则 130% 的维持担保比例亦基本上涵盖了可能发生的最大损失。

对于融券业务，由于客户担保物价值和负债价值可能同时发生变化，风险评估相对复杂。假设客户融券卖出标的证券的上升幅度为 a，担保物价值上升幅度为 b，则只要 $a \leq 1.3 \times b + 0.3$，则强制平仓后证券公司就不会面临损失，如图 2 所示。

在图 2 中，以直线 $a = 1.3 \times b + 0.3$ 为界，在右下方区域内，强制平仓后不会发生亏损；在左上方区域内，强制平仓后会发生亏损。融券业务的最大风险在于融券标的证券价格大幅上升。当融券标的证券连续涨停时，客户损失将十分巨

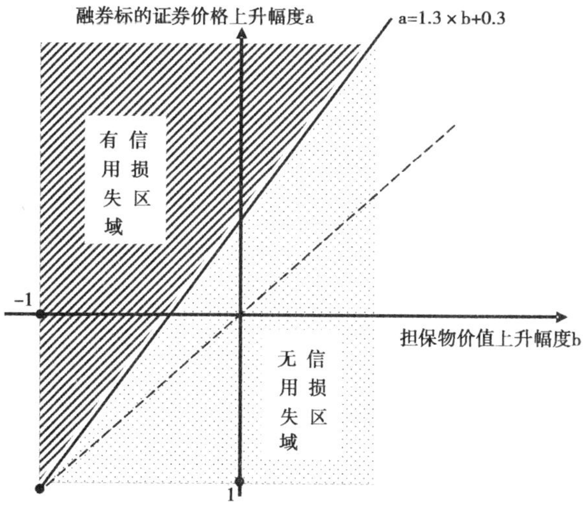

图2　融券业务强制平仓亏损分布图

大，容易造成客户违约而致使证券公司面临较大的损失风险。

根据图2，当融券标的证券和客户担保物都比较分散，涨跌幅度均与大盘趋势相近（即两者的涨跌幅度相近，按图中的虚线方向变化）时，130%的维持担保比例基本上涵盖了可能发生的最大亏损。相反，若两者都较为集中，涨跌幅度差异较大，则连续无量涨/跌停都可能使融券业务面临较大损失。

例如，东阿阿胶（000423）在2006年12月1日至2007年6月1日间连续上涨幅度达105.99%，期间不存在强制平仓的机会。若客户在2006年12月1日融券，卖出东阿阿胶而且其担保物全部为现金，则证券公司在2007年6月1日对该客户强制平仓后可能面临的损失幅度达37.33%（（1+105.99%）/（1+50%），假设融券保证金为50%）。当然，若融券标的证券为自有证券，强制平仓后可能只减少证券公司的潜在收益，不会使证券公司的财务状况发生恶化。

对融资融券业务，分散化包括两个层面。一是证券公司层面的分散化，即客户分散化；二是客户层面的分散化，即同一客户的担保物和借入证券比较分散。由于不同客户的损益不能互补，具有非对称特征，因此，为避免风险集中，在客户分散化基础上，还应要求客户层面的分散化。

（6）操作风险因素。

在巴塞尔委员会对操作风险的监管框架中，鼓励有条件的金融机构采用AMA法（Advanced Measurement Approach）对自身的各种操作风险水平进行估计。但由于国内证券公司尚未建立完善的损失数据收集机制和损失数据库，还难以采用AMA法对操作风险的压力测试幅度进行估计。对此，为初步确定一个适用于行业的操作风险压力测试幅度，可借鉴巴塞尔协议操作风险的标准计量法对各业务确定如表6所示的压力测试幅度。

表6 证券公司操作风险压力测试幅度

	投资银行业务	自营业务	经纪业务	证券资产管理业务	投资咨询业务
压力幅度*	18%	18%	12%	12%	18%

注：* 计算可能发生的损失时是以相应的营业收入为基数。

（7）流动性风险因素。

①期货保证金比例。

根据《中国金融期货交易所风险控制管理办法》，在期货交易出现涨跌停板单边无连续报价（以下简称单边市）、期货交易所认为市场风险明显变化、遇国家法定长假等情况时，期货交易所有权调整保证金标准。在期货交易实行涨跌停板制度和强制减仓制度的情况下，可采用20%作保证金比例的压力测试幅度。

②基差。

由于套利机制的作用，标的指数和期货价格发生大幅偏离的可能性较小。但若在收盘前几分钟内市场出现重大消息，由于期货对各种信息反应更为灵敏，其价格波动快于标的指数，从而可能导致基差大幅增加。

对基差的压力测试幅度，比较经典的情景是美国证券市场上的"黑色星期一"（1987年10月19日）。当天收盘时，标普500指数为225.06点，而12月份交割的标普500指数期货价格为201.50点，基差为23.56点，达到标的指数（225.06点）的10.47%。因此，比照美国经验，基差压力测试幅度可取10.47%。

③融资能力。

证券公司融资分为长期融资和短期融资，长期融资包括发行股票和债券，短期融资包括同业拆借、回购和股票质押贷款等。在极端情况下，长期融资和短期融资市场很可能同时出现流动性枯竭，可提供的资金相当有限，而且由于证券公司不能从中央银行获得流动性支持，因此，假设证券公司在极端情况下的融资能力为零。

对其他流动性风险的压力测试幅度，可根据具体情况作相应分析。

2.3 相关性分析及风险整合

证券公司不同业务间具有分散化作用，不同风险因素间基本上不可能同时发生极端不利变化。因此在对证券公司做整体压力测试时，应充分考虑分散化的影响。对此，本节内容以如下案例作具体分析：

假设某证券投资组合中，股票规模为10亿元，国债规模为15亿元。其中，国债组合加权久期为5年，加权凸度为32。

分析时采用的样本数据为涨跌停板制度实施以来，深圳成指连续22个交易日收益率与相应期间的5年期国债即期利率的变化值。

2.3.1 传统方法的局限性讨论

风险分散化效果分析必须首先研究不同业务间的相关性。对相关性的处理，传统方法是计算皮尔森相关系数（pearson correlation）。假设 X，Y 为两个随机变量，则它们的皮尔森相关系数为 $\rho=\dfrac{Cov\ (X,\ Y)}{\sqrt{D\ (X)}\times\sqrt{D\ (Y)}}$。$\rho$ 的取值范围为（-1，1），大于零时表示“正相关”，小于零时表示“负相关”，等于零时表示“不相关”。ρ 值越小，则分散化效果越明显。当 $\rho=1$ 时，没有分散化作用。

然而，皮尔森相关系数具有明显的局限性，仅适用于描述正态分布随机变量间的线性相关。由于资本市场数据往往不符合正态分布要求，因此以皮尔森相关系数描述不同业务间的分散化作用时可能会产生很大偏差。

对本节案例，股票收益率和国债即期利率变化之间的相关系数为0.0977。根据蒙特卡洛模拟法的计算结果，该证券组合在连续22个交易日内的最大亏损为4.49亿元，最大盈利为4.90亿元。而按历史模拟法，该组合在连续22个交易日内的最大亏损为3.20亿元，最大盈利为6.13亿元。因此，以皮尔森相关系数作蒙特卡洛模拟时，大幅低估了证券可能达到的上升幅度，在存在做空机制的情况下，就可能大幅低估证券公司可能发生的亏损。

2.3.2 Copula 模型蒙特卡洛模拟

（1）Copula 模型介绍。

与皮尔森相关系数相比，Copula 模型具有明显的优势，它不要求随机变量为正态分布，并允许各随机变量的分布种类不同。同时，Copula 模型能够很好地反映出随机变量在尾部的相关情况，这一性质对风险管理而言十分具有吸引力。

为此，可选用 t-Copula 模型处理证券公司不同业务间的相关性，测算证券公司可能面临的总体损失风险。t-Copula 模型公式：

$$C_{\rho}^{t}(x,y)=\int_{-\infty}^{t_v^{-1}(x)}\int_{-\infty}^{t_v^{-1}(y)}\frac{1}{2\pi(1-\rho^2)^{0.5}}\exp\left\{\frac{-(s^2-2\rho st+t^2)}{v(1-\rho^2)}\right\}^{-\frac{v+2}{v}}dsdt \qquad (3)$$

其中，ρ 和 v 为参数，$x=F_X\ (X)$ 和 $y=F_Y\ (Y)$ 分别为随机变量 X 和 Y 的边际分布函数。在对随机变量的联合分布作蒙特卡洛模拟的过程中，必须首先分别利用 X 和 Y 的样本数据估计边际分布 $F_X\ (X)$ 和 $F_Y\ (Y)$，然后计算 x 和 y，并通过“公式（3）”估计 ρ 和 v，最后对 X 和 Y 的联合分布作模拟。

对本节案例，利用 t-Copula 模型作蒙特卡洛模拟的结果为：该证券组合在连续22个交易日内的最大亏损为3.85亿元，最大盈利为6.54亿元。其中，F_X（X）和 F_Y（Y）的分布模型为在5%至95%分位数之间，采用 kernel 经验分布函数，在两侧采用广义帕累托分布函数。F_Y（Y）的估计方法与 F_X（X）相同。表7对不同模拟方法下的结果作了对比。

表7　　不同模拟方法的结果对比

	历史模拟法	皮尔森相关系数模拟法	Copula 模型模拟法
最大亏损	3.20亿元	4.49亿元	3.85亿元
最大盈利	6.13亿元	4.90亿元	6.54亿元

根据表7的数据，与皮尔森相关系数相比，Copula 模型明显反映出了证券收益率的非对称分布特性；与历史模拟相比，Copula 模型具有向样本外合理扩展的优势。因此，综合各方面的因素，在证券公司整体压力测试中，宜采用 Copula 模型处理不同业务之间的相关性。

（2）分散化效果衡量。

表8　　不同业务间的风险分散化效果

	股票投资	债券投资	证券组合（不考虑分散化）	证券组合（考虑分散化）
最大亏损	3.99亿元	1.01亿元	5亿元	3.85亿元

由于不同业务间不可能同时出现极端不利情况，因此考虑了分散化的最大亏损（3.85亿元）比不考虑分散化的最大亏损（5亿元）小23%。换句话说，股票投资和国债投资之间的分散化效果十分明显。

3. 压力测试应用

3.1　压力测试实施

压力测试实施所涉及的内容包括单因素分析、多因素分析和实施频率等方面。其中，单因素分析的最大优势在于可以诊断何种风险因素对证券公司的潜在冲击最大，并采取针对性的风险控制措施，避免风险过度集中；多因素分析的优势在于通过分析各种因素的联合变动，综合反映证券公司所可能面临的最大整体损失，并采取规模控制和结构调整等措施，避免潜在损失超过风险承受能力。两者各有侧重，在压力测试时应加以综合运用。

3.1.1 单因素分析。

单因素分析是在假定其他风险因素不发生变动的情况下，对单一风险因素出现极端不利变化时，证券公司可能面临的重大风险作独立分析。结合前文的分析，可根据各风险因素的压力测试幅度测算单个因素可能导致的损失风险。

（1）市场风险因素分析。

表 9　　市场风险单因素分析的内容及其压力幅度

风险因素	股价指数跌幅	股指期货价格跌幅（净多头）	股指期货价格涨幅（净空头）	波动率下降幅度	利率水平增加值*
压力测试幅度	-32.87%	-29.93%	55.09%	-64.75%	142BP-228BP

注：* 单因素分析时，利率的压力测试幅度取决于对应的久期，具体数据可参考表 4。

①股价指数下跌。

$$损失风险 = 股票投资规模 \times r + 权证投资数量 \times (delta \times (\Delta S) + 0.5 \times gamma \times (\Delta S)^2) \quad (4)$$

其中，r 为股价指数压力测试幅度，ΔS = 正股价格 × 正股价格跌幅，delta 和 gamma 分别为权证价格相对于证券价格的一阶和二阶偏导数。

②期货价格波动。

$$损失风险 = 期货净头寸 \times r \quad (5)$$

其中，r 为相应的股指期货价格压力测试幅度。

③利率上升。

$$损失风险 = 债券投资规模 \times \left(-D^* \times \Delta r + \frac{1}{2} \times C \times (\Delta r)^2\right) \quad (6)$$

其中，Δr 为相应期限的利率压力测试幅度，D^* 为修正久期（modified duration），C 为凸度（convexity）。

④波动率下降。

$$损失风险 = 权证投资数量 \times vega \times (\Delta\sigma) \quad (7)$$

其中，$\Delta\sigma = \sigma^*$ 波动率的压力测试幅度，σ 为权证的隐含波动率，vega 为权证价格相对于正股波动率的一阶偏导数。

（2）信用风险因素分析。

表 10　　信用风险单因素分析的内容及其压力幅度

风险因素	信用利差增加值	股票连续涨停幅度*	股票连续跌停幅度**
压力测试幅度	328BP	105.99%	-57.23%

注：* 针对融券业务中标的证券集中度较高的股票；

** 针对融资业务中担保物集中度较高的股票。

对信用利差的损失风险分析，可比照“公式（6）”计算；对股票连续涨/跌停的损失风险，须结合客户融资融券业务的具体组合分析。

（3）操作风险因素分析。

根据巴塞尔协议，操作风险引发的潜在损失可按“公式（8）”计算：

损失风险 = $\sum_{i=1}^{3}${max（投资银行业务收入$_i$ ×18% + 自营业务收入$_i$ ×18% + 经纪业务收入$_i$ ×12% + 证券资产管理业务收入$_i$ ×12% + 投资咨询业务收入$_i$ ×18%，0)}/3。 (8)

“公式（8）”中各压力测试幅度见表6。其中，采用3年平均值作为操作风险潜在损失估计，且通过max函数消除了潜在损失为负的可能性。

（4）流动性风险因素。

表11　　流动性风险单因素分析的内容及其压力幅度

风险因素	基差变化幅度	股指期货保证金水平
压力测试幅度	±10.47%	20%

①基差变化。

追加保证金额 = 投资规模 ×10.47% (9)

②保证金比例提高。

追加保证金额 = max（20% - T日保证金水平，0）×期货头寸 (10)

（5）关于T日证券投资规模。

T日指实施压力测试的当日。证券投资规模处于动态变化之中，在未来22个交易日中，投资规模可能明显高于T日规模，若以T日实际投资规模开展压力测试，则可能低估潜在的风险。因此，为谨慎评估可能发生的最大损失，可将T日投资规模由实际值增加至相应的预算额度，并以增加后的规模为基础作压力测试。

（6）集中度评估及风险控制措施。

根据各单因素损失风险的测试结果，对风险最大的因素进行分析，评估集中度是否过高，并据此采取相应的规模调整以及结构调整的风险控制措施。

3.1.2　多因素分析

多因素分析是对各风险因素联合变动作分析的基础之上，测算证券公司在极端情况下可能发生的整体损失状况。它涵盖了所有不同风险因素共同作用所导致的潜在损失、流动性缺口以及营业费用，并对极端环境下证券公司仍可取得的收益作合理估计。

（1）整体损失测试。

①潜在损失计算公式。

潜在损失 = f（股指指数变化，股指期货价格变化，利率水平变化，波动率变化，信用利差变化，特殊风险因素） + 操作风险潜在损失。 （11）

对函数 f，可按 GPD 模型和 Copula 模型蒙特卡洛模拟法计算。其中，特殊风险是指证券投资组合不够分散以及融资融券业务集中较高的非系统性风险因素。

“公式（11）”中，由于操作风险压力测试是借鉴巴塞尔协议的标准法，未采用 AMA 法，无法衡量与其他风险因素间的相关性，因此，直接将操作风险的潜在损失与其他潜在损失相加，不考虑两者间可能存在的分散化作用。

②营业费用。

除潜在损失外，证券公司在经营过程中发生的各项费用亦对其风险承受能力产生影响。由于营业费用是一个相对确定的支出，因此在压力测试过程中应根据实际情况作相应测算。为简化处理，亦可假设下期营业费用规模与本期相当。

③潜在收益测算。

在证券公司目前的各项业务中，能够产生持续收入的业务主要有经纪和资产管理业务。

经纪业务潜在收入。证券公司经纪业务收入取决于市场总成交额和该证券公司市场占比。

未来 22 个交易日的最低日均成交金额 = T 日 A 股总市值 ×（1 - 股价指数在未来 22 个交易日可能出现的最大跌幅）× 连续 22 个交易日的日均换手率的最低值 （12）

自 2005 年 4 月 29 日启动股权分置改革至 2009 年 9 月 30 日，A 股连续 22 个交易日平均日换手率的最低值为 0.3543%。结合股价指数压力测试幅度，市场最低日均交易额 = T 日 A 股总市值 ×（1 - 32.87%）× 0.3543% = T 日 A 股总市值 × 0.002378。

因此，证券公司未来 22 个交易日内的最低经纪业务收入为：

证券公司未来 22 个交易日内最低的经纪业务收入 = 22 × 2 × T 日 A 股总市值 × 0.002378 × 经纪业务占比 × 佣金比例 （13）

其中，经纪业务占比取证券公司最近 12 个月月均市场占比与最近一个月市场占比两者中的较低值。

资产管理业务潜在收入。资产管理业务收入取决于资产管理规模以及相应的管理费。证券公司可结合产品锁定期以及过去资产管理业务赎回情况合理预计未来 22 个交易日内资产管理规模，并在此基础上确定相应的业务收入。

④整体损失状况。

整体损失情况 = 潜在损失 + 营业费用 - 潜在收益 （14）

（2）流动性测试。

流动性压力测试是分析极端情况下的现金流入和流出状况，确保有足够资金履行偿付义务。

①现金流入。

在发生小概率极端事件的情况下，比较确定的现金流入包括未来22个交易日内即将到期的国债、中央银行票据；即将获付的国债和中央银行票据利息；经纪业务收入和资产管理业务收入。再加上T日的现金余额，即为极端情况下证券公司在未来22个交易日内的偿付能力。T日的现金余额主要指活期存款以及交易所市场逆回购规模、银行间市场以银行为对手方的逆回购规模等。

②现金流出。

现金流出主要包括未来22个交易日内到期的债务、员工工资支出以及其他支付义务。同时，压力测试时还须将基差扩大、期货保证金提高、期货投资损失等因素引起的现金流出涵盖在内。

③现金净额。

$$现金净额 = 现金流入 - 现金流出 \quad (15)$$

3.1.3 实施频率

压力测试可分为定期测试和不定期测试。定期压力测试又可分为年度压力测试和月度压力测试。

对于年度压力测试，主要是指在预算制定过程中，应开展相应的压力测试，以事前全面、深入评估公司的风险承受能力，评估预算的合理性、可行性，确保各项业务按预算规模开展可能发生的最大损失在承受能力范围内。为动态反映风险承受能力，证券公司还应在每月末开展压力测试。

证券公司在证券市场出现大幅波动时以及在扩张传统业务、开展创新业务、重大对外投资、重大资产购置、派发现金股利前应开展不定期的压力测试，并根据压力测试结果和风险承受能力合理调节相应的业务规模，避免因业务拓展而使潜在风险超出证券公司的承受能力。

3.1.4 关于反向压力测试

反向压力测试（Reverse Stress Testing）是从假设的压力测试结果出发（比如假定风险控制指标不符合监管要求、流动性不足或者清偿力不足等），反过来分析哪些事件可能会引发这些结果。反向压力测试属于一种逆向思维，有助于金融机构全面诊断可能面临的致命风险，将容易被忽略的问题重新引入视野，并采取相应的风险控制措施，从而提升风险管理水平。

《压力测试合理实践和监管原则》也十分注重对反向压力测试的运用，并指出了反向压力测试具有突出作用的3大领域：一是传统风险管理模型显示业绩特别好的业务；二是还未发生过严重压力的新产品和新市场；三是在不具有双向流动性的市场上的风险头寸。

因此，对于一个市场机制还不完善的市场、一个逐步发展和创新的市场，我国证券公司需有效运用反向压力测试工具，加强压力测试的全面性和科学性，提升风险控制能力。

3.2 风险承受能力衡量标准

证券公司的风险承受能力包括两个方面：对损失的承受能力和资金及时支付能力。

3.2.1 损失承受能力

（1）压力测试条件下的净资本计算。

自2006年以来，我国证券公司实行以净资本为核心的风险控制指标量化管理体系。对证券公司面临小概率极端事件下的风险承受能力，同样可以净资本为基础进行评估。压力测试时证券公司的净资本为：

净资本 =（净资产 - 压力测试下证券公司可能发生的总体损失）- ∑（（金融资产i现值 - 该资产压力测试下可能发生的损失i）×净资本扣减比例i）- 其他资产的风险调整 - 或有负债的风险调整 -/+ 中国证监会认定或核准的其他调整项目 （16）

根据证监会的规定，固定资产等须全额扣减净资本，因此在压力测试过程中没有必要测算固定资产等可能发生的损失。

（2）各项金融资产的损失测算。

运用Copula模型蒙特卡洛模拟法作压力测试时，证券公司可能发生的总体损失是直接的测算对象，结论比较明确，但各项金融资产分别可能发生的损失却不能直接获取。对此，可利用GARP（Global Association of Risk Professionals，全球风险管理专业人士协会）推荐的方法进行处理。

假设金融资产组合的收益率为 r_p，组合中有 n 项金融资产，第 i 项金融资产的收益率为 r_i，第 i 项金融资产在组合中的权重为 ω_i。运用Copula模型对各项金融资产收益率的联合分布（r_1，$r_2 \cdots\cdots r_n$）作100 000次蒙特卡洛模拟（$r_1^{\,j}$，$r_2^{\,j} \cdots\cdots r_n^{\,j}$），$j=1$，$2\cdots\cdots 100\ 000$。第 j 次模拟的组合收益率 $r_p^{\,j}=\sum_{i=1}^{n}\omega_i \times r_i^{\,j}$，然后按 $r_p^{\,j}$ 由小到大进行排序 $r_p^{(1)}$，$r_p^{(2)} \cdots\cdots r_p^{(100\,000)}$。排序结果及对应的各项资产收益率如表12所示。

表 12　　各项金融资产损失测算表

组合收益率 r_p	金融资产 1 收益率 r_1	金融资产 2 收益率 r_2	……	金融资产 n 收益率 r_n
$r_p^{(1)}$	${}^1r_1$	${}^1r_2$	……	${}^1r_n$
$r_p^{(2)}$	${}^2r_1$	${}^2r_2$	……	${}^2r_n$
$r_p^{(3)}$	${}^3r_1$	${}^3r_2$	……	${}^3r_n$
……	……	……	……	……
$r_p^{(100)}$	${}^{100}r_1$	${}^{100}r_2$	……	${}^{100}r_n$
$r_p^{(101)}$	${}^{101}r_1$	${}^{101}r_2$	……	${}^{101}r_n$
……	……	……	……	……
$r_p^{(100\,000)}$	${}^{100\,000}r_1$	${}^{100\,000}r_2$	……	${}^{100\,000}r_n$

根据表 12，在 99.9% 的置信度下，组合在压力测试下所对应的损失率 $L_p = \frac{\sum_{j=1}^{100} r_p^{(j)}}{100}$，第 i 项金融资产所对应的损失率 $L_i = \frac{\sum_{j=1}^{100} {}^j r_i}{100}$。

（3）损失承受能力衡量标准。

对损失承受能力，可根据压力测试下的净资本及各项业务规模计算相应的风险控制指标。各项风险控制指标的压力测试结果应该不超过监管预警标准。

3.2.2　及时资金支付能力

证券公司的资产主要是流动性较高的证券投资，变现能力较强，但在小概率极端的情况下，变现能力可能有所减弱。因此，为确保证券公司在任何时候都有充足的资金支付能力，压力测试下的现金净额应大于零。

3.3　业务规模调整策略

3.3.1　业务规模调整的决策标准

为最大化证券公司价值，资本配置决策应以收益最大化、风险最小化为原则，即在风险一定的情况下追求收益最大化；在收益一定的情况下，追求风险最小化。在实施压力测试后，若结果显示潜在风险超过了证券公司的承受能力，则应按照该原则对各项业务规模进行调整，确保潜在风险不会对证券公司持续经营产生重大影响。

具体而言，在根据压力测试结果合理调节业务规模、有效配置资本的过程中，应以 RAROC（风险调整后资本收益率——Risk Adjusted Return on Capital）为决策工具，实现风险和收益的最优化平衡。RAROC 的一般计算公式为：RAROC = 调整后净收益/风险资本。

3.3.2　以 RAROC 为决策标准的必要性分析

（1）全面风险管理的需要。

全面的风险管理可以分为紧密相关的两大部分内容：风险分析和风险决策。风险分析是指利用各种风险测量技术对各项经营活动和拟开展项目进行风险评估，衡量证券公司所面临的风险水平。风险决策又可以分为狭义的风险决策和广义的风险决策。狭义的风险决策是指根据风险分析的结果，对公司的经营活动和拟开展项目给出风险控制建议；广义的风险决策是指基于公司的发展战略和风险分析结果，将有限的资本在各业务间进行分配，力争实现与公司风险战略相匹配的合理收益甚至实现超额收益，从而使股东价值得到增值。

（2）改进传统决策指标缺陷的需要。

在传统的投资决策指标中，通常以预期投资收益率（“预期收益/投资规模”）为中心，而忽视了对风险的足够关注。收益率越高，投资规模越大。然而，收益与风险往往是正相关的，收益越大，风险越大。忽视风险因素的决策指标必然导致风险的急剧增加，酿成不可挽回的严重后果。

随着我国资本市场的进一步发展，在股指期货等金融衍生产品逐步推出之后，证券公司的收益风险特征将会发生深刻变化。衍生产品投资既可能给证券公司带来高收益的投资机会，也会带来高风险。因此，在业务决策过程中，应综合分析收益和风险，以 RAROC 指标为决策工具对各种业务进行横向比较，并据此进行资产最优化配置。

3.3.3 RAROC 决策框架

（1）RAROC 计算公式。

在不同的文献中，RAROC 的计算方法有所不同。在假设证券公司资金有限及存在无风险利率的情况下，RAROC 的计算公式为：

$$RAROC_i = \frac{V_i \times (r_i - r_f)}{CVAR_i + V_i \times r_f} \tag{17}$$

其中，$RAROC_i$ 是第 i 中业务的绩效指标，$CVAR_i$ 表示业务 i 对证券公司总体风险水平的贡献（即成分 VAR），V_i 表示业务 i 的规模，r_i 和 r_f 分别代表业务 i 的收益率和风险收益率。

需要说明的是，RAROC 计算公式的分母是业务 i 的 CVAR，是考虑了风险分散化的结果，而不是业务 i 的 VAR。如果采用 VAR 代替 CVAR，则可能出现资产配置的严重错误。

（2）最优化决策准则。

最优化决策过程实质上是在一定约束条件下最大化收益的过程。约束条件包括了证券公司的资金规模和风险承受能力。若以各项风险控制指标不超过监管预警标准为风险承受能力标准，则最优化资本配置决策可以表述为：

$$\begin{cases}\text{目标函数：}\max\Delta\overline{V}_p = V_p\sum_{i=1}^{n}\omega_i \times r_i \\ \text{约束条件：}\begin{cases}I_p \geqslant V_p \\ \text{各风险控制指标压力测试结果不超过监管预警标准}\end{cases}\end{cases} \quad (18)$$

其中，I_p 为证券公司的可用资金总规模，n 为证券公司的业务种类，ω_i 为第 i 项业务的权重，r_i 为第 i 项业务的收益率，V_p 为业务总规模。

经处理，上述公式可转为求取（ω_1，$\omega_2\cdots\cdots\omega_n$）的最优取值（$\omega_1^*$，$\omega_2^*\cdots\cdots\omega_n^*$），以使 $RAROC_1^* = RAROC_2^* = \cdots\cdots = RAROC_n^*$。

然而，由于各风险因素分布的复杂性，（ω_1^*，$\omega_2^*\cdots\cdots\omega_n^*$）并不存在解析解，只能运用数值方法近似求解。对此，可模拟大量的（ω_1，$\omega_2\cdots\cdots\omega_n$）组合，选择使各业务 $RAROC_i$ 最接近的（ω_1^*，$\omega_2^*\cdots\cdots\omega_n^*$）作为最优配置方案。

3.3.4 关于 RAROC 局限性的讨论

RAROC 计算需要大量用于评估业务风险及不同风险间相关性的样本数据，因此主要适用于对不同种类证券投资（如股票、国债、企业债、衍生产品等）的资产配置决策，而对资产管理、经纪业务、承销业务、固定资产投资和市场开发投入等，由于难以准确计算 RAROC，导致以不同业务 RAROC 相等作为相关资产配置准则的适用性降低。

若因资产管理业务和经纪业务规模急剧增加导致相应风险资本准备快速增加，使得证券公司压力测试的整体风险控制指标达到或接近监管预警标准，则由于资产管理业务和经纪业务风险较小，收益可靠，其 RAROC 通常较高，因此应优先满足两者规模扩张的需要，而对证券投资等业务规模作适当调整。

对承销业务，特别是 IPO 承销业务，由于其对风险控制指标的影响时间相对较短，若压力测试结果显示风险控制指标达到或接近监管预警标准，则在适当增加承担包销义务的分销商的基础之上，对调整比较灵活的证券投资业务规模等作临时性限制。

对固定资产投资和市场开发投入等，由于其效益难以估计，无法准确计算其 RAROC 的大小，因此应根据证券公司的经营战略，采用其他决策工具进行处理。一旦形成相应预算，就应优先满足，非经董事会或股东大会批准就不再调整。

4. 案例分析

为综合运用前文所构建的压力测试方法体系，验证模型的可靠性和适用性，本节以 A 证券公司 2007 年末的实际数据作年度压力测试。案例内容涉及了单因素分析、多因素分析、风险承受能力衡量以及业务规模调整等各个方面的内容，包含了对 GPD 模型、Copula 模型以及 RAROC 模型以及证券公司风险控制指标等的综合运用。案例原始数据见附表 3 和附表 4。

4.1 单因素分析

A 证券公司的单因素分析应分别测算股价指数变动、利率变动、波动率变动以及信用风险和操作风险等可能导致的最大损失。

（1）股价指数下跌。

A 证券公司面临股价指数大幅下跌风险的投资包括了股票、证券投资基金和可转债。股票投资规模 = 26 亿元 + 25 亿元 = 51 亿元。对可转债，将其分解为纯债价值和权证价值两部分（纯债券部分价值 = 2 亿元/（100/13.85 × 9.48 + 85.61）× 85.61 = 1.11 亿元，认购权证份数 = 2 亿份/（100/13.85 × 9.48 + 85.61）×（100/13.85）= 0.0937 亿份）。由于投资规模较大，因此假定风险分散比较充分，不考虑非系统风险。

损失风险 = 股票投资损失 + 证券投资基金损失 + 可转债所含权证投资损失 = 51 ×（− 32.87%）+ 2 ×（− 32.87%）+ 0.0937 ×（0.774 × 16.6 ×（−32.87%）+ 0.5 × 0.02 ×（16.6 ×（−32.87%））^{2}）= −17.78 亿元。

（2）利率大幅上升。

A 证券公司面临利率大幅上升风险的投资包括货币市场基金、短期融资券、国债、中央银行票据、金融债、可转债、企业债。

损失风险 =（1 亿元 + 1 亿元 + 2 亿元 + 4 亿元 + 9 亿元 + 1.11 亿元 + 12 亿元）×（−3 × 0.0142 + 0.5 × 11.5 × 0.0142^2）= −1.25 亿元。

（3）波动率大幅下降。

A 证券公司面临波动率大幅下降风险的投资为可转债所嵌套的 0.0937 亿份权证。损失风险 = 0.0937 × 9.985 × 68.13% ×（−64.75%）= −0.41（亿元）。

（4）信用利差大幅上升。

A 证券公司面临信用利差大幅上升风险的投资包括货币市场基金、短期融资券、可转债和企业债。对于特种金融债，由于存在国家信用隐性担保，因此不考虑信用风险。A 证券公司的信用风险敞口 = 1 亿元 + 1 亿元 + 1.11 亿元 + 12 亿元 = 15.11 亿元，损失风险 = 15.11 亿元 ×（−3 × 0.0328 + 0.5 × 11.5 × 0.0328^2）= −1.39 亿元。

（5）操作风险因素。

根据“公式（8）”和附表 4 数据，压力测试下操作风险的潜在损失等于 5.89 亿元。

（6）风险集中度评估。

综上所述，A 证券公司风险大量集中于股价指数大幅下跌上，占总亏损之和（17.78 + 1.25 + 0.41 + 1.39 + 5.89 = 26.72，此处不考虑分散化作用）的比例高达 66.54%，集中度相当高。因此，A 证券公司应对其股票投资规模、风险承受能力、风险收益平衡等作深入、全面的评估，分析业务配置规模的合理性。

4.2 多因素分析

4.2.1 整体损失测试

（1）金融资产组合潜在损失。

对 A 证券公司的金融资产组合，将其分为风险收益不同的 4 个组成部分：股票（含股票和证券投资基金）、无信用风险债券投资（含货币市场基金、国债、中央银行票据、特种金融债）、可转债和企业债，各自的规模分别为 53 亿元、15 亿元、2 亿元和 14 亿元。由于未能获取 A 证券公司 2008 年度预算信息，因此假设相应的投资规模已达到预算规模的上限值。

利用 GPD 模型和 Copula 模型作 100 000 次蒙特卡洛模拟，在 99.9% 置信度下，金融资产组合所对应的 ES 为 16.901 亿元，损失幅度为 20.12%。其中，股票投资的损失为 15.234 亿元，无信用风险债券投资损失为 0.003 亿元，可转债投资损失为 0.371 亿元，企业债投资损失为 1.293 亿元。

与不考虑分散化作用的损失 20.83 亿元相比，分散化后损失下降幅度为 18.86%。

（2）营业支出和潜在收益。

A 证券公司 2007 年的月均营业支出为 2 亿元，月均资产管理业务收入为 0.58 亿元。在未来的 22 个交易日内，假设 A 证券公司的营业支出和资产管理收入与 2007 年的月均水平保持一致。

A 证券公司 2007 年的经纪业务市场占比为 0.94%，佣金率为 0.3%，2007 年末股票市场总市值为 399 210.87 亿元，因此，2007 年末未来 22 个交易日内的最低经纪业务收入为 1.17 亿元。

（3）整体损失。

A 证券公司在压力条件下可能发生的最大损失 = 16.901 亿元 + 5.89 亿元 + 2 亿元 − 0.58 亿元 − 1.17 亿元 = 23.041 亿元。其中，5.89 亿元为操作风险潜在损失。

4.2.2 风险承受能力评估

假设 A 证券公司为增强旗下子公司的竞争力，在下一年度预算中拟对子公司增资 2 亿元，另对技术系统改造升级和扩张营业网点等其他业务增加固定资产投资 2 亿元。实施压力测试前后的净资本测算如附表 5 所示。

根据附表 5，实施压力测试前，A 证券公司“自营权益类证券及证券衍生品/

净资本”=（26+25+2）/72.01=73.60%，未超过监管预警标准（80%）。实施压力测试后，“自营权益类证券及证券衍生品/净资本”=（18.53+17.81+1.43）/46.89=80.55%，超过监管预警标准。因此A证券公司应对其相关业务规模作合理调整。

4.3 业务规模调整策略

利用RAROC模型，对A证券公司证券投资的最优资本配置策略进行研究。

4.3.1 业务预期收益率测算

在确定业务规模调整策略的过程中，合理确定预期收益率很重要。对预期收益率的确定，既要考虑产品的市场收益率，又要分析自身的投资能力。为简化分析，不考虑A证券公司的投资能力因素，而以市场收益率为预期收益率。

涨跌停板制度实施以后，上证指数在1997－2007年11年间的年几何平均收益率为17.21%，因此对股票投资，以17.21%作预期收益率。

对债券投资收益率，以中证债券指数计算。在2003－2007年5年间（中证债券指数最早数据时间为2002年12月31日），中证国债指数的年几何平均收益率为2.25%，企业债年几何平均收益率为2.53%。因此，对无信用风险债券投资，取2.25%作预期收益率；对企业债投资，取2.53%作预期收益率。

对可转债，以权证的预期收益率和纯债的预期收益率作加权平均。权证预期收益率=股票预期收益率×杠杆=17.21%×（16.60/9.48）=30.14%。因此可转债预期收益率=30.14%×0.4443+2.53%×0.5557=14.80%。

对无风险收益率，取平均活期存款利率为1.42%。

4.3.2 初步分析结论

根据公式 $RAROC_i = \frac{V_i \times (r_i - r_f)}{CVAR_i + V_i \times r_f}$，结合前文给出的各业务在组合中的损失数据，可计算出各业务的RAROC。

股票投资业务：RAROC = 53 ×（17.21% － 1.42%）/（15.234 + 53 × 1.42%）=52.35%；

无信用风险债券：RAROC = 15 ×（2.25% － 1.42%）/（0.003 + 15 × 1.42%）=57.64%；

可转债：RAROC = 2 ×（14.80% － 1.42%）/（0.371 + 2 × 1.42%）= 67.00%；

企业债：RAROC = 14 ×（2.53% － 1.42%）/（1.293 + 14 × 1.42%）= 10.42%。

因此，各种投资的RAROC明显不同。其中，企业债投资的RAROC最小，股票次之，可转债最大。根据不同业务 RAROC 应尽量相等的原则，应适当降低股票和企业债投资的权重，适当增加无信用风险债券和可转债的权重。

4.3.3 业务调整方案

业务调整方案包括两个方面的内容：一是根据各种投资的风险收益特性分析最优资产配置比例；二是根据证券公司风险承受能力确定投资总规模。

（1）最优配置比例研究。

根据资产配置的最优化决策准则，A 证券公司的任务是合理确定股票、无信用风险债券投资、可转债和企业债的投资权重（ω_1^*，ω_2^*，ω_3^*，ω_4^*），使得 $RAROC_1^* = RAROC_2^* = RAROC_3^* = RAROC_4^*$。

然而，由于企业债投资的 RAROC 变化较小，无论怎样调整业务权重，始终在 10% 附近小幅波动，无法实现其 RAROC 与其他投资相等，因此在最优的配置方案中，企业债投资的配置比例应尽量调低。

根据上述分析，在最优化（ω_1，ω_2，ω_3，ω_4）过程中，首先限定 ω_4 小于 5%，而 ω_1、ω_2、ω_3 的上限可取值 100%。限定 ω_4 小于 5% 的目的在于对其作一个象征性配置，这虽然偏离了最优化决策准则，但是可能存在对其作少量配置的必要。

最优化过程的求解结果如下：

股票权重 $\omega_1 = 50.58\%$，$RAROC_1 = 53.11\%$；

无信用风险债券权重 $\omega_2 = 41.53\%$，$RAROC_2 = 53.28\%$；

可转债权重 $\omega_3 = 5.72\%$，$RAROC_3 = 53.37\%$；

企业债权重 $\omega_4 = 2.17\%$，$RAROC_4 = 10.32\%$。

与现有组合的权重（股票 63.10%，无信用风险债券 17.86%，可转债 2.38%，企业债 16.67%）相比，股票权重和企业债权重明显下降，无信用风险债券和可转债明显上升，与前文的初步分析结论一致。相应数据汇总在表 13 中。

表 13　　最优配置数据汇总表

	最优配置权重	RAROC	在整体压力测试中的损失幅度
股票	50.58%	53.11%	-28.31%
无信用风险债券	41.53%	53.28%	-0.14%
可转债	5.72%	53.37%	-23.64%
企业债	2.17%	10.32%	-9.36%
全部投资损失幅度	—	—	-15.93%

（2）总规模调整策略。

按表13调整业务配置结构，在总规模保持84亿元不变的情况下，股票投资减少了10.5亿元。实施压力测试后，“自营权益类证券及证券衍生品/净资本”=30.46亿元/48.41亿元=62.92%，符合监管要求，风险在承受能力范围内，因此可不调减证券投资总规模。调整后的净资本计算见附表6。在净资本计算过程中，假设关于各品种内部的明细配置比例与现有比例保持一致。

然而，实际情况是A证券公司并未调减其2008年度股票投资规模，在市场大幅波动的情况下，最终面临较大亏损，并对其上市进程产生重大不利影响。

5. 运作保障措施

5.1 组织体系及运作机制

巴塞尔委员会在《压力测试合理实践和监管原则》中总结金融危机所揭示的压力测试的缺陷时，首先指出组织体系和运作机制存在问题：压力测试方案没有经过内部广泛讨论和履行恰当的决策程序，压力测试仅是风险管理部门的孤立行为，压力测试结果未纳入业务决策之中等等。因此，为增强压力测试的执行力，真正将压力测试融入公司决策和经营行为之中，必须建立完善的组织保障和运作机制。

5.1.1 构建健全的组织体系

证券公司风险管理组织体系由包括董事会及其风险管理委员会、高级管理层、各职能部门及业务部门等层次构成。对于实施压力测试而言，强化董事会和高级管理层的责任至关重要，压力测试制度和总体方案须经董事会及其风险管理委员会批准，董事会和高级管理层在作出重大决策前须开展压力测试。

（1）董事会及其风险管理委员会。

董事会作为公司决策层，对压力测试负最终责任。在全面压力测试机制中，董事会及风险管理委员会的职责主要包括：审批压力测试基本制度和总体方案，定期评价其有效性；在重大决策中需根据压力测试结果评估风险承受能力；督促高级管理层贯彻落实压力测试相关规定；审批管理层提交的压力测试开展情况报告和外部审计机构提交的压力测试审计报告，对发现的问题督促管理层予以及时妥善解决；向股东大会提交包括压力测试执行情况在内的年度全面风险管理报告。

（2）高级管理层。

在压力测试机制中，高级管理层负责制订压力测试制度和总体方案；组织相关部门和专家对各种压力测试情景作深入、全面、谨慎的讨论分析；定期或在重大决策前、发生重大风险事件后及时开展压力测试，并制订重大业务调整或经营战略调整方案；执行董事会及其风险管理委员会的压力测试有关决议；定期向董事会及其风险管理委员会提交压力测试开展情况报告，并根据监管要求向监管机构报告压力测试的执行情况。

（3）职能部门和业务部门。

①风险管理部门。

风险管理部门是证券公司风险管理的职能部门，负责对各类风险进行识别、评估、监测、控制和报告。对于压力测试，风险管理部门负责拟订压力测试制度和总体方案；按规定执行压力测试，对压力测试结果揭示的潜在风险点和脆弱环节提出业务调整建议。此外，风险管理部门还应加强对压力测试的研究，向高级管理层和董事会提出更新的压力测试机制和方法的建议。

②财会管理部门。

根据企业会计制度和公司业务发展的需要，及时更新财会财务数据，根据谨慎性原则和监管规定充分计提资产减值准备。同时，财会管理部门还应就公司的流动性状况和融资能力进行定期评估，根据公司压力测试结果提出流动性解决措施。

③审计部门。

定期或不定期对压力测试运作情况进行内部稽核和评价，及时报告发现的问题，并提出相关的整改建议。

④IT 技术支持部门。

IT 技术支持部门负责开发、维护相应的压力测试系统，并根据压力测试发展的需要对系统进行升级和更行。

⑤各业务部门。

各业务部门须根据授权额度严格控制规模；对授权范围内的业务定期开展压力测试，并在重大业务决策前对相应的项目实施压力测试。各业务部门还应积极配合风险管理部门的压力测试工作，及时向风险管理部门提供压力测试所需的各项业务数据。

5.2.2　制定规范的运作机制

（1）制度机制。

证券公司应制定包括压力测试基本制度和总体方案在内的完整的压力测试规章制度，以建立层次分明、职责明确的管理体系和标准的操作流程，明确相关部门和岗位的职责。

压力测试基本制度应包括总体目标、组织体系、情景制定流程、风险容忍度、内部报告内容与方式、业务规模调整原则、技术支持系统规范、监管信息报送等方面的内容；压力测试总体方案应包括压力测试方法、情景、总体风险评估模型、结果评价标准、实施频率以及应急处理措施等方面的内容。压力测试方法应与证券公司业务规模及其复杂程度相适应，实施频率应与压力测试因素的性质以及证券公司的风险管理能力相适应。

（2）执行机制。

证券公司应按规定定期、不定期认真开展压力测试，对结果进行深入分析，对所揭示的风险点和脆弱环节予以特别关注，按照预先确定的原则、方法和触发条件，决定是否采取相应的业务调整措施和应急处理措施，提高压力测试的执行力，坚决避免流于形式。

（3）保障机制。

证券公司董事会和高级管理层应积极推动压力测试的研究和应用，为压力测试提供充分的资源保障，包括人员、培训、技术、设备等。证券公司内部要确定相关部门或组成跨部门工作小组负责管理和协调本公司的压力测试工作。

证券公司应建立压力测试信息技术系统。该系统应既能整合不同风险和业务的数据，开展公司总体层面的压力测试，又能针对特定风险或业务作个性化的压力测试。同时，技术系统须能够自动预警并为资本配置决策提供支持。

（4）信息沟通、报告机制。

证券公司内部须建立顺畅的信息沟通机制，确保各项数据和风险信息能够快速准确地汇集到总体压力测试评估部门，压力测试结果能够按照独立的报告路径及时向高级管理层和董事会报告，高级管理层和董事会决策能及时准确下达。

（5）监督约束机制。

内部审计部门应定期或不定期地对压力测试的有效性进行评估，其中包括是否按照公司制度实行了压力测试；压力测试方案及其调整是否经过核准；压力测试所用数据是否及时、可靠、完整；是否履行了必要的报告程序；根据压力测试结果提出的整改意见和纠正措施是否执行到位；信息技术系统是否符合压力测试的要求等等。

证券公司应自觉接受外部监督，定期、不定期向监管机构上报压力测试开展情况。

5.2 技术支持系统

在证券行业全面信息化、网络化的今天，信息技术已成为证券公司风险管理体系建设的必要支撑。压力测试不仅涉及对大量数据的复杂处理，而且在及时性、实施频度等方面都有很高的要求，因此，应建立稳定高效的压力测试技术系统。

5.2.1 总体要求

为构建稳定高效的压力测试技术系统，全面支持压力测试工作，在系统的设计规划上应坚持高效性、可扩展性和可维护性原则，并满足如下要求：

(1) 系统架构。系统的设计应采用先进、成熟的架构，满足局域网内多用户同时访问的需求，并具备向监管机构开放查询接口的功能。

(2) 信息安全。对关键信息的传输和存储采用加密措施；对用户的登录、数据录入、修改等操作记录详细的日志；提供可靠的访问控制和权限管理机制等。

(3) 备份机制。系统应具备完整的备份机制和应急恢复机制。应急恢复方案应定期测试，确保能够在规定的时间内恢复。

(4) 技术审计。压力测试技术系统应纳入公司技术审计范围。

5.2.2 技术系统构建

(1) 总体框架。

压力测试技术系统的总体框架由 4 个部分组成：数据采集转换模块、数据库、数据计算模块及系统应用模块。4 部分有机结合，形成一套完整的技术流程，以有效的支持证券公司敏感性分析和压力测试工作的开展。见图 3。

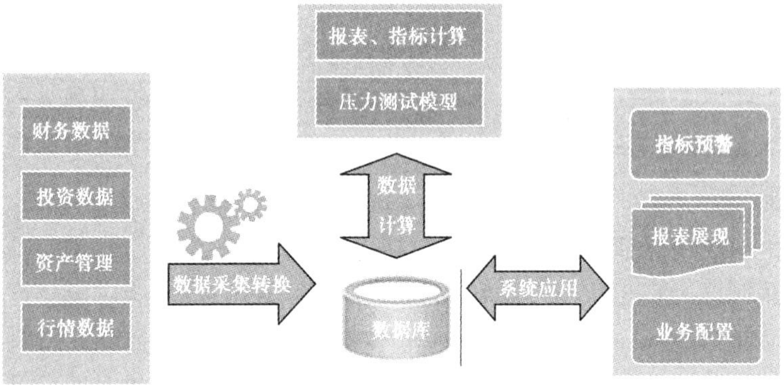

图 3 压力测试技术系统整体框架图

(2) 数据采集与转换。

技术系统可采用 DTS（数据转换服务）的 COM 编程接口开发建立灵活、高效的自动化数据采集工具，通过参数化设计提供丰富的配置功能，以支持多种数据库和文件的采集，并提供手工录入数据的接口。为确保数据的准确性、有效性，对于系统自动采集的数据，应建立校验机制；对于手工录入的数据系统提供双人复核机制。

压力测试技术系统涉及证券公司的所有业务，数据范围广、数据量大、数据接口及数据格式多种多样，因此需要进行相关数据的转换。为了支持数据补录、财务调账，数据转换应支持回退处理，对一段时间的数据进行重新转换处理。但同时为了防止因过度回退导致历史数据的丢失，回退期应有所限制，如将回退期设定为最近的一个月。

（3）数据库设计。

数据库作为整个系统的核心，对系统的功能、性能及可扩展性起决定性作用，因此，数据库模型的设计要充分考虑压力测试技术系统的特性，合理的规划表空间、设计表结构。

为支持数据转换的要求，数据库表空间应划分成临时数据表空间和核心数据表空间，以确保核心数据库的简洁，提高数据处理速度，作为长远考虑还应规划历史数据表空间用以存放分离出来的历史数据。

表结构的设计应遵循数据库设计原则，合理的规划表之间的关联，控制数据的冗余度，确保数据的一致性。

（4）数据计算。

压力测试的算法主要包括单因素分析模型、多因素分析模型以及业务规模调整模型。计算模型采用参数化设计，将算法固化入自定义的计算函数内，由计算函数根据模板内设定的计算公式以及输入的计算日期等相关参数，直接返回计算结果。同时，计算函数应具有较高的执行效率和灵活性。为直观地展示压力测试计算过程，系统应支持对中间步骤数据的保存和提取，并展示测试结果与原始数据的比对情况。

（5）系统应用。

系统应用含参数输入和测试结果展示。从界面友好性角度考虑应具备如下功能。

①参数输入。

在实施压力测试过程中，对需手工录入的相关参数，如业务预期收益率等，技术系统应提供相应的输入界面。

②测试结果展示。

压力测试技术系统数据的展示和输出主要采用报表形式，通过选择日期能即时地生成所需报表。报表展示系统应提供相应的业务配置结构数据，并支持多种数据格式的导出。同时，系统应可以自动刷新预警界面，对于预警、超标的指标或者变动幅度超过20%的指标在输出界面上采用醒目的颜色标示。

5.3 监管环境

压力测试是一项复杂的系统工程，既存在方法上和技术上的难题，又在执行过程中面临挑战，这都要求监管机构在压力测试过程中发挥积极作用。

压力测试研究的是小概率极端事件，这决定了它自然缺乏足够的用于支持研究的数据。此外，由于人和机构都是有限理性的，在危机下的行为具有不确定性，面对同样的环境可能会采取截然不同的决策，从而可能会从根本上造成不同的后果，从而增加了危机下金融系统运行的不确定性和复杂性。因此，对压力测试的研究具有很高的挑战性。对此，监管机构可利用自身的资源优势，整合行业内的力量作积极研究，并提出相应的对策。

另外，小概率特性也决定了金融机构行为容易滋生侥幸心理，需要来自于监管机构的外部监督，以加强压力测试的有效实施与应用。

5.3.1 巴塞尔委员会对监管机构的要求

(1) 监管机构应定期、全面地评估金融机构实施压力测试的方案。

(2) 在发现金融机构的压力测试方案存在严重缺陷或者压力测试未有效纳入决策机制中时，监管机构应要求其采取相应的整改措施。

(3) 监管机构应评估金融机构整体压力测试的范围及相应的压力测试幅度，并在必要时要求金融机构对其合理性进行证明。监管机构可要求金融机构对特定组合和风险作敏感性分析，采用特定情境作压力测试，开展反向压力测试。

(4) 监管机构应将检查金融机构压力测试结果作为监管内容的一部分。在评估资本充足性和流动性时，尤其应考虑前瞻性压力测试的结果。

(5) 监管机构应考虑实施基于行业标准的普遍情景压力测试。

(6) 监管机构应与其他部门、金融业开展建设性对话，以识别系统的薄弱环节。监管机构应具备评估金融机构压力测试方案的能力和技巧。

5.3.2 加强我国证券行业压力测试监管措施的建议

对照巴塞尔银行监管委员会的相关指引，并结合国内外的实践情况，可从如下几方面加强对我国证券行业压力测试的监督管理和指导。

(1) 制定证券行业的压力测试管理办法。

目前证券行业尚无关于实施压力测试的专门制度，各证券公司对实施压力测试认识不一，方法各异。对此，监管机构可在总结各证券公司做法和经验的基础上，制定符合我国证券行业发展要求的压力测试管理办法，对压力测试目标、基本原则、基本方法等作出规定，强化证券公司董事会在实施压力测试中的最终责任，并建立定期检查和报告制度，从制度层面上确立压力测试作为风险监管手段的作用，帮助证券公司形成自我约束、自我管理的机制。

(2) 构建适合我国证券市场的压力测试情景和测算模型。

在吸收、借鉴国外经验的基础上，监管机构可对资本市场的内生性风险和非线性风险等问题进行研究，开发适合我国证券市场的压力测试情景和测算模型，并在证券公司压力测试基础上，引入行业整体压力测试，评估潜在金融危机等极端事件对金融系统稳定性的影响。

（3）加强对证券公司实施压力测试的监督管理。

监管机构定期或不定期针对证券公司压力测试的实施情况进行检查评估，将压力测试实施情况作为考核证券公司风险管理能力的一个重要指标，纳入证券公司分类评价体系。

（4）加强对证券公司实施压力测试的指导。

监管机构可加强对证券公司的指导，通过组织各种培训和交流帮助证券公司积极学习先进的风险管理理念和技术。

6. 结论与展望

本文对压力测试的各有机组成部分作了深入分析和阐述，从实际案例分析来看，适用性和针对性较强。

但本文仍遗留了一些问题尚需继续研究。例如，对操作风险的计量仍然停留在标准法阶段，这可能不利于证券公司积极分析并控制各潜在风险点。又如，在场外衍生品市场发展后，交易对手的信用风险会日益突出，而本文对此尚未涉及。

目前，金融危机可能已经过去，但各国对压力测试的进一步研究却方兴未艾，压力测试在风险管理中的地位将逐渐提高。对此，我们继续深入研究，不断完善，提高压力测试的方法和措施，持续为提升行业风险管理能力作出积极贡献。

附录：

附表1　　巴塞尔委员会关于操作风险的详细界定

事件类型（1级目录）	定义	2级目录
内部作假（internal fraud）	包括如下事件所产生的损失：故意骗取、盗用财产；违反监管规章、法律或公司政策。此类事件至少涉及内部一方，但不包括性别、种族歧视事件	未经授权的活动；盗窃和欺诈
外部欺诈（external fraud）	第三方故意骗取、盗用财产或逃避法律导致的损失	盗窃和欺诈；系统安全性
就业制度和工作场所安全（employment practices and workplace safety）	包括如下事件所产生的损失：违反就业、健康、安全方面的法律或协议；个人工伤赔付或者性别、种族歧视事件	劳资关系；安全性环境；性别及种族歧视事件；

续表

事件类型（1级目录）	定义	2级目录
客户、产品及业务活动（client, products & business practices）	包括如下事件所产生的损失：因疏忽未对特定客户履行份内义务（如信托责任和适当性要求）；产品性质或设计缺陷	适当性、披露和信任责任；不良的业务或市场行为；产品瑕疵；客户选择、发起或风险敞口；咨询业务
实物资产损坏（damage to physical assets）	实体资产因自然灾害或其他事件丢失或毁坏导致的损失	灾害和其他事件
营业中断和信息技术系统瘫痪（business disruption and system failure）	业务中断或系统失败导致的损失	系统
执行、交割及流程管理（execution, delivery & process management）	交易处理或流程管理失败和因交易对手方及外部销售商关系导致的损失	交易认定，执行和维护；监控和报告；招揽客户和文件记录；个人、企业客户账户管理；交易对手方；外部销售商和供应商

附表2　　　　巴塞尔协议各业务条线的资本系数

业务条线收入	资本系数	单项资本要求
公司金融	18%	18% ×公司金融总收入
交易和销售	18%	18% ×交易和销售总收入
零售银行业务	12%	12% ×零售银行业务总收入
商业银行业务	15%	15% ×商业银行业务总收入
支付和清算	18%	18% ×支付和清算总收入
代理服务	15%	15% ×代理服务总收入
资产管理	12%	12% ×资产管理总收入
零售经纪	12%	12% ×零售经纪总收入
其他项	18%	18% ×未能划入上述8类业务条线的总收入

注：在巴塞尔协议中，金融机构业务分为公司金融、交易和销售、零售银行业务、商业银行业务、支付和清算、代理服务、资产管理和零售经纪及其他等9项业务。其中，公司金融产品线包括公司融资、政府/机构融资、商人银行、咨询服务等内容；交易销售产品线包括销售，做市、自营、资金等内容；零售银行产品线包括零售银行业务、私人银行业务、银行卡业务等内容；商业银行产品线包括项目融资、不动产、出口融资、贸易融资、保理、租赁、贷款、担保、汇票等内容；支付与结算产品线包括外部客户的支付和托收、资金转账、清算和结算等内容；代理业务产品线包括托管、公司代理、公司信托等内容；资产管理业务产品线包括可支配基金管理（集合、分散、零售、机构、封闭式、开放式、私募基金）、非可支配基金管理（集合、分散、零售、机构、封闭式、开放式）等内容；零售经纪业务线包括执行指令等全套内容。

附表 3　　A 证券公司资产数据表（2007 年末）

项　目	规　模
净资产	8800000000. 00
金融资产：	
1. 股票	
上海 180 指数、深圳 100 指数、沪深 300 指数成分股	2600000000. 00
一般上市股票	2500000000. 00
2. 货币市场基金	100000000. 00
3. 短期融资券（无担保）	100000000. 00
4. 国债	200000000. 00
5. 中央银行票据	400000000. 00
6. 特种金融债	900000000. 00
7. 证券投资基金（不含货币市场基金）	200000000. 00
8. 可转换债券*	200000000. 00
9. 企业债券（有担保）**	1200000000. 00
其他资产：	
1. 存出保证金	
交易保证金	300000000. 00
履约保证金	1900000000. 00
2. 长期股权投资（不含对上市公司的股权投资）	300000000. 00
3. 固定资产	150000000. 00
4. 无形资产	50000000. 00
5. 递延所得税资产	50000000. 00
6. 应收款项	100000000. 00
7. 抵债资产	100000000. 00
8. 长期待摊费用	100000000. 00
9. 其他	90000000. 00
集合资产计划中投入自有资金享有份额的净额	80000000. 00
净资本金额	

注：* 假设可转债相关数据为纯债价值 85. 61 元，久期 3. 8 年，凸度 18. 3，期权价值 9. 48 元，转股价格 13. 85 元，剩余期限 4 年，delta 为 0. 774，gamma 为 0. 020，vega 为 9. 985，theta 为 − 0. 688，rho 为 22. 316，隐含波动率为 68. 13%，正股价格 16. 60 元。

** 假设 A 证券公司所有债券组合（含货币市场基金、短期融资券、国债、中央银行票据、金融债、企业债、可转债）的久期为 3 年，凸度为 11. 5。

附表4　　A证券公司最近3年的业务收入数据表

	投资银行业务	自营业务	经纪业务	证券资产管理业务
T年	100000000.00	5000000000.00	2500000000.00	700000000.00
T-1年	7000000.00	1800000000.00	600000000.00	300000000.00
T-2年	15000000.00	80000000.00	150000000.00	-30000000.00

附表5　　A证券公司压力测试下的净资本计算表

项　目	期末值		净资本扣减比例	应计期末余额	
	原值	压力测试值		原计算余额	压力测试余额
净资产	8800000000.00	6495900000.00			
金融资产：					
1. 股票					
上海180指数、深圳100指数、沪深300指数成分股	2600000000.00	1852671698.11	10%	260000000.00	185267169.81
一般上市股票	2500000000.00	1781415094.34	15%	375000000.00	267212264.15
2. 货币市场基金	100000000.00	90764285.71	1%	1000000.00	907642.86
3. 短期融资券（没有担保）	100000000.00	90764285.71	6%	6000000.00	5445857.14
4. 国债	200000000.00	199960000.00	1%	2000000.00	1999600.00
5. 中央银行票据	400000000.00	399920000.00	1%	4000000.00	3999200.00
6. 特种金融债券	900000000.00	899820000.00	1%	9000000.00	8998200.00
7. 证券投资基金（不含货币市场基金）	200000000.00	142513207.55	2%	4000000.00	2850264.15
8. 可转换债券	200000000.00	162900000.00	5%	10000000.00	8145000.00
9. 企业债券（有担保）	1200000000.00	1089171428.57	5%	60000000.00	54458571.43
其他资产：					
1. 存出保证金					
其中：交易保证金	300000000.00	300000000.00	0%	0.00	0.00
履约保证金	1900000000.00	1900000000.00	10%	190000000.00	190000000.00
2. 长期股权投资（不含对上市公司的股权投资）					

续表

项　　目	期末值		净资本扣减比例	应计期末余额	
	原值	压力测试值		原计算余额	压力测试余额
其中：对控股基金、期货等其他金融公司股权投资	200000000.00	250000000.00	100%	200000000.00	250000000.00
对其他业务子公司股权投资	100000000.00	250000000.00	100%	100000000.00	250000000.00
3. 固定资产					
其中：所有权权属明确的房产	50000000.00	150000000.00	100%	50000000.00	150000000.00
其他固定资产	100000000.00	200000000.00	100%	100000000.00	200000000.00
4. 无形资产					
其中：交易席位费	20000000.00	20000000.00	50%	10000000.00	10000000.00
其他无形资产	30000000.00	30000000.00	100%	30000000.00	30000000.00
5. 递延所得税资产	50000000.00	50000000.00	100%	50000000.00	50000000.00
6. 应收款项（账龄一年以内（含一年））	100000000.00	100000000.00	10%	10000000.00	10000000.00
7. 长期待摊费用	30000000.00	30000000.00	100%	30000000.00	30000000.00
8. 其他	90000000.00	90000000.00	100%	90000000.00	90000000.00
9. 集合资产计划中的自有资金享有份额的净额	80000000.00	80000000.00	10%	8000000.00	8000000.00
净资本金额				7201000000.00	4688616230.46

附表6　　　　A证券公司业务调整后压力测试下的净资本计算表

项　　目	期末值			净资本扣减比例	压力测试余额
	原值	调整后业务规模	压力测试值		
净资产	8800000000.00	8800000000.00	6537563600.00		
金融资产：					
1. 股票					
上海180指数、深圳100指数、沪深300指数成分股	2600000000.00	2084277735.85	1494218708.83	10%	149421870.88
一般上市股票	2500000000.00	2004113207.55	1436748758.49	15%	215512313.77
2. 货币市场基金	100000000.00	13020000.00	11801328.00	1%	118013.28
3. 短期融资券（没有担保）	100000000.00	13020000.00	11801328.00	6%	708079.68
4. 国债	200000000.00	465136000.00	464484809.60	1%	4644848.10

续表

项　目	期末值			净资本扣减比例	压力测试余额
	原值	调整后业务规模	压力测试值		
5. 中央银行票据	400000000.00	930272000.00	928969619.20	1%	9289696.19
6. 特种金融债券	900000000.00	2093112000.00	2090181643.20	1%	20901816.43
7. 证券投资基金（不含货币市场基金）	200000000.00	160329056.60	114939900.68	2%	2298798.01
8. 可转换债券	200000000.00	480480000.00	366894528.00	5%	18344726.40
9. 企业债券（有担保）	1200000000.00	156240000.00	141615936.00	5%	7080796.80
其他资产：					
1. 存出保证金					
其中：交易保证金	300000000.00	300000000.00	300000000.00	0%	0.00
履约保证金	1900000000.00	1900000000.00	1900000000.00	10%	190000000.00
2. 长期股权投资（不含对上市公司的股权投资）					
其中：对控股基金、期货等其他金融公司股权投资	200000000.00	200000000.00	250000000.00	100%	250000000.00
对其他业务子公司股权投资	100000000.00	100000000.00	250000000.00	100%	250000000.00
3. 固定资产					
其中：所有权权属明确的房产	50000000.00	50000000.00	150000000.00	100%	150000000.00
其他固定资产	100000000.00	100000000.00	200000000.00	100%	200000000.00
4. 无形资产					
其中：交易席位费	20000000.00	20000000.00	20000000.00	50%	10000000.00
其他无形资产	30000000.00	30000000.00	30000000.00	100%	30000000.00
5. 递延所得税资产	50000000.00	50000000.00	50000000.00	100%	50000000.00
6. 应收款项（账龄一年以内（含一年））	100000000.00	100000000.00	100000000.00	10%	10000000.00
7. 长期待摊费用	30000000.00	30000000.00	30000000.00	100%	30000000.00
8. 其他	90000000.00	90000000.00	90000000.00	100%	90000000.00
9. 集合资产计划中的自有资金享有份额的净额	80000000.00	80000000.00	80000000.00	10%	8000000.00
净资本金额					4841242640.45

参考文献

[1] Kimball, R., Innovations in Performance Measurement in Banking, New England Economic Review, 1997, May/Jun: 23 -38.

[2] Mark Swinburne. The IMF's experience with macro stress -testing. Conference Report on Stress -testing and Financial Crisis Simulation Eexercises, July, 2007.

[3] Michael Boss, Gerald Krenn, Claus Puhr, Martin Summer. Systemic risk monitor: A model for systemic risk analysis and stress testing of banking systems. OeNB Financial Stability Report, 2007.

[4] Roncalli, T., Durrleman, A., Nikeghbali, A., (2000), Which Copula Is the Right One?

[5] 高显岳:“压力测试在我国商业银行风险管理中的应用”,西南财经大学,2006年。

[6] 任宇航、孙孝坤、程功等:“信用风险压力测试方法与应用研究”,《统计与决策》,2007(7):101-103。

[7] 上海证监局:“上海辖区证券公司财务与资金状况敏感性分析和压力测试机制建设指导意见(试行)”,2008年。

[8] 中国证监会:“证券公司风险控制指标管理办法”,2008年。

[9] 孙彬、杨朝军、于静:“Copula函数选择对投资组合压力测试的影响分析”,《管理科学》,第22卷第2期:99-105。

[10] 王景斌、王岍、陈世超等:“商业银行流动性压力测试应用与实证分析”,《上海金融》,2008(11):88-92。

[11] 王春峰:《金融市场风险管理》,天津大学出版社,2001年,第356-375页。

(作者单位:中银万国证券股份有限公司)

二等奖

证券公司合规管理制度变迁研究

• 吴　斌　王　可　李如虎　肖红建

1. 本文简介

1.1　本文的目的和调查的主要问题

中国证券行业自2007年开展合规试点工作以来，各证券公司按照中国证监会的要求，开始在公司内部逐步探索和推进合规管理制度的建设。但是，中国证券公司在合规管理制度建设方面普遍缺乏经验，在具体的制度执行机制上面临着一些重大和共性的问题。解决这些问题对于完善中国证券公司合规管理制度、提高合规管理有效性具有重要的意义。

中国证券公司合规制度的理念是从发达资本市场国家引入的。那么，中国证券公司在合规管理制度的建设过程中所遭遇的问题和挑战是否也是发达国家同行们曾经和正在思考和解决的问题呢？发达国家证券公司合规管理的制度变迁是否对中国证券监管机构、自律组织和券商具有重要的启示？如果这些问题的答案是肯定的话，那么中国证券行业无疑应该以全球的视野认真剖析和吸收发达资本市场发展合规管理制度、处置应对合规风险的经验和教训。

本文的主要目的就是通过对发达资本市场国家和中国证券行业合规管理制度变迁历程的研究，对比分析不同市场环境和法制环境下证券公司推进合规管理制度所面临的问题和挑战。特别是考察境外证券公司应对这些挑战的方法和策略，以及这些方法对于中国证券公司的借鉴意义，为中国证券业合规管理的制度建设和执行机制提供政策上的建议。

1.2　基本理论——制度变迁理论和组织行为理论

本文的研究思路和框架主要建立在新制度经济学中有关制度变迁理论（institutional change theory）以及现代管理学有关组织行为理论的基础上。1993 年诺贝尔经济学奖获得者道格拉斯·诺思认为制度由三个部分组成，“正式的规则、非正式的约束（行为规范、惯例和自我限定的行事准则）以及它们的实施特征”[①]。诺思的制度变迁理论将“嵌入在习俗、传统和行为准则中的非正式约束”视为解释制度变迁路径的重要因素，而决定制度变迁方向的关键是制度和组织之间的交互作用[②]。同时，人类意识、个体和社会的认知能力也在文化和制度上影响着变迁的过程[③]。

借鉴制度变迁理论的主要思路和分析框架，中国经济学家们认为，中国经济制度的变革和模式的选择以“制度的导入和本土化”为特色。在中国经济制度的改革初期，制度的推进应保持一定程度的政府强制性要求和手段，以克服传统落后经济模式和文化习惯的惯性轨迹[④]。

虽然制度变迁理论主要集中于对人类社会经济制度变迁历程的讨论，但这并不影响我们借鉴其独特的视角来研究现代证券行业合规管理制度的发展历程。特别是当中外证券监管机构和证券公司都面临着提高证券从业人员合规意识和建设合规文化的共同课题时，制度变迁理论对于环境、制度和组织的互动关系、人的认知和信念的形成、更新及其作用于社会变迁的方式等问题的讨论都对我们选择适合中国国情的合规制度建设路径具有重要的借鉴意义。这是本文重点研究的一个问题。

制度变迁理论的最新发展注重制度演化过程中人的主观心理活动特征对制度变迁路径的影响。这一视角体现在现代管理学中，表现为组织行为学对人与组织的互动关系的研究。组织行为学的视角将个人的行为置于一个组织的多层次架构中[⑤]。个人的行为受到其所处的复杂社会关系的影响而不会绝对遵循经济学中关于“理性人”理性行为选择的假设[⑥]。作为一名公司员工，其行为首先受到所在部门的影响。个人首先通过学习的方式不断接受或遵循部门乃至整个公司的制度和流程。在

---

① North, Douglass C. Toward a Theory of Institutional Change. In W. Barnett et al (eds.), Political Economy, Competition and Representation, Cambridge: Cambridge University Press, 1993, 转载于，韦森：《再评诺思的制度变迁理论》；[美] 道格拉斯·C. 诺思（著），杭行（译），韦森（译审）：《制度、制度变迁与经济绩效》，上海：格致出版社、上海三联书店、上海人民出版社 2008 年版。

② [美] 道格拉斯·C. 诺思（著），杭行（译），韦森（译审）：《制度、制度变迁与经济绩效》，上海：格致出版社、上海三联书店、上海人民出版社 2008 年版。

③ [美] 道格拉斯·C. 诺思（著），钟正生，刑华等（译）：《理解经济变迁过程》，北京：中国人民大学出版社 2008 年版。

④ 王廷科：《现代金融制度与中国金融转轨》，北京：中国经济出版社 1995 年版。李良瑞：“中国金融制度变迁的路径依赖性分析及其思考”，《商业研究》，2005 年第 5 期，第 91 - 94 页。

⑤ 斯蒂芬·P. 罗宾斯，蒂莫西·A. 贾奇著：《组织行为学》，北京：清华大学出版社 2008 年版。

⑥ Jolls, C., Sunstein, C. R., & Thaler, R. A behavior approach to Law and Economics. Stanford Law Review, 1998, 50, pp. 1471 - 1544.

既定的环境和框架下，同事的日常工作和交流在潜移默化中也不断影响着个人的行为。同时，小部门或整个公司的文化也直接影响着个人的价值观和行为准则①。

因此，一个企业员工的行为不仅受到个人因素的影响，其所在部门或公司的组织因素、领导风格、企业文化都可能影响到个人的行为。从这个角度看，合规制度的建立以及执行机制的完善不仅仅需要加强对个人的教育，提高个人素质，更为重要的是要发挥组织的强大影响力，建立完善的合规执行机制，培养良好的合规文化。那么，中外证券公司在推进合规文化的过程中，面临着哪些挑战，各国又是如何创造性地利用组织的优势和制度模型来克服这些问题的呢？这是本文重点关注的另一个问题，也是展开调研的另一个基本思路。

1.3 方法和数据

本文的研究主要采用了实证分析和比较分析的方法，将定性分析与定量工具相结合，归纳总结与实证数据相互印证，确保研究过程的严谨性和分析结论的科学性。

本文在对中外证券公司合规管理制度变迁的研究中，主要采用了定性的方法。21 世纪初在英、美等国证券市场上发生的一系列上市公司丑闻、共同基金丑闻以及前所未有的信用危机迫使各国证券监管部门对证券公司的合规管理制度进行重新反思。英、美等国证券监管部门自 2004 年以来在主要的证券监管研讨会和合规专业人员年会上对目前证券公司合规管理制度的挑战和对策进行了多次总结。本文以这些生动的资料为研究对象，通过对英国金融服务局（Financial Service Authority，FSA）有关官员 2004 -2009 年的 14 篇讲话和美国证监会（Securities Exchange Committee，SEC）官员 2004 -2009 年的 20 篇讲话的内容分析，总结了英、美等国证券公司实施合规管理制度的历程、发现的突出问题和面临的主要挑战。同时，还结合英、美国家证券监管机构、行业自律组织以及德勤、普华永道等著名咨询机构有关合规工作的调研报告，对发达资本市场证券公司合规管理的经验和教训进行了深入分析。

中国证券公司在合规管理工作的起步、推进和进一步深化过程中也积累了大量的经验。本文对数十家国外金融企业、合资券商和中国内资券商进行了广泛调研，并通过公司内部员工访谈掌握了大量合规管理制度建设的资料。结合中国证券公司在各种合规工作会议和研讨会上有关合规管理和创新活动的经验介绍，课题组对中国证券公司推进合规管理制度的一些误区和挑战也进行了分析和总结，

---

① Johns, G. A multi-level theory of self-serving behavior in and by organizations. In R. I. Sutton & B. M. Staw (Eds.), Research in organizational behavior: An annual series of analytical essays and critical reviews. 1999, Vol. 21, pp. 1-38. Stamford, CT: JAI Press Inc.

特别总结了中外证券公司在合规管理过程中所面临的一些共性问题，对发达资本市场证券公司应对挑战的方法和策略进行了讨论。

除了定性研究方法之外，本文还探索使用了定量研究的方法，通过调查问卷的方式，对中国证券公司员工的合规态度和行为进行了调查。调查搜集了证券公司员工的个人自然情况、工作经历、对公司合规管理制度的有效性评价、对合规制度的认知水平、对公司和同事合规工作的态度以及个人涉及合规管理或合规工作的工作量等信息。在定量数据的基础上，课题通过构建不同的统计学模型对证券公司员工合规态度和行为价值观的形成过程和影响因素等命题进行了验证。定量分析的结果在一定程度上印证了前述定性分析的结论，并为课题最终的政策建议提供了实证。

2. 美国证券业合规管理制度变迁研究

2.1 美国证券业合规管理制度的发展

发达资本市场合规制度大多于20世纪八九十年代在相关国家的立法上得到明确的体现，在21世纪初得到了全面的强化。其中美国资本市场的合规制度由于其市场的领导地位而在全球范围内影响最为广泛，最具有代表性。美国证券业合规管理的制度发展可以根据券商业务模式的演变及相关的证券监管法规划分为四个阶段。

2.1.1 合规管理的初期历史（1933年以前）

1914年第一次世界大战爆发后，美国经济得到空前发展。至1929年美国经济大萧条之前，美国对金融业的限制很少，商业银行控制了大部分证券公司。这一阶段的最大特点是混业经营。美国联邦立法在19世纪后期就已开始关于对公众公司信息披露要求的讨论①。但当时证券市场管理法规主要是各州的关于规范证券销售的州法（《蓝天法》，Blue Sky Law），集中在对证券欺诈的控制和有关证券销售许可的规定。

2.1.2 分业经营和合规的“外部监管”（1933－1975年）

20世纪30年代初期的大萧条及其所暴露的普遍的市场操纵等证券欺诈行为导致美国政府对金融业进行了严格的管制。1933年《格拉斯－斯特格尔法》（the Glass－Steagell Act）规定了金融业的分业经营模式。1933年《证券法》

① ［美］K. 弗莱德·斯考森，斯蒂芬·M. 格洛夫，道格拉斯·F. 普莱维特（著），方红星（译）：《公司治理与证券交易委员会》，大连：东北财经大学出版社2006年版，第28－29页。

(the Securities Act of 1933)、1934年《证券交易法》(The Securities Exchange Act of 1934)、1940年《投资公司法》(the Investment Company Act of 1940)和1940年《投资顾问法》(the Investment Advisors Act of 1940)强化了信息披露制度,并对证券发行制度进行了改革。这些早期立法的宗旨是保护关系到国家公共利益的跨州证券交易、维护公平诚信的市场环境。这些规则要求市场参与者必须依法进行营运,落实上述监管制度的要求。但是,系统全面的合规管理制度在当时还远未建立。

2.1.3 经营模式分化与放松监管(1975－1999年)

1975年美国证监会取消了固定佣金制,股票交易实现了手续费的完全自由化。放松的管制使得市场竞争环境发生了重大的变化,证券公司为了争取客户,不断进行金融创新来吸引客户,调整业务发展战略,寻找新的利润来源。证券公司经营模式开始出现显著的分化。技术手段的进步、管制放松、金融自由化是这一阶段的主要特点。

认识到强制行政监管的局限性,美国司法部门和证券监管机构也在探索如何鼓励公司等组织单位强化内部的控制和合规文化。1991年,美国联邦审判委员会发布《联邦审判指引》,其中的第八章《关于被认定为犯罪的组织的联邦判决指引》对建立有效合规和道德体系,坚持推行合规文化和职业道德的组织被告给予一定程度的法律责任减免[①]。该规定的目的是鼓励公司的组织法人通过构建严格有效的内部控制制度来防范有关公司的违法行为及个人在公司内部的违法行为[②]。1998年巴塞尔委员会在《银行业组织内部控制体系框架》中,正式将合规列为银行内部控制框架的重要因素之一。在这一特定的阶段,合规的概念才真正对证券公司产生了实际的意义。因为通过合规制度的建设和实施,证券公司可以有效地规避监管措施对公司的惩罚;在发生员工违规犯罪行为时,证券公司也可以援引相关的内控或合规制度来减少或免除公司对员工个人行为承担的责任。

在这样的司法和执法理念之下,关于合规的外部监管要求逐渐成为证券公司存在和发展的一个内生的需求。在此阶段,美国各个行业的公司等商业组织广泛地开展了建立和实施内部控制制度的工作,期望通过这一工作来减少诉讼可能带来的成本和声誉损失。美国的主要证券公司也在此期间结合自身特点,开始建立一些基本的合规管理制度。证券公司前后台分离的原则、信息隔离要求、反洗钱等基本的合规制度逐步建立了起来。

---

① United States Sentencing Commission (USSC). Chapter Eight——Sentencing of Organizations. Guidelines Manual. November 1, 2002.

② Report of the Ad Hoc Advisory Group on the Organizational Sentencing Guidelines, October 7, 2003, p8, downloaded from http://www.ussc.gov/corp/advgrprpt/AG_FINAL.pdf, visited on 10/24/2004.

2.1.4 混业经营和合规管理的“后危机时代”(1999 年至今)

20 世纪 80 年代以来的金融自由化和世界经济一体化的发展不断冲击着美国证券市场分业经营的格局。1999 年，美国颁布《现代金融服务化法》(The Gramm - Leach Bliley Act)，打破了分业经营的体制，极大刺激了美国投资银行的业务创新。然而，21 世纪初网络经济泡沫、安然和世通等一系列公司丑闻使得美国证券监管机构开始认识强化市场参与主体的自我约束机制的紧迫性。美国国会 2002 年颁布了《塞班斯 - 奥克斯利法案》(Sarbanes - Oxley Act of 2002)，要求上市公司实施广泛的公司治理改革，建立有效的内控和合规制度。巴塞尔银行业监管委员会分别于 2003 年和 2005 年发表了《银行内部合规部门》和《合规与银行内部合规部门》两篇关于银行业合规管理的文章，讨论关于银行业合规风险和合规管理的主要环节和影响因素①。在这一背景下，证券公司合规管理的发展逐渐走向了与公司全面风险管理相融合的道路，更为强调合规管理的有效性问题。

2002 年之后美国发生的一系列共同基金丑闻也促使了合规管理制度在更为广泛的范围内得到贯彻和实施。2003 年 12 月，美国证监会制定了新的合规规则(the New Compliance Rule②)，在 1940 年《投资顾问法案》之下，增加了有关要求投资公司和投资顾问建立和实施合规制度、任命合规总监、对合规制度与政策进行年度评议的要求，并要求各公司在 2004 年 10 月 5 日前全面落实③。

2007 年以来，从美国华尔街开始，信贷危机开始蔓延到全球。美国证券业大规模扩张和高杠杆运作的模式受到前所未有的挑战。2008 年贝尔斯登和雷曼兄弟倒闭，高盛和摩根斯坦利转型为银行控股公司，美联储也成为证券公司监管的主体之一。证券公司合规管理与风险管理又一次成为各国证券监管机构深入思考的问题。“后危机时代”合规管理的讨论逐步深入，高管薪酬、评级机构的独立性、风险调整的业绩考核、证券公司的不当展业行为和投资者保护都已成为发达资本市场国家合规管理的重要课题。

2.2 美国证券公司合规管理制度推进的挑战

2.2.1 美国证券公司合规管理主要存在的问题

美国证监会合规审查与检查办公室负责对该国证券市场上的证券公司、投资

① Basel Committee on Banking Supervision. Consultative Document: The compliance function in banks. 2003. Basel Committee on Banking Supervision. Compliance and the Compliance Function in Banks. 2005.

② Rule 206 (4) - 7 under the Advisers Act and Rule 38a - 1 under the Investment Company Act.

③ Rule 206 (4) - 7 under the Investment Advisers Act of 1940. SEC Release Nos. IA - 2204; IC - 26299; File No. S7 - 03 - 03, http: //www. sec. gov/rules/final/ia - 2204. htm.

顾问公司和基金公司等金融机构的合规管理制度和执行过程进行常规和即时性的合规检查。2004 年以来，该办公室所发现的金融机构合规制度的缺陷主要包括以下九个方面①：

（1）重大违规行为和新的合规风险未向公司高级管理层报告。

（2）合规管理的职能仅仅限于“咨询”的角色，主要是向业务部门和员工提供合规咨询。合规管理部门未履行有关对公司及其员工的合规监控职责，未能积极实施合规管理以确保公司及其员工的行为合规。

（3）在报告路径和薪酬体系上，合规职能不能与公司业务相互独立。

（4）合规程序与业务部门管理程序过时、不充分。

（5）合规监测报告未覆盖主要业务领域或者过于宽泛，以至于不能有效识别可能存在的问题；一些拥有广泛业务活动的大型公司仅仅依靠手工操作手段履行合规审查和监测的职能。

（6）一些公司不是依赖合规监控的体系，而主要依赖客户投诉来发现问题。

（7）对于突破规则的特例的处理，公司的动态跟踪监控不充分、没有记录。

（8）对新产品或新的业务活动未实施合规审查。

（9）承担对业务活动实施合规管理职责的合规人员缺乏足够的经验或缺乏培训，以至于无法对复杂的业务活动实施有效的合规监测。

2.2.2 美国证券公司合规管理面临的挑战

综合美国证监会官员对该国证券公司推行合规管理制度经验和教训的总结，合规管理制度的有效性主要受到五个因素的挑战。

（1）商业环境和监管环境的变化不断改变着合规管理的内涵。证券公司商业环境和监管环境的变化会首先对证券公司合规风险的分布产生重要的影响。新的业务和新的监管要求将产生新的合规风险和新的潜在利益冲突。其次，商业环境和监管环境的变化也反映在公司管理层和主要的利害关系人，包括投资者、客户、主要业务合作方和监管者等，对合规管理的不同的预期之间可能产生的冲突。根据国外咨询机构调研的发现，证券公司合规管理人员往往在涉及复杂的业务，面对监管要求的频繁调整时，经常会抱怨缺乏监管部门的具体指导，对监管部门的预期缺乏清楚的认识。这些问题反映在证券公司合规管理的内部机制上，就是合规人员在处理业务活动合规问题上往往缺乏具体的流程的指导。

---

① Mary Ann Gadziala. Associate Director, Office of Compliance Inspections and Examinations, US SEC. The Vital Role of Effective Comprehensive Compliance Controls at Broker – Dealers, Remarks before The Bond Market Association' s Ninth Annual Legal and Compliance Conference. New York, February 4, 2004. See also Mary Ann Gadziala. Associate Director, Office of Compliance Inspections and Examinations, US SEC. Remarks before the Financial Markets Association 2004 Securities Compliance Seminar. Miami, Florida, April 28, 2004.

（2）合规文化的建立阻碍重重。即使在美国这样的合规管理制度非常成熟的国家，监管部门仍然担心合规管理制度的变革过于依赖于外部监管部门和立法部门的强制性要求，而不能成为行业建立和孕育合规文化的内在需要①。在一项普华永道公司对全球金融机构的高级管理人员的调查问卷中，有一半的被调查对象认为公司风险管理制度成功的标志是获得监管者的认同；超过70%的被调查对象认为外部监管的压力是公司风险管理政策发展的特别重要的或主要的驱动因素②。由此可见，树立积极的合规理念，将合规制度发展的外部要求转化为企业生存的内在需要即使在发达资本市场也是一个艰巨的任务。近期英、美监管机构特别对金融机构前台部门的合规文化建设和控制措施提出了更为严格的要求，强调前台与中台、后台业务职能的隔离措施对于合规文化建设的重要作用③。

综合国外的调研成果，合规文化建立的主要障碍主要表现在：合规工作缺乏公司领导层的支持，公司领导层不能将合规工作同公司的品牌、公司对投资者和股东的责任紧密地联系起来；合规工作未能融合在公司的战略决策过程中；公司利害关系人与合规部门的预期不一致，合规文化往往与冒险精神（如美国的牛仔文化）相冲突，人们对合规的认识存在偏见，认为合规工作阻碍了业务的发展和公司的盈利，而不是将其视为一种保证措施，确保业务风险是在法律、公司政策和公司风险偏好的范围内；公司员工，特别是前台业务部门员工，对合规问题的认识不足，不能理解合规的目的和价值；合规部门缺乏充分的资源履行合规管理职能；公司的合规政策缺乏稳定性和一致性。

（3）合规投入的效益论证困难。合规的投入往往有据可查，其衡量较为直接，但是，合规的收益却很难准确地测算。缺乏能力向公司管理层证明合规成本的合理性是境外证券公司普遍面临的又一个挑战。这一问题直接影响到公司管理层对合规投入的决策过程。例如，对于因为合规工作而避免的违规所致资产损失，减少的监管部门的罚款，减少的业务中断和暂停所引发的损失，降低的融资成本等效益，经常因为事件预测困难而使得定量测算存在较大的难度。而因合规工作所改善的公司与监管部门、股东、客户的良好关系的收益则更加难以衡量。

（4）合规的过程和合规职能的履行存在缺陷。在有关具体合规职能的履行方面，突出的问题表现在合规职责授权不清、合规职能与业务管理职能划分不清。

---

① Paul F. Roye. Director, Division of Investment Management, SEC. Remarks to the ICI General Membership Meeting. Washington, DC (May 20, 2004) at http://www.sec.gov/news/speech/spch052004pfr.htm.

② PricewaterhouseCoopers. Uncertainty Tamed? The Evolution of Risk Management in the Financial Services Industry, 2004.

③ Sally Dewar. Managing Director, Wholesale, FSA. The Challenge for Compliance. Speech at Securities House Compliance Officer Group Conference, 15 October 2008.

合规职能授权不清的问题具体指合规管理人员和业务部门员工在各自履行合规工作过程中工作环节和员工职责不清，不清楚谁负责识别合规风险，谁负责汇总和汇报，谁负责对合规工作的过程进行质量控制，以及如何控制和实施等。合规职能与业务管理职责划分不清可能直接导致业务部门员工对本部门合规工作认识不足，推卸自身承担的合规工作职责，甚至不理解公司整体的合规工作。

缺乏系统技术支持也是发达资本市场合规管理的一个困境。在普华永道2005年的一项全球金融企业管理人员问卷调查中，缺乏技术系统对合规监控的支持是一个重要的挑战①。信息技术系统不仅是对业务活动实施合规监测的重要工具，也是将合规管理工作的流程系统化、电子化，提高合规工作效率，促进知识和信息共享的重要手段，可以为公司的业务决策提供信息支持。但是，目前市场上还未开发统一的合规信息管理工具，各个公司的不同情况和需求也使得系统开发存在相当的难度，证券公司往往需要自主开发适合自身情况的管理工具。

（5）合规管理工作中"警察"和"咨询师"的角色平衡是个难点。证券公司合规部门对公司经营行为和员工从业行为的合规监督职能要求合规人员担负起公司内部"警察"的角色。但是，过于刻板严肃的监督职责会使合规管理人员与业务部门及其员工的关系逐渐疏远，合规管理人员对于业务活动的障碍增加，这反而影响了合规管理职责的履行。因此，发达资本市场国家证券公司均要求合规管理人员在工作中要发挥"咨询师"的作用，为业务部门及其员工提供及时、有效的咨询服务，强调二者之间的良好互动关系和有效沟通。这种"警察"和"咨询师"角色的冲突对合规管理人员提出了非常高的要求，甚至要求合规管理人员具有多重的性格特征。在普华永道所作的一个证券公司合规管理人员的调查问卷中，有很多被调查对象认为，合规管理人员的沟通和影响力是赢得公司员工信任的关键②。

2.3 美国证券业合规制度发展的启示

纵观美国证券市场合规制度的发展历史，其每一步都伴随着影响巨大或系列性的违规事件。合规制度的发展历史，就是按照"放任——危机——加强监管"的循环，不断完善对合规风险的认识，合规风险管理方法和手段螺旋式递进的过程。

2.3.1 外部监管环境是合规制度发展的主要驱动

美国等发达资本市场合规管理制度发展的每一步都是以证券立法和监管部门

---

① PriceWaterhouseCoopers. Protecting the brand: The evolving role of the compliance function and the challenges for the next decade. 2005.

② PriceWaterhouseCoopers. Protecting the brand: The evolving role of the compliance function and the challenges for the next decade. 2005.

的理念转变为基础。20世纪30年代和40年代美国《证券交易法》和《投资顾问法》首先对证券公司的管理提出了外部的监管要求。2001年《塞班斯－奥克斯利法案》更是对上市公司的内部控制制度提出了严格的要求。针对每一次危机所进行的反思，使得美国证券监管机构对证券公司的经营模式及其合规风险的认识不断深入，对公司合规管理的要求也日益严格。

美国证券业合规管理的另一个特点是其司法制度对公司合规管理的提倡和推广。在反思以往管制失灵的教训后，美国联邦审判指引和证券执法的理念开始重视公司自身建立自我管理和自我规范机制的重要意义。美国立法和执法部门主要通过创造制度性的合规激励措施，鼓励证券公司建立适合自身情况的合规管理制度。证券业合规管理的外部强制性特点开始向与鼓励自律管理相结合。

2.3.2　行业自律管理是深化合规制度的重要途径

美国证券业协会和交易所等自律组织在《塞班斯－奥克斯利法案》后也开始对证券公司内部控制制度和合规管理提出了要求。例如，美国全国证券交易商协会（National Association of Securities Dealers，NASD）第2110规则要求协会会员在经营过程中严格遵守公平交易原则和商业道德准则，第3013规则要求每个成员公司指定一名首席合规官，要求公司高级管理层每年对自身合规制度的建立、维护、审议、修正和测试的政策和程序进行评审和确认。类似的建议也可见于其他规则和纽约交易所的交易规则中[①]。自律组织对于证券公司合规管理的实施也发挥着重要的作用。

2.3.3　公司自我完善是推进合规制度的根本基础

当然，美国证券业合规管理制度的发展过程中的另一个重要角色是证券公司本身。在意识到合规管理对公司生存和发展的重要性后，美国很多证券公司开始响应监管法规的要求，探索在内部建立合规管理机制的方法和途径。根据美国证券业和金融市场协会（Securities Industry Association，SIA）2006年的证券业合规成本调查，2004年度美国证券行业估计共投入232亿美元在与合规相关的工作中，该协会当时预计这一数字在2005年将增长到255亿美元。在接受调查的所有公司中，证券业务平均合规支出约占净营业额的13.1%，大型证券公司平均合规支出约占该类公司净营业额的14.9%。

调研发现，中外证券公司在合规管理制度的执行机制上仍然面临着一些重大而且具有共性的问题。如何提高证券公司员工的合规意识、建立良性的合规文

① 类似的规定还可见于其他自律性规则中，如 NYSE Rule 342 and 351 (requiring an annual compliance report, prompt reporting on violations and other concerns, and other compliance and supervisory requirements) and NASD Rule 3010 (covering supervision and compliance). NASD proposed Rules 3012 and 3013 (requiring an annual compliance certification among other things).

化、提高合规管理的有效性等问题均是中外证券监管机构和证券公司推进合规管理制度过程中亟待解决的重大课题。因此，借鉴发达资本市场国家推进证券公司合规管理制度的经验和教训对于中国证券公司无疑具有重要的意义。

3. 中国证券公司合规管理制度建设路径研究

3.1 中国证券公司合规管理制度的发展

3.1.1 中国金融业合规管理制度的起步

随着国内金融机构经营活动的国际化，国内金融业也越来越意识到合规管理制度的重要性，一些率先开展境外业务或具有境外分支机构的金融机构开始试行合规管理制度，在主要金融监管机构的大力推动下，国内银行、证券和保险业纷纷开始建立合规管理制度，设立合规管理部门，加强合规风险管理。

在银行业，中国银行率先于 2002 年按照欧美银行合规管理模式和国际准则将总行法律事务部更名为“法律与合规部”，增加合规管理职能①。随后，国内其他大型国有商业银行也纷纷开展合规试点，中国建设银行、中国工商银行、中国农业银行等均设立独立的合规部门，或将合规管理职能增设在原法律、稽核等内控部门中，逐步开展合规管理工作；招商银行、民生银行、浦发银行等股份制商业银行也都设立了法律与合规部门，进行有益尝试。2006 年 10 月 27 日，中国银监会正式出台《商业银行合规风险管理指引》，该指引第一次对商业银行合规风险进行了定义，详细规定了各级合规管理部门的管理职责，为商业银行开展合规管理工作提供了有力的制度保障，有效地促进了国内银行业合规管理工作的开展。

在保险业，中国平安保险公司在 2004 年年底成立了法律与合规部门②，开启保险机构开展合规管理的先河。随后，中国人保控股公司、中国人保寿险有限公司也设立了法律合规部门，中国人寿保险股份有限公司等设立了独立的内控合规部门。2007 年 9 月 7 日，中国保监会也正式颁布了《保险公司合规管理指引》，作为保险机构开展合规管理的核心制度。中国保监会要求保险业自 2008 年 1 月 1 日起开始实施合规管理。

而在证券业，其合规管理制度是在基本完成 2004 - 2007 年间证券公司综合治理活动的背景下开始的。21 世纪初，中国证券行业风险集中爆发，严重威胁

---

① 姚勇、周婧烨：“中外商业银行合规风险的比较”，《金融理论与实践》，2007 年第 12 期，第 41 - 43 页。

② 李祝用、鲍为民：“保险公司合规风险管理体系构建研究”，载 http：//www. sasac. gov. cn/xxfw/fxgl/bxsd/200608030176. htm。

到了中国资本市场的安全和稳定。该段历史使得中国证券行业深刻认识到合规经营的重要性。中国证券监管机构和一些证券公司在不断反思的基础上，开始了探索建立和实施合规管理制度、强化内部控制机制的工作。2007 年中国证监会首先在国内 7 家公司开展合规试点工作；2008 年 4 月，《证券公司监督管理条例》颁布，明确要求证券公司设立合规负责人，证券公司的业务范围应与其合规管理制度建设情况相适应；2008 年 7 月，中国证监会发布《证券公司合规管理试行规定》，对合规管理制度进行了全面的规定。经过两年多的发展，中国证券业已经完成了合规管理基本框架的构建，合规管理理念初步树立。

据中国证券业协会的一项调查，截至 2009 年 7 月，在被调查的 106 家证券公司中，已有 89% 的公司设立了独立的合规部门，11% 的被调查公司通过将合规与法律、风险管理或审计等职能的合并来履行合规管理职能。106 家证券公司中，91% 的公司在分支机构设置了合规岗，约 71% 的公司在所有业务部门设置了合规岗，95% 的公司已经聘任了符合条件的合规总监。在被调查的公司中，所有公司均建立了合规检查、报告与责任追究机制，98% 的公司在部门工作制度中明确了合规的内容，94% 的公司建立了合规管理考核制度，74% 的公司为合规总监的履职提供了制度保证。调查也发现，证券公司的合规管理人员占公司员工的比例普遍较小。在单独设立合规部门的证券公司中，拥有合规管理人员达到 10－30人的公司只约占 18%，5－10 人的公司占 38.7%，而只有 1－5 人的公司却占到了 43%。在业务部门和分支机构中，证券公司普遍只有 1－2 名合规管理人员。

中国证券公司合规制度建设已经取得了一定的成绩。据中国证券业协会的该项调查，92% 的公司曾根据合规总监的意见对相关业务和决策进行了修改；有 82% 的公司表示，公司曾因合规总监的建议在具体的业务、决策上产生了新的解决办法或新的决策。约 89% 的公司反映接到监管措施的数量同前一年相比有所减少。在合规教育和文化建设方面，有 86.7% 的公司经常性地组织合规培训，26% 的公司认为培训效果很好，73% 认为培训效果较好。

3.1.2　中国证券公司合规管理制度的环境分析

中国证券公司合规管理制度发展至今，基本框架已经初步建立，并进入制度的深化阶段。尚福林主席在 2009 年证券公司合规管理座谈会上指出，合规管理已经从制度导入期的专项工作转为常规监管。中国证券公司所处的社会市场环境已成为考虑合规管理制度推进路径选择的重要因素。

从国际金融环境看，目前次债危机所引发的全球性经济危机的影响还远未消除。经济危机引发了新的贸易保护主义，国际金融格局正在发生新的改变。中国也正在从产业大国向资本大国、从资本输入向资本输出转变，中国证券行业面临着新的机遇和挑战。

经过十多年的发展以及近几年的综合治理，中国证券公司已进入快速发展时期。截至2009年11月25日，在沪、深两地上市的证券公司已达11家。统计显示，2008年11家证券公司与全国107家证券公司相比，总资产占比为28.43%，营业收入占比为28%，净利润占比为35.47%。可以预期，在其他大型综合证券公司上市后，上市证券行业的集中度将进一步提高，为证券公司合规管理运行机制引入了新的因素。

第一，促进证券公司治理结构进一步完善。上市公司治理结构的要求普遍较高。上市证券公司可以充分发挥股东大会、董事会、监事会的监督作用，加大独立董事对非独立董事、董事会对高级管理层的权力制衡，克服过去“大股东控制管理层”、“股东会、董事会对管理层的监督控制不足”的弊病。据统计，目前上市的证券公司董事会中，独立董事占董事会人数的比例平均可以达到35.7%，最高达到43%。可以预见，独立董事在证券公司合规管理中的作用将越来越高。

第二，促进证券公司信息披露制度更加严格，提高公司经营的透明度。证券公司上市将自身暴露于公众监督的视野之下，监管部门和社会公众股东的双重监督有利于提高证券公司作为企业公民的社会责任意识，促使证券公司在日常经营中更加致力于维护公平公正的市场环境，更加致力于维护客户、股东及所有利益相关者的合法权益，更加致力于营造与客户、股东、政府之间和谐的经营环境，更加珍惜公司的声誉。而这些理念和目标正是证券公司合规管理理念的自然延伸，是合规管理的终极目标。

第三，证券公司的上市使得证券交易所的一线监管力量得到加强。证券公司上市后，必须遵守交易所相关规则，履行各种会员单位和上市公司的义务。交易所可以依据自律管理的职权，履行对上市证券公司的监督、管理甚至处罚的权利。证券交易所拥有了更多的手段对上市证券公司进行管理。

3.2 中国证券公司合规管理制度的现状

在证券公司内部，合规管理制度的健全和具体落实直接取决于证券公司员工的职业素质和合规意识。因此，证券公司合规管理制度的建设必须基于对员工合规行为的认识。正如美国证监会合规审查和检查办公室主任Lori Richards在2008年的一次证券监管研讨会上所分析的那样，证券公司员工违反合规义务的原因主要有三个方面：员工根本不知道该合规义务的存在；员工认为可以从违规行为中获益；员工认为该合规义务无法履行或该合规义务的规定是不合理的。与这三个原因相对应的，是合规行为发生的三个必要条件：员工首先理解具体的合规义务；员工有能力履行该义务；主观上员工愿意履行该义务[①]。研究合规管理制度建设的路径，就是要调查影响合规行为或违规行为的各种因素，寻找解决办法的过程。

3.2.1 中国证券公司合规管理存在的主要问题

近年来中国证券市场和证券公司所发生的一系列事件表明，中国证券公司合规管理工作仍然面临着一些重大的问题和挑战。第一，一些证券公司的合规理念仍停留在被动地“为了合规而合规”的状态；第二，员工合规意识还未形成；第三，合规管理职责不清，业务部门、合规部门和其他内控部门的合规责任和相互关系需要明确；第四，合规管理人员履职能力需要加强；第五，信息隔离、反洗钱等合规监测工作距离监管要求存在差距；第六，合规检查、报告、合规有效性评估等合规管理制度的执行机制需要进一步完善，制度执行力和有效性有待提高[②]。笔者同行业及公司内部员工的调研和访谈也反复验证了上述有关合规管理存在问题的概括。

3.2.2 对中国证券公司合规管理制度建设的思考

比较中外证券公司在合规管理方面的主要问题，可以发现这些问题都集中于合规的理念、员工合规意识、公司合规文化、制度的执行机制和过程等方面。这些共性的问题说明中外证券业合规管理制度的变迁过程具有相同的特点，因此，互相吸收和借鉴各自推行合规管理的经验和教训是各国证券监管机构和证券公司的一个重要手段。

（1）合规管理职能与业务管理职能的关系。在对中国证券公司的调研中经常发现证券公司存在业务部门将自身的合规审核义务转移至合规管理部门的情况。一些部门的员工认为合规工作可有可无，由合规部门负责即可，业务部门主要关注的是业务发展，不需要管太多的合规事务。尤其业务人员出于业务拓展的压力，往往不再考虑利益冲突等合规风险或将合规风险视为遥远的事情，对合规部门的谨慎态度不理解、不支持。一些员工对从事具体业务的法律法规不了解，更不清楚自己也承担着一定范围的合规职责。这些都是证券公司合规管理制度推行过程中普遍面临的问题。

（2）合规考核的实施及挑战。合规管理职责不清的问题反映在公司管理上是一个业绩考核问题。目前证券公司对部门和员工的考核仍然主要关注于业绩，没有将合规工作及其效果有效地纳入考核体系。这使得部门领导和员工无法从切

---

① Lori A. Richards. Incentivizing Good Compliance. Speech on 2008 Willamette Securities Regulation Conference, Willamette University College of Law, Portland, Oregon, 2008.

② 尚福林主席在2009年证券公司合规管理座谈会上，对这些问题和不足进行了总结。参见“深化认识、狠抓落实、深入推进证券公司合规管理工作”（尚福林主席在证券公司合规管理座谈会上的讲话，2009年10月16日）。

身利益的角度体会合规职责的重要性。

为了提高管理的有效性和培育合规文化，境外监管部门官员也提出了创建激励措施的建议。例如，在激励员工提高业绩的同时，鼓励合规行为，鼓励业务人员及时向合规人员咨询合规问题①。将合规工作纳入对业务管理人员的业绩考核，根据其所管理的业务部门或机构的合规工作量来部分决定管理人员的薪酬。一些公司将管理人员的部分薪酬与其所管理部门的公司员工合规态度相挂钩。跟踪各种新建的合规激励措施的效果，对于合规激励措施效果不显著的领域和员工，合规部门应提高其合规风险的等级，给予更为严格的监控。在评估合规风险的产生原因时，监管部门还应对相关的合规激励措施进行评估。

（3）合规管理对业务活动的介入程度。合规管理对经营业务的介入程度与合规管理的发展阶段公司整体合规氛围具有密切联系。不能为了强调合规管理的独立性和超脱性而被动，也不能因为主动积极管理而丧失合规管理的独立性。在合规管理试行初期，尤其是当合规管理在处于起步阶段，公司及公司员工整体合规意识还很薄弱的情况下，更不能过分使合规管理处于被动地位。合规管理应主动介入业务开展，一方面能及时识别和总结合规风险，增强业务人员合规观念，另一方面也可以增强合规管理人员识别风险和处置风险的能力，不断积累合规管理的经验，提高合规管理的水平。

（4）合规部门与其他内控部门的关系。在中国证券业实施合规制度之前，很多证券公司的内控部门，包括风险控制部门、稽核/审计部门、人力资源、纪委和监察部门都在一定程度上承担着合规管理的职能。这使得在合规制度实施以后，各个部门之间重新界定相互的职责分工成为一个迫切的问题。很多公司认为中国证券监管机构在此方面缺乏必要的指导。虽然中国证监会于2007年开始的合规试点工作要求设立独立的合规管理部门，承担合规管理的职责，但是这并不是硬性地要求合规管理部门承担所有的合规管理职能。监管机构也不可能统一要求情况各异的证券公司采取相同的标准对公司内部合规管理的职能进行划分。

实际上，国内各个证券公司也根据自身情况，发展了各具特色的合规管理体制。例如，据中国证券业协会的一项调查，有89%的公司已经设立了独立的合规部门，11%的被调查公司通过将合规与法律、风险管理或审计等职能的合并来履行合规管理职能。笔者通过调研也发现，即使在已经单独设立合规部门的公司，合规部门的职能也与其他内控部门的关系密切；尤为重要的是，多数合规总监或合规部门的负责人实际上还兼任着其他内部控制部门，如风险控制、稽核或

① Lori A. Richards. Incentivizing Good Compliance. Speech on 2008 Willamette Securities Regulation Conference, Willamette University College of Law, Portland, Oregon, 2008.

纪委监察部门的领导岗位。由此可见，如何处理合规部门与其他内部控制部门关系的问题，应该由证券公司结合实际情况，根据自身需要，并考虑公司的文化和习惯来界定。

3.3 制度导入期后中国证券业深化合规管理制度的路径选择

尚福林主席在2006年证券公司综合治理座谈会上明确要求，“监管机制要从行政监管为主向行政监管、行业自律和公司自我约束有机结合转变”。在现阶段中国证券业合规管理制度的推行过程中，如何处理行政监管、行业自律与公司自我约束的平衡是一个重要的路径选择问题。

对比中美证券业合规管理制度变迁的历程表明，合规管理制度的发展始终需要证券监管立法和执法部门保持着一定的监管压力。在制度导入的初期，合规管理的理念需要外部的强制性要求来克服自由市场竞争所带来的无序、恶性的盲目追求利润的驱动。在此阶段，行政监管机构主要通过政策、法规的形式来设定基本的制度框架和行为约束机制。

但是，当基本的合规管理制度框架确定以后，有关制度的深化和细化的过程就必须考虑市场参与者的创新活动。如何确立合规部门的具体职能，如何协调合规部门与业务部门、其他内控部门的关系，如何将合规工作融入公司的业务创新活动等问题已经不可能由监管层面以行政命令的形式统一规定。过度的干预只会对证券公司的创新活动造成约束，反而限制资本市场的活力和发展。因此，证券公司也应认识到自身就是合规管理创新的主体，不应再过度地依赖监管部门的指引。同时，中国证券业协会和交易所等自律性组织应充分发挥行业自律管理的作用，增强成员间的交流，严格对成员单位和从业人员的执业管理。

当然，证券公司制度创新的活动还是在行政监管所限定的范围之内，证券监管部门仍然可以通过市场准入、行政许可等手段确保创新活动的有序开展。尤其是在中国证券公司内部控制措施不严，证券从业人员职业道德水平和合规意识仍然距离自律管理的要求有着较大差距的情况下，保持必要的监管压力仍是当前合规管理推行的一个基本原则。

3.4 中国证券公司员工合规意识的影响因素

在证券公司内部，研究公司整体组织结构、不同部门组织行为对个体员工的合规态度和行为的影响，是解析企业合规文化组成要素的一个基本方法。在认识到合规文化和员工合规意识的重要意义后，各国监管部门、证券公司和研究机构普遍都提出了关于建设合规文化的方法和途径。但是，证券公司员工的合规意识到底受到哪些因素的影响？这些因素又对员工合规意识发挥着何种作用？其各自的重要性是否又有不同呢？这些问题不仅具有重要的理论意义，也对探索如何构建合规管理制度，如何细化合规管理的过程具有重要的实践指导意义，特别是对合规文化建设的路径和合规教育的重点和方式具有重要的启示。本部分通过对某证券公司员工合规态度和行为的调查，研究影响证券公司员工合规态度和行为的不同因素，进而为证券公司合规文化建设和提高合规管理的有效性提供思路。

3.4.1　组织行为理论和证券公司员工合规态度和行为

一个组织框架之下的个体自然人的行为经常受到该组织特定的文化，包括该组织内部部门特有的价值观或行为标准的影响，使得个体行为的选择偏离经济学中“理性的人”的基本假设。组织行为理论将个人的行为置于一个组织的多层次架构中，强调公司组织内部员工之间、部门之间、员工与部门和公司之间互动关系的重要作用，认为不同公司文化、甚至是公司内部不同部门文化、领导风格、业务习惯等非正式规则会对员工个体价值观发挥重要的影响。

本文通过调查员工对公司合规管理有效性的评价来分析影响证券公司员工合规态度和行为的因素。首先假定影响员工合规态度的个人因素包括个体员工对自身的合规风险判断能力、员工对公司合规与风险控制职能的熟悉程度、员工对公司通过自身努力完善合规制度的信心、员工对合规的重视程度等四个方面的因素。这些因素影响了员工个体对合规制度的基本认知水平和基本态度。在组织行为层面，通过员工对同事互动关系的评价，包括对自己的同事对合规重视程度的评价，自己的同事在发现违规行为时主动报告的可能性，员工向身边同事咨询、讨论合规问题的频率，员工对同事在合规问题上可以给予帮助的自信程度，来衡量一个公司在合规管理制度执行上的组织行为倾向。同时，考虑到员工个人涉及合规工作的程度及所在部门的合规工作量可能会对其合规态度造成一定的影响，也把影响员工合规工作量的几个因素，如本部门讨论合规问题的频率、合规工作占用员工个人工作时间的程度、部门进行合规学习和培训的频率，作为重要的指标列入调查的范围，通过定量研究的方法来调查上述因素是否与员工的合规有效性评价之间存在一定程度的关系（见图1）。

3.4.2　员工合规态度和行为调查

（1）基本情况。2009年4月27日－29日，某证券公司合规部在公司范围内（正式全日制员工总计3300余人），通过公司内部电子办公系统向总部各业务部门和管理部门领导和员工，以及分支机构领导和业务骨干共700人发送了调查问卷。问卷集中于调查影响员工合规态度和行为的主要因素。问卷共收回有效答卷472份，回收率达到67.4%，其中分支机构干部员工占89.6%，公司总部干部员工占10.2%。对调查结果的初步分析（见表1）显示，此次调查所涉及的公司员工，普遍年龄较大，平均39岁；参加工作时间普遍较早，平均参加工作的

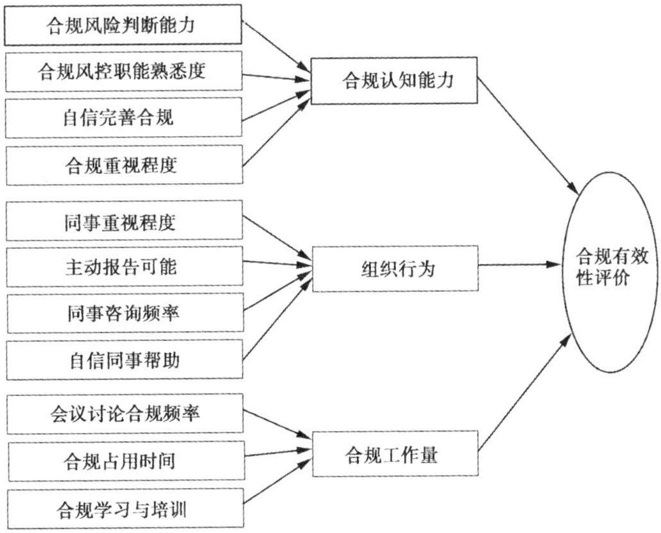

图1　影响员工合规有效性评价的因素和途径

时间达到20年；入公司时间普遍较长，平均为10年；平均学历略低于本科；被调查对象中54%为部门领导，68%为男性。这些分布特征基本体现了该次调查集中于总公司和分支机构领导和业务骨干的特点。

表1　某证券公司2009年员工合规态度与行为调查被调查对象分布情况表

变量	样本大小	最小值	最大值	均值	标准差
员工教育背景 1 = 大专以下 2 = 大专 3 = 本科 4 = 硕士 5 = 博士	472	1	5	2.94	0.662
员工性别 1 = 男 0 = 女	471	0	1	0.68	0.468
员工是否为部门领导 1 = 是 0 = 否	472	0	1	0.54	0.499
员工来自公司总部或分支机构 1 = 公司总部 0 = 分支机构	471	0	1	0.10	0.303
员工年龄	471	24	59	39.01	5.905
员工入公司时间（年）	458	1	22	10.31	5.465
员工参加工作时间（年）	459	2	41	19.66	7.147

为保证被调查的员工能够如实回答问题，调查问卷明确告知公司员工本次调查的目的是调研公司合规文化和员工合规态度，数据的使用范围仅限于政策研究，相关部门对员工的问卷答案采取严格的保密措施。同时，涉及的数据管理工作由专人负责，数据的应用和分析不得涉及员工个人的身份信息。

（2）合规管理的有效性评价。在调查中，员工对公司合规管理有效性的评估不是证券公司对自身合规有效性的各个环节所进行的全面评价，也不是外部独立机构对公司合规制度的专业性评估。员工的评估是通过调查问卷的形式，询问员工对公司合规制度的认识程度，对本单位同事的合规行为的看法和评价，对公司通过自身努力完善合规制度的信心等。最后，调查问卷要求公司员工对本公司合规制度的有效性进行打分，分值从 1 到 5（5 分为满分）。

员工自身对本公司合规制度有效性的评价，可以理解为员工对本单位合规制度的认同感，进而可以上升为对公司的归属感。该结果可以被视为衡量一个证券公司合规制度有效性的重要组成部分，也是证券公司合规文化的表现形式之一。

本文的一个基本假设是，员工对本公司合规制度的有效性评价越高，员工对本公司合规制度的认同度就越高，那么员工就有更大的主动性履行合规义务，公司合规制度的实际执行效果就越好。因此，调查研究影响员工合规态度和行为的主要因素，是探索证券公司合规制度和合规文化建设的一个重要课题，是研究证券公司合规管理制度执行机制的一个重要组成部分。

3.4.3 员工合规态度和行为分析

（1）调查结果的基本情况。对调查结果的初步分析发现，被调查对象对合规认知能力、合规组织行为和合规工作量等具体调查问题的回答结果相互之间均具有较强的相关性（见表 2）。在一个定量模型中，过多具有相关性因素的同时存在会影响统计模型分析的准确性。因此，在具体构建最终的分析模型以评估合规有效性的影响因素之前，首先须对这些变量进行因子分析，发现影响这些变量的共同因子，从而可以简化定量模型的结构。

表 2　　主要变量的相关性

	合规风险判断能力	会议讨论合规频率	同事重视合规程度	自信完善合规	主动报告可能	职能熟悉程度
合规风险判断能力	1	0.370**	0.252**	0.273**	0.190**	0.267**
会议讨论合规频率	0.370**	1	0.289**	0.319**	0.311**	0.240**
同事重视合规程度	0.252**	0.289**	1	0.300**	0.440**	0.264**
自信完善合规	0.273**	0.319**	0.300**	1	0.465**	0.294**
主动报告可能	0.190**	0.311**	0.440**	0.465**	1	0.359**
职能熟悉程度	0.267**	0.240**	0.264**	0.294**	0.359**	1

** Correlation is significant at the 0.01 level (2 – tailed).

对上述变量所进行的主成分分析共发现三个主成分，其结果基本上可以与前期关于个人、组织和合规工作量的三类理论假设相符合，但是分析也发现一些前期假定的关于合规组织行为的指标实际上与个人的合规认知能力密切相关。因此，根据分析结果对基本假设进行了适当的调整。影响员工合规认知能力的基本指标调整为：员工合规风险判断能力、会议讨论合规的频率、同事重视程度、自信完善合规、主动报告可能、职能熟悉程度；合规组织行为主要包括两个衡量公司员工之间互动关系的指标：同事咨询频率和自信同事帮助的程度；而合规工作量主要由员工合规工作占用工作时间的比例来衡量。

（2）理论模型的验证。为了降低定量模型的复杂程度，提高模型运算的效率，可以通过编制指数的方法将指向同一概念的多个指标统一为一个变量。在本文中，前述因子分析的结果显示，员工合规风险判断能力、会议讨论合规的频率、同事重视程度、自信公司完善合规、主动报告可能、职能熟悉程度等六个因素都具有很高的相关性，同时都与员工合规认知能力密切相关。因此，这六个因素被综合起来形成了一个统一的指标——员工合规认知能力指数。

本文使用 SPSS 软件，通过构建一般多元线性回归模型［见公式（1）］来检验相关理论假设。

$$\text{员工合规有效性评价} = r_0 + r_1\text{（合规认知能力指数）} + r_2\text{（自信同事帮助）} + r_3\text{（合规占用时间）} + r_4\text{（是否为领导）} + e \quad (1)$$

经过不同模型的检验（见表 3）可以发现，员工合规认知能力（模型 1）、员工自信同事帮助（模型 2）两个变量均能独立地对员工合规制度有效性的评价造成积极的影响。模型 1 中，在仅考虑员工合规认知能力的条件下，员工合规认知能力每增加一个单位（提高一个级别），员工对公司合规制度有效性的评价就增加 0.649 分。模型 2 中，在仅考虑员工自信同事帮助的条件下，员工对同事在合规方面提供帮助的自信程度每增加一个级别，员工对公司合规制度有效性的评价就增加 0.069 分。可见，员工合规认知能力对于其合规有效性评价要远大于合规组织行为（自信同事帮助）对员工合规态度的影响。但是，模型中的员工自信同事帮助作为指示“合规组织行为”的唯一指标，其显著性作用的发现意义远大于其作用的程度。这说明，关于员工行为之间相互影响，进而影响员工合规价值观的假定在实证中发现了支持的证据。

表3　　不同预测模型的对比

	模型1	模型2	模型3	模型x	模型4	模型5	模型6
合规认知能力指数	0.649*** (0.052)				0.640*** (0.054)	0.670*** (0.056)	0.632*** (0.055)
自信同事帮助		0.069* (0.033)			0.006 (0.030)	0.010 (0.030)	0.006 (0.030)
合规占用时间			0.021 (0.029)			-0.058* (0.026)	
是否为领导				0.139* (0.058)			0.049 (0.051)
R Square	0.25	0.009	0.001	0.012	0.241	0.251	0.242

*** $p<0.001$；** $p<0.01$；* $p<0.05$。

一个重要的问题是，合规组织行为的作用效果是否独立于个体员工合规认知能力的作用过程？也就是说，合规组织行为可以直接影响员工的合规态度，也可以通过促进或阻碍个体的合规认知能力来影响其最终的价值判断。理解组织行为发挥作用的途径可以为合规文化建设的推进提供理论上的指导。

在复合模型（模型4）中，当考虑到员工合规认知能力的因素后，员工自信同事帮助的变量不再能够对员工有效性评价产生显著的影响。这说明该变量对最终结果的影响实际上是通过员工合规认知能力这一变量来实现的。

在另一个复合模型（模型5）中，当将员工合规占用时间的因素也考虑到数据模型中时，该变量对员工合规有效性评价的影响与其单独的作用模型结果有着较大的区别。该效果在单独的模型（模型3）中显著性不明显；在复合的模型（模型5）中，其显著性明显提高，但其作用的方向发生了显著变化。在模型5中，员工合规占用的时间对员工合规有效性的评估产生了负面的影响。这不仅与模型3的结果相矛盾，而且与前期的假设命题相反。由于模型5中的该变量与其他两个变量（员工合规认知能力、员工自信同事帮助）具有相当高的相关度（相关系数分别为：合规占用时间×合规认知能力指数=0.245，$p<0.01$；合规占用时间×员工自信同事帮助=0.087，$p<0.05$，相关关系明显），将这三个变量都考虑在内可能引起该模型对其中某些因素的过度控制，从而引起相关变量的作用在统计分析中发生方向性的变化。因此，合规占用时间的变量在此并不适合模型的分析，被排除在最终的模型（模型6）之外。未来的研究应探索使用其他的独立测量方法，而非仅依赖于员工自身的报告或评价来测量合规工作量，并考虑构建基于不同数据分布假定的定量模型。

考虑到被调查对象中担任部门或分支机构领导岗位的人数较多（比例约为54%），对于理论模型的检验需要考虑是否会因调查范围的不同而使结果产生区别。例如，如果公司中层领导的合规意识普遍较高的话，那么他们对合规制度有效性的打分也可能较高（模型 x），这就会造成统计上领导对合规有效性的评价普遍高于一般员工。员工对公司合规有效性评估的态度是由其合规认知能力决定的，那么，被调查对象担任领导岗位职务是否对结果有独立的、额外的影响呢？模型 6 将员工是否担任领导这一因素与其他两个因素（合规认知能力、自信同事帮助）归入一个统一模型进行验证。结果显示，即使同时考虑员工自信同事帮助和担任领导的因素，员工合规认知能力仍然对结果有显著的影响。也就是说，被调查对象是否担任领导岗位对员工合规认知能力的作用没有影响，员工合规认知能力对其合规制度有效性评价的影响不因员工的职位而有差别。

另一方面，当在模型中控制了合规认知能力的作用后，担任领导岗位对结果的积极影响不再显著（从模型 x 到模型 6）。这个结果可以解释为，担任领导岗位的员工会对本公司合规制度的有效性评价较高，但这些较高的评价是因为担任领导岗位的公司员工合规认知能力较高产生的。当考虑了合规认知能力的作用后，被调查对象是否担任领导岗位对于结果不再具有显著的影响。

3.4.4 提高证券公司员工合规意识的路径

上述发现对于解释员工对公司合规有效性评价的过程和影响因素具有重要的理论和实践意义。首先，员工合规认知能力的提高会直接提高员工个人对公司合规制度有效性的评价。其次，如果员工对同事在合规方面提供帮助的信心增加的话，该员工对公司合规制度有效性的评价也会随之提高。而这一作用得以发挥的途径是对同事提供帮助的信心会帮助提高员工合规认知能力的水平，进而提高员工对公司合规制度有效性的评价。因此，在理论上，模型提供的证据可以表明，公司组织行为作用的发挥是通过影响员工个体的合规认知能力来进行的。这一结论所支持的理论模型与我们前期的假设略有区别（见图 2）。由于关于组织行为的测量使用的是员工个体对组织环境的评价，上述结论还不能说明组织行为对员工态度产生独立作用的命题是不正确的。在严格意义上说，证明组织行为独立作用真伪证据还未发现。

定量模型的分析提高了我们对员工合规认知能力的认知。可以看到，员工对同事的信心对于提高其自身的合规认知能力具有重要的意义。也就是说，良性互动的员工关系对提高员工的合规认知水平，进而提高员工对公司合规制度的认可程度，提高员工的忠诚度和归属感，发挥着重要的作用。综合员工认知能力的主要组成和组织行为因素的证据，除了日常工作、合规学习和教育对员工合规认知能力有影响外，主观层面的员工合规认知能力可以被认为主要由四个方面的因素决定：员工个人的自信、对同事的信心、对公司的信心和员工个人的行为价值观（见图 3）。

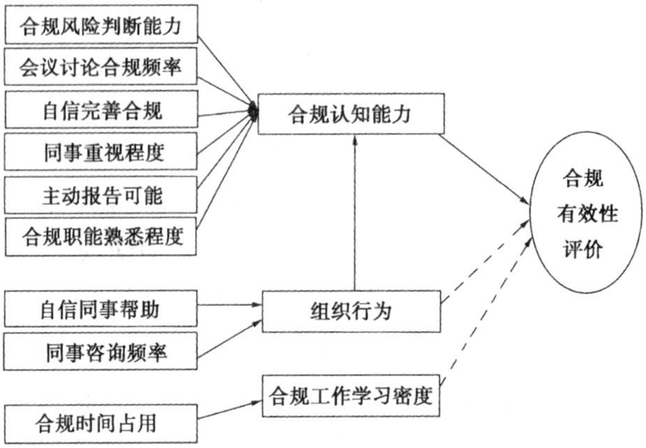

图 2　影响员工对合规有效性评价的理论模型的修正

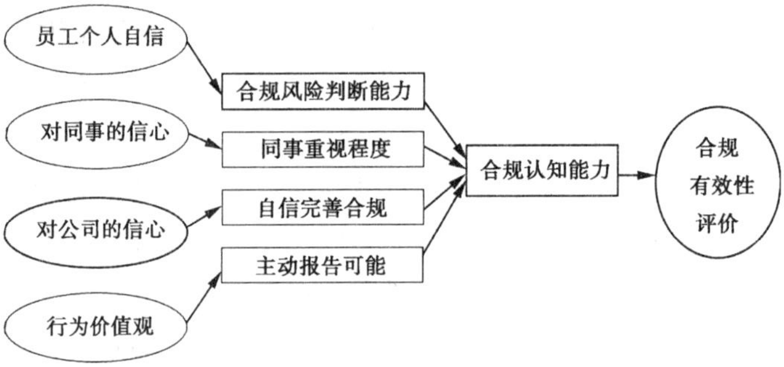

图 3　影响证券公司员工主观合规认知能力的因素

在这一规律的指导下，证券公司合规教育和培训应不仅仅集中于业务学习和法律法规的学习，更应针对员工的个人行为进行价值观的教育。同时，员工培训中增加关于人际关系、沟通技巧的培训也至关重要。公司的合规管理人员也应具有优秀的人际关系处理能力，帮助业务部门解决问题，而不是简单生硬地说“不”。

3.5　制度深化期中国证券公司推进合规管理的五大着力点

3.5.1　制定合规管理战略是深化落实合规制度的必要前提

合规管理涉及公司纵向和横向组织结构的方方面面，不仅要求公司组织和制度的革新，还特别对公司合规文化的孕育和员工风险意识提出了更高的要求。因此，合规管理是证券公司战略发展层面的一个重要问题。证券公司必须站在战略的高度，对公司整体合规风险及不同风险可能引发的后果有全面的认识。董事会和管理层也应对公司应对合规风险的措施进行全面的评估，把握不同管理措施的有效性程度，为不同业务部门和管理部门的具体合规管理工作制定战略规划。

3.5.2　完善合规管理制度是全面推进合规工作的重要基础

合规制度的执行力首先与制度的健全与否有关，与合规检查、合规考核、合规责任追究、合规制度有效性的评估机制的具体执行效果相关。在全面建立了合规管理的各项制度以后，关键的一个任务是对具体制度的落实。证券公司合规管理的一个基本任务是将合规的法定义务转变为公司自身发展需求的一个合规的过程。最终的目标是全体公司员工形成一种共识，在一个公司内部的不同部门、不同单位及其个体员工之间形成有效的相互影响、相互约束、相互促进的合规运行机制。

3.5.3　培养合规文化是提高合规制度执行效果的关键保证

合规文化建设，尤其是业务部门的合规文化建设是证券公司提高合规制度执行力的关键。而合规文化建设的首要条件和基本保证是证券公司高级管理层要率先垂范。合规文化的建设绝不是简单的宣传和教育，在具体业务和决策中贯彻合规经营的理念，以具体的事例来凸现合规的重要性是合规文化建设的基本路径。组织行为学的研究表明，证券公司员工的合规意识主要由其合规认知能力所决定，受到员工个人对自身、同事和公司合规工作的信心以及员工个人行为价值观的影响。因此，合规文化建设既要加强对员工的合规和职业道德教育与培训，又要注重对公司内部部门领导与员工、员工与员工之间良性互动关系的培养。

3.5.4　提高合规人员素质是深入推进合规制度的主要举措

合规制度的执行力还取决于合规管理人员的素质和业务能力的水平。中外证券监管机构和自律组织的调研都认为，合规管理人员的业务素质和沟通、协调、分析判断能力是提高合规制度执行力的一个关键因素。国内监管机构、自律组织以及教育机构还没有形成专门针对合规管理人员实施职业培训的专业课程或培训计划，这在相当程度上限制了合规管理人员的职业发展和交流。中国证券业自律组织应考虑建立合规人员的职业或专业组织（如合规管理协会），在组织专业培训和交流上发挥积极的作用。

3.5.5　开发合规管理工具是提高合规管理水平的基本手段

在外部监管的要求和内在生存和发展的需求之下，合规管理的制度执行机制走向科学化和精细化是必然方向。中外证券公司合规管理制度变迁的过程表明，金融机构的合规工作不应是为了“合规”而“合规”，而应建立“以风险控制为导向”的合规制度。合规风险的管理应针对重大合规风险，对应对措施和整改过程的效果进行持续的评估。这就要求证券公司首先对公司所面临的合规风险有全面的了解；其次，要对不同风险发生的概率以及风险造成的损失程度有科学的估计；最后，证券公司应建立应对合规风险的决策机制，根据合规风险分布和不同损失程度，决定合规资源的有效分配，并对风险控制措施的效果进行跟踪评价。

针对单个证券公司采集合规风险数据不系统的问题，证券监管部门和自律组织可以充分利用管理部门的优势，统一标准采集行业内证券公司的合规风险事件，整合形成统一强大的合规风险数据库。统一的合规风险数据库可以方便监管部门对不同公司的合规风险管理能力进行分析和比较，为监管政策的制定和及时调整提供依据。

4. 结　　语

中国证券公司合规管理制度的建设，在市场环境和司法环境、公司内部控制制度的完善程度、员工合规意识等方面与发达资本市场国家存在着较大的差距。因此，现阶段合规管理制度的推进仍然要求监管机构保持适当的监管压力，要求自律组织和证券交易所提高自律管理的作用，对证券公司合规管理的过程和结果要同时并重。

4.1 证券监管主体监管理念的转换

在英、美等国证券监管的法律框架下，证券公司对于如何履行合规管理的义务，如何构建合规部门的组织结构，如何界定证券公司内部合规部门与其他内部控制部门之间的职能划分等问题都具有相当的自由决定权力。监管部门不会对这些内部管理的细节问题给予干涉。其基本理念是，证券公司达到监管目标的方式会有很多种，合规管理的方法并不影响最终合规的目标。证券公司可以结合自身商业模式的特色，选择实现合规管理职能的方法。

中国证券业在植入境外合规管理制度的实践和经验后，必须依赖中国证券公司在具体业务的实践过程中进行不断的探索。在保持适当的监管压力下，中国监管机构应开始考虑监管角色的转换，逐步从行政命令式的执法模式转向与被监管对象积极互动的模式。

4.2 证券行业自律组织作用的发挥

中国证券业协会及证券交易所等自律性组织在合规管理工作中具有非常重要的研究、协调和组织作用。行业自律组织应密切关注证券公司合规管理的焦点、热点和难点问题，及时对行业的先进合规管理理念和做法进行总结，加强行业间的交流，制定相关自律规则，推动合规管理制度的深入发展。

证券交易所作为一线监管部门，对证券公司等会员单位和上市公司负有监督、管理和处罚的职责。同时，证券交易所还对会员单位负有自律管理的职责。该职责既是我国证券行政监管职能的延伸，也是市场参与主体自我管理权利的集合。证券交易所要处理好行政监管与自律管理的关系，将交易所规则、上市公司治理的要求、证券公司合规管理的要求相结合，引导证券公司合规经营，有序竞争。

4.3 证券公司自我约束机制的完善

构建严格和完善的合规制度仅仅是实现有效的合规管理制度的一个必要条件，但绝不是充分条件。合规管理的有效性在很大程度上还取决于合规的过程。证券公司合规管理的一个基本任务是将合规的法定义务转变为公司自身的一个合规的过程。制度化的合规过程指的不仅仅是制度本身，而是参与合规管理的全体公司员工形成一种共识，在公司内部的不同部门、不同单位及其个体员工之间形成有效的相互影响、相互促进甚至是相互约束的合规运行机制。这种制度化的合规过程可以帮助公司有效地降低个别员工违规事件对公司合规制度的影响。

中国证券公司推进合规管理工作，应主要从战略、制度、文化、人员、工具等五个方面着力展开。在纵向上，证券公司要贯彻“从上至下”和“从下至上”并行的合规管理工作模式。公司高层要确立合规管理战略，“从上至下”展开合规管理工作，并为公司合规经营树立表率。同时，证券公司还要“从下至上”建立鼓励业务部门主动积极向合规部门报告风险事件的机制和系统，完善对合规风险的识别、数据采集和分析决策机制。在横向上，公司须协调各业务部门创造利润和管理部门控制风险的内在矛盾，整合目前各个管理部门对合规风险并行管理的机制，建立信息共享系统和管理职能的协作机制。

参考文献

[1] 李良瑞：“中国金融制度变迁的路径依赖性分析及其思考”，《商业研究》，2005年第5期，第91－94页。

[2] 李祝用、鲍为民：“保险公司合规风险管理体系构建研究”，载 http：//www. sasac. gov. cn/xxfw/fxgl/bxsd/200608030176. htm.

[3] [美] 道格拉斯·C. 诺思（著），杭行（译），韦森（译审）：《制度、制度变迁与经济绩效》，上海：格致出版社、上海三联书店、上海人民出版社2008年版。

[4] [美] 道格拉斯·C. 诺思（著），钟正生，刑华等（译）：《理解经济变迁过程》，北京：中国人民大学出版社2008年版。

[5] [美] K. 弗莱德·斯考森，斯蒂芬·M. 格洛夫，道格拉斯·F. 普莱维特（著），方红星（译）：《公司治理与证券交易委员会》，大连：东北财经大学出版社2006年版。

（作者单位：海通证券股份有限公司）

证券公司压力测试的制度机制研究

• 张爱民　王　博　姚炳书

1. 压力测试的基本概念和类型

1.1　金融机构压力测试的发展历程

金融机构压力测试工作的最早提出是在 1995 年，国际清算银行（BIS）巴塞尔银行监管委员会提出了金融机构可以根据其内部模型来估计风险值（VaR）作为计算资产价格变动风险资本准备的参考标准，并将此草案送交国际证券监管组织（IOSCO），请其提供评论意见，IOSCO 提出在此草案框架下开展压力测试工作。

随后，BIS 提出银行应定期进行压力测试，其中包括定性与定量分析两部分：定量分析主要包括认定银行可能面临的市场压力情景等；而定性分析则强调压力测试应涵盖评估银行承受巨额损失和制定银行降低风险保全资本的操作流程两个基本目标。IOSCO 则提出主管当局应将证券公司是否拥有一套合理的压力测试程序作为其是否能够采用内部模型法计量监管资本的前提条件，并定期对压力测试的情景进行复核。同时还指出，压力测试是用以衡量金融机构承受巨大损失能力的工具，不论金融机构是否采用 VaR 模型计算风险状况都应执行压力测试。

国际货币基金组织（IMF）和世界银行 1999 年在借鉴亚洲金融危机教训的基础上发起的金融部门评估项目（FSAP），首次将宏观压力测试方法作为衡量金融系统稳定性分析工具的重要组成部分。随后，压力测试方法成为其成员国金融稳定性分析中广泛使用的工具，各国纷纷开发出自己的宏观压力测试系统，FSAP 的压力测试主要由信贷、利率、汇率、流动性、操作风险及风险传染模块组成，风险情景、影响指标设计依赖各国宏观经济环境和数据的可得性。FSAP 已经对 70 多个国家或地区的金融体系稳定性进行了压力测试，2007 年 7 月“宏观压力测试和金融危机模拟”（Conference of Stress - testing and Financial Crisis Simulation Exercises）会议在法兰克福召开，IMF 和欧洲、英国、奥地利、西班牙等中央银行官员交流了各国（或地区）宏观压力测试的经验和面临的挑战。

2007 年以来全球金融危机爆发则进一步暴露出金融机构现行风险管理政策和工具的严重缺陷，压力测试方法受到了前所未有的重视，巴塞尔委员会 2009 年 1 月推出了《稳健的压力测试实践和监管原则》征求意见稿，并在 5 月正式公布实施。该文件对银行内部压力测试的应用和风险治理的一体化以及压力测试方法和情景选择进行了全面的规范，并在对监管当局建议中，要求将压力测试的结果作为银行资本充足性监管中的参考因素并对银行业压力测试制定统一的监管标准和要求。2009 年年初以来美联储和欧洲中央银行分别对其金融体系开展了压力测试，并要求金融机构根据压力测试结果补充资本。

我国银行业从 2003 年下半年执行国际银行监管要求开展压力测试工作，中国银行于当年在资金业务市场风险管理中应用了压力测试方法，之后，中国工商银行、中国农业银行、中国银行、中国建设银行、中国交通银行和深圳发展银行在中国银监会的组织下，对信用风险、利率风险、汇率风险、流动性风险 4 个方面进行了第一次压力测试。2007 年年底，中国银监会推出了《商业银行压力测试指引》，对国内商业银行的压力测试工作进行了系统的规范。几家大的商业银行逐步开展了一些专项压力测试，如房地产、油价波动等风险因素和定期的压力测试工作。工商银行在 2008 年完成了信用风险压力测试系统的开发工作。

国内证券业压力测试的监管要求最早出现在 2003 年《证券公司内部控制指引》中，要求证券公司风险管理部门对自营业务的持仓、盈亏及风险状况和交易活动进行动态监控并定期对自营业务进行压力测试，确保自营业务的各项风险指标符合监管要求并控制在公司可承受范围内。2005 年年底的《证券公司自营业务指引》进一步要求建立健全自营业务风险敞口和公司整体损益情况的联动分析与监控机制，定期对自营业务投资组合的市值变化及其对净资本风险监控指标的潜在影响进行敏感性分析和压力测试。2008 年 6 月修订的《证券公司风险控制指标管理办法》对压力测试的范围作了较大扩展，从自营业务扩展到所有影响净资本风险控制指标的相关业务项目。要求证券公司应当根据自身资产负债状况和业务发展情况，建立动态的风险控制指标监控和补足机制，在开展各项业务及分配利润前对风险控制指标进行敏感性分析，建立健全压力测试机制，及时根据市场变化情况对公司风险控制指标进行压力测试。

1.2 金融机构压力测试的基本概念

IOSCO（1995）指出，压力测试是假设市场在最不利的情形（如利率突然急升或股市突然重挫）下，分析其对资产组合的影响效果；IOSCO（1999）进一步具体指出，压力测试是将资产组合所面临的极端但可能发生的风险加以认定并量化。

国际清算银行巴塞尔银行全球金融系统委员会（BIS Committee on the Global

Financial System，BCGFS）（2000）则将压力测试定义为金融机构衡量潜在但可能发生异常损失的模型。

“台湾财务会计准则公报第三十三号”中亦将压力测试定义为透过情景设定或历史信息，根据可能的风险因子变动情形，重新评估金融商品或投资组合的价值，以作为判断企业蒙受不利影响时，能否承受风险因子变动的参考。

香港金融管理局的压力测试指引中提出，压力测试是一种风险测量技术，用于评估银行在压力环境下可能的损失，以及这些损失对银行盈利能力和资本的影响。是将整个金融机构或资产组合置于某一特定的（主观想象的）极端市场情况下，如假设利率骤升100个基本点，某一货币突然贬值30%，股价暴跌20%等异常的市场变化，测试该金融机构或资产组合在这些关键市场变量突变的压力下的表现状况，确定其是否能够经受得起这种市场的突变。

在中国银监会发布的《商业银行压力测试指引》中，将压力测试定义为：“一种以定量分析为主的风险分析方法，通过测算银行在遇到假定的小概率事件等极端不利的情况下可能发生的损失，分析这些损失对银行盈利能力和资本金带来的负面影响，进而对单家银行、银行集团和银行体系的脆弱性作出评估和判断，并采取必要措施。”

上述定义更多地将压力测试定义为一种操作方法或技术手段，我们认为这种定义方法不能够完全或充分地涵盖压力测试在管理金融机构重大风险中所应该和能够发挥的作用，未能准确地描述压力测试在金融机构风险管理体系中的定位。因此，本文从国内证券行业风险监管要求和证券公司内部风险管理需要的角度出发，在总结上述压力测试定义的基础上，将压力测试定义为一种管理和测量证券公司各种潜在经营风险，特别是那些不可预期但可能发生的极端风险的内部风险管理体系。它既包括与压力测试相关的内部管理制度和工作机制，也包括压力测试的各种类型及其与之对应的各种方法和技术模型，同时还包含压力测试的数据来源、数据保障以及相应的技术系统等方面的内容。

1.3 压力测试的类型划分

1.3.1 敏感性分析与情景分析

敏感性分析是对单一冲击（风险因子）的影响分析，如分析股市下跌对证券公司自营权益投资业务的影响，或者证券公司某一业务的快速扩张对公司资本充足性带来的冲击；情景分析是分析单一冲击或多种冲击的影响分析，如我国证券市场出现长期的熊市行情或者国内经济增长陷入停滞状态，对证券公司经济资本的影响或者生存能力的冲击。情景分析又可分为历史情景和假设情景分析。相对而言，敏感性分析相对简单易于操作，而情景分析由于要考虑各种冲击的相关性等问题，操作相对复杂。在模拟重大冲击时，情景分析的效果更好。一般而言，压力测试既包括敏感性分析又包括情景分析。

1.3.2 宏观压力测试和微观压力测试

宏观压力测试可以是指行业监管层面所开展的全行业的压力测试；也可以指在压力情景或风险因素中的宏观因素，如整个经济运行状态的重大不利转折、证券市场发生大幅下挫、市场信用状况出现危机等等。微观压力测试可以指金融机构自身开展的单一机构层面的压力测试；也可以指压力情景或风险因素中的微观因素，如证券公司自身管理体系出现的危机或重大风险因素、某项业务的急速扩张给公司经济资本或监管资本带来的冲击等等。

1.3.3 分段法压力测试与综合法压力测试

分段法是指对不同风险因子（如市场风险、信用风险等）影响分别进行估计，综合法是指对不同风险因子的影响进行综合分析。分段法较简单，综合法需要考虑各种风险传递渠道的相关性，例如分析信用风险和市场风险渠道影响的相关性，强调建立统一框架整合各种风险传递渠道的影响，估计整体损失分布。

1.3.4 由下向上法压力测试和由上向下法压力测试

根据 IMF 的 FSAP 计划的宏观压力测试所定义的由下向上法指当局设计不同情景，每家银行可根据其内部模型估计自己的贷款损失率和破产概率，然后当局将各银行压力测试结果数据进行加总反映整体金融系统稳定性情况。由上而下法是指政策当局设计不同情景对各银行利润、破产概率和风险承受力的影响测试。而针对与之对应的微观压力测试，由下而上法则应该是指在机构内部先由各业务部门和分支机构对其领域内的项目分别进行压力测试，然后统一汇总出公司整体的压力测试；由上而下法则是先由公司整体层面制订压力测试的方案，然后各业务部门或分支机构按照公司的总体方案分别进行测试。

1.3.5 投资组合压力测试和聚合压力测试

投资组合压力测试是对公司所持有的投资组合在特定的情景之下，所面临的可能会遭受的风险损失进行衡量。对于聚合压力测试，巴塞尔世界金融系统委员会（Basel Committee on the Global Financial System）作了如下定义：聚合压力测试是在特定的情景设计之下，对一组上市公司风险暴露进行衡量。从定义中可以看出，它与投资组合压力测试的主要区别在于研究对象的差别，是帮助监管者找出金融系统结构中的弱点和对市场整体风险的暴露，它关注的是整个市场的行为；而投资组合压力测试则是帮助公司决策者进行资产配置和风险管理，它虽然也是考虑市场因素可能的灾难性变化，但它是立足于市场对投资组合定价有效的前提之下的。

1.3.6 压力测试和反向压力测试

由压力测试的定义可以看出，压力测试是指在设定风险因素或压力情景的前提下，通过各种分析方法或者计量模型对这些风险因素对金融机构的整体状况或相关经营指标所形成的冲击进分析和评价。但反向压力测试则正好相反，首先假定已知的压力结果或者危机结果（违背监管资本标准、流动性匮乏等），然后来反推金融机构各项业务和运行体系中的哪些事件有可能会导致危机结果的发生。如证券公司在开展重大业务时，首先设定业务规模的过分扩大导致监管资本标准达到证监会的预警线，然后测算其最大的业务规模水平就是一种反向压力测试。显然，反向压力测试方法更容易发现和判断金融机构业务或运行体系中的潜在弱点和控制标准。

2. 压力测试流程、分析方法和计量模型

2.1 压力测试的基本流程

压力测试作为证券公司内部风险管理体系的一个重要组成部分，从全面压力测试的角度出发，其核心程序应该包括以下几个方面：

2.1.1 构建基准情景

构建基准情景即确定未来时期内可能或潜在的各种压力环境或压力情形，这些情景既包括具体的情景，也包括系统的情景，并且需要对这些情景发生的可能性有一个基础的分析和判断。由此可见，构建基准情景需要建立在确定压力测试的类型、范围和周期，以及证券公司的风险管理政策和策略，系统梳理、分析和预测公司经营的内部和外部环境、宏观和微观环境的基础之上。

2.1.2 确定风险因素（KRI）

在构建了压力测试的基准情景之后，就需要将基准情景分析转化为具体的风险因素指标（Key Risk Indicatiors）和相应的压力幅度，例如油价的波动、股指的下跌、利率的上涨、内部风险业务规模的扩张、市场交易量的萎缩（市场流动性的降低）等等。基准情景和 KPI 的确定方法是压力测试中十分重要的技术因素，也是区别各种不同类型的压力测试的主要依据，如历史情景法、假设情景法、蒙特卡洛模拟法等。

2.1.3 建立冲击模型

压力情景下的各种风险因素会通过不同的影响方式和不同的数量关系影响金融机构的相关业务收益或资产价值，压力测试中如何分析、测量各种风险因素对金融机构所造成的实际冲击是一个非常核心的技术环节，在实践过程中建立了各种各样的冲击模型，如信用风险市场风险压力测试中的 PD 压力测试计量模型、

Beta 模型、企业收益 APT 模型、EDF Merton 模型、估值模型、现金流模型等等。

2.1.4 测算经营数据（KPI）

通过建立冲击模型可以把压力情景下的各种风险因素转化为对公司核心经营指标（Key Performance Indicators）的影响数据，把压力情景和风险因素落实到实际的损益数据和资产价值上，并最终可能还要进一步转换为相应的监管性指标，如证监会净资本风险控制指标。

2.1.5 对比分析

将压力情景下的 KPI 与基准的 KPI 进行对比分析，其中基准的 KPI 可能是行业经济标准，也可能是监管资本标准。

2.1.6 制定情景应急计划

在对比分析压力情景下的 KPI 和基准 KPI 的基础上，根据分析结果以及对各种压力情景可能性的预测和判断制订相应的情景应急方案，以保障机构能够抵御极端压力情景风险。

2.2 压力情景的类型和风险因素的选择

压力情景的选择和构建是压力测试的首要环节，情景构建是否适当决定着压力测试效用的高低，这也是为什么我们总是把压力测试作为情景分析的原因。如何恰当把握公司未来经营中潜在的、可能发生的、内外部极端事件情景是一项难度较高的工作，可能需要借助内外部相关专家来进行把握。压力情景选择的适当性遵循 3R 原则（Relevance，Realistic 和 Reliable & Readily Available Data），即关联性、现实性和数据的可靠性与可得性。具体压力情景按照选择方法和程序的不同分为以下几种类别：历史情景和假设情景；多因素压力情景和单因素情景；概率情景和确定性情景；机构内部的具体情景和系统性情景；内源性情景和外源性情景等。

2.2.1 历史情景和假设情景

历史情景法，是指以历史上曾发生过的极端事件为基准，构造金融市场未来的极端情景。历史事件包括极端金融市场事件及引发了金融市场大幅震荡的政治、经济事件和自然灾害等（见表 1）。

表 1　　国内外市场风险压力测试历史情景模拟事件表

国外市场风险测试历史模拟		国内市场风险测试历史模拟		
年份	事件	年份	事件	适宜测试周期
1987	黑色星期一	1995	国债 3·27 事件	
1990	海湾战争	1996	新华社社论	短周期压力测试

续表

国外市场风险测试历史模拟		国内市场风险测试历史模拟		
年份	事件	年份	事件	适宜测试周期
1997	亚洲金融危机	1997	邓小平逝世	短周期压力测试
1998	俄罗斯危机和长期资产公司倒闭	2004	南方证券倒闭案	长周期压力测试
2000	互联网泡沫破裂	2008	全球金融危机	长周期压力测试
2001	9·11 事件			
2002	安然事件			
2007	次贷危机			

资料来源：根据相关文献汇总整理。

利用历史数据构建压力测试情景模型的前提假设就是过去的危机与未来将要发生的危机相似，而这一假设符合风险管理中未来与过去近似的假设。情景的设立最常见的一种方法就是利用过去典型的波动数据作为依据，那些伴随着剧烈的价格变动和流动性的急剧恶化的事件都可以作为压力测试的情景。

假设情景又被称为最坏情景分析或者专家情景，是基于专家的经验判断或者相关的专业计量模型如蒙特卡洛模拟或者根据当前环境所进行的最恶劣情况设定等方法来确定压力情景方法。一般认为假设情景相比历史情景更具有前瞻性，但在假设法下多因素的综合情景构建中，其内部结构的合理性很难具有说服力。美国银行业 2009 年年初对 19 家银行控股公司进行压力测试就采用了假设情景方法，分为一般经济环境和恶劣经济环境两个压力级别，一般经济环境与年初美国国内对今明两年的经济预期基本一致（见表 2 和表 3）。

表 2　　一般经济情景及对应 KRI

年份	GDP	失业率	Case - Shiller 住房价格指数
2009	-3.3%	8.9%	-22%
2010	0.5%	10.3%	-7%

表 3　　恶劣经济情景及对应 KRI

年份	GDP	失业率	Case - Shiller 住房价格指数
2009	-3.3%	8.9%	-22%
2010	0.5%	10.3%	-7%

2.2.2　内源性情景和外源性情景

内源性情景是指根据机构自身运行中的各种脆弱性和最薄弱的环节，由内而外设定危机发生的情景；外源性情景是指根据机构外部环境潜在的可能导致机构发生重大危机的不利事情，由外而内设定压力情景。

在确定了压力情景之后就需要对该情境下的具体风险因素进行选择，KRI 的选择原则一般需要结合可操作性和数据的可得性两个方面的因素；应尽量保持简单的特征，风险因素太多会导致压力测试计量模型无法管理；而且这些因素对机构的影响应该是重大的；风险因素的变动应该具有随机性，不能受管理者的控制；各种风险因素之间应该保持相对的独立性，风险因素之间的相关性将导致分析的复杂化等。

2.3　宏观压力情景的构建和相关模型

压力测试环境的设计和构建是压力测试工作中难度较大的部分，测试环境的设计和构建主要涉及的是宏观金融压力情景的构建，情景构建在整个压力测试系统中所处的地位见图 1。

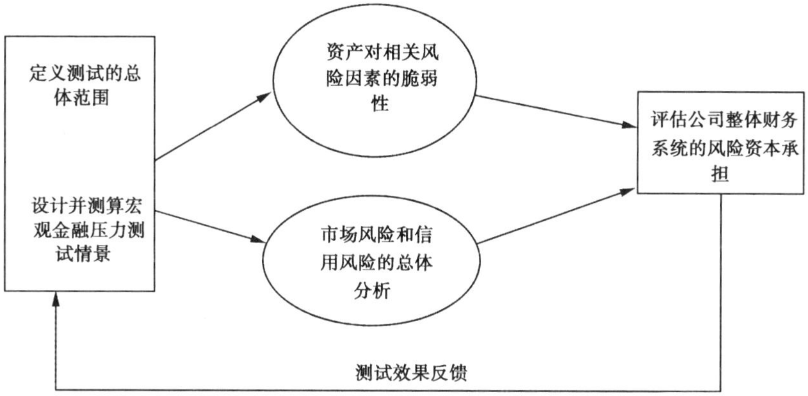

资料来源：BIS working paper。

图 1　宏观压力测试流程概览

宏观金融压力情景的构建需要根据历史市场总体环境状况来分析和预测未来一段时期内金融体系中可能出现的极端事件，这些预期的极端状态就构成压力测试的宏观金融情景。一个简单的宏观金融环境预期架构可以用模型表示为：

$$E(\tilde{X}_{t+1}) = g_1(X^t, Z^t) \tag{1}$$

其中，X 为宏观经济变量，Z 为其他相关因素变量，函数 g_1 用来描述变量 X 和 Z 的历史情况。对金融环境的预期建立在历史金融体系波动数据的基础之上，而压力测试的情景构建则是要建立在一个可以预期的极端情景之上，在一定意义上可以用可预期的危机的发生概率来表示，因此可以描述为：

$$P\ (\tilde{X}_{t+1} \geqslant \bar{X})\ = g_2\ (X^t,\ Z^t) \tag{2}$$

模型对危机发生的条件设置为 $\tilde{X}_{t+1} \geqslant \bar{X}$，在该模型的应用过程中，很多关于汇率和银行危机发生可能性的研究都应用了 Prbit/Logit 模型来进行估算。

2.4 建立冲击模型的方法和类型

在确定了压力情景和核心风险因素之后，就需要估算这些风险因素对公司经营指标所带来的影响，这里的冲击模型是指将压力情景下的关键风险因子（KRI）转化为证券公司关键经营指标（KPI）的各种分析和计量方法的总称。基本的冲击模型大致可分为两类：第一类为需要利用各种计量方法来估计或预测 KRI 和 KPI 之间定量关系的模型，我们将其称为一般模型。在前文公式 1 和公式 2 的基础上，对宏观经济压力情景的估算可以用以下公式来表示：

$$\Omega\ (\tilde{Y}_{t+1} / \tilde{X}_{t+1} \geqslant \bar{X})\ = f\ \{X^t,\ Z^t\} \tag{3}$$

其中，$\tilde{Y}_{t+1} / \tilde{X}_{t+1} \geqslant \bar{X}$ 代表在 $\tilde{X}_{t+1} \geqslant \bar{X}$ 条件下金融机构所承担的预期压力状态，即对 KPI 所构成的冲击；Ω（□）函数用来测度 KPI 的脆弱性和总体风险性；f（□）是一个损失函数，也是一个估计函数和预测函数，表示由压力情境下的风险因子模拟指标汇总发展为最终各项经营指标和财务体系所承担的总体冲击，包括风险暴露、违约概率、相关性冲击、反馈性冲击以及基础性变量之间的相互关联情况等等。

绝大多数的宏观风险因素都需要建立适当的冲击模型来估计或预测其对关键经营指标（KPI）所构成的影响，例如违约率上升、房价指数的波动等这些关键风险因子通过相关的 PD、LGD、NPL（不良借款）回归模型来计量对金融机构的相关经营指标 KPI 的影响；如石油价格波动、GDP 增长变动、通货膨胀等这些关键风险因子通过相关的 Beta 模型、企业收益 APT 模型、EDF Merton 模型等来计量对金融机构相关经营指标 KPI 的影响。本文结合国内宏观经济环境和证券行业的监管和经营现状，采用历史数据的 Beta 模型来建立绝大多数宏观风险因子 KRI 和公司 KPI 之间的计量关系。

第二类是形式为恒等式的模型，这类模型不需要估计参数。恒等式模型主要用于计量微观风险因子对核心经营指标 KPI 的影响，这些风险因子包括公司风险业务规模的扩张，也包括固定收益投资业务中收益率曲线风险的风险因子、经纪业务风险中市场交易量萎缩风险、公司经纪业务市场份额下降风险、平均佣金水平下降风险等风险因子等等；这里的核心经营指标包括资本充足性监管指标，也包括公司的损益指标。这些 KRI 和 KPI 之间具有相对固定或稳定的计量关系，例如资本充足性监管指标中根据不同风险业务规模所形成的对净资本扣除的比例约束和风险资本的计提比例约束、经纪业务中佣金水平和公司收益水平之间相对稳定的数量关系等等。

3. 证券公司的市场风险压力测试

市场风险是国内证券公司面临的各种经营风险中最核心的风险类型，从国内证券业20余年的发展历程来看，证券市场波动风险是导致行业经营状况发生较大变动的关键因素，在2002－2005年的长熊市周期中，许多公司陷入破产边缘而被收购、合并、行政接管甚至直接破产清算。由此可见，市场波动风险仍然是威胁国内券商生存发展的一个重要风险类型，证券公司压力测试工作中对公司承担市场极端波动风险能力的测试是一项非常重要的风险管理工作。

3.1 证券公司市场风险压力测试方法

所谓市场风险压力测试，是指一种对证券市场极端价格变动影响进行度量的风险管理方法，其本质思想就是获取重大价格或要素变动或者综合价格或要素变动的信息，并将其影响量化为资产组合或整个机构的潜在收益和损失。

市场风险压力测试的一个基本假设是：资产组合的值依赖于风险因子向量 $r=(r_1, \cdots, r_k)$，该向量描述了一个市场状态，给定市场状态 r，资产组合的值记为 $P(r)$，以下我们用 r_{ii} 表示风险因子的实际值，即现实市场状态，用 $P(r_{ii})$ 表示资产组合的实际值。压力测试的关键一环在于风险因子的选取，并不是所有的资产组合都受到同样的风险因子的影响。所选的风险因子应该包含影响资产组合值的所有因子。

如果市场状态 r 突然发生将会有什么结果发生？此时的情景就是市场状态的突然发生，因此情景被定义为市场状态，并由向量 r 表示。一般来说，“情景”是指潜在的将来的发展情况，与压力测试相联系的情景指的是将来可能发生的市场状态，因此情景指的是结果而不是过程。

在压力测试中，首先要根据某种准则选取市场情景风险因素 $r_1 \cdots r_k$，然后计算资产组合在这些情景下的值 $P(r_1) \cdots P(r_k)$ 和组合的实际值 $P(r_{ii})$，可以估计当市场突然从实际状态变到 $r_1 \cdots r_k$ 而又不许调整资产组合时损失的估计值。

3.2 压力测试方法应该成为管理市场风险的重要组成部分

目前，证券公司普遍采用的量化管理市场风险的工具是VaR方法，VaR方法具有灵活性和综合性特点，但也存在明显的缺陷，无法对极端市场环境特别是转折性变动风险进行预测和计量。在2007年以来的全球金融危机中，VaR的缺陷再一次暴露出，完全依靠VaR方法来对证券公司经营活动中所承担的市场风险进行计量是十分危险的，而压力测试方法和VaR方法具有很强的互补性，可以对日常运行中的重大风险事件和极端市场变化进行风险分析和计量。压力测试方法应该成为证券公司管理市场风险的常规性方法，它能够对VaR方法给予重要且不可或缺的补充。VaR方法和压力测试方法对市场风险的测量和管理方面的区别见图2。

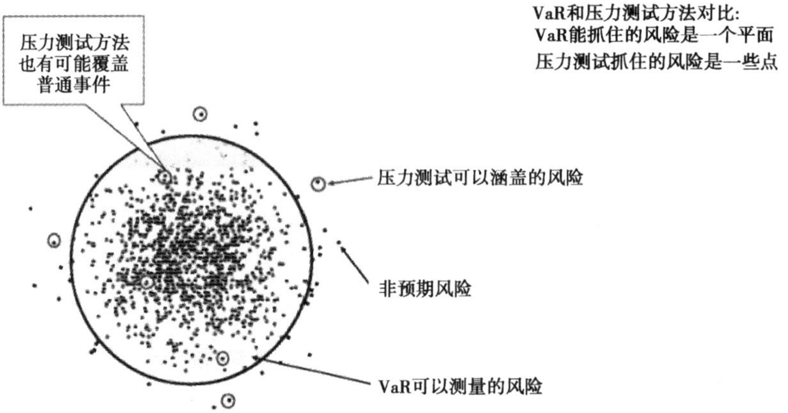

资料来源：Yuko Kawai，Stress Testing at Major Financial Institutions：Survey Results and Practice.

图2 VaR和压力测试对比图示

3.2.1 VaR方法及其特点

所谓在险价值（Value at Risk），是指在正常的市场条件和给定的置信水平下，金融参与者在给定的时间区间内预期最大的损失。与以往主要靠管理者的主观判断进行风险的定性评价不同，VaR方法是一种利用概率论和数理统计进行风险量化和管理的方法，为人们提供了一种关于市场风险的综合性度量，目前已成为国际范围内普遍使用的市场风险管理技术。

VaR方法是在敏感性方法和波动性方法等传统的金融风险测量方法无法满足现实需要的背景下产生的，相对于方差、β系数等传统测量方法，VaR方法的特点表现在它的综合性和直观性。随着证券公司投资组合的多元化，一个投资组合往往是由多种不同类型的证券构成，传统的灵敏度方法只适用于单一产品、单一风险的风险测量，不能汇总不同市场的风险因子、不同类型证券的风险暴露。VaR模型将投资组合的价值设置为其所有市场风险因子的函数，可以度量包括利率风险、汇率风险、股票风险以及商品价格风险和金融衍生产品风险在内的各种市场风险，较准确地测量由不同风险来源及其相互作用而产生的潜在风险。另一方面，VaR将投资组合所面临的多种市场风险换算成一个用货币计量的指标数值，并且可以通过调节置信水平，得到不同置信水平上的 VaR 值，使投资组合的风险状况更加直观和明确。

3.2.2 VaR 模型的缺陷

用 VaR 方法测量市场风险所存在的缺陷表现在：一是所选择的概率水平。VaR 是在某一概率水平上计算出来的估计值，例如在 250 天中，若概率水平一定，也即置信区间为 99% 的设定下，则损失大于 VaR 的天数应介于 1－2 天，若置信区间越低，则超过天数将越多。因此，VaR 并不衡量最大可能的损失为多少，在市场崩溃情况下就会产生极大的冲击。二是波动性及相关性估计问题。VaR 在估算时，通常采用历史数据的波动性及相关性，利用历史资料来估算 VaR，可能会存在无法真正反映未来股价行为的问题。尤其在宏观经济出现重大改变或者市场行为有所改变时，这样的问题将更为严重。因此 VaR 可能会出现低估市场风险的问题。三是计算假设问题。由于 VaR 的计算是在一些假设下，但是有些假设并不符合真实的市场情况，例如股价的报酬率为正态分布，但真实世界中的股价报酬分配却呈现出厚尾分布。股价为随机波动，不考虑股价常有的波动性聚集问题，而将一天的 VaR 换算成一段时间的 VaR，因此当出现特殊市场状况时，VaR 也将会低估市场风险。四是非线性资产问题。VaR 非常适用估计线性资产的市场风险（股票、期货等），但对于选择权等非线性资产则无法正确估算市场风险。

而这些缺陷问题中的大多数都可以通过压力测试方法予以弥补，如 VaR 方法由于选择概率水平以及波动性、相关性估计方面所导致的只能测量市场处于常态状况下的风险水平，而压力测试法方法则集中在对极端市场状态和市场转折风险的分析和测量。因此，压力测试方法应该作为证券公司管理市场风险的一个重要组成部分，进入常规性风险管理程序。

3.3 证券公司市场风险管理中的极限损失指标和风险限额指标

3.3.1 压力情境下的极限损失指标

证券公司在进行市场风险的压力测试时，在相关压力情形确定以后，需要对当前持仓头寸对相关压力情形或风险因素的敏感性进行分析，来确定压力情形下公司总持仓可能产生的损失总额度，即在压力测试环境下的极端最大损失我们暂且用 Ω_s 来表示，那么可以用公式表示为：

$$\Omega_s = \sum \omega_i \times \beta_i \times \lambda \tag{4}$$

ω_i 表示公司持仓品种 i 的风险暴露头寸，β_i 表示该持仓品种相对于压力测试情形下设定风险因素的敏感性系数，λ 表示压力测试设定的情景幅度。在该环节

中对 β_i 的确定是难度较大的一项工作，需要根据历史波动数据，运用计量模型来进行计算，而且难免会产生偏差。

3.3.2　市场风险限额指标

在证券公司市场风险管理中还有一个重要的管理指标——风险限额，该指标是公司风险管理战略层面的指标，需要董事会确认证券公司各业务品种所愿意承担的最大风险额度，并且以此来作为公司配置风险资本和业务部门投标风险资本的依据。在证券公司总体风险限额的确定过程中，市场风险限额占据着很大的比重，也是研究的重点内容。国内券商所面对的市场风险最核心的部分体现在其自营投资业务当中。自营业务分为权益性投资和固定收益投资，这两类投资所承担的风险程度存在着实质性差异，需要分别计量和评价。对于权益类投资的风险限额的测量和评价来讲，需要考虑两方面的因素：第一，根据公司总体的风险战略（股东的风险偏好）确定权益类投资业务的基本投资策略和投资思路；第二，在既定的投资策略和投资思路确定的基础上，根据不同投资策略和思路下所承担的市场风险程度来计量其对应的风险限额。

作为一个重要的管理指标，自营业务风险限额的确定受多方面因素的影响和制约：股东的风险偏好、公司资本充足状况、市场预期收益水平和公司自营业务操作水平等。按照投资学中的组合投资理论，自营业务的风险限额需要通过确定和计量投资的风险容忍度和风险扣除，进而推定作为管理指标的风险容忍水平，最终根据自营业务规模来确定风险限额。具体证券公司风险容忍水平的确定方法可以用公式表示为：

$$\tau = \frac{\gamma_p - \gamma_f}{2} \tag{5}$$

其中，τ 为证券公司管理市场风险的一个重要指标：风险容忍水平；γ_p 为在假定证券公司作为一个完全理性投资者的基础上，其预期投资收益水平；γ_f 为市场无风险收益率。由此，可以计量证券公司市场风险承担的可容忍最大限额，我们用 Ω_t 来表示：

$$\Omega_t = \omega \times \tau \tag{6}$$

其中，ω 为总持仓或总风险暴露额度。

3.3.3　极端损失指标和风险限额指标在风险管理工作中的运用

压力测试的结果是可以计算出在极端市场环境下，证券公司总持仓的计算损失额度，该指标在风险管理工作中需要与证券公司的年度风险限额指标进行对比分析：如果 $\Omega_s > \Omega_t$，则说明证券公司需要对其风险持仓总额度或者持仓结构进行适当调整，否则就有可能发生公司难以承担的风险情形。

4. 证券公司压力测试实证分析

本部分对压力测试的核心程序进行分析和搭建，一个完整的压力测试包括以下几个核心环节：构建模拟情景——选择核心风险因素——建立冲击模型——测算对公司经营指标的冲击——对比分析测算结果与监管标准或行业标准的差异——制订压力情景下的应急方案。在这些核心环节当中，情景的模拟和核心风险因素的选择要建立在对国家经济运行的整体状态、行业运营情况和监管背景以及公司自身的经营发展状况等进行有针对性的深入分析的基础上，冲击模型的建立则需要对行业监管标准和业务历史数据以及公司经营历史数据进行系统分析和测算，对冲击数据的测算和分析以及应急预案的制订与执行则更多地涉及公司内部管理环节和操作程序。

4.1 压力情景构建和核心风险因素选择

压力情景的构建和核心风险因素的选择需要建立在对经济环境、行业状况和公司经营状况深入分析研究的基础之上，分析当前国内证券行业的宏观、中观和微观环境中所面临的重大经营风险，其中主要包括以下几个方面：

4.1.1 宏观领域的股票市场波动

国内证券市场的运行受多重体制性和社会性因素的影响，有其自身较为独特的运行特征，市场中期的波动与许多宏观经济要素的相关程度不高（见图3—图6）。

从国内行业经营数据和研究成果来看（见图7），影响国内证券公司经营状况的最大风险因素来自股票市场波动。因此，股票市场的极端情景应该是当前证券公司压力测试中主要的研究对象。市场情景的模拟既可以采用历史情景法，也可以采用假设极端波动情景法。采用历史情景法需要根据压力测试的周期设定历史波动的计量周期。值得注意的是，由于股票市场运行具有很强的时间窗口效应，在选取情景时应该与压力测试的具体时间窗口进行对应，当然也可以直接采用历史最大值。对证券公司各项主体业务带来重要冲击的核心风险因素主要包括指数（R_{index}）的下跌和成交量（R_{volume}）的萎缩。

4.1.2 中观领域的行业竞争加剧

国内证券行业在经历了2003－2006年的综合治理之后，监管当局对行业的监管重点逐步从化解重大风险转移到加强日常风险监管，促进行业竞争和优胜劣汰，鼓励优势企业做大做强。行业竞争的加剧势必导致证券公司利润来源的最基础业务经纪业务中佣金水平（R_{bc}）的下降以及市场份额（R_{share}）的集中和投资银行业务中承销费率（R_{sc}）的降低（见图8）。

4.1.3 微观领域的企业发展战略

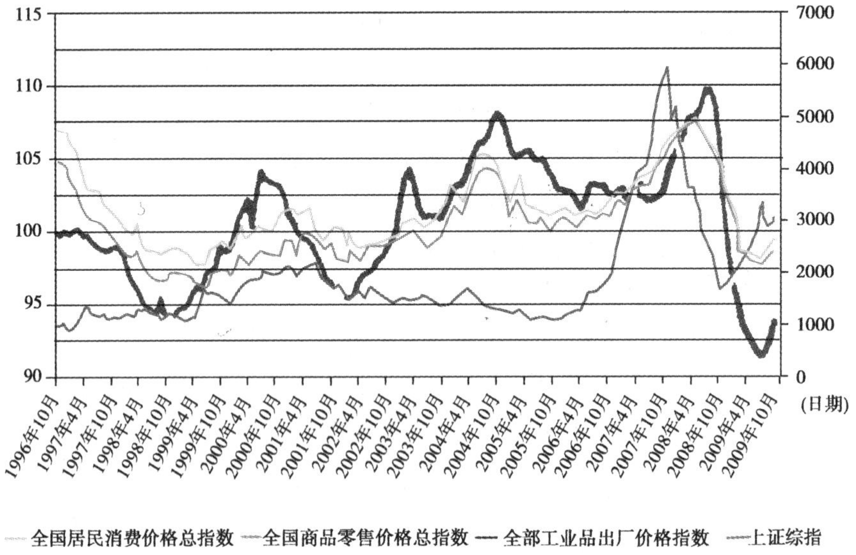

图 3 CPI、PPI 与上证综指历史走势的对比

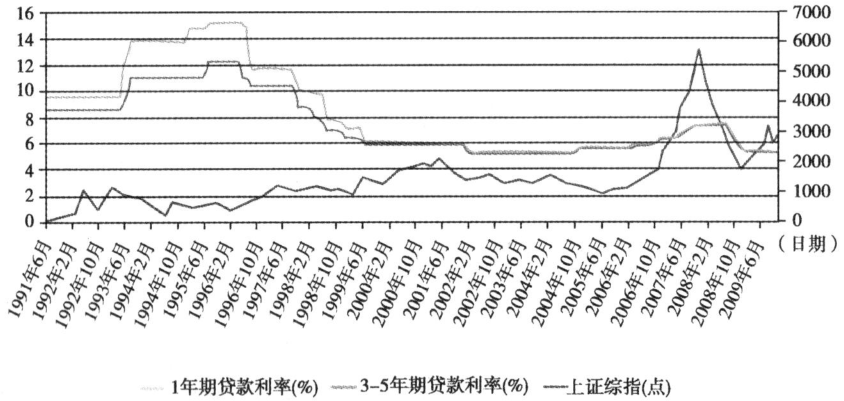

图 4 贷款利率与上证综指历史走势的对比

证券公司的发展战略对压力测试情景的确定和对应的风险因素的选择有着重要的影响，企业是采取稳健经营策略还是激进策略以及未来不同的发展方向和发展领域决定着公司未来在微观领域内重大风险源的差异，是采用机构扩张的发展模式还是采用高风险、高收益的风险投资扩张模式，其压力测试应该选取不同的微观情景的对应风险因素 $R_{mic(1-n)}$。

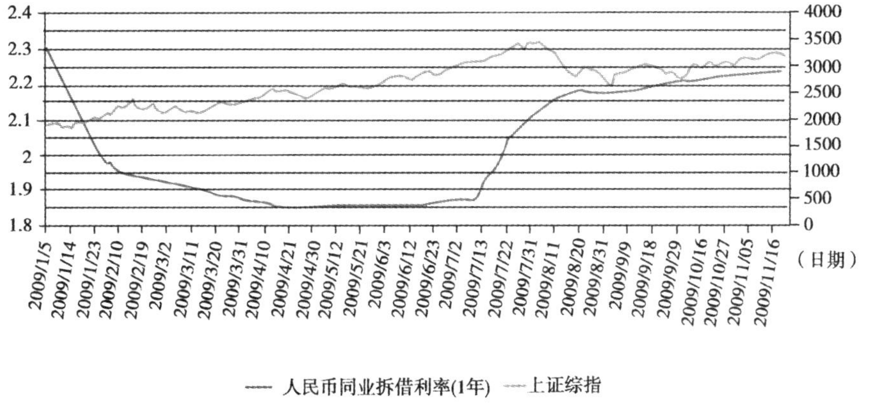

图 5　同业拆借利率与上证综指历史走势的对比

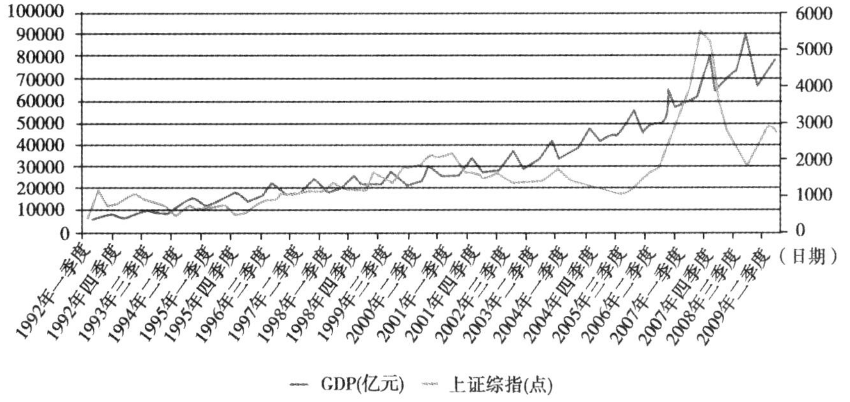

图 6　GDP 与上证综指历史走势的对比

4.2　国内证券公司冲击模型的实证研究

冲击模型的建立是压力测试中的一个核心环节，情景的构建和风险因素的选择要通过冲击模型来实现，对经营数据冲击的测算和压力数据的分析以及应急方案的制订与实施也需要建立在冲击模型的基础之上。而且冲击模型的建立必须符合国内的市场环境、行业监管要求和公司微观经营环境的现实状况，才能够把各种风险因素正确地转化为对证券公司各种经营管理数据的冲击，恰当地测度压力和计量风险。

前文提到，冲击模型大致可以分为两种类型：一种是需要运用估计或预测函数来构建计量关系的模型，一种是恒等或可以近似为恒等的计量关系模型。结合国内证券行业的情况，有关宏观的风险因素的冲击模型基本上需要建立各种估计

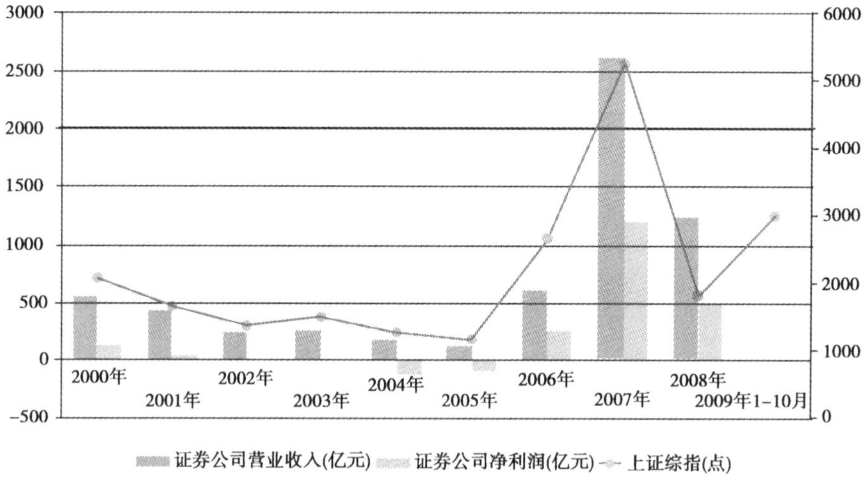

资料来源：中国证券业协会行业数据和 wind 资讯。

图 7　证券公司绩效与股票市场波动的关系图

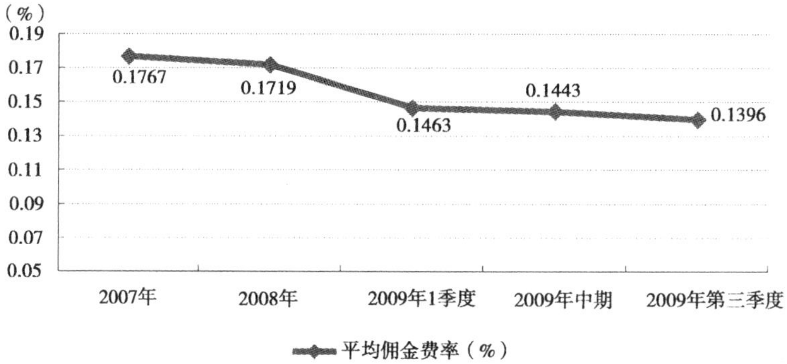

资料来源：公司研究所。

图 8　上市券商佣金水平历史走势

或预测函数来进行计量，个别市场风险因素如收益率曲线风险也可以采用相对固定的恒等关系来计量冲击；中观行业竞争风险因素如 R_{bc}、R_{share} 可以采用估计或预测函数（利用公司历史经营数据来进行回归分析）来计量，也可以近似地以恒等关系来计量，而微观领域内特别是有关行业资本充足性监管标准的 $R_{mic(1-n)}$ 基本上都可以采用恒等关系计量。

4.2.1　市场波动风险冲击模型的实证研究

（1）市场波动风险对证券公司整体形成的冲击。

实证 1：

①采用的模型、数据。选取 2002 年末至 2009 年第三季度中信证券股份有限

公司净资产数据和上证综指数据（代表股票市场波动），来分析股票市场波动对证券公司整体的冲击。

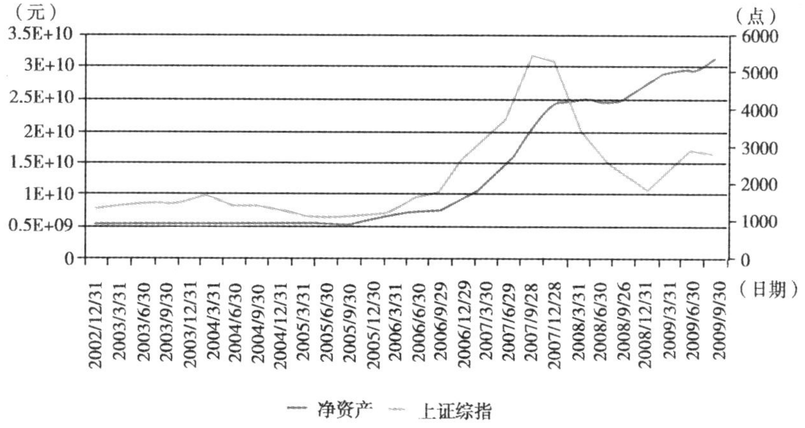

资料来源：Wind 资讯，扣除增资扩股的影响。

图 9　中信证券股份有限公司净资产和上证综指对比图

从图 9 可以看出，2002 - 2007 年中信证券股份有限公司净资产和上证综指有比较强的正相关关系，但是 2008 年以后的正相关关系不是太明显，所以需要对净资产和上证综指数据进行协整检验，检验两者之间是否存在长期稳定的协整关系。

首先，对上述净资产和上证综指数据进行平稳性检验。

由于数据的自然对数变换不改变原来的协整关系，并使其趋势线性化，消除时间序列数据中存在的异方差，所以对净资产和上证综指数据进行自然对数变换，分别表示为 lnY 和 lnX。

用 ADF 检验法分别对净资产和上证综指数据进行平稳性检验。检验所用的统计量为常规的 T 统计量，但在此 T 统计量不满足传统 t 分布，而是依分布收敛于维纳过程的泛函，其极限分布称为 DF 分布。由于 ADF 检验与 DF 检验具有相同的极限分布，因此在实际应用中常常采用相同的临界值进行推断。

ADF 法检验结果见表 4。

表 4　　lnY 和 lnX 单位根检验

	ADF T 统计量	5% 临界值
lnY	-2.206154	-3.595026
lnX	-3.404619	-3.612199

结果表明，无论是 lnY 还是 lnX，采用 ADF 检验的 T 统计量值都大于相应 5% 显著水平的临界值。因此，接受原假设，表明两个变量存在单位根，是非平稳的。

检验了两个变量非平稳后，根据协整理论在进行协整检验之前，还应该确定它们的整形阶数。首先对变量序列的一阶差分进行平稳性检验。仍然采用上面的方法进行，用 *DlnY* 表示 *lnY* 的一阶差分，*DlnX* 表示 *lnX* 的一阶差分。

ADF 法检验结果见表 5。

表 5　　*DlnY* 和 *DlnX* 单位根检验

	ADF *T* 统计量	5% 临界值
DlnY	-2.443476	-3.595026
DlnX	-3.270892	-3.595026

结果表明，无论是 *DlnY* 还是 *DlnX*，采用 *ADF* 检验的 *T* 统计量值都大于相应 5% 显著水平的临界值。因此接受原假设，表明两个变量的一阶差分存在单位根，是非平稳的。

继续对变量序列 *lnY* 和 *lnX* 的二阶差分进行平稳性检验。仍然采用上面的方法进行，用 D^2lnY 表示 *lnY* 的二阶差分，D^2lnX 表示 *lnX* 的二阶差分，ADF 法检验结果见表 6。

表 6　　D^2lnY 和 D^2lnX 单位根检验

	ADF *T* 统计量	5% 临界值
D^2lnY	-5.255880	-3.603202
D^2lnX	-6.109035	-3.603202

检验结果表明：*lnY* 二阶差分的 ADF 检验 *T* 统计量值 -5.255880，小于其 5% 显著水平临界值 -3.603202，拒绝原假设，表明其二阶差分为平稳序列，原序列 *lnY* 为二阶单整。*lnX* 的二阶差分 *ADF* 检验 *T* 统计量 -6.109035，小于其 5% 水平临界值 -3.603202，拒绝原假设，即其二阶差分为平稳序列，原序列 *lnX* 也为二阶单整。

上述结果表明，*lnY* 和 *lnX* 都是二阶单整的，存在单位根 I（2），满足对两个变量进行协整检验的条件。

然后，对它们之间的长期稳定关系进行协整关系检验。

因为 *lnY* 和 *lnX* 都是二阶单整变量，所以可进行协整分析以验证两者是否存在协整关系。对 *lnY* 和 *lnX* 建立如下协整回归模型：

$$lnY_t = \alpha + \beta lnX_t + \mu_t \tag{7}$$

采用 OLS 法对上述模型进行估计，结果见表 7。

表 7 协整检验结果

变量	估计值	标准误	T 统计量的值	显著性水平
常数 c	14.14110	1.432907	9.868821	0.0000
lnX_t	1.174626	0.188821	6.220833	0.0000

表 7 是用变量 lnY 对 lnX 进行普通最小二乘回归的结果，第二步要对回归方程估计残差序列 e 进行单位根检验，ADF 检验结果见表 8。

表 8 序列 e 的 ADF 检验结果

ADF 检验值	-3.698426	1%	-4.467895
		5%	-3.644963
		10%	-3.261452

由于检验统计量值 -3.698426 小于显著性水平 0.05 时的临界值 -3.644963，因此可认为估计残差序列 e 为平稳序列，表明序列 lnY 对 lnX 具有协整关系。由此可见，在 95% 的概率下，有理由确信中信证券股份有限公司净资产与上证综指之间存在长期均衡关系。

②确定冲击的大小。在上面的协整回归中，lnY 与 lnX 之间的系数为 1.174626，且通过 T 检验，说明系数是显著的。由模型得到的中信证券股份有限公司净资产的 β 系数为 1.174626，即上证综指每下跌 1%，净资产将相应地减少 1.174626%。

③结论。2009 年 9 月 30 日中信证券股份有限公司净资产为 31254429267.65 元，在构建的压力测试情景下——上证综指跌幅达到 41.04%，则中信证券股份有限公司的净资产下跌 48.21%，减少了 15066713651.60 元。

实证 2：

①采用的模型、数据。选取 2001 年末至 2009 年第三季度宏源证券股份有限公司净资产数据（数据来源于 Wind 资讯，扣除增资扩股和新旧会计准则的影响）和上证综指数据（代表股票市场波动），来分析股票市场波动对证券公司整体的冲击。

从图 10 可以看到，2001 年末至 2009 年第三季度宏源证券股份有限公司净资产和上证综指有比较强的正相关关系，但是为了检验净资产和上证综指时间序列变量之间是否具有长期稳定关系，防止出现“伪回归”现象，需要对净资产和上证综指数据进行协整检验，检验两者之间是否存在长期稳定的协整关系。

首先，对上述净资产和上证综指数据进行平稳性检验。

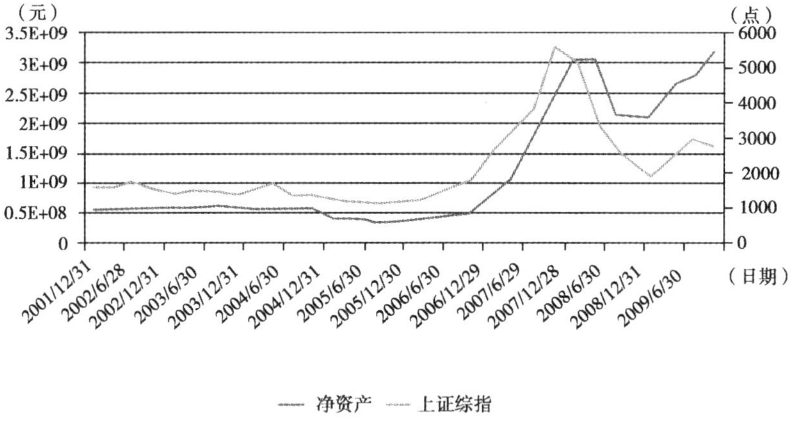

图 10 宏源证券股份有限公司净资产和上证综指的对比图

ADF 法检验结果见表 9。

表 9 ***lnY* 和 *lnX* 单位根检验**

	ADF *T* 统计量	5% 临界值
lnY	0.981040	-1.952473
lnX	0.255065	-1.952473

结果表明，无论是 *lnY* 还是 *lnX*，采用 *ADF* 检验的 *T* 统计量值都大于相应 5% 显著水平临界值。因此接受原假设，表明两个变量存在单位根，是非平稳的。

检验了两个变量非平稳后，根据协整理论在进行协整检验之前，还应该确定它们的整形阶数。首先对变量序列的一阶差分进行平稳性检验。仍然采用上面的方法进行，用 *DlnY* 表示 *lnY* 的一阶差分，*DlnX* 表示 *lnX* 的一阶差分。

ADF 法检验结果见表 10。

表 10 ***DlnY* 和 *DlnX* 单位根检验**

	ADF *T* 统计量	5% 临界值
DlnY	-2.948769	-1.952473
DlnX	-3.730739	-1.952473

检验结果表明：*lnY* 一阶差分的 *ADF* 检验 *T* 统计量值 -2.948769，小于其 5% 显著水平临界值 -1.952473，拒绝原假设，表明其一阶差分是为平稳序列，原序列 *lnY* 为一阶单整。*lnX* 的二阶差分 ADF 检验 *T* 统计量 -3.730739，小于其 5% 水平临界值 -1.952473，拒绝原假设，即其一阶差分为平稳序列，原序列 *lnX* 也为一阶

单整。

上述结果表明，lnY 和 lnX 都是一阶单整的，存在单位根 I（1），满足对两个变量进行协整检验的条件。

然后，对它们之间的长期稳定关系进行协整关系检验。

因为 lnY 和 lnX 都是一阶单整变量，所以可进行协整分析以验证两者是否存在协整关系。对 lnY 和 lnX 建立如下协整回归模型：

$$lnY_t = \alpha + \beta lnX_t + \mu_t \tag{8}$$

采用 OLS 法对上述模型进行估计，得到结果见表 11。

表 11　　协整检验结果

变量	估计值	标准误	T 统计量的值	显著性水平
常数 c	9.331262	1.232595	7.570417	0.0000
lnX_t	1.488504	0.162919	9.136446	0.0000

表 11 是用变量 lnY 对 lnX 进行普通最小二乘回归的结果，第二步要对回归方程估计残差序列 e 进行单位根检验，ADF 检验结果见表 12。

表 12　　序列 e 的 ADF 检验结果

ADF 检验值	-3.069382	1%	-2.650145
		5%	-1.953381
		10%	-1.609798

由于检验统计量值 -3.069382 小于显著性水平 0.05 时的临界值 -1.953381，因此可认为估计残差序列 e 为平稳序列，表明序列 lnY 对 lnX 具有协整关系。由此可见，在 95% 概率下，有理由确信宏源证券股份有限公司净资产与上证综指之间存在长期均衡关系。

②确定冲击的大小。在上面的协整回归中，lnY 与 lnX 之间的系数为 1.488504，且通过 T 检验，说明系数是显著的。由模型得到的中信证券股份有限公司净资产的 β 系数为 1.488504。即上证综指每下跌 1%，净资产将相应地减少 1.488504%。

③结论。2009 年 9 月 30 日宏源证券股份有限公司净资产为 3206198203.94 元，在构建的压力测试情景下——上证综指跌幅达到 41.04%，则宏源证券股份有限公司的净资产下跌 61.09%，减少了 1958608904.60 元。

（2）对证券公司单项业务进行冲击。

①采用的模型、数据。选取 2009 年 9 月末中信证券股份有限公司的重点持

仓流通股票数据为基础，分析股票市场波动（上证综指代表）对重点持仓流通股票市值的冲击。

从图 11 可以看到，中信证券股份有限公司的重点持仓流通股票组合的市值和上证综指存在非常强的正相关关系，所以，本文选取线性回归模型中的对数形式：

$$\ln Y_i = \alpha + \beta \ln X_i \tag{9}$$

其中，Y_i 为股票市值，X_i 为上证综指。

其估计方程为：

$$\ln Y_i = 13.8972 + 0.8422 \ln X_i \tag{10}$$
$$(22.3838)$$

$R^2 = 0.9312$，说明模型拟合程度较高，而且系数通过了显著性检验，同时也符合经济意义。

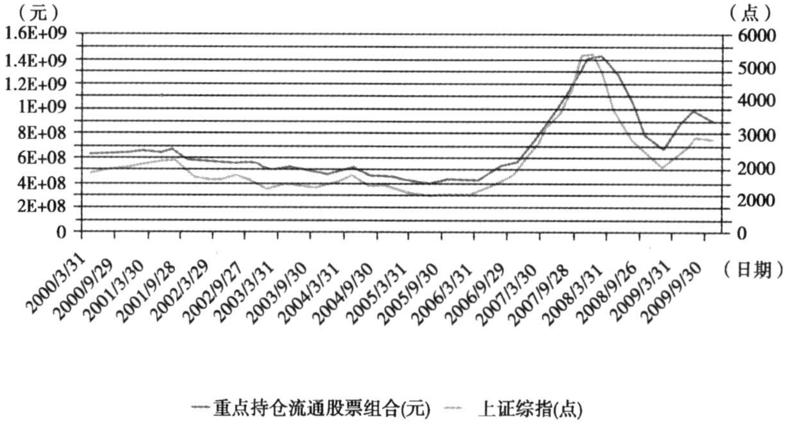

资料来源：Wind 资讯。

图 11　中信证券股份有限公司的重点持仓流通股票组合的市值和上证综指的对比图

②确定冲击的大小。根据上面的模型可知：中信证券股份有限公司的重点持仓流通股票组合市值的 β 系数为 0.8422，即上证综指每下跌 1%，中信证券股份有限公司的重点持仓流通股票组合的市值下跌 0.8422%。

③结论。2009 年 9 月 30 日中信证券股份有限公司的重点持仓流通股票组合的市值为 890937188.09 元，在构建压力测试的情景下——上证综指跌幅达 41.04%，则中信证券股份有限公司的重点持仓流通股票组合的市值下跌 34.56%，损失了 307942531.84 元。

4.2.2　恒等关系的冲击模型

恒等关系冲击模型的核心内容为行业资本充足性监管的相关规范性标准，具体数量关系参见中国证监会《证券公司风险控制指标管理办法》、《证券公司净资本计算表》、《关于证券公司风险资本准备计算标准的规定》的相关内容。个别市场风险因素，如固定收益证券收益率曲线风险，以及行业竞争风险因素，如市场份额下降、佣金率降低等风险因素冲击的恒等量化关系则可根据具体业务规模和风险因素变动的设定比例进行计量。

4.3 压力测试结果的分析与应用和应急方案的制订与实施

在确定了压力情景、风险因素和冲击模型之后，需要根据风险因素的设定标准和冲击模型来对压力情景对证券公司各项经营或监管指标的冲击进行最终的测算，并构建压力情景下的各基础财务报表和监管报表，对比分析压力情境下的各指标水平和行业标准与监管要求的距离。本文根据压力测试工作的实践，提出了压力情境下的净资本剩余指标，该指标对比压力情境下的净资本额度和监管标准的净资本最低限额分析压力情境下证券公司可以用于抵御风险的资本能力和空间。在压力情景设定相对统一的基础上，该指标应该具有行业的可比性，对行业风险监管具有重要的提示作用。

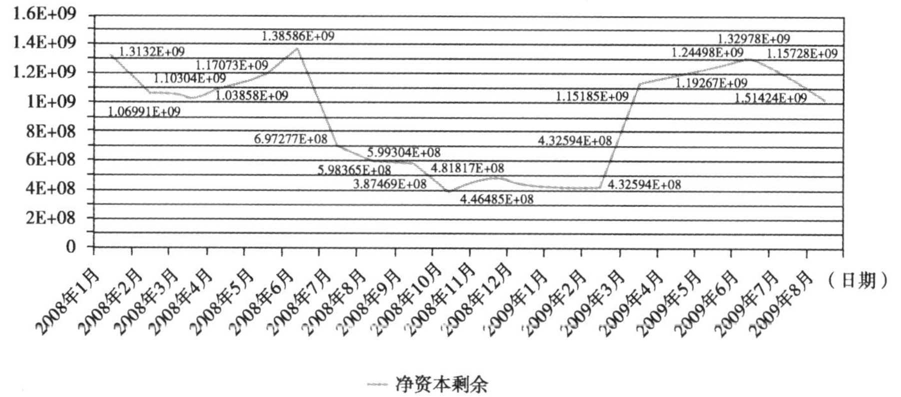

资料来源：ABC 公司月度压力测试报告。

图 12　ABC 公司 2008 年 1 月 – 2009 年 8 月度净资本剩余指标波动图

应急方案的制订和实施应该根据相关行业标准和监管标准对比压力情景下的相关指标水平，设置不同的风险预警级别，在不同的级别下采取不同的风险控制措施。应急方案的核心内容实质上是要建立公司净资本应急补足机制，总结起来包括以下几个方面：（1）控制业务规模：严格控制新业务的开展，在开展所有业务时分析评估其对净资本风险指标的影响；（2）调整资产结构：增加低风险高流动性资产比重，降低高风险低流动性资产比重；（3）缩减业务规模：降低自营业务规模，降低融资融券业务规模等；（4）老股东增资或引入外部股东；

（5）中国证监会允许的其他方式。在此基础上，公司建立启动该方案的流程，即根据压力测试结果的对比分析及相应的风险预警级别来进行不同的流程管理，如当公司压力测试下的相关经营和监管指标达到公司预警级别时，采取的风险控制措施和流程，达到监管标准时，应该采取的风险控制措施和流程等。

5. 建立证券公司压力测试制度机制的建议

5.1 建立全面压力测试自上而下和自下而上的工作机制

证券公司的全面压力测试是基于公司总体战略发展层面，在对公司经营的内外部环境进行分析和预测的基础上，针对宏观和微观压力因素所开展的、全覆盖式的测量公司承担各种经营压力的能力和空间。全面压力测试涉及公司各业务和管理体系，对证券公司经营中所面临的市场风险、信用风险、资本财务风险和操作风险均涉及相应的压力情景进行抗风险能力的测试，甚至可能还包括公司信息技术系统的压力测试、结算体系的压力测试、通讯系统的压力测试等等。

全面的压力测试需要制订一个基于公司战略层面的压力测试方案，并将该方案细分到各个业务和管理体系来具体执行压力测试操作，然后将各个业务和管理体系的测算数据进行汇总，再从总体上把握最终的测试结果。压力测试的工作机制应该是一个自上而下制订和贯彻执行方案，自下而上分析和汇总测试结果的架构，需要公司各个业务和管理环节的共同参与和协作，测试的结果可以为证券公司制订风险管理战略和管理体系重构及业务拓展战略提供参考。

5.2 建立证券行业宏观压力测试的统一标准和规范

所谓宏观压力测试是指针对证券公司面临的宏观经济或市场环境的极端不利变动，测算其可能带来的冲击的一种风险管理方法。根据本文的实证研究结果，证券市场剧烈波动风险是国内券商面临的最大风险因素，其经营损益直接受市场因素的左右，但是各个券商经营指标的市场因素的敏感性各不相同，因此，在同样的市场环境下抵御风险的能力存在较大差异。建立证券行业宏观压力测试的统一标准，即统一压力情景和冲击模型并定期对证券公司开展宏观压力测试，一方面可以便于压力测试结果，如压力测试下的净资本剩余指标的横向对比分析和行业数据的汇总；另一方面也可以根据冲击模型的敏感性或相关性指标，如公司各项业务相对市场的 Beta 系数，来考察各证券公司抵御市场波动风险的能力和经营的稳定性状况。

5.3 将证券公司自营投资业务的压力测试纳入常规风险管理范畴

市场风险是证券公司经营活动中最核心也是最重要的风险类别，对于市场风险的管理，当前业内普遍采用 VaR 方法或传统的敏感性方法和波动性方法来进行衡量和管理，这些风险计量技术存在着非常明显的缺陷，在市场维持正常状态时，对证券公司投资组合所承担的市场风险状况能够进行有效测量，但在极端市场环境特别是市场发生重大转折时，由于模型参数的计量缺陷，无法起到评估风险的作用；而压力测试方法作为一种对极端市场环境和剧烈市场波动风险进行测算的风险管理方法，对 VaR 方法能够给予补充。因此，证券公司应该将自营投资业务的压力测试工作纳入日常风险管理范畴，自营投资业务的压力测试工作在测试频率和测试方法上都应该区别于全面压力测试、宏观压力测试或专项压力测试，由自营投资部门和风险管理部门定期、不定期地联合组织开展，并将测试结果作为制定投资策略的重要依据。

5.4 根据市场和行业运行状况定期调整宏观压力情景、测试幅度和冲击模型，构建净资本剩余等压力情境下净资本风险监管指标体系

我国证券机构应积极面对金融全球化挑战，吸取 1997 年亚洲金融危机、2007 年美国次贷危机等历史事件的深刻教训，在监管当局的指导下加强压力测试模型建设，学习国外先进成果，研究适合我国国情的压力测试情景和相关风险因素及其与证券公司经营指标的关系模型，保证压力测试工作有效性最关键的环节是冲击模型的建立，它决定着各种风险要素对经营指标的冲击程度，并最终影响压力测试结果的实际效用。因此，必须建立一套与国内证券市场和宏观经济状况相适应的冲击模型和反馈或互动模型，才能够使证券公司的压力测试变得切实有效，构建一套适合国内证券行业自身风险特性的压力情景、风险要素和冲击模型框架，并根据市场和行业运行状况定期对宏观压力测试情景和测试幅度及冲击模型进行修正和完善，在此基础上设置压力测试情景下的净资本剩余指标和压力情景下的净资本风险控制指标体系，以此来判断证券公司抵御重大风险事件冲击的能力和空间。

参考文献：

[1] 金晓斌等："中国股票市场风险结构实证研究：1995－2002"，第五届会员单位、基金管理公司研究成果评选。

[2] 施东晖："上海股票市场风险性实证研究"，《经济研究》1996 年 10 月。

［3］罗伯特·S. 平狄克等（著），钱小军（译）：《计量经济模型与经济预测》，机械工业出版社 2003 年版。

［4］王春峰、万海晖、张维："金融市场风险测量的总体框架"，《国际金融研究》1998 年 9 月。

［5］徐明东等："金融系统稳定性评估：基于宏观压力测试方法的国际比较"，《国际金融研究》2008 年第 2 期。

［6］杨鹏："压力测试及其在金融监管中的应用"，《上海金融》2005 年 1 月。

［7］张人骥等："上海证券市场系统风险趋势与波动的实证分析"，《金融研究》，2000 年第 1 期。

［8］詹姆斯 D. 汉密尔顿（著），刘明志（译）：《时间序列分析》，中国社会科学出版社 1999 年版。

（作者单位：中原证券股份有限公司）

三等奖

券商净资本监管政策的国际动态比较与国内实施效果分析（摘要）

• 曹松涛　林喜鹏

本文的研究目的在于系统地总结国际金融危机爆发后国际上对券商净资本监管的讨论，从而得到对国内净资本监管的借鉴性结论；同时，尝试运用实证分析的方法对国内净资本监管政策的实施效果进行定量分析，从而给监管政策改革提出更好的基于事实和效果的建议。

本文首先介绍了资本监管的理论研究现状和资本监管的国际实践。从理论分析上看，目前学术界对资本监管要求与金融机构的风险承担行为之间的关系尚无定论。从国际实践上看，尽管巴塞尔协议Ⅱ建立了以3大支柱为核心的新监管制度，但本次金融危机以及美国、中国台湾地区的净资本监管实践表明，目前的资本监管框架是有缺陷的，需要进一步补充和完善。

其次，我们分析了本次金融危机给资本监管带来的经验教训，并进一步总结了国际主要金融监管机构对资本监管提出的政策建议，分析了新的资本监管框架的主要监管内容和趋势。我们认为，目前资本监管的缺陷主要表现在以下几个方面：（1）资本要求不足、流动性要求不足。（2）资本监管的顺周期性。这主要是由于巴塞尔协议Ⅱ自身的顺周期性和公允价值会计准则的顺周期性问题。（3）表外实体监管不足。因此，新的资本监管框架包括填补监管漏洞、加强逆周期监管和加强并表监管等。

然后，我们在分析国内证券行业资本监管政策演进的基础上，对国内净资本监管政策的实施效果进行了实证分析。主要结果是：（1）当资本的要求提高时，国内券商的净资本比例反而减少，这主要是因为国内的券商因为融资渠道困难从而使资本调整的速度很慢。（2）研究发现，国内的券商规模增加，资本反而不足。我们认为这可能与两次资本监管规则调整提高了非流动资产的扣减标准有关。这也从另外一个方面说明，国内的资本监管其实主要是流动性监管；同时，2008 年净资本的计算对长期投资扣减标准的严格化和 2006 年规定净资本/净资产的比例不得低于 40% 的要求发生了叠加效应，使整体的监管严格程度更加加剧，大于这两者分别实施的效果。（3）研究发现国内券商在面临资本监管压力时（提高资本监管标准时），国内不同的券商有不同的行为。当券商面临监管压力时，它的资本调整速度反而慢，这同国内券商的实际情况有关系。国内存在监管压力的券商主要是资质一般的券商，没有公开的融资渠道，只有从控股股东处融资，而这并不符合控股股东的利益（控股股东的利益是从券商处融资，是把券商作为一个融资平台）。所以受到监管压力的券商资本调整的速度反而慢。这说明，监管的重点应该是股东的行为以及管理层的行为，主要是合规监管。

最后，根据国际上对本次金融危机及资本监管讨论的监管倾向性意见，以及我们的研究结果，我们提出如下政策建议：第一，建议放宽券商上市和再融资的条件，以满足其快速调整资本的要求；第二，建议适当放宽净资本必须达到净资产 40% 的监管标准；第三，建议采用以合并报表为基础的净资本监管；第四，建议采取以可观测市场指标（如市盈率为基础）为计算基础的逆周期监管措施；第五，建议加强合规监管。

本文系统地研究了国际资本监管标准要求的最新进展，总结得出了对国内券商资本监管有意义的可借鉴结论。同时，我们还尝试运用计量分析对国内的资本监管进行实证研究，主要是通过建立局部调整模型，使用面板数据和三阶段最小二乘法（3SLS）对国内证券行业的净资本监管政策的实施效果进行了实证分析，并得出了基本合乎预期的结论。本文总结了国际资本研究的最新进展，同时，经验研究也是以定量分析为基础进行政策评估，具有较大的新颖性，具有一定的政策借鉴意义。

（作者单位：招商证券股份有限公司）

证券公司压力测试研究（摘要）

• 李 钦 王 伟 温 渤 谢 希 梁 钧

2007－2008 年美国次贷危机爆发后，世界主要经济体国家深受影响，经济下滑、股市暴跌，失业率大幅增加，大量的知名公司因产业链条、资金链条等原因不断破产倒闭或者被政府收购。进入 2009 年后，世界经济稍有复苏，逐渐好转，但复苏的基础还不是非常稳固。为了确保世界金融体系的稳定性，美国以及欧洲各国纷纷要求主要金融机构进行压力测试，以此衡量这些金融机构面临的世界经济不确定性的危险性。可以说，此次金融危机使人们更加意识到了压力测试在金融体系极值风险管理方面的重要性。

在我国，金融监管部门同样重视压力测试工作的开展。早在 2007 年 7 月，中国银监会就发布《商业银行压力测试指引》，要求我国商业银行开展压力测试工作。证券公司是我国金融体系构成的重要组成部分，作为市场参与主体，其压力测试工作的开展与我国银行业相比还有一定的差距。因此，尽快建立证券公司相关压力测试指引，帮助证券公司掌握压力测试基本程序、方法等，必将对我国证券市场的持久健康稳定发展有着重要意义。

证券公司压力测试研究的本质是对证券公司如何开展压力测试的一项指导性工作。本文需要研究解决的主要问题包括：

（1）证券公司开展压力测试的框架体系是什么？

（2）证券公司压力测试制度是什么？包含哪些内容？

（3）证券公司压力测试的程序、目标、分析方法是什么？

（4）证券公司压力测试的主要业务对象有哪些？

（5）证券公司压力测试不同业务的风险因素是什么？风险模型如何构成？

（6）证券公司如何构建压力测试系统？

针对上述问题，本文主要采用定性结合定量分析的方法，分析了证券公司压力测试框架体系理念、描述了证券公司压力测试框架体系的构建步骤、论述了证券公司压力测试框架体系内容，并对证券公司压力测试工作进行了实证应用举例。具体研究结果有：

(1) 总结了国内外压力测试的相关研究现状以及压力测试关心的主要问题。

(2) 分析了证券公司压力测试框架体系理念的3个层面：证券公司压力测试首先是一种风险度量管理工具，进一步是一种管理理念、一种思维方式，更深一层是一种风险管理框架体系。

(3) 描述了证券公司压力测试体系的具体构建步骤，论述了证券公司压力测试框架体系的具体内容。

(4) 建立了证券公司主要业务压力测试风险模型；提出了证券公司压力测试系统开发的整体架构。

本文的创新之处主要包括：

(1) 系统地构建了证券公司压力测试框架体系。该框架体系主要包括压力测试制度、程序步骤、目标、分析方法、业务对象、风险模型、情景设定以及压力测试系统等。

(2) 明确地提出了证券公司压力测试框架体系理念的3个层面，扩展了压力测试理念的应用。

(3) 从风险及业绩利润两个角度，全面地提出了现阶段证券公司压力测试的核心指标。证券公司压力测试核心指标主要包括净资本/各项风险准备之和、净资本/净资产、净资本/负债、净资产收益率等共10个指标。

(4) 详细地建立了证券公司主要业务对象的压力测试风险模型。主要包括权益类、固定收益类、衍生品类、经纪业务类以及流动性净现金流等压力测试模型。

(5) 基于证券公司业务数据清单、资产负债表、净资本计算表、风险准备计算表和利润表等设计了证券公司压力测试计算表格。同时，基于证券公司季/年报等数据，注重指标数据差值的变化，又设计了证券公司压力测试计算简化表格。

(6) 通过分析证券公司压力测试数据源，设计了证券公司压力测试系统开发的整体架构。证券公司压力测试系统的开发是证券公司风险监控系统的重要补充，是未来证券公司压力测试工作融入现有证券公司风险管理体系中的重要保障。

综上所述，本文建立了一套适合中国证券市场现状的证券公司压力测试框架体系。该压力测试框架体系最大程度上满足一般性，既可以使监管机构据此评估证券公司进行压力测试的开展情况，又可以供各类证券公司参考，实现其内部压力测试的构建与自我评估，从而有利于促进我国证券公司开展压力测试的标准和最佳实践的出现，助力中国资本市场的稳定繁荣。

（作者单位：中信证券股份有限公司）

从华尔街模式终结看两种投行经营机制的比较（摘要）

• 蒋健蓉

美国金融危机爆发后，作为直接冲击的受害者，美国前五大投资银行中雷曼破产，贝尔斯登、美林被收购，摩根、高盛也转型为银行控股型投资银行。伴随着华尔街叱咤风云上百年的独立投资银行纷纷改弦易辙，人们开始质疑独立型的投资银行经营机制。我们认为，华尔街大型独立投资银行模式的终结，是一个非常鲜活而又难得的案例，从中反映出独立投资银行经营机制存在的经营行为“异化”问题，值得我们仔细剖析、研究和反思。对于全能型和独立型两种投资银行经营机制，有必要探寻其形成的根源并加以比较，以求为我国的金融体制改革和证券公司发展提供宝贵的经验借鉴。

本文采用规范研究和实证研究相结合的研究方法。首先，从理论的高度分析两种投资银行经营机制的形成原因，主要源于两种不同特征的金融体系特征，并通过比较研究的方法，对全能型和独立型两种投资银行经营机制的利弊进行比较分析。之后，进一步结合实证研究方法中案例研究方法，针对华尔街大型独立投资银行模式走向终结的案例进行研究，分析华尔街投资银行在这场危机中扮演的角色及其在独立型投资银行经营机制下所产生的经营行为“异化”；最后，总结出对我国金融体制改革和证券公司发展的启示和建议。

本文认为全能型和独立型两种不同的投资银行经营机制源于两种不同的金融体系：银行导向型金融体系和市场导向型金融体系。从理论的角度分析，两种金融体系在投融资、信息生产和风险管理方面存在明显差异。两种金融体系不能说存在绝对的优劣之分，但是如果按照经济发展所处阶段来说，两种金融体系存在不同的阶段适用性。

本文从全能型和独立型投资银行的业务模式、盈利能力和风险控制能力 3 个方面对两种投资银行经营机制进行了比较，认为业务全面和业务专业化分别是全能型和独立型投资银行业务模式的主要特点，两者各有优劣；在盈利能力方面，发现在有利的市场条件下，独立型投资银行比全能型银行表现得更好，但全能型银行的盈利稳定性相对更好；在风险控制能力方面，全能型银行表现要好于独立型投资银行。

在进一步对美国金融危机背景下华尔街大型独立投资银行进行案例研究之后，发现华尔街投资银行在介入按揭贷款证券化和金融衍生产品创新的过程中发生了经营行为的“异化”。其根源在于过度依赖杠杆以及风险控制体系存在明显的道德风险，而监管部门对投资银行及其金融创新的监管不足则成了“帮凶”。因此，美国的独立型投资银行在风险控制方面表现弱于全能型银行有其监管方式方面的问题。

通过比较和案例分析，我们得到如下有益的启示，并提出相关建议：一是中国需要发展适合中国国情的金融体系，建议当前我国金融体制改革的重点应放在大力发展资本市场方面，加速各类资源的资本化过程，从而促进中国经济的可持续发展；二是要积极探索有金融稳定性监管机制的金融综合经营模式，建议在混业化的过程中，除了要注重通过建立风险隔离机制来控制风险，更加探索建立全面的金融稳定性监管机制；三是要坚持对证券公司进行资本充足性监管，并要在证券公司未来各项业务创新中不断更新监管要求，以充分体现业务风险与资本规模相匹配的原则；四是要完善证券公司的资本补充机制和融资结构，从改善负债结构的角度来提升证券公司的抗风险能力，要鼓励优质证券公司通过上市建立长效的资本补充机制，逐步解决现有证券公司融资渠道存在的问题，并可以考虑借鉴韩国经验开拓新的证券公司融资渠道；五是要鼓励证券公司发展与市场风险相关度较低的收费型创新业务，从改善资产结构的角度来提升证券公司抗风险的能力，可以鼓励促进经纪业务由目前的佣金模式向费用模式转变，大力发展证券公司的资产管理业务，并扩大证券公司投资银行业务的空间。

（作者单位：上海申银万国证券研究所有限公司）

证券控股集团协同机制构建问题研究（摘要）

• 成国平　朱有为　宋艳锴　包学诚

近年来，国内部分证券公司纷纷以不同方式构建证券控股集团，集团化发展、专业化运营已经成为优质证券公司做大做强的重要路径选择，而协同效应的发挥则成为证券控股集团能否进一步做优的关键。因此，对证券控股集团协同机制构建以及协同效应发挥问题进行专题研究具有重要的理论价值和现实意义。本文首先界定了证券控股集团的内涵，评述了现有文献对金融/证券控股集团协同问题研究的进展情况。其次，对国内外证券控股集团发展历程、现状及问题进行了系统回顾与分析，尤其对国内证券控股集团形成与发展的政策演进作了全面梳理。再次，从理论层面重点就证券控股集团内部的协同机制进行多维解构与剖析。建立并解析了证券控股集团协同体系、证券控股集团三大管控模式、证券控股集团协同机制模型，提出并分析了证券控股集团的协同机制运行系统和协同机制构建系统，以及四大类协同效应，即战略文化协同、运营管理协同、资源知识协同、制度组织协同，探讨了协同机制作用发挥的影响因素。最后，采用单因素方差分析方法，对国内搭建证券控股集团框架的 4 家代表性证券公司（中信证券、海通证券、华泰证券及广发证券）的协同效应发挥情况进行实证分析。实证分析结果表明：由于处于框架搭建和资源整合的初期，国内证券控股集团的母、子公司并未呈现出明显的、普遍的管理运营协同效应，协同效应仅存在于部分运营管理领域。最后，根据理论和实证分析结果，本文从监管模式调整、管控模式选择和资源整合、协同机制构建、协同效应发挥 4 个主要方面提出了强化证券控股集团协同程度的政策和策略建议，以期对提升国内证券控股集团的发展水平提供有价值的参考。

（作者单位：华泰证券股份有限公司）

我国证券公司风险评估与预警体系研究（摘要）

• 马震亚 杨 晟 郑旭斌 石 慧 戴欢欢 秦 斌

证券行业是风险相对较高的行业，在国际投资银行经历了摧毁性的危机之后，在迅速发展的今天，如何建立、完善证券公司的风险管理、评估和预警体系是证券行业持续、健康发展的一个重要课题。传统的风险管理已经较难适应证券市场与行业快速发展的要求，只有不断提高风险管理能力，提升风险预控水平，加强风险量化研究，建立科学有效的风险预警和评估体系，才能推动证券公司风险管理的不断深入。我国证券公司经过3年的综合治理后已经取得了巨大的成效，并初步建立了风险管理的长效机制。但是证券公司风险管理的基础尚不牢固，风险管理的意识理念还有待提高，风险评估与预警机制尚不完善，风险管理的技能技巧也有待提升。因此研究分析我国证券公司的风险预警与评估，具有一定的重要性和紧迫性。

在我国证券公司风险日益多元化的背景下，针对国内外研究的现状和未解决的问题，本文进一步深化对证券公司风险的理论研究，全面深入地论述我国证券公司风险的分类与特征，进而探索性开展券商风险评估与预警体系研究。考虑到当前证券市场所面临的特殊环境，我们在传统风险管理理论上进行了一定的突破和改进，本文我们将净资本风险也列为其一，以突出净资本风险在证券公司风险管理中的重要性。本文创造性地将层次分析法运用至证券公司的风险评估中，以此来考量证券公司在不同市场情形下的各风险因子的相对重要性，从而建立起证券公司风险评估模型。当然，本文并不局限于简单地将层次分析法思想运用于此，我们还结合聚类分析的方法对专家决策结果进行统计学上的客观判断，使实证结果更具说服力。预警系统较为关键的技术是对各指标安全阀值的确定，我们除了将目前国内外已有的标准进行消化、甄别和引进之外，同时也结合当前国内外相对成熟的、主流的统计“3σ”法则和噪信比率法来进行综合确定安全阀值。在对风险预警时，鉴于目前国内证券公司的数据库资料贫乏，我们引进预测拟合效果相对优良的灰色预测系统，对证券公司的风险进行预测，以更准确、及时地发现问题和解决问题。

通过对证券公司风险评估和预警模型的研究，本文尝试构建一套完整的证券公司风险预警系统，为该方向研究作出首创性探索。作为试探性的研究，期待预警体系能为我国证券公司自身的风险控制提供管理工具，同时为证券监管机构准确评估证券公司风险、为建立快速有效的安全监管体系提供决策参考。当然一个完整的风险预警系统绝对不是简单地设计一些评估指标进行预测，并对照阈值即可，诸多问题仍值得我们去进一步思索和完善。指标体系建立的合理性、阀值确定的科学性以及预测效果的真实性等都需要我们不断去完善和改进。该方法的实施需要证券公司转变风险管理与控制的理念和思路，也需要证券监管层的引导与支持，收集整理风险指标信息库，实时检测和发现问题，最终建立起一整套科学合理的风险预警管理系统。

（作者单位：东吴证券有限责任公司）

基金公司类

一等奖

中国机构投资者与市场稳定性研究

• 陈　露　周　健　谢　琳　张贻军

1. 引　　言

机构投资者的崛起是全球金融体系近 30 年来最重大的变化之一，目前机构投资者已经成为世界主要资本市场的主流投资力量，对全球的资源配置、资本市场稳定和公司治理等都产生了重大而深远的影响。

1998 年 4 月，中国第一只规范的封闭式基金成立并上市，这标志着中国真正意义上的机构投资者开始建立。进入 2000 年，随着开放式基金的发行成立和社保基金、保险资金的入市，中国机构投资者的发展进入了迅猛壮大的阶段，机构投资者在中国证券市场上扮演着越来越重要的角色，机构投资者的行为也在对市场产生越来越大的影响，而其中最突出、最显著的影响就是对证券市场稳定性的影响。

证券市场的稳定性是指相对于价格的异常波动而言，证券市场的价格处于理性且与宏观经济及行业公司经营发展状况相适应的波动状态。证券市场的稳定性不仅与广大投资者的收益密切相关，与投资者保护密切相关，还是一个国家金融体系和经济系统健康运行的基础。因此，考察机构投资者的投资行为是否促进了中国证券市场的稳定，探讨影响和制约机构投资者发挥稳定市场作用的因素，就有着重大的理论价值和实际意义。

本文以行为金融学等经济学理论为基础，采用规范分析与实证分析相结合、定性分析与定量分析相结合的研究方法，通过对我国机构投资者的“羊群行为”、反馈交易效应以及信息影响机构投资行为等问题的考察分析，以深入研究机构投资者对证券市场稳定性的影响及其制约因素。全文结构安排如下：

首先，我们梳理了相关的理论，全面回顾国内外在该领域的研究成果；接着，在实证部分，从研究机构投资者的交易行为与股市稳定性出发，检验机构投资者是否存在“羊群行为”和正反馈交易行为及其程度，并检验其对市场的稳定性有何影响；随后从国际比较的视野，考察并分析了影响机构投资者发挥“市场稳定器”功效的制约因素；最后通过总结实证研究和比较分析的研究结论，针对现状，提出如何破除约束，发挥机构投资者稳定市场作用的政策建议。

本文的创新之处在于：系统地考察了我国机构投资者的投资行为，并且在检验机构投资者交易行为对市场稳定性影响的时候，剔除了经济基本面对市场的影响。同时，本文将定量分析与定性分析相结合，在实证研究的基础上，通过国际比较剖析了制约中国机构投资者发挥市场稳定性作用的主要因素。

需要特别说明的是，各个国家和地区对机构投资者的划分不尽相同，本文所指的机构投资者是被公认的狭义的机构投资者，即金融机构类的专业机构投资者，主要包括证券投资基金或共同基金、养老基金或社保基金、保险资金、企业年金、证券公司、QFII、私募基金（含对冲基金）。

2. 理论模型与实证的文献综述

2.1 行为金融理论视角下的机构投资者

行为金融理论对机构投资者的研究主要从以下两个方面展开：一是机构投资者的“羊群行为”；二是机构投资者的反馈交易策略。

2.1.1 关于“羊群行为”的理论模型

学术界对于解释机构投资者的“羊群行为”有着丰富的研究成果，在理论模型方面，比较有影响力的有以下四种。

对证券市场上“羊群行为”的验证，最重要的是 Lakonishok，Shleifer 和 Vishny 三人 1992 年的论文，其所构建的模型和方法被称为 LSV 模型。LSV 方法的核心是观察特定群体投资者的交易模式，即发现他们在一组股票交易上是否存在同时买或卖的倾向，如果存在，他们则被认为有“羊群行为”；否则，认为不存在“羊群行为”。

Scharfstein 和 Stein（1990）从委托代理的角度提出了一个解释“羊群行为”的模型，也产生了比较广泛的影响。其核心思想是：由于作为代理人的投资经理和作为委托人的投资者之间存在着信息不对称，投资经理面临着个体理性和集体理性的抉择，若投资经理选择个体理性，在投资决策过程中，他们考虑的是个人利益的最大化以及自身的声誉，在某些情况下会放弃自己基于信息的理性判断，采取从众行为，从而避免因犯错遭受较大的损失。

而 Scharfstein 和 Stein（1990）提出了基于声誉的“羊群行为”理论模型。该模型假定有两类投资经理：聪明的类型 S 和迟钝类型 D。S 型经理收到关于投资项目具有信息含量的信号，而 D 型经理收到噪音信息。公众对经理人作出判断主要依据两方面：一是经理人的投资是否赢利，二是经理人的投资决策与其他经理人是否相同。如果投资经理投资行为与其他经理相似并盈利，投资者会对经理给予正面评价；如果其行为不同于其他经理，投资没有盈利，则投资者会给予其负面评价；如果投资行为相似，也没有盈利，投资者并不会给予投资经理负面评价，这就是所谓的“责难分担效应”。在此境况下，理性的基金经理会选择从众行为。

此外，较有影响的是 Bikhchandani，Hirshleifer 和 Welch（1992）提出的信息串联模型。

2.1.2　关于正反馈交易策略的理论模型

正反馈（动量）策略是指买入近来的强势股，卖出弱势股。正反馈交易策略主要建立在反应不足的基础上。反应不足是指投资者对新信息的重视程度较低，股价波动平平，而较大的波动却在信息出现过后一段时期发生，它是正反馈交易策略的主要理论依据。

Sentana 和 Wadhwani（1992）在用投资者的反馈交易行为解释股票收益率序列相关时，提出一个包含基于对股票基础价值的预期进行投资的交易者（Smart Money）和反馈交易者的两群体的市场模型。Sentana 等人认为，市场上同时存在正反两种反馈交易者，两种反馈交易强度随着波动率的变化而变化。对于正反馈交易行为的检验，相关文献主要从两个不同的研究角度出发，一个角度是机构投资者的平均表现是否倾向于采取正反馈交易行为，另一个角度是机构投资者的总体表现是否倾向于采取正反馈交易行为。

Grinblatt，Titman 和 Wermers（1995）假设不同机构投资者采取不同强度的正反馈交易行为，因此设计了 GTW 指标，对单只基金的正反馈交易行为进行衡量。Badrinath 和 Wahal（2002）沿用 Grinblatt，Ttman 和 Wermers（1995）设计的指标，但作出一些改进，引入 Hratio 将股票分为建仓、持仓调整和清仓 3 种状态。

Lakonishok，Shleifer 和 Vishny（1992）认为，机构投资者采取正反馈交易行为也可能是因为代理问题，将机构投资者作为一个整体倾向于采取正反馈交易行为。由于以前的研究都没有充分考虑机构投资者对股票正反馈交易行为的异质性，Shu（2007）假设机构投资者对不同的股票会采取不同的交易行为，从而构建了一个全新的指标（简称为 MT），用于判断整体机构投资者在一段时间内对某只股票是否采取了正反馈交易行为。

2.2 实证研究中的机构投资者行为与市场稳定性

关于机构投资者在市场中所起的作用，主要围绕着两个问题展开：一是机构投资者能否影响股票市场；二是如果机构投资者有影响市场的能力，那么机构投资者是促进了市场稳定还是加剧了市场的不稳定。本文的实证研究综述着重于后者。

2.2.1 国外相关实证研究综述

国外关于机构投资者与市场稳定性的实证研究主要集中在机构投资者的“羊群行为”和反馈交易策略以及由此对市场稳定性的影响上。

国外大部分研究认为，机构投资者存在不同程度的“羊群行为”，但不一定加剧了市场波动，甚至促进了市场稳定。Lakonishok，Shleifer 和 Vishny（1992）考察了 1985 - 1989 年间美国市场上 769 家养老金公司发现，它们采取广泛的投资风格和策略，不同风格投资策略的效果相互抵消，从而促进了市场稳定。Grinblat，Titman 和 Wermers（1995）的研究表明，共同基金经理并不存在显著的“羊群行为”。Wermers（1999）已发现样本共同基金存在一定程度的“羊群行为”。基金共同买入比共同卖出的股票具有较高的同期和滞后收益，据此，共同基金的“羊群行为”可能是理性的，这样的行为加速了吸收新信息的速度，因而有利于市场的稳定。

有的研究者认为，如果机构投资者比个体投资者有更多的信息，那么机构的“羊群行为”可能会促使被高估或低估的股票价格回归基础价值，提高市场的稳定性。Cohen，Gompers 和 Vuolteenaho（2002）借助 Campbell（1991）的框架考察了股票收益、现金流信息及机构投资者与个体投资者之间的交易这三者的关系，结果表明，机构的行为利用了市场的反应不足，并在一定程度上起到了稳定市场的作用。Ke 和 Ramalingegowda（2005）则发现，短暂型机构投资者会利用 PEAD，机构投资者的套利行为提高了股票价格反映当前盈余信息的速度，从而加速了价格调整，降低了市场的波动性。

关于正反馈交易行为，Lakonishok，Shleifer 和 Vishny（1992）以 1985 - 1989 年间美国市场上的 769 家基金为样本，实证研究发现基金对小规模公司的投资有显著的追涨杀跌现象，正反馈交易策略明显；但对大规模公司的交易却无此现象，因而并未加剧市场波动。Grinblatt，Titman 和 Wermers（1995）沿袭了 LSV 方法并加以修正，分析基金的持股变化以研究其交易策略，结果发现 77% 的基金采用正反馈交易策略，且买方正反馈较卖方正反馈更为显著；此外，采取正反馈策略的基金，其投资绩效优于其他基金。

Choe，Kho 和 Stulz（1999）发现在韩国经济危机前，外国投资者有正反馈策略现象，但在危机期间不存在；同时没有证据显示，外国投资者的正反馈交易策略加剧了韩国股市的波动。Nofsinger 和 Sias（1999）发现机构投资者持股比例与股票收益之间显著正相关，其原因为机构投资者比一般投资者更容易采取正反馈策略，且机构投资者的“羊群行为”对股价的影响远远大于一般投资者“羊群行为”对股价的影响。

研究者也尝试从不同角度就机构投资者的行为对市场稳定性的影响展开研究。Dreman（1979）和 Friedman（1984）加入了时间因素进行分析，他们曾指出，如果机构投资者“羊群行为”是由非理性的心理因素所引起，那么这种行为会造成股价短期的泡沫。Puckett 和 Yan（2009）发现，机构投资者有着显著的短期（周）“羊群现象”，但经历短期买方“羊群现象”后收益并没有明显的持续性。他们认为，机构投资者的短期“羊群行为”会驱使股票价格偏离基础价值，加大市场波动。Brunnermeier 和 Nagel（2004）实证结果表明，对冲基金在网络泡沫时期并没有纠正市场的错误定价，相反它们追涨杀跌，在泡沫形成时期大量增仓，在泡沫破灭前夕大量减仓，对冲基金“骑在泡沫上”的行为加速了泡沫的形成和破灭。

Greenwood 和 Nagel（2009）进一步研究了基金经理的从业经验在市场泡沫形成过程中所起的作用，他们发现，那些年轻、没有丰富经验的基金经理持有泡沫股的比重更高，在整个投资过程中，他们一直是追涨杀跌的趋势追逐者，但在对经验丰富的基金经理的分析中，并没有发现这种正反馈交易行为。

2.2.2 国内相关实证研究综述

由于数据的限制，国内对机构投资者的研究尚处于起步阶段，现有的研究也大致集中在两大领域：机构投资者的行为研究和机构投资者对市场稳定性的影响。

施东晖（2001）发现国内投资基金存在较严重的“羊群行为”，并且在一定程度上加剧了股价波动。伍旭川和何鹏（2005）对 2001 年 12 月 -2004 年 3 月间中国开放式基金的投资组合数据进行分析，并按照流通股本大小、股票所属行业、股票上季度表现等标准分类，讨论机构投资者的“羊群行为”及其与股票价格波动的关系。结果显示，中国开放式基金存在较强的“羊群行为”，并对股票价格形成了一定的影响。

何佳、何基报、王霞和翟伟丽（2007）以 2003 -2007 年 4 月深圳证券市场上所有机构投资者的日交易数据为样本进行实证研究，发现不同机构投资者对市场波动的影响不同，且随着市场结构和环境的变化而变化，基金的行为有时增加股价波动，有时减少股价波动，没有一致性结论。谢赤、张太原和禹湘（2008）的研究结果表明，中国证券投资基金采取与股票市场波动同方向的投资行为，这在一定程度上加大了股票市场的波动性。张羽和李黎（2005）对1999－2003年间封闭式基金交易行为的实证研究显示，整体上，基金的交易行为不但破坏了股市的当期稳定，而且不利于股市的长期稳定。

徐捷和肖峻（2006）发现基金总体并不表现为正反馈交易者，其建仓或买入时表现为正反馈交易者，而清仓或卖出时表现为反转交易者，并且基金投资活动总体加速了个股价值发现过程。谢赤、禹湘和储慧斌（2007）的实证表明，正反馈和反向交易行为在市场上升和下降时是不对称的，市场下降时的正反馈交易远比市场上升时剧烈，并且利空消息比同样程度的利好消息对收益波动性的影响更大。

也有一部分文献支持机构投资者具有稳定市场的功能。祁斌、黄明和陈卓思（2006）的实证研究结果表明，在控制公司规模前提下，机构投资者持股比例与股票波动性之间存在显著的负相关关系，这表明机构投资者具有稳定市场功能的作用。胡大春和金赛男（2007）发现，基金偏好收益波动较大的股票，而另一方面随着基金提高持股比例，其对应的股票收益波动率减小，从而起到了一定的稳定市场的作用。姚姬和刘志远（2007）检验基金持股比例与股价波动之间的关系，发现基金作为市场主力确实在短期内表现出良好的收益性和稳定股市的作用。盛军锋、邓勇和汤大杰（2008）利用事件模型和条件波动方程，发现机构投资者在一定程度上起到了稳定市场的作用。

概括而言，国外的理论及实证研究对于机构投资者与股市稳定性的关系倾向于支持机构投资者提高了市场的稳定性，而国内的研究对于机构投资者和市场稳定性的关系没有倾向性的研究结论，研究结论的分歧比较大。由此，对这一问题进一步的深入而全面的研究就显得尤为重要和迫切。

3. 中国机构投资者与市场稳定性的实证研究

3.1 实证方法及数据来源

本部分将从研究机构投资者交易行为与股票市场稳定性的关系出发，实证分析检验机构是否存在“羊群行为”和正反馈交易行为及程度如何，对市场的稳定性有何影响。

在考察中国的机构投资者时，我们发现，基金在国内机构投资者中占据主导地位，截至2009年10月末，A股市场上所有基金的资产净值已经达到23 407亿元，较10年前的574亿元增长近40倍，其中基金所持股票市值超过2万亿元，占A股流通市值的比重为15.6%，总市值比重为9.5%。因此，我们在以下实证分析中以基金为代表进行研究（见图1）。

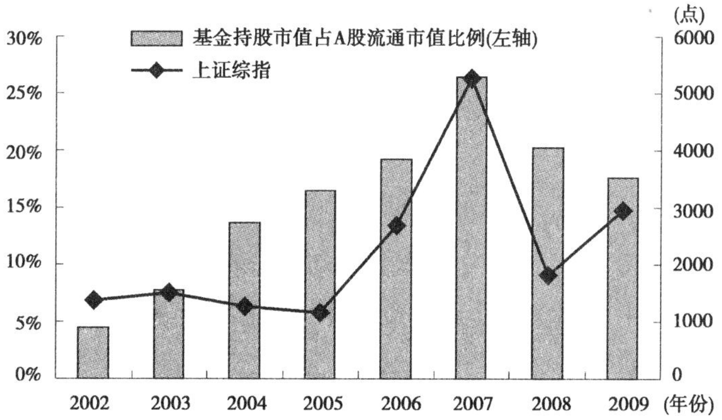

资料来源：Wind。

图1　基金持股市值占比

在实证研究中，研究者一般假设基金交易行为（主要指在股票上的净现金流量）对股票市场稳定性（一般指股票市场回报变动和波动）的影响方式存在以下三种情况。

第一，“羊群行为”假设。该假设认为基金的行为存在某种趋同性，即基金模仿或跟随其他基金的决策而忽视自己私人信息的交易行为。“羊群行为”是一种非理性行为，会在市场上形成噪音，从而影响市场效率。

第二，反馈交易假设。该假设认为基金可能是反馈交易者，即如果本期股票价格上涨，那么下期基金对股票投资会增加。如果这种情况过度存在，基金的交易行为将会加重股票市场的动量，从而加剧市场的波动性，降低市场的稳定性。

第三，信息假设。该假设认为存在某种信息对基金交易行为和股价同时产生作用。基金是根据能够影响股票市值的各种新信息进行判断，在股票价格的上升和下降之后，紧跟着不会出现基金的买与卖，因而基金交易行为能对市场起到稳定作用。

接下来的实证中，我们主要从基金交易行为出发，检验基金的“羊群行为”和反馈交易程度，从而研究基金交易行为对市场稳定性的影响方式。

首先，我们考察动态的基金交易行为有哪些特征。实证使用经典的LSV模型检验投资者“羊群行为”的程度，对不同类型基金以及不同时间段的基金“羊群行为”进行统计分析。其次，在正反馈交易行为的检验中，我们使用单只股票层面的动量交易指标MT，充分考虑到不同股票之间动量程度的差异。最后，我们采用定量的方法，检验分析有无基金持股、基金持股轻重对股票波动性的影响，主要使用GARCH模型。实证中，本文还细化到不同类型的基金的交易行为，并考虑到股票流通盘大小对于交易行为的影响。

实证所用数据的主要来源有聚源和Wind数据库，包括2000－2009年所有基金的半年报和年报的持股明细、个股股本、送股转增、收益率、波动率等数据，市场和个股的流动性方面的数据来自上海证券交易所和深圳证券交易所每年公布的市场质量报告。

在归纳相关研究文献时，我们也发现有些学者使用上市公司的季报数据来作研究，虽然其中包含了众多机构投资者的持股数据，但这些数据其实存在非常严重的问题。首先，它只披露前十大股东；其次，由于股票的流通股本不断扩大，基金、保险和QFII等机构投资者的持股比例自然降低，所以在计算持仓交易行为时，经常会出现前一季度股东从前10名消失的情况，而真实情况并不是投资者减持了股票。再考虑到除基金以外的机构投资者持股明细数据难以获得，最终我们决定使用基金半年报和年报的持股明细数据作为基础数据。

3.2 “羊群行为”检验及对稳定性的影响

3.2.1 模型简述

“羊群行为”在心理学上被解释为人类的从众心理，从投资的角度来看，经济学家解释为主体的有限理性。Lakonishok et al.（1991）对美国769家免税股票基金的基金经理之间是否存在“羊群行为”进行了研究，并首次提出了LSV模型。Wermers（1999）则在LSV基础之上对“羊群行为”指标进行了改进，提出了买方“羊群测度”（BHM）和卖方“羊群测度”（SHM）。以下实证中，我们采用经典的LSV模型来测度“羊群效应”，定义HM（i，t）为基金归于股票i在时间t下的羊群测度：

$$HM(i,t)=|P_{i,t}-E(P_{i,t})|-E|P_{i,t}-E(P_{i,t})|$$

$$P_{i,t}=\frac{B_{i,t}}{B_{i,t}+S_{i,t}}$$

其中$P_{i,t}$表示股票i在时间t的交易中基金净买入该股票基金数的比例，其中$B_{i,t}$（$S_{i,t}$）为买入（或卖出）基金的数量，$E(P_{i,t})$表示净买卖的期望值。最后一项$E|P_{i,t}-E(P_{i,t})|$为调整因子，表示在没有“羊群效应”行为即基金彼此独立随机地作出买卖决策的假设下$|P_{i,t}-E(P_{i,t})|$的均值。基金实际的买卖行为比在相互独立情况下更倾向于同向交易的程度，所以该均值不等于零。

如果HM（i，t）等于0，那么就认为基金的交易过程不存在“羊群行为”；相反，如果HM（i，t）的值显著不为0，那么就认为基金交易过程中存在“羊群效应”。HM（i，t）的值越大，就说明“羊群行为”越严重。实际检验时，要计算平均的 HM（i，t）值，按照如下的公式计算：

$$HM = \frac{1}{N}\sum_{i=1}^{N} HM(i,t)$$

其中，N 为 t 时期有基金进行交易的股票数。

3.2.2 数据来源与处理

我们选取的样本包括 2000－2009 年的基金半年报和年报中披露的持股明细，以及这段时间内基金所有持股的送股转增数据。由于基金持股数量增加可能由于送股转增造成，因此我们剔除当期出现送股转增的股票，对于增发、配股等情况造成的持股数量增加，我们视为基金主动增加持股，不作处理。我们还发现有些股票中参与买卖的基金数量较少，或者基金持股的变动数量很细微，如果将这些交易行为视作基金增减持仓，可能会影响最后的"羊群"结果，因此剔除参与买卖的基金数量小于 5 的股票和基金持股数量变动小于 1 000 股的样本。

3.2.3 实证结论

根据以上模型，我们对基金的"羊群行为"进行分类统计，得到以下结果（见表 1）。

表 1　　基金分类"羊群行为"HM 计算结果

时期	总体	BHM	SHM	开放式	封闭式	股票型	积极配置型
2003 年 1 月	0.129	0.110	0.151	0.147	0.164	0.170	0.212
2003 年 2 月	0.121	0.131	0.115	0.125	0.135	0.140	0.156
2004 年 1 月	0.129	0.150	0.134	0.169	0.120	0.138	0.193
2004 年 2 月	0.130	0.156	0.188	0.137	0.146	0.140	0.186
2005 年 1 月	0.104	0.103	0.105	0.111	0.154	0.123	0.188
2005 年 2 月	0.124	0.148	0.117	0.129	0.147	0.139	0.124
2006 年 1 月	0.144	0.141	0.147	0.140	0.141	0.159	0.140
2006 年 2 月	0.107	0.070	0.059	0.108	0.163	0.121	0.172
2007 年 1 月	0.125	0.122	0.128	0.128	0.173	0.129	0.195
2007 年 2 月	0.098	0.108	0.089	0.104	0.149	0.099	0.077
2008 年 1 月	0.111	0.126	0.124	0.124	0.175	0.118	0.104
2008 年 2 月	0.125	0.116	0.135	0.131	0.136	0.131	0.211
2009 年 1 月	0.105	0.096	0.116	0.111	0.181	0.121	0.142

第一，我们对不同时间 t 下基金持股的"羊群效应"进行测度。实证发现随着年份的增加，"羊群效应"有减弱的趋势，但是"羊群行为"在 1% 的拒绝水平下统计性显著。最近计算得到的 HM 值为 0.105，而根据国外研究文献所统

计，美国市场1974－1984年274家共同基金的HM值仅为0.025，1985－1989年769家免税股票基金的HM为0.027，1975－1994年所有共同基金的HM值为0.034。相比而言，国内基金的"羊群行为"比较明显。不过，从HM值的趋势来看，随着市场规模不断扩大，监管层的监管力度加强，基金投资者越来越成熟，国内基金"羊群行为"的趋势越来越弱（见图2）。

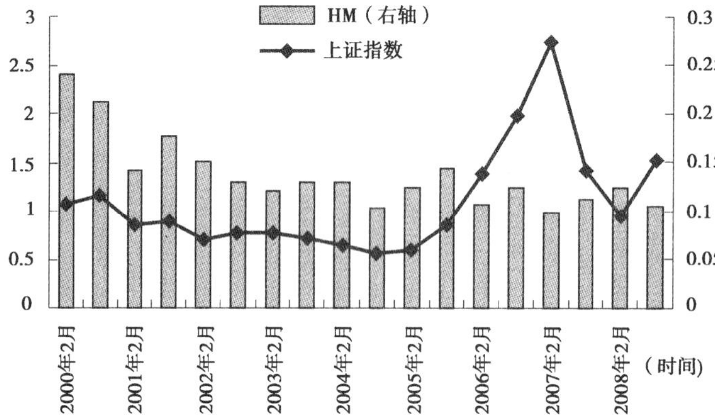

图2　基金总体羊群走势

接下来，我们采用Wermers修正的"羊群行为"指标来度量买方"羊群行为"和卖方"羊群行为"。其定义方式如下：

$BHM(i,t) = HM(i,t)$ s.t：$P_{i,t} - E(P_{i,t}) > 0$；

$SHM(i,t) = HM(i,t)$ s.t：$P_{i,t} - E(P_{i,t}) < 0$。

从图3中可以看出买方"羊群"、卖方"羊群"和整体市场"羊群效应"相对一致。2003年和2004年，卖方"羊群"高于买方，而在2007年下半年，买方"羊群"行为则高于"卖方"；到了2008年，卖方"羊群"则开始高于买方"羊群"，可以看出基金在不同行情阶段的"羊群行为"也有明显的差异。我们认为，这主要是由于2007年下半年处于市场拉升阶段，对经济危机的认识还不够深刻，市场情绪很高，基金往往扎堆。而在2008年，经济危机带来的一系列问题开始呈现，在2008年下半年，经济开始从金融领域影响到实体经济领域，宏观经济影响到投资者对股票市场的反应，在恐慌的情绪下，基金出现卖方"羊群行为"的可能性也更大。

第二，我们根据基金类型对"羊群行为"进行分类研究，将基金划分为开放式和封闭式、股票型和积极配置型，分别统计"羊群"。

（1）封闭式基金的"羊群行为"比开放式基金严重。在2004年以前，基金数量还比较少，开放式基金的样本更是稀少，但在2004年后，随着数量和规模的增长，开放式投资基金的"羊群行为"相应减少并趋于稳定。自2006年中国

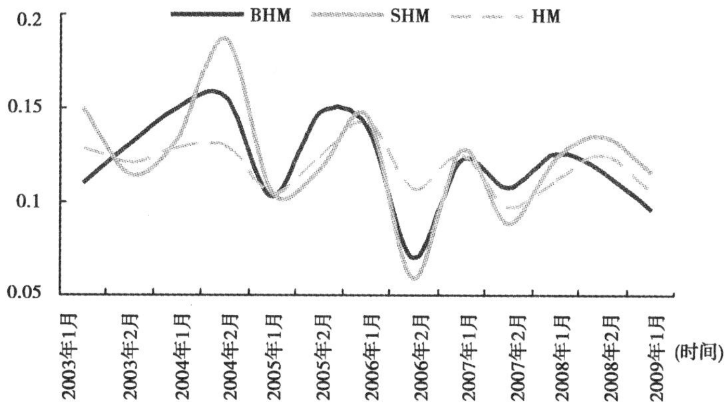

图 3 基金的卖方“羊群”和买方“羊群”

证券市场股指上扬，封闭性的投资基金的“羊群效应”也随着增加。而在 2008 年金融危机开始，封闭式基金的“羊群行为”率先于开放式基金开始减弱，但到 2008 年年底，封闭式基金和开放式基金又从“靠拢”向“分离”发展。我们认为出现如此差异的重要原因可能是开放式基金和封闭式基金赎回方式的不同，封闭式基金在到期日之前是没有赎回压力的，而且分红也比较少，所以管理者可能偏向于采用更为激进的交易策略（见图 4）。

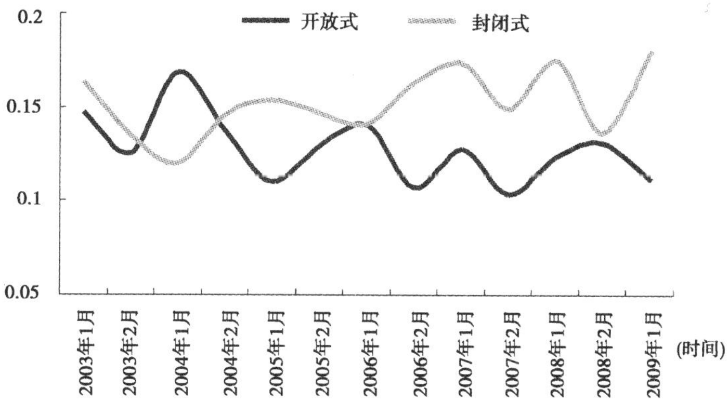

图 4 开放式和封闭式基金“羊群行为”

（2）股票型基金“羊群行为”的波动小于积极配置型基金。从图 5 中我们发现，自 2005 年股票市场开始复苏，积极配置型投资基金的“羊群行为”大于股票型基金；而在 2007 年下半年，积极配置型基金的“羊群效应”开始下降。这说明由于积极配置型对资产的灵活配置，在股票市场预期好转的时候，积极配置型基金“羊群行为”比股票型的基金要严重，而在市场预期变坏的情况下，积极配置型基金的“羊群行为”要低于股票型基金。

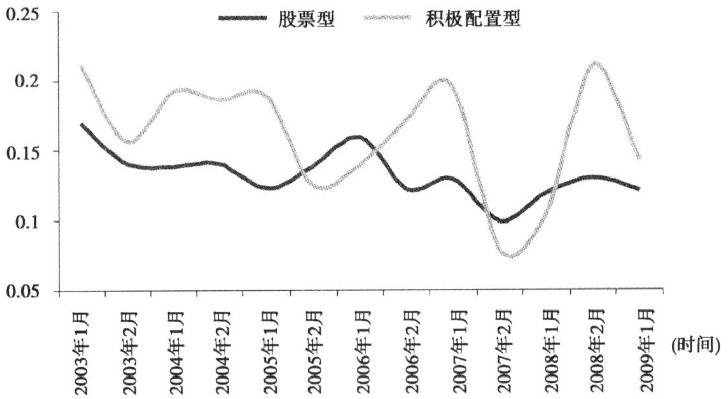

图 5 股票型和积极配置型基金“羊群”

第三，我们按照公司规模对股票进行分类，分析基金在各类别股票中的“羊群行为”。我们采用 A 股流动股本的大小作为分类标准，在市场上的所有股票中进行排序分类，按股本比例从大到小排序，将前 30%、后 30% 分别作为大盘股和小盘股，将中间的 40% 作为中盘股。

从表 2 和图 6 中我们看出，小盘股和中盘股的“羊群行为”均高于大盘股，而中盘股与小盘股的“羊群”差异不明显。这主要有两个原因：一是中小盘股公布的信息比较少，上市时间比较短，这样基金经理往往会选择模仿其他基金经理的行为进行投资决策；二是小盘股的盘子比较小，很容易被拉升，带动“羊群行为”，从而获得正反馈收益。

表 2　　基金在大、中、小盘股上的“羊群”

时间	小盘股	中盘股	大盘股	时间	小盘股	中盘股	大盘股
2002 年 1 月	0.222	0.132	0.191	2005 年 2 月	0.149	0.102	0.119
2002 年 2 月	0.214	0.152	0.117	2006 年 1 月	0.136	0.168	0.146
2003 年 1 月	0.121	0.159	0.120	2006 年 2 月	0.113	0.130	0.086
2003 年 2 月	0.142	0.177	0.215	2007 年 1 月	0.138	0.140	0.114
2004 年 1 月	0.140	0.152	0.116	2007 年 2 月	0.115	0.132	0.087
2004 年 2 月	0.132	0.142	0.118	2008 年 1 月	0.144	0.111	0.101
2005 年 1 月	0.123	0.117	0.103	2008 年 2 月	0.138	0.150	0.074

总之，通过以上实证，我们发现目前国内基金的“羊群行为”远大于国外 20 世纪 90 年代的水平，表明基金的非理性投资行为仍然存在，但值得欣喜的

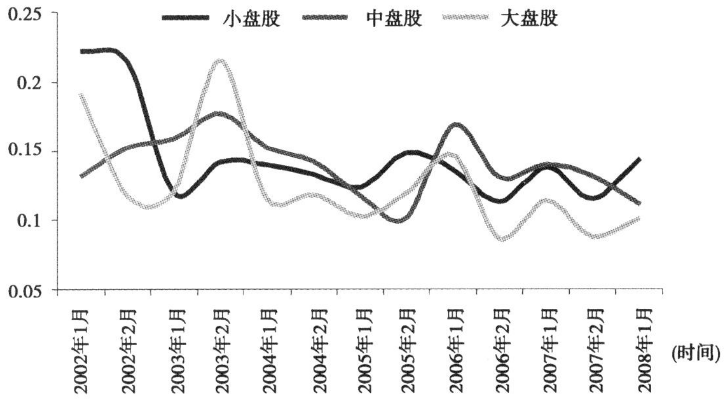

图 6　基金在大、中、小盘股票上的“羊群行为”

是，随着市场规模和基金资产规模的扩张，这一程度正在逐年降低。在进行细分后，发现卖方“羊群”波动高于买方“羊群”波动，封闭式基金的“羊群行为”高于开放式基金的“羊群行为”，股票型“羊群行为”低于积极配置型“羊群行为”，基金在小盘股上的“羊群行为”高于大盘股，对此我们将在后面章节中给出相应的政策建议。

3.3　正反馈交易检验及对稳定性的影响

3.3.1　模型简述

正反馈交易行为也称为动量交易行为、惯性交易行为，Lakonishok，Shleifer 和 Vishny（1992）将正反馈交易定义为买入过去表现好的股票、卖出表现不好的股票。因为采取正反馈交易行为的投资者关注股票的历史价格，而不是股票的基础价值和信息，正反馈交易者在本质上属于噪声交易（Noise Trader）。研究还发现，机构投资者的正反馈交易行为会引起股票收益的动量，进而降低证券市场的效率。

国外已有很多研究机构投资者正反馈交易行为的文献，虽然股票收益和机构投资者持股数据都是直接可得的，但研究角度不同、参数不同，得出的结论迥然不同。本文将基金作为一个整体，并考虑到投资者在不同股票上正反馈交易行为的强度也会不同，采用最近较为流行的 MT 指标，分析投资者在一段时间内对某只股票是否采取了正反馈交易行为。

由于实证基础数据为基金半年报和年报，所以我们对原来的 MT 计算方法作如下改进：

$$MT_{i,t} = \frac{\Delta hold_{i,t} {}^{*} ppindex_{i,t-1} + \Delta hold_{i,t-1} {}^{*} ppindex_{i,t-2}}{|\ \Delta hold_{i,t}\ | + |\ \Delta hold_{i,t-1}\ |}$$

其中 $hold_{i,t}$是股票 i 在 t 期末的基金持股比例；$ppindex_{i,t}$是股票 i 在 t 期的收益率于市场上所有股票中的排序值，即将股票按收益由小到大分为 10 组：-5，-4，-3，…，3，4，5，以此来区分股票。MT 的取值范围为［-5，5］，MT > 0 意味着机构投资者在该区间对股票采取动量交易，MT < 0 意味着机构投资者在该区间对股票采取反向交易，MT 值越大，意味着在该期间内机构投资者动量（反向）交易程度越高。

3.3.2 实证结论

从 2002 年中报到 2009 年中报，我们先统计得到所有基金作为整体的 MT 指标，之后进行不同方向的分解，首先按照封闭式和开放式基金分解，之后按照股票型和积极配置型基金分解，最后我们按持股流通盘的大小进行分类，统计基金在大、中、小盘三类股票上的 MT 指标。具体结果及相关分析见表 3。

表 3　　基金正反馈交易 MT 指标计算结果

	总体	积极配置型	股票型	封闭	开放	大盘股	中盘股	小盘股
2002 年 1 月	0.220		-0.162	-0.151		0.949	0.285	-0.678
2002 年 2 月	0.345		0.204	0.214		0.939	0.407	-0.460
2003 年 1 月	0.735		0.482	0.467		1.090	0.730	0.309
2003 年 2 月	0.963		0.560	0.437	0.867	1.065	0.686	1.304
2004 年 1 月	0.731	0.965	-0.423	-0.622	0.998	0.838	0.450	1.078
2004 年 2 月	0.893	0.775	-0.411	-0.455	0.505	0.915	0.718	1.160
2005 年 1 月	1.376	0.246	0.447	0.182	0.318	1.243	1.414	1.542
2005 年 2 月	1.749	0.089	0.565	0.253	0.389	1.570	1.973	1.715
2006 年 1 月	1.621	-0.239	0.067	-0.157	0.093	1.733	1.823	1.094
2006 年 2 月	1.559	-0.517	0.040	-0.215	0.144	1.578	1.700	1.277
2007 年 1 月	1.074	-0.384	0.494	-0.133	0.439	1.209	1.111	0.805
2007 年 2 月	0.856	-0.167	0.708	0.241	0.505	1.007	0.672	0.992
2008 年 1 月	1.503	0.039	0.201	0.258	0.196	1.689	1.337	1.465
2008 年 2 月	1.720	0.201	0.210	0.251	0.255	1.572	1.984	1.554
2009 年 1 月	1.712	-0.333	-0.247	-0.304	-0.263	1.796	1.867	1.338

首先，从 2002 年到现在，基金整体 MT 值处于上升的趋势中，这表明基金的正反馈交易程度是不断上升的，期间在 2005 年年底达到最高点。随着 2006 和 2007 年大行情的启动，MT 值快速回落，但到 2007 年年底出现反转，在 2008 年年底后升幅趋缓。从图形可以明显看到 MT 值与大盘走势有较强的相关性。在市场大涨的时候，股票遍地开花，轮动也非常明显，基金采用动量策略的效果并不好，因此 MT 值下降。而在市场低迷或是下跌时，具有超额收益的个股较少，基金往往会出现“抱团取暖”的现象，对下跌动量较大的股票也会采取果断止损，

整体 MT 便会升高（见图 7）。

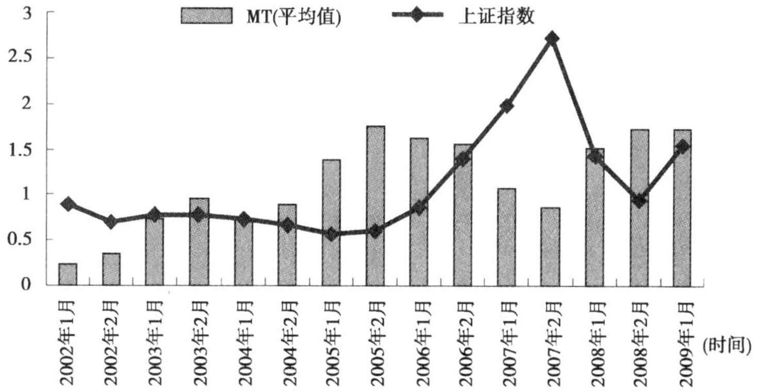

图 7　基金整体正反馈交易与市场走势

Tao（2008）计算得到的美国市场机构投资者 MT 值在 2004 年只有 0.3 左右，1982－2004 年之间最高水平也只有 0.5，而目前国内基金的 MT 值为 1.7，明显高于美国市场。当然我们的计算方法与其略有不同，这可能会造成 MT 值的波动较大。

其次，从基金分类统计的结果来看，股票型基金和积极配置型基金的差异非常明显，开放式和封闭式基金亦同。由于开放式基金和积极配置型基金出现较晚，所以统计的时间段比封闭式、股票型基金偏短。股票型基金的 MT 值一直在－1 和 1 之间震荡，且大多数时间处于零上，而积极配置型基金的 MT 值处于下跌收窄的趋势中，最近几年一直低于股票型基金，表明积极配置型基金的正反馈交易较弱，近期两者差距不明显。开放式基金与积极配置型基金有些类似，正反馈交易程度一直处于下降趋势中，而封闭式基金基本上都在 0 轴上下震荡，且绝对值较小，这表明封闭式基金的正反馈交易不明显（见图 8、图 9）。

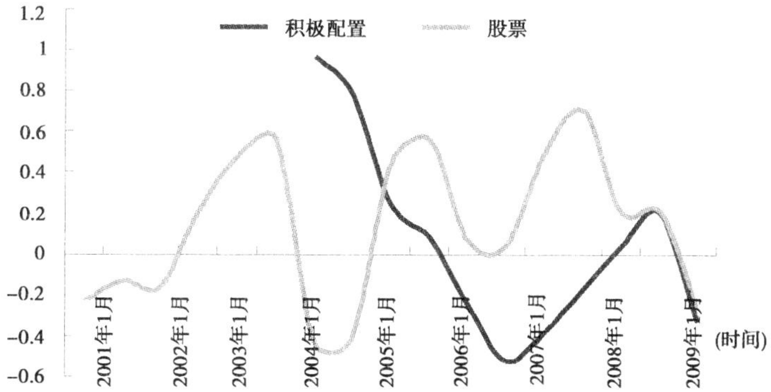

图 8　开放式和封闭式基金的正反馈交易

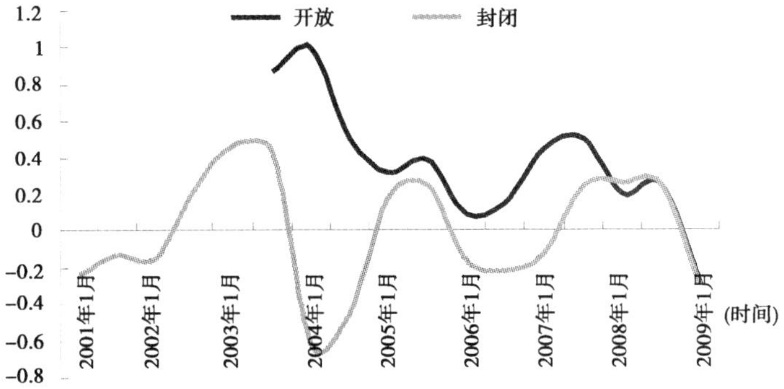

图 9　积极型和股票型基金的正反馈交易

最后，按照基金持股的流动盘大小进行分类后，可以发现，三类股票上基金的正反馈交易都比较明显，在 2002 年到 2005 年出现大幅上升，之后处于震荡走势中，至 2007 年达到低点后出现反弹。小盘股上的 MT 低于大盘股，中盘股的 MT 值变化最为剧烈，这表明投资者在大盘股上的正反馈交易行为更为明显，流通盘越大，投资者获得超额收益的难度也越大，往往投资者都会采取趋势投资的方法，在趋势出现后才加大仓位，即较多采用惯性策略，也就是正反馈交易（见图 10）。

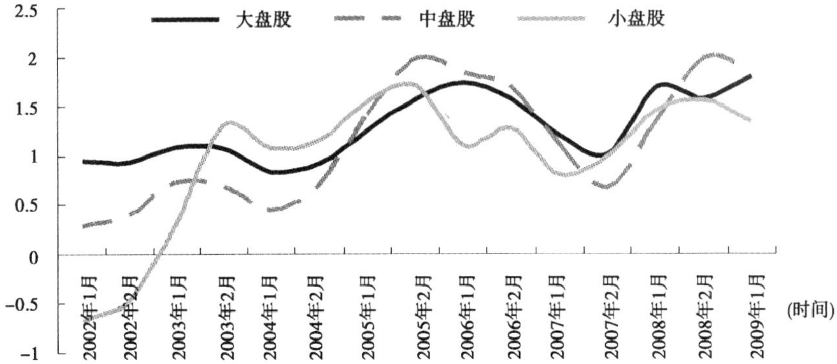

图 10　基金在大、中、小盘股上的正反馈交易

总体来看，国内基金的正反馈交易一直存在，在经过一段时间的上升后，目前基本保持稳定，但明显高于国外水平，这种交易行为在一定程度上会增加市场的波动。从行为与市场走势的对比中，我们发现明显的规律，即基金的正反馈交易行为与大盘走势相反，大盘上涨时基金的正反馈交易程度下降，下跌时则上升。此外，不同类型基金和在不同股票上的正反馈交易行为有明显差异，比如封闭式基金的正反馈交易要低于开放式基金，积极配置型基金要低于股票型基金，基金在大盘股上的正反馈交易要高于小盘股。

3.4 剔除宏观经济影响之后的基金交易行为与市场稳定性的关系

前文我们探讨了基金持股偏好和交易行为对市场稳定性的影响，但影响市场稳定或者说波动率的因子并不只有以上因素，随着证券市场与 GDP 的比例不断上升，其与宏观经济的相关度也必然增强，宏观经济政策对市场的影响也是显而易见的。因此，我们在研究基金交易行为对市场稳定性的影响时，需要考虑到宏观经济环境的不同，在剔除了宏观经济变量的影响后，我们才能更准确地研究微观变量包括基金交易行为对股票市场稳定性的影响。

3.4.1 模型简述

对金融时间序列的异方差性和收益的自相关性，Engle（1982）在研究英国通货膨胀率时提出自回归异方差模型（ARCH），而 Bollerslev（1986）在 ARCH 模型的基础上，提出了广义的自回归条件异方差模型，该模型增加了对自相关变量的描述，提高了预测的准确性。在下面实证中，我们采用自回归条件异方差模型进行计量分析，假设股票收益服从如下 GARCH（1，1）模型：

$$R_t = \lambda_1 R_{t-1} + h_t^{1/2}\varepsilon_t$$

$$h_t = a_0 + a_1 h_{t-1} + a_2 R_{t-1} + \mu_t$$

其中，$\{\varepsilon_t\}$，$\{\mu_t\}$ $-i,i.dN$（0，1）。

我们选择 GARCH 模型模拟后的方差，即 h_t 作为股票市场的波动率，然后对宏观经济变量进行回归分析。在剔除宏观变量的影响后，余下无法解释的部分即视作受微观市场即基金交易行为影响的部分。

令 $\sigma^2 = h_t$，构建回归方程：

$$\ln(\sigma_t^2) = b_1\ln(\sigma_{t-1}{}^2) + b_2 CPI_{t-1} + b_3 GDP_{t-1} + b_4 M2_{t-1} + v_t + \omega_t$$

其中，$\{\omega_t\}$ $-i.i.dN$（0，1），v_t 为微观市场行为对股票市场波动产生影响的调整因子。

$$v_t = \lambda_0 + \lambda_1 hm_t + \lambda_2 mt_t + \pi_t$$

其中，$\{\pi_t\}$ $-i.i.dN$（0，1），hm_t 表示基金“羊群行为”测度，mt_t 表示基金正反馈交易行为测度。

3.4.2 数据来源

宏观经济变量有很多种，但是对股市影响最大、最宏观的变量主要是反映经济周期和流动性的指标，包括 GDP、CPI 和 M2，在研究宏观经济对股市影响的大部分文献中都是使用这些变量。

股票方面，我们使用自己构造的股票指数代表市场，包括有基金持股的股票指数、无基金持股的股票指数、基金重仓股指数和基金轻仓股指数，这些指数都是由之前的持股明细构造所得，采用流通股本加权的方式，编制软件为天相系统。实证中，我们分别用 R1、R2、R3 和 R4 代表以上指数的收益率。

实证中代表微观方面的指标主要有 HM 和 MT，均为之前计算所得。由于宏观经济变量公布时间不同，实证中最终使用的均为季度数据。

3.4.3 实证结论

首先，我们对 4 个指数收益率序列进行统计描述。可以发现，有基金持股和重仓股指数的平均收益率要高于无基金持股和轻仓股，标准差则反之。无基金持股和轻仓股的收益率序列出现明显的尖峰、右偏。从 Jarque - Bera 中我们可以看出并不能拒绝正态分布假设，同时从 kurtosis（峰度）小于或等于 3 来看，并不存在厚尾现象（见表 4）。

表 4　　4 个指数收益率的描述统计

	R1	R2	R3	R4
Mean	0.014	0.013	0.014	0.012
Median	-0.005	-0.021	0.002	-0.012
Maximum	0.426	0.485	0.335	0.475
Minimum	-0.357	-0.351	-0.319	-0.338
Std. Dev.	0.191	0.195	0.178	0.195
Skewness	0.363	0.546	0.272	0.467
Kurtosis	2.619	3.015	2.353	2.845
Jarque - Bera	1.035	1.837	1.101	1.383
Probability	0.596	0.399	0.577	0.501
Observations	37	37	37	37

接下来我们采用自回归条件异方差模型对序列分别进行计量分析。通过 GARCH（1，1）模型，我们估计出模型参数（见表 5），并且得到 GARCH 项作为指数的方差（等同于波动率），分别记为 hi（i = 1、2、3、4）。

表 5　　ARCH（1，1）参数统计

		RX（-1）	Resid（-1）^2	GARCH（-1）	C
R1	系数	0.468	-0.182	1.134	0.001
	P 值	0.000	0.635	0.000	0.374
R2	系数	0.461	-0.133	0.379	0.019
	P 值	0.000	0.278	0.655	0.367

续表

		RX（-1）	Resid（-1）^2	GARCH（-1）	C
R3	系数	0.463	-0.122	1.103	0.001
	P 值	0.012	0.415	0.000	0.580
R4	系数	0.393	-0.163	1.157	0.001
	P 值	0.005	0.367	0.000	0.786

从方差 hi 的对比图（见图 11）中，我们可以发现，方差按从大到小排序为 h4、h1、h3 和 h2，即轻仓股 > 有基金持股 > 重仓股 > 无基金持股，这说明基金持股并不代表会降低股票的波动率，但基金重仓还是会降低股票的波动率，这点从轻仓股与重仓股的对比可以明显看出来。无基金持仓的股票波动率相对比较稳定，这意味着基金的交易行为可能会对股票波动率造成一定影响。

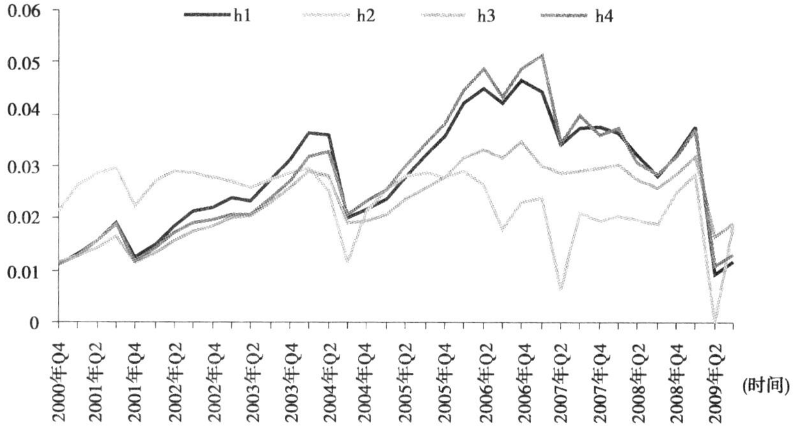

注：Q 代表季度。

图 11　4 个指数的收益率方差 hi

另外，从趋势上看，有基金持股、重仓股和轻仓股的波动从 2004 年年底开始上升，到 2007 年第一季度达到最高点，这期间宏观经济不断向好，股票市场也处于大幅上涨的阶段。而之后金融危机发生，指数的波动率出现一定幅度的下降，直到 2009 年第二季度。从时间段上来看，股票波动率的变化与宏观经济、市场环境也有明显的关系，而基金交易行为可能并不是股票波动率变化的主要因素。因此，接下来我们先用宏观经济变量来解释指数的方差，希望能够过滤掉宏观经济方面的影响。

用宏观经济变量及滞后项对方差进行回归，我们发现宏观经济变量对方差具有比较显著的解释力。其中，CPI 对方差的解释力最为显著，其次是 GDP 和 M2。

从参数正负来看，CPI 对波动率的影响为负，GDP 和 M2 的影响为正。从回归的拟合优度来看，宏观经济变量对重仓股的解释力最强，其次是基金股、轻仓股，最差的是无基金股，这也从侧面反映出基金作为专业化的投资者，其在投资选股过程中充分考虑到宏观经济环境的影响，投资决策相对更加理性（见表 6）。

表 6　　收益方差与宏观经济变量的关系

		hX（-1）	CPI（-1）	GDP（-1）	M2（-1）
h1	系数	0.426	-0.032	0.126	-0.010
	P 值	0.003	0.001	0.001	0.454
h2	系数	-0.393	-0.031	0.104	-0.198
	P 值	0.030	0.019	0.213	0.001
h3	系数	0.587	-0.023	0.064	0.006
	P 值	0.000	0.002	0.005	0.515
h4	系数	0.510	-0.027	0.111	-0.010
	P 值	0.000	0.003	0.003	0.461

我们将残差部分 Vi（i = 1、2、3、4）作为剔除宏观变量影响后的方差部分，这部分就可能与投资者的交易行为等微观市场因素有关，因此下面我们检验前面统计得到的基金“羊群”HM 和正反馈 MT 对这部分方差的解释效果。

经过回归，我们发现 HM 对 Vi 的解释力不显著，MT 对 V3 和 V4 有较为显著的解释力，且参数为正。V2 和 HM、MT 这两个指标的关系最弱，其次是 V1。总体来看，基金的“羊群行为”对股票波动率的影响并不十分明显，但是根据基金持股比例细分后，我们发现正反馈交易对股票收益方差具有一定程度的正向影响，即正反馈交易会加剧股票波动，这也印证了之前的研究结论（见表 7）。

表 7　　剔除宏观经济影响的收益波动与基金交易行为的关系

		C	HM	MT
V1	系数	-0.569	3.433	0.131
	P 值	0.180	0.200	0.229
V2	系数	-0.709	7.295	-0.201
	P 值	0.625	0.429	0.592
V3	系数	-0.373	2.101	0.104
	P 值	0.121	0.166	0.097
V4	系数	-0.633	3.563	0.171
	P 值	0.101	0.143	0.087

总之，经过 GARCH 模型的检验，基金重仓会对股票收益率的方差具有一定程度的抑制，但是从总体情况来看，无基金的股票方差更加稳定，受市场涨跌的影响更小。实证中还发现宏观经济变量对市场波动有明显影响，CPI、GDP 和 M2 都是比较显著的解释因子，尤其是基金持股比例较高的股票，其对宏观经济的反应更加敏感。在剔除掉宏观经济的影响后，我们检验了市场波动与基金“羊群”和正反馈交易的关系，发现“羊群”对市场波动没有显著的解释力，而 MT 对有基金的股票具有较为显著的正向作用，这意味着正反馈交易会显著加剧股票波动。

3.5 实证研究结论

在对基金持股明细进行统计分析和定量检验后，我们得到以下主要结论：

第一，投资者的交易行为是影响市场稳定性的重要因素。在对基金交易行为的定量检验中，我们发现，国内基金的“羊群行为”仍要远大于国外 20 世纪 90 年代的水平，表明基金的非理性投资行为仍然存在。正反馈方面的检验结果也显示出，基金正反馈交易一直存在，且远高于国外。基金在市场上的影响力较大，其“羊群行为”和正反馈交易会产生较多噪音，对投资者的心态形成一定影响，进而放大股票的波动。不过值得关注的是，基金的“羊群行为”正在逐步下降，正反馈交易也趋于平稳，这表明基金的投资行为越来越理性化，对市场稳定性的影响也在朝正面且积极的方向逐步变化。

第二，对不同基金和不同股票中基金的交易行为进行细化研究后，我们发现：

（1）基金在不同行情阶段的“羊群行为”有明显的差异。在市场上涨时，基金的买方“羊群”明显高于卖方“羊群”，而在下跌阶段，卖方“羊群”又高于买方“羊群”，这种规律可能会加剧市场的波动。在市场缺乏做空和对冲机制的现实情况下，这种现象是难以有效解决的。

（2）封闭式基金的“羊群行为”和正反馈交易均高于开放式基金。出现这种现象的原因可能与运作方式的差异有关，包括赎回机制上的不同。由于封闭式基金的赎回和分红压力要远小于开放式基金，基金作为代理人，其交易方式也会出现一些变化。

（3）积极配置型“羊群行为”和正反馈交易也高于股票型基金。由于积极配置型基金的股票仓位比较灵活，为了追求超额收益，管理者往往会采用较为激进的配置策略，这点从基金的股票仓位变化也可以明显看出。

（4）基金在小盘股上的“羊群行为”高于大盘股，在大盘股上的正反馈交易高于小盘股。小盘股的信息披露不够充分，股价对信息的敏感度高，投资者往往难以获得及时有效的信息，从而容易产生“羊群行为”。大盘股信息披露充分，其涨跌更多受市场涨跌影响，基金在大盘股上的投资策略与小盘股有明显差异，趋势投资的效果更好，所以投资者较多采用正反馈交易。

第三，我们使用 GARCH 模型对基金交易行为与市场稳定性的关系进行定量检验。在对比各类股票收益方差的大小后，发现基金重仓对方差具有一定程度的抑制，但是从总体情况来看，无基金的股票方差更加稳定，受市场涨跌的影响更小，所以基金持仓轻重并不能明显降低市场波动。此外，宏观经济变量对市场波动有明显影响，CPI、GDP 和 M2 都是比较显著的解释因子，宏观经济变量对收益方差的解释力随着基金持股比例的降低而下降，从侧面反映出基金在投资选股过程中能充分考虑到宏观经济环境的影响。

在检验剔除掉宏观经济影响后的市场波动与基金“羊群”和正反馈交易的关系时，我们发现“羊群”对市场波动没有显著的解释力，而 MT 对有基金的股票具有较为显著的正向作用，这意味着正反馈交易会显著加剧股票波动。

4. 限制中国机构投资者发挥稳定作用的因素：基于国际比较

从前面的实证分析可以看到，与国外成熟市场比较，中国机构投资者对市场稳定的作用尚未充分发挥。那么，为什么中国机构投资者“市场稳定器”的作用不能很好地发挥出来？它受到哪些主要因素的制约呢？下面，我们将从国际比较的角度展开分析。

4.1 机构投资者资产管理总规模与份额较小

在 20 世纪 60 年代之前，全球资本市场为个人投资者所主导。以美国为例，当时机构投资者在股市中的比例不超过 13%。布雷顿森林体系崩溃后，管制放松及养老法案的推行，全球主要工业国特别是美国的机构投资者进入高速发展阶段，机构投资者在美国股市中的持股比例不断上升，80 年代中后期达到 34%，90 年代末达到 48%。90 年代以后，全球主要资本市场的机构化速度加快。1990－2004 年，经济合作与发展组织（OECD）国家资本市场中机构投资者管理的资产增长了近 3 倍。截止到 2005 年年底，OECD 国家的机构投资者管理的资产已经超过了 40 万亿美元，其中美国接近 21 万亿美元，英国为 3.4 万亿美元，日本为 7.2 万亿美元，与 GDP 相比，分别超过 162%、191%、207% 和 145%。

与国外逾 80 年的自然发展壮大不同，中国机构投资者的培育发展带有较浓厚的行政色彩，且只有 11 年的时间，但资产管理规模的增长十分迅速。以证券投资基金为例，其资产规模从 1998 年年底的 120 亿元发展到 2008 年年底的 18 864 亿元，10 年间资产管理规模的增长超过了 150 倍。但即便如此，其总规模和市场占比依然较小。数据显示，证券投资基金、社保基金、QFII、保险公司、企业年金和证券公司等机构投资者在 2007 年年末持有流通股票资产约 2.92 万亿元人民币，占股市投资者市场份额约 32.11%，管理资产总量不到 GDP 总量的 12%。与全球主要证券市场相比，中国机构投资者无论是市场份额还是管理的资产总体规模都还偏小。偏小的规模与占比使得机构投资者对市场的影响力有限（见图 12、表 8、表 9）。

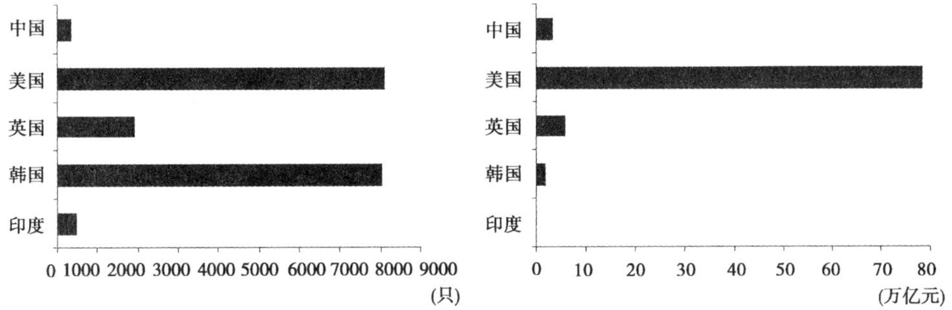

注：中国数据截至 2007 年年底，其他国家数据截至 2006 年年底。

资料来源：中国证监会，世界银行。

图 12　证券投资基金数量（左）和规模（右）的国际比较

表 8　各国市场个人与机构投资者占比（2008 年 6 月 30 日）（单位:%）

持股者占比	中国	韩国	美国	英国	日本
国内个人投资者	51.0	35.5	25.3	12.8	18.1
国内机构投资者	47.7	42.2	61.6	47.2	53.9
国外机构投资者（或 QFII）	1.3	22.3	13.1	39.9	28.0

资料来源：CEIC，彭博资讯。

表 9　部分 OECD 国家机构投资者金融资产占 GDP 的比重（单位:%）

时间 / 国家（组织）	1995	1998	2000	2001	2003	2004	2005	2006	2007
澳大利亚	82.6	110.2	126.1	126.0	120.6	129.6	141.5	152.3	.
加拿大	94.0	126.2	128.1	125.2	122.2	127.5	134.1	144.4	146.4
法国	75.9	104.5	130.7	129.6	131.6	147.6	160.2	174.0	171.4
德国	56.4	84.0	99.3	99.3	105.2	107.3	116.0	119.1	117.3
日本	98.7	102.1	106.1	104.2	117.5	123.5	145.2	148.4	.
韩国	.	.	.	.	64.9	68.6	73.9	80.1	91.6
英国	162.1	200.3	210.3	191.8	175.4	181.4	207.4	.	.
美国	140.8	180.7	185.1	177.4	181.7	187.8	191.2	202.5	211.2
OECD 总体	110.2	139.0	146.8	141.5	145.8	152.2	162.6	.	.

资料来源：OECD database。

4.2 中国机构投资者结构失衡

中国机构投资者的构成与国外主要证券市场相比存在较大差异。目前，中国机构投资者由证券投资基金、QFII、全国社保基金、保险公司、企业年金、证券公司、信托公司和阳光私募等组成。其中，证券投资基金占绝对主导地位，社保基金和保险公司等其他机构所占市场份额很小。而以美国为代表的成熟市场以保险公司、养老基金和共同基金三大机构资产为主，兼有对冲基金、投资银行、捐赠基金、信托基金和主权财富基金等多元机构投资者，投资者结构整体较为均衡（见图 13）。

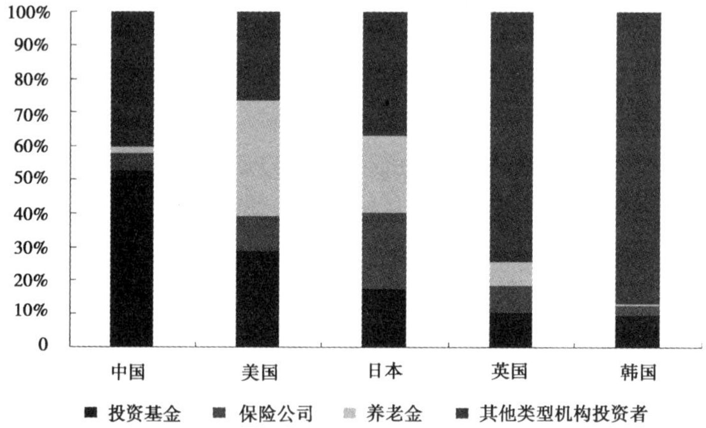

资料来源：中国证监会、世界银行。

图 13　股票市场上主要机构投资者结构的国际比较①

首先，我们来看看我国各类机构投资者管理的资产情况。2006 - 2007 年的牛市带动国内基金规模实现了飞跃。截至 2008 年 12 月底，473 只证券投资基金的资产净值合计为 19381.84 亿元，份额规模合计为 25739.86 亿份。相比之下，我国社保基金（养老金）和保险基金在股市中的资产就小得多。从 2003 年 6 月社保基金正式进入证券市场到 2008 年年末，全国社保在股市的资金总额为 2566 亿元，2007 年年末保险公司持有股票市值为 2292 亿元。而其他的机构投资者管理的资产规模和占比则更小。107 家证券公司截至 2008 年年底的受托管理资金本金规模为 919 亿元。企业年金方面，2007 年我国企业年金总规模为 1500 亿元，而其中投入股市的比例也不高（见图 14、图 15、图 16）。

---

① 中国其他类型机构含非金融机构投资者，数据截至 2007 年年底；美、韩 2006 年年底，英、日 2005 年年底。

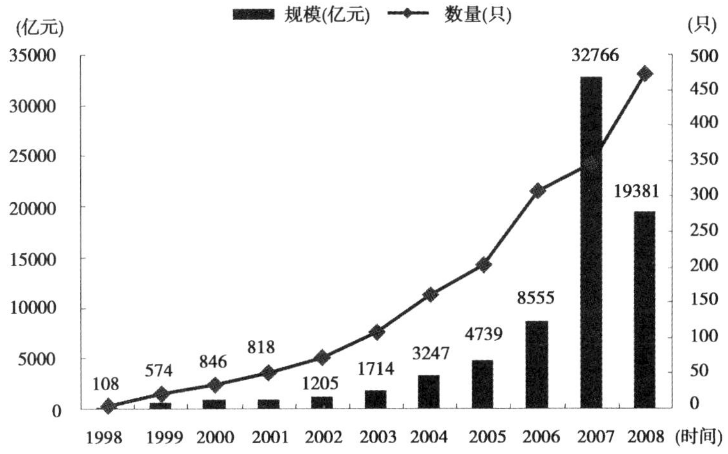

资料来源：中国证券业协会。

图 14　中国证券投资基金的数量与规模

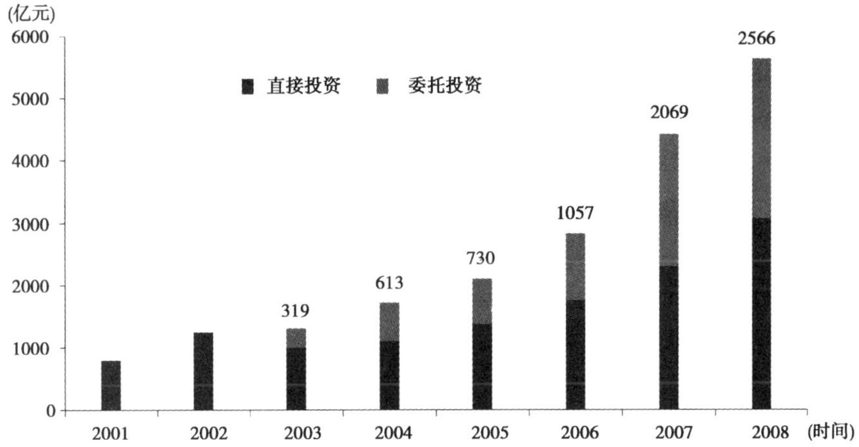

资料来源：全国社保基金历年年度报告。

图 15　全国社保基金资产总额及委托投资额①

与之不同的是，国外成熟市场中，养老基金、保险基金和共同基金处于三足鼎立的态势。1998 年，在西方七国集团证券市场中，三大机构投资者管理的总资产为 23.9 万亿美元，其中养老基金总值为 9.5 万亿美元，共同基金为 7.2 万亿美元，人寿保险为 7.2 万亿美元（见图 17）。

养老金和保险资金是长期性质的资金，它们倾向于参与公司治理，谋取长期战略利益，追求安全的绝对收益，往往长期持有目标公司股票，有利于市场稳

① 图中标注数字是委托投资额即股市投资额。

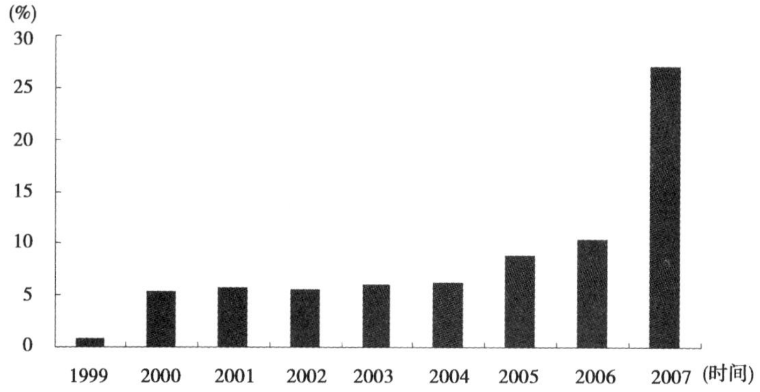

资料来源：中国保险监督管理委员会。

图 16　1999－2007 年保险公司基金和股票（含股权）投资占资金运用比例

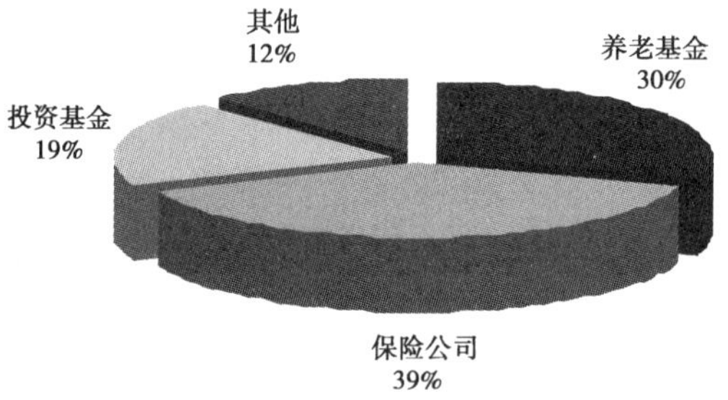

资料来源：OECD database。

图 17　OECD 国家主要机构投资者的结构（1999 年）

定。从美国的经验来看，养老金和保险资金的大规模入市，客观上对证券市场的长期发展和稳定起到了重要作用。然而，我国由于受制于社会保障体系建设的滞后及严格的监管，社保基金、保险基金和企业年金发展缓慢，入市规模小，造成我国机构投资者结构失衡，从而导致了机构投资理念、目标和决策行为趋同，加之缺少长期投资，因而制约了机构投资者稳定市场功能的发挥。

4.3　中国证券市场的容量小、辐射力不强

证券市场的容量主要表现为市场的规模和上市公司的数量，如果市场规模小，将限制机构投资者管理资产的规模和管理资产的效率。首先，从金融资产的结构来看，我国证券市场的整体规模还较小。在 A 股股价处于高峰的 2007 年 9 月底，中国资本市场资产总额占金融总资产的比例为 37%，而按 2006 年年底计算，资本市场资产总额的占比为 22%，而同期美国、英国和日本的比例分别为 82%、71% 和 62%（见图 18）。

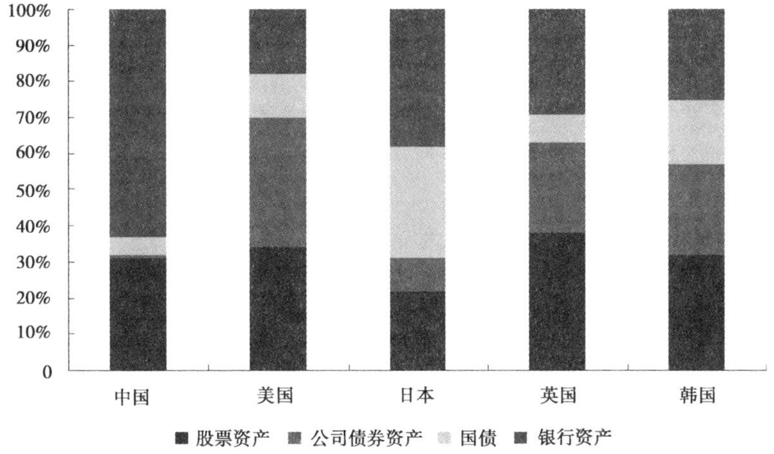

图 18　金融资产结构的国际比较

其次，从证券市场上市公司的数量和总市值来看，我国深、沪市场和国外主要股市尚存在较大差距。无论是质量高、公司治理结构相对完善的大蓝筹公司，还是成长性好、业绩优良的中小公司，以及代表未来产业发展方向的创业公司，在数量上都不足。美国的经验表明，大型机构投资者一般将总资产的 65% –80% 投资于蓝筹股，以实现其长期价值型投资目标。而众多的中小机构投资者则实现风格各异的差异化投资，这就要求有各种规模和各类产业的股票供应。上市公司数量少且结构不合理就不能适应机构投资者规模扩张和结构优化的需求，也无法承载机构投资者流动性风险管理的要求（见图 19、图 20）。

4.4　国内证券各子市场的不协调与层次不完善

目前，中国证券市场的结构存在较严重的失衡问题，表现在两方面，一是股票市场和债券市场发展失衡。根据中国证监会的统计，2007 年年底，中国债券市场规模仅相当于股票市场规模的 27%，远低于美国等成熟市场，也低于印度等新兴市场。二是金融衍生品市场缺失。目前中国尚没有开办股指期货期权和股票期货期权等基础金融衍生品市场，而美国等成熟市场的金融衍生品已经超过了股票的交易量，2006 年全球金融期货期权交易量高达 107.6 亿手（见图 21）。

具体到股票市场和债券市场内部结构，也存在着问题。首先，股票市场的多层次建设刚刚起步，各层次之间发展也很不均衡，还不能满足机构投资者多元化的资产配置需求。其次，债券市场的结构不合理。在我国债券市场总量中，企

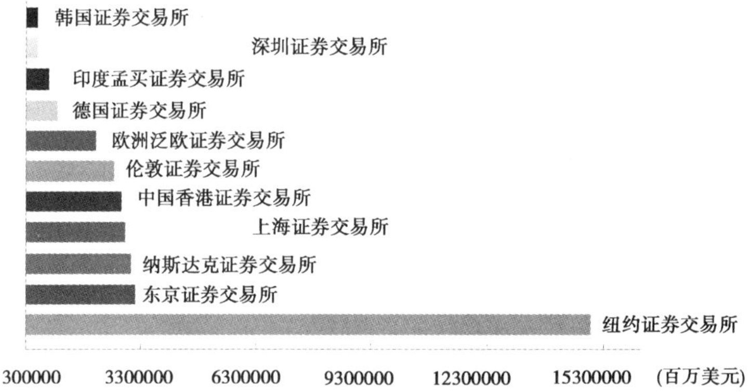

注：沪、深两市总市值含尚未全流通部分。

资料来源：路透社。

图 19　世界主要证券交易所总市值（2009 年 11 月）

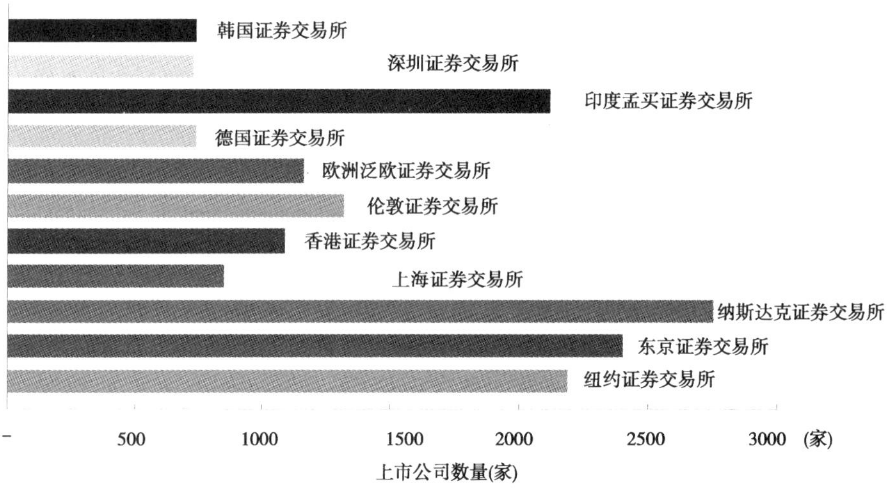

资料来源：路透社。

图 20　世界主要证券交易所上市公司数量（2009 年 11 月）

业债、资产支持证券、可转债和公司债的规模非常小，2008 年年末，这几种债券累计仅占债券市场总量的 7.68%。此外，目前中国债券市场依然处于交易所市场、银行间市场和银行柜台市场三者分割的状态，尚没有形成一个协调顺畅的统一市场。而国外主要资本市场，比如美国、英国、欧盟和日本市场等，股票市场和债券市场的发展则相对均衡，各子市场内部的结构和层次建设也比较完备（见图 22）。

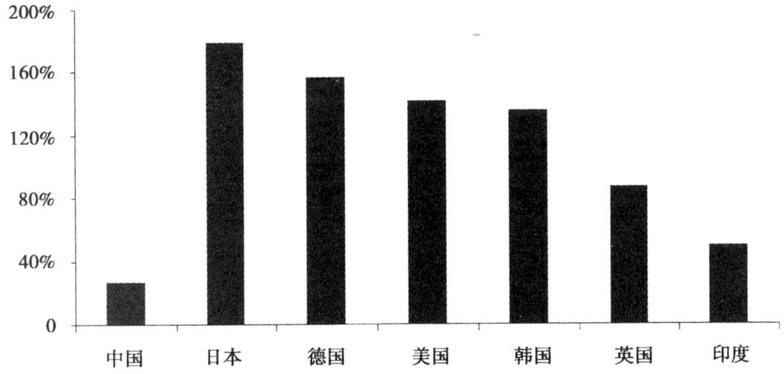

注：中国数据截至2007年年底，其他国家截至2006年年底。

资料来源：中国证监会。

图21　债券市场和股票市场相对规模的国际比较

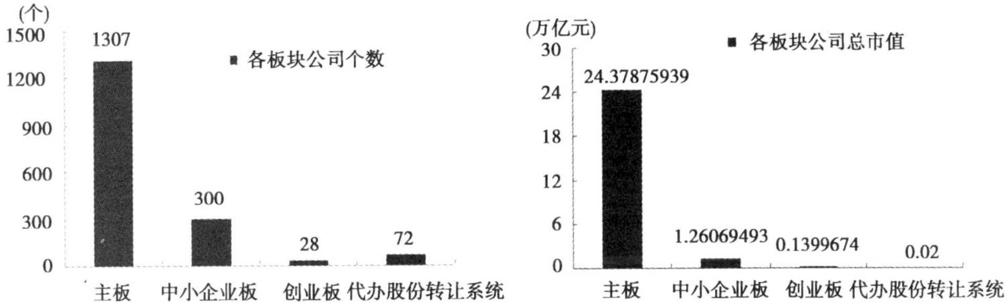

资料来源：wind。

图22　中国股票市场各板块上市公司数量（左）和总市值（右）（2009年10月30日）

4.5　市场交易品种不丰富

在全球主要证券市场上，机构投资者交易的产品比较丰富，除了股票、各种债券等现货品种之外，还有大量的衍生产品、结构性产品和其他金融创新产品。相对来说，中国的机构投资者可交易的品种较少，主要是本国股票和国债。可转债、公司债、ETF等产品数量还很少，而房地产投资基金、股指期权和期货、股票期权和期货、ETF期权等均没有推出，因而难以形成差异化投资和构建多样化的投资组合。管理风险的能力也被大大削弱，一旦遇到系统性风险，机构投资者将无法对冲而增大了遭受损失的可能，并将加剧市场波动（见表10）。

表 10　证券市场交易品种的国际比较

产品类型	中国	德国	美国	英国	日本	印度	韩国	中国香港
本国股票	√	√	√	√	√	√	√	√
外国股票		√	√	√	√	√	√	√
国债	√	√	√	√	√	√	√	√
可转债	√	√			√			√
公司债券	√	√	√	√	√	√	√	√
房地产投资基金		√	√	√	√		√	√
ETF	√	√	√		√	√	√	√
权证	√	√	√			√	√	√
商业票据			√					
期货		√	√	√	√	√	√	√
股票期货		√	√	√	√	√	√	√
期权		√	√	√	√	√	√	√
股票期权		√	√	√	√	√	√	√
结构化衍生品			√					√

资料来源：中国证监会，世界银行，路透社。

4.6　基金评价体系缺乏科学性

业绩考核是指导行业发展的一根指挥棒。目前，我国基金行业通过市场排名来评价基金业绩，目前的评价方法存在一些问题，缺乏科学性。首先是评价周期短，国内最短的为周净值排名；其次是评价指标单一。这种评价方法往往导致基金管理人更注重短期收益，为博取短期收益而采取追涨杀跌的交易方式或无法保持自己独立的操作风格。

而成熟市场中，机构投资者业绩的评价周期比较长，往往除了当年业绩之外，还要考虑 3 年、5 年甚至更长时间的回报，且评价指标也更为立体多样，并对不同风格类型的基金进行区分评价。

此外，基金监管和相关法律法规不够健全，行业自律性不强和依然有较浓的投机文化等因素，也是制约机构投资者发挥稳定市场作用的因素。

4.7　金融危机期间国际证券市场波动性比较

金融危机爆发后，各国股市波动率显著增加，其中，新兴股市的波动明显高于成熟股市的波动。美国股市在次贷危机之前波动率较低，但作为危机的发源地，危机爆发后，波动率显著增加，由 2004－2006 年的平均 10% 多提高到 2008 年的 39.2% 和 2009 年的 30.26%。其他主要成熟市场，如欧盟、英国等也是如此。

一直以来，中国股市的波动率都高于欧美等成熟市场，2003 - 2006 年，沪市平均年化波动率约 20. 34%。在次贷危机全面爆发之后，中国股市由于自身的因素已经率先调整了，2007 - 2009 年，沪、深市场的波动率均高于 30%，2008 年更是分别高达 44. 84% 和 47. 51%，较大幅度地高于全球金融危机的震中心美国和欧洲（见表 11）。

表 11　　金融危机前后股票市场波动率的国际比较（2003 - 2009 年）

年化波动率	2003 年	2004 年	2005 年	2006 年	2007 年	2008 年	2009 年
美国 SPX	16. 76%	11. 02%	10. 18%	9. 89%	15. 94%	39. 20%	30. 26%
日本 NKY	22. 85%	17. 87%	13. 48%	19. 80%	18. 21%	43. 77%	30. 90%
欧盟 SX5E	26. 49%	13. 88%	10. 93%	14. 59%	15. 82%	39. 47%	29. 72%
英国 UKX	19. 40%	10. 32%	8. 67%	12. 51%	17. 41%	37. 56%	24. 86%
俄罗斯 INDEXCF	30. 36%	33. 79%	23. 61%	37. 77%	24. 06%	71. 55%	49. 66%
印度 BSE500	19. 29%	28. 04%	16. 79%	25. 58%	23. 48%	43. 00%	34. 65%
巴西 IBOV	24. 14%	28. 31%	24. 78%	23. 99%	27. 10%	52. 15%	35. 86%
上证综指	18. 03%	20. 60%	21. 68%	21. 06%	35. 01%	44. 84%	31. 86%
深成指	19. 31%	21. 63%	22. 46%	24. 04%	38. 81%	47. 51%	35. 34%

资料来源：bloomberg。

造成波动性高的原因是多方面的，但是不可否认的是，即使处于金融危机的风暴阶段，美国股市的波动性依然低于主要的新兴市场，这是和美国市场的生态环境建设、基础制度建设、各子市场的协调发展、金融品种的多样化和机构投资者的多元化有着密切关系的。

5. 主要结论和政策建议

5.1　主要研究结论

本文研究了机构投资者对中国证券市场稳定性的影响，实证分析机构投资者的持股偏好、“羊群行为”和正反馈交易行为，及其对市场稳定性的影响。同时，本文还从国际比较的视角分析了制约中国机构投资者发挥市场稳定性作用的因素。

第一，投资者的交易行为是影响市场稳定性的重要因素。在对基金交易行为的定量检验中，我们发现，国内基金的“羊群行为”仍远大于国外 20 世纪 90

年代的水平，表明基金的非理性投资行为仍然存在。正反馈方面的检验结果也显示出，基金正反馈交易一直存在，且远高于国外。基金在市场上的影响力较大，其“羊群行为”和正反馈交易会产生较多噪音，对投资者的心态形成一定影响，进而放大股票的波动。不过值得关注的是，基金的“羊群行为”正在逐步下降，正反馈交易也趋于平稳，这表明基金的投资行为越来越理性化，对市场稳定性的影响也在朝正面且积极的方向逐步变化。

第二，对不同基金和不同股票中基金的交易行为进行细化研究后，我们发现：

（1）基金在不同行情阶段的“羊群行为”有明显的差异。在市场上涨时，基金的买方“羊群”明显高于卖方“羊群”；而在下跌阶段，卖方“羊群”又高于买方“羊群”。这种规律可能会加剧市场的波动，但是在市场缺乏做空和对冲机制的现实情况下，这种现象是难以有效解决的。

（2）封闭式基金的“羊群行为”和正反馈交易均高于开放式基金。出现这种现象的原因可能与运作方式的差异有关，包括赎回机制上的不同。由于封闭式基金的赎回和分红压力要远小于开放式基金，基金作为代理人，其交易方式也会出现一些变化。

（3）积极配置型“羊群行为”和正反馈交易也高于股票型基金。由于积极配置型基金的股票仓位比较灵活，为了追求超额收益，管理者往往会采用较为激进的配置策略，这点从基金的股票仓位变化也可以明显看出。

（4）基金在小盘股上的“羊群行为”高于大盘股，在大盘股上的正反馈交易高于小盘股。小盘股的信息披露不够充分，股价对信息的敏感度高，投资者往往难以获得及时有效的信息，从而容易产生“羊群行为”。大盘股信息披露充分，其涨跌更多受市场涨跌影响，基金在大盘股上的投资策略与小盘股有明显差异，趋势投资的效果更好，所以投资者较多采用正反馈交易。

第三，我们使用 GARCH 模型对基金交易行为与市场稳定性的关系进行定量检验。在对比各类股票收益方差的大小后，发现基金重仓对方差具有一定程度的抑制，但是从总体情况来看，无基金的股票方差更加稳定，受市场涨跌的影响更小，所以基金持仓轻重并不能明显降低市场波动。此外，宏观经济变量对市场波动有明显影响，CPI、GDP 和 M2 都是比较显著的解释因子，宏观经济变量对收益方差的解释力随着基金持股比例的降低而下降，从侧面反映出基金在投资选股过程中能充分考虑到宏观经济环境的影响，投资决策相对更加理性化。

在检验剔除掉宏观经济影响后的市场波动与基金“羊群”和正反馈交易的关系时，我们发现“羊群”对市场波动没有显著的解释力，而 MT 对有基金的股票具有较为显著的正向作用，这意味着正反馈交易会显著加剧股票波动。

第四，机构投资者对市场稳定性的影响涉及的条件因素比较广。在实证研究之后，本文对国内外机构投资者发展现状及发展背景进行比较研究，找出影响中国机构投资者发挥“市场稳定器”功效的制约因素。相对海外主要证券市场的机构投资者，从机构投资者自身来看，我国的机构投资者规模还较小，机构投资者的结构不够合理，保险资金和养老基金在机构投资者中的占比明显偏小，机构投资者的多元化发展尚有很大空间。从机构投资者的生存环境来看，首先，我国证券市场的容量偏小，辐射性不够，优质上市公司的数量和总规模偏小；其次，证券市场内部结构失衡，股票市场和债券市场发展极不均衡，金融衍生品市场缺失；再次，金融品种不丰富，可转债、公司债、ETF 等产品数量还很少，而房地产投资基金、股指期权和期货、股票期权和期货、ETF 期权等均没有推出，因而使得机构投资者难以形成差异化投资和构建多样化的投资组合，其管理风险的能力也被大大削弱。最后是基金评价系统存在评价短期化和评价指标不全面等问题，对基金业绩的考核不够科学，误导了机构投资者的行为。

5.2 政策建议

5.2.1 遵循机构投资者的内在发展规律，坚定发展机构投资者

自证券投资基金诞生以来，国内关于机构投资者对市场稳定性的争议就没有停止过，尤其是 2007 年以来，股市大起大落，更是引发了新一轮的关于机构投资者是否加剧了股市波动的争论。与海外成熟市场比较，中国机构投资者稳定市场的积极作用因种种因素而被一定程度地抑制。我们认为，不能由此而怀疑“大力发展机构投资者”这一战略，而是应该更为坚定地发展机构投资者，并将其作为资本市场发展的一个重要部分。在发展过程中，应摒弃浓重的行政色彩，遵循机构投资者的内在发展规律，以市场需求为导向，把发展重点放在优化机构投资者赖以生存的市场基础性制度建设和完善市场化的公平竞争的生态环境上面。

5.2.2 大力拓展证券市场的空间容量和产业渗透力

证券市场的规模和渗透力决定着机构投资者管理资产的最终规模。中国证券市场的空间容量小，加之相对封闭，影响了市场的辐射面及扩散能力，使得中国证券市场对产业的渗透、对资源的配置和对全球经济及金融市场的影响力不强，就不具有强大的吸纳能力和释放效应，难以充分发挥机构投资者稳定市场和引导市场的作用。因此，应尽快稳妥地扩展证券市场的规模容量，吸引各行业的优质公司上市，以提高中国证券市场的产业渗透力。应推动更多代表中国经济的大企业上市，吸引境外上市的中国企业和红筹公司回归，使境外企业到国内市场上市，扩大市场规模。

5.2.3 优化机构投资者赖以生存的市场基础性制度系统

(1) 完善证券市场结构，均衡发展股票市场和债券市场。如果股票市场、债券市场、金融衍生品市场的发展严重失衡甚至缺失，机构投资者管理的资金在各个子市场之间将无法顺畅地转换，不能最优化资产组合，将降低资金的流动性和投资效率，也会影响市场的稳定。因此，应加快债券市场的发展，建立统一的市场化的债券市场，并在发展国债、公司债和可转债的同时，积极推动其他固定收益类和结构化金融产品的创新。

(2) 发展多层次市场和多样化的投资产品，引入风险管理的金融衍生工具。除了继续鼓励和支持沪、深主板市场发展之外，还要继续推进中小企业板和创业板的建设。完善中小企业板和创业板的各项制度，建立适合中小企业和创业企业特点的快捷融资机制，不断丰富上市公司行业分布，增强市场的深度和广度。同时，应鼓励产品创新，发展多样化的投资品种，除了继续发展股票、ETF、基金、国债、公司债和可转债之外，还需要推出房地产投资基金和其他资产证券化品种，尤其迫切需要的是金融期货和期权。股指期货期权等风险对冲工具既可以开拓更广阔的投资空间，也提供了做空机制，使得机构投资者在遇到系统性风险时，不必通过大量抛售证券来规避风险，从而可以发挥“市场稳定器”的功能。

(3) 加强信息披露管理，提高上市公司质量，完善退市制度。上市公司的质量是机构投资者决定其会否长期持有的首要因素。保证上市公司的质量需要从两方面着手：一是加强信息披露制度及监管；二是完善退市制度。具体而言，首先要完善上市公司内部信息披露监控制度，保证公司董事会、独立董事真正发挥作用；其次要保证中介机构的独立性，充分发挥鉴证功能，确保信息披露准确公允。优胜劣汰是市场的基本规律，要真正启用退市制度，实现劣质公司的退出机制。

5.2.4 完善市场化的公平竞争的生态环境

(1) 完善适合机构投资者发展的法规体系与市场监管。首先，要逐步削减我国机构投资者参与公司治理的法律障碍，完善相关法律制度。其次，建立促进机构投资者完善其内部治理的相关法律制度，尤其要规范资产管理人的投资行为，减少逆向选择的可能性。最后，完善与机构投资者相关的信息披露制度，增加机构投资者行为的透明度。

对机构投资者的监管逐步向审慎监管转变，一方面应减少行政干预，建议放松针对基金公司的限制性市场准入制度；另一方面，对不同的机构投资者，监管重点应不同。对投资基金的监管主要在于信息披露和自我监管；对社保基金的监管主要在于保护养老金持有人的利益；对保险基金的监管还包括对投资范围和投资组合的限制，以控制其破产风险。另外，要加强对各类机构投资者中的资产管理人的监管。

（2）加强行业自律，培育理性的股权文化。由于机构投资者的委托代理性质，使得机构投资者存在一定的道德风险和逆向选择，这使得我国的机构投资者自身出现了一定的问题。所以，一方面应加强机构投资者行业协会的建设，在专业技能和职业道德规范等方面发挥行业自律的作用，另一方面要完善机构投资者的内控制度，树立机构投资者的良好信誉和社会责任感，自觉建立理性投资的股权文化。

（3）建立科学长效的基金评价体系。摒弃目前普遍使用的短期化的基金评价体系，建立科学长效的基金评价系统。对机构投资者业绩的评价应注重考察较长的周期，除了当年的业绩外，应考虑 3 年、5 年甚至更长时间的回报，对于成立不到 1 年的基金不应进行评价。在考核评价中，还需要最大限度地考核基金经理在不同市场状态下的择时择股能力；并且，应采用多指标的综合评价体系，根据基金的类型以及不同的参照标准区别评价，从而建立客观、公正、科学的基金评价体系。

5.2.5　完善机构投资者结构，培育多元化的机构投资者队伍

培育多元化机构投资者队伍主要包括以下几方面：一是继续扩大保险资金、企业年金和社保基金投资资本市场的资产比例和规模，鼓励和引导以养老金和保险资金为代表的长期投资者进入资本市场；二是继续大量发展证券投资基金，鼓励基金公司进行产品创新，努力促进证券投资基金类型和投资风格的多样化；三是稳步扩大 QFII 的规模，加大对 QFII 信息披露方面的管理；四是要允许不同性质的机构投资者进入市场，特别重视民营资金的作用，要研究对私募基金的立法，使私募基金完全阳光化。同时，应保证在市场规则前，各种类型的机构投资者一律平等，通过市场竞争来实现优胜劣汰，以不同性质机构投资者的互相制衡来促进机构投资者的优化和良性发展，形成多元化、多层次、相互竞争的专业化机构投资者队伍。

参考文献

[1] Badrinath, S. G. and Wahal, Sunil. Momentum Trading by Institutions. The Journal of Finance, 2002, 57, 2449 - 2478.

[2] Cohen, R., Gompers P., Vuolteenaho T. O. Who Underreacts to Cashflow News? Evidence from Trading Between Individuals and Institutions. Journal of Financial Economics, 2002, 66, 409 - 462.

[3] De Long, J. B., Shleifer A., Summers L., Waldmann R. Positive Feedback Investment Strategies and Destabilizing Rational Speculation. Journal of Finance, 1990,

45, 375 - 395.

[4] Greenwood, R. and S. , Nagel, Inexperienced Investors and Bubbles. AFA 2008 New Orleans Meetings: Harvard Business School and Stanford University, 2009.

[5] J. Lakonishok, A. Shleifer and R. W. Vishny. The Impact of Institutional Trading on Stock Prices. Journal of Financial Economics, 1992, 32, 23 - 43.

[6] 何佳、何基报、王霞、翟伟丽:"机构投资者一定能够稳定股市吗?"《管理世界》, 2007 年第 8 期。

[7] 孔东民、柯瑞豪:"谁驱动了中国股市的 PEAD?"《金融研究》, 2007 年第 10 期。

[8] 胡大春、金赛男:"持股比例与 A 股市场收益波动率的实证分析",《金融研究》, 2007 年第 4 期。

[9] 祁斌、黄明、陈卓思:"机构投资者与市场有效性",《金融研究》, 2006 年第 3 期。

[10] 祁斌、黄明、陈卓思:"机构投资者与股市波动性",《金融研究》, 2006 年第 9 期。

[11] 施东晖:"证券投资基金的交易行为及其市场影响",《世界经济》, 2001 年第 10 期。

[12] 盛军锋、邓勇和汤大杰:"中国机构投资者的市场稳定性影响研究",《金融研究》, 2008 年第 9 期。

[13] 谭中明、李庆尊:"正反馈交易模型及机构投资者交易行为的作用",《统计研究》, 2005 年第 12 期。

[14] 伍旭川、何鹏:"中国开放式基金'羊群行为'研究",《金融研究》, 2005 年第 5 期。

[15] 谢赤、禹湘、储慧斌:"基于 TGARCH 模型的证券投资惯性反向交易策略实证研究",《管理科学》, 2007 年第 6 期。

(作者单位:海通证券有限公司、上海交通大学
安泰经济管理学院、厦门大学经济学院)

二等奖

中国私募股权投资基金发展研究
——以金融创新推进创新型国家战略的新思路

• 郑德珵　欧阳铭　孙　路　赵巧敏

1. 绪　　论

1.1 研究背景与意义

随着在全球的迅速崛起和壮大，私募股权投资基金（Private Equity，下文简称 PE）已成为除证券发行和银行借贷外的第三大融资市场，发挥着越来越重要的影响。近年来，PE 业务在中国的发展也开始引起政府、行业和学术界各方人士的重视和讨论。然而，由于该行业的统计数字极不完善，甚至互相矛盾，大大增加了对 PE 研究和分析的困难。本文认为在"全球后金融危机"的时代背景下，充分讨论中国是否应该大力发展 PE，如何发展 PE，如何认识 PE 在创新型国家体制中的作用、定位和发展思路，如何应对有可能是"门口的野蛮人"的国际 PE 对中国的影响等一系列问题，不仅是一个理论问题，而且具有非常重要的现实意义。

本文认为，中国 PE 发展研究课题的重要性体现在：第一，中国要发展创新型国家战略，培育创新能力和创新产业，需要 PE 的资金支持，以充分发挥生产要素中资本要素的作用。美国之所以能成为成功的创新型国家，正是因为有发达的资本体系，其中大量的 PE 功不可没。就 PE 本身而言，其组织形式和运作模式本身就是一种重大的金融创新，本身就是创新型经济的有机组成部分。第二，要落实中央政府保增长、重民生、调结构的目标和方针，需要 PE 强大的资金支持。PE 用市场而非行政的力量牵引全国资本为优势产业和创新经济融资，有助于实现政府国计民生目标并提高我国资源配置效率，促进中小企业发展，增加就业机会，实现经济和社会的可持续发展。第三，发展 PE 有助于解决我国资本市场发展不平衡问题。我国有 2 万亿美元外汇储备和 48 万亿元本外币银行存款，由于缺乏良好的投资渠道而面临利用率低下或贬值风险。PE 可因势利导，有效解决大量闲置资本的有效利用问题。第四，发展私募股权基金有利于我国实现国际发展和全球资源配置整合战略。股权投资往往能达到迅速进入国际市场以及控制或掌握国际资源的分配和定价权的效果。同时，我们也要对国际 PE 对我国经济产生的负面效应有所了解。

本文研究观点与分析框架具有前瞻性，首先，本文作者曾在 2006 年提出创业投资与科技创新关系的分析框架，现将框架深入扩大到 PE 与创新型国家战略关系。其次，本文预测了“全球后金融危机”的新格局，从战略高度分析创新型国家和 PE 的密切关系。再次，本文将对 PE 的发展趋势和在中国第十二个五年计划期间 PE 的可能数量和影响作出预测。

本文的研究具有一定的新颖性。本文在如下方面完善了当前对该领域的研究：第一，在对以往研究的回顾中，我们注意到至今尚未有一本书或论文，能全面、系统地介绍和涉及本文所论述的新内容，而“后全球金融危机”时代该领域的新动向以及对创业板和中小板的最新分析则更为鲜见。第二，本文将定性与定量分析相结合，搜集和采用最新的统计数据，为分析与决策提供全面、可靠、有力的信息支持。第三，本文运用科学严谨的计量经济学手段对 PE 是否能给企业带来业绩提升作实证分析，验证了 PE 对创新型企业的贡献。第四，本文提出了 PE 产业链与金融创新以及多层次金融系统的关系。

最后，本文认为进一步促进 PE 发展对我国资本市场健康发展具有强烈的紧迫性，关系到创新型国家国策的落实，以及中央 2009 年以来提出的一系列重大政策的落实，其中包括“促增长、调结构、重民生”的经济措施、克服通胀预期的措施以及全球化战略的新思路。因此，我国应加快与加强从理论上、战略定位上、策略措施上对 PE 进行系统分析，以便及时出台相应政策和措施来促进 PE 的健康发展。

1.2 研究目的

本文希望通过对国际 PE 行业与中国的比较，分析中国发展私募股权基金业的状况、环境、条件、特点、趋势和作用，运用一系列研究方法和最新收集的、尽可能详尽的统计数字，从理论上、战略上和措施上提出发展我国私募股权基金的解决方案与新思路。同时，我们从理论和实证两个方面来论述 PE 对我国发展创新型国家战略的作用，力求填补目前 PE 对经济贡献理论与统计数据分析的不足。

1.3 研究方法

本文采用理论分析、统计分析、计量分析、调研以及案例分析共5种分析相结合的方法。具体来说；在理论分析方面，将对国内外相关研究进行评述分析和运用；在统计分析方面，将对收集到的PE行业特征相关数据进行整理、测算；计量分析方面，运用了SPSS软件进行了ANOVA模型分析；调研方面，对私募股权投资机构进行问卷调查，并对调查所得数据进行分析；案例分析方面，将利用与私募股权投资有关的较有代表性的典型案例，来揭示私募股权投资在筹资、投资、退出方面的特征以及他们对企业盈利能力、财务状况以及市场价值方面的积极作用。

2. 私募股权投资基金研究概况

2.1 私募股权投资基金的定义

私募股权投资基金是投资于未上市公司股权，以标的公司经营业绩改善从而分享盈利并最终获得退出收益为目的的集合理财金融模式。

同样以企业股权为投资对象的创业投资（Venture Capital，以下简称VC），在概念上往往容易与PE产生混淆。VC投资于企业的起步阶段，以获得企业成长后股权价值的增长带来的投资利润为目的；而PE不仅专注于处于初始阶段的企业，业务还涉及扩张期和成熟期的企业。另外，产业基金的概念也与PE相仿。产业基金是一个中国化的概念，通常指投资于成熟企业、传统产业的未上市企业的基金，从投资领域上来讲实质上也是股权投资基金。

随着金融创新的不断演进和发展，PE、VC、产业基金，甚至对冲基金的概念都已逐渐模糊，从募集到业务都有互相渗透的现象。

2.2 私募股权投资基金的分类

全美风险投资协会将PE分为创业投资（Venture Capital）、并购基金（Buy-out Fund）和麦则恩投资（Mezzanine Capital）三种。流行的分法中还有将增长投资（Growth Capital）作为第四种。

（1）创业投资：投资于创意、研发、产业化早期阶段的基金。

（2）并购基金：以控股方式投资处于稳定成熟期的企业，并通过企业内部重组和行业整合来帮助被收购企业确立市场地位。

（3）麦则恩投资：主要以债券形式投资处于稳定成长期而上市之前的企业。

(4) 增长投资：增长基金所投的是处于成长扩张期的公司，填补了风险投资与并购基金之间的缺口。

无论“三分法”、“四分法”还是更细致的分类，其核心都是围绕标的企业所处的发展阶段。按企业生命周期理论，企业的发展分为创业期、成长期、成熟期和衰退期。PE 主要在前三个阶段形成了完整的产业分布。从进入到退出，完整的 PE 产业链对市场定价、提升产业资源配置水平起到了至关重要的作用。PE 产业链的打造能实现产业资本和民间资本的整合，涉及跨平台的系统化机制。另外，有中国特色的产业基金的投资贯穿企业成长的各个阶段，是 PE 在中国的特殊形式（见图 1）。

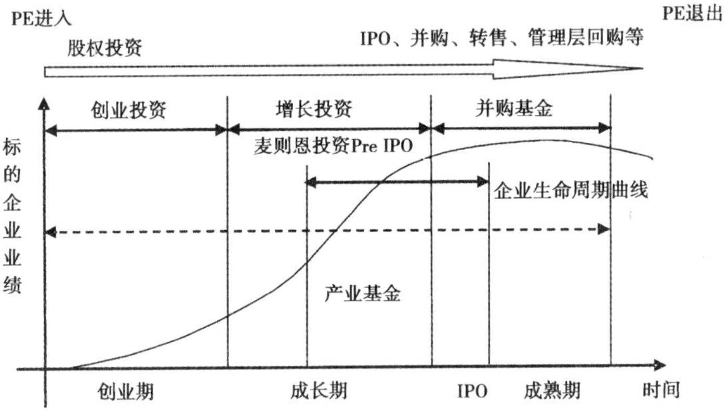

图 1　PE 分类、产业链及进入、退出路径

2.3　私募股权投资基金的作用

PE 主要为未上市企业提供股本融资，是一种有别于传统的银行信贷以及证券融资的创新的融资方式，在经济中发挥着特殊的作用。在本文的第三章和第四章将进一步阐述 PE 在中美经济中发挥的作用与特点。

2.3.1　推动科技创新

PE 作为以支持创新、创造、创业为主的投融资机制，对未来新兴行业有着敏锐的触觉，拥有将高科技项目市场化的专业和实力。简单地说，PE 是靠对行业发展的战略眼光赚钱的。因此，私募股权投资机构在客观上推动了整个社会的科技创新。全球著名的科技创新企业，包括微软、英特尔、苹果等，都曾获得过私募股权投资机构的支持。

我国已确立了依靠创新和技术进步、调整经济结构、转变增长方式的可持续发展战略，必须推动科研成果的转化和高新技术企业的发展，这不仅需要大量资金的投入，也需要富有经验的专业人才的参与管理。仅靠政府的投入，在资金和管理人才方面都难以满足这些创业企业的需求，因此需要大量愿意冒高风险、财务实力雄厚、市场运作经验丰富的专业投资机构，来担当资金和管理经验提供者的角色。毫无疑问，要实现“创新型国家”的发展战略，我们必须充分发挥 PE 推动科技创新的作用。

2.3.2 产业结构调整与资源优化配置

科技创新型企业不断得到 PE 的资金和管理方面的扶持，可以不断发展，使整个社会的产业结构向高新技术转移。

作为一个专业投资机构，私募股权投资机构拥有敏锐的市场触觉、广泛的客户网络以及灵活的融资手段，能够及时把握投资机会，提高资源配置效率。如美国就有专门从事企业并购的并购基金，目的是通过调整企业的股权结构和业务架构，增强规模效益，降低经营成本，从而提高被并购企业的内在和市场价值。另一方面，由于私募股权投资机构通常能够提供更高的资本回报率，因此，可以更容易地筹集社会资金，用于支持企业和经济发展。

随着私募股权投资的发展，资源整合已不仅限于一国范围，它已经有能力扩展到全球范围。近年来，随着中国经济地位的提升，已经有越来越多的国内企业，借助私募股权投资的支持，购并国外的原料、企业以及其他资源。

2.3.3 有助纠正中国金融市场发展不平衡

中国金融市场发展不平衡主要体现为一方面是资金富余，另一方面却是企业和个人难以获得融资。PE 可以发挥疏通资金作用，纠正金融市场发展的不平衡，以确保我国经济的可持续发展，主要体现在以下四点：第一，将银行和其他渠道资金引导到资金需求方。2009 年中国有 2 万亿美元的外汇储备和 48 万亿元人民币的本外币存款，资金供给充沛，但投资渠道严重不足。在二级市场、债券市场、期货市场等金融市场以外，急需将储蓄转化为实业投资的金融渠道。第二，将当前过剩的流动性引导到实体经济，减压分流。我国 10 万亿元的天量信贷投放必将带来通货膨胀的压力，如果管理不好通胀预期，经济增长将受阻。第三，拓宽中小企业融资渠道。由于 PE 前瞻性的专业眼光，往往能帮助优质的但暂时不符合银行贷款条件和上市融资资格的中小企业实现融资和超常规发展。第四，中国的资本市场信息不对称造成价格信号扭曲，以致货币政策的实施和传导受到阻碍。PE 使资本分配效率提高，有助货币政策的有效执行。第五，PE 具有积聚资本能力。改革开放 30 年，我国目前已形成了一定的财富效应，PE 集合理财的特性决定了其能积聚资本，为财富所有者提供财富增值的理财选择。第六，在固定收益和公众股权主导的资本市场上，PE 起着良性的辅助作用，其风险控制机制在金融危机中表现出优越性。在次贷危机中，主流金融机构遭受重创，但 PE 由于其长期投资的理念、分散投资的特点和代理人问题的“免疫”，在危机中受损较小，表现出了抗风险的商业模式，是理想的投资品种（苏创，2009）。

本文将在第三、四、五部分中通过数据和案例分析对以上 3 个 PE 的作用作出具体的分析说明。

2.3.4 提高企业管治水平

私募股权投资机构不仅为被投资的目标企业提供资金，更重要的是提供管治技能。由于所投资的企业通常处于发展的初创期，经营业绩的波动性较大，因此，私募股权投资机构为了控制投资风险，提高企业业绩，经常介入所投资的企业的管理，而这在客观上协助企业不断提高管治水平，从而尽快走上稳健发展的正轨。为数不少的中小企业在私募股权投资机构的协助下，企业管治水平得到大幅提高，从而达到上市公司的标准。

中国企业特别是创业企业和中小企业（通常是家族式企业）要提高管治水平，必须借助 PE 等外部专家团队。在下文的案例分析中，新桥资本、弘毅投资、中信资本等 PE 的介入，大大提高了公司管理水平。

2.3.5 扩大就业机会

企业获得资金支持后，发展获得保障，就可以招聘更多人员。美国现代私募股权投资发展的早期阶段，其触发点就是为了解决第二次世界大战后退伍军人的就业问题。根据美国创业投资协会的调查，美国由创业投资机构支持的企业，雇用了 1210 万人，占全美国私营机构雇员的 11%。

中国人的就业压力在“后金融危机”时期十分巨大，就业问题迫在眉睫。激活民营经济是拓展就业渠道的重要方法，而发展 PE 则是激活民营经济的重要突破口。

2.3.6 加强我国全球金融话语权

国际上 PE 早已走出国门，在全球范围内寻找投资项目并进行跨国投资，是本国居民实现国际化投资的手段之一。同时，随着国际 PE 业务的不断延伸和发展，以美国为代表的国际 PE 在全球金融的话语权不断加强，议价能力和市场份额不断提高。不少国际大型企业就是在 PE 的支持下迅速壮大并走向全球市场。

通过积极引进资金雄厚、经验丰富的国际知名 PE，可以加快我国 PE 的国际化进程。同时，本土 PE 也将在我国金融市场不断开放，并在引进外资 PE 的过程中学习，这对我国 PE 业的成熟和人才的引进与培养都有十分重要的意义。可以预见，随着中国 PE 的不断发展和壮大，走出去的本土基金将越来越多，由于 PE 的推动而走出去的企业也将越来越多，为我国产业和金融国际化战略提供强有力的资金支持。

由于敌意收购和高杠杆的存在，令 PE 具有对资本市场和企业产生不良影响的能力，PE 曾被称作“门口的野蛮人”；更进一步，国际 PE 有可能利用其资金、信息获取以及管理等方面的优势长驱直入中国市场，将对我国金融自主和经济的稳定性造成巨大影响。我国必须培育强大的本土 PE，必须建立适当的监督管理体制，以应对未来无硝烟的金融战争。

2.4 文献综述

相比私募股权基金业的迅速发展和壮大，其相关理论研究是显著滞后的。本部分对从宏观经济关系、微观标的企业效应，到 PE 自身特殊的商业模式的相关研究进行了梳理。

2.4.1 PE 与经济发展的关系

一方面，Gompers 和 Learner（1998）的研究表明经济发展速度越快，创立新企业的机会就越多，从而对 PE 的需求越大。他们提出经济增长带来更吸引人的股票市场回报和更高的研发费用支出，这些增加了 PE 中创业投资的吸引力。然而 Marti 和 Balboa（2000）通过对欧洲国家的 GDP 和 PE 募集和投资情况实证检验得出的结论却与其相悖，指出 GDP 增长因素在其模型中并不显著。吴晓灵（2007）指出各种形式的 PE 以方便灵活、投资领域独特的优势，将处于不同发展阶段的企业有机地与多层次资本市场对接起来，极大地提高了资本市场的资源配置能力和风险分散能力，并对产业创新和转型发挥了巨大的推动作用。

另一方面，UIf Axelson（2007）认为应对 PE 适度监管，因为 PE 在经济景气时过度投资，在经济萧条时投资不足，结果整个行业周期被放大，加大了宏观经济的波动。谢国忠（2007）指出投资 PE 的收益不如投资股票市场指数基金，PE 与共同基金和对冲基金一样是在毁灭价值。他认为高杠杆等问题令 PE 对经济和投资人有高风险。吴晓灵（2009）表示 PE 所募集的钱应该是有风险承受能力和风险识别能力的钱，所投资的还是没有上市的股权，因而外部性并不是很强，在这样的条件下，完全可以让监管当局发挥自律监管作用。

2.4.2 私募股权投资基金对企业的影响

Kaplan 和 Schoar（2005），Muscarella 和 Vetsuypens（1990），Phalippou 和 Gottschalg（2007）的研究表明 PE 所有权给企业带来了利润的增长。但 Bebchuk、Fried（2004）和 Summers（1998）却对此表示怀疑。Jensen（1989）认为杠杆、积极的投资者以及管理层和股东更高的一致性即代理人问题的改善，提高了企业的商业竞争力。但 Holstrom 和 Kaplan（2001）却并不同意，他们认为 Jensen 研究所处的20世纪90年代后期兴起的技术革新和放松管制才是企业进步的原因，而非PE所带来的管理能力的改善。Kaplan（1989）专注于80年代企业LBO后的表现发现，营业收入（冲减折旧前）和净资金流有所增长，资本费用有所降低。他将这些结果归于与Jensen（1989）一样的原因，即前文提到的杠杆、积极的投资者以及管理层和代理人问题的改善。

另外两篇基于英国数据的报告也表明PE带来了生产力的增长。一个是Amess（2002）论述的1986－1997年英国78起buyout案例，另一个是Siegel和Wright（2005）研究的1994－1998年的979起buyout案例。Davis等人（2009）以5000个相关美国公司为研究对象，发现在PE成功交易两年后，其控股企业出现巨大的生产增长差异，大概提高2%，其主要原因是连续的公司政策。他们算出1980－2005年间PE有150亿美元的超额产出。

2.4.3　私募股权投资基金的商业模式研究

Sahlman，WilliamA（1990）运用“委托－代理”理论解释了基金管理人和投资者之间的关系，提出了两者之间的契约必须建立在激励的基础之上，才能满足双方的利益。此外，契约必须建立合理的报酬机制，将基金管理人的管理费用和资本利得相分离，使其收入与运营业绩相关。Gomper和Lerner（1997）发现，在信息不对称的情况下，PE管理人在创业投资初期，往往基于建立声誉的目的，愿意忍受较低的报酬，尤其对于市场上的年轻基金管理人更是如此。他们普遍选择为未来投资期间内报酬的提高和筹资机会的便利暂时牺牲一些效用。在实际收益方面，Kaplan和Schoar（2004）发现，有限合伙人似乎经常可以赚到预期之外的收益。

就中国而言，何华梁（2009）认为较为规范的形式是采取信托制、契约制和公司制（合伙制）等形式，而较常采用的方式是集合资金信托计划。而李寿双（2008）指出，虽然短期看，公司制仍然会是我国私募股权基金的主流组织形式，但主导地位很快会被有限合伙制取代；从长期看，有限合伙制应当会成为我国私募股权基金的主流组织形式。他还提出契约制则是会长期存在，但不占也不应当占主流地位的一种组织形式。

2.5　本文理论框架

国内外实践和研究表明，PE对拓宽企业融资渠道、提高企业管理水平、优化资源配置、扩大就业、推动科技创新等方面，发挥着难以替代的作用。我们遵循从宏观到微观的理论思路，从PE对经济的作用到其本身作为金融创新的意义的逻辑出发，构建本文的理论框架和分析体系。

2.5.1　创新型国家理论

党中央、国务院作出的建设创新型国家的决策，是科教兴国战略的深入发展，是新时代科学发展观的重要突破，必将成为我国实现社会主义经济可持续发展的重要指导思想和理论依据。从四大发明到工业革命，人类的社会经济发展史就是一部技术创新的历史。落后就要挨打，一个国家只有拥有强大的自主创新能力，才能在激烈的国际竞争中把握先机、赢得主动。

邓小平同志说过，“科学技术是第一生产力”。我国多年来引进了大量技术，促进了经济社会发展，缩小了与发达国家之间的科学技术差距。然而关键的核心技术是买不来的，前期引进的技术特征是“四高一低”，即高污染、高资源、高消耗、高人力、低附加值，是我国经济可持续发展的隐忧，是进一步解放生产力的瓶颈。因此，我们必须走自主创新的道路。要把自主创新摆在全部科技工作的首位，在若干重要领域掌握一批核心技术，拥有一批自主知识产权，造就一批具有国际竞争力的企业，大幅度提高国家竞争力。

创新活动是科技资源、产业资源和金融资本链接融合的结果，良好的金融环境和金融支持是促进国家创新活动的基础性条件。从发达国家的经验看，私募股权基金经过长期运作，形成了符合创新企业和创新产业发展的金融平台。首先，它作为直接投资工具，为高成长企业“雪中送炭”般地提供资金支持，为企业加快发展注入金融动力；其次，它能提供增值服务，解决创新型企业发展需要的管理和资源，提升企业内在价值（卞华舵，2007）。

2.5.2 创新经济理论

作为政治经济学的代表之一，马克思指出，生产关系的不断调整适应和促进生产力发展是社会经济前进的重要规律。20 世纪以来，以信息技术为代表的“新经济”出现，客观上需要有新的生产关系出现以适应生产力的发展。随着金融市场资产证券化成为 21 世纪新经济的重要特点，产业资本和金融资本的结合成为解放生产力的关键。PE 有利于实现跨平台的资源整合，是调节现阶段生产关系以顺应生产力发展的理想模式。

马克思之后，熊彼特（1934）提出了创新经济理论。他指出，所谓创新，就是建立一种新的生产函数，把一种从来没有过的关于生产要素和生产条件的新组合引入生产体系。在熊彼特看来，作为资本主义“灵魂”的企业家的职能就是实现创新，引进新组合。所谓经济发展就是指整个资本主义社会不断地实现新组合，是“一种创造性的毁灭”过程。

因此，创新不应只是传统意义上的技术创新，生产关系的创新意义更加重大。PE 投资管理创新型企业，实际上是运用新的机制，推动了社会资源与创新活动的融合。由此看来，PE 通过跨平台的系统化机制，利用中介性质的金融服务模式，推动了资金所有者和需求者关系的发展，是调节生产关系的双赢创新。可见，中国要实现生产力再上一个台阶，必须进行包括以 PE 为代表的金融创新在内的全方位创新。

2.5.3 制度经济学理论

制度经济学是新古典综合经济学派的补充和延续，不少内容是针对“新经济”现象和问题的理论总结。按制度经济学的观点，企业是相关当事人的一组契约关系，在企业的各个层级都存在委托—代理关系（Pricipal - Agent）。由于委托人（通常为出资人）和代理人（通常为管理层）信息不对称，经常发生代理人利用信息优势损害委托人利益的情况。Jesen（1989）指出，这是因为两者利益的不一致性，必须建立有效的激励约束机制，使代理人的代理行为能够达成自身利益与委托人利益的协调统一。

目前在 PE 的各种组织形式中占主导地位的有限合伙制能有效解决金融机构的委托代理问题。与无限合伙制度相比，有限合伙制度最大的优点在于同时考虑了有限合伙人的“资本”和一般合伙人的“人力”，是“资本”与“人力”的有机结合，搭建了高效的运作平台，是重要的金融机构制度的创新。有限合伙制使有限合伙人与合伙企业相分离，有限合伙人通常只是在分享收益或分担亏损意义上才是合伙成员，而不再参与合伙企业的日常经营管理。这种分离使有限合伙制度比普通合伙制度既具有更高的运营效率，又具有更大的稳定性。从激励与约束机制上看，一方面，普通合伙人投入了相当数量的自由资金，并且对合伙债务承担着无限责任；另一方面，普通合伙人享有充分的经营自主权，并且可以根据合伙企业协议享有大大超过自身投资份额的投资收益。激励和约束都比较到位。因此，PE 从制度经济学的角度保证了金融资本的利用效率，是一种简洁而又高效的金融体制。从另一个角度说，PE 的有限合伙人制度也是调节投资者和基金管理者之间生产关系的金融制度创新。

2.5.4 基于投资学的微观分析的理论

依照哈利·马科维茨的投资学理论，PE 作为集合理财工具，可以通过投资多个股权项目降低非系统性风险，达到在固定收益下风险最小或在固定风险下收益最大的投资组合。再者，私人股权投资基金不仅具有专家理财的优势，而且具有资金规模优势，能够进入个人投资者难以进入的企业股权项目。对企业来说，PE 带来了对某行业的战略眼光以及先进的公司治理方案，并且由于直接参股而比一般企业咨询公司更细致、更专业、更“负责任”。因此，PE 是一种有效利用资金、专家和企业三要素的创新商业模式。

PE 研究专家、哈佛大学教授 Josh Lerner（1999）指出，在动态环境下，基金管理人的首期业绩将成为投资者衡量其业务能力的依据。因为私募股权投资市场规模较小。如果基金管理人参与投资组合的企业失败过多，其声誉将受损，这将导致其很难再募集到资金或加入其他的创业投资机构。因此，人才和投资选择的能力是 PE 的关键要素。

3. 全球及美国私募股权投资基金分析

3.1 全球私募股权投资基金概况

近年环球私募股权投资的发展相当迅速，2004 - 2008 年，全球范围的私募股权投资金额的年复合增长率为 14.49%，筹资金额的年复合增长率更是达到 35.63%。在 2008 年之前，投资增速普遍超过 23%，环球金融危机也严重打击了 PE 行业，使得 2008 年的投资额和筹资额大幅回落。

筹资额远大于投资额，表明有大量剩余资本在寻找机会与项目。从近 5 年的数据看，私募股权基金的筹资额均大于投资额，有些年度甚至大 1 倍以上。筹资额较大的一个主要原因是基金投资者的投资承诺，并非现金支付，当真正开始项目投资时，基金投资者才真正支付现金（见表 1）。

表 1　　全球近 5 年私募股权投资状况

年　份	投资		筹资	
	金额（亿美元）	增速（%）	金额（亿美元）	增速（%）
2004	1100	—	1330	—
2005	1360	23.64	2720	104.51
2006	2350	72.79	4370	60.66
2007	2970	26.38	4590	5.03
2008	1890	-36.36	4500	-1.96

资料来源：Pricewaterhousecoopers、International Financial Service London。

3.2 美国私募股权投资基金的基本情况分析

美国执全球私募股权投资行业之牛耳，其经验与 PE 商业模式值得中国借鉴，本文着重予以分析。美国以强大的创业和私募股权资本介入、活跃的科技创新和并购重组的冲动与发达的资本市场三者构成相辅相成的创新系统和资源配置系统，成为全球的典范。私募股权投资推动了高新技术和资本市场的发展，而高新技术和资本市场也反过来推动了私募股权投资的发展。美国的 PE 从融资到退出已形成完整的产业链，而且，金融创新非常活跃，其中较有代表性的是股权投资基金从私募走向公募，如黑石集团的上市。

3.2.1　基本统计情况

本节分析了美国 PE 投融资状况、在全球的地位、VC 与 PE 的比例、PE 与

GDP 的比例、资金来源、投资分布六方面的内容，以便了解美国 PE 发展的基本概况。

第一，投融资状况：持续增长。2004－2008 年，投资金额从 437.6 亿美元增长到 480 亿美元，复合增长率为 2.34%，筹资金额则从 847.4 亿美元上升到 2880亿美元，复合增长率为 35.78%（见表2）。不过，作为较成熟的市场，美国的投资增长速度已落后于全球，2004－2008 年，投资的复合增长率比全球同期的增长率低了 12 个百分点。可见起源于美国的金融危机对美国 PE 的打击要远远大于对全球 PE 的打击。筹资金额远远大于投资金额的原因是因为私募股权投资机构采用承诺出资的方式，当项目真正需要投资时，投资者的资金才划入。

表 2　　美国近 5 年私募股权投融资状况

年份	投资		筹资	
	金额（亿美元）	增速（%）	金额（亿美元）	增速（%）
2004	437.6	－26	847.4	92.85
2005	464.1	6.06	1590	87.63
2006	773.18	70.16	2540.34	59.77
2007	1057.2	33.43	3020	18.88
2008	480	－54.60	2880	－4.64

资料来源：Pricewaterhousecoopers、International Financial Service London。

第二，PE 投融资额占全球投融资总额比重居首。200－2008 年，美国投资额占全球投资额的比重的算术平均值为 33.42%，筹资额占全球比重的算术平均值为 62.27%（见表 3）。

表 3　　美国近 5 年私募股权基金投资、筹资占全球的比重

年份	投资			筹资		
	美国（亿美元）	全球（亿美元）	比重（%）	美国（亿美元）	全球（亿美元）	比重（%）
2004	437.6	1100	39.78	847.4	1330	63.71
2005	464.1	1360	34.13	1590	2720	58.46
2006	773.18	2350	32.9	2540.34	4370	58.13
2007	1057.2	2970	35.60	3020	4590	65.80
2008	480	1890	25.40	2880	4500	64.00
近 5 年算术平均	646.38	1934	33.56	2180.68	3502	62.02

资料来源：Pricewaterhousecoopers、International Financial Service London。

第三，美国创业投资数额占私募股权投资数额比重较高，在部分年份甚至超过50%（见表4），这表明初创型企业是美国私募股权投资机构的投资偏好，这与美国社会崇尚科技创新以及多层次资本市场发达密切相关。

表4　　美国近5年创业投资占私募股权投资的比重

年　份	创业投资（亿美元）	股权投资（亿美元）	创业投资比重
2004	219.89	437.6	50.25%
2005	229.45	464.1	49.44%
2006	264.39	773.18	34.2%
2007	305.39	1057.2	28.89%
2008	279.59	480	58.25%
近5年算术平均	259.74	646.38	44.03%

资料来源：美国创业投资协会、Pricewaterhousecoopers、International Financial Service London。

第四，美国PE投资额占国内生产总值的比重在全球是最高的，美国私募股权投资金额占国内生产总值的比重近年持续上升，从2004年的0.37%持续上升到2007年的0.75%，表明其增速快于经济增长。不过，受到金融危机的打击，2008年的比重急剧下降（见表5）。

表5　　美国近5年新增私募股权投资额占当年国内生产总值的比重

年　　份	2004	2005	2006	2007	2008	算术平均
新增投资额（亿美元）	437.6	464.1	773.18	1057.2	480	646.38
GDP（亿美元）	118678	126384	133989	140776	144414	132848.2
比重（%）	0.37	0.37	0.59	0.75	0.33	0.482

资料来源：Pricewaterhousecoopers、International Financial Service London、Wind资讯。

第五，美国PE的资金来源最广泛，其中年金是最大的投资者，银行、保险公司的投资比例也较高，这确保了投资资金的数额和其稳定性（见表6）。

表6　　美国PE资金来源（2000-2007年）

	资金来源（亿美元）	比重（%）
年金	428.64	23.1
其中：公共	226.34	12.2
私人	202.3	10.9
基金会	352.49	19

续表

	资金来源（亿美元）	比重（%）
银行	229.84	12.4
私人	199.55	10.8
中介机构	180.23	9.7
保险	137.83	7.4
国外	133.69	7.2
公司	98.12	5.3
其他	94.07	5.1
合计	1854.43	100

资料来源：Venture Xpert，Thomson Financial。

第六，美国的私募股权投资中高新技术所占比例较高，占比接近66%，为整个社会的科技创新作出了重大贡献（见表7）。

表7　　美国PE投资行业分布（2009年第3季度末）

行　业	金额（百万美元）	百分比（%）	个　案
生物科技	905	18.82	104
工业/能源	864	17.97	52
软件	622	12.94	128
医疗设备	617	12.82	71
媒体与娱乐	446	9.28	60
IT服务	283	5.90	48
网络设备	249	5.17	25
半导体	149	3.09	21
电器/仪器	140	2.90	18
消费者产品与服务	137	2.86	23
电子通讯	123	2.56	32
金融服务	88	1.84	8
电脑与外置设备	82	1.71	13
零售/分销	45	0.95	5
商业设备和服务	41	0.86	20
医疗服务	10	0.22	7
其他	5	0.11	2

资料来源：Pricewaterhousecoopers。

3.2.2 美国私募股权投资基金发展的影响

（1）创业投资是推动技术进步的重要力量。美国 PE 引领世界行业潮流，与科技创新共同繁荣，打造了包括微软、英特尔、星巴克和联邦快递在内的一大批创新行业领导者。英国前首相撒切尔夫人在分析欧洲和美国高科技产业方面差距的原因时指出："欧洲在高科技及其产业方面落后于美国，并不是由于欧洲的科技水平低下，而是由于欧洲在风险投资方面落后于美国 10 年。"

（2）美国 PE 产业在资源优化配置和完善要素定价方面发挥了极大的促进作用。PE 通过调整股权和管治架构、调整业务结构、加强成本控制等方式，提高企业的核心竞争力，优化资本市场资源配置的功能。如国际著名的巴菲特旗下的伯克希尔－哈撒维公司就常致力于兼并重组，其中包括迪斯尼与大都会的合并。

（3）完善多层次资本市场架构。一方面企业上市能得到更广阔的发展平台，另一方面 PE 退出能获利丰厚；另外，PE 股权债权多元化融资方式能灵活满足企业需求，提高了资本市场效率。

（4）美国 PE 在总量上居世界首位，资金信息获取，管理水平占绝对优势，是其在全球实现金融霸权的一支重要力量。

美国 PE 的经验十分值得中国学习。

4. 国内私募股权投资基金基本状况

4.1 国内私募股权投资基金基本状况分析

4.1.1 发展历程

由于所处的历史发展阶段不同，可以说中国的私募股权投资是随着国际 PE 逐渐进入而发展起来的。截至目前，基本上可以划分为三个阶段。

第一阶段：萌芽阶段。第一波投资浪潮是在 1992 年前后，大量海外投资基金第一次涌入中国，他们倾向于与处于转轨期的中央企业（包括北方工业、嘉陵集团等）合作，但由于当时国内市场经济体制以及现代企业制度仍处于摸索之中，企业效益极不理性，加上缺乏在海外证券市场退出的渠道，导致投资基金第一次进入中国以全面失败告终，这些基金大多在 1997 年之前撤出或解散。

第二阶段：起步阶段。这一阶段开始于 20 世纪 90 年代末，标志性事件是互联网热。在全球互联网热的带动下，海外投资基金也大举买入与信息科技有关的中国企业，而另一方面，国内的 PE 也逐步兴起，主要是一些政府主导的创业投资企业。然而随着互联网泡沫的爆破，加上国内创业投资机构的机制尚未理顺，大量投资机构的生存状况并不理想。

第三阶段：初创阶段。这一阶段政府主导的产业基金的规模和影响力不断扩大，国内 PE 逐步成长，出现了一批投资业绩优秀、市场影响力大的本土投资企业，如弘毅等。特别是全球金融危机发生后，PE 的本土化趋势日益明显，主要表现在：第一，外资基金管理人才的本土化；第二，政府资金成为 PE，特别是其中的产业投资基金占据重要地位；第三，民营资本越来越积极地介入。随着全球经济一体化趋势的加强，海外投资基金又再次活跃，在国内企业、特别是民营企业的融资中，发挥着越来越重要的角色。

4.1.2 发展现状

本节将从以下三个方面来分析我国 PE 的发展现状，第一是 PE 基本情况统计分析；第二是从投资事件最多的 50 家龙头 PE 的统计分析。

(1) PE 整体状况

本文将从以下八方面分析 PE 的整体状况：PE 投资额及其增速；新增 PE 投资额与 GDP 的比例；新增 PE 投资额占固定资产投资额比例；新增 PE 投资额占银行存款比例；PE 的中、外资比例；VC 占 PE 的比重；PE 的行业分布；产业基金的分布。

对我国目前的私募股权基金投资余额和机构数量的收集十分困难，这是因为：第一，没有权威机构公布有关数据；第二，中国 PE 并非像美国那么专业化，其业务经常与证券业务等混合；第三，不少机构不愿公开自己的业务；第四，PE 承诺数与实际投资额有差距。因此，我们综合考虑以下因素后，推算目前的投资基金数量为 1000 家、投资总额约在 2000 亿 - 3000 亿美元之间。需要考虑的因素包括：第一，中国股权基金和创业投资协会筹备组组长邵秉仁指出，截止到 2009 年 6 月，在中国内地市场活跃的 560 多家股权投资基金中，总募集金额达到 3095.1 亿美元，其中中、外资的比例分别为 5% 和 95%；第二，天津、深圳的私募股权投资管理部门或行业协会均透露当地的私募股权投资机构超过 300 家，其中深圳市金融办还明确深圳机构数量占全国的 30%；第三，清科集团公布 2006 - 2008 年中国新增投资总额为 630.68 亿美元，但没有透露 2006 年的投资存量。

①近 5 年的 PE 投资金额：持续增长（见表 8）。

表 8　　中国近 5 年新增私募股权基金投资额及增速

年　份	PE 数量	新增投资额（亿美元）	增　速
2004	253	12.69	—
2005	233	10.57	—
2006	435	121.37	—

续表

年　　份	PE 数量	新增投资额（亿美元）	增　速
2007	617	221.77	82.72%
2008	762	287.54	29.66%

资料来源：清科集团。

②新增 PE 投资额与 GDP 比例：持续上升（见表 9，图 2）。

表 9　　中国新增私募股权基金投资额占当年 GDP 的比例

年　　份	2004	2005	2006	2007	2008	算术平均
新增投资额（亿元）	86.67	72.19	828.96	1514.69	1963.90	1435.85
GDP（亿元）	159878.34	183217.4	211923.5	257305.6	300670	256633.03
比例（‰）	0.05	0.04	0.39	0.59	0.65	0.54

资料来源：清科集团、wind 资讯。

（说明：新增投资额数据按 1 美元 =6.83 元人民币的汇率折算，2006 年之前的新增投资额为创业投资数据，算术平均值为 2006 - 2008 年的三年平均值。）

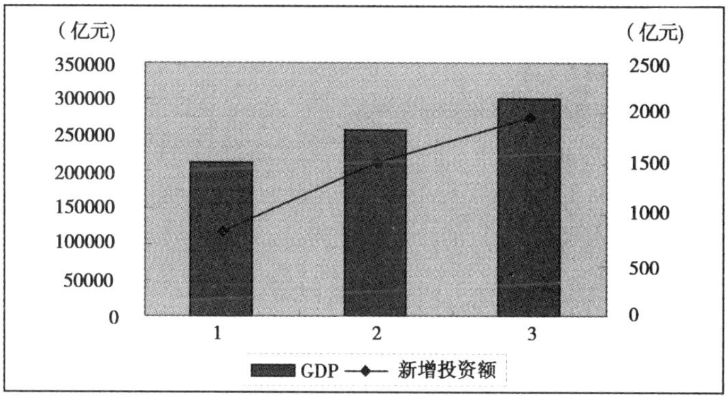

图 2　中国近 3 年新增私募股权基金投资额与 GDP 增长情况

③新增 PE 投资额占固定资产投资额比例：比例较低（见表 10）。

表 10　　新增 PE 投资额占固定资产投资额比例

年　　份	2004	2005	2006	2007	2008
新增 PE 投资额（亿元）	86.67	72.19	828.96	1514.69	1963.9
固定资产投资额（亿元）	70072.71	88604	109870	137239	172291
占比（%）	0.12	0.08	0.75	1.10	1.14

资料来源：根据国家统计局、清科集团资料整理。

④新增 PE 投资额占银行存款余额比例：比例较低（见表 11）。

表 11　　新增 PE 投资额占银行存款余额比例

年　　份	2004	2005	2006	2007	2008
新增 PE 投资额（亿元）	86.67	72.19	828.96	1514.69	1963.9
存款余额（亿元）	253188	300209	348065	401051	478444
占比（%）	0.03	0.02	0.24	0.38	0.41

资料来源：国家统计局、清科集团。

⑤ PE 中、外资比例：外资占绝对主导地位（见图 3）。

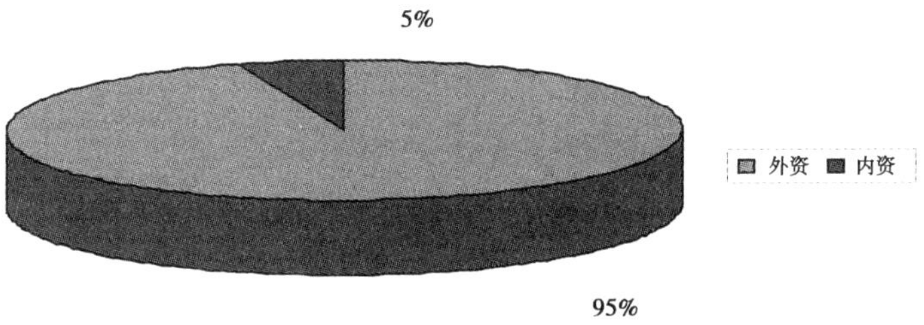

资料来源：中国股权基金和创业投资协会筹备组。

图 3　我国 PE 内外资的比例

⑥创业投资占私募股权投资的比重：比重较低（见表 12）。

表 12　　中国近 3 年 VC 占 PE 的比重

	创业投资（亿美元）	私募股权投资金额（亿美元）	创业投资比重
2006	17.77	121.37	13%
2007	32.47	221.77	20%
2008	42.1	287.54	30%
算术平均	30.78	210.23	21%

资料来源：根据清科集团数据整理，以上数额均为当年新增额。

⑦PE 的行业分布：以传统行业为主（见表 13，表 14，图 4）。

第一，PE 投资的行业分布见表 13。

表 13　　2006－2008 年中国 PE 投资行业构成

行业 \ 年份	2006	2007	2008
传统行业	47.8%	65.0%	63.1%
服务业	38.4%	10.6%	12.1%
生物/医药行业	9.0%	5.1%	1.8%
清洁技术	2.5%	3.9%	9.7%
广义 IT	2.3%	15.4%	12.6%
未披露	—	—	0.7%

资料来源：清科集团。

第二，VC 的行业分布见表 14。

表 14　　2006－2008 年中国 VC 投资行业分布

行业 \ 年份	2006	2007	2008
广义 IT	11.7%	42.6%	36.5%
生物/医药	5.4%	12.6%	6.7%
其他高科技	8.1%	2.9%	8.8%
服务业	18%	14.1%	17.5%
传统行业	56.8%	16.3%	22.4%
未披露	—	11.6%	8.1%

资料来源：根据清科集团数据整理。

第三，根据以上数据，我们整理出 PE 和 VC 投资高新行业情况见图 4。

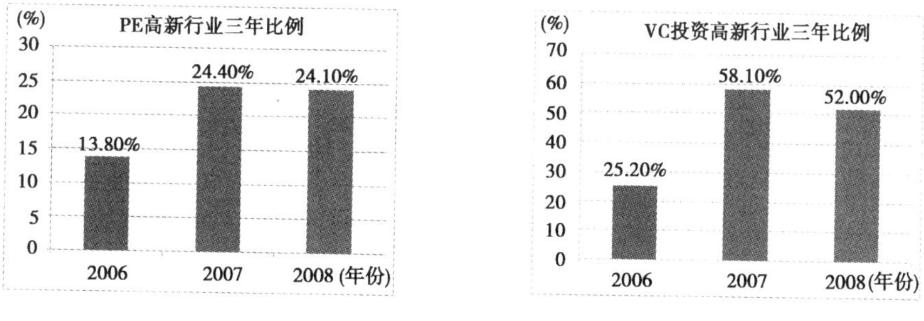

图 4　2006－2008 年私募股权投资和创投机构投资高新行业比例

⑧产业投资基金的分布。

随着国内私募股权投资市场的发展，投资机构多元化的特征相当明显。除了国际市场常见的创业投资机构和私募股权投资机构外，我国还有一种较特别的私募股权投资机构，叫产业投资基金，它的投资范围通常被限制于某个产业或者某个地区。

产业投资基金是具有中国特色的，由政府主导的投资基金，由于其募集方式采用非公开方式，而投资对象为企业的股权，因此属于 PE 的范畴。由政府主导的私募投资基金在国际市场并不常见，不过，在我国是非常有必要的。我国的市场经济发展历史较短，投资者对私募股权基金的运作也不熟悉，由政府主导，一方面可以调动政府在资金、产业方面的资源；另一方面，也可以为投资者提供一定程度的信心。

截至 2009 年 10 月底，我国的产业投资基金共三批总计 10 只，包括我国第一只产业投资基金——渤海产业投资基金、第二批获批的山西能源基金、广东核电产业基金、上海金融基金、四川绵阳高科基金、中新高科产业投资基金和第三批获批的华禹水务产业投资基金、天津船舶产业投资基金、城市基础设施产业投资基金、东北装备工业产业投资基金，总规模超过 1400 亿元人民币，具体情况可见图 5。

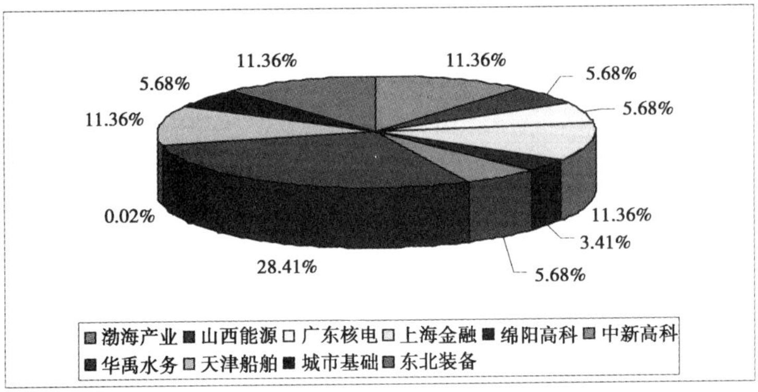

资料来源：中国证券报等媒体资料。

图 5　我国产业基金分布

4.1.3　特点与影响

中国 PE 的发展显示以下 8 个特点：

（1）持续快速发展，但从 PE 数量和投融资规模来看影响十分有限，资本来源单一。

近年我国的私募股权投资发展异常迅速，2007 年、2008 年的投资增速分别达到 82.72% 和 29.66%，近年的新增投资额的增长速度甚至已超过全球最大私募股权基金市场的美国。不过，如果以投资额的存量计算，我国与美国的差距仍然非常巨大。资本来源单一，除了外资和国有资本（包含产业基金）以及少量社保基金，其他资本来源有限，而不象美国 PE 的资金来源广泛，其中年金是最大的投资者，银行、保险公司的投资比例也较高。

（2）PE 占 GDP 的比例持续上升，但与中国应有的潜力相比，仍存在巨大发展空间。

近年中国的私募股权投资额增长迅速，占 GDP 的比重稳步提高，从 2006 年的 0.39 上升到 2008 年的 0.65。但值得注意的是，新增投资额占国内生产总值的比重仍然偏低，与美国相比，仍然有差距（除了受到金融危机打击的 2008 年之外）。随着我国经济规模的不断扩大以及投资环境的不断完善，估计 3 – 5 年后，就会出现私募股权投资的高潮。

（3）新增 PE 投资额占固定资产投资额比例较低。

新增 PE 投资额占固定资产投资额仅约 1%，表明私募股权投资在固定资产投资中的作用并不显著，有必要加以提升，不过，近年比例逐年上升，仍然算是可喜的现象。

（4）新增 PE 投资额占银行存款比例较低。

2008 年年末，金融机构存款（包括企业、居民）余额接近 48 万亿元，而新增私募股权投资占存款总额的比例较低，表明并没有充分利用社会资金，如果加强宣传和改善投资环境，估计投资于 PE 的资金将会显著增加。

（5）PE 以外资为主。

由于国内本土 PE 仍处于发展的早期阶段，资本规模较小、投资经验欠缺，因此，具有丰富投资经验和雄厚资本实力的外资基金，就成为了市场的主导力量。全国政协人口资源与环境委员会副主任、中国股权基金和创业投资协会筹备组组长邵秉仁指出，到 2009 年 6 月，在中国内地市场活跃的 560 多家股权投资基金中，总募集金额达到 3095.1 亿美元，其中外资基金共 324 支，占募集总金额的 95% 以上。

（6）基金更偏好成熟企业。

由于受到项目、经营环境、退出渠道等因素的影响，国内的 PE 偏好较成熟的企业，导致创业投资的比重较低，远远低于美国的比例。

（7）PE 投资行业以传统产业为主。

国内 PE 的投资偏好以传统行业为主，2007 年和 2008 年传统行业的比重超过 60%，而投资在高新技术产业的比例不超过 25%。

（8）产业投资基金成为 PE 重要组成部分。

由于我国的 PE 市场基本上仍处于起步阶段，投资环境仍处于完善之中，而国内投资者对 PE 也需要一个熟悉的过程，因此，政府在环境完善和基金设立方面，就需要担当主导的角色，由政府主导的产业基金构成了 PE 的重要组成部分。

4.1.4 发展趋势

我国的 PE 的发展有如下 5 个趋势：

（1）“三极”化明显。

目前我国 PE 的地域集聚现象相当明显，基本上集中在我国经济发展最活跃的三个地区，即环渤海地区、长三角地区和珠三角地区。与此相对应，上述三个地区分别孕育了北京、天津、上海、深圳等在所在区域、甚至在全国均具有影响力的 PE 中心。由于私募股权投资与当地的经济活跃和居民富裕程度密切相关，因此，目前在我国经济发展最活跃的三个地区涌现 PE 中心就成为必然的趋势了。

（2）资本本土化趋势。

由于退出渠道的通畅和已投资金的高效回笼，本土 PE 体现出一定优势，具有较高的投资积极性。以标的企业上市为推出渠道举例，在 100 家申请创业板上市企业中有 32 起本土 PE 投资，而外资仅占 12 起，合资 3 起，中外联合投资 1 起（清科研究中心，2009）。境内资本“本土募集、本土投资、本土退出”的良性循环模式逐渐成熟，必将迎来新一轮的发展。

对于外资 PE 而言，在中国设立子公司后，一方面将能够获得地方政府提供的各种资源，另一方面，也能更容易获得政策支持设立各种人民币基金，以争取到更多中国的资金。曾在徐工集团和山东海化等轰动一时的收购案中失败的凯雷集团已充分认识到了本土化对 PE 中国业务的重要性，其创始人德安尼禄（2009）表示“有一些投资项目要求对本地有非常深入的了解，比如文化上的兼容性，如果本土投资者加入，会对一个公司的投资者团队带来很大的益处。”

（3）政府资本介入加大。

在中国，有中国特色的政府创投基金模式不断产生。2009 年 10 月 30 日国家发展与改革委员会、财政部和北京、上海、深圳等 7 个省市，共同设立 20 个创投基金，募集资金超过 90 亿元，其中，中央政府注资 10 亿元、地方政府注资 12 亿元、社会募集近 70 亿元。上述基金的成立，也标志着有中国特色的政府创投基金模式的诞生。这种模式是以“政府引导，市场运作，规范管理，支持创新”为原则，以市场化为手段，目的是引导社会投资进入政策扶持的产业。上述基金主要投向电子信息、生物医药、新能源、节能环保等国家鼓励发展的高新技术产业。上述 90 亿元资金，有望惠及 1000 家企业，根据《21 世纪经济报道》引述专家的观点，如果未来国家投入 100 亿元，可带动 900 亿 - 1000 亿元的资金进入，那么全国将有 1 万家创新型中小企业获得资金支持。

（4）人民币 PE 渐成主导。

随着我国多层次资本市场资金的注入，中国私募股权市场人民币基金的规模将不断发展壮大，并终将占据市场主导地位。在 2009 年第二季度社保基金表示将进一步加大对私募股权基金的投资以及中国证监会下调券商直投准入门槛之后，以上海、北京为代表的地方政府频出新政，逐步解决在中国境内设立人民币基金所遇到的政策性壁垒，更掀起了人民币基金募集的又一轮热潮。清科统计（2009）显示 2009 年第三季度新设 6 支可投资于中国大陆的私募股权基金全部为人民币基金，在中国私募股权市场募集中尚属首次。

（5）私募投资股权基金发展进入小高潮。

发展时机非常有利体现在以下方面：第一，创业板的推出为 PE 提供了盈利示范效应。创业板企业的投资气氛踊跃，即使以发行价计算，上市首日的升幅普遍超过 100%，如果以 PE 的入股成本计算，则回报率更加可观，从而为投资退出和盈利提供了示范效应。第二，经济回暖为 PE 的投融资创造了良好的氛围。第三，人民币升值预期强烈为外资 PE 的流入创造了良好的契机。

4.2　国内私募股权投资基金发展环境分析

4.2.1　资金供应

2008 年年底我国金融机构的本外币存款达到 48 万亿元人民币。同时，出口贸易的持续增长也为国家积累了 2 万亿美元的外汇储备。然而，巨额国家财富和居民储蓄并没有对中国经济发挥应有的作用，投资品种集中在收益率较低的债券和定期储蓄。

最近我国存款结构出现了存款活期化的趋势，资本的投资增值动力大为提升。由于社保基金资产额的 20% 可投资于 PE，按照目前资产总额 6000 亿元计算，则可用于投资 PE 的资金，达到 1200 亿元。可见中国有丰富的资金资源和良好的投资意识改善趋势，能为优秀的投资渠道提供大量资金。如果将来养老基金、社保基金、年金等能更多地参与股权投资，PE 的来源结构将更丰富、更稳定。因此，PE 在中国发展有强大的资金供应方和拓展潜力。

4.2.2　融资需求

PE 的投资对象主要是中小企业。截至 2007 年年底，我国的中小企业超过 4200万户，融资需求超过 5000 亿元，但绝大部分需求难以满足。由于中小企业的资产额较小，难以提供足够的抵押物，因此，他们融资难的状况非常突出。根据我们对广州中小企业的调查，能够获得银行贷款的企业比例不足 31%，绝大部分企业根本无法获得融资渠道，甚至有相当部分企业因资金周转不灵而陷入绝境。

从美国经验看，创新经济主要起步于中小企业，例如雅虎原来只是一个实验室。从我们对广州的创业投资调研情况看，广州市仅有80家企业获得创业投资基金的支持，相对于以万为单位的庞大的企业数量，创业投资显然远远不能满足企业的融资需求。因此PE在中国有广阔的市场需求前景。

4.2.3 资本市场环境

尽管起步较晚，我国的多层次资本市场建设已显露雏形，为PE包括进入和退出在内的产业链的打造提供了有利条件。目前PE的退出是主要矛盾，其方式包括首次公开发行、并购、回购、清算等，而资本市场实现退出的渠道可以分为三大层次。第一层次是上海和深圳交易所的主板市场；第二层次是深圳交易所的创业板市场，适合于中小企业；第三层次是柜台交易市场，该市场与前两大层次市场的区别在于通过协商交易而非由电脑主机自动撮合，而且交易对象仅限于非上市公司。在多层次资本市场理念的推动下，近年柜台交易市场的建设不断创新，例如2009年7月正式设立的广州私募股权交易所，是国内首家被核准以“私募”命名的股权交易机构，而由国务院同意的《天津滨海新区综合配套改革试验金融创新专项方案》则要求天津扎实做好设立天津滨海新区柜台交易市场的前期准备，意味着天津滨海新区柜台交易市场的正式运行为时不远。

4.2.4 政策法律环境

近年来我国出现了PE的全国和地方相关法规体系的雏形。全国性法规包括《创业投资企业管理暂行办法》、《关于实施〈国家中长期科学和技术发展规划纲要〉若干配套政策的通知》、《关于促进创业投资企业发展有关税收政策的通知》、《合伙企业法》以及刚报送国务院的《股权投资基金管理暂行办法》。另外，北京、上海、天津、深圳、广州等城市，出台了部分在整体环境、财政资助、融资支持、风险补偿、推动上市等方面推动股权投资发展的政策与措施。这些鼓励措施具体包括享受税收优惠、政府给予现金资助、风险补贴等。

为了扶持PE的发展，各地政府纷纷采取直接设立股权投资基金或者设立引导基金的方式，介入股权基金行业的发展，单是广州市及辖区政府就投资了超过10亿元股权投资基金，北京、天津、上海等地的政府投资于股权基金、引导基金、产业基金的数额，远远超过10亿元。

这些法规和政策为PE提供了规范发展的保障，有很大的促进作用。但不难发现，从国家到地方都对创业投资在内的PE缺乏统一的认识，VC的提法多而PE的提法少。法律和政策还没有形成完整的体系，特别是缺乏监管体制，各地各自为政。一方面，各地之间政策法规的不协调不利于我国整体发展PE；另一方面，各地差异化带来个性化，有利于制度创新。PE在其中拥有较强的议价能力，选择优惠较多的城市落脚。

我国主要城市关于私募股权投资的政策主要集中在整体环境和登记备案方面，内容则包括税收优惠、购房租房补贴、为有限合伙制企业提供便利等。

4.2.5 开放程度

我国30年的改革开放为PE的发展创造了大量有利条件。我国是全球吸引外资最多的国家之一，2009年前三季度，吸引外资数额达到638亿美元，我国也被联合国评为最具吸引力的投资东道国。随着对外贸易的发展，我国的外贸依存度也在不断提高，目前已达到了60%。

在中国改革开放政策向深度、广度推进的大背景下，国际PE进入中国步伐显著加快。这一方面有利于国际PE拓展国际业务，分享中国经济增长带来的投资机会；另一方面，中国通过引进国际PE可以引入国际资本和先进的投资经验，推动国内私募股权投资业的发展，为国民经济特别是创新型经济的增长提供动力和支持。

上海股权投资协会理事长史正富（2009）指出：在市场经济环境下，要既有国有企业、又有民营企业，既有国内企业、又有国外企业，才能展开充分竞争，获得发展经验。这是提高行业水平最可靠的途径。2009年6月《上海市浦东新区设立外商投资股权投资管理企业试行办法》的颁布，为外资PE设立境内人民币PE铺设了道路，百仕通、里昂证券、硅谷银行等一批国际PE巨头随即进军中国市场。该办法的核心突破在于两个方面：一是外资PE在中国可以不受外管局关于外商的人民币资金不得用于境内股权投资的限制，二是成立的人民币基金只要外资比例不超20%就可享受国民待遇。在此政策突破带动下，八月份短短一周就有总规模为300亿元的人民币基金在上海设立（翁海华和杨扬，2009）。

4.2.6 人才状况

美国虽然有好几百家PE，但是70%的融资额集中在前10名PE里面，资金很大程度上是冲着人才投资的，即使是在经济危机中，人才也远比资金稀缺（何小峰，2008年）。据估计，在改革开放的30年里，中国留学人员达到150万人，他们有机会掌握发达国家最新的科学技术、管理理念和资本运作方式，具有成为创业家和PE管理人的相对优势。而对外开放的不断发展也使国人增加了对创业、融资、筹资的认识，为创业企业和PE提供了一定的知识储备。

然而我国PE的人才特别是有丰富经验的投资专家是十分紧缺的。著名VC汉理资本董事总经理钱学锋（2008）指出目前我国PE人才培养才刚刚起步，PE人才缺口非常大，一方面是募集的资金量很大，值得投资的项目层出不穷，另一方面是PE管理公司面临人才短缺问题。

综上所述，中国充足资金供应和庞大的融资需求令PE有着广阔的市场发展潜力，资本市场的不断完善和改革开放的不断推进也为PE发展营造了良好的氛围，不足的是PE的国家级法案尚未出台，配套政策有待落实，以及PE相关专业人才的匮乏等等。

4.3 调研

4.3.1 广东调研

广东是国内经济规模最大的省级行政单位，居民的富裕程度在国内也排在前列。根据《2009年胡润百富榜》透露，国内有82.5万个千万富豪和5.1万个亿万富豪，而广东省的千万富豪人数为13.7万人，全国排名第二。作为省会的广州，则是在国内经济规模上名列第三的城市。

通过2008年和2009年两次调研，笔者发现广东的PE产业存在以下问题：第一，覆盖全省的创业投资法规建设滞后，促进创业投资发展政策难落实；第二，创业投资资本总量不足，构成不合理，大量民间资本没有进入；第三，创业投资退出渠道不通畅；第四，已备案的创业投资企业少，相当数量的机构达不到备案标准；第五，创业投资行为有悖本义，投资种子期、起步期的项目意愿不高；第六，相关机构和人才不足。在创业投资的出资者与资本管理者之间，创业投资机构与创业企业之间，创业投资的各类参与者与市场之间都需要中介机构。

4.3.2 广州调研

（1）调研目的和时间。

调研目的：对广东调研的补充

调研时间：2007年6月

（2）调查方法：问卷。

（3）调研结果。

广州有专业创业投资机构23家，注册资本近30亿元；广州的创业投资项目80个，投资额50亿元。

对于创业投资的供给方（创业投资机构）和需求方（创业企业），我们有如下发现：

对于创业投资机构，在专业投资机构的资金来源中国有、外资、民营的比例分别是80%、5%和15%。

对于创业企业，我们回收了55份问卷，发现了如下特征：企业性质以民营企业为主，所占比例为80%；企业规模较大，注册资本普遍在1000万元以上；以高新技术企业为主；银行融资渠道缺乏；创业投资投入数额较小，一般在300万元至1500万元之间；享受政策扶持措施状况较普遍；投资退出方式以股权转让为主等。

4.3.3 苏州调研

苏州的经验主要表现在针对创业企业不同的发展阶段，进行投资的配套，构建完整的综合融资体系，最具代表性的是位于苏州工业园的中新苏州工业园区创业投资有限公司（简称中新创投，CSVC），分别设立了种子基金、创业投资引导基金、成长期风险投资、担保基金、产业投资基金。这充分发挥资金和管理经验的作用，是政府主导的私募股权投资的有益尝试。中新创投的产业链结构图见图6。

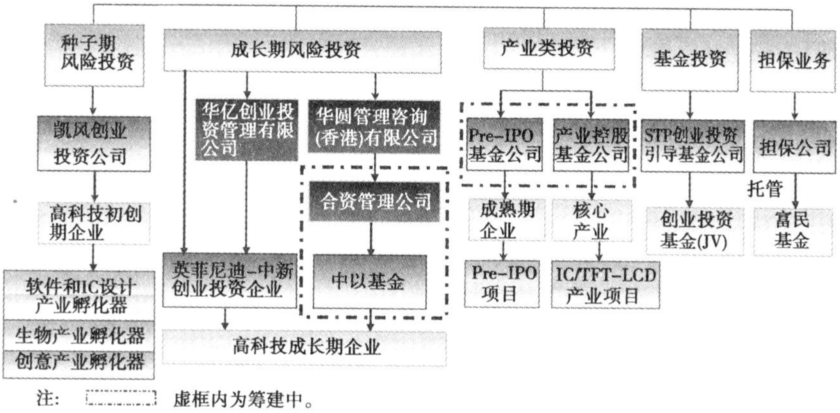

图6 中新创投的产业链结构图

4.3.4 调研结论

一般来说，经济越活跃的地区，PE 就越活跃，但如果没有形成扶持 PE 发展的氛围，配套政策迟迟不出台或者没有得到落实，则当地的潜力发挥不好，PE 发展就会相对停滞，广东和广州就是明显的例子。

要发展当地的私募股权投资，需要采取金融创新方式，苏州建立满足不同发展阶段企业的融资需求的私募股权基金体系，是非常值得业界借鉴的。

4.4 存在问题

第一，对 PE 的战略作用认识不足、定位不清。目前，对于 PE 的研究和宣传，基本上仍然停留在学术层面，国家决策层极少对此进行专题的评论，也没有听说成立跨部门的小组进行推进。PE 的法规迟迟没有出台，也在一定程度上反映了对其重视程度还远远不够。

对 PE 的定位不清，也影响了私募股权基金的发展，根据邵秉仁（2009）的分析，对于 PE 如何发展，国务院的文件也仅有原则性的规定，暂未见到实质性意见，对于早应出台的《股权投资管理办法》，各部门的意见也没有统一，影响了出台的进程。

由于对 PE 的战略作用认识不足以及定位不清，在很大程度上导致了扶持其发展政策出台的滞后。

第二，有关 PE 的制度尚未完善与滞后。吴晓灵曾经在研讨会等公开场合指出，PE 在法律地位、注册登记、税收缴纳、金融机构投资等方面仍面临着一些障碍。例如，对于有限合伙企业尤其是有限合伙制私募股权基金，目前仍没有形成全国范围内统一的工商注册程序，只有部分地区对有限合伙制的登记设置了地方规定。除天津、北京等少数地区外，PE 以有限合伙制形式来登记尚不可。同时，对于 PE 的设立是否需要金融监管部门备案或审批手续，也没有明确。另外，对于合伙人的具体纳税办法，包括普通合伙人、有限合伙人为自然人或法人等不同情形的纳税问题，并没有实施细则进行规定。还有，对于有限合伙制企业如何开立证券账户，也是一个问题。尽管中国证监会有关部门负责人于 2009 年 10 月中旬透露，中国证监会拟对《证券登记结算管理办法》的两个条款进行修改，合伙企业等组织形式将被允许开立证券账户，但何时落实仍有待跟踪。各相关政府部门，何时彻底清除与有限合伙制相关的程序障碍，也没有清晰的时间表。缺乏统一稳定的规则，使投资者对于 PE 的收益无法形成稳定的预期。

第三，投资以传统行业为主。国内的私募股权投资机构的投资偏好以传统行业为主，2007 年和 2008 年传统行业的比重超过 60%，而投资在高新技术产业的比例不超过 25%。

私募股权投资机构必须通过投资技术创新型的中小企业，才能发挥其推动技术创新的作用，如果这些机构侧重于投资传统产业，则技术创新企业所需要的资金和管理技能则仍然难以获得，整个社会的技术创新也难以蓬勃开展。

第四，PE 的资金来源较狭窄。PE 的资金来源较狭窄体现在两方面：一方面是外资基金占主导地位，另一方面是国内资金进入的限制较多。在我国的 PE，无论数量和募集资金的情况，基本还是外资为主。根据中国私募股权投资协会筹备组组长邵秉仁的观点，外资所占比例达到 95%。本土投资机构发展迟缓，显然不利于其对产业升级和技术创新的推动作用的发挥。

私募股权投资机构的资金来源主要来自于政府资金和企业资金，银行和保险公司等资金充裕的金融机构暂不允许投资私募股权投资机构，养老基金的投资限制也未放开。吴晓灵也认为，金融机构在投资 PE 上仍有诸多制约，直接影响了 PE 的资金筹措能力。而发展更成熟的美国 PE 的资金来源则广泛得多，除了富裕的个人、企业资金、金融机构资金，还包括养老金等长期投资资金。实际上，美国允许养老金投资 PE，成为 PE 快速发展的催化剂和里程碑。因此，我国要促进 PE 的快速发展，应该参照美国的发展经验，在坚持稳健原则的前提下，拓宽其资金来源，允许银行、保险公司的资金以及养老金进行投资。

第五，私募股权投资机构的退出渠道较狭窄。退出机制是 PE 市场的重要组成部分，其畅通和完善与否，直接决定了 PE 的投资积极性和活跃程度。美国之所以拥有全球最活跃的 PE 市场，主要原因之一是其拥有全球最完善和效率最高的投资退出市场，既有成熟的交易所市场、也有成长型企业集中的纳斯达克市场，还有容量巨大的、适合于初创型企业的柜台交易市场，而且，企业间的并购也非常活跃。相对而言，我国的投资退出渠道就狭窄得多，在证券交易市场方面，尽管也有三个层次的市场体系，但主要针对中小企业的创业板和柜台市场的容量极小，截至 2009 年 10 月底，创业板才正式交易，并且仅有 28 家上市公司，而且上市门槛也显得偏高，而相当于柜台市场的股份转让代办系统，挂牌企业也仅限于设立于北京中关村的企业。作为另外一个重要的投资退出市场的企业并购，由于涉及较多的审批环节，活跃度也受到限制。总体而言，与美国等发达市场相比，我国的退出渠道比较狭窄，直接限制了 PE 的积极性和活跃度，也不利于 PE 的可持续发展。

第六，合格人才和中介机构缺乏。由于私募股权投资涉及非常专业的融资、投资知识和技能，需要大量受过专业培训、工作经验丰富的管理人才和与之相配合的中介机构。但由于私募股权投资在我国发展时间相对较短，因此合格的基金管理人才和中介机构非常缺乏，这也是在我国私募股权投资的行业中，外资占主导地位的一个主要原因。

第七，监管问题。尽管我国已经有专门的法规规范创业投资基金，但对于范围更大的 PE，暂时还没有明确的规范，因此，对于规模不断扩大的 PE，由什么机构监管、如何监管，都缺乏清晰的指引。我们认为，有两方面的监管内容需要关注，第一是非法集资；第二是外资并购。

2009 年 6 月曝光的红鼎创投非法集资事件，就暴露了对 PE 市场监管的必要性。红鼎创投成立于 2006 年 7 月，当时号称浙江省首家民营风险投资公司，该公司涉嫌以欺诈方式筹集资金，涉及资金 2.1 亿元，最后事情败露，董事长也被捕入狱。红鼎创投事件提醒我们，有必要对 PE 的投资者资格、基金的募集方式、信息披露进行适当的监管，杜绝假借私募股权投资的名义进行非法集资或者扰乱证券市场秩序。

另外，外资并购也需要关注，以防止外资基金控制和垄断市场。如国际著名 PE 凯雷集团，就曾经意图通过收购徐工集团达到控制我国工程机械市场，所幸的是，商务部否决了该项交易。相信日后这些交易仍会陆续涌现，我们需对此保持警惕。

第八，私募股权投资市场尚未形成一个上下游各环节配合的产业链。企业从设立到成熟的成长全过程，都可能需要外部股权融资，因此，在成熟的私募股权投资市场，就会针对企业成长过程中不同的融资需求，设立功能不同的基金，如天使基金、创业投资基金、并购基金、上市前过桥基金等，而这些基金就共同组成一个上下游各环节配合的产业链，既确保满足企业融资需求，也确保从事前一阶段投资项目的基金能够顺利退出。而我国 PE 远未形成各环节配合的产业链，这也在一定程度上导致了基金不愿意投资高科技产业，原因是他们担心缺乏愿意受让项目的基金。

第九，国有创投股权划转社保可能打击其投资积极性。2009 年 6 月 19 日，财政部、国务院国有资产管理委员会（简称国资委）等部门联合颁发《境内证券市场转持部分国有股充实全国社会保障基金实施办法》，规定股份公司首次公开发行股票并上市时，国有股东需按实际发行股份数量 10% 的比例，将上市公司部分国有股转由社保基金持有。按此规定，国有创投机构也需执行。由于国有创投机构从事的是高风险的投资，因此需要高收益去弥补风险，如果将部分股权划转社保基金，将会显著降低这些国有创投的收益率，从而打击他们的投资积极性。另外，国有创投机构在所投资企业中所占的股权比例不大，如果划转部分股权，将会削弱这些创投机构在所投资企业中的控制力。

5. 计量实证检验与案例分析

5.1 ANOVA 实证检验模型

本部分将对私募股权基金对企业盈利的影响作实证分析，以计量模型的方式对 PE 是否带来优质企业进行解答和检验，以考察 PE 对中国资本市场乃至中国经济的贡献。

从盈利绝对值的增长上可以一定程度上反映私募股权基金对公司业绩的帮助。清科集团的一项研究（张静宇，2009 年）统计了 2006 年以来中小企业板上市公司中有 60 家获得过 VC/PE 的支持。这项研究显示 2008 年 PE 支持上市公司平均营业收入为 8.24 亿元，平均归属上市公司净利润（以下简称净利润）为 8105.54万元，分别较 2007 年增长 32.8% 和 10.9%；平均每股收益为 0.47 元，较 2007 年下降 21.8%，但与中小企业板所有上市企业 0.42 元的平均每股收益相比，高出近 12 个百分点。

然而，不完全统计容易产生数据挖掘问题；单纯营业收入（或净利润）增长并不具备比较意义；受上市公司总股本改变影响，平均每股收益这一指标在横向对比时有很大局限性。因此，为进一步证明 PE 支持上市公司的盈利能力，本部分将对截至目前全部 300 家中小板上市公司的三年平均净资产收益率进行分析，对比有 PE 支持上市公司和无 PE 支持上市公司的盈利能力。

5.1.1　模型介绍

方差分析模型（Analysis of Variance，简称 ANOVA）由英国统计学家 R. A. Fisher 首创，又称 F 检验或变异数分析，其目的是将所有测量值间的总变异按照其变异的来源分解，然后进行比较，评价某种因素引起的变异是否具有统计学意义。

ANOVA 模型中共有 3 组变异量：

（1）总变异（Total Variance）：全部测量值 Y_{ji} 与总均数 $\overline{Y}$ 间的差异；

（2）组间变异（Between Group Variation）：各组均数 $\overline{Y}$ 与总均数 $\overline{Y}$ 间的差异；

（3）组内变异（Within Group Variation）：每组的每个测量值 Y_{ij} 与该组均数 $\overline{Y}_i$ 的差异。

下面用离均差平方和（sum of squares of deviations from mean，SS）反映变异的大小

$$\text{总变异}: SS_{\text{总}} = \sum_{i=1}^{a}\sum_{j=1}^{n_i}(Y_{ij}-\overline{Y})^2 = \sum_{i=1}^{a}\sum_{j-1}^{n_i}Y_{ij}^2 - C$$

$$= \sum_{i,j}^{N}Y_{ij}^2 - C = (N-1)S^2 \quad (1)$$

$$V_{\text{总}} = N-1 \quad (2)$$

$$\text{校正系数}: C = \frac{(\sum_{i=1}^{a}\sum_{j=1}^{n_i}Y_{ij})^2}{N} = \frac{(\sum_{i,j}^{N}Y_{ij})^2}{N} \quad (3)$$

$$\text{组间变异}: SS_{\text{组间}} = \sum_{i=1}^{a}n_i(\overline{Y_i}-\overline{Y})^2 = \sum_{i=1}^{a}\frac{(\sum_{j=1}^{n_i}Y_{ij})^2}{n_i} - C \quad (4)$$

$$V_{\text{组间}} = a-1 \quad (5)$$

$$\text{组内变异}: SS_{\text{组内}} = \sum_{i=1}^{a}\sum_{j=1}^{n_i}(Y_{ij}-\overline{Y_i})^2$$

$$= \sum_{i=1}^{a}(n_i-1)S_i^2 \quad (6)$$

$$V_{\text{组内}} = N-a$$

三种变量的关系为：$SS_{\text{总}} = SS_{\text{组间}} + SS_{\text{组内}}$

$$V_{\text{总}} = V_{\text{组间}} + V_{\text{组内}}$$

变异程度除与离均差平方和的大小有关外，还与其自由度有关，由于各部分自由度不相等，因此各部分离均差平方和不能直接比较，须将各部分离均差平方和除以相应自由度，其比值称为均方差，简称均方（mean square，MS）。组间均

方和组内均方的计算公式为：

$$MS_{组间} = MS_{组间} / V_{组间} \qquad MS_{组内} = SS_{组内} / V_{组内}$$

如果各组样本的总体均数相等（H_0: $\mu_1 = \mu_2 = \cdots = \mu_k$），即各处理组的样本来自相同总体，无处理因素的作用，则组间变异同组内变异一样，只反映随机误差作用的大小。组间均方与组内均方的比值称为F统计量

$$F = \frac{MS_{组间}}{MS_{组内}} \quad \nu_1 = \nu_{组间},\ \nu_2 = \nu_{组内}$$

F值接近于1，就没有理由拒绝 H_0；反之，F值越大，拒绝 H_0 的理由越充分。数理统计的理论证明，当 H_0 成立时，F统计量服从F分布。

5.1.2 建立检验假设

我们将中小板300家上市公司分为两组：有PE参股上市和无PE参股上市，通过测量和对比他们2006－2008年的平均净资产收益率（ROE），观察PE参股是否对上市公司的质量和盈利持续性造成积极影响。因此，ROE数据被分为“0”和“1”两组，“0”组是没有PE参股的上市公司数据，“1”组是有PE参股的上市公司数据。假设预设为：

H_0：PE是否参股对上市公司盈利并无影响，$u_1 - u_0 = 0$

H_1：PE参股的上市公司盈利性更强，$u_1 \neq u_0$

检验水准：a＝0.05

5.1.3 实证检验结果

实证检验结果见表15。

表15 **实证检验结果**

ROE

	N	均值	标准差	标准误	均值的95%置信区间		极小值	极大值
					下限	上限		
0	213	17.8147	13.89550	0.95210	15.9379	19.6915	-97.66	57.53
1	87	21.6659	11.90046	1.27586	19.1295	24.2022	-1.33	60.08
总数	300	18.9316	13.44250	0.77610	17.4042	20.4589	-97.66	60.08

ANOVA

ROE

	平方和	df	均方	F	显著性
组间	916.138	1	916.138	5.140	0.024
组内	53113.425	298	178.233		
总数	54029.562	299			

由以上的 ANOVA 分析描述表可见，没有 PE 参股的中小板上市公司有 213 家，平均 ROE 为 17.81%；有 PE 参股的上市公司有 87 家，平均 ROE 为 21.67。由 ANOVA 分析结果表可见，两组数据的 F 值为 5.14，对应的 P 值为 0.024 < 0.05，因此我们排除 H_0 假设而接受 H_1 假设。换言之，PE 是否参股对中小板上市公司的净资产收益率有显著影响，有 PE 参股的上市公司总体比无 PE 参股公司盈利性强。

5.1.4 检验结果分析

通过方差分析和回归分析，我们发现有 PE 支持上市的中小板企业的盈利能力强于没有 PE 支持的中小板企业。一方面，私募股权基金对企业管理的提高和制度的梳理有帮助；另一方面，私募股权基金经理在选择标的公司的能力也得到一定体现，未来成长性较为良好的企业得到了 PE 的资金。无论是哪一个原因，PE 对我国资本市场乃至我国经济都是有贡献的，对我国企业特别是中小企业的成长和发展有所裨益。

5.2 案例分析——深圳发展银行案例

（1）目的：分析 PE 改善企业经营的作用。

（2）PE 介入的原因。深圳发展银行（简称深发展）是国内第一批上市公司，原来的控股股东是深圳市国有资产管理局。由于长期实施粗放式经营，深发展的业务毫无特色，盈利能力一般，资产质量也相当差，不良贷款率居高不下，深圳市国有资产管理局希望引进新的股东来改善深发展的经营。

经过接洽，美国著名的 PE 新桥资本于 2004 年正式受让深圳市国资委所持有的深发展股权，新桥资本的受让金额为 12.53 亿元人民币，持股比例 17.89%，是持股比例最大的单一股东。新桥资本入股深发展，被认为是国际 PE 在中国上市公司并购的第一例。

（3）结果。而在新桥资本成为最大股东后，深发展的经营管理上发生了重要的变化：第一是完善公司法人治理机构，例如引进国际专业经理、治理要求逐步国际化。第二是提出新的经营理念，强调特色服务，不断丰富业务种类，如行业首创的房屋贷款双周还款，既减轻了借款人的利息负担，又提高了资金回收的效率。第三是加强风险控制，降低不良贷款的发生比例。第四是解决若干历史遗留的资金黑洞，例如前任领导周林的违规贷款案等。

通过比较新桥资本入股前后三年的财务数据和市场表现，可以发现新桥资本的介入经营，的确对深发展的管理水平、盈利能力、资产质量和企业价值，产生了相当积极的影响。

深发展的经营业绩得到改善后，不仅引起证券市场的关注，也得到了股权投资者的认可，国内最大的保险集团之一、同时也是上市公司的中国平安，已经与新桥资本达成协议，将以每股22元收购新桥资本所持有的深发展的全部股权，新桥资本将成功退出，并获得非常可观的收益。

（4）作用与启示。通过国际PE的介入，中国方面初步获得与国际PE合作的经验，因此，应逐渐对国际PE持谨慎开放态度。

6. 发展的战略定位、发展目标、路径选择和政策建议

6.1 战略定位与发展目标

（1）私募股权投资基金战略定位。我国应大力推进PE的发展，应将其作为一项重要的金融创新工具，用以推进和落实我国创新型国家的战略。

（2）发展目标。积极把握境外资金投资我国企业高涨的热情以及我国财富不断积累的有利时机和条件，营造有利于PE持续发展的良好政策环境、积极培育科技创新型项目、大力培养和引入各类PE的管理人才、多渠道筹措资金、形成一批经营规范、治理良好、业绩优异、具有影响力的本土PE和私募股权投资管理公司，争取在3年至5年内，完善我国的PE的产业链，将我国建设成为在亚洲地区（除日本外）最具有影响力的PE市场，并争取在第十二个五年计划中，使我国本土PE投资额与国内生产总值的比例，达到20世纪末美国的水平。

6.2 路径选择

PE市场的发展应遵循政府引导、市场化、规范化和国际化的原则。

6.2.1 政府引导

根据我国的实际情况，在PE发展的初期阶段，政府引导是非常必要的。政府有必要为私募股权基金发展创造良好的氛围，并建立引导基金，为基金市场的发展提供财政支持。

6.2.2 市场化

应充分发挥市场在资金、人员等资源配置方面的主导作用，政府的作用主要在于必要的扶持、制定具有操作性的规则以及进行适当的监管，政府不应取代市场的力量。

由于投资有较高的门槛，所以PE在西方被称为“富人的游戏”，其投资者的数量人数较少，并且具有较强的风险承受能力，即使投资失败也不至于引起社会动荡，而且投资对象主要为非公众公司，这一特点使其具有较少的外部性特征，对其过度管制既无必要，反而削弱了其活力。

吴晓灵坚决主张："私募基金的设立不受所有的金融法规和条例的监管，目前只受《中华人民共和国公司法》的约束。"吴晓灵认为，根据国际惯例，私募基金是在各金融法律的豁免条款下生存的，如果其行为违反了豁免条款，就要受到相关部门的监管。她强调，要彻底扭转政府在金融活动中承担过多风险的状况，让市场主体自己承担风险，这样才能保证包括 PE 在内的金融市场的健康发展。

6.2.3 规范化

由于 PE 需要承担较高的风险以及具有一定的外部性，因此，规范化对其显得更加重要，否则极有可能影响金融秩序的稳定。规范化主要体现在 PE 的设立、投资方面，制定严格投资者准入制度、限制他们的投机行为。强调规范化，也意味着需要对 PE 市场进行必要和适当的监管，以免出现以 PE 为名进行非法集资等损害投资者利益的行为。在我国市场环境尚未完善的时候，监管显得更加必要。

6.2.4 国际化

国际化是指积极吸取国际著名的 PE 在资金筹集、组织形式、退出机制等方面的先进经验，尽快提高本土 PE 的管治水平和盈利能力，而且本土 PE 需要加强与国际市场的联系，以便协助国内企业进行全球范围的资源整合。

6.3 政策建议

6.3.1 尽快通过《股权投资基金管理办法》

由于《股权投资基金管理办法》迟迟未能出台，使得 PE 的定位、规范、监管原则等无法明确，影响了 PE 的筹资和投资，不利于其发展。因此，有必要尽快出台《股权投资基金管理办法》。

6.3.2 积极培育科技创新项目

美国之所以成为全球最大的 PE 市场，科技创新项目众多是其中最主要的原因。因此，要充分发挥 PE 对我国创新型经济的支持力度，积极培育科技创新项目，加大财政资金的拨付力度、推进产学研一体化等。

6.3.3 加快人才的培养

PE 不仅要向所投资的企业提供资金，更重要的是提供管理经验，因此，对于 PE 来说，人才显得更加重要。

由于发展时间不长，我国的 PE 经理不仅数量少、而且经验也相当缺乏。要培养一个合格的 PE 经理，在美国需要大概 10－15 年的时间，而在国内，至少也需要 8－10 年的时间。由此可见，PE 经理的培养是一项长期的系统性工程，有必要及早规划并尽快实施。

加快 PE 管理人才的培养，可以有两条途径：第一是通过学校、研究机构等学术机构培养；第二是积极引进外资基金，由于外资基金的经验相对较丰富，如果他们能够积极参与我国的 PE 市场，本土基金管理人才就可以从中借鉴和吸取他们的经验，并迅速提高我们的市场拓展能力和管理水平。

另外，PE 市场的健康发展也离不开会计师、律师等专业人士的参与，因此，培养熟悉 PE 业务的专业人士也是不容忽视的。

6.3.4 拓宽资金来源

PE 需要作相对长期的投资，因此，它需要长期稳定的资金来源，而养老金、保险公司、银行的资金规模巨大，而且追求长期回报，是 PE 最适合的资金来源之一，美国的经验已经表明养老金、保险公司、银行的资金对 PE 发展的重要性，因此，我们可以借鉴美国的经验，允许养老金、保险公司、银行投资 PE。

6.3.5 拓宽投资退出渠道

美国能够成为全球最大的 PE 市场，拥有层次丰富的退出渠道，特别是容量巨大、门槛较低的柜台交易市场，是其中重要的原因。就我国目前的情况而言，多层次资本市场建设远未到完善的程度，中小板市场成立五年，创业板刚刚设立，挂牌交易系统正在完善，场外柜台交易市场的推出前期研究刚刚启动。我国应尽快建立多层次资本市场，加快场外柜台交易市场的试点工作。

6.3.6 制定扶持政策

目前，对于创业投资已有相关的扶持政策，但是，对于 PE 的其他形式，如并购基金却没有相应的扶持政策，甚至连相关的法规都尚未正式出台，因此，有必要尽快制定涵盖所有 PE 种类的法规，提供必要的扶持措施，以鼓励 PE 的发展。

6.3.7 理顺监管架构

我国目前对 PE 的监管存在着三个主要问题：第一是监管部门不明确；第二是监管内容不明确；第三是服务手段不配套。

第一，监管部门不明确。目前产业基金的审批和创业投资机构的备案，均由发改委进行，但其他形式的 PE 的监管部门，却没有明确。关于监管体系的建立，可以借鉴美国的做法，以中国证监会为主进行日常监管，其他部门就相关领域的问题提出建议。我国可以采取以中国证监会为主的监管模式，这是因为，私募基金的发起、设立、运转和退出都和中国证监会的职能密切相关。建议设立以中国证监会为主，以财政部和中国人民银行为辅的 PE 监管体系。

第二，监管内容不明确。由于暂时没有明确的法规，因此，对于 PE 运作的各个环节，哪些部分属于监管内容尚不明确。从国际经验看，对于 PE 的监管，美国以规范投资人为主，而英国则以监管基金管理人为主。

第三，服务手段不配套。尽管《合伙企业法》已出台，但有限合伙企业如何办理注册登记，却没有全国统一的标准，合伙企业和个人的纳税申报等具体操作流程也没有明确，因此，需要尽快制定《合伙企业法》的配套法规，包括工商登记、税收等，以使《合伙企业法》对 PE 市场的发展发挥更大的作用。

6.3.8 注重培育本土私募股权投资基金

我国目前的 PE 市场中，外资占绝对垄断地位，如果一国的 PE 市场长期被外资所垄断，那么将导致本国资本市场部分主导权的丧失，长期来看不利于本国经济的发展，因此必须大力发展本土 PE。大力发展本土 PE，逐渐改变中外资基金竞争的格局，还涉及一国企业融资与并购市场主导权的问题。从监管的层面来看，本土基金较外资能更好地理解国家的产业政策，能更自觉地服从经济发展和产业调整的大局，可以减少甚至克服外资基金不择手段追求短期效益的弊端。

要加快培育本土 PE，就要尽快尽快制定或者修订相关法规，包括拓宽本土基金的资金来源，允许养老金、保险机构、银行等投资 PE。

参考文献

[1] Alexander Ljungqvist & Matthew Richardson & Daniel Wolfenzon. The Investment Behavior of Buyout Funds: Theory and Evidence. NBER Working Papers 14180, 2008.

[2] Andrew L. Zacharakis. The development of venture capital - backed internet companies. Journal of Business Venturing, 2003, (18).

[3] Douglas Cumming & Sofia Johan. Provincial preferences in private equity. Financial Markets and Portfolio Management, 2006, vol. 20 (4), pages 369 - 398.

[4] Fenn, George, Nellie Liang, and Stephen D. Prowse. The Private Equity Market: An Overview. Financial Markets, Institutions and Instruments, 1997, vol. 6 (4), pages 1 - 105.

[5] Paul Gompers & Josh Lerner. What Drives Venture Capital Fundraising? . NBER Working Papers: 6906, 1999.

[6] Poindexter, E. A. The efficiency of financial markets: the venture capital case. unpublished doctoral dissertation, 1976.

[7] 蔡庆丰等："私人权益资本市场：经济学分析及对中国的启示"，《财经论丛》，2005 年第 1 期。

[8] 广州市人民政府："关于促进广州股权投资市场发展的意见（征求意见稿）"，2009 年版。

[9] 郭恩才：《解密私募股权基金》，中国金融出版社，2008 年版。

［10］李建伟："私募股权投资基金的发展路径与有限合伙制度"，《证券市场导报》，2007 年第 8 期。

［11］吴晓灵：《中国资本市场缺乏让水沸腾的 1 摄氏度》，保监会网站，2006。

［12］吴晓灵："没有私募资金就难成创新型国家"，《四川物价》，2006 年第 8 期。

［13］张晓蓉等："私募股权：中小企业融资新渠道"，《浙江金融》，2006 年第 6 期。

［14］张静宇："VC/PE 支持上市企业运营良好 投资机构双渠道获益"，清科研究中心，2009 年。

［15］占超等："我国私募股权投资基金发展研究"，《财会月刊（综合）》，2008 年第 11 期。

［16］郑德理、李楠：《风险投资机制的建立与广州的选择：风险投资与高科技》，中国财政经济出版社，1999 年版。

［17］郑德理：《创建风险投资公司的探讨—新世纪金融热点——前沿问题的多方位探索》，中国审计出版社，2000 年版。

（作者单位：广州证券有限责任公司）

房地产信托投资基金试点研究

• 帅 晖 王玉亭 谢至超 肖 建 陈 莺

1. 引 言

自 20 世纪 90 年代以来，房地产市场和证券市场就成为我国两个迅速发展的市场。房地产市场一直保持着超过 30% 的增长率，由于居民对于住房的刚性需求，房地产行业在未来的很长一段时间内仍将有巨大的发展空间。但是目前房地产行业发展遇到的瓶颈问题是地产融资中银行贷款占比过高，银行为了降低风险，不断提高地产项目的贷款条件。因此，房地产行业迫切需要开辟银行以外的融资渠道，以解决项目开发和经营的资金来源问题。从证券市场来看，目前我国证券市场产品种类单一，产品结构失衡严重。在可投资品种中，约 80% 为风险较高的股权类产品，只有约 20% 为低风险的债券类产品。同时，二者之间缺乏风险收益水平居中的过渡产品。国际资本市场的经验表明，房地产信托投资基金（简称 REITs）作为风险和收益介于股票和债券的投资品种，一方面能够完善证券市场的产品结构，满足投资者多样的投资需求，另一方面可以较好地改善房地产企业依赖银行信贷这一单一的融资方式，促使房地产企业由传统的“建房、卖房”经营模式向“建房、经营”新模式转变，推进房地产市场健康、平稳、快速的发展。

REITs 自 1960 年在美国诞生以来，已经在欧美发达国家广泛发展，成为一种成熟的投融资产品。自 2005 年开始，国内的金融企业和房地产行业也开始了开发 REITs 产品的探索。许多国内的房地产企业开始联手境外的 REITs 对国内的房地产项目投资。在境外 REITs 看好中国房地产市场，纷纷走进来的同时，国内的房地产企业也试图到海外发行 REITs 并上市。例如：越秀 REITs 在中国香港市场的成功上市，成为内地首只 REITs 产品，为国内开发 REITs 产品提供了借鉴。

中国发展 REITs，需要建立和完善相关的房地产信托法律制度和税收制度。这是中国 REITs 得以发展的前提条件。境外 REITs 发展比较成功的国家和地区，无一不是先建立完善的法规制度和合理的税收优惠制度，尔后才有

REITs 实质性的发展。中国发展 REITs，还需要推进 REITs 交易市场建设和合格投资者的培育。特别是推动诸如保险公司、社保基金、商业银行等机构投资者进入 REITs 市场，由他们扮演重要的投资角色，为中小投资者起到示范和稳定市场的作用。

2008 年年底，国务院出台“金融国九条”提出要创新融资方式以拓宽企业融资渠道。而在创新融资方式中就包括了推出房地产信托投资基金。在其后出台的“金融 30 条”中，房地产信托投资基金被再次提及。我们有理由相信，随着房地产行业的不断发展，REITs 在中国境内的发展步伐也会不断加快，可能在不久的将来，中国版的 REITs 将会诞生。

2. REITs 概述

2.1 REITs 的概念

REITs 是英文 Real Estate Investment Trusts 的简称，即房地产投资基金或房地产投资信托。

美国全国房地产投资信托协会（简称 NAREIT）对 REITs 的定义是：一种筹集众多投资者的资金用于取得各种收益性房地产或向收益性房地产提供融资的公司或者商业信托机构。《香港房地产信托基金守则》对 REITs 的定义是：以信托（基金）方式组成而主要投资于房地产项目的集体投资计划。

从学术的角度，REITs 是通过发行权益份额（如受益凭证、基金单位、股票等)，集合公众投资者资金，交由投资管理机构管理，专门用于投资房地产，获得收益由投资人按比例分享，并共担风险的一种金融投资工具。它选择不同地区、不同类型的房地产进行投资组合有效地降低风险。它既可以分享房地产的日常租金收益，也可以分享房地产价格上涨带来的长期资本增值收益。

2.2 REITs 的特性

2.2.1 净收益的绝大部分必须分配给持有人

对于 REITs 的投资者来说，主要收益来源于分红。根据 NAREIT 的统计，在 2003 年有立法的 15 个国家中，12 个国家对 REITs 的分红有明确的规定，其中有 7 个国家规定分红率必须超过 90%。

2.2.2 收益的绝大部分必须来自于房地产租金收入、房地产抵押贷款利息或出售房地产的收益

美国规定，REITs 总资产中至少有 75% 投资于与房地产有关的业务，如房地产运营、房屋抵押贷款、对其他 REITs 的投资；REITs 的总收入中至少应有 75% 来源于房屋租金收入、房屋抵押贷款利息收入及出售房地产的利润。

2.2.3 严格限制资产出售

虽然 REITs 能够分享房地产增值带来的收益，但不以短期炒作或投机房地产为目的。在美国，REITs 的总收入中最多只能有 30% 来源于持有不超过 4 年的物业的销售收入。《香港房地产信托基金守则》规定，REITs 投资的房地产持有期不得低于 2 年。

2.2.4 有明确的负债率限制

REITs 虽然可以进行债务融资，如银行贷款、发行债券和商业票据等，但通常都有最高负债率的限制。在美国、日本、新加坡、韩国以及中国香港，REITs 的相关法规都规定了严格的负债率上限。

2.2.5 需要税收优惠

REITs 层面和投资者层面的"双重征税"是产品难以承受的，因此 REITs 的发展通常伴随着税收优惠政策的出台。

2.3 REITs 的参与者

REITs 主要包括持有人、管理人、托管人 3 个主要参与者。

2.3.1 持有人

REITs 单位持有人将其资金投入 REITs，按其投资份额获得 REITs 的收益，享有作为投资人的权利，并承担投资风险。

2.3.2 管理人

管理人负责 REITs 资产的经营管理。通常，管理人的角色分为基金管理人和物业管理人，由不同的机构担任。基金管理人主要是从事投资和经营管理，包括制定具体投资策略、收购房地产、安排租赁、出售房地产、处理基金事务等。物业管理人主要是对具体的房地产物业进行管理和维护，包括物业资产的修缮、日常维护、水电费的交收等。管理人向 REITs 收取管理费作为工作报酬，年度管理费通常为 REITs 资产净值的 2% -5% 。

2.3.3 托管人

托管人负责保管 REITs 资产，通常由商业银行担任。托管人必须独立于管理人，以维护持有人最佳利益的方式行事。托管人向 REITs 收取托管费作为工作报酬，年度托管费通常为 REITs 资产净值的 0.2% -0.3% 。

2.4 REITs 的分类

REITs从不同的角度有不同的分类。根据投资性质的不同，可分为权益型REITs投资（Equity REITs）、抵押型REITs投资（Mortgage REITs）和混合型REITs投资（Hybrid REITs）三种；根据组织形态的不同，可以将REITs划分为公司型、契约型和有限合伙型三种；根据交易方式是否可赎回，可以分为封闭式和开放式两种；根据募集和流通方式的不同，可以分为私募和公募两种。REITs的种类见图1。

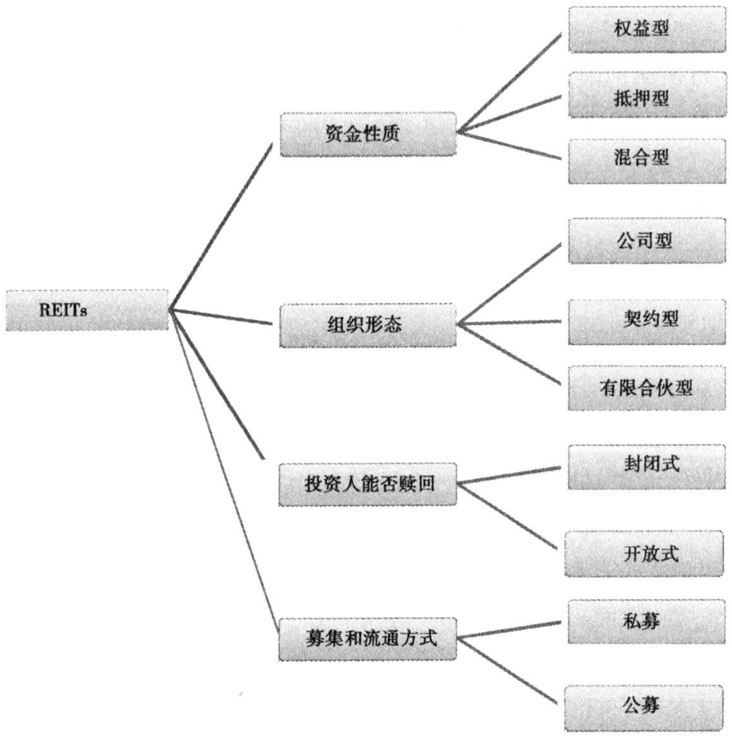

图1 REITs的种类

2.4.1 权益型REITs

权益型REITs是指REITs成为房地产的所有者并对房地产进行运用以获得收益。它以收购已上市的房地产或即将开发的房地产作为投资，通常是购物中心、公寓、办公楼、仓库等收益型商业地产。它的收益不仅有房地产的租金收入，还有房地产的长期增值收益。

2.4.2 抵押型REITs

抵押型REITs是向房地产所有者或房地产开发企业发放贷款，或投资于抵押贷款的二级市场，拥有的是房地产的债权。它的主要收入来源是抵押贷款利息。

2.4.3 混合型 REITs

混合型 REITs 具有权益型 REITs 和抵押型 REITs 的双重特点。它既是房地产所有权的投资人，也是抵押贷款经营者。它在向股东提供具有增值空间物业的投资机会时，也能获得稳定的贷款利息。其收益比抵押型 REITs 要稳定，但又不如权益型 REITs 高。

2.4.4 公司型 REITs

公司型 REITs 依公司法成立，通过发行公司股份募集资金。它的持有人为公司股东，股东组建董事会，董事会选聘 REITs 管理人并监督其运作。托管人由公司自身担任。

2.4.5 契约型 REITs

契约型 REITs 依据契约（信托或基金合同），通过发行受益凭证或基金份额募集资金。它的管理人通常是 REITs 的发起人，持有人享有契约规定的包括分享投资收益等权利。

2.4.6 有限合伙型 REITs

有限合伙型 REITs 是由有限合伙人（Limited Partner，简称 LP）和普通合伙人（General Partner，简称 GP）共同组成一种新型的 REITs 组织形态。有限合伙人向 REITs 投资、分享投资收益，但不参与 REITs 的事务管理，并对 REITs 债务承担有限责任。普通合伙人是 REITs 的管理人，并对 REITs 债务承担无限责任。

2.4.7 封闭式 REITs

封闭式 REITs 是指在其生命周期内，不接纳新的持有人投入资金，也不接受当前持有人退出资金，REITs 的规模保持固定不变。虽然投资者不能申购和赎回封闭式 REITs，但可以通过证券二级市场在投资者之间买卖。

2.4.8 开放式 REITs

和封闭式 REITs 不同，开放式 REITs 可根据投资者的需求随时发行新的份额或缩减现有份额。由于这种 REITs 的资本总额可以随时追加，因此又被称为追加型 REITs。

2.5 REITs 在全球的发展概况

REITs 源于美国，1965 年世界首只 REITs 在纽约证券交易所上市交易。目前，美国、日本、韩国、新加坡和澳大利亚等大多数主要国家和地区的证券交易所都已有 REITs 上市，REITs 与普通股票一样在这些证券交易所交易。其中，美国的 REITs 发展最为成熟。其他国家和地区的 REITs 产品和市场大部分是在 2000 年以后发展起来的，它们基本上是借鉴了美国的模式，在结构、投资目标、收入分配等方面都制定了与美国相似的标准。

截至2009年，已有逾22个国家和地区制定了REITs的法规。另外，巴西、智利、菲律宾和印度等国正在立法中。

近年来，全球REITs增长迅猛，市值已由1990年的70亿美元，上升到2007年的5610亿美元（见图2）。

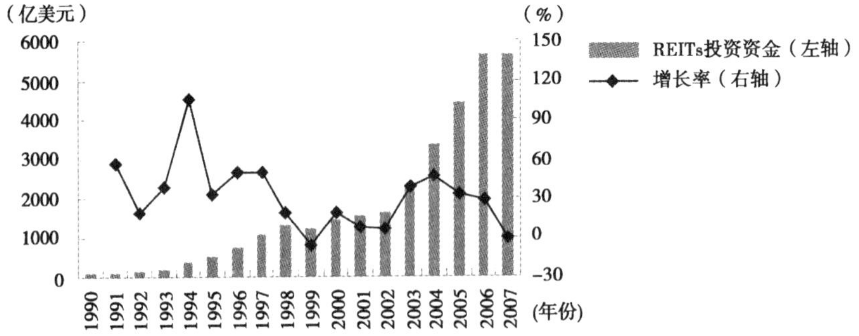

图2　全球REITs投资资金及其增长

截至2008年年底，美国REITs规模占全球比重44.9%，其次是中国香港13.3%，澳大利亚10%，法国和日本6%左右（见图3）。

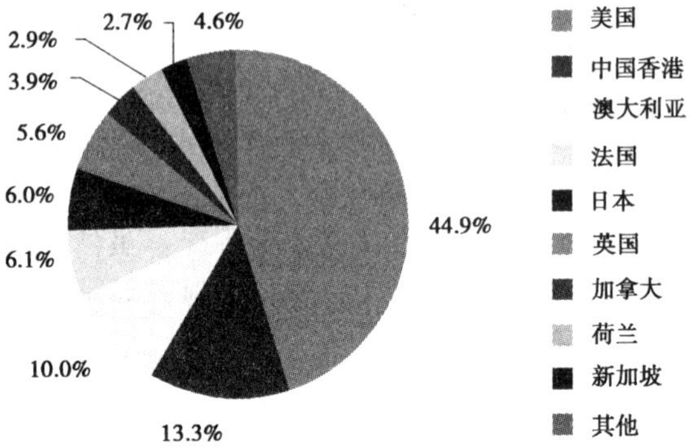

图3　各国和地区REITs占比情况

资料来源：NAREIT。

2.5.1　美国REITs的发展历程

美国REITs的发展大致可分5个阶段：

(1) 1960－1967年，创立初期——缓慢发展期。

1960年出台《REITs投资法》，REITs实行被动式管理，即委托独立第三方机构管理，且只能以商业信托或协会形式注册。REITs实际上仅仅是一个持有物业资产的组合。1968年前大约有10多家REITs，总市值约2亿美元；

（2）1969－1974 年，第一波繁荣期。

该阶段，REITs 总资本从 10 亿美元增加到约 200 亿美元。这主要是在房地产开发热潮中，抵押型 REITs 作为开发商的一个重要融资渠道获得了迅猛发展。

（3）1975－1986 年，没落重整期。

该阶段，REITs 出现衰落的主要原因是：①印象恶化：1973 年写字楼市场转弱，抵押型 REITs 因贷款烂账而崩溃；②成本提高：两次石油危机及随后的通胀和高利率导致 REITs 借贷，建筑和购置成本提高；③避税功能弱化：1981 年公布《经济振兴法》，允许业主利用房地产折旧来合理避税；④缺乏成长性：REITs 实行被动式管理，仅作为一种资产组合存在。

（4）1986－1991 年，全面恢复期。

1986 年公布《税收改革法》使 REITs 的税收优势再次凸显，同时允许 REITs 可以进行自我的内部资产管理，但是不能经营非收租类业务，使 REITs 具备了一定的成长性。

（5）1991 年至今，扩张期。

20 世纪 80 年代的重复建设及后期的房地产市场衰退孕育了 20 世纪 90 年代 REITs 的第二波繁荣。主要原因是：①成本降低：20 世纪 80 年代末的房地产市场衰退，利率水平下降，降低了购置和借贷成本；②地产繁荣：1992 年起美国房地产进入繁荣期；③REITs 具备了成长性：UPREITs 等模式创新以及法律允许 REITs 通过纳税子公司经营非收租类业务。

房地产行业自身的发展规律是美国 REITs 繁荣的大背景。REITs 的参与主体在政府的支持下形成了多赢的局面：REITs 使房地产由小众投资品变成了大众投资品；政府的税收政策保证了 REITs 的收益率足够吸引投资；政府的税收政策使物业持有者选择以 REITs 的形式持有或退出，解决了 REITs 物业资产的供给瓶颈。以上这一系列的因素促成了美国 REITs 的大发展。

在美国 REITs 持有的物业类型，主要为写字楼、酒店、商场、工业厂房、购物中心、酒店式公寓等。其中，写字楼和商场的占比最高。与房地产公司相比，REITs 持有物业的类型更为分散。投资组合的多样化是其风险较低的主要原因。美国 REITs 持有的物业类型见图 4。

2.5.2　欧洲的 REITs 概况

目前，欧洲的 REITs 占全球的比例为 20%，以比利时、荷兰和法国发展最快。由于欧洲普遍人口老龄化，对金融产品收益稳定的需求也会提高，REITs 前景相当看好，市场规模将继续扩大。目前在欧洲上市公司总市值中，REITs 占 27%。

欧洲是一个政治和经济多元化的地区，每个国家都有自己独特的法律和财政

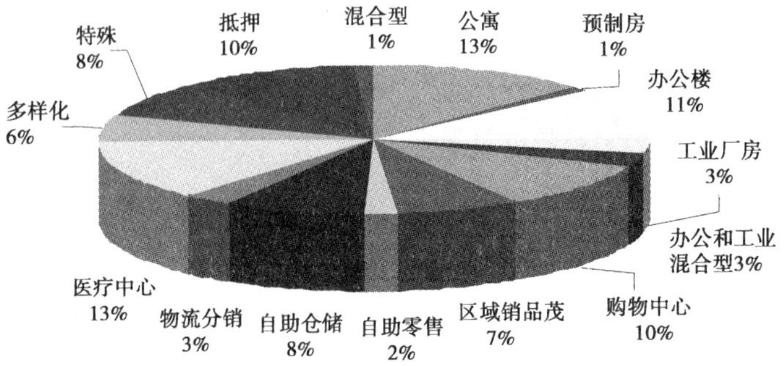

资料来源：NAREIT。

图4 美国 REITs 持有的物业类型

框架，各国的 REITs 制度也不尽相同。以 REITs 规模最大的法国为例：

2003 年法国颁布并实施了《不动产投资信托公司税收制度》（以下简称法国 SIIC），作为 REITs 的主要结构形式。法国 SIIC 的主要业务是收购或开发用于商业出租的物业，这类主业所得享受免税优惠。SIIC 也可以经营部分副业，包括：①房地产物业的融资租赁，但融资租赁物业摊余成本的账面价值不能超过公司总资产的 50%；②其他房地产开发和经纪业务，这些业务相关资产总和的账面价值不能超过公司总资产的 20% 且其副业收入不享受税收优惠。

SIIC 必须遵守以下强制性分配的要求：①至少将来源于租赁业务利润的 85% 在利润实现当年的下一个纳税年度的年底前进行分配；②至少将来源于房地产物业、合伙企业的合伙份额、SIIC 子公司的股份三项资产变现产生的资本利得总额的 95% 在资本利得实现年度后的第二个纳税年度年底之前进行分配。如果当年没有足够的现金用于强制性分配，则将分配差额滚动计入下一年度的强制性分配指标。如果 SIIC 不能满足强制性分红的最低比例要求，那么就会在当年失去利润和资本利得的免税待遇。

2.5.3 澳大利亚的 REITs 概况

澳大利亚是继美国之后第二个发展 REITs 的国家，在当地被称为上市地产基金（Listed Property Trusts，简称 LPT）。第一只房地产信托基金 General Property Trust，于 1971 年在澳大利亚证券交易所上市。

澳大利亚 LPT 包括工业类、办公类、住宿/度假类、零售类、多样类。从 20 世纪 90 年代开始，LPT 的资产组合从地域上或者房地产类型上的多元化资产组合转变成专注型的房地产组合。这期间在澳大利亚证券交易所新上市的 LPT 都专注于某一类型的房地产资产组合，投资集中于特定房地产市场中。

2.5.4 日本的 REITs 概况

日本最早的 REITs 出现在 1987 年。1998 年《资产流动化法》开始实施，作为证券交易法中规定的有价证券，REITs 实现了流动化。日本在 2000 年修改了《投资信托及投资公司法》，允许投资信托所募集资金运用于房地产投资。

2001 年 11 月两家 REITs 在东京证券交易所首次上市，日本成为亚洲首个推出 REITs 的国家。目前，REITs 市值接近 3 万亿日元，占东京证券交易所不动产市值总额的 30%。

2.5.5 新加坡的 REITs 概况

新加坡是亚洲继日本之后第二个推出 REITs 的国家。1998 年 7 月，新加坡证券交易所审核委员会提出了一系列进一步发展资本市场的建议，其中之一就是设立 REITs。新加坡金融管理局于 1999 年 5 月颁布《新加坡房地产基金指引》，并在 2001 年的《证券和期货法》中对上市 REITs 作出相关具体规定。2002 年颁布的《集合投资准则》进一步细化了对 REITs 的要求。2002 年 7 月由嘉德置地发行了首只嘉茂商产信托基金。

2.5.6 中国香港的 REITs 概况

2003 年 3 月 7 日，香港证券及期货事务监察委员会（以下简称香港证监会）发布《REITs 守则》草案，征求公众意见。2003 年 7 月 30 日，香港证监会正式公布了《REITs 守则》，大部分条文都被修订，其中包括放宽借贷比率、派息比率及估值频率等。

2005 年 3 月 30 日，香港证监会发布关于中国证监会认可的《房地产投资基金的海外投资的应用指引草拟本的咨询文件》。在该项文件中，香港证监会建议香港将来的 REITs 可以投资包括中国内地在内的全球各地物业。根据市场意见，2005 年 6 月香港证监会正式修改了《REITs 守则》，其中撤销了香港 REITs 投资海外房地产的限制，允许房地产基金投资于全球各地的不动产，从而为内地不动产通过中国香港和国际资本市场接轨开辟了新的途径。

中国香港在很大程度上借鉴了美国 REITs 的结构，以信托计划或房地产公司为投资实体，由房地产管理公司和信托管理人提供专业服务。但是，中国香港主要是通过专项的立法（修改投资、信托等有关法律或新建法令），对 REITs 的结构、投资目标、收入分配等方面制定硬性的规定，可以说中国香港的 REITs 发展属于专项法规型。

2005 年 11 月 25 日，领汇 REITs 上市，成为中国香港首只上市的 REITs。12 月 16 日，李嘉诚长江实业旗下的鸿富房产信托基金上市。12 月 21 日，广东的越秀城建地产投资信托基金上市，成为内地首只在香港上市的 REITs。香港 REITs 上市情况见表 1。

表 1 香港 REITs 上市情况

名　　称	上市时间	市值（港币亿元）	持有物业类型
领汇房地产信托	2005－11－25	309.43	购物商场及停车场
越秀房地产信托	2005－11－25	19.40	写字楼与零售物业
泓富产业信托	2005－12－16	11.74	写字楼，零售物业，酒店
冠君产业信托	2006－5－24	85.59	写字楼与零售物业
阳光房地产投资信托	2006－12－21	21.65	写字楼与零售物业
富豪产业信托	2007－3－30	29.90	酒店
睿富中国商业房地产投资信托	2007－6－22	11.09	写字楼

资料来源：Bloomberg。

2.6 主要国家和地区 REITs 设立条件和上市程序

2.6.1 美国 REITs 的设立条件

(1) 早期的设立条件。

美国早期的 REITs 基本上是 1960 年美国《国内税收法》的产物。它是一种符合有关税收优惠规定的房地产公司或信托组织。税收优惠使得 REITs 能够吸引大量的投资者，是 REITs 在美国蓬勃发展的关键所在。要获得税收意义上的 REITs资格，法律规定其必须符合以下要求：

①结构要求：REITs 是一个由董事会或由受托人委员会管理的公司、信托基金或视同为公司课税主体的协会；所有股票都可以流通，其所有权益是由可以转让的股票、产权证书或受益凭证来体现的；是国内注册的独立核算法人实体；不能是任何形式的金融机构（如银行、互助储蓄银行、合作银行、国内建筑与信托协会以及其他储蓄机构）或保险公司；必须由至少 100 名股东（包括个人股东和法人股东）组成，并且股权结构应当分散化；在每一纳税年度的最后半年内，任意 5 名或更少的人所占的份额不能超过全部股份的 50%，单个股东持股比例不能超过 9.8%（养老基金除外）（以下简称 5/50 规则）；REITs 应在纳税年度的全年内满足 1～4 项要求，在至少 335 天内满足第 5 项要求。但在 REITs 成立的第一年里，可以不满足第 5、6 项要求。

②资产要求：REITs资产价值的75%以上必须由房地产资产、现金和政府发行的有价证券构成；不符合要求①的证券资产中，由同一发行人发行的有价证券不得占信托资产总值的5%以上；REITs持有的第一条要求以外的有价证券中，由同一发行人发行的证券不得占该证券余额总值的10%以上。

③收入要求：该实体的总收入的95%以上必须由股息、利息、租金或销售特定资产的收益构成；至少75%以上总收入必须来源于房地产租金、抵押贷款债务的利息、销售特定资产的收益或向其他REITs投资所获得的收入；持有期在6个月以内的股票或证券，以及持有期在4年以内的房地产（非自愿变换或取消赎回权的除外）的销售收入，不得超过该实体总收入的30%。

④分配要求：分配给股东的红利金额必须等于或超过REITs总收入的90%。

（2）后期对设立条件的修改。

1976年10月4日，美国国会通过《1976年税制改革法》(Tax Reform Act of 1976)。该法对REITs的纳税条款进行了一系列有利于其适应当时经济低迷时期市场环境的重大调整。新法降低了REITs的资产持有和经营的条件要求。同时，新法还对REITs的经营损失和资本利得的会计处理进行了相应的修改，允许8年的亏损结转。REITs还被允许持有以出售为目的的物业：持有期超过4年一定数量的房产可以销售。此外，新法还将派息比率从90%增加到95%。

《1986年税制改革法》规定，REITs不仅暂不实行其至少有100个股东的要求，而且在其开始运作后的第一个纳税年度暂不实行5/50规则。另外，它还允许那些本不符合房地产纳税优惠条件的物业，在REITs对其投资一年后，享受税收优惠待遇。该法还修改了独立承包商规则，允许REITs在不使用独立承包商的情况下，为租户提供某些常规服务。这就使REITs自己获得了这笔在以往为了提供这些服务而必须支付给独立承包商的费用。

1993年8月10日，美国第106届国会通过《1993年综合预算调整法》(Omnibus Budget Reconciliation Act of 1993)，改变了养老基金投资于REITs时对控股权方面的要求。在该法律颁布之前，一只养老基金对REITs进行投资时，通常被当做一个投资者，必须满足5/50规则，也就是要求共同拥有50%股份的股东人数不得少于5人。因此，当时REITs对养老基金的吸引力有限。为了实现让养老基金投资于REITs的目的，该法案允许养老基金按其基金的所有者数目来计算其投资的人数，以避免违背5/50规则。这一法律要求的改变，刺激了养老基金对REITs的投资。

影响美国REITs的另外一些重要变化，体现在《1997年纳税者减免法》(Taxpayer Relief Act of 1997)，以及1999年的《REIT现代化法》(REIT Modernization Act)的颁布和实施。《1997年纳税者减免法》中有12条直接影响REITs

的条款，其中重要的一条是取消了某些由于 REITs 租户提供了不符合条件的服务，而使得其租金收入不享受纳税优惠的条款。同时，该法还废除了 REITs 持有的资产的销售收入不能超过其总收入 30% 的规定。《REIT 现代化法》比《1997 年纳税者减免法》产生的影响更大。它允许 REITs 获得税收补贴，可以为其租户提供某些服务，而这些服务在以前必须满足租金收入税收优惠条件才能提供。另外，该法案将 REITs 收益的分配比率从 95% 降到 90%。

2.6.2 美国 REITs 的上市操作流程

在美国，REITs 上市的基本流程如下：

（1）REITs 公司必须先与建筑经理公司，或是专业的技术顾问公司签订房地产信托基金的基本协议和房地产经理契约；

（2）REITs 公司必须选定投资标的物，并且进行开发计划的研究；

（3）REITs 公司必须和 REITs 托管银行签订 REITs 契约，成立 REITs 专户，来收受 REITs 投资资金；

（4）须附下列几项重要文件，包括：投资计划书、房地产投资契约、公开说明书、受益凭证发行计划、受益凭证样本等文件，送交证管会与政府主管机关审核；

（5）政府单位负责计划的审核及评鉴；

（6）开发计划审核通过之后，才能发行首次的受益凭证，但受益凭证的发放必须委托证券承销商来营销；

（7）募集得来的资金必须存入 REITs 专户之下；若必须运用资金时，则由建筑经理或顾问公司向 REITs 公司作出建议；

（8）为筹措房地产开发所需资金，REITs 公司可在成立之后，依相关法规规定，发行或运用各种融资工具为资金融通之用；

（9）由 REITs 公司向 REITs 保管银行作出 REITs 资金的运用指示，由银行的专户来支付建筑经理公司对投资标的物的开发和管理经营上的支出；

（10）投资标的物的产权登记及所产生的投资收益也必须登记在基金专户的名下；

（11）最后，再由房地产信托基金保管银行依照房地产投资信托基金契约的规定来分配投资收益给投资人。

2.6.3 新加坡 REITs 的设立条件

1998 年 7 月，新加坡证券交易所审核委员会提出设立新加坡的房地产投资信托简称（S-REITs）的建议。1999 年 5 月新加坡金融管理局颁布了《财产信托指引》，后于 2000 年 11 月进行了修订。以下是 S-REITs 的设立条件：

（1）组织形式要求：必须采取公司法人或者信托两种形式设立；

（2）资产结构要求主要包括以下方面：

①S－REITs所融资资金可以采取两种投资方式：一是直接拥有新加坡境内、外房地产；二是持有非公开上市房地产投资公司的股份。S－REITs必须在发行截止日后的24个月内达到上述要求；

②S－REITs总资产的70%必须投资于房地产或者与房地产相关的资产；

③S－REITs资产的30%可投资于政府公债及上市公司债、非房地产公司的公司债或股份、现金或其他现金等价物；

④S－REITs必须根据自身类型与数量、投资目标和市场情况，合理地在房地产类型、地点和国家以及房地产投资数量方面进行分散化投资。公开上市发行说明书必须披露S－REITs是否以及如何合理地进行分散化投资。如果S－REITs拟投资于单个房地产项目或者房地产投资高度集中时，S－REITs必须披露这一事实和其所导致的风险。

⑤S－REITs对单一房地产开发商的投资不得超过其资产的10%。S－REITs在单一发行人发行的证券或者单一经理人管理的基金方面的投资，不得超过其总资产的5%。

（3）经营范围限制主要包括以下方面：

①S－REITs不能从事或参与房地产开发活动，不论是以独资或合资方式，还是以投资于非上市房地产开发商的形式进行。房地产的整修、翻新或更新不属于房地产开发活动；

②S－REITs除了投资于获准开发的空地上即将开发的房地产外，不得投资于土地。投资于新加坡境内未开发完成的非住宅房地产，或是新加坡境外未开发完成的房地产，均不得超过总资产的20%。

（4）融资活动限制主要包括以下方面：

封闭型S－REITs无法通过增发股票来进行权益融资，开放型S－REITs可以通过增发股票融资。S－REITs的总借款额不得超过其总资产的35%。在对冲投资组合风险的情况下，S－REITs可以使用金融衍生工具。

2.6.4 中国香港REITs的设立条件

2003年7月30日，香港证券和期货事务监察委员会颁布了《REITs守则》，以及一系列相继出台的业务指南。香港的REITs属于专项立法型，与美国等其他国家和地区相比，其限制性更大，主要体现在以下方面：

（1）REITs只能投资于房地产。该房地产应通常可以产生稳定的现金收入。REITs也可以购入空置和不产生收入或正处于大规模开发、重建或修缮中的建筑物的未完成单位，但是，其总合同价值不得超过总资产净值的10%；

（2）禁止投资于空置土地或从事或参与物业开发活动，不包括修缮、加装及装修；

（3）不得购入任何可能使其承担无限责任的资产；

（4）借款限制：借款总额不得超过总资产的35%。

2.6.5 中国香港和新加坡REITs的上市操作流程

新加坡和中国香港REITs上市的流程基本相似，主要经历以下几个阶段：

（1）上市准备阶段。

①确认目标物业（资产），建立资产池。建立资产池的过程就是以业主所持有成熟的收租型商业物业、工业物业等，建立一定规模的人民币资产池，作为首发资产的过程。

②中介机构尽职调查。在此过程中，由业主提供相关信息资料；会计师进驻、资产评估师进驻、律师进驻；项目尽职调查开始；确定REIT结构及资产等；提交尽职调查初步结果及相关资料；投资银行与审计师事务所，律师事务所，评估行等共同对物业状况、财务、税务和法律等方面进行尽职调查，出具相应报告。

③上市前融资安排。根据实际情况，设立新公司；设计过桥融资方案；转移资产方案；准备评估、市场、财务、法律等报告；设立信托，委任受托人，资产管理公司等。

④资产重组。根据物业的基本情况（所在的城市、具体地段、出租率、物业业态、建筑年代等等）以及整个资产池的总体特征，由顾问公司对交易结构提出建议，决定以下方面问题：设立BVI公司的具体方案；REITs的融资比率；REITs基金单位的定价，对不同的机构投资者的优惠认购价；承销商上市路演的具体方案。在做出上述可能的微调之后，将由业主确定REITs上市的最终交易结构。

在整个REITs的设立过程中，资产重组虽然并不一定会明显体现在法律框架或者基金的说明书中，但它却是一个必要的准备阶段。只有将发起人所拥有的不动产进行重新整合，实现拟发售资产与发起人资产的独立，才能保证投资人的权益而避免关联交易等风险，从而为基金的设立奠定基础。

此阶段的第一个环节是资产筛选。发起人可以根据自身情况及市场预期和风险防范等目的挑选拟发售资产，形成不同的资产组合，从而获得投资人更多的认同。具体而言，商用写字楼等资产具有较高的租金收入，但是如果只有单一的资产则可能会随市场波动而出现整体疲软，从而影响基金的收益。发起人可以考虑将不同类型的资产进行整合，从而保证比较稳定的收益率。

第二个环节是资产清理。即假若拟发售资产本身有抵押等不便于资产转移的负担，发起人要变更资产所有权状态使之恢复为完整的所有权。

第三个环节是资产转移，即发起人要通过买卖的方式：拟发售资产转移给特设公司并拥有向特设公司请求拟发售资产取得对价的债权。这个债权是在上市发售成功之后特设公司将持有人认购的资金转移给发起人的基础。通过特设公司持有拟发售资产，实现了拟发售资产与发起人其他资产的独立，从而降低了关联交易的风险，也为下一阶段的信托契约运作做好铺垫。资产转移之前要有必要的资产评估程序。

⑤成立相关公司、与信托公司签订信托服务协议。这个阶段的主要工作是设立 BVI 公司，将资产转移至 BVI 公司；设立资产管理公司。至此 REITs 的结构也已经初步显现出来。

（2）上市申请阶段。

①提交申请。这是 REITs 上市前的重要环节，必须把准备好的所有材料报送拟上市地（新加坡/中国香港）当局审核，主要工作有：金管局及联交所报批，准备招股说明等宣传资料，路演。主要内容包括上市条件、资产管理人和受托人的资格、信息披露等方面。

②发行地当局审核。发行地监管当局对发行人提交的所有材料进行评审，做出批准或者拒绝批准的决定。期间，监管当局可能提出问题要求公司回答，承销商和各中介机构将协助完成问题的回答。评审会对 REITs 是否符合上市资格举行听证会，经批准后准予进入上市阶段。

（3）上市发售阶段。

设立 REITs 的申请获得当局批准后，REITs 上市业务就进入最后一个环节：向公众发售基金单位。

上市发售就是将 REITs 的基金单位在证券市场上公开挂牌交易。基金单位的发售过程与新股发行在销售方式上大体一样。持有人在证券市场上购得的基金单位可以在证券市场上自由流转。

在发售过程中，发起人可以根据自身需要认购一部分基金单位以保持在持有人大会上的发言权以及享有相应比例的基金收益。

上市费用主要构成为：支付会计师、估价师、律师、财务顾问、承销商等费用，以及上市发生的其他费用。上市需要支付的费用约占资产总值的 2% -2.5%。上市前需要业主垫付总上市费用的 1/10，上市成功后全部费用由投资人（基金单位持有人）通过募集支付。新加坡、中国香港 REITs 上市流程见图 5。

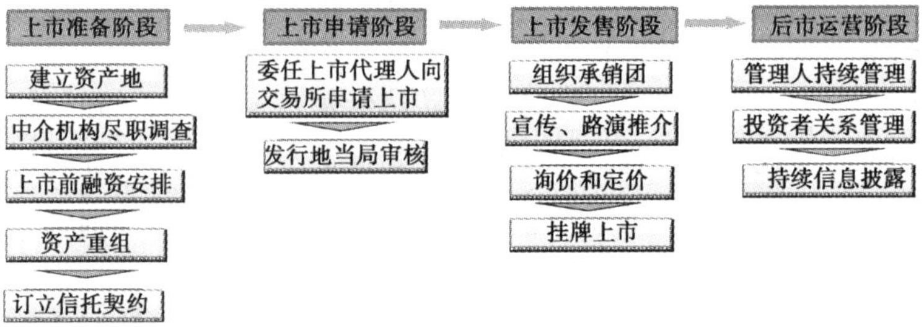

图 5 新加坡、中国香港 REITs 上市流程

3. REITs 的交易和估值

美国是 REITs 发展最早，也是最为成熟的国家。美国超过 2/3 的 REITs 是上市交易的，世界其他国家的 REITs 多数也是上市交易的。

3.1 REITs 成为第四金融资产

从美国的情况看，REITs 与标普 500、NASDAQ、高收益债券（垃圾债）、国债等资产的收益和风险水平均不相同。过去 20 年，权益型 REITs 单位风险的回报率达到 0.86，仅次于高收益债券，高于标普 500 和 NASDAQ 指数。此外，REITs 与其他几种资产之间的相关系数也较低，一般不到 0.5。这种独立的风险收益特性使 REITs 成为资本市场的一个新维度。实际上，REITs（特别是权益型 REITs）在美国有第四资产之称，即股票、债券和现金之外的第四种金融资产。

权益型 REITs 既有相当高的派息率，又有较高的资本增值收益。从美国 30 多年的数据来看，它的派息率通常会高于 10 年期国债的收益率（见图 6）。

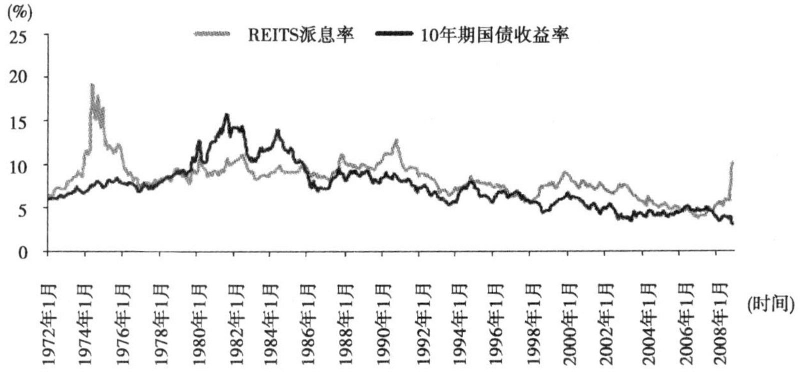

图 6 1972 年 1 月至 2008 年 1 月权益类 REITs 派息率与美国 10 年期国债收益率的比较

权益型 REITs 的总体回报率略高于股票指数的回报率，且其稳定的派息占

总体回报率的主要部分。自 1972 年以来，美国权益型 REITs 年均回报率 12.99%，其中派息形成年均 8.4% 的回报率，占总体回报率的 65%，资本增值带来另外 35% 的回报率。

同期标普 500 指数年均回报率 11.5%，分红形成的回报率为 3.5%，占 30%，资本增值贡献了主要的回报率为 70%。

3.2 上市 REITs 的二级市场走势

3.2.1 美国市场

作为全球上市 REITs 最多，交易最活跃的市场，美国 REITs 二级市场交易情况是全球市场的一个缩影。

富时公司发布的美国房地产信托基金价格指数是选取了包括在纽约证券交易所、美国证券交易所以及纳斯达克证券交易所上市的 REITs 作为样本编制的价格指数。该指数较好的反应了美国 REITs 的二级市场走势情况。1999 年以来美国 REITs 二级市场价格总体走势见图 7。

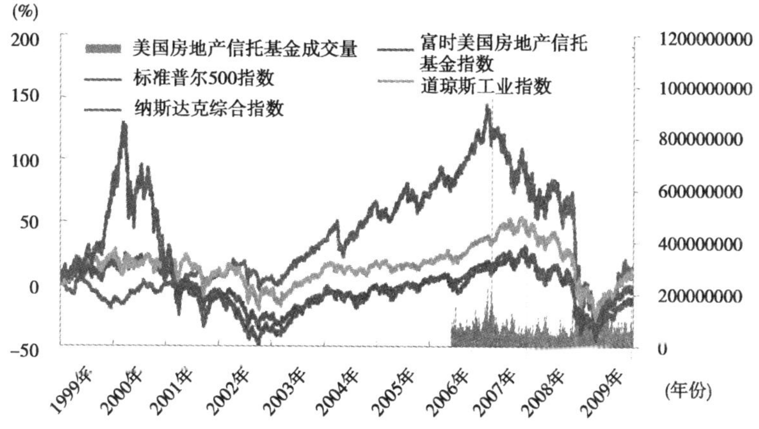

图 7　1999 年以来美国 REITs 二级市场价格总体走势

资料来源：Bloomberg。

可以看到，美国 REITs 的二级市场的走势基本与房地产市场和股市的走势趋于一致。即，REITs 也会受到宏观经济波动因素的影响，呈现出一定的周期性。

3.2.2 中国香港市场

中国香港 REITs 起步相对较晚，虽然相关制度和市场都已经相当成熟，但目前上市 REITs 数量还不多。在中国香港市场上，以领汇 REITs（投资于中国香港本地）和越秀 REITs（投资于中国内地）最具代表性。

领汇 REITs 于 2005 年 11 月 25 日正式在香港联交所挂牌，是香港规模最大的 REITs。其上市后就被纳入 EPRA/NAREIT 全球房地产指数，随后又被纳入摩根斯坦利资本国际（MSCI）之内，占摩根斯坦利资本国际香港指数的比例达 1.74%。

越秀 REITs 上市后不久，就受到 2007 年亚洲金融危机的冲击股价表现一直平平。随后又受 2008 年全球次贷危机的影响，股价更是一泻千里。这也说明 REITs 作为连接房地产市场和资本市场的融资工具，会同时受到两个市场因素的影响。

3.3 REITs 的估值

抵押型 REITs 的估值和债券的估值一致：既可以根据 REITs 持有的抵押贷款池的风险特性选取合适的收益率进行贴现得到当前净值，也可以根据 REITs 的交易价格反算其隐含收益率。

由于 REITs 通常只持有单项资产，权益型 REITs 的估值实际上是对 REITs 持有的房地产的估值。和股票估值类似，REITs 的估值方法也分为寻找内部价值的绝对估值方法，和同类产品之间进行比较的相对估值方法两类。

3.3.1 绝对估值——NAV 方法

由于权益型 REITs 主要目标是持有资产，依赖资产产生的收益和资产增值（通常没有来源于所持有资产之外的其他收益），因而其绝对估值方法就是计算资产净值（Net Asset Value，简称 NAV）。

NAV = 总资产 - 总负债

总资产是指 REITs 拥有的所有房地产的价值总和。总负债是 REITs 运作及融资时所形成的所有负债，包括应付给他人的各项费用、应付利息等。

由于 REITs 持有房地产的目的是为获取长期收益，而不是为短期交易。即，持有的是收益型房地产，而不是交易型房地产。收益型房地产的价值通常用收益现值法计算，而不是直接寻找市场公允价值（由于交易的稀少，位置、品质的差异，公允价值一般也很难寻获）。

收益型房地产的现值由净运营收入（Net Operating Income，简称 NOI）贴现得到。NOI 相当于资产的净利润。虽然大多数权益型 REITs 都上市交易，但这里用的贴现率不是加权平均资本成本（Weighted Average Cost of Capital，简称 WACC），而是资本化率（Capitalization Rate）。其主要原因还是因为 REITs 只持有单项资产，有不同于普通上市公司的风险收益特性。如果资产的风险大于普通股票，那它的资本化率应当高于股权回报率，否则就会低于股权回报率。由于房地产收益波动较股票低，所以 REITs 的资本化率通常低于股权回报率。一般来说，资本化率与长期国债之间保持着一种相对稳定的正相关关系，一般比 10 年期国债收益率高出 2 - 4 个百分点。过去 10 年，美国十年期国债的收益率在 4% - 6.5%，REITs 的资本化率在 6% - 10% 之间。而日本国债收益率只有 1.5% 左右，相应地 REITs 的资本化率仅为 3% - 5%，显著低于美国。

计算出 REITs 的 NAV 后，就可以比较每股 NAV 和市场交易价格的差异，判断其投资价值。当然，也可以根据交易价格反算 REITs 的隐含资本化率，进行价值判断。

实际运用 NAV 方法估值时需要注意：

（1）用 NOI 计算资产的价值，只能用在相对成熟物业上，即入住率较稳定，基础租金水平稳定。

（2）对有财务杠杆的 REITs，要根据 WACC 的原理调整资本化率。

（3）仔细租约分析。优质的租约合同可以额外提升资产的价值，这种好处无法显现在 NOI 中，但是应当给予一定的溢价。好的租约包括以下因素：长期稳定的存量租约；信誉良好的租客；租金随通胀调整的权利；租客和业主共同承担维护、改进的成本的协议等。

（4）考虑特殊性协议，比如出租期结束租客优先购买物业等。

3.3.2　相对估值——FFO 方法

REITs 的相对估值方法来源于股票的 PE 估值方法，只是根据房地产的特点对 PE 估值方法中 EPS（每股收益）的 E（Earning）进行了一个调整：用 FFO 取代了 E。

在 1991 年提出 FFO（Fund from Operation）估值方法，主要是因为传统的净收入并不能反映 REITs 现金流的真实情况，因为房地产折旧具有特殊性，某些地段好且管理好的商业地产的价值可能持续上升，按会计准则对其进行折旧摊销会失真。

FFO 是在传统的净收入的基础上，加回折旧和摊销，再扣除非经常性损益。具体计算公式为：

FFO = 按会计准则计算的净收入 + 资产折旧 + 出租费用摊销 + 租客改进摊销 - 非经常性损益

FFO 方法就是采用每股 FFO（简称 P/FFO）估值，而 P/FFO 倍数通常比较稳定。在美国，就整个行业而言，1993 年以来 REITs 历史平均 P/FFO 是 13 倍，1996 年以来权益型 REITs 的历史平均 P/FFO 是 14 倍左右。

而各类型龙头公司的 REITs 历史平均 P/FFO 在 11 - 15 倍之间。

4. 中国发展 REITs 的探讨

4.1 中国 REITs 的发展前景

4.1.1 从工业化和城市化角度看，商业地产处于上升通道

目前中国城市化率接近 50%，人口仍在继续向城市迁移，城市住宅存量不断提高，一手房成交占比下降，而二手房成交占比上升。根据国内外的经验，美国和日本的住房自有率在 60% - 70%，一般有 30% - 40% 的人需要租房，在大城市租房的比例更高，这正是商业地产所面临的庞大市场。

随着工业化和城市化的进一步推进，第三产业挤占第二产业用地的现象由优先发展的核心城市向周边城市扩散，商业地产需求增长加快，商业与住宅和工业争夺土地的现象日益严重，这些都推高商业地产或住宅的价格。具体而言，中国的商业地产发展将出现有以下几个特点：

一线城市城市化水平已近饱和，住宅和中低端商务地产空间有限，高端商务地产仍有发展空间。北京、上海、广州、深圳四大城市的城市化水平已经接近饱和，达到甚至超过了发达国家水平。我们认为，对一线城市而言，其城市化的外延式增长阶段已经基本结束，内涵式增长阶段已经开始并将深化。城市内部各个区域的功能差异化将进一步加强，高端商务地产的需求巨大。

二三线城市城市化空间仍较大，中低端商务地产、工业地产和住宅仍有发展空间。部分城市化水平已超过 45% 的城市，其城市化速度将降低，但考虑到城市化速度的较高基数，其城市化水平仍将有较大空间，城市化进程仍处于外延式增长阶段，而中低端商务地产仍将有较大需求。

4.1.2 以写字楼为代表的非住宅类地产的市场空间巨大

随着实际人均 GDP 的提高，人均占有的写字楼规模将不断扩大，且呈加速扩大的趋势。根据联合国的数据，截至 2007 年，我国实际人均 GDP 为 2310 美元，为发展中国家的较高水平，而非住宅类地产尚处于发展阶段。对于人口绝对规模仍不断扩大的我国而言，随着实际人均 GDP 的不断提高，以写字楼为代表的非住宅类地产的市场空间巨大。

以北京的写字楼市场为例，20 世纪 90 年代末的空置率，一直维持在 30% -40% 的高位，而自 2005 年年末开始，新增供应逐年下降，而吸纳量一直保持稳定。虽然 2008 年的金融危机，短期内将给商务地产带来极大压力。但就中长期而言，我们仍看好包括写字楼在内的非住宅类地产的发展空间。北京写字楼新增供应量、吸纳量以及空置率情况见图 8。

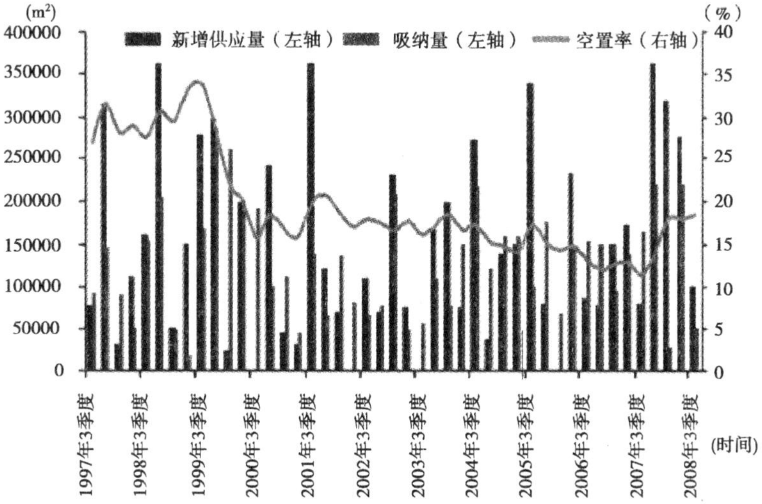

图 8　北京写字楼新增供应量、吸纳量以及空置率情况

资料来源：CBRE。

4.1.3　中国 REITs 市场潜力巨大

如前所述，随着经济的发展，非住宅类地产的市场规模随之呈加速扩大的趋势。但不可否认，商业地产同时也面临着较大的发展瓶颈。其中，最为关键的两点：一是市场的流通性较低，二是投资回收期较长。

除酒店式公寓外，中国住宅的最终需求，多为自用性需求；而非住宅类地产，其最终需求，多为租赁性需求。非住宅地产的最终租户，其租赁空间一般极少会达到整栋的规模。但对某栋商务地产而言（比如写字楼、商铺等），租户定位、装修风格的一致性，租户构成的合理搭配等，远比住宅重要。因此，非住宅地产被分割成不同单元分散销售的情况极少。非住宅类地产以整栋销售为主的特点，使得其单笔交易金额很大，对买方的资金要求较高，普通个人投资者一般无法涉足。国内暂时缺乏如此众多且较为成熟的商务地产机构投资者。

REITs 的出现，将成为破解以上两大难题的利器，使得我国非住宅类地产迎来空前的发展契机。根据 Pramerica Real Estate Investors 的一项研究，中国在全世界房地产资产组合规模最大的 15 个国家里排名第 9，在 2003 年年末拥有 2405 亿美元规模的高档商业房地产。按照上述数据，最保守的估计，中国的 REITs 潜在市场仅商业地产的市值已经约为 240 亿美元（2000 亿人民币）。

尽管作为世界上最大的 REITs 市场，美国的房地产投资信托业与美国庞大的股票市场和商业房地产的总价值相比，其规模还是很小的。房地产投资信托业占美国商业房地产总价值的 8% －10% 。因此，我国 REITs 存在巨大的发展空间。

4.2 中国 REITs 发展路径的探讨

我国 REITs 产品设计的路径主要有信托计划、房地产上市公司和封闭式基金三种模式。另外，还有一种以企业资产证券化产品为载体的准 REITs 模式。

4.2.1 信托模式

从 REITs 的本质看，信托计划是最符合 REITs 产品要求的结构。从长远发展考虑，信托形式是 REITs 发展策略的首选。信托计划模式的优势在于一方面可以从结构上确立受托人和管理人的职能；另一方面，信托计划的结构有利于享受税收方面的优惠。

但是信托形式的 REITs 在我国现有法律制度中存在较大的障碍。第一，如果以信托计划为载体，建立 REITs 的投资实体并发行上市，在实施中会遇到现有法律制度在信托合同数量方面的限制。由于《信托法》中规定统一项目的信托合同不能超过 200 份。这意味着信托计划型 REITs 的设立只能采取私募的形式，投资者的数量和类型被大大限制，也违背了 REITs 产生和发展的初衷。第二，制度成本过高，主要表现在对信托产品的监管。目前信托计划由中国人民银行审批和监管，将 REITs 作为信托产品上市，涉及中国证券监督管理委员会（以下简称中国证监会)、中国人民银行、交易所等各部门之间职责划分和协调。

4.2.2 房地产上市公司模式

上市公司型 REITs 通过发行股份的方式募集资金，投资人通过购买股份成为股东，通过出席股东大会、选举董事等方式参与基金的重大决策，并由基金公司董事会行使基金公司的法人财产所有权。基金通过自设管理人或是委托专业的基金管理公司负责基金的运作。基金公司的董事会对基金管理公司的经营和管理活动进行监督。

发展上市公司型的 REITs 具有以下几个有利因素：第一，可以基本上以现有的《中华人民共和国公司法》和《中华人民共和国证券法》为依据，在法律上有据可依；第二，在实施过程中，现有上市房地产公司的发行上市和监管经验可以为制定实施细则提供参考；第三，REITs 的投资人是公司的股东，可以避免基金模式中基金管理公司股东和基金持有人之间的利益冲突，同时投资人也被赋予了更大的参与重大决策的权利。

但是，以房地产上市公司模式发展 REITs 产品也面临着较大的障碍。主要体现在《中华人民共和国公司法》中要求拟上市的企业必须持续经营满 3 年以上，并且最近 3 年连续盈利。对于以收购成熟物业并经营为主业的 REITs 来说，实际操作中满足该条款存在较大的困难。

4.2.3 封闭式产业基金模式

封闭式产业基金模式类似于目前的封闭式证券投资基金，其根据一定的信托契约组织起来的代理结构，一般由基金管理公司、基金保管机构和投资者三方订立信托投资契约，其组织结构见图 9。

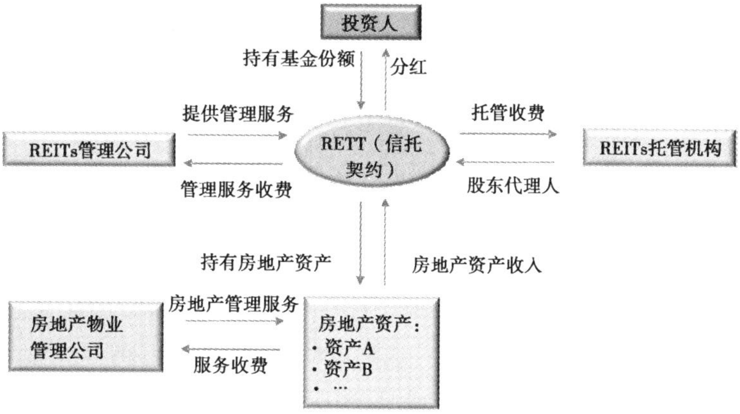

图 9　封闭式产业基金 REITs 的组织结构

封闭式产业基金 REITs 的主要优势在于：第一，可以借鉴现有的封闭式证券基金运作和监管经验；第二，由基金管理公司发起契约，组织设立 REITs 基金，这样的结构可以引入专业的资产管理和物业管理机构对房地产进行投资和管理。

发展封闭式基金形式的 REITs 产品最大的障碍在于产业投资基金类的法律制度不完善。我国目前没有专门针对产业投资基金的立法。目前与投资基金有关的法律就是《证券投资基金法》，但其限定了基金的投资范围只能在证券投资产品中。除了法律制度方面的障碍外，封闭式基金形式的 REITs 在结构上仍然有一定的缺陷：封闭式基金的持有人不是基金管理公司的股东。而基金管理公司的股东可以在公司设立的时候以相对较少的资金投入，形成基金管理公司的股东对公司的经营管理有决策权、而基金的投资者对基金管理公司的决策没有"说话权"的局面。由于内在利益的不一致，当出现利益冲突时，基金管理公司的董事将会面临着是维护基金管理公司利益，还是保护基金与基金持有人利益的艰难选择，无法实现独立、有效的基本目标。

4.2.4　以企业资产证券化产品为载体的准 REITs 模式

2003 年 12 月 18 日，中国证监会以第 17 号主席令的形式颁布了《证券公司客户资产管理业务试行办法》（简称《试行办法》），该办法第 11 条明确规定，"经中国证监会批准，证券公司可以从事下列客户资产管理业务：为单一客户办理定向资产管理业务；为多个客户办理集合资产管理业务；为客户办理特定目的的专项资产管理业务。"截止到 2006 年年底，证券公司共推出了 9 个依托专项资产管理计划的企业资产证券化产品，基础资产包括租赁费收益权，公路通行费收益权，水电收益权，BT债权，污水处理费收益权，融资租赁收益请求权。

顺此发展思路，可以将REITs产品套用非限定性的专项集合资产管理计划模式，按照《试行办法》的规定推行。这样，可以避开现有法律障碍，节约产品创新的成本与时间。目前，上海证券交易所及中国登记结算有限公司上海分公司都已针对专项集合资产管理计划的推出在交易、登记、结算规则与机制方面进行了完善。因此，准REITs利用现有交易平台，也能实现快速上市的目的。

准REITs专项集合资产管理计划也存在着先天的弊端：由于采取大宗交易方式，产品交易局限于机构投资者，普通投资者无法参与。根据现有已发行的专项资产管理计划产品的二级市场情况来看，其交易非常清淡，流动性存在较大的问题。

从以上四种路径的比较可以看出，每一种路径都有各自的利弊。从长远考虑，将我国REITs发展为类似于国外成熟市场的可上市交易的标准化产品才是最根本的目标。虽然采取契约型基金或是公司型来构建REITs产品都是可行的途径，但是，REITs在我国是一个从无到有的过程。在考虑发展路径的时候，我们认为选择法律障碍最小的路径或许是最为可行的办法。具体来说，在制度设计上，只需要中国证监会出台有关REITs设立、发行、上市和监管的规定和条例，即其所需要突破的制度障碍最小。

基于以上考虑，由于现有的法律制度（主要是《中华人民共和国公司法》和《中华人民共和国信托法》）对公司型和信托型REITs有难以突破的限制，而基金型的REITs产品成为值得考虑的形式。这主要是因为基金型的REITs产品结构既可以避免与《中华人民共和国公司法》有关公司上市条件的规定相冲突，又可以借鉴我国证券市场发展过程中对证券投资基金的立法过程，以最小的法律制度代价推出为市场所接受的投资产品，在发展中再进行规范。

4.3 中国发展REITs存在的问题

中国REITs大规模发展所面临的问题归结起来主要是要解决REITs的收益性，成长性和流动性问题。具体而言：

4.3.1 税收优惠问题

税收优惠是REITs在美国、澳大利亚等成熟市场取得成功的重要因素。下文通过对比美国REITs的税收优惠和我国当前的纳税环境来分析我国REITs的负税能力。

在美国，REITs主要的法律都出自于美国国内税法典（Internal Revenue Code，简称IRC），并且历次针对REITs的法案，也都是在IRC基础上的修正。美国REITs是享受“穿透性税收待遇”（Pass - through Tax Treatment，是指企业的收益或损失可以冲抵企业持有人的个人所得税应税收入，从而避免了双重征税）的商业实体。总的来说，其税收优惠可以分为两个方面：REITs 自身的税收优惠和投资人的税收待遇。

REITs 自身税收待遇的最重要特征是它被视为收入传递的工具而免征所得税。只有存在下列情形的时候，REITs 才有可能被课税：①对于没有分配的应税收入（包括资本利得），REITs 仍然要缴纳正常的公司所得税；②如果在每个税收年度末，REITs 没有完全分配其所有的应税收入（包括资本利得），那么 REIT 还要缴纳 4% 的营业税；③如果 REITs 没能满足 75% 或 95% 的收入要求，则将承担 100% 的惩罚性税收；④对于 REITs 处置丧失赎回权的抵押财产而取得的收入，如果该项财产被视为 REITs 的资产存量，则将征收正常的公司所得税；⑤REITs 中属于禁止交易而取得的任何收入都将被征收 100% 的惩罚性税收。所谓被禁止交易是指 REITs 对其存量资产（除丧失赎回权的抵押财产之外）的处置。

REITs 将其收入和利润分配给它的股东，这种分配通常视为普通的股票红利。该分红对 REITs 股东来说，不再享受股利税收优惠的待遇。通常是在支付 REITs 分红的那个税收年度对 REITs 的持有人进行征税。在任一年度，REITs 可指定其分红中的一个比例作为资本利得红利，这部分指定的资本利得红利可作为长期资本利得来征税（比短期收入的税率要低）。如果 REITs 决定保留部分收益，在这种情形下，REITs 股东须按其持股比例将 REITs 的未分配收益以长期资本利得的名义计入各自的收入中。如果 REITs 分红超过一定基准的部分则视为股东出售股票所获资本利得，并依照出售股票的税收要求课税。REITs 的损失不能传递给股东（即不能抵减股东个人所得税）。

综上所述，美国 REITs 的税收待遇有两个主要特征：一是 REITs 本身享有收入传递证券的税收待遇；二是 REITs 的红利属于非被动行为收入，对 REITs 股东来说，不再享受个人所得税优惠的待遇。

中国香港的有关立法虽然没有对 REITs 提供税务上的优惠政策。但实际操作中，中国香港 REITs 的税负并不高。原因在于：一方面，中国香港本身的税率已经相对偏低；另一方面，在 REITs 的层面，除了须缴纳物业税外，经过香港证监会认可的基金都免缴利得税；在个人投资者层面，中国香港没有征收资本利得税和股息税。

在我国，依照现行的税法，REITs 在持续经营过程中涉及的税收项目主要有：①租金收入，需支付营业税及营业税附加（当前税率为 5%）；②房产使用方面的税项：房产税为比例税，对于出租的房屋，以租金收入为计税依据（当前税率为 12%）；③REITs 层面的所得税：如果是公司型基金，其向股东分配红利时公司需要缴纳企业所得税（当前税率为 25%）；如果是契约型基金，由于没有法人身份，基本无须考虑REITs层面的所得税。但目前，我国税法对基金纳税规定有些模糊，其规定“对基金从证券市场中取得的收入，包括买卖股票、债券的差价收入，股票的股息、红利收入，债券的利息收入以及其他收入，暂不征收企业所得税”，此部分并没有包括REITs从房地产业务中取得的收入。另外该点所述的“暂不征收企业所得税”可以被理解为，我国契约型基金虽然没有法人身份，但需要单独缴纳企业所得税，只是当前处于暂不征收的阶段。

从REITs投资者的层面来分析，如果持有公司型REITs，持有人须按照股票投资中的股利分红原则缴纳股利税和资本利得税（目前，资本利得暂不征收个人所得税）；如果持有契约型REITs，则按照目前证券投资基金分红的税收原则本应暂免个人所得税。但税法中对于REITs主要来源于房地产经营业务收入分红的征税还未明确。

通过以上对比分析，我们不难看出，我国现行税制并没有考虑到REITs的特殊性和复杂性针对REITs作出统一的规定。因此，实际操作中可能会造成REITs层面和投资者层面重复征收所得税的问题。

4.3.2　租金回报率问题

我们通过对美国REITs的研究显示，一个REITs成功的关键是稳定的投资回报，且这一回报应比当时的长期国债收益率高2-4个百分点。在美国，8%的投资回报率是美国REITs的经营底线，因为在美国，REITs的融资成本平均在5%-7%之间。

总体来看，全球物业投资年均总回报率为10.5%。分国家来看，除德国的物业投资年均总回报率只有3.5%以外，日本、法国、西班牙、澳大利亚等8个国家和地区的物业年均收入回报率都在9%以上，年均收入回报率占总回报率的比重在60%左右。全球及各国物业年回报率及构成见表2。

表3　全球及各国物业年回报率及构成　(%)

单位	年均总回报率	年均收入回报率	年均资本回报率	时间跨度
全球	10.5	6.4	3.9	2001-2007年
澳大利亚	11.4	7.5	3.6	1985-2007年
日本	9.7	5.9	3.6	2003-2007年
德国	3.5	5.0	-1.4	1996-2008年
法国	12.4	5.9	6.2	1998-2008年
意大利	9.1	5.7	3.2	2003-2008年
西班牙	10.2	5.5	4.4	2001-2008年
荷兰	11.0	6.3	4.4	1994-2008年
加拿大	9.6	8.0	1.5	1985-2008年
南非	16.6	9.7	6.4	1995-2008年

资料来源：Bloomberg。

中国目前的长期（10 年以上）国债收益率大约为 3.7% 左右。在此基础，我们认为投资者要求 REITs 的最低投资回报率都在 6% 以上。考虑到 REITs 经营成本以及税收成本，REITs 为达到这一目标，必须将其持有物业的租金回报率提高至 8% –10%。

但是，我国目前的现状是：楼市租金回报率明显低于发达国家和地区水平。从近几年情况看，租金回报率呈持续下降趋势，原因在于租金增长缓慢，而房价增长过快。短期而言，受通胀预期影响，部分投资投机需求还将入市，必然会进一步推高房价，导致以上局面更加恶化。1997 –2008 年我国房屋租金回报率走势见图 10。

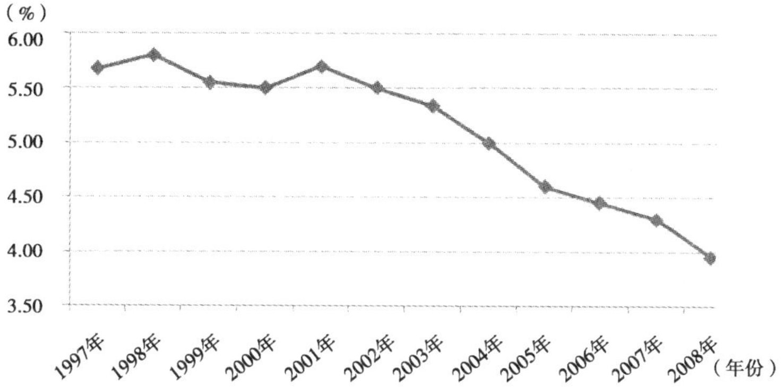

图 10　1997 –2008 年我国房屋租金回报率走势

资料来源：Bloomberg。

在中国地价高企的背景下，许多地方的租金回报率不到 5%，根本无法满足投资人对 REITs 回报率的要求。在这样的情况下，投资者持有 REITs 的目的只能是依靠物业资产增值的收益，也就是说需要建立在中国房价持续上涨的预期下。而一旦房地产市场价格出现调整或者波动，REITs 的价格可能跟随剧烈波动。因此，中国的 REITs 可能呈现出类似于股票的风险特征，从而背离了成熟市场上 REITs 所表现出来的“高收益，低风险”的基本特质。

4.3.3　资产转让减免税问题

成长性是 REITs 有别于债券和一般的物业资产组合的重要特点。如何在有效避税的前提下，扩大资产规模和盈利模式多样化（向产业链下游延伸）是 REITs 成长的主要方式。REITs 要发展壮大，就必然会不断收购新的资产，资产转让交易过程中就一定不可避免涉及到增值税。

1990 年之后美国 REITs 迅猛发展的最重要原因是，REITs 为投资者提供了最低成本的退出渠道。普通的资产转让需要缴纳高额的资产转让所得税。但是通过 REITs，就可以避免：上市 REITs 通过发行 UPREITs 合伙权益来交换拟收购资产，这种合伙权益可以转换为上市 REITs 的股份，并在公开市场上套现。

在中国，REITs在收购物业资产的过程中面临的最大的税收成本就是土地增值税。因为对于大多数的物业，其账面成本非常低，经过若干年的增值，其公允价值（市场价格）已经远远高于账面成本。而物业持有人在向REITs转让这些物业资产时是以评估值（即公允价值）为基础。该交易过程中物业持有人需要缴纳巨额的土地增值税（通常上千万，个别过亿）。这样导致的直接后果是，一方面，物业持有人达成此项交易的积极性大大降低；另一方面，物业持有人通常会要求更高的支付对价以补偿其纳税损失，从而推高REITs的收购成本。

例如一物业持有者2003年开始持有的物业，其账面成本仅为4000元/平方米，到2009年该物业的市场价格涨至20000元/平方米。此时，该物业持有者转让该项物业时，其应缴纳的税金包括营业税金及附加①、土地增值税②等。转让的营业税金及附加支出为：$20000\times5\%\times(1+5\%+3\%)=1080$元。土地增值税为：$(20000-4000-1080-4000\times20\%)\times(60\%)^2-(4000+1080+4000\times20\%)\times15\%=7590$元。由此可见，物业持有者转让该项物业时面临巨额的税收成本将占其转让收益的一半以上。

4.3.4 流动性

美国REITs在交易所上市，无论是机构投资者，还是个人投资者，无论是国内投资者，还是国外投资者都可以参与，并享受不同程度的税收减免。

目前，中国的投资者投资理念还不成熟，如何确定REITs的投资者范围关系着REITs二级市场的流通性。只允许机构投资者进入还是向个人投资者开放？如果只允许机构投资者参与，将导致投资者的同质化，大大降低产品的流动性，或有可能陷入资产证券化的尴尬困境。但是如果放开个人投资者参与REITs，根据以往的经验，势必导致二级市场的过度投机。尤其是REITs对于国内投资者还是较为陌生的金融产品，投资者对于其估值和定价还不了解。

5. 中国发展REITs的建议

5.1 关于法律法规的建议

从世界范围来看，对于REITs的立法主要有分散型和统一型两种：（1）分散型立法以美国为代表。美国REITs的设立主要由《证券投资法》和有关的税

---

① 现行的税制下，营业税税率为5%、城市维护建设税税率为5%、教育费附加税率为3%。

② 土地增值税是以转让房地产取得的收入，减除法定扣除项目金额后的增值额作为计税依据，并按照四级超率累进税率进行征收。增值额超过扣除项目金额200%的部分，税率为60%；速算扣除系数为35%。

法所决定。REITs 除了要符合 1933 年的《证券投资法》和各州的相关法律外，其最主要的法律规范来自于一系列的针对 REITs 的税法。所以，相关的税法改革是决定 REITs 结构、发展和演变的关键因素。（2）统一型立法以亚洲各国和地区为代表，如日本、韩国、新加坡等等。亚洲的 REITs 在结构、投资范围、收入分配等方面都与美国的规定十分相似，但是由于各国在税收制度方面与美国有根本的不同，所设立的 REITs 没有明显的税收优惠驱动的特征；相对而言，较为明显的是这些国家和地区普遍采取了统一制定 REITs 专项法规的立法模式。图 15 简单地表示了我国发展 REITs 所涉及的法律和监管部门：

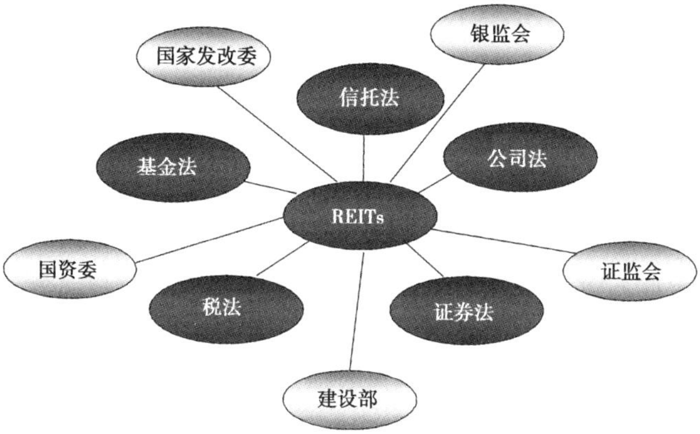

图 11　我国发展 REITs 涉及的法律和监管部门

由图中我们可以看到，在我国推出 REITs 的障碍来自与法律和监管的统一。REITs 涉及众多的法律和部门，如何使产品具备法律上的可行性和合法性以及协调各部门之间对于 REITs 的监管就成为推出 REITs 的两个重大课题。

我国推出 REITs，适合采取大多数亚洲国家和地区的做法：针对 REITs 进行专项立法。因为 REITs 所涉及的法律很多，如果将每种法的相关部分进行修改成本太大，程序繁复。而采用专项立法可以一步到位，加快立法进程。我国与 REITs相关的法律法规见表 4。

表 4　　我国与 REITs 相关的法律法规

部　　门	相关法律
信托	《中华人民共和国信托法》、《信托投资公司管理办法》 《信托投资公司资金信托管理暂行办法》 《信托投资公司信息披露管理暂行办法》 《信托投资公司房地产信托业务管理暂行办法》
证券	《中华人民共和国证券法》

续表

部门	相关法律
基金	《中华人民共和国证券投资基金法》
其他	《中华人民共和国税法》、《中华人民共和国公司法》、《中华人民共和国合同法》
房地产投资信托	《房地产投资信托试点管理办法》(建议稿)(业内流传未公开)

同时，在 REITs 的立法中必须对以下几个方面作出规定：REITs 必须具有清晰的投资策略，侧重于拥有及管理物业而不是开发销售；必须将其应纳税收入的大部分以股息方式分配给股东，从而享受相关的免税优惠；明确上市要求，并通过向投资者的信息披露来确保其运营的透明度；对投资领域和借贷予以固定，例如设定借款限额以及不得参与房地产开发活动等规定，以防范 REITs 运作中的风险等。

针对前述分析，我们建议监管层尽快制定针对 REITs 的专项法规。在专项法规的基础上，如有可能，应该将制定包含规范产业基金、投资基金和信托基金等内容在内的、全面而统一的大基金法提上立法议事日程，改进现有《中华人民共和国证券投资基金法》中的诸多根本性缺陷。与此同时，《中华人民共和国公司法》、《中华人民共和国证券法》、《中华人民共和国信托法》、《中华人民共和国合同法》等也需要做出相应的调整。

5.2 关于税收优惠的建议

5.2.1 两大原则

我国 REITs 税收制度的构建应当从 REITs 的本质出发，遵循以下两大原则：

(1) 受益人负担原则。

REITs 管理和运用资产时发生应税项目，应视同受益人亲自运用该资产时发生的应税项目。受益人纳税义务在应税项目发生时产生，所需税金直接由 REITs 从信托财产中代扣代缴。

(2) 避免重复征税原则。

重复征税会增加纳税人的不合理负担，直接限制 REITs 活动的开展。因此，避免重复征税应作为 REITs 税制设计时的一个重要原则。从 REITs 的本质看，REITs 只是作为委托人实现一定经济目的的管道，受益人作为信托利益的享有者，通过该管道所负担的纳税，应当不因 REITs 的介入而加重。

5.2.2 税制优惠

具体而言，我们建议监管机构在制定 REITs 税收制度时，从以上方面给予优惠考虑：

（1）针对 REITs 层面免征企业所得税

如果采用公司型 REITs，建议 REITs 向股东分配红利时免征企业所得税。如果采用契约型 REITs，则需将现有针对证券投资基金的税收优惠扩大至 REITs。

（2）针对投资者层面免征或者减半征收个人所得税

个人所得税包括股利税和资本利得税。现有的证券投资基金法规既免征股利税同时也免征资本利得税。而股票投资只暂免资本利得税。在我国发展 REITs 的初期，从为保证 REITs 投资者的积极性和促进市场活跃程度的角度出发，建议出台个人投资者投资 REITs（无论是公司型还是契约基金型）都给予免征或者减半征收个人所得税（包括股利税和资本利得税）的优惠措施。

（3）针对物业的原始权益人在向 REITs 转让其持有的物业资产时，给予增值税方面的优惠，以保证物业的持有者有足够的动力向 REITs 出售优质的物业资产。

建议对于向 REITs 出售物业资产用于购买 REITs 份额的物业原始权益人，免除或者减半征收其转让资产时的土地增值税。但该原始权益人必须承诺其持有的 REITs 份额自发行日起不少于 3 年。

5.3 关于 REITs 监管的建议

从世界范围来看，REITs 产品一般都要接受证券监管机构的监管，遵循证券市场的一般监管原则。我们认为，我国应当建立以保护投资者权益和风险防范为主旨的监管体系。

5.3.1 尽量避免多头监管

我国在完成前述 REITs 专项立法工作时，应同时明确 REITs 产品监管机构，针对 REITs 具有跨金融行业的特点，应尽可能避免出现多头监管的格局，以产品在交易所市场的管辖权作为确定监管机构的重要依据，并加强与其他金融监管机构的协调与合作。

5.3.2 发行监管和上市监管并行

（1）发行监管。

尽管各个国家和地区对 REITs 设立与发行审核的机构不同。但是它们的上市条件中的一个重要共同点是：必须由指定的监管部门认可 REITs 的设立。REITs 产品的上市和交易虽然与交易所上市的股票没有本质上的差异，但在发行审核上应该充分考虑到其产品结构的特殊性，在设立条件和运营要求两方面加强监管。

监管机构审核 REITs 发行申请时，应侧重以下几个方面：第一，构成 REITs 产品特性的条件，包括房地产投资和收入分配比例、房地产类型等；第二，REITs的组织结构要求，包括管理人、受托人的资格和经验审核、公司治理等；

第三，投资人利益保护的要求，如对持有人大会的功能和职责的明确规定等。

必须指出的是，为防止 REITs 从事房地产业的开发活动，在发行审核时必须特别强调其不得投资于空置土地或房地产发展项目。并保证 REITs 在设立过程中，发起人应将现有的成熟物业作为 REITs 的发起资产，避免先集资、再投资的风险。

（2）上市监管。

与发行审核相比，上市监管与保护投资者利益的目标联系更密切。为保证这一目标的实现，监管机构要重点完善 REITs 强制性信息披露的机制。

在国外，REITs 的信息披露制度非常严格，通常比照上市公司的信息披露要求来执行。但更多时候，无论监管当局还是行业自律，都要求 REITs 做得更多、更好。比如，中国香港证监会认为，鉴于房地产投资信托基金属于一种上市产品，因此其披露准则不应逊于上市公司的披露准则。

在成熟市场，REITs 产品严格的披露制度对于保护投资者的权益以及防范风险发挥了重要的作用。事实上，由于披露制度的严格，投资者可以获得更多的有关 REITs 产品的信息，这些信息可以帮助他们更为理性地做出投资决策。而且，加强 REITs 产品的信息披露，可以增强 REITs 产品同业可比性，加强 REITs 经营机构与投资者之间的交流。更重要的是，严格而细致的信息披露，对于防范内幕交易、关联交易、利益输送、利益冲突等都是一副低成本的良药。

因此，我们建议监管机构在制定未来 REITs 产品的信息披露制度时，不但要关注合规性披露，也要同等重视技术性披露和风险披露，并且要注意信息披露的可操作性。比如，在风险披露方面，应要求经营机构披露 REITs 产品的潜在风险及对盈利能力的影响，除满足普通上市公司信息披露要求外，还应该满足对 REITs的特别披露要求，对重大事件以及关联交易应做及时和准确的披露。

5.3.3 建立良好的风险监控制度

从监管机构的角度来看，监管机构应当对监管手段进行改进，改变以往监管工具不科学、不统一的局面，注重预防性的监管工具。比如，监管机构应当从重视审批转变到重视检查，从重视现场检查转变到重视持续性的非现场检查，加强监控力度，根据 REITs 产品的业务特点建立相应的监控机制。并且，监管机构监控的内容应侧重于风险分析和控制，指导 REITs 经营机构调控资产运用的方向和财产运用的安全保障，强化对风险的预测和控制，保障经营机构的规范发展。

5.4 关于 REITs 产品设计的建议

5.4.1 管理人的资格

管理公司的职责是为持有人管理 REITs 的资产和债务，通过提高所持地产的租金和有策略地增加所持地产来提高持有人的回报。同时，管理公司负有遵守相关法规以及与投资人沟通的职责。因此，管理公司必须具备足够的人力、技术及财政资源，能以有效及负责的方式，履行其对 REITs 有关的管理职能，包括制定和执行投资和收入分配政策。

管理公司的管理职能涉及资产管理和物业管理两个领域。在资产管理方面，REITs 与开放式证券投资基金又有很大的差别。因此，在规定管理公司资格时，应该考虑资产管理和物业管理两方面的要求，有针对性地对管理公司的经验提出要求。

中国香港证监会在制定 REITs 管理公司的资格时，要求：基金公司获得香港证监会发牌；最少 2 名主要人员在分析香港的物业市场或就香港的物业投资提供意见方面，具备最少 5 年经验，而其中 2 年经验须与有关计划所建议投资地产物业类型有关。新加坡对管理公司和管理人员在资产管理方面的要求比中国香港的严格程度要低一些，主要条件是：必须是在新加坡注册的上市公司；拥有投资咨询的执照；与受托人独立。

针对我国的资本市场机制还未成熟的现状，我们建议采取中国香港较为谨慎的态度，对管理公司的资格做严格的限定，以最大程度的保证 REITs 持有人的利益。比如：管理公司必须由中国证监会批准设立；主要股东具有从事证券经营、证券投资咨询、资产管理方面较好的经营业绩和良好的社会信誉；主要人员（至少 2 名）具有房地产市场或物业投资和管理方面最少 5 年的经验。实际操作中，REITs 基金管理公司可以由现有的证券公司、资产管理公司、基金管理公司采用独资或者联合物业原始持有人（地产开发商）合资的方式设立，并经中国证监会审核颁发 REITs 基金管理牌照。

物业管理也是 REITs 管理的重要一环，我们认为不论是管理公司自行承担物业管理职能还是将此职能转授给第三方，在监管规定中必须明确物业管理职能的具体要求。可以从以下几方面考虑：管理公司可以聘用物业管理专业人员，以内部管理的方式持有物业；也可以将其物业管理职能转授予合格的第三方物业管理公司；如果管理公司内部自行管理，则物业管理的主要人员应具备相关的从业经验；如果管理公司将职能转授予第三者履行，管理公司必须设立机制、配备相关人员，持续地监督获其转授职能的第三方的活动。

另外，由于管理质量对于 REITs 的整体表现至为重要。因此，我们建议除了监管机构可以取消有关管理公司的资格外，REITs 持有人也可以在持有人大会上获得大多数（如超过 2/3）持有人同意，辞退管理公司。

5.4.2　托管人的资格

托管人主要是为 REITs 提供安全托管服务经验的商业银行。从经验看，中国香港和新加坡都对托管人的责任作了相似的规定，托管人和 REITs 之间为信托关系，托管人为 REITs 存托资产。中国香港和新加坡在对托管人的要求中，都突出了其相关经验的重要性，以保证托管职能的顺利实现。

针对托管人的资格，中国香港规定：必须是银行或其附属的信托公司（或在香港境外成立而获证监会接纳的银行业机构或信托公司）；主要人员必须具有与 REITs 运作类似的集合投资基金计划运作经验；独立于基金管理公司。新加坡对于托管人的资格要求如下：资本金不低于 1 百万新加坡元；主要人员必须具有在（单位）信托专业经验的人士；独立于基金管理公司。

我们认为，在我国 REITs 法规中，可借鉴中国香港对 REITs 托管人的要求，除了对托管人的职责提出要求外，还给予以下限定：必须是商业银行；拥有证券投资基金的托管经验；独立于基金管理公司。

5.4.3 REITs 投资限制

（1）地域限制。

中国香港和新加坡对 REITs 所允许投资的房地产地域作了不同的规定。中国香港 REITs 只能投资于香港的房地产，而新加坡没有对 REITs 的房地产地域作出限制。我们认为我国 REITs 投资应将投资范围仅限于国内的地产。原因如下：第一，我国的房地产市场大，可投资的物业选择多，市场容量足以满足国内 REITs 的发展。本着促进国内房地产行业健康发展的目的，我们在发展 REITs 时应该偏向国内市场，起码在发展初期应将发展重点定位于国内。第二，投资于海外物业可能带来潜在风险。这些风险包括缺乏符合资格的基金经理或物业估值师、法律保障不足、公司治理问题、信息透明度不高及外币兑换限制等。

（2）投资比例限制。

各国和地区的 REITs 对房地产投资比例有不同的规定。例如，新加坡规定至少 70% 的投资必须在房地产以及与房地产有关的资产。中国香港是从收入的来源规定，即必须投资于可持续产生租金收入的房地产，而且该收入中的大部分来自于房地产的租金。但总的来说，REITs一个重要特征就是绝大部分的收益来自于房地产租金。因此，我们建议可以从两个角度来规定我国 REITs 投资于房地产的比例：REITs 所持有的房地产资产总值不得低于规定的比例（如 70% - 75%）；来自于房地产业务的收入在总收入中的比重不得低于规定的比例（如 90%）。

（3）投资房地产项目的限制。

对于投资房地产类型，如选择零售业、工业还是办公楼、公寓、医院等，不应在有关法规中作具体的限制。但必须保证：所投资的房地产项目是可产生现金流的项目；不能参与房地产项目的开发，也不得投资于空置土地。

5.4.4 收入分配政策

绝大多数国家和地区在 REITs 的法规中明确规定了收入分配的比例。通过比较美国、澳大利亚、新加坡、日本、中国香港等地的设立条件，我们发现以上各国和地区在收入分配的比例上有非常强的一致性，即分红比例基本上是在 90% 以上。

我们认为，我国应对 REITs 的分配比例作出相应的规定，以此保证投资者获取较稳定的投资收益。建议 REITs 将不低于 90% 的税后净收入以分红的形式分配给投资者。

5.4.5 杠杆比率

从海外 REITs 的发展经验看，REITs 如果想要发展壮大就必然要不断收购新的不动产。虽然 REITs 的经营可以产生收益，但是按规定 REITs 必须将 90% 以上的净利润分配给持有人。因此，REITs 在发展过程中通常需要以外部融资的方式来支持房地产收购、开发和更新改造项目。由于 REITs 通常可以用所持有的房地产作抵押，REITs 的融资成本相对较低，因此债务融资通常是 REITs 的首选融资途径。

各国在对 REITs 借贷比例的规定上有一定的差异。美国和日本没有对 REITs 借贷比例进行限制，而新加坡、中国香港和韩国对借贷比例作了不同程度的限制：新加坡规定借贷的比例不得超过总资产的 35%；中国香港将借贷比例最高限定为净资产的 35%；韩国对 REITs 的借贷比例作了严格的限制，REITs 不可以通过借贷进行投资。

我国 REITs 产品在发展中既要防范可能过度借贷的风险，又要充分考虑其收购新的地产项目的融资要求。因此，建议允许我国 REITs 产品有适度的借贷比例限制，该比例将根据我国房地产行业的实际情况确定。

5.5 关于 REITs 投资者准入机制的建议

由于 REITs 对于国内投资者来说属于新鲜事物。因此，在我国投资者教育程度以及市场化机制还未健全的前提下，如果在发展初期不控制中小投资者的进入程度，则有可能面临类似于权证市场的爆炒局面，不利于产品的后续发展。因此，对于中小投资者参与 REITs 交易，我们建议建立类似于创业板的合格投资者制度，在发展的初期仅允许有一定的投资经验同时具有一定的风险承受能力的投资者进入到这个市场。这样做的好处是：一方面保证了产品的交易活跃，另一方面也防止过度爆炒的局面发生，切实保护中小投资者的利益。

考虑到机构投资者自身具备一定的风险意识和风险管理经验，我们建议针对机构投资者应尽量放宽进入门槛，从而吸引保险机构、社保基金、商业银行、基金公司、信托投资公司、财务公司等多类投资者的顺利进入。因此，只有在这些大型投资机构的广泛参与下，REITs 市场才有可能保持足够的活力，持续发展壮大。

6. 结　　论

随着我国国民经济的发展和人民生活的改善，房地产业正在逐步成为经济发展的主导产业之一。随着经济的发展，众多的农村人口逐渐迁移到城市，使城市人口不断增长。因此，我国房地产市场的潜在需求巨大。在合适的政策环境中，潜在的需求必将转化为现实的市场需求，从而推动房地产业的高速发展。

一方面，由于中国并没有完全开放房地产金融市场，除银行信贷之外没有更多的金融工具，房地产信贷门槛的提高导致房地产融资渠道狭窄，资金成本提高。房地产商正在急切地寻找着除银行之外更好的融资渠道。

另外一方面，目前我国证券市场的产品结构存在两大缺陷：第一，风险结构不合理，风险结构倒置，高风险产品占主要地位。目前在我国证券市场的可交易品种中，大约 80% 为风险较高的股权类产品，只有大约 20% 为债券类低风险产品。这种投资产品的风险结构极不合理，与广大投资者的长期理财需求不匹配。第二，低风险产品品种单一，不但市场规模小，而且品种极为单调，只有少量流动性较差的国债及少量的企业债、金融债、可转债，不能满足广大投资者的投资理财需求。因此，有侧重地发展低风险投资产品，尽快使我国证券市场的产品结构趋于合理，是我国证券市场发展的重点之一。

REITs 的推出能够较好的解决上述矛盾，建立起房地产市场与资本市场的桥梁，促进两个市场的协调发展。目前，我国发展 REITs 的经济环境已基本具备。我国房地产业的发展与趋势和 REITs 在成熟市场的发展经验为 REITs 在中国的发展创造了良好的条件。第一，REITs 在国外交易所成功上市的经验可供借鉴。第二，有多家房地产上市公司的经营和监管经验可供借鉴，为 REITs 产品的设计提供参考依据。第三，REITs 的上市流程和交易规则与普通上市公司的规定基本一致，实施成本较低。第四，目前从事房地产开发的企业超过三万家，发展 REITs产品的后备资源丰富。

在现有的法律制度中，为避免对《公司法》和《信托法》的修改，建议以契约型基金的形式发展我国 REITs 产品。以最小法律制度代价为设计原则，借鉴我国证券投资基金的发展历程，由中国证监会制定 REITs 产品的专项法规。

中国证监会在制定专项立法时，我们认为应当对 REITs 的设立条件、产品结构、发行标准、上市监管等方面作出明确的规定，以形成一个完备的法律和法规体系，为 REITs 的规范发展提供全面的法律依据。

参考文献：

[1] 贾祖国、孟群：《美国 REITs 行业概要》，《招商证券行业研究专题报告》，2009 年 7 月 14 日。

[2] 刘李胜、高翔：《REITs 运作与管理：房地产企业融资上市图景》，中国时代经济出版社，2009 年版。

[3] 刘霞、陆宝群：《我国权益型 REITs 的负债和负税能力分析》，《金融与经济》，2008 年 7 月。

[4] 李智：《房地产投资信托（REITs）之功能演绎与成因探析》，《当代法学》，2008 年 3 月。

[5] 毛志荣：《我国发展上市房地产基金研究》，《深证综研字第 0100 号》，2004 年 9 月 20 日。

（作者单位：招商证券股份有限公司）

三等奖

基金公司多元化研究
——一个模型框架与海外案例借鉴评价体系研究（摘要）

• 薛大成　杨　青　潘　峤　邵岚卿

公司多元化发展是与专业化发展并存的两个战略方向之一，而围绕公司多元化发展的争论也是长期存在的，这些议题集中在公司多元化的动因是什么，多元化是否为公司创造价值等等。本文研究的是基金公司多元化问题，但基于基金公司的特质性，我们从保护持有人利益的角度来观察基金公司多元化，换言之，基金公司多元化应该将是否损害现有持有人利益作为重要评判标准。在此前提，我们将回答为什么基金公司多元化？基金公司多元化的路径选择等等问题。

我们把利益相关者模型引入基金公司多元化分析框架中，本文还拓展了委托代理理论中的股东——管理者代理关系，将其拓展为利益相关者——管理者的代理关系。公司的管理层不只是股东的代理人，而是利益相关者关系的经营者。

基金公司明显的有别于传统的制造业，比如基金公司的发展、人才、尤其是科研人才是至关重要的。还有一点，基金公司客户群体相对较广，社会影响力大。一家刚成立的基金公司其募集 100 亿元的基金，就可能有 10 万以上的客户，而很多经营多年的传统公司，其面对的客户可能寥寥。更重要的一点，基金公司不是资本密集型的公司，一般注册资本 1 亿元至 2 亿元，却已经管理了上千亿元以上的资金规模。因此，持有人利益的保护应该是基金公司的首要任务，而非股东利益的维护，这点对于中国的基金公司尤为重要，这也是本文理论框架的基本假设条件之一。

基于基金公司的特质，并不是所有理论假设都适用于解释基金公司的多元化问题，本文认为对于基金公司多元化的合理框架至少可以由两种理论假说解释：一方面是基于代理成本的解释，也就说基金公司的多元化存在代理成本，本文基于利益相关者模型，进一步拓展了该假说，即基金公司的多元化代理成本中，最主要需要考量的，并非是股东与管理层之间的代理成本，而是基金持有人与管理层之间的代理成本。基于该理论假设，我们将给出一个量化分析框架。另一方面，基金公司多元化也可能带来好处，这种好处将就基于资源的最优多元化理论所解释，换言之，基金公司可能用同样的营销或者分配渠道对各种不同的产品或者服务进行营销；或者为了寻找与自己的组织相匹配的能力而不断进入一个领域或退出另一个领域。

我们在给出基金公司多元化的定义与成败判定标准的基础上，分析了海外基金公司多元化成功的两个案例，当然太多的失败案例不是我们重点研究的对象，在此基础上，我们得出以下重要结论：多元化动机首要的是持有人利益最大化；如果非要多元化，那么自发多元化是最好的选择是渐近发展；多元化绝非公司发展首选。

同时，我们对于国内基金公司多元化发展给出以下政策建议：首先，不应鼓励基金公司多元化发展；其次，将持有人利益保护作为鼓励国内基金公司发展的首要条件；最后，进行制度创新、降低代理成本。

（作者单位：兴业全球基金管理有限公司）

我国基金选股择时能力的实证研究与启示（摘要）

• 任少华　戴欢欢　张丽丽　方健雯　吴非

随着我国基金市场的飞速扩容，基金管理水平出现了较大分化。科学而准确的识别基金业绩成为市场关注的焦点。而基金的选股择时能力是影响基金业绩的关键因素，尤其在证券市场系统性风险较大、波动性不断加强、国际影响日益加剧的背景下，科学合理的评估基金的选股择时能力，无论在理论上还是实践中都有至关重要的意义。这不仅有助于发现基金管理中的问题和原因，推动基金管理水平的提高，对 FOF 产品组合提供指导，更有利于投资者正确甄别基金业绩，有利于管理层准确把握基金发展的方向和力度。

本文针对我国基金发展的规模和特点，结合国内资本市场特有的股权分置改革及全球金融危机引发的金融海啸等特殊背景，对我国开放式基金的选股择时能力进行实证研究。本文首先对经典模型进行拓展和创新，针对不同的样本和实证区间，分别采用 GARCH 效应下三因素 H－M 模型、偏度调整的三因素 T－M 模型，消除了波动聚类因素、偏度效应对基金选股择时能力的影响。其次，采用面板计量方法，在变系数的三因素模型下进行估计，以消除共同因素对基金业绩的影响，突出基金的个性选股与择时能力。最后，通过虚拟变量建立体现牛、熊市不同环境的实证模型，以比较不同市场环境下基金的选股择时能力。

通过对两个不同样本进行检验，发现其中存在许多共性因素。首先，我国基金收益率存在明显的波动聚集现象，在消除这一影响后，无论是用时间序列处理还是面板数据处理，我国开放式基金都表现出一定的选股能力，但择时能力普遍较弱；其次，经过不同市场环境的比较，发现不论是长期样本还是短期样本，牛市中基金经理的选股能力都要显著优于熊市，而择时能力方面，长期样本在熊市中表现略好与短期样本；其三，在对股票型基金和混合型基金进行比较后发现，混合型基金的选股择时能力都要好于股票型基金，这表明，灵活的仓位配置有利于提升基金的选股择时能力；其四，在市场波动较大时，偏度效应会给基金业绩评价带来显著影响。偏度调整后的三因素 T－M 模型能更好的拟合当时的市场环境，有效验证当时基金的选股择时能力。

最后，本文针对实证结果进行深度分析，并为更好的评价和提高基金的选股择时能力提出相应建议。我们认为基金契约及制度因素、投资技术手段相对缺乏、信息不对称、基金经理的“羊群”交易行为、基金经理素质和更替频率等因素在不同程度上影响着基金经理选股择时能力的发挥。针对分析发现的问题，我们也提出了一些建设性的意见：加快金融创新，提高专业化投资水平；建立科学权威的基金绩效评价体系；秉承价值投资理念，提高基金经理投资素养；加强投资者教育，把握正确的投资理念；适当放宽基金仓位等限制条件，灵活操作。

（作者单位：东吴证券有限责任公司）

风险量化技术（VAR）在基金投资管理中的应用（摘要）

• 曹志刚　章　菲　翟云飞

本文对风险价值（VAR）的理论和计算模型进行了全面的探讨。首先，本文对传统的计算 VAR 的参数法、历史模拟法和蒙特卡罗模拟法进行介绍，探讨了它们的实施方案、模型适用性和模型效果。其次，针对因正态分布不能很好地捕捉金融资产实际回报率分布的“尖峰厚尾”特征而导致利用传统的参数法估计 VAR 低估实际风险的事实，提出了参数法的三种修正模型：指数移动平均法、混合正态分布法和 GARCH－EWMA 方法；针对传统的历史模拟法的简单、粗糙，提出了多种修正模型，包括：基于历史情境的历史模拟法、波动率加权历史模拟法、相关关系加权历史模拟法、年龄加权历史模拟法、基于高斯核密度估计的历史模拟法和基于滤波的历史模拟方法。

尽管 VAR 作为衡量市场风险的量化方法有许多优点，但仍有不可忽视的两个重大缺陷：其一，风险值只衡量了资产或组合的损益分布概率，却忽略了因极端损失事件而导致的风险价值之外的尾部损失（Tail Loss）问题，从而可能导致当面临两个投资组合时，存在较大的巨额损失但 VAR 值较小的投资组合会被误认为风险较低而选择它，造成风险管理上的失当，此即尾部风险。其二，一般来说，资产或组合报酬并不像在 VAR 计算时所假设的那样服从正态分布，而是呈现明显的尖峰、厚尾现象，而当资产或组合报酬不服从正态分布时，风险价值的数学特性并不满足次可加性（Subadditive），从而不是一致性风险衡量指标。基于改进风险价值的重大缺陷的考虑，本文讨论了另一种衡量风险的新兴工具——期望尾部损失值（Expected Shortfall），它是以风险价值为基础所延伸而来的一种风险量化工具，作为风险价值的辅助工具。

本文采用 Kupiec（1995）的后验检验方法，利用申银万国的 23 个行业指数（每一个指数都被视之为一个资产）构建模拟组合，对文中讨论过的所有 VAR 计算模型进行后验检验，由此衡量和比较模型的准确性。检验结果发现滤波方法效果最好且失败概率最为稳定，在 95%、97.5% 和 99% 不同置信度下均无法拒绝零假设，表明模型能获得较好的预测效果，估计相当准确。此外，波动率加权方法、相关关系加权方法等历史模拟法同样也能取得不错的效果；相比较而言，蒙特卡洛模拟方法较为不稳定，在97.5%的置信水平下拒绝零假设，且相较其他估计方法而言，失败概率相对较大；由于混合正态分布法对期望尾部损失估计的失败概率较大，故它也只能被看作是效果不理想的模型。

本文还对VAR在基金投资风险管理中的应用作了探讨，主要讨论了VAR在风险评估、头寸限额管理和资产配置等方面的应用进行了阐述。

（作者单位：大成基金管理有限公司）

基金经理的业绩持续性研究（摘要）

• 姚小军　邱小平　陆靖昶

影响基金业绩的因素有很多，像基金公司的投研实力，基金的配置比例等都会对基金的业绩产生重要影响，其中，基金经理也是重要的影响因素之一。像基金的评级一样，我们可以分析基金经理以前任职的基金的业绩，来对基金经理进行评级。但是，如果基金或基金经理的业绩没有持续性，那么，基于历史数据的基金评级的可信度将大打折扣。本文试图从基金经理历任基金的业绩持续性检验出发，挖掘出业绩持续性较强的基金经理。

在现阶段，评价基金经理的业绩持续性存在以下几个难点：一是，评价基金业绩持续性的方法。目前，大量关于基金业绩持续性的文献都停留在讨论探讨某一类基金整体上的持续性。这些方法每次只能评价一类基金在两个样本期内是否具有业绩持续性，无助于我们寻找在较长的时期内能持续的战胜市场的基金或基金经理；二是，我国的基金经理变更频繁，在同一只基金上的任期较短，平均任期只有1.6年左右。并且，基金经理离职后，可能担任一只类型完全不同基金的基金经理；三是，基金经理的从业年限较短。一般来说，评价基金或基金经理的业绩持续性需要较长的样本期。另外，同一基金经理在不同的基金任职，同一只基金中有两个以上的基金经理，也会给基金经理的业绩持续性研究带来一定干扰。

采用绩效二分法对基金经理整体上进行业绩持续性的结果表明有相当一部分基金经理的业绩会反转，投资者仅根据最近一期或几期的业绩排名来选择基金经理并不一定能取得较好的投资收益。这就需要我们检验每位基金经理的业绩持续性，以便挑选出业绩持续性较强的基金经理。

本文采用了WR、WPP、WPP－LPP、PWCF以及SS等五种方法来进行持续性检验。实证的结果表明，以WPP、PWCF为业绩持续性评价指标的效果较好，其次是WPP－LPP。例如，以WPP为评价指标选择的前15名股票型基金经理（基准设为市场组合）在2007年、2007－2008年及2008年的平均净值增长分别为148%、26%和－48%，而在同期净值增长大于148%、26%和－48%的股票型基金只有 10、14 和 33 只；以 PWCF 为评价指标选择的前 15 名股票型基金经理（基准设为市场组合）在 2007 年、2007－2008 年及 2008 年的平均净值增长分别达 155%、28% 和－50%。就比较基准来说，如果是选择股票型基金经理，市场组合和净值增长的中位数均可设为基准。如果选择的是混合型基金经理，基准设为净值增长的中位数的效果明显要好。在文章的最后，我们采用 WPP 和 PWCF 为业绩持续性的评价指标，以 2004～2008 年基金经理的业绩表现为样本进行实证分析，并挑选出持续性较强的前 20 名基金经理及其任职的基金，供投资者参考。

（作者单位：浙商证券有限责任公司）

宏观环境类

一等奖

资产价格波动对实体经济影响机制和影响程度研究

• 毕劲松 蒋成杰

1. 文献综述

1.1 资产概念的界定

斯蒂格利茨认为，资产是长期存在、因其存续期内提供的服务和在出售时能获得收入而被购买的一种东西①。萨缪尔森和诺德豪斯在他们的书中把资产定义为是实物财产或具有经济价值的非实物性权力，重要的项目有工厂、设备、土地、专利、版权，以及货币、债券等金融工具②。瓦里安认为，资产是长期提供服务流的商品，它可以提供消费服务流，如像住房所提供的服务；它也可以提供能用来购买消费品的货币流，提供货币流的资产叫作金融资产。债券是金融资产的例子，债券所提供的服务流是它支付的利息流。其他金融资产如公司股票，提供的则是不同形式的现金流③。因此，可以将资产定义为能在多个时期带来效用的商品，本质是未来的经济利益，在未来时期它既可以提供消费服务流，也可以提供能用来购买消费品的货币流。根据未来产生收益的类型差别，我们把资产分为金融资产和非金融资产。金融资产包括股票、债券和外汇等；非金融资产包括房产、地产、机器设备和艺术品等。本文的研究对象主要是股票和房地产两种资产。

1.2 文献综述

1.2.1 资产价格波动影响因素分析

---

① 斯蒂格利茨：《经济学（第2版）》[M]，中国人民大学出版社，2005年版。

② 萨缪尔森和诺德豪斯：《经济学（第17版）》[M]，人民邮电出版社，2004年版。

③ 瓦里安：《微观经济学：现代观点》[M]，经济科学出版社，2003年版。

（1）房价影响因素分析。

Randall（1990年）研究发现，自20世纪80年代以来，美国大量的金融创新使得利率与房地产市场之间的联系发生了很大变化，利率与房地产之间的相关度在1982年后显著下降。John（1994年）研究了宏观经济与房地产业回报之间的关系，发现价格、名义利率、产出和投资都对房地产表现有直接的影响；同时，名义利率能解释大部分房地产的序列方差。Bernanke和Gertler（1995年）发现，房地产投资对短期利率冲击反应强烈而且持续，但是对于长期利率动态反应较小，长期利率实际上是促进房地产消费的主要因素。Eunkyung（1998年）认为，货币政策对地产价格有很大的影响，地产价格波动与在货币紧缩情况下的信用减少在货币传导机制中都起到了显著的放大作用。Mohammad和Majid（2002年）基于Modigliani的研究认为，通过利率、信用额和财富效应了解货币政策对于房地产价格的影响，对政策制定者和研究者都很重要。他们研究了自1968－1999年英国房地产投资与宏观经济因素之间的关系，用VAR模型进行方差分解，得出财政政策对房产消费有着温和而明显的影响，而货币政策对房产消费有更大且长期的影响。Jonathan和Richard（2002年）试图对美国历年来不同金融架构下货币政策对房地产投资的影响逐一分析。他们根据抵押贷款初级市场、抵押贷款一级市场的不同情况，建立了房地产市场VAR模型、长期供求模型、短期价格调整模型、短期供给模型等。结果发现，在过去25年里，房地产融资体系的重建对美国房地产市场运作有很大的影响。在20世纪80年代以前，专业化、高度规范化的储蓄机构主导着房地产融资体系，而后来自由的抵押贷款银行和抵押贷款程序在市场上占统治地位。不同的货币政策通过贷款定价和交易费用对房地产价格产生一系列复杂影响，货币政策传导过程变得较长，但是影响程度依然较大。

盛松成（2003年）认为，中国人民银行通过房地产金融调控房地产价格的作用是有限的，而且面临着调控效果不确定的问题。束华（2004年）认为，中国人民银行应建立房地产市场预警预报体系，提前对房地产市场运行状况作出判断，有效控制信贷规模扩张和减少货币政策的多变性，利用信贷政策加强金融调控。聂学峰（2005年）实证发现，货币政策能够影响房地产价格和投资，货币供应量对房地产市场的影响比利率政策更加显著，货币政策对房地产市场的影响滞后2个季度。陈淮和郑翔（2005年）剖析了中国人民银行2004年利率调整的宏观经济背景，从房地产开发商、购房者、商业银行、房地产金融发展和房地产市场发展5个方面，分析了利率调整对房地产市场发展的影响。刘传哲（2006年）认为，1998年后，货币政策各变量与房地产价格表现出了较强的相关性，其中，利率影响最大，但是短期内对房地产价格作用并不明显。刘斌（2003年）认为，房地产业的发展对中央银行货币政策的传导提供了新的途径，因此，中央银行的货币政策可以通过房地产业对居民的经济行为产生显著的影响：一是对居民住房开支的直接效应；二是住房财富效应；三是银行资产负债表效应。

（2）股价影响因素分析。

Charles Bean，Jens Larsen 和 Kalin Nikolov（2002 年）进行了货币政策传导方式的比较，发现欧元区、英国和美国在传导方式上具有相似性。Peter M. 和 Julian Morgan（2001 年）、Giuseppe 和 Giorgio（1999 年）使用 VAR 模型对货币政策传导和冲击效应进行了分析，发现美国货币政策的财富渠道和投资渠道非常显著。Palley（1995 年）实证研究发现，1976～1991 年，美国的股票市场交易额与货币需求呈显著正相关；并且发现，引入股票市场变量可以显著提高货币需求函数的预测能力。Lange（2002 年）利用协整与误差修正模型对美国 1995～2002 年的季度货币需求函数进行了估计，结果发现股票市场波动性的上升增加了均衡时的 M_2 余额，而短期动态模型的结果表明股票市场预期收益的增加将减缓 M_2 的增长率。

余明桂、夏新平（2003 年）以 1993～2002 年的季度数据为样本检验我国股票市场和货币政策之间的互动关系。研究结果表明，我国股票市场的价格走势与货币供给量显著正相关，而且随着股票市场的进一步发展，这种互动关系有进一步增强的趋势。陆蓉（2003 年）对中国股票市场的货币政策效应进行了检验，发现在货币政策的直接调控方式下，贷款限额管理对股票市场的影响较大；随着间接调控方式的日益重要，货币市场利率对股票市场的影响逐渐显现；货币政策对股票市场的影响、发挥作用的时滞与其运行机制有关；贷款余额对股票市场影响力的变化可能与贷款的期限有关。李红艳、汪涛（2000 年）研究了货币供应量和股市价格之间的关系，结果表明，在两者之间的因果关系中，股市价格主要处于因方地位，货币供应量主要处于果方地位，且股票价格对不同层次的货币供应量影响不同，对非现金层次的影响要比现金层次的影响大。周英章、孙崎岖（2002 年）研究了不同层次货币供应量与上海证券交易所 A 股指数波动之间的关系，结论是：股市价格和货币供应量存在长期均衡关系；就两者的相互作用而言，股市价格占主导地位，对货币供应量的影响比较显著，而货币供应量对股市价格的推动作用则相对较弱。股价对货币供应量的影响效果各不相同，对 M_0 影响最大，对 M_1 影响次之，对 M_2 影响最小。

1.2.2 资产价格波动对实体经济影响机制和影响程度分析

（1）房价影响实体经济分析。

Levin（1998 年）分析了住房市场的财富效应，发现住房市场的财富效应对消费没有本质的影响。Elliott（1980 年）把财富分为金融财富和非金融财富，运用总体数据研究了财富对消费的影响，发现非金融财富对消费没有影响。Hoynes 和 Mc Fadde

(1997年)使用微观居民支出数据研究了个人储蓄率和住宅资本增值率之间的关系，与Thaler(1990年)的研究结果一致，他们没有发现房地产具有财富效应。

Mathew. Liu(2005年)研究表明，长江三角洲地区房地产没有财富效应。朱新玲、黎鹏(2006年)运用2000~2005年的季度数据，对我国房地产财富效应进行了实证分析，得出我国房地产价格不具有财富效应的结论。刘丽(2008年)对广州市2003~2007年月度数据分析，发现广州市房地产价格上涨对其他消费有抑制作用，房地产的财富效应不存在。姚玲珍(2007年)构造了一个城镇居民资产与城镇居民人均消费关系的模型，并利用1978~2006年的数据，分阶段研究了我国城镇居民住宅资产对城镇居民人均消费的影响。研究发现，我国房地产市场不具有财富效应，中国消费者的消费心理、法律制度以及现阶段中国房地产市场不成熟是造成我国房地产市场不具有财富效应的重要原因。

Yoshikawa和Ohtake(1989年)发现，当日本的土地价格上涨时，计划购买住房的租房者储蓄率将提高，于是，住宅价格上涨将提高租房者和房屋所有者的消费。Skinner(1989年)利用居民收入的面板数据进行分析，发现住宅财富对消费有弱的但显著的影响。Case(1992年)运用新英格兰的总体数据进行了研究，发现20世纪80年代后期，房地产价格的上涨对消费产生影响。Engelhardt(1996年)利用居民支出的数据对住房增值和房屋所有者的消费关系进行了研究，他估计房屋所有者从房地产获利的边际消费倾向为3%，居民通过不动产获利，不会改变他们的储蓄和消费行为，然而当不动产亏损时，他们会减少消费。Alexander Ludwig和TorstenSlok(2001年)考察了OECD国家，得出结论是这些国家的股市和房地产市场都存在财富效应。Campbell和Cocco(2004年)利用英国居民支出和全国一系列地区的住房价格资料，观察住房价值的改变对租房者和房屋所有者的影响，他们发现住房价格对年老的房屋所有者统计上有显著的影响，然而对于年轻的租房者影响不显著。Karl E. Case, John M. Quigley和Robert J. Shiller(2005年)研究14个国家在过去的25年的面板数据和美国各州在20世纪80~90年代的面板数据，他们发现房地产的变动对居民消费有较强并统计上显著的影响。

骆祚炎(2008年)认为我国居民住房资产的财富效应存在但是并不强。李亚明(2007年)选取上海、北京、天津、深圳和重庆的数据为样本进行实证分析，发现我国房地产财富效应在一些地方存在，长期的房地产财富效应基本是正向的，而短期的房地产财富效应则既有正向也有负向。肖宏(2008年)根据我国1998~2005年省际面板数据，利用标准的LC-PIH模型建立我国房地产市场财富效应计量模型，发现我国房地产财富的边际消费倾向为0.028。

(2)股价影响实体经济分析。

Douglas(1983年)利用生命周期理论对股市效应进行了分析，发现股票市价总值每变化 1 美元，居民消费支出变动 3 ~7 美分。Lawrence Boone ，Claude Giorno 和 Petc（1998 年）用误差修正模型研究了七国集团 1974 - 1998 年的季度数据，发现美国股票市场对消费有显著影响，MPC 为 4% ~7% 。Ludvigson 和 Steindel（1999 年）对美国股市效应进行研究后认为，股票价格与居民消费之间具有显著的正相关，股票市场增长促进了消费增长，股价总市值每增加 1 美元，居民消费将增加 3 -4 美分。但是他们发现这种关系并不稳定，而且很难消除这种不稳定性。Zandi（1999 年）认为，股票价格上涨增强了消费者的信心，股市效应对没有拥有股票的家庭产生影响也是有可能的，投资者能在心理上产生一种将股票收入由暂定性收入转为持久性收入的预期。Greenspan（1999 年）则从官方角度肯定了股市效应对经济增长的作用，宣称由于股市上涨产生的财富效应，直接造成美国消费者支出更多，推动了 90 年代的经济增长。Norbert（2004 年）对 16 个新兴经济国家的股市效应进行了实证研究，发现这些国家的股市效应虽然较小但统计上较为显著，股价每上涨（下跌）10% ，3 年后会引致个人消费增加（减少）0. 2% -0. 4% 。IMF（2006 年）研究表明，美国新经济类股票价格的变化对投资影响相当大，其市值每增加 1 美元，投资相应增加 8. 2 美分；传统经济类股票每增加 1 美元，投资相应增加 3 美分；英国、美国股票指数每上升 10% ，其两年后的投资分别增加 2. 7% 和 2. 5% 。

吕艳（2005 年）发现，中国股票市场的财富效应和 Q 效应均不显著，货币政策通过股票市场传导效率较低。贺菊煌（2000 年）就 1996 年以前的金融资产对消费的影响进行了理论和实证分析，全部居民金融资产的边际消费倾向（MPC）为 0. 0506。梁宇峰（2000 年）等人就“5 · 19”行情是否有财富效应进行问卷调查得出，“5 · 19”行情具有一定财富效应，刺激了即期消费需求，增强了投资者信心，改善了投资者预期。杨新松（2006 年）认为我国股票市场总体上存在财富效应，但在某些时段表现为股市投资对消费的替代效应；通过股票市场刺激消费的做法短期可行，长期并不有效。骆祚炎（2004 年）认为中国股市存在微弱的财富效应。金融资产的 MPC 是 0. 0486，股市财富效应对总消费的影响较小，股市财富效应对消费的影响占总消费变动的平均比例仅为 1. 33% 。

2. 资产价格波动影响因素分析

2. 1　资产价格波动影响因素理论分析

2. 1. 1　股价影响因素分析

（1）利率变动对股价的影响。

利率是股票市场的一个敏感指标，中央银行的每一次利率调整，甚至投资者对利率走势的预测或市场对利率变动的谣言都会造成股票价格的波动。利率变动影响股票市场主要有两个方面。一方面，利率变动影响存款收益率，进而影响资金流向和流量，最终必然会影响到股票市场的资金供求和股票价格。利率上升，股票市场资金供应减少，股票价格下降；反之，利率下降，股票市场资金供应增加，股票价格将上升。另一方面，利率变动影响企业利息负担，进而影响到企业的盈利情况，最终会影响股票价格。中央银行调高贷款利率会加重企业利息负担，从而减少企业的盈利，进而减少企业的股票分红派息等，股票价格往往受这方面影响而下降。相反，中央银行调低贷款利率，将减轻企业利息负担，降低企业生产经营成本，提高企业盈利能力，使企业可以增加其股票的分红派息等，因此股价将大幅上升。另外，股票市场的存在与发展使储蓄分流成为可能，尤其是利率下降时更容易造成储蓄资金流向股市。

（2）货币供应量变动对股价的影响。

股票市场的发展离不开资金的支持，股票价格的波动与资金进出股市密切相关。中央银行资金管理政策的松紧以及资金管理水平的高低在很大程度上决定了流入股市的银行资金数量的多少，进而影响到股价的波动。

（3）产出变动对股价的影响。

国内生产总值增长率是影响股价的重要变量。国内生产总值增长率提高，上市公司的盈利增速提高，它们的股票市盈率降低，这表示企业股价变得更加便宜，投资者购买的欲望增加，股价会上升。

2.1.2　房价影响因素分析

（1）利率变动对房价的影响。

利率作为一种有效的资金价格，对房地产市场会产生重大的影响，最直接就是利率影响房屋按揭贷款的成本。对开发商来说，提高利率意味着投资房地产的成本加大，还款压力增大，因此可以抑制投资热情，给房地产开发商降温；对贷款买房者而言，利率的上升意味着自己的还款额增加，增加了购房者的压力，也会在一定程度上抑制房地产市场发展。

（2）货币供应量变动对房价的影响。

货币供应量关乎社会资金面的宽松与否。货币供应量与房地产市场是正相关的。货币供应的增多，必然要寻找投资渠道，资本追逐利润的本性也促使房地产市场表现活跃。

（3）银行信贷变动对房价的影响。

银行进行信贷活动时往往需要抵押品，而房地产作为主要的信贷抵押品，其价格波动的情况会影响到银行的资产负债情况，从而对银行信贷产生影响。另一方面，房地产价格与银行信贷之间还存在一种自我强化的互动机制。在经济高涨阶段，房地产抵押品价格上升，银行资产负债情况改善，信贷增加，市场利率下降，从而进一步推动房地产价格上扬。

(4) 产出变动对房价的影响。

国内生产总值增速提高，居民收入提高，他们的购买力增强，对房屋的刚性需求和改善性需求都会增加，房价会上升。

2.2 资产价格波动影响因素实证分析

2.2.1 研究方法

(1) 向量自回归模型。

西姆斯（Sims）提出来的向量自回归（VAR）模型采用多方程联立的形式，用模型中所有内生当期变量对它们的若干滞后值进行回归，从而估计全部内生变量的动态关系。它具有联立方程对多个经济变量相互影响进行分析的优点；同时，由于VAR模型的解释变量不包括任何当期变量，所以与联立方程模型有关的问题在VAR模型中都不存在①。

含有N个变量滞后期p的VAR（p）模型可以表示如下：

$$Y_t = \mu + \sum_{i=1}^{p} \Pi_i Y_{t-i} + \varepsilon_t, \quad \varepsilon_t \approx IID(0,\Omega) \tag{1}$$

其中，$Y_t = (y_{1,t}, y_{2,t}, \cdots, y_{N,t})'$，$Y_t$ 是 $N\times 1$ 阶时间序列列向量，p 是滞后阶数，μ 是 $N\times 1$ 阶常熟项列向量，Π_i 是 $N\times N$ 阶参数矩阵，$\varepsilon_t \approx IID(0, \Omega)$ 是 $N\times 1$ 阶随机误差列向量。

(2) 序列的平稳性及检验。

所谓序列的平稳性是指一个序列的均值（Mean）、方差（Variance）和自协方差（Auto-covariance）是否稳定。如果一个时间序列具有稳定的均值、方差和自协方差，则这个序列就是稳定的；否则就是非稳定的。

考虑一阶自回归序列 $X_t \sim AR(1)$，X_t 是由 $X_t = \alpha X_{t-1} + \varepsilon_t$ 生成，其中 ε_t 是均值为0的白噪声序列。通过不断迭代可得 $X_t = \sum_{j=1}^{\infty} \alpha^j \varepsilon_{t-j}$。当 $|\alpha| < 1$ 时，ε_{t-j} 的系数以指数率趋于0，因而 X_t 是平稳的；当 $\alpha = 1$ 时，X_t 是由 $X_t = \alpha X_{t-1} + \varepsilon$ 生成的一个随机游走过程，即确定现期值 X_t 时，旧冲击与新冲击具有相等的权重。因此，随机游走过程是非平稳的。但随机游走过程的变动 $\Delta X_t = X_t - X_{t-1}$ 是白噪声 ε_t，因而是平稳的。当 $|\alpha| > 1$ 时，ε_{t-j} 的系数以指数率趋于∞，因而 X_t 是非平稳的。

---

① 张晓峒：《计量经济学软件－Eviews使用指南》，［M］南开大学出版社，2003年版。

对于随机过程 $\{X_t\}$，如果经过 d 次差分后变成为一个平稳的、可逆的 $ARMA$ 过程，而其 $d-1$ 次差分却是不平稳过程，则称随机过程 $\{X_t\}$ 具有 d 阶单整性，记为 $X_t \sim I\ (d)$。

一个随机过程是否平稳，是通过单位根检验来判定的。本文用 ADF（Augmented Dickey—Fuller）检验、检验两种方法进行单位根检验。对变量 X_t 检验 $X_t \sim I(1)$ 的原假设，即检验 ΔX_t 是否平稳。ADF 单位根检验程序给予如下的 OLS 回归：

$$\Delta X_t = \beta_0 + \alpha_0 t + \alpha_1 X_{t-1} + \sum_{i=1}^{m} \beta_i \Delta X_{t-i} + \varepsilon_t$$

其中，t 是线性时间趋势，选择滞后阶数 m 使残差 ε_t 为白噪声，检验 X_t 中出现单位根（$X_t \sim I\ (1)$）的原假设，等价于 ADF 检验方程中 α_1 的原假设，如果显著小于零，则拒绝单位根的原假设①。

（3）协整关系检验。

在实际中，多数经济时间序列都是非平稳的，然而某些非平稳经济时间序列的某种线性组合却有可能是平稳的。经济理论认为，某些经济时间序列存在长期均衡关系。对于两个都是随机游走的变量序列，如果这两个序列的某个线性组合是长期稳定的，则称这两个序列为协整的。Engle 和 Granger 在 1978 年提出了利用最小二乘法（OLS）来进行协整关系检验，两个序列具有相同的单整阶数，是序列之间具有协整性的必要条件。

如果已经判断两个序列 X_t 和 Y_t 是非平稳的，但其都是 d 阶单整序列，则可以利用对 OLS 协整回归方程：

$$X_t = \beta + \alpha Y_t + \varepsilon_t$$

残差 ε_t 是否平稳的检验来判断 X_t 和 Y_t 的协整性。如果 X_t 和 Y_t 不是协整的，则它们任意一个线性组合都是非平稳的，因此残差 ε_t 也必然是非平稳的。因此，如果检验结果 ε_t 是平稳的，则可以认为 X_t 和 Y_t 之间存在协整关系。对残差 ε_t 是否平稳用前面提到的 ADF 单位根检验。

（4）向量误差修正模型。

建立 VAR 模型要求各变量具有平稳性。对于非平稳变量，则要对变量之间的协整关系进行检验：如果变量之间不存在协整关系，可对各变量进行差分平稳化后建立 VAR 模型；如果各变量之间存在协整关系时，在模型的设定时应选择向量误差修正模型（VECM）形式。相应的向量误差修正模型可以设定如下：

$$\Delta Y_t = \alpha\beta' Y_{t-1} + \sum_{i=1}^{p-1} \Gamma_i \Delta Y_{t-i} + \varepsilon_t,\quad t = 1,2,3,\cdots,T \qquad (2)$$

---

① 古扎拉蒂：《计量经济学基础》［M］，中国人民大学出版社，2004 年版。

其中，α 是调整系数矩阵，β 是协整矩阵。α 和 β 都是 $N\times r$ 阶矩阵，表示有 r 个协整向量，β_1，β_2，…，β_r 存在 r 个协整关系。用误差修正项的形式可以将上式表示为：

$$\Delta Y_t = \alpha EMC_{t-1} + \sum_{i=1}^{p-1}\Gamma_i \Delta Y_{t-i} + \varepsilon_t \tag{3}$$

其中，$EMC_{t-1}=\beta' Y_{t-1}$，是误差修正项，反映变量之间的长期均衡关系，系数向量 α 反映变量之间的均衡关系偏离长期均衡状态时，调整其到均衡状态的调整速度①。

（5）脉冲响应函数与方差分解。

基于向量误差修正模型，通过考察系统的脉冲响应函数与方差分解，可以更好地观察变量之间的动态关系。脉冲响应函数描述一个内生变量对误差冲击的反应。具体地说，它描述的是在随机误差项上施加一个标准差大小的新息（Innovation）冲击后对内生变量的当期值和未来值所带来的影响。方差分解是把系统中每个内生变量的波动按其成因分解为各方程信息（随机误差项）相关联的组成部分，从而了解各信息对内生变量的重要性。

2.2.2　变量选择、数据来源与处理

我们把实体经济、利率和货币供应量作为影响股价和房价的主要变量。在选择利率变量时，我们发现，影响股票价格和房地产价格的利率是不同的。在我国股票市场，居民自有资金占有很大的比例，居民在决定是否投资股市以及投资额时，一般以 1 年期存款利率作为主要依据，所以本文以 1 年期存款利率作为影响股价的利率因素。按揭贷款在居民购买中占有很大的比重，5 年期以上贷款利率对居民是否购买住房具有重要的影响。这样，本文把产出、1 年期存款利率和货币供应量作为影响股票价格的主要因素；把产出、5 年期及以上贷款利率和货币供应量作为影响房地产价格的主要因素。实证检验样本区间是 2000 年 1 季度至 2008 年 4 季度，数据来源是 2000 年 1 季度到 2008 年 4 季度的《中国人民银行季度执行报告》。

本文中所采用的代理变量及其处理如下：

（1）股票价格选用上海证券综合指数（简称“上证综指”），因为在上海证券交易所上市的公司规模较大，处于国民经济的主要行业，所以上证综指能够有效代表我国股票市场状况。

（2）房地产价格的数据是用商品房销售额除以商品房销售面积得到商品房平均销售价格。商品房销售额除当期消费价格指数以消除价格指数的影响。

---

①　高铁梅：《计量经济分析方法与建模》[M]，清华大学出版社，2008 年版。

（3）产出（Y）取各季度国内生产总值（GDP），名义国内生产总值除以同期的消费价格指数得到实际国内生产总值。

（4）采用广义货币供应量（M_2）作为货币供应量的代理变量，名义 M_2 除以同期的消费价格指数得到实际广义 M_2。

（5）1 年期存款利率减去前 4 个季度的通货膨胀平均值，得到 1 年期存款实际利率。

（6）5 年期以上贷款利率减去前 8 个季度的通货膨胀平均值，得到 5 年期以上贷款实际利率。

由于 GDP、房价和 M_2 明显受到季度因素的影响，所以用 X－12 方法进行季度调节，消除季度因素的影响。最后，对所有数据做对数处理，可以降低数据的异方差，变量系数表示为变量之间的弹性关系。经过处理之后的股价、房价、产出、货币供应量、1 年期存款实际利率和 5 年期以上贷款实际利率分别用 LS、LHP、LY、LM_2、rr_1 和 rr_5 表示。各变量变动趋势图略。

2.2.3 各变量的平稳性检验

在建立 VAR 模型或进行协整关系检验之前，必须首先对各变量的平稳性进行检验，本文运用 ADF 方法对各个变量的平稳性进行单位根检验。

由对各变量平稳性进行单位根检验的结果可知，各变量的水平值在 10% 的临界水平都是不平稳的，而所有变量的一阶差分在 5% 的临界水平都是平稳的。因此，可以得出所有的变量都是一阶单整序列，即 I(1)。

2.2.4 协整关系检验、误差修正和脉冲响应

由于各变量均为一阶单整时间序列，则股价、产出、货币供应量和 1 年期存款实际利率可能存在长期稳定的均衡关系，房价、产出、货币供应量和 5 年期以上贷款实际利率可能存在长期稳定的均衡关系。这种关系可以通过协整检验来确定。

本文运用 Johnsen 协整检验方法对多变量系统进行检验，这种检验方法是基于向量自回归模型来进行的。在作向量自回归模型时，首先要确定各变量滞后项 k 的值。我们选用 AIC 或 SC 信息准则来确定 k 值，原则是选择使 AIC 或 SC 值最小的 k 值，根据检验结果选取 k＝2。为了检验 VAR 模型是否稳定，我们对 VAR 或 VECM 的残差进行独立同分布检验、残差序列自相关和异方差检验。如果检验显示 VAR 模型不稳定，我们就要修改 VAR 模型，并重新检验，直到各种检验显示模型稳定。

（1）各变量对房价的影响。

首先对房价、利率、货币供应量和产出进行协整关系检验。对房价、产出、货币供应量和 5 年期以上贷款实际利率的 Johnsen 协整检验结果，检验结果显示，

房地产价格、产出、货币供应量和5年期以上贷款实际利率之间存在着唯一的长期稳定均衡关系。

$$LHP = -8.63 + 0.768LY - 0.089rr_5 + 0.1489LM_2 \quad (4)$$
$$(-1.658) \qquad (3.393) \qquad (1.796)$$

房地产价格的长期GDP弹性系数是0.768，5年期以上贷款利率弹性系数是-0.089，广义货币供给量M_2的弹性系数是0.1489。GDP、5年期以上贷款利率、广义货币供给量M_2和房价的关系符合理论分析结果，并且在统计意义上都是显著的。GDP和房价正相关，GDP增长越快房价越高；5年期以上贷款利率和房地产价格负相关，贷款利率越高，人们购房的成本越高，对房屋的需求就减少，房价下跌；M_2和房地产价格正相关，货币供应量增加，整个经济体中的货币数量变大，个人收入增加，对房屋的需求增加，房地产价格上升。

在估计出公式（4）后，我们进一步估计误差修正模型，确定我国房价变化的短期行为。根据Hendry一般建模方法，我们确定协整空间内有常数项，协整方程有截距的模型，选定2阶滞后变量和误差修正项，然后逐渐删除不显著的变量，最后得出误差修正模型。

在误差修正模型中，5年期以上贷款利率、GDP和货币供给量M_2都是房地产价格短期变化的决定因素。误差修正系数为-0.298，并在5%水平显著，这表明我国房地产价格的短期波动并不大，房地产价格在偏离均衡值后并不会立即回归，这也符合我们当前经济中的实际情况，我国房地产价格2000-2008年年均增长速度超过20%，远远大于同期国内生产总值增长率和居民收入增长率。这种偏离直到2008年国际金融危机爆发才有所回归，但是回归速度并不快。根据国家统计局公布的数据，全国房地产开发业综合景气指数2007年11月达到106.59，随后开始下跌，但是下降缓慢。

通过观察房价对各变量的冲击响应，GDP和5年期以上贷款利率对房价影响较大，但是他们对房价的影响相反，正向的5年期以上贷款利率变动冲击导致房价下降，这也符合现实经济现象，利率冲击在滞后第3季度达到最大，后期影响减弱，但是更长时期内影响又变大，这可能主要是因为利率的变动对整个实体经济的影响逐渐显现，实体经济变化又间接影响房价，实体经济对房价的影响远远大于利率，所以房价后期出现更大幅度的下跌；正的国内生产总值冲击导致房价上涨，在第2个季度达到最大值，然后减少，逐渐后期又逐渐变大；正的货币供给量冲击导致房价上涨，这种冲击在第2季度达到最大，后来逐渐减弱。

通过分析房价的方差分解情况，结果表明：在第10个季度，不考虑房价自身的贡献率，国内生产总值对房价的贡献率最大达到24%，5年期以上贷款利率贡献率是14%，广义货币供应量是3.2%。

（2）各变量对股价的影响。

同样，我们首先检验股价、产出、利率和货币供应量的协整关系。

对股价、产出、货币供应量和1年期存款实际利率的 Johnsen 协整检验。检验结果显示，房价、产出、货币供应量和5年期以上贷款实际利率之间存在着唯一的长期稳定均衡关系。

$$LS = 4.1175 + 0.868LY - 0.1387rr_1 + 0.3838LM_2 \quad (5)$$
$$(-2.679) \qquad (2.813) \qquad (3.3625)$$

公式（5）显示：股价的国内生产总值长期弹性是0.87，1年期存款利率的弹性是-0.14，广义货币供给量的弹性是0.38。各变量和股价的长期关系符合经济学意义，只是1年期存款利率对股价的影响比我们通常认为的要小。

同对房价的处理一样，在估计出股价和货币政策之间的长期均衡关系后，我们求股价的误差修正模型，确定我国股价变化的短期行为。我们同样确定协整空间内有常数项，协整方程有截距的模型。选定2阶滞后变量和误差修正项，然后逐渐删除不显著的变量，最后得出误差修正模型。

我们发现，股价的短期波动较大，并在5%的水平上显著，国内生产总值、1年期存款利率和货币供应量都对股价的短期波动有影响。

从股价面对各变量冲击的响应可以看出，国内生产总值1个标准单位的正向冲击导致股价上涨，这种冲击在第6期达到最大值0.114，随后减弱；货币供应量的冲击在第6期达到最大值0.95；正向的利率冲击导致股价下降，在第8期达到最大值-0.061。

从图5的方差分解情况看，不考虑股票价格自身的贡献率，货币供应量和1年期存款利率的贡献率分别是7.6%和11.67%；国内生产总值的贡献率是2.9%，这个值较小说明2000-2008年实体经济对我国股票市场的影响不大。我国股票市场虽然市值很高，但是流通盘并不大，流通盘的股价不能反映我国实体经济的真实运行情况。随着我国股票市场的全流通改革完成，股票市场会真正反映我国实体经济的状况。

2.3 小结

通过包括股价、房价、国内生产总值、利率和 M_2 的 VAR 模型检验，我们发现，股价、国内生产总值、1年期存款利率和 M_2 4个变量存在长期协整关系，房价、GDP、5年期以上贷款利率和 M_2 也存在长期协整关系。脉冲响应和方差分解结果显示，利率和货币供应量对股价和房价的影响差别并不大，但国内生产总值对房价的影响要远远大于对股价的影响。不考虑股票价格和房地产价格自身的贡献率，国内生产总值在滞后10期内对股价和房价的最大贡献率分别是

2.9%和24%，货币供应量M_2和1年期存款利率在滞后10期内对股价的最大贡献率分别是7.6%和11.67%；广义货币供应量M_2和5年期以上贷款利率在滞后10期内对房价的最大贡献率分别是3.2%和14%。国内生产总值对股价影响较小的原因在于：相比房价，股票价格波动更容易受到其他因素的影响；我国股票市场虽然市值很高，但是流通盘并不大，流通盘的股价不能反映我国实体经济的真实运行情况，随着我国股票市场的全流通改革完成，股票市场会真正反映我国实体经济的状况。

3. 资产价格波动对实体经济的影响机制和影响程度分析

3.1 资产价格波动对实体经济的影响机制分析

资产价格波动对实体经济的影响机制就是通过资产价格对投资和消费的影响体现出来的。

（1）资产价格对消费的影响。

①资产价格的财富效应。Modigliani（1957）提出了生命周期理论，认为个人在整个生命周期内的消费支出由两部分组成，即劳动收入和个人实际拥有的财富①。消费函数可表示为：

$$C = a + bY + cA \tag{1}$$

式中：C表示消费，Y为劳动收入，A为个人拥有的资产，b为资产的边际消费倾向，c为劳动收入的边际消费倾向。A包括人力资本、实物资本和金融财富。

货币供应量增加，利率下降，房屋的价格上升，人们的实物资产增加，导致人们财富增加，消费会增加，最终产出会增加。股票是金融资产的一部分。货币供应增加，股票价格上升，首先个人的股票资产增值，其次对未来经济走势形成良好的预期，对未来就业机会和收入水平充满信心，这些都会导致消费的增加。其传导机制表示为：货币供应↑→房价和股票价格↑→实物资产和金融资产↑→消费支出↑→产出↑。

②流动性效应。米什金（Mishkin，1995年）认为，当货币供应量增加导致个人的财富增加时，他不一定会增加耐用消费品的支出，因为耐用消费品流动性较差，如果消费者急需现金而被迫卖掉耐用品，必定会受很大损失；相反，如果

---

① Franco Modigliani, Life Cycle, Individual Thrift and the Wealth of Nations, Sloan School of Management, MIT, Cambridge, MA, 1957.

消费者持有的金融资产较多（如银行存款、股票或债券），就能很容易地完全按市场价值将其迅速脱手变现①。因此，如果股票价格下降，金融资产价值下跌，消费者陷入财务困难的可能性较高，将减少缺乏流动性的耐用消费品；反之，当股票价格上升，从而金融资产的价值也上升，消费者陷入财务困难的可能性较低时，会增加对住房等耐用消费品的支出。其传导机制如下：货币供应↑→股票价格↑→金融资产价值↑→财务困难的可能性↓→耐用消费品支出↑→产出↑。

（2）资产价格对投资的影响。

①托宾 q 效应。托宾（Tobin，1969 年）将 q 定义为企业的市场价值除以资本的重置成本，q 值是决定新投资的主要因素②。

托宾认为，企业的股票价值 V 等于企业所支付红利的贴现值。假设资本的边际产量为 *MPK*（Marginal Product Capital），折旧为 d，每一个时期企业所支付的红利就等于 $MPK-d$，于是企业的股票价值 V 等于：

$$V=\frac{(MPK-d)}{(1+r)}+\frac{(MPK-d)}{(1+r)^2}+\frac{(MPK-d)}{(1+r)^3}+\cdots\cdots \tag{2}$$

假定每一个时期的 r 都相等，V 可表示为：

$$V=\frac{(MPK-d)}{r} \tag{3}$$

根据定义，$q=\frac{V}{k}$，其中，k 是企业的资本重置成本，若 k = 1，可得：

$$q=\frac{(MPK-d)}{r} \tag{4}$$

当 q = 1 时，$MPK=d+r$；当 q > 1 时，$MPK>d+r$；若 q < 1 时，$MPK<d+r$。当 q > 1 时，股票市场价值大于企业的重置成本，于是企业投资增加，q 值逐步下降到 1。当 q < 1 时，股票市场价值小于企业的重置成本，企业通过资本品折旧贬值或减少投资的方式使 q 值增加到 1。

托宾 q 理论把真实资产市场与股票市场联系了起来。股票市场不仅提供融资，而且对企业投资项目的未来预期收益和风险，及该项目对企业整体的贡献作出评估，通过股票价格波动为企业面临的投资激励提供了一个灵敏而且容易获得的指标 q。当股票价格升高时 q > 1，表明投资者对企业将来盈利能力的预期高于相关的投资成本，企业应该扩大投资。反之，股价降低时 q < 1，表明企业应控制投资，或者还应缩减现有资本存量。这也可理解为，股票市场对企业股票的定

---

① Miskin, Frederic S. (1978), "The Household Balance Sheet and the Great Depression", Journal of Economic Perspective, pp. 918 – 937.

② Tobin, James (1969), "A General Equilibrium Approach to Monetary Theory", Journal of Money, Credit and Banking, pp. 15 – 29.

价直接决定企业的融资成本。股价升高时，企业的市场价值高于资本的重置成本，新厂房和设备相对便宜，企业尤其是首次公开上市的新企业可以选择此时机发新股，利用筹到的资金进行实物投资，并将部分额外收益留给股东；股价降低时，q 值降低，企业可以采用收购或兼并，通过低价购买其他企业获得已经存在的资本来扩大规模，社会的总资本存量没有发生变化。

货币政策的传导过程如下：货币供应↑→利率↓→股价↑→q 比例↑→企业投资↑→产出↑。

②企业的资产负债表效应。资产负债表效应是从货币供应量的变动对特定借款人资产负债表的影响进行分析。随着货币供给的减少和利率的上升，企业的资产负债状况发生变化。一方面，从净现金流量（Net Cash Flow）看，利率上升直接增加了借款者的利息支出，直接减少了企业的净现金流；同时，紧缩的货币政策将减少消费者的支出。因此，企业的销售收入减少，而企业的一些固定支出不会在短期内调整，这样，企业的资金来源减少而支出不变，间接地减少了企业的净现金流。另一方面，从股票价值的变动看，利率的上升意味着股票价格的下跌，企业现有资本品的价值会降低，资产状况恶化。上述两方面的原因都会使借款人担保价值下降，贷款的逆向选择和道德风险问题趋于严重，促使企业从事高风险的项目，这可能使借款更加难以偿还，贷款进一步减少。一部分资产状况恶化和资信不佳的借款人将无法从金融市场融资，也无法获得银行贷款，导致投资和产出进一步下降①。无论是大企业还是小企业，只要债务达到一定水平都会受到资产负债状况的限制，此传导机制就会发挥作用。资产负债表效应描述为：货币供应↑→股票价格↑→净值↑→逆向选择和道德风险↓→银行贷款↑→投资↑→下一期产出↑。

3.2 资产价格波动对实体经济的影响程度分析

3.2.1 研究方法

本节采用的研究方法和上节相同，首先作向量自回归模型和误差修正模型，然后求出资产价格的脉冲响应和方差分解。

3.2.2 变量选择、数据来源与处理

根据理论分析，资产价格传导最终表现为对投资和消费的影响。房地产价格、股票价格和铲除的选取和上节相同。

（1）房地产价格的数据是用商品房销售额除以商品房销售面积得到商品房平均销售价格。商品房销售额除以当期消费价格指数以消除价格指数的影响。

---

① Bernanke, B. and M. Gertler (1995), "Inside the Block Box: the Credit Channel of a Monetary Policy Transmission", Journal of Economic Perspective.

(2) 股票价格选用上证综指，因为在上海证券交易所上市的公司规模较大，处于国民经济的主要行业，所以上证综指能够有效代表我国股票市场状况。

(3) 我们选择全社会固定资产投资总额的季度数据来表示投资，全社会固定除同期生产者价格指数（PPI）得到真实值。由于季度数据存在季节因素的干扰，用 X－12 方法对数据进行季节调整。

(4) 选择全社会消费品零售总额表示消费，全社会消费品零售总额除同期消费者价格指数（CPI）得到真实值。同样，用 X－12 方法对数据进行季节调整。

投资变量和消费变量分别用 FI 和 CS 表示。将两变量取对数处理以消除数据异方差。对数形式表示为 FFI 和 LCS。各变量变动趋势图略。

3.2.3 变量的平稳性检验

对全社会消费品零售总额和全社会固定资产投资总额的单位根检验我们看到，全社会消费品零售总额和全社会固定资产投资在水平状态下都是不平稳的，但是经过一阶差分处理后就变成平稳序列。根据我们在前面对房价和股价的检验，房价、股价和产出都是一阶平稳性序列。四个变量都服从一阶平稳，下面我们就可以对变量进行协整性检验。

3.2.4 协整关系检验、误差修正和脉冲响应

(1) 资产价格对投资的影响。

对国内生产总值、房价、股价和固定资产投资进行协整性检验。从检验结果我们看到，四个变量存在唯一的长期均衡关系，它们之间的协整关系如公式（6）所示：

$$LFI = -22.095 + 0.874LY + 0.197LHP - 0.0031LS \quad (5)$$
$$(1.7945) \qquad (1.255) \qquad (2.729)$$

从公式（5）我们看到，固定资产投资对国内生产总值的弹性系数是 0.874，房价的弹性系数是 0.197，股价的弹性系数是 －0.0031，股价理论上应该具有 q 效应，即股价的上涨导致 q 值的提高，企业会加大投资。但是在我们求出四个变量的协整关系时发现，q 效应在我国并不存在；相反，股票价格和固定资产投资呈现负相关，这可能主要是因为我国股票市场还不够发达，间接融资在我国仍然处于主导地位，企业在市场的可流通股票只占企业全部价值的很小一部分，所以股票价格的上涨并不会给整个社会带来多少投资的增加。

建立固定资产投资的误差修正模型。从中我们看到，固定资产投资的滞后项、国内生产总值的滞后项和股价都对固定资产投资的短期波动产生影响，并且这些影响都是显著的。

分析固定资产对各变量的脉冲响应可以看出，国内生产总值 1 个标准单位的正向冲击导致固定资产投资增加，这种冲击在第 3 期达到最大值 0.04，在第 4

期下降，随后保持平稳；房地产价格的上升导致固定资产投资上升，但是这种冲击并不持久；股票价格的正向冲击导致固定资产投资刚开始上升，但是在第3期变为负值。

通过分析固定资产投资冲击响应的方差分解，不考虑固定资产投资自身的影响，国内生产总值在第10期的贡献率达到86.36%，房地产价格在第10期的贡献率是10.31%，股票价格在第10期的贡献率是1.4%。

（2）资产价格对消费的影响。

如前所述，我们发现国内生产总值、房价、股价和全社会消费品总额之间存在唯一的长期均衡关系。

$$LCS = 7.5217 + 1.682LY - 0.032LHP - 0.0149LS \qquad (6)$$
$$(-26.61) \qquad (1.4633) \qquad (1.8488)$$

公式（7）显示，国内生产总值、房价和股价对全社会消费品零售总额的影响都很显著。房价对消费的影响为-0.032，这说明房价在我国并不存在财富效应，房价对消费者的影响主要有两个方面：一是房价的上涨会增加居民的财富，居民消费增加；二是房价上涨导致居民在购买住房的支出增加，在居民收入增长较慢的情况下，居民会减少消费品的购买。

通过对消费品零售总额短期波动影响因素的分析，我们看到，国内生产总值的滞后两期，房地产价格和股票价格都对消费平零售总额的短期变化产生影响。

从全社会消费品零售总额的脉冲响应我们看到，国内生产总值1个单位的标准冲击导致消费增加，而且这种冲击在随后不断增加，说明产出对消费的影响是最显著和持久的。房价和股价正的冲击并没有导致消费增加。正如我们前面所说的那样，房价的过快增长导致居民用于购买消费的支出减少，抑制了消费的增长。股价的上涨并没有导致消费的增加，这个现象比较令人吃惊。通过分析我们发现，我国股市存在较大的不公平现象，内部交易和操纵股票横行，在中国的股市中真正能够分享股市上涨成果的只能是一小部分投资者，而这一小部分投资者一般都是比较富裕阶层。根据边际消费递减规律，股价的上涨并不会到导致他们增加太多消费，这也就解释了前面的现象，股价的上升并不会到导致消费的增加。

从全社会消费品零售总额冲击响应的方差分解分析中我们看到，国内生产总值对于消费的影响最为明显，最大达到86%。房价对于消费的贡献最大达到1.6%，股价对于消费的贡献最大达到8.9%。房价对于消费的贡献甚至小于股价对于消费的贡献，这也说明我国房地产的价格相对于人们的收入太高，对消费产生了很强的挤出效应。

3.3 小结

通过包含股价、房价、GDP和消费的四变量VAR模型分析发现，资产价格在我国不具有财富效应。房价和股价正的冲击并没有导致消费增加。相反，正向的房价和股价冲击导致社会消费总额的下降。原因可能有以下几个方面：第一，房价的上涨速度大于居民的收入增长速度，房价的过快增长导致居民用于购房支出比重增加，消费的支出相应会减少；第二，我国股市存在较大的不公平现象，内部交易和操纵股票横行，在中国的股市中真正能够分享股市上涨成果的只能是一小部分投资者，而这一小部分投资者一般都是比较富裕阶层，根据边际消费递减规律，股价的上涨并不会导致他们增加太多消费。

通过包含股价、房价、GDP和投资的四变量VAR模型分析发现，房价变动对固定资产投资的影响大于股价变动。不考虑固定资产投资自身的影响，国内生产总值在滞后第10期的贡献率达到86.36%，房价在第10期的贡献率是10.31%，股价在第10期的贡献率是1.4%。股价影响较小的原因可能是：在全流通实施前，企业的流通股票较少，市值不大；而企业的非流通股抵押融资，会受到很多的限制。还有一个原因是，股市直接融资手续复杂，周期长，所以我国企业一般还是以间接融资为主。

4. 针对资产价格波动的货币政策变化对实体经济的影响

4.1 加入资产价格的BALL规则

4.1.1 BALL规则的简单介绍

Ball、Rudebusch和Svensson（1997年）提出了著名的Ball规则，对于人们分析货币政策的效果提出了一个新的角度①。Ball规则认为，货币政策必须遵循两个原则：一是在不同权重下，使中央银行的福利损失最小的货币政策是最优货币政策；二是在给定的权重下，要使货币政策最有效，中央银行的福利损失必须最小。模型有两个方程组成：

$$y_t = a_1 y_{t-1} - a_2 r_{t-1} + \varepsilon_t \tag{1}$$

$$\pi_t = \pi_{t-1} + b_1 y_{t-1} + \eta_t \tag{2}$$

其中，y_t是实际产出和潜在产出之间的缺口；r_t是实际利率与均衡利率之间的差额；π_t是实际通货膨胀率与其平均水平之间的差额；扰动项ε_t和η_t都是白

① Ball and Laurenee (1997), "Effieient Rules for Monetary Policy", NBER Working Paper No. 5952。

噪声序列，即满足期望为零，方差分别为 σ_{ε}^{2}、σ_{η}^{2} 且独立同分布，且 ε_t 和 η_t 相互独立。系数 a_1、a_2 和 b_1 都是常数，满足 $0<a_1<1$，$a_2>0$，$b_1>0$。

中央银行的优化问题时选择 $E_t(y_{t+1})$，使中央银行福利损失函数 $\mathrm{var}(y)+\lambda\mathrm{var}(\pi)$ 达到最小。在中央银行选择 $E_t(y_{t+1})$ 时，把 $E_t(\pi_{t+1})$ 看成给定的，因为利率调整在 2 期之后才影响到通货膨胀，$E_t(\pi_{t+1})$ 成为状态变量，一旦中央银行选定 $E_t(y_{t+1})$，就可以确定货币政策的有效规则。在控制变量 $E_t(y_{t+1})$ 和状态变量 $E_t(\pi_{t+1})$ 之间，可以设定一个政策函数：

$$E_t(y_{t+1}) = -AE_t(\pi_{t+1}) \tag{3}$$

其中，A 是正的待定系数，公式（1）、公式（2）和公式（3）整理得：

$$r_t = \frac{(a+Ab_1)}{a_2}y_t + \frac{A}{a_2}\pi_t \tag{4}$$

公式（4）即中央银行的最优货币政策。可以求得中央银行的福利损失函数：

$$L(A,\lambda) = \frac{(A+\lambda)(\sigma_{\eta}^{2}+b_1^{2}\sigma_{\varepsilon}^{2})}{b_1(2-Ab_1)} + \sigma_{\varepsilon}^{2} + \lambda\sigma_{\eta}^{2} \tag{5}$$

由中央银行福利损失最小化的一阶条件得到：

$$A = \frac{\lambda b_1 + \sqrt{b_1^{2}\lambda^{2}+4\lambda}}{2} \tag{6}$$

4.1.2　加入资产价格的 BALL 规则

我们在模型中加入资产价格，形成了一个新的 BALL 规则。模型由三部分组成：一组反映宏观经济状况的方程、一个货币政策反应函数和一个中央银行货币政策的福利损失函数。

模型有三个方程：

$$y_t = a_1 y_{t-1} - a_2 r_{t-1} + \varepsilon_t \tag{7}$$

$$\pi_t = \pi_{t-1} + b_1 y_{t-1} + b_2 \pi_{ap,t-1} + \eta_t \tag{8}$$

$$\pi_{ap,t} = \pi_{t-1} + c_1 y_{t-1} + \nu_t \tag{9}$$

其他变量的意义同上，$\pi_{ap,t}$ 是资产价格实际值和均衡值的差额，随机项 ν_t 是白噪声序列，系数 b_2 和 c_1 都是常数。

货币政策的决策函数变为：

$$r_t = -\alpha_1 \pi_t + \alpha_2 y_t + \alpha_3 \pi_{ap,t} + \xi_t \tag{10}$$

将资产价格作为货币政策目标主要有两个原因：一是资产价格有助于对未来通货膨胀预测；二是中央银行认为对资产价格作出反应有利于保持宏观经济的稳定。中央银行选择相应的系数 α_1、α_2 和 α_3 以保持产出和通货膨胀的稳定，系数 α_1、α_2 和 α_3 都大于零，ξ_t 是白噪声序列。

货币政策福利损失函数表示为：

$$L = a\sigma_y + b\sigma_\pi + c\sigma_r + d\sigma_{ap} \tag{11}$$

其中，σ_y 是产出缺口的标准差，σ_π 是通货膨胀产出缺口的标准差，σ_r 是利率变化的标准差，σ_{ap}是资产价格波动的标准差，系数 a、b、c 和 d 分别表示产出、通货膨胀、利率和资产价格波动在中央银行心中所占的权重。

4.2 针对资产价格波动的货币政策变化对实体经济的影响

4.2.1 变量的选择和处理

我们选取季度数据进行检验。样本区间为2000年第1季度到2008年第4季度，共36个样本点。

利率缺口、有效汇率缺口、房价缺口、股价缺口、通货膨胀缺口和产出缺口分别用 *QRR*1、*QES*、*QHP*、*QS*、*QCPI* 和 *QGDP* 表示。有效汇率来源于国际清算银行网站（www. BIS. org)，其他数据来自于国家统计年鉴和中国人民银行季度执行报告。

(1) 利率缺口。我们用1年期存款利率反应利率水平，用名义利率减去同期通货膨胀得到实际利率值，使用HP滤波法推算出潜在利率。

利率缺口 =1 年期存款利率 - 潜在利率

(2) 产出缺口。首先要得到真实GDP的数据。由于季度GDP为当季名义值，为了消除通货膨胀的影响，首先将名义季度GDP转化为实际值。具体方法为：真实GDP = 名义GDP × 100/CPI。为了剔除季节变动对真实GDP的影响，利用X11季节调整方法对真实GDP进行季节调整，然后根据HP滤波法推算出潜在GDP，在此基础上计算出各季度的产出缺口。产出缺口的计算公式为：

$$产出缺口 = \frac{季度调节的真实\ GDP - 潜在\ GDP}{潜在\ GDP} \times 100$$

(3) 通货膨胀率缺口。我们选用消费者价格指数作为衡量通货膨胀率指标。根据HP滤波法估算出潜在通货膨胀。

通货膨胀缺口 = 季度通货膨胀 - 潜在通货膨胀

(4) 股价缺口。我们用上证综指表示股票价格波动情况，真实股价 = 名义股价 ×100/CPI，因为股票价格受到季节因素的影响，用X11法进行季节调节，然后用HP滤波法估算出潜在股价。

$$股价缺口 = \frac{季节调整后的真实股价 - 潜在股价}{潜在股价} \times 100$$

(5) 房价缺口。我们用全国房屋销售总额除以全国房屋销售面积，得到全国平均房屋销售价格。真实房价 = 名义房价 ×100/CPI。用 X11 法消除季节因素对房价的影响。同样用 HP 滤波估算潜在房价。

$$房价缺口 = \frac{季节调整后的真实房价 - 潜在房价}{潜在房价} \times 100$$

各变量缺口值图略。

4.2.2 模型的估计

我们根据得到的各变量缺口，用 Eviews5.0 软件分别对公式（7）、公式（8）、公式（9）和公式（10）使用最小二乘法回归，得到的结果是：$a_1 = 0.88$，$a_2 = 0.36$，$b_1 = 0.18$，$b_2 = 0.02$，$c_1 = 0.44$，$\alpha_1 = 0.94$，$\alpha_2 = 0.047$，$\alpha_3 = 0.003$。$\sigma_y = 1.32$，$\sigma_\pi = 0.85$，$\sigma_{ap} = 4.33$，$\sigma_r = 0.15$。

我们发现在影响利率的因素中，通货膨胀的影响力最大，达到 0.94，产出的影响是 0.047。资产价格对利率的影响是 0.003，这说明我国人民银行没有对资产价格波动作出太大反应。

我们假设存在四种不同的权重组合：

$(a, b, c, d) = (1, 0.5, 0.05, 0)$，$(1, 0.5, 0.05, 0.1)$，$(1, 1, 0.05, 0)$，$(1, 1, 0.05, 0.1)$。借此我们可以得到损失方程 L_1、L_2、L_3 和 L_4。L_1 和 L_3 对资产价格波动的权重为零，L_2 和 L_4 对资产价格波动的权重是 0.1，L_1 和 L_2 对通货膨胀的权重是对产出波动的 2 倍，L_3 和 L_4 对通货膨胀和产出波动的权重相同。货币政策工具（主要是利率）为 0.05。

假设中央银行对资产价格作出反应，α_3 分别为 0、0.1、0.5 和 1。$\alpha_3 = 0$ 表示中央银行不对资产价格波动作出反应，$\alpha_3 = 1$ 表示中央银行迅速对资产价格波动作出反应，而且改变利率的幅度和资产价格的波动幅度完全相等。

分析中央银行不同政策下的福利损失可以看出，对资产价格失调采用温和的反应，比如 $\alpha_3 = 0.1$，可以减少整个经济的波动。如果货币当局对资产价格波动反应过强，$\alpha_3 > 0.1$，尽管资产价格波动减少了，但是由于增加了通货膨胀、产出和利率的波动，整个经济福利损失还是增加了。当 $\alpha_3 = 0.1$，福利损失的减少来源于较低的产出和通货膨胀波动，利率波动增大带来的损失要远远大于资产价格减少带来的收益。

参考文献

[1] Alchian, Armen A., and Benjamin Klein (1973), "On a Correct Measure of Inflation", Journal of Money, Credit and Banking, 5: 173 - 191

[2] Borio, C. and P. Lowe (2002), "Asset Price, Financial and Monetary Sta-

bility: Exploring the Nexus", BIS Working Papers 114, Bank for International Settlements, Basel

[3] Borio, C. and S. Prowse (1994), "Exploring Aggregate Asset Price Fluctuation across Countries: Measurement, Determinants and Monetary Policy Implications", Band for International Settlements Economics Paper No. 40

[4] Bryan, M. F. and S. G. Cecchetti (1993), "Measuring Core Inflation?", Monetary Policy, Chicago, University of Chicago Press

[5] Dupor, W. (2002), "Comment on 'Monetary Policy and Asset Prices'", Journal of Monetary Economics 49: pp. 99 – 106

[6] 蔡跃洲，郭梅军："金融结构与货币政策传导机制 – 我国转型时期的分析与实证检验"《经济科学》，2004 年第 3 期。

[7] 陈柳钦："资本市场发展与我国货币政策的有效传导"，《经济理论与经济管理》，2002 年第 10 期。

[8] 丁晨，屠梅曾："论房价在货币政策传导机制中的作用—基于 VECM 分析"，《数量经济技术经济研究》，2007 年第 11 期。

[9] 高莉，樊卫东："中国股票市场与货币政策新挑战"，《金融研究》，2001 年第 12 期。

[10] 高莉，樊卫东："中国股市资金流向对宏观经济的影响"，《管理世界》，2002 年第 2 期。

[11] 何小松："财富效应：理论与现实"，《经济问题》，2003 年第 2 期。

[12] 胡继之，于华："影响中国股市价格波动若干因素的实证分析"，《中国社会科学》，1999 年第 3 期。

[13] 胡援成，程建伟："中国资本市场货币政策传导机制的实证研究"，《数量经济技术经济研究》，2003 年第 5 期。

[14] 黄平："我国房地产'财富效应'与货币政策关系的实证检验"，《上海金融》，2006 年第 6 期。

[15] 李恒光："从供求曲线的移动看通货膨胀对股价的影响"，《技术经济与管理研究》，1999 年第 4 期。

[16] 李至斌："我国股票市场资本配置效率的实证分析"，《宏观经济研究》，2003 年第 8 期。

（作者单位：首创证券有限责任公司）

二等奖

货币政策调整对股票市场价格影响的实证研究

• 解学成　徐明东　付立春

1. 引　　言

1.1　研究背景和意义

股票价格对货币政策调整的反应是货币政策影响实体经济的重要组成部分，是货币政策领域长期以来的研究重点。自上海证券交易所和深圳证券交易所1990年成立以来，中国股票市场经过近20年从无到有的发展，在整个经济金融体系中的重要性逐渐上升。随着国内市场化进程的推进和金融市场的发展，A股市值/GDP指标在2007年年底时曾达到132.6%。股票市场的波动成为影响企业投融资、居民储蓄消费和资产组合配置决策的重要因素，在货币政策传导中的重要性日益上升。

理论上，货币政策通过利率效应、信贷效应和资产组合效应以及预期效应，直接或间接通过影响股利决定和股票回报溢价来影响股票价格。利率提高将导致企业预期未来现金流的减少和贴现率的上升，引起股价下跌。对货币政策制定者和市场参与者而言，通过实证研究识别股票市场对货币政策变动的反应程度具有重要意义。国外尤其是对美国市场的大量研究表明，联邦基金利率的调整对股票市场回报具有显著为负的影响，但货币政策变动和股票市场回报间并不存在明显的线性关系，货币政策调整对股票市场价格的影响具有非对称性、状态依赖性等特征。

货币政策对股票市场的影响在不同的股市趋势环境中可能具有不同的反应。自1995年以来我国股市已经出现多轮牛熊市交替的景象。其中典型的是2005年以来，我国股市走出的一轮大牛市和熊市的周期轨迹。在这一轮股市周期中，中国人民银行（简称“央行”）的货币政策也经历了从连续多次提高利率和20多次提高存款准备金率、采用1998年就已放弃的直接信贷控制措施的从紧货币政策，到受到危机冲击影响多次下调存款准备金率和利率的宽松货币政策的迅速转变。另外，受2007年爆发的全球金融危机冲击，各国实施的超宽松货币政策、市场流动性的显著增强被认为可能导致严重通货膨胀。目前在中国经济已明显提前复苏的情形下，通货膨胀预期日益强烈，资产价格相比低点已大幅上升。在此背景下，结合目前的宏观经济、股票市场状态以及通货膨胀预期条件，研究货币政策调整对我国股票市场价格影响的非对称性、状态依赖性等特征具有一定的理论意义，探讨和分析货币政策调整对股票市场走势的可能影响，对央行货币政策的制定和投资者的投资决策也具有一定的现实指导意义。

1.2 研究方法和内容框架

货币政策主要通过直接或间接影响股利决定和股票回报溢价两大渠道从而影响股票价格：一个渠道是利率效应、信贷效应和资产组合效应；另一个渠道是微观主体的预期效应。另外，货币政策调整对股票市场价格的影响具有非对称性、状态依赖性等特征。本文在分析货币政策调整影响股票市场价格的机制和对货币政策与股票市场价格相互关系的文献进行梳理的基础上，采用实证研究的方法从两个层面研究我国货币政策调整对股票市场价格的影响，并在研究过程中侧重分析货币政策影响股市的状态依赖性特征（我们将股市状况分类为熊市和牛市两种市场）：

（1）采用事件研究法研究短期我国股票市场对货币政策的公告效应。统计分析不同股市状态（熊市、牛市）下不规则货币政策调整，如管制利率和存款准备金率等的调整对股票市场价格影响的公告效应。

（2）采用VAR族方法研究我国货币政策与股票市场价格的互动影响。采用SVAR模型，将股市状态分为分为两类（熊市、牛市），研究货币供应量、利率等货币政策变量与股市价格的相互动态影响及相对中长期关系，对变量间的关系进行Granger因果检验和长期关系协整分析。

最后对实证结果进行分析和拓展，并提出相关政策建议。全文研究框架见图1。

1.3 本文创新之处

本文的主要特色是系统检验我国货币政策调整对股票市场价格影响的非对称性、状态依赖性等特征，考察管制利率调整和存款准备金率调整的公告效应，在构建实证Qual－VAR模型时，结合中国股市信贷资金推动的重要特征，识别存款利率、贷款增速以及其他重要宏观经济变量在模型中的作用。

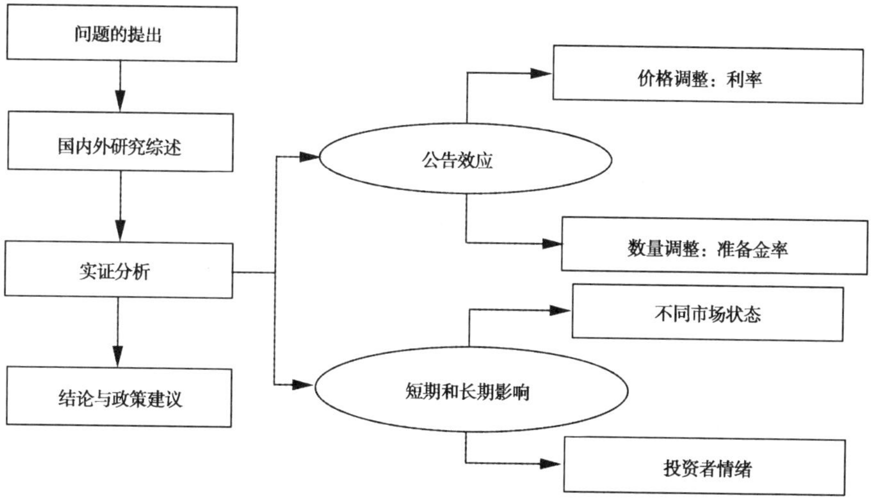

图 1　研究框架图

2. 文献综述

国外研究货币政策与股票市场相互关系的文献非常丰富。股票价格对货币政策调整的反应是货币政策影响实体经济的重要组成部分，是货币政策领域长期以来的研究重点。

2.1　理论分析

根据传统金融理论的贴现现金流模型，股票价格等于预期未来净现金流的现值。货币政策在股票回报决定中起着重要作用，其主要通过改变市场参与者贴现率，和市场参与者对未来经济活动的预期而产生作用。这两条渠道相互作用。紧的货币政策意味着更高的贴现率和更低的未来现金流，即将导致更低的股票价格。货币政策通过利率效应、信贷效应和资产组合效应，通过间接影响股利决定和股票回报溢价来影响股票价格。

Kurov（2007 年）认为货币政策还通过影响投资者情绪对股票价格产生影响，并为此提供了证据。

2.2　国外实证研究

从研究方法上，实证研究货币政策对股票市场影响的文献可以分为三类。

一是基于事件研究法（Event - study）的实证框架，常用于研究利率和贴现率等货币政策调整对股市影响的短期公告效应。该方法的优点在于能减轻内生性和遗漏变量问题。

二是基于VAR和VECM模型的实证框架，常用于月度数据来考察货币供应量、利率等货币政策变量与股市价格的相互动态影响和相对中长期关系。采用月度数据考察货币政策变动对股市价格的影响不能忽略货币政策与股票市场间相互影响的内生性问题，而采用VAR族模型能减轻这种内生性影响。如Tarhan（1995年），Thorbecke（1997年）和Rigobon和Sack（2001年），Ioannidis和Kontonikas（2008年），Bordo（2009年）、Bjørnland和KaiLeitemo（2009年）等的研究。Bjørnland和KaiLeitemo（2009年）利用SVAR模型对美国货币政策与股票市场关系的研究发现提高利率100个基点将导致股票价格下降7%～9%。

三是基于异方差方法的研究，如Rigobon和Sack（2004年）、Kholodilin（2009年）采用Rigobon and Sack（2004年）的基于异方差的方法分析了欧元区货币政策变动对总体和分行业股票价格指数的影响。研究结论显示，货币政策变动对股票市场具有显著负影响，利率上升25个基点，股票市场回报将下降1%，并且表现出明显的行业效应：电讯业2%，金融业1%，消费服务业0.3%。

研究表明，股票市场对货币政策的反应需要考虑两方面的信息。一是微观主体的预期。Bernanke和Kuttner（2005年）认为研究股市的货币政策反应时，将货币政策的冲击分为预期和非预期是必要的，因为参与者的投资行为可能已经提前考虑了预期到的政策变动，他们创新性地构造了未预期货币政策冲击变量来测度对股市回报的影响。未预期的货币政策冲击由联邦基金目标利率变动前的期货利率差计算得到，并巧妙利用本月天数和离公开市场委员会会议（FOMC）的开会时间进行调整，其计算公式为：$\Delta i_t^u = \frac{D}{D-d}\ (f_t^0 - f_{t-1}^0)$。研究发现，未预期的联邦基金利率下降25个基点，则股票价格上涨约1个百分点。Gregoriou等（2009年）检验了预期和未预期的利率变动对英国股市总体指数和分行业指数的影响。在信贷紧缩前，时间序列和面板数据研究均表明，股指对预期和未预期的利率变动均存在显著负向反应，但在信贷危机期间这种关系变为正相关关系。

二是货币政策变动和股票市场回报间并不存在明显的一致关系，货币政策调整对股票市场价格的影响具有非对称性、状态依赖性等特征。早期一些研究未考虑货币政策对股票价格的时变影响特征，得出了股票价格对宏观经济基本面的反应较小的结论。如Pearce和Roley（1985年）、McQueen和Roley（1993年）等对股票市场，对通货膨胀、失业等宏观经济基本面反应的研究。Thorbecke（1997年）和Neri（2004年）等采用一般VAR方法研究发现货币政策和股票价格之间不存在显著的相互影响关系。

Boydetal（2005年）的研究表明股票市场对失业等宏观经济信息的反应符号

依赖于经济的状态。Davig 和 Gerlach（2006 年）采用马尔可夫转换（Markov - Switching）模型的事件研究框架分析了 1998 ~2003 年美联储的货币政策变动对股票市场回报的影响，发现货币政策调整对股票市场价格的影响具有显著的状态依赖性，股市回报高波动状态下联邦基金利率的未预期变动对股票指数的影响统计不显著，而股市回报低波动状态下则存在显著负影响。Chen（2007 年）发现货币政策在熊市比在牛市对总体股票回报具有大得多的效应。他认为，这种不对称反应可从上市公司所面临的金融约束的周期性波动来解释。相似的，Basistha 和 Kurov（2008 年）的研究发现，股市回报对货币政策的反应是宏观经济强依赖的，在经济萧条和紧信贷时期，股市回报对货币政策冲击的反应是经济较好时期的 2 倍。另外，Kurov（2009 年）等的研究认为，投资者情绪是货币信息影响股票价格的重要渠道，而这种影响依赖于市场的条件（熊市和牛市），熊市期间股票价格对投资者情绪和信贷条件更加敏感，受货币政策行为的影响更大。Farka（2009 年）利用日间高频数据研究发现美国货币政策冲击对股价影响的路径呈帐篷形状，政策宣布时达到顶峰，利率下降对股价波动的影响往往大于利率上升对股价波动的影响。

2.3 国内实证研究

随着我国股票市场的迅速发展，国内许多学者也采用事件研究法研究利率调整对股票价格的影响，采用 VAR 模型研究货币供应量和利率变量与股票价格间的动态关系，但缺乏研究货币政策调整对股票市场价格影响非对称性、状态依赖性特征的文献，且研究结论并不统一。

中国人民银行课题组（2002 年）认为股票市场已成为我国货币政策传导的重要渠道之一。中央银行的货币政策操作应关注股票价格的波动，但不能把它作为货币政策决策的决定因素。易纲和王召（2002 年）认为扩张性货币政策的长期结果引起商品物价水平和股票价格的上升。唐齐鸣、李春涛（2000 年）采用事件研究法就中国人民银行 1996 年 5 月 ~1999 年 6 月期间 7 次降息政策对股票市场价格波动的影响，实证分析发现股市对降息具有一定敏感性，但每次反应不同。宗国英（2003 年）分析了中央银行 11 次利率调整对股票市场价格的影响，发现我国股市对利率的变动反应并不敏感。王丹平和龚玉荣（2006 年）对中央银行 9 次利率调整影响研究，发现短期内股市对利率调整具有一定的敏感性、滞后性，但从长期来看利率变动与股市指数存在显著的负相关关系。孙华妤、马跃（2003 年）应用动态滚动式的 VAR 方法，对 1993 年 10 月 ~2002 年 6 月的数据进行了分析，发现所有的货币供应量对股市都没有影响。

3. 我国股票市场对货币政策的公告效应

本部分主要分析货币政策调整公告信息股价，是否有明显反应？这种反应是否在股票市场上升和下降通道中具有差异性？价格型货币政策工具存、贷款利率调整和数量型存款准备金率调整，股价反应是否具有差异性？

3.1 研究方法及样本描述

为了检验信息公告前后股票价格指数变化率是否发生了明显的变化，本文采用事件研究法的部分思路，即选取的时间窗口为信息公告首日股市回报率（T_0），信息公告前后3天、5天、10天的平均日股市回报率（$T\pm3$天、$T\pm5$天、$T\pm10$天）。采用事件研究法部分思路是因为难以找到有效的Benchmark收益率对比指标计算传统事件研究法的核心变量CAR，而且也难以找到有效的变量来识别信息公告日的预期效应。

研究股市公告日预期效应的经典论文中，Bernanke和Kuttner（2005年）认为研究股市的货币政策反应时，将货币政策的冲击分为预期和非预期的冲击是必要的，因为参与者的投资行为可能已经提前考虑了预期到的政策变动。他们创新性地构造了未预期货币政策冲击变量来测度对股市回报的影响，未预期的货币政策冲击由联邦基金目标利率变动前的期货利率差计算得到，并巧妙地利用本月天数和离公开市场委员会会议（FOMC）的开会时间进行调整，其计算公式为：$\Delta i_t^u = \frac{D}{D-d}(f_t^0 - f_{t-1}^0)$。

由于我国不存在利率期货产品，所以难以分离有效的预期和非预期效应。本文将仅仅采用简单统计方法进行判断信息公告日的股价变动影响。1998年中国的货币政策放弃了信贷直接控制，以货币供应量作为中介目标。货币政策体制的变化会影响货币政策作用于股票市场的机制，所以本文选取的样本为1999年1月4日~2009年11月10日的日股市价格指数，选取上海证券交易所股价指数代表股市价格。

3.2 利率调整的公告效应

自1999年1月至2009年10月底，中国人民银行调整存、贷款利率共计14次。从调整周期来看，1999~2002年为利率下降通道；2004~2008年上半年为利率上升通道，共上调利率8次，按照1年期存款利率统计的累计上调幅度为2.16%。2008年受美国次贷危机冲击我国GDP增速显著下降，从2008年10月9

日开始了连续4次降息，按照1年期存款利率统计的累计降息幅度达到1.89%。按照传统金融学理论，利率上调通过利率渠道、信贷渠道以及微观主体的预期等将导致股价下跌；利率下调将导致股价上升。对美国数据的经验分析也表明，未预期的联邦基金利率下降25个基点，将引起公告当日股票价格上涨约1个百分点（Bernanke and Kutter，2005年）。

那么，我国利率调整是否存在明显的公告效应呢？由于我们无法得到有效的指标来分类预期和非预期效应（Bernanke等采用的是利率期货价格），所以本文只能采用简单的统计方法描述是否存在公告效应。我们统计了上海证券交易所A股指数的公告日、公告日前后3天、5天和10天的平均回报率变动情况（略）。

分析可知，存、贷款利率调整信息公告日，股市收益率与前3天收益率的符号相比，有7/14的符号发生了变化；而利率下降通道中利率下降的利好消息引起股市收益率符号发生改变的比例（4/6），略大于利率上升通道中利率上升的利空消息对股市收益率的变化比例（3/8）。而从股市前3天与后3天平均收益率的符号来看，仅有3/14比例的样本符号发生了变化；从股市前5天与后5天平均收益率的符号来看，也仅有3/14比例的样本符号发生了变化。所以，存、贷款利率的调整对股市的短期趋势特征并没有明显的改变作用。

3.3 存款准备金率调整的公告效应

存款准备金制度是伴随我国银行业制度的建立而发展起来的，自1984年建立该制度以来共调整29次，其中1999年以来调整24次。欧美等发达国家由于金融市场较发达，准备金调整对银行金融机构的流动性影响较大，所以法定存款准备金作为传统货币政策三大工具之一有逐渐弱化趋势。而受制于中国金融系统特征和国际经济环境（人民币升值压力），法定存款准备金率这一数量型工具调整成为中央银行货币政策的常用工具。从2006~2008年上半年的上一轮宏观调控看，为抑制国内流动性过剩，中央银行连续19次提高法定存款准备金率，从7%提高到17.5%，提高幅度创历史记录。

我国股票市场对存款准备金率调整的信息公告具有怎样的反应呢？采用与利率调整公告效应相同的方法，我们统计了上海证券交易所A股指数的公告日、公告日前后3天、5天和10天的平均回报率变动情况，然后采用简单的统计方法来描述是否存在公告效应。

由于存款准备金率的政策公布日期和实际调整日期时间间隔较长，受数据可得性限制，本文仅收集到了2006年6月16日~2008年3月18日期间的15个样本。该期间中央银行14次提高法定存款准备金率，从表2统计数据可以看出，法定存款准备金率调整对股市的短期趋势影响有限。这与我国股市处于阶段性牛市上涨、银行体系准备金充足、流动性过剩有关。由后文的实证可知，决定股市运行趋势的还是市场本身。

3.4 研究结论

本部分主要采用了基于事件的简单统计方法分析货币政策调整公告信息股价效应显示。从统计数据来看，存、贷款利率和法定存款准备金率的调整对股市的短期趋势特征均没有明显的改变作用。本部分的结论也可能由于本文所采用方法的限制。

4. 我国货币政策调整对股票市场价格影响的动态研究

本部分主要分析银行贷款、货币供应量、利率等货币政策变量与股市价格的相互动态影响。货币政策调整与股市价格间存在怎样的长短期关系？这种作用关系是否具有状态依赖特征？

4.1 模型构建及样本描述

估计资产价格对货币政策（尤其以利率为代表）的反应存在两个问题：一是货币政策与资产价格互相影响的内生性问题；第二是其他许多变量，如宏观经济的信息或风险偏好改变等，也可能对货币政策（尤其短期利率）和资产价格产生共同的影响。

根据已有研究，减轻这种内生性问题的方法有三种。一是选择高频数据采用事件研究法，将货币政策调整设定为外生变量，如 Bernanke 和 Kuttner（2005年）等的研究。二是采用滞后期货币政策解释变量进行回归。这种方法虽然有利于减轻内生性问题，但是需满足货币政策对股票价格具有滞后性影响的假设。三是采用 Sims（1980 年）发展出来的 VAR 方法，系统中所有的变量都被假设是内生的，货币供应量和利率可能会影响股票价格，而股票价格也有可能影响货币供应量和利率。

1998 年中国的货币政策放弃了信贷直接控制，以货币供应量作为中介目标。货币政策体制的变化会影响货币政策作用于股票市场的机制，所以本文选取的样本期间为 1999 年 1 月 ~2009 年 10 月，共计 130 个观测值，选取上海证券交易所股价指数代表股票价格①，1 年期存款利率、货币供应量 M_2 和金融机构贷款分别代表了三个不同角度的货币政策代理变量：价格型变量、数量型变量与信贷状

① 为了检验计量结果的稳健性，我们采用深圳证券交易所的股价指数，得出了一致性的结论。

况。本文构造了一个6个内生变量的VAR模型，所选取的变量为｛ip_growth_t，$cpig_t$，$deposit\_rate_t$，log（$fins\_loan_t$），log（$m2_t$）log（$shareprice\_sh_t$）｝。其中，ip_growth_t表示月度工业生产总值增长率，$cpig_t$表示CPI月度同比变动率，$deposit_rate_t$表示存款利率，log（$fins\_loan_t$）、log（m_{2t}）、log（$shareprice\_sh_t$）表示金融机构贷款、货币供应量M_2、上海证券交易所股价指数的自然对数。本部分所有数据均来自于CEIC数据库。

4.2 市场状态界定

为了测度不同市场状态的股市收益率系统性差异以及货币政策对股市的差异性影响，我们有必要将股市走势划分为不同状态。划分方法有多种。一是一般拇指规则，股市从上一个低点上升20%被定义为牛市，较上一个高点下降20%被定义为熊市（Kurov，2009年）。二是采用移动平均法，如Chen（2007年，2009年）。三是采用Markov－switching求迁移矩阵的模型法。由于移动平均法简单实用，本文主要采用该方法将股市状态分为牛市和熊市两类。具体如下：

首先，设定移动平均参数k，计算该期间平均股市收益率（当期股市收益率用log（$shareprice\_sh_t$）的差分计算求得）$\bar{R}_t^k=\frac{R_{t-1}+R_{t-2}+\cdots R_{t-k}}{k}$，然后定义虚拟变量$D_t$：

$$D_t=\begin{cases}0\ （牛市），if\ (\bar{R}_t^k>0)\\1\ （熊市），if\ (\bar{R}_t^k<0)\end{cases}$$

我们选取了k＝3、5、7分别算出了三组虚拟变量。

另外，我们还采用了Davig（2009年）等人的Markov－switching模型对上海证券交易所股票指数的两种状态的平滑概率状态进行了估计，作为我们移动平均法估计结果的比较。Davig（2009年）采用了简单的股市回报Markov转换模型估计牛熊市的概率：

$R_t=\mu_{s_t}+\varepsilon_t$，$\varepsilon_t$ □ $i.i.d.N$（0，$\sigma_{s_t}^2$）

其中，R_t是标准普尔500指数月度回报；s_t是不可观测虚拟变量，代表熊市还是牛市；所以μ_{s_t}和$\sigma_{s_t}^2$是代表状态依赖的均值和方差，一种状态向另一种状态的迁移被定义为Markov过程、依赖于两种状态的迁移概率。该模型被用来统计识别高均值和低方差回报为牛市、低均值和高方差回报为熊市，模型的均值、方差和条件迁移概率等参数采用最大似然法联合估计。

根据Chen（2007年，2009年）采用简单的股市回报Markov转换模型估计牛市、熊市的概率，$R_t=\mu_{s_t}+\varepsilon_t$，$\varepsilon_t$ □ $i.i.d.N$（0，$\sigma_{s_t}^2$），R_t是标准普尔500指数月度回报，s_t是不可观测虚拟变量，代表熊市还是牛市，所以μ_{s_t}和$\sigma_{s_t}^2$是代表

状态依赖的均值和方差，一种状态向另一种状态的迁移被定义为 Markov 过程、依赖于两种状态的迁移概率。该模型被用来统计上识别高均值和低方差回报为熊市、低均值合高方差回报为牛市，模型的均值、方差和条件迁移概率等参数采用最大似然法联合估计。

4.3 数据检验

首先采用 ADF 方法对相关变量数据进行稳定性检验。检验结果显示，所有变量都是非稳定性变量，一阶差分后均显示出稳定性特征（1%显著性水平）。

为了体现股票市场对货币政策反应的状态依赖性，我们将股市状态变量 bear_ dum_ sh_ 5$chen_t$ 作为外生变量引入我们的 VAR 系统。接下来我们采用 Johansen 完全信息最大似然估计法进行协整检验，并根据信息和准则确定滞后期数为 1 期、2 期。迹检验和最大特征值检验均显示这些变量间存在稳定长期关系，存在两个协整方程：股价指数 shareprice_ sh、银行贷款 fins_ loan 与货币供给量 M_2 间存在显著的长期关系。

估计出的两个协整方程（括号内为 t 检验值，本文以下标记相同）如下：

$$\begin{aligned} Vcm1t = LOG(SHAREPRICE\_SH)t &+ \underset{(0.07)}{0.211}CPIG - \underset{(0.18)}{1.005}DEPOSIT\_RATE \\ &- \underset{(3.36)}{5.262}LOG(FINS\_LOAN) + \underset{(2.98)}{4.59}LOG(M_2) \end{aligned} \quad (1)$$

$$\begin{aligned} Vcm1t = IP\_\ GROWTHt &- \underset{(0.56)}{2.658}CPIG + \underset{(1.55)}{6.462}DEPOSIT\_\ RATE \\ &+ \underset{(28.44)}{68.525}LOG\ (FINS\_\ LOAN) - \underset{(25.23)}{62.997}LOG\ (M_2) \end{aligned} \quad (2)$$

我们采用 Granger 因果检验进一步检验具有长期协整关系变量之间的因果关系。检验结果显示，在 5%显著水平，股价指数 shareprice_ sh 不是引起银行贷款 fins_ loan 和货币供给量 M_2 变动的格兰杰原因，而银行贷款 fins_ loan 和货币供给量 M_2 是引起股市指数变动的格兰杰原因。Granger 检验结果略。

为了进一步检验变量之间相互关系的方向和大小，我们进一步根据前面识别出的协整方程进行 VEC 模型的脉冲反应和方差分解分析。

4.4 脉冲效应函数与方差分解

股价指数反应的脉冲响应结果显示，1 单位的工业生产总值新息冲击（增长率增加 1 个百分点），短期内将引起股价上涨约 0.01%；通货膨胀率上升短期内将导致股票价格指数上升，这种效应持续约 6 个月。从代表货币政策状态的三个变量的脉冲反应图来看，存款利率上升 1 个百分点，将导致短期内股市下降，但下降幅度低于0.01%；银行贷款和 M_2 的增加都将导致股市的上涨，但银行贷款导致的股市上涨效应更加明显，贷款增长1%，将导致股市上涨约0.02%。这反映了我国股市贷款资金推动的特征，实证结果与经验直觉相符。

方差分解将每个内生变量的波动按照产生的原因分解成与各方程新息项相关联的单个组成部分，它实际上是一种样本外的因果检验。本章方差分解均分解到30期以后。从结果我们可以看出，从第6期开始方差分解结果基本稳定。上海证券交易所股价指数的方差分解显示，自身的波动能解释股价指数变动的80%，工业生产总值和CPI对股价指数波动的解释力在第10期后迅速衰减，尤其是CPI指数。整个预测期内，所有货币政策变量对dinp的解释比例在16%左右，其中银行贷款最高，收敛于12%左右，且各货币政策状态变量在第5期后对股价走势的贡献出现小幅跳升。方差分解结果还告诉我们，决定市场走势的还是市场本身。

4.5 货币政策对股票市场价格影响的状态依赖特征检验

前面的VEC模型中引入了外生的股市状态变量。其估计结果显示，其系数为-0.13，且统计水平显著，说明股市熊市状态的收益率平均低于牛市状态0.13%。通过前面脉冲反应的结果显示，股价指数对三大货币政策代表变量即存款利率、M_2 和银行贷款的反应系数均很小，即便是反应系数最大的银行贷款系数也仅仅只有0.02。系数偏小是否是因为没有考虑股价指数对三大货币政策代表变量调整反应的状态依赖性呢？如何刻画和识别这种状态依赖性呢？Chen（2007年）对美国的历史数据研究发现，考虑状态依赖性后，股价指数对三大货币政策代表变量调整的反应系数显著性和大小大大得到改善。

根据前面Granger因果检验的结果，在5%显著水平，股价指数shareprice_sh不是引起银行贷款fins_ loan和货币供给量 M_2 变动的格兰杰原因，而银行贷款fins_ loan和货币供给量 M_2 是引起股市指数变动的格兰杰原因，而1年期存款利率deposit_ rate也是由央行官方制定和调整的。三大货币政策代表变量与股价指数间的内生性问题并不严重，所以某种程度上我们可以直接采用线性模型来估计股价指数对三大货币政策代表变量调整的状态依赖反应。采用的估计方程如下：

$$R_t = \mu_{s_t} + \sum_{j=0}^{q} \beta_{s_t,j} X_{t-j} + \varepsilon_t,\ \varepsilon_t \square\ i.i.d. N\ (0,\ \sigma_{s_t}^2)$$

其中，R_t 表示t期的股市回报，X_t 表示t期的货币政策代表变量。货币政策变量的滞后期j值的选取来自于AIC和SC指标的判断。本文分别用三大货币政策变量代入线性模型，回归得到状态依赖反应的结果。

上述用不同货币政策代表变量的线性回归状态依赖模型显示，回归系数大小和显著性都较VEC模型的估计有了较大改进。熊市状态下，股市指数的平均回报率显著低于牛市状态（-0.130，-0.130，-0.135）；银行贷款与股市回报率显著正相关（1.24），货币供给量与股市回报率间正相关关系不显著（1.342），而1年期存款利率变动与股市回报间呈显著负相关关系（-0.099）。相比较而言，股市回报对价格性指标官方存贷款利率调整的反应较为不敏感，而对数量型指标银行贷款和货币供应量 M_2 的反应较为敏感。

状态依赖的系数（$D_t^* X_t$ 系数）显示，牛市状态下，银行贷款、M_2 增长率与股市指数回报之间存在正向强化作用。如果牛市状态下，股市回报率对银行贷款和 M_2 增长率的敏感性更高，即如果银行贷款和 M_2 增长率较高，则会加剧股市的上涨；而在熊市状态下，股市回报率对银行贷款和 M_2 增长率的敏感性较低（$D_t^* X_t$ 与 X_t 系数相加）。这与Chen（2007年）等对美国标准普尔股市指数研究的结论正好相反。出现这样不同的结论与中国和美国的股市制度和环境有很大关系。中国股市目前缺乏卖空机制，而且投资者羊群效应、投机心理更为明显，在股市形势较好时，若有银行贷款和货币供给等资金面的配合，股市将会更加大幅上涨；在股市形势较差时，即使银行贷款和货币供给有所增加，但投资者将增加资金投入股市牟利的动机不强，反映了中国股市投资的“大势跟随”现象。

4.6 小结

本部分的研究表明：

（1）相比较而言，股市回报对价格性指标官方存、贷款利率调整的反应较为不敏感，而对数量型指标银行贷款和货币供应量 M_2 的反应较为敏感。我国股市信贷资金推动的特征较为明显。VEC模型和线性回归模型均得出了相似的结论。代表货币政策状态的三个变量中，贷款资金的增长率对股市回报率的变动影响最为显著，官方存、贷款利率的调整VEC模型的脉冲响应和方差分解结果均显示：存款利率上升1个百分点，将导致短期内股市下降，但下降幅度低于0.01%；银行贷款和 M_2 的增加都将导致股市的上涨，但银行贷款导致的股市上涨效应更加明显，贷款增长1%，将导致股市上涨约0.02%。

（2）我国股市对货币政策调整的反应具有明显的状态依赖特征，采用三大货币政策代表变量的回归结果均得出了一致性结论。牛市状态下，银行贷款、M_2 增长率与股市指数回报之间存在正向强化作用，股市回报率对银行贷款和 M_2 增长率的敏感性高于熊市状态，即如果银行贷款和 M_2 增长率较高，则会加剧股市的上涨。

5. 研究结论与政策建议

本文在分析货币政策调整影响股票市场价格的机制和对货币政策与股票市场价格相互关系文献进行梳理的基础上，采用实证研究的方法从两个层面实证研究我国货币政策调整对股票市场价格的影响，并在研究过程中侧重分析了货币政策影响股市的状态依赖性特征（我们将股市状况分为熊市和牛市两种市场）。

（1）基于事件的简单统计方法分析货币政策调整公告信息股价效应显示，从统计数据来看，存、贷款利率和法定存款准备金率的调整对股市的短期趋势特征均没有明显的改变作用。

（2）我国股市信贷资金推动的特征较为明显。股市回报对价格性指标官方存、贷款利率调整的反应较为不敏感，而对数量型指标银行贷款和货币供应量 M_2 的反应较为敏感。银行信贷资金增速在决定股市趋势中起到了重要的作用，若政策当局要有效抑制股市的上涨或泡沫化程度，则控制信贷资金是重要渠道。而且考虑中国贸易顺差、人民币升值压力的环境，控制银行信贷规模比调整存、贷款利率更具有操作空间和弹性。

（3）我国股市对货币政策调整的反应具有明显的状态依赖特征，采用三大货币政策代表变量的回归结果均得出了一致性结论。但我国股市价格指数与货币政策的牛熊市反应强度与 Chen（2007 年）等对美国标准普尔股市指数研究的结论正好相反，反映了中国股市投资较为明显的“大势跟随”现象，而这与中国股市目前缺乏卖空机制，而且投资者羊群效应、投机心理较为明显有一定关系。

（4）随着我国股票市场的发展和相关制度的完善，股票市场可能成为货币政策传导的重要渠道，并且资产价格的波动对金融体系的稳定具有重要的影响。美国次贷危机引发的这轮金融危机经验表明，实施以商品价格稳定为目标的货币政策同时应主动关注资产价格的波动。为避免资产市场泡沫的积累、资产价格的过度波动、金融风险的积累，对中国而言，货币当局和监管当局应严查银行违规信贷资金入市、参与股票投机活动，这种投机行为会增加金融体系的风险和替代实体经济的投资行为。

参考文献

[1] A. Gregoriou, A. Kontonikas, R. MacDonald, A. Montagnoli, 2009, “Monetary Policy Shocks and Stock Returns: Evidence from the British Market”, University of Glasgow Working Paper.

[2] Mira Farka, 2009, “The effect of monetary policy shocks on stock prices

accounting for endogeneity and omitted variable biases", Review of Financial Economics, 18, 47 - 55.

[3] Nikiforos T. Laopodis, 2006, "Dynamic Linkages Between Monetary Policy And The Stock Market", Journal of Business & Economics Research, 12 (4).

[4] Troy Davig and Jeffrey R. Gerlach, 2006, "State - Dependent Stock Market Reactions to Monetary Policy", International Journal of Central Banking, December.

[5] 崔畅:"货币政策工具对资产价格动态冲击的识别检验",《财经研究》,2007年第7期。

[6] 瞿强:"资产价格与货币政策",《经济研究》,2001年第7期。

[7] 孙华好、马跃:"中国货币政策与股票市场的关系",《经济研究》,2003年第7期。

[8] 唐齐鸣、李春涛:"中国股市降息效应的统计分析",《统计研究》,2000年第4期。

(作者单位:西南证券股份有限公司)

金融资产价格成为货币政策目标的问题研究

•周明剑　钟　伟　官　皓　张　楠　魏　胜

1. 文献综述

随着美国次贷危机爆发导致的全球经济衰退，资产价格尤其是金融资产价格与货币政策的关系继21世纪初的网络科技泡沫破灭之后再次成为国内外研究的热点问题。关于这一问题，国内外学者作了大量的研究。

早在1911年，美国的经济学家欧文·费雪就在《货币的购买力》一书中主张，货币政策的制定者应致力于稳定既包含生产、消费和服务价格，同时又包含债券、股票等金融资产价格的广义价格指数。Goodhart（1995）认为，股价等金融资产价格应当以某种加权方式包括在货币政策稳定物价的最终目标中，以便中央银行经常地积极调整。Borio和Lowe（2002）也强调，货币政策不应该仅仅盯住利率、汇率或者货币供应量，因为这样往往会错过发现金融资产价格大幅波动进而引起金融结构失衡的机会；而金融结构失衡又会对企业的资产负债表产生不利的影响，进而改变企业的融资成本和融资渠道，最终影响实体经济的发展。而Charles Bean（2003）、Mishkin（2007）认为金融资产价格泡沫的鉴定有很大的难度，难以准确把握金融资产价格泡沫程度，而且货币政策是否具有干预金融资产价格的波动具有不确定性，因此货币政策的制定者不应该将其目标盯住金融资产价格，只有在金融资产价格被确切证实的确影响到了通货膨胀、产出水平以及经济预期时，才应该对金融资产价格的变化作出反应。

在国内，钱小安（1999）分析了中国股价和货币供应量的关系，认为我国的资本市场规模小，还不足以作为宏观经济的晴雨表。瞿强（2001）从货币政策的操作方面考虑，认为目前的货币政策应该关注金融资产价格，但暂时还不宜盯住金融资产的价格。易纲（2002）通过货币政策的股市传导机制模型从股市的角度分析股价和货币政策的关系，认为中央银行在制定货币政策时既应该考虑商品与服务的价格，也应该考虑股市价格。吕江林（2005）通过股指和实体经济的考察，认为我国的货币政策应当对股价变动作出反应。当股价变动幅度有可能使我国实体经济的运行严重偏离正常区域，有可能导致资本市场崩溃，并引发金融危机时，货币政策应当做出必要反应，使股市和实体经济的运行回归正常区域。伍戈（2007）指出中央银行往往只考虑一般意义上的通货膨胀率和宏观经济行为，却没有考虑金融资产市场上的“通货膨胀”问题，容易由于金融资产通货膨胀的危害以及不断累积的系统性金融风险而引起危机的爆发或者货币政策的失灵。

2. 货币政策和金融资产价格的理论关系

本部分中，我们将从金融资产价格对货币政策的重要性，以及货币政策对金融资产价格的影响两方面来论述货币政策和金融资产价格之间的关系。金融资产价格对货币政策的重要性可以分为两部分：一是金融资产价格可以反映实体经济的某些信息，起到货币政策指示器的作用；二是金融资产价格本身会对实体经济产生影响，直接影响货币政策的效果。而货币政策对金融资产价格的影响方面，我们选择主要工具——货币供应量和利率来分析。

2.1 金融资产价格对货币政策的重要性

2.1.1 金融资产价格的信息作用

金融资产价格在一定程度上反映了通货膨胀的信息。金融资产价格的上涨需要资金的推动，因此，从一定意义上说，股票价格的持续上涨可以作为市场流动性充裕的表现。理论研究和实践经验都表明，随着金融市场规模的不断扩大，中央银行通过商业银行等渠道释放的流动性会首先流入虚拟经济，造成股市上涨。在次贷危机时期实体经济衰退和虚拟经济膨胀共存正是这一结论的直接证据。

Goodhart 和 Hoffman（1999）认为应该将资产价格纳入通货膨胀预期。他们通过比较带有资产价格和没有资产价格的通货膨胀预期模型，得出结论，即资产价格是一种有用的通货膨胀指标。Goodhart 建议中央银行应当用更广泛的价格测度方法。如果资产价格确实可靠地预计了未来的消费价格通货膨胀状况，则该种新的测度方法将有利于提高宏观调控的有效性。

金融资产价格还在一定程度上反映了对未来货币政策的预期。股市持续升温，上涨态势明显，反映了公众对未来货币政策将保持宽松状态的预期，因为如果政府长时间保持宽松的货币政策，流动性就会持续充裕，股市就会资金充足，价格也会持续上涨，所以公众对投资股市的热情也高涨，使得价格也随之上涨。Woodford（1994）的实证模型表明，金融资产是内生变量，强调它的内生性问题。也就是说，资产价格本身就反映了对未来货币政策的一种预期。

2.1.2　金融资产价格对实体经济造成的影响

随着金融市场的不断发展，金融资产规模逐步扩大，其对实体经济产生的影响变得越来越重要。从理论上看，金融资产价格对实体经济产生的影响可以分为以下两个渠道：消费和投资。一方面，金融资产价格通过财富效应和流动性效应影响消费；另一方面，金融资产价格还通过托宾 q 效应和资产负债表效应影响投资。

（1）财富效应。消费者的财富会影响他们的支出决策。这里的消费指的是消费者对非耐用消费品和服务的支出。它不包括对耐用消费品的支出，因而与一般意义的消费支出不同。莫迪利亚尼的生命周期假说首先对这一问题进行了研究。他的基本前提是，消费者在一生中平均安排其消费支出。因此，决定消费的是消费者一生中可利用的资源，而不仅是今天的收入。在消费者可利用的资源中，一个重要的组成部分是消费者的金融财富（金融资产），主要由普通股票构成。于是，当股票价格上涨时，家庭的财富增加，所以消费者也会增加消费，并刺激总需求和总产出的增长。这样就形成了如下传导机制：Ps↑⇒W↑⇒C↑⇒Y↑。其中，Ps 表示的是股票价格，W 表示的是财富，C 表示的是消费。

（2）流动性效应。股票价格的变动，使得消费者的资产负债表发生了变动，其金融资产在总资产中的比重发生变化。如果股价上涨，金融资产的比例提高，由于金融资产比实物资产更具有流动性，所以当发生财务危机时，金融资产变现成本小，容易变现，消费者感到其财务支出发生困难的概率较小，他们就会增加对耐用品的消费支出，比如说住房。由此也就拉动了总需求和总产出的增长，形成了如下传导机制：M↑⇒Ps↑⇒金融资产↑⇒陷入财务危机的可能性↓⇒C↑、H↑⇒Y↑。其中，M 表示货币供应量，Ps 表示股票价格，C 表示耐用消费品消费，H 表示住宅消费。

金融资产价格对投资的影响渠道有：

（1）托宾 q 效应。詹姆斯·托宾创立了一种用于解释货币政策通过股票价格来影响经济的机制的理论，称之为托宾 q 效应。托宾把 q 值定义为企业市值和资本重置成本的比值。如果 q 值较高，则意味着企业的市值相对其固定资本的重置成本更高，于是，企业就会发行少量的新股票就能买到大量相对便宜的新投资产品，这样就使得整个投资增加，进而刺激了总需求和总产出的增长。相反，如果 q 值低，企业就不会购买新的资本品。如果在 q 值低的情况下企业希望增加资本，他们就会通过低价购买其他企业，获得旧的资本品来达到这一目的，投资支出即对新的资本品的购买就会下降。总结起来，它的传导机制如下：M↑⇒Ps↑

$\Rightarrow q\uparrow\Rightarrow I\uparrow\Rightarrow Y\uparrow$。其中，M 表示货币政策，q 表示托宾值，Ps 表示股票价格，I 表示投资需求。

（2）资产负债表效应。股票价格的上涨会通过改善企业的资产负债表的方式，使得企业可供抵押的资产增加，从而鼓励企业投资。具体途径如下：企业的股票价格上涨，使得企业财富升值，公司的净资产增加，公司借款能力增强，而且发生道德风险的机率将减少，从而促进银行贷款投放增强。企业贷款增加带动了企业投资，使总需求与产出扩大，形成了如下的传导机制：$M\uparrow\Rightarrow Ps\uparrow\Rightarrow NW\uparrow\Rightarrow L\uparrow\Rightarrow I\uparrow\Rightarrow Y\uparrow$。其中，M 表示货币政策，Ps 表示股票价格，NW 表示企业净资产，L 表示银行贷款，I 表示投资需求。

2.2 货币政策对股票价格的影响

货币政策的工具分为数量工具和价格工具。数量工具主要包括存款准备金率、公开市场操作、窗口指导的信贷调控等手段调节货币供应量；价格工具主要是通过利率等手段来改变资金成本进而达到宏观目的。他们对股市的影响方式各不相同。

2.2.1 货币供应量的调整对股价的影响

根据传统的投资组合理论，投资者应该将其总财产在风险高收益大和风险低收益少的资产投资中达到一个均衡。在投资者风险偏好不变的假设下，当投资者手中的货币量增加，即风险低的资产比例提高了，投资者就减少货币的持有，增加对股票类风险资产的投资。在股票数量不变的情况下，股票的价格自然就上涨了。所以可以说，当货币供应量增加时，股票的价格也会随之上涨。

2.2.2 利率的调整对股价的影响

根据凯恩斯学派的传统流动性偏好理论，公众对利率是有预期的，当利率的调整幅度高于公众的预期时，如果利率下降，人们就会认为利率已经下降到最低点了，将来利率会上升。因此，人们就会卖出股票而持有现金，这使得股票的价格下降。当利率的调整幅度小于公众的预期时，人们最会认为利率还有下降的空间，因此人们会把手中的现金购买股票，于是股票的价格上升了。只有当利率调整的幅度刚好符合公众的预期时，利率的调整不会改变人们对股票的需求，此时，股价将不会发生变化。

托宾的资产选择理论给出了另外的利率对股价的影响渠道：（1）替代效应：利率下降，公众更乐于持有相对收益较高的股票，股价上升；（2）积累效应：利率下降，安全资产收益下降，为了达到财富积累目标，投资者将更多购买高收益的风险资产，股票价格上升。

中央银行对利率的调控通常也反映出了宏观经济的状况，是宏观经济运行的指示灯。当中央银行调低利率时，则意味着经济不景气，政府采取宽松的货币政策，以降低企业的融资成本，保证企业的生存状况。此时，投资的风险就加大，公众也会更加谨慎，减少对股票的持有，使得股票的价格下降。而且，经济不景气也会增加公众对未来收入降低的悲观预期，减少投资数量，降低投资意愿，股票的价格也随之下降，我们也把这种效应称之为“指示器效应”。

凯恩斯的流动性偏好理论在实践中难以把握，而托宾的资产选择理论和“指示器效应”对利率变动引起股价波动的结果相反。因此，我们从理论上难以判断和把握，所以应该要结合实际情况来分析判断，才能得出正确的结果。

3. 美国、日本的数据分析和政策经验

在本部分，我们以美国和日本两大主要发达国家为例，通过一些现有数据和政策经验，从现实角度来研究货币政策与金融资产价格之间的互动机制和相互关系，进一步分析两国将金融资产价格纳入货币政策目标中的实践经验。

3.1 美国、日本股市的信息效应

2005~2009 年这 5 年的时间正是美国次贷危机积聚、爆发、传导、结束等一系列过程发生的时期。在此阶段美国经济经历了繁荣、衰退、萧条和复苏的周期性变化。我们就以目前这最近一次经济周期为例，分析美国股市对实体经济的信息效应。

2005~2006 年，正是次贷危机泡沫积聚的期间，此时市场整体经济情况向好，投资者情绪极为乐观，股价也随之走高。2005~2006 年股指上涨了 250 点左右，涨幅超过 20%。2007 年 1 月~2008 年 8 月，美国的 CPI 指数仍然持续飙升，实体经济仍然一片大好。然而回首这段时期的股价却并没有呈现大幅上涨之势，甚至在 2007 年 10 月以后呈现出缓慢下跌的走势。股市下跌的原因主要有两个：一是次贷危机开始显现；二是投资者对未来经济前景不确定。可见，这段时期股市已经发现了实体经济的过度繁荣，投资者们已经开始对经济继续繁荣的可能性持谨慎态度了。可以推断，对于此次次贷危机的发生，股市的反应要先于实体经济。此后，股市的走势仍然比较谨慎，反映了投资者对于后市经济能否复苏的担忧情绪。但是股市走势的趋势与 CPI 基本相同，都是先下跌再缓慢上涨。

从上述分析中可以看出，在美国经济正常发展的情况下，美国股市存在与 CPI 同步变动的趋势，说明股市中包含着实体经济变动的信息；在经济发展隐含危机的情况下，股市能够先于实体经济反映危机的爆发。所以，可以说股指有着

CPI 先行指数的性质。

日本股市的信息效应相当微弱。因为目前日本的货币政策缺乏独立性，受外部环境，尤其是美国政策的影响很大。在这种情况下，日本在近 30 年来一直使用宽松的货币政策，中央银行一直将基准利率维持在较低的水平，甚至在很长一段时间里实行“零利率”政策。这种货币政策对股市的影响很小，几乎不能构成股价变动的基本因素。在此情况下，股市投资者一般不需要关注货币政策的变动情况，所以，股市难以反映对货币政策的预期。另外，由于日本中央银行长期施行宽松的货币政策，市场上充斥着大量的流动性，所以股市也无法反映对通货膨胀情况的预期。

另外，从日经 225 指数与 CPI 的变动关系来看，两者的变动不存在趋势相同或者股指先于 CPI 的关系。可见，日本股市与其实体经济的变动情况是相对独立的，股市的信息效应也是相对较弱的。

3.2 美国、日本股市对实体经济的影响

我们以美国 GDP 数据的变动来代表实体经济的变动情况，主要分析美国股价变动对 GDP 的影响，以最近一个经济周期的变动为例。

从最近一个经济周期中 GDP 与标准普尔 500 指数之间的走势中我们可以看出如下特征：首先股指和实体经济在最近的一个周期中都经历了先大幅上涨、到顶反弹下行、再见底反弹上升的过程，两者变动趋势相同。其次，股指的变动总是先于实体经济的变动。股指于 2007 年 10 月 9 日到达 1565.15 点的顶峰随后开始下降；而实体经济于 2008 年 6 月才到达繁荣的顶峰，此时 GDP 为 134153 亿美元，随后开始衰退。股价于 2009 年 3 月 9 日见底，此时股指为 676.53 点随后开始回升；而实体经济萧条的最低点是于 2009 年 6 月 GDP 到达 129015 亿美元时才到来，随后开始复苏。

从上述分析中可以看出：美国股价的变动与美国实体经济的变动之间存在同向变动关系，趋势相同，并且股价的变动先于实体经济的变动。可以推断，实体经济的变动受到了来自先行股价变动的影响。

日本股市对实体经济的影响非常明显。以 1990 年股市泡沫破灭为例，这次股票泡沫引发危机的过程如下：1990 年 12 月 29 日股市上涨行情到达顶峰，泡沫破裂，此时日经 225 指数为 38915.87 点，股价随后开始持续震荡下跌。股价的下跌使得实体经济规模缩水，投资和消费能力下降。市场经过 2 个季度逐渐接受泡沫破灭的信息，GDP 同比指数从 1990 年 2 季度开始出现了长期的下跌趋势。最终，日经 225 指数在 1992 年 8 月 18 日的 14309.41 点到底。而由于实体经济受创严重，市场预期悲观，GDP 同比指数于 1993 年 1 季度才见底回升，最低点

到达 -0.2%，跌幅大于100%。至今，日本仍未摆脱这次股市破灭危机对实体经济造成的负面影响。

我们再来看看最近几年日本股市与实体经济的变动关系。分析2006～2009年日本GDP与日经225指数的走势图可以看出，受美国次贷危机影响近几年日本股市和实体经济都经历了大幅下跌，再到底反弹上升的过程。但是两者之间的变动在时间上存在差异。我们仍然以GDP同比指数代表实体经济的变动情况，通过比较2006～2009年的日经225指数和GDP同比指数的变动情况，我们可以看出：日经225指数的下跌是从2007年7月20日的18157.93点开始的，而GDP同比指数却在2008年第2季度才出现下降的趋势；股指在2008年10月到底震荡，GDP同比指数在2009年第1季度才到达底端。可见，日本股市先于实体经济对美国的次贷危机作出了反应。并且股价的下降又进一步强化了危机的信息，加剧了后来实体经济的波动幅度，最终GDP同比指数最低跌至 -8.7%。

3.3 美日货币政策对股市的影响

美国的货币政策主要是通过调节联邦基金利率对美国股市产生影响。美联储调节联邦基金利率需要采取两个步骤：首先，美联储发布一个联邦基金目标利率；然后根据这个目标利率，美联储联邦公开市场委员会通过公开市场操作这一货币政策手段来调节银行间隔夜拆借利率，将其调节在预设的目标利率水平上。可见，在第一个步骤上，美联储有绝对的控制权，但是在第二个步骤上，美联储必须运用市场的手段调节利率。实际上，美联储的联邦基金利率只是接近于目标利率，时刻处于在目标利率周围的变动中。

美联储联邦基金利率的调节对股市有两方面的影响。第一是联邦基金目标利率的公布对股市消息面造成影响，改变或强化人们的预期。一般股价的变动与目标利率的变动方向相反。第二是美联储在利用公开市场操作时会放出或者收回大量资金，这会对股市的货币供应量产生一定影响，从而影响股票的供求关系，造成股价的变动。具体来说，联邦基金目标利率下调，公开市场操作将买入美国政府有价证券，放出大量货币，股票市场资金充足，股票供不应求，股指上涨，即股指与目标利率反向变动，与货币供应量同向变动。

2002年Rigobon和Sack两位经济学家检验了美国货币政策对股指的影响，发现股指对货币政策具有明显的负向反应，即短期利率上升25个基本点，将导致标准普尔500下降1.9%。

我们分析了最近10次美国联邦基金目标利率调整的情况和目标利率调整当天或隔天的标准普尔500指数变动情况。从中可以看出，在这10次的调整中，除了2008年10月8日目标利率的调整造成股指的正向变动外，其余9次股指的变动均与目标利率的调整呈反向变动关系。可见，股指的变动情况基本与联邦基金目标利率的变动情况呈现负相关关系，符合上述两位经济学家的结论。另外，从股指的变动比例来看，目标利率的小幅变动（如 0.25%）基本符合经济学家的结论，但是当目标利率变动幅度较大时（如 0.75），股指的变动幅度偏小，表现为反应不足。另外，股指的反常正向变动主要是由三个原因造成的：第一是次贷危机爆发造成的流动性不足限制了宽松的货币政策效应的发挥；第二是市场对美联储货币政策的调整存在强烈的正确预期，这种超预期提前消化了货币政策调整的消息，抵消了货币政策的作用；第三是股市对次贷危机的担忧超过了货币政策的效应，投资者对后市走势不确定，存在悲观情绪和观望态度。

日本银行通过公开市场操作和向金融机构提供贷款来调节金融机构在日本银行准备金账户的头寸，继而通过调节货币市场利率来控制货币。同时，货币市场利率又会影响各个市场的利率，从而实现整个市场的价格稳定。日本银行货币政策的操作目标是隔夜信用拆借利率。

日本自 1990 年股市泡沫破灭后一直实行宽松的货币政策，持续调低基准利率，长期保持隔夜拆借利率和贴现率在 1% 以下。如此宽松的货币政策并没有促进股市的增长，并且在如此低的利率条件下，日本中央银行目标利率的调控对股市的调控能力变得非常微弱。例如：日本股市于 2003 年开始大幅持续增长，到 2006 年上半年已从开始的 9000 点涨到了 17000 多点，涨幅近 1 倍。日本中央银行 2006 年 7 月、2007 年 2 月两次加息，分别加息 0.05% 和 0.025%，表明货币政策进入加息周期，但微弱的政策调整并没有阻碍股市的大幅上涨，此后日经 225 指数又上涨了近 1000 点，到 2007 年 7 月 20 日到达 18157.93 点后才最终到顶。2008 年至今，为摆脱金融危机的影响，日本中央银行进入货币政策的降息周期。然而由于长期保持低于 1% 的利率，降幅有限，未能阻止股价的大幅下跌，日经 225 指数到 2009 年 3 月 10 日跌至谷底 7054.98 点，是近 27 年来的最低点。

3.4 美日的货币政策实践

3.4.1 美国的货币政策实践

次贷危机前，根据《美国联邦储备法》，美国的货币政策目标是控制通货膨胀，促进充分就业。具体操作上，美国将控制通货膨胀作为主要目标，强调稳定、透明和中性的原则。近两届美联储货币政策的特点主要有：第一，稳定较低的实际利率；第二，严格控制通货膨胀并采取预防为主的方针；第三，增加货币政策的透明度，使市场对政策变动产生合理预期，增加经济的透明度。

最近两任的美联储主席格林斯潘和伯南克均未将金融资产价格的变动情况纳入货币政策制定的考虑范围。在格林斯潘担任美国联储局主席期间，他主张对资产价格采取放任态度。他认为，等到资产泡沫爆破之后“清场”，比刺穿泡沫更易实行，且货币政策通常对通货紧缩反应过慢。格林斯潘长期把利率保持在历史低位，尤其是在2003年减税之后，仍未及时加息。他的如此作为，正是因为虽然当时资产价格出现了泡沫，但物价水平没有明显上升，实体经济通货膨胀水平较低。随后的继任者伯南克延续了格林斯潘对资产价格的态度。伯南克认为，美联储只应盯住通货膨胀，资产价格不应进入决策视野。但如果泡沫破裂，美联储应该赶紧降息，以缓解其对经济的冲击。他的政策主张从他上任后大量增加货币供应量的做法中可见一斑。

下面具体来看美联储货币政策的操作过程。从美联储的联邦基金目标利率走势来看，2000年5月到2003年6月是美联储的一个降息周期，利率从6.5%一直降到1%，并且低利率政策维持了较长时期（1%的利率维持了近一年）。此时的CPI从最初处于较低水平开始慢慢增长，通货膨胀的预期始终维持在可接受范围。到2003年下半年，通货膨胀预测超出可接受的范围，美联储开始了一轮持续的加息。但是由于前期货币政策的影响，大量资金已经流入房市与股市，房价积累了大量上涨趋势，股市也在货币政策的滞后效应影响下开始大幅上涨。金融资产价格的攀升抑制了货币政策的效应，带动了实体经济领域的过度繁荣和泡沫积累，最终泡沫破灭，危机产生。乍看之下，美联储的货币政策似乎非常合理，但是美国经济却出现了前所未有的重大危机，原因就是货币政策未考虑金融资产的价格，使得货币政策调节失效。次贷危机发生以后，美国经济迅速收缩进入萧条状态，美国政府放弃控制通货膨胀的政策目标，将货币政策的目标调整为刺激经济恢复，开始实行数量宽松的货币政策，即通过放松信贷供给增加市场上的货币供应量来刺激经济增长。此阶段的货币政策目标仍未考虑金融资产价格，但是此时的货币政策带有应对危机的临时性。后市美联储对货币政策的调整过程是否会加入股价等资产价格因素仍需关注。

3.4.2　日本的货币政策实践

根据新《日本银行法》规定，日本银行作为日本的中央银行，其目标为控制现金和货币，维持物价稳定，以促进国民经济建康发展。这里提到的物价稳定指的是维持实体经济的价格稳定。具体操作上，日本的货币政策目标也未考虑金融资产价格的变动情况，这点我们从日本的货币政策实践上看出。下面来回顾一下日本近30年来的货币政策发展过程：

日本自20世纪70年代开始实行金融自由化改革，放开了利率的管制，日本中央银行只能通过市场手段来调节基准利率，即通过公开市场业务买卖政府债券的手段调节作为基准利率的同业拆借利率。中央银行在调节利率的同时还会放出或收回大量货币，对市场上的货币供应量产生影响。

1985 年，美国与日本产生贸易摩擦，日本签署了《广岛协议》，此后日元进入了快速升值阶段。日元的快速升值对日本的出口造成了很大的负面影响，经济出现衰退的趋势。为刺激经济的增长，日本央行开始实施宽松的货币政策，降低利率，扩大货币供应量。另外，为保证美国汇率稳定，日本同意始终维持与美国的利率差。这使得日本在经济复苏后仍在实行低利率政策。在此期间，日本的 CPI 稳定地处于较低水平，然而金融资产价格的情况却截然相反。市场上货币供应量过剩，大量的资金流入股市、房市进行投资活动，金融资产价格开始飙升，形成了泡沫，最终于 1990 年泡沫破灭，金融危机出现。显然，这次危机产生的一个重要原因就是日本中央银行在制定货币政策时忽视了金融资产的价格变动。

1990 年的危机对日本的经济发展有严重的负作用，日本至今仍未摆脱其影响。危机过后，日本政府为刺激经济增长，实施了宽松货币政策，长期维持低利率和贴现率，增加货币供应量。日本中央银行长期将基准利率维持在 1% 以下，使得货币政策对股价等金融资产价格的影响力变得相当微弱。在此期间，日本的股市经历了多次剧烈的波动，但是货币政策均未作出相应调整。可见，目前金融资产价格的变动情况仍然未纳入日本央行货币政策制定的考虑范围。不过，外部因素如美国的政策对其货币政策的制定有很大的影响力，这使得日本央行在制定货币政策上存在很多约束，缺乏独立性，也使得货币政策与金融资产之间的互动、传导机制受到制约，所以即使日本央行将金融资产价格的变动情况纳入货币政策的目标中，也很有可能无法达到预设的效果。

3.5 小结

本部分以美国和日本两个主要发达国家为例分析了货币政策、实体经济与股市之间的相互影响机制和货币政策目标的实践。

美国方面，通过对最近一次经济周期（主要是 2005 ~ 2009 年）数据的分析，可以得到以下结论：①股市对于实体经济的信息效应较强。在美国经济正常发展的情况下，美国股市存在与 CPI 同步变动的趋势；在经济发展隐含危机的情况下，股市能够先于实体经济反映出危机的爆发。股指具有 CPI 先行指数的特征。②股市对于实体经济有较强的影响力。美国股价与美国实体经济之间存在同向变动关系，并且股价的变动先于实体经济。实体经济受到先行股价变动的影响，在一定程度上复制后者的走势。③美国的货币政策对股市走势的影响较大。股价的变动大体上与联邦基金目标利率的调整呈现反向关系。但是受到多种因素（如投资者的政策预期、货币供应量、投资者信心等）的影响，近期货币政策对股市的影响幅度有所降低。④美国的货币政策目标主要以检测和控制通货膨胀为主，目前还未将金融资产价格的变动情况纳入货币政策制定的考虑范围中。但是考虑到此次次贷危机的经验教训，后市美联储对货币政策的调整过程是否会加入股价等资产价格因素仍需关注。

日本方面，我们是从20世纪70年代日本开始金融自由化改革以后选取的数据。主要分析了两个阶段数据：一是著名的1990年股价泡沫危机前后的数据；二是最近次贷危机发生前后的数据。通过分析，可以得到以下结论：①日本央行长期实行宽松的货币政策，保持低利率高货币供应量，使得股市对于货币政策的预期和传导效应有限，货币政策对股市的影响作用明显减弱。②由于日本股市的波动受到多重因素的影响，市场上又长期保有相对较多的货币供应量，所以股市对于实体经济中的通货膨胀信息反映不明确。股市对实体经济的信息效应相对较弱。③日本股市对于实体经济的影响比较显著。实体经济的走势会受到先前股市走势的影响，并且股市的大幅波动会给实体经济造成很大程度的伤害。④日本货币政策的目标主要是维持物价稳定，制定和调整货币政策时并未考虑金融资产价格的变动情况。另外，1985年日本签订《广岛协议》后，其货币政策在一定程度上丧失了独立性，制约了金融资产价格在货币政策制定中发挥的作用。

4. 中国的货币政策和股票价格的实证分析

中国股市是否反映了实体经济的某些信息？参与人数不断增加的中国股市对实体经济的影响究竟如何？中国货币政策对股票价格的影响又有多大？在本部分中，通过时间序列计量经济学中的方法，我们对以上问题逐一作出回答。

4.1 实证工具概述

4.1.1 单位根检验：ADF检验和PP检验

对于时间序列模型的估计，变量的平稳性十分重要。如果某个时间序列的均值、方差和自协方差函数随时间而改变，它就是非平稳时间序列；相反，它就是平稳时间序列。如果非平稳时间序列在经过d次差分后成为平稳序列，则原序列被称为d阶单整序列，记为I(d)。

检验序列平稳性的方法称为单位根检验，其中最为常见的是ADF检验和PP检验。

(1) ADF检验。

ADF检验的回归方程为①：

---

① 单位根检验方程中的常数项以及时间趋势项存在与否在不同的研究中有所不同，我们这里使用有常数项，但没有时间趋势项的模型，因此只介绍其中一种类型。下同。

$$\Delta x_t = \alpha + \rho x_{t-1} + \sum_{i=1}^{p-1} \theta_i \Delta x_{t-i} + \varepsilon_t$$

其中，α 为常数项，ρ 为滞后阶数，ε_t 为白噪音。

零假设为：H_0：$\rho = 0$。备择假设为：H_1：$\rho < 0$。

（2）PP 检验。

PP 检验的回归方程为：

$$\Delta x_t = \alpha + \rho x_{t-1} + \varepsilon_t$$

其中，α 为常数项，ρ 为滞后阶数，ε_t 为白噪音。

零假设为：H_0：$\rho = 0$。备择假设为：H_1：$\rho < 0$。

4.1.2 协整检验：Johansen 检验

时间序列回归中常会出现所谓的“伪回归”现象，即两个不存在内在联系的变量仅因为其时间趋势相同出现较高的相关性。协整检验可以解决这一问题——当变量可以通过协整检验时（存在一个或以上的协整关系），即表明它们之间存在长期稳定的关系，从而回归是合适的。

协整检验主要包括 E－G 两步法和 Johansen 检验等。前者主要适用于单方程的协整检验，而后者适用于 VAR（SVAR）模型的协整检验。本课题中我们使用 Johansen 协整检验，它有两个检验标准：一是迹统计量检验（trace 检验）；二是最大特征值检验。两种检验方法的结果可能会存在一定差异，如果一致，表明检验的结果更为可信。

4.1.3 VAR 和 SVAR

VAR 模型是一种基于数据的统计性质建立的模型，它将系统中每一内生变量作为系统中所有内生变量的滞后值的函数来构造模型，从而将单变量自回归模型推广到由多元时间序列变量组成的向量自回归模型。

$$X_t = \alpha + \sum_{i=1}^{p} \Phi_i X_{t-i} + \varepsilon_t$$

其中，X_t 是 k 维列向量，α 为常数项，p 为滞后阶数，ε_t 为白噪音。矩阵 Φ_1，…，Φ_p 是 $k \times k$ 维矩阵。

然而，由于 VAR 模型没有给出变量之间当期相关关系的确切形式，而这些当期相关关系隐藏在误差项的相关结构中无法解释。SVAR 模型可以弥补这一缺陷。在加入了变量的当期滞后，化简后，可以得到如下估计方程：

$$BX_t = \Gamma_0 + \sum_{i=1}^{p} \Gamma_i X_{t-i} + \varepsilon_t$$

其中，Γ_0 是 k 维列向量，B 以及 Γ_1，…，Γ_p 是 $k \times k$ 维矩阵，其他和 VAR 模型相同。

4.1.4 脉冲响应函数和方差分解

由于VAR（SVAR）模型是非理论性模型，无需对变量作任何先验性约束，因此在分析此类模型时，往往不分析一个变量的变化对另一个变量的影响如何，而是分析当一个误差项发生变化，或者说模型受到某种冲击时对系统的动态影响，这被称为脉冲响应函数方法。

具体来说，脉冲响应函数描绘了在一个扰动项上加上一次性的冲击，对于内生变量的当前值和未来值所带来的影响。例如，考虑第一个变量的一次结构性冲击的影响，即计算 $\partial X_{t+S}/\partial \varepsilon_{1t}$，其中 s 是冲击作用的时间滞后间隔。

脉冲响应函数描述的是模型中一个内生变量的冲击给其他内生变量所带来的影响。然而，方差分解是通过分析每一个结构冲击对内生变量变化（用方差度量）的贡献度，来评价不同结构冲击的重要性。因此，方差分解给出了对模型中的变量产生影响的每个随机扰动的相对重要性的信息。

4.1.5　Granger 因果

Granger 提出了一个在统计上判断变量之间因果关系的检验。Granger 因果检验的基本思想是：先估计当前的 y 值被其自身滞后期取值所能解释的程度，然后验证通过引入序列 x 的滞后值是否可以提高 y 的被解释度。如果是，则称序列 x 是序列 x 的 Granger 成因。

4.2　中国股市的信息效应

中国股市是否具有理论中所阐述的信息效应？我们从近二十年我国通货膨胀率和股价来回答这一问题。

从两者的关系来看，我们可以分为两个阶段。

第一个阶段从1991年至2003年年底，在此期间，通货膨胀与股市周期存在比较明显的反方向运行。从1993年至1994年，当经济处于高通货膨胀阶段，而股市周期却一路下行（1994年全国CPI高达21.7%，沪市于1994年7月底跌至325点）。随后，CPI一路下跌，于1997年底CPI转正为负，并且直到2003年年底一直在-2%~2%左右徘徊，幅度很小。但在此期间，股市却开始连续高涨，出现了一轮屡创新高的暴涨行情（2001年6月，沪市创出2245点历史新高）。

第二个阶段从2003年底到2009年年底，通货膨胀与股市的关联性逐渐加强，同方向运行的趋势日渐明显。在2004年初到2005年年底，股市开始下跌，3个月之后CPI也掉头向下（2005年7月份，股指跌至期间的最低1011点，CPI最低点为0.1%），随后从2005年年底，股市新一轮的行情到来，上证指数达到了历史顶峰，物价也一路上涨（2007年10月份达到历史新高6124点，CPI最高点达到了8.7%），随后从2007年底股市出现大幅度回落，CPI也急转直下（2008年11月份达到期间最低1706点，CPI最低点为-1.6%）。

总的来看，我国的股市对宏观经济的反映还不是很明显，但是随着资本市场的日渐成熟，股市与宏观经济的关联度正在逐步加强，而且股市作为通货膨胀的先行指数作用也在增加。

4.3 中国股票价格对实体经济影响的实证研究

4.3.1 中国股票价格对居民消费的影响

(1) 模型设定和变量、数据说明。

依据现有理论，我们认为，决定居民消费水平的变量主要包括收入和资产，而资产又包括金融资产和非金融资产。考虑到目前中国的现状，金融资产我们使用股票，而非金融资产我们使用房地产。从而，我们有如下模型：

$$C = f\text{（城镇居民收入水平，股票指数，房价指数）}$$

依据我们现有的指标，我们使用社会消费品零售总额数据来衡量消费水平。收入水平方面，由于缺少全国性的收入水平的指标，我们使用统计局公布的人均城镇居民收入水平指标。鉴于目前中国经济城乡差距巨大的结构性因素，这一指标应具备较高的可信度。股票指数我们使用上证综指的收盘数。房价指数使用中国经济信息网的房屋交易价格指数。所有其他的数据也来自于中经网和 Wind 资讯（下同）。所有的变量我们都是用月度数据，期间为 2001 年 1 月至 2009 年 9 月。

从图中可以看出，所有的变量都具备季节特征，所以我们使用 X12 的季节调整办法对现有的数据进行调整。依据现有的理论和实证研究发现，收入水平、金融资产和房地产对消费支出的影响时滞一般在 3 ~6 个月左右。同时，依据我们对不同滞后期的估计，根据 AIC 和 SC 标准，我们选择滞后期为 6 的模型，即：

$$BX_t = \Gamma_0 + \sum_{i=1}^{6} \Gamma_i X_{t-i} + \varepsilon_t \tag{1}$$

其中，变量和参数矩阵如下：

$$B = \begin{bmatrix} 1 & b_{12} & b_{13} & b_{14} \\ b_{21} & 1 & b_{23} & b_{24} \\ b_{31} & b_{32} & 1 & b_{34} \\ b_{41} & b_{42} & b_{43} & 1 \end{bmatrix}, \Gamma_i = \begin{bmatrix} \beta_{11}^i & \beta_{12}^i & \beta_{13}^i & \beta_{14}^i \\ \beta_{21}^i & \beta_{22}^i & \beta_{23}^i & \beta_{24}^i \\ \beta_{31}^i & \beta_{32}^i & \beta_{33}^i & \beta_{34}^i \\ \beta_{41}^i & \beta_{42}^i & \beta_{43}^i & \beta_{44}^i \end{bmatrix},$$

$$X_t = [SC_t, INC_t, SI_t, HP_t]', \Gamma_0 = [\alpha_{10}, \alpha_{20}, \alpha_{30}, \alpha_{40}]', \varepsilon_t = [\varepsilon_{1t}, \varepsilon_{2t}, \varepsilon_{3t}, \varepsilon_{4t}]'$$

①平稳性检验。我们同时使用 ADF 检验和 PP 检验对模型中所有变量进行平稳性检验。平稳性检验的结果显示，所有的变量均为一阶差分平稳，为 I(1)，即为一阶单整序列。

②协整检验。由于各个变量都为 I(1)，我们对其进行协整检验，检验4个变量之间是否存在长期稳定的协整关系。本文采用 Johansen 协整检验。最大特征值检验和迹统计量检验结果同时显示，在4个变量之间不存在协整关系的原假设被显著拒绝，存在至多一个协整关系的原假设被接受，表明变量之间存在长期稳定的协整关系。由于被估计的 VAR 模型所有的根的模小于1并位于单位圆内，因此，模型是稳定的。

③SVAR 模型的脉冲响应和方差分解[①]。对于 n 元 p 阶 SVAR 模型，需要对结构式施加 n（n-1）/2 个限制条件才能识别出结构冲击。本模型中有4个内生变量，因此需要施加6个约束才能使得模型（1）满足可识别条件。依据现有的理论和实证研究，以及我们数据频率的特点，我们作如下假设：

当期（即当月，下同）收入不受当期的股票和房地产价格影响（$b_{23}=b_{24}=0$）；当期的股票价格不受当期的消费水平的影响（$b_{31}=0$）；当期的房地产价格不受当期消费水平的影响（$b_{41}=0$）；当期的股票价格和当期房地产价格互不影响（$b_{34}=b_{43}=0$）。

我们计算 SVAR 模型中的变量对经济冲击的脉冲响应函数。在 VAR 模型中，一次冲击会通过 VAR 模型的动态结果传导给所有的内生变量。然而，在 SVAR 模型中，脉冲响应函数反应了在一个随机扰动项上的一次性冲击对内生变量的当前和未来值所带来的影响。

消费支出对股票价格的反应。从脉冲响应图可以看出，当期给股票价格一个正向冲击，在前4期消费支出的波动十分小，在第5期出现较为明显的减少之后开始逐渐回升，但总体的影响十分有限。

消费支出对收入和房地产价格冲击的响应。从脉冲响应图可以看出，当期给城镇人均收入水平一个正向冲击，将对消费支出带来持久的增加，影响在第5期达到最大（0.006%），之后逐渐回落，稳定在0.003%左右的水平。当期给房地产价格一个正向冲击，消费支出会出现较为明显的上升趋势，在第4期达到0.004%之后基本维持在这一水平。

在本模型中，通过方差分解方法，我们可以衡量收入水平、股票资产和房地产资产对居民消费的贡献程度，捕捉其变化趋势的同时进行横向对比。方差分解结果显示，除了前期消费对其自身的影响之外，收入对消费的贡献率在第4期后出现明显的上升趋势，在第10期达到了20%，而房地产对消费的贡献率自第1期后就开始逐步上升，也在第9、第10期达到了20%左右，然而股票对消费的

① 限于篇幅，在对模型实证结果的分析中，我们主要着重于对度量股票价格和相关变量关系的系数，下同。

贡献率则一直很小，几乎可以忽略不计。

④Granger 因果检验。从检验结果可知，以 5% 的置信度为标准，我们拒绝“INC 不是 SC 的格兰杰成因”的原假设，拒绝“HP 不是 SC 的格兰杰成因”的原假设，接受“HP 不是 SC 的格兰杰成因”的原假设。这意味着，在统计上，我们接受收入和房地产价格是消费支出的原因，而拒绝股票资产和消费支出存在因果关系。

4.3.2 中国股票价格对社会投资的影响

（1）模型设定和变量、数据说明。

依据凯恩斯理论，投资直接取决于利率水平。而根据托宾的 q 理论，股票价格的上升将提高公司市值，增加企业投资冲动，刺激投资的增长。另外，资产负债表效应表明，企业股票价格的上涨会增加公司借款能力，促进银行贷款的增加，从而带动企业投资。理论上说，在市场化的前提下，利率可以完全反映出贷款的供给和需求的情况，然而，在中国，利率的市场化进程才刚刚起步。综上，在估计股票价格对投资的影响时，我们在模型的自变量中还加入利率和银行贷款数据，即：

$$I=f\ (\text{利率，贷款，股票指数})$$

具体说来，投资我们采用月度的城镇固定投资完成额数据。利率方面，我们使用实际利率，即名义利率——通货膨胀率。其中，名义利率是央行的 6 个月至 1 年期的贷款利率，通货膨胀率是月同比 CPI，贷款使用金融机构人民币各项贷款余额数据，股票指数同样使用上证综指。对于上述数据，除了利率之外，其他数据我们都是用 X12 方法进行了季节调整。

依据现有的理论和实证研究，结合 AIC 和 SC 标准，我们选择滞后期为 3 的模型，即：

$$BX_t = \Gamma_0 + \sum_{i=1}^{3} \Gamma_i X_{t-i} + \varepsilon_t \qquad (2)$$

其中，$X_t=[INV_t, RR_t, SI_t, LOAN_t]$，其他向量和模型（1）相同，向量是 4×1，而矩阵是 4×4 的。区别仅在于此处滞后期为 3。为了节省篇幅，此处省去描述。

（2）实证结果。

①平稳性检验。我们使用了 ADF 和 PP 检验。鉴于两种检验的结果一致，此处我们只描述 ADF 检验的结果。对于 INV 序列，ADF 检验的 t 统计值为 0.44，无法拒绝原假设，序列 RR、SI、LOAN 的 ADF 检验的 t 统计值分别为 -1.51、-2.40 以及 -1.07，皆无法拒绝原假设。这意味着所有 4 个序列都不是平稳的。进一步地，对所有序列的一阶差分形式进行平稳性检验的结果显示，都是平稳

的。这意味着这4个序列都是I（1），即一阶差分平稳序列。

②协整检验。协整检验结果显示：对于不存在协整向量的原假设，迹统计量检验的p值为0.01，最大特征值检验的p值为0.05，都可以显著地拒绝原假设。而对于存在至多一个协整向量的原假设，迹统计量检验的p值为0.11，最大特征值检验的p值为0.23，都无法拒绝原假设。这表明，我们所考虑的4个向量之间存在一个协整向量。由于被估计的VAR模型所有的根的模小于1并位于单位圆内，因此模型是稳定的。

③SVAR模型的脉冲响应和方差分解。下面我们对SVAR模型进行估计。由于本模型中有4个内生变量，因此需要施加6个约束才能使得模型（2）满足可识别条件。依据现有的理论和实证研究，以及我们的数据频率的特点，我们作如下假设：

由于企业贷款和投资之间应存在一定的滞后性，当期（即当月，下同）投资不受当期贷款的影响（$b_{14}=0$）；由于利率是由央行指定的，而央行的货币调控政策是建立在对之前的宏观经济趋势的判断上的，应不受当期的其他变量的影响（$b_{21}=b_{23}=b_{24}=0$）；股票价格指数不受当期的投资的影响（$b_{31}=0$）；银行贷款规模不受当期投资水平的影响（$b_{41}=0$）。

在以上假设背景下的SVAR模型的脉冲响应显示：

固定资产投资对股票价格的反应。在当期给股票指数一个正的冲击，将对投资造成正的影响，该影响在2期时达到最大，在第3期基本消失。随后虽有一定波动，但幅度很小，即股票价格对投资的影响相对较小。这表明，股票价格对投资的影响相对较快，同时程度较小。

固定资产投资对实际利率和银行贷款的反应。给实际利率一个正的冲击，将对投资形成负面的影响，意味着实际利率的上升会降低投资水平，符合理论的预测。当期银行贷款的正冲击，将在第2期后造成投资的增加，并在第3期达到最大值（0.01%），之后有所下降，虽规模较小，但一直为正。

方差分解结果显示，除了前期投资对其自身的影响之外，实际利率对投资的贡献率呈逐步上升趋势，但总体贡献率不大；银行贷款对投资的贡献率和实际利率趋势基本相似，在第10期仅为3.01%左右；股票价格对投资的贡献率则一直很小，一直维持在0.2% -0.3%的水平，几乎可以忽略不计。从方差分解的结果我们可以看出，我们模型中的3个自变量的贡献率都较小，其中以股票价格为甚。

④Granger因果检验。Granger因果检验结果显示，以5%的置信度为标准，我们可以拒绝“RR不是INV的格兰杰成因”的原假设，拒绝“LOAN不是INV的格兰杰成因”的原假设，但无法拒绝“SI不是INV的格兰杰成因”的原假设。这意味着，在统计上，我们接受实际利率和银行贷款是投资的原因，而拒绝股票

价格和投资之间存在因果关系。

4.4 中国货币政策对股票价格的影响的实证研究

（1）模型设定和变量、数据说明。此处我们主要研究货币政策对股票价格的影响；同时，为了控制实体经济的影响，我们还加入了 GDP 的变量。

为了将各货币层次对股票价格的影响分离，细致地考察货币供应量的影响，我们在模型中采用三个货币供应量变量，分别是：流通中现金 M_0，M_{10}和 M_{21}。M_{10}即狭义货币供应量 M_1 与 M_0 之差；M_{21}即广义货币供应量 M_2 与狭义货币供应量之差。为了考虑 CPI 对股市的影响，利率方面，我们仍然使用模型（2）中的实际利率。另外，我们同样使用 $X12$ 的方法对除利率以外的序列进行季节调整。由于 GDP 的数据最大频率为季度，我们采用季度数据，时段为 1996 年第 1 季度到 2009 年第 3 季度。

依据现有的理论和实证研究，结合 AIC 和 SC 标准，我们选择滞后期为 3 的模型，即：

$$BX_t = \Gamma_0 + \sum_{i=1}^{2} \Gamma_i X_{t-i} + \varepsilon_t$$

其中，$X_t = [SI_t, M_{0t}, M_{10t}, M_{20t}, GDP, RR_t]'$。其他向量和之前的模型类似，区别仅在于向量是 6×1，而矩阵是 6×6 的，滞后期为 2。为了节省篇幅，此处省去描述。

（2）实证结果。

①平稳性检验。

从对所有序列及其一阶差分序列的平稳性检验结果我们可以看出，所有的序列本身都不是平稳的，但在一阶差分之后就成为平稳序列了。这表明，所有序列都是 I（1）。

②协整检验。我们对这 6 个变量进行 Johansen 协整检验。结果显示，“不存在协整向量”的原假设都被显著地拒绝。虽然两种不同的检验方法对协整关系的数量判断有所差异，但我们可以认为，这些向量之间存在稳定的关系。同样，由于被估计的 VAR 模型所有的根的模小于 1 并位于单位圆内，因此模型是稳定的。

③SVAR 模型的脉冲响应和方差分解。由于本模型中有 6 个内生变量，因此，需要施加 15 个约束才能使得模型（3）满足可识别条件。依据现有的理论和实证研究，以及我们的数据频率（季度）的特点，我们作如下假设：

首先，各不同货币层次，M_1，M_{10}和 M_{20}之间的当期不会出现相互影响（$b_{21} = b_{23} = b_{32} = b_{34} = b_{42} = b_{43} = 0$）；当期的 GDP 不受除利率以外的其他变量的影响（$b_{51} = b_{52} = b_{53} = b_{54} = 0$）；当期的利率不受当期的模型中任何其他变量的影响

（$b_{61}=b_{62}=b_{63}=b_{64}=b_{65}=0$）。

在以上假设下，我们估计了SVAR模型，脉冲反应的结果显示：

股票价格对货币供应量的反应。由于我们对不同的货币供应量的层次进行了细分，此处我们需要分析 M_0、M_{10} 和 M_{21} 对股票价格的影响。

M_0 方面，脉冲响应图显示，在当期给 M_0 一个正向冲击，将对股票价格形成明显的正向推动作用。该影响从 M_0 增加的当期就开始显现，并在第3期达到最高（0.056%），随后逐渐回落。M_{10} 方面的脉冲响应图表明，在当期给 M_{10} 一个正向冲击，将在第2期开始对股票价格产生负面的抑制作用，该影响在第4期达到最大（-0.061%），此后逐渐上升；M_{21} 对股票价格的影响相对复杂，一个当期的 M_{21} 的正向冲击对股票价格在前3期的影响总体为负，此后又逐渐转正，并慢慢消失①。

股票价格对GDP的脉冲响应方面，我们发现，一个正向的GDP冲击对股票价格的推动作用要到第3期才开始显现，但总体的影响较其他变量明显为小。

股票价格对实际利率的反应。脉冲响应图显示，实际利率的一个正向冲击在前2期对股票价格存在一定的抑制作用，之后开始负面效应逐渐淡化并消失。

SVAR的方差分解结果显示，除了前期股票价格对其自身的影响之外，M_0 对股票价格的贡献率自第1期逐步上升，于第5期达到了最大的13.96%；M_{10} 对股票价格的贡献率在前两期相对较小，自第3期开始出现明显上升趋势，自第5期开始维持在15%以上；相对于前两者，M_{21} 和RR的贡献率都较小，在10期内，前者最大为4.06%，后者最大为3.34%；GDP对股票价格的贡献率最小，一直在1%以下。上述结果表明，货币政策变量对股票价格的影响较为明显，其中以 M_0 和 M_{10} 为甚，而实体经济的变动对股票价格的影响很小。

④Granger因果检验。对以上变量的Granger因果检验的结果表明，可以拒绝"M_0 不是SI的格兰杰成因"以及"RR不是SI的格兰杰成因"的原假设，但无法拒绝"M_{10}，M_{21} 和GDP不是INV的格兰杰成因"的原假设。这进一步表明，股市走势明显受货币政策的影响，而和实体经济的走势关系不紧密。

5. 实证结果分析和政策建议

5.1 实证结果分析

根据本文的逻辑，我们将前面的实证结果分成两部分：一是股市对货币政策

① 需要提醒注意的是，由于数据获得性的原因，我们这部分的实证模型中使用的数据频率为季度。季度频率对于分析资本市场来说可能过低，因此，对于股票价格的影响分析，此处应主要关注前两期，时间间隔过长的实证结果可能会由于数据频率的原因产生一定偏差。

的效果的影响方面；二是货币政策对股市的影响方面。我们首先分析实证结果并结合现实对这些实证结果的含义和背后的原因进行分析。

5.1.1 股市对货币政策的效果的影响方面

从消费的SVAR模型估计结果来看，在我们所考虑的因素中，影响消费的最重要因素是收入水平。这和传统的经济学理论是一致的，收入的增加会直接带来消费的增加。即使由于数据的原因，我们在模型中的消费仅使用城镇居民消费，这一结论依然成立。可以想见，在城乡结构不平衡程度较高的经济中，农村居民收入的增加对社会消费的影响会更为显著。

关于资产的财富效应方面，我们发现股票市场的财富效应较为微弱；房地产市场的财富效应大于股票市场的财富效应。此处我们主要分析前一结论。

股票价格的上升对于消费的刺激十分有限，表明中国股市的财富效应不明显。造成这一现象主要原因有两个。首先，中国股票市场的整体规模较小。虽然我国的证券化率（深、沪市价总值/GDP）多年来有较大的提高，在2007年达到了127.1%。在2008年，由于次贷危机和股市的回调，市值萎缩严重，仅占GDP的40.4%。而以流通市值衡量的证券化率更低，即使在2007年也仅为36.2%；2008年更低，仅为15%。这种规模与成熟国家对比来看相差甚远。在这样的整体规模约束之下，股票价格的上涨对于社会财富的增加程度十分有限，直接限制了对居民消费的促进作用。

其次，中国股票市场的规范程度较低。在股票市场建立以来，不可否认我们取得了较大的进步。然而，许多问题依然存在，部分不仅没有得到改善，反而更加严重。例如，有些企业上市多以圈钱为目的，不为投资者负责，信息不透明，投资者对上市公司知之甚少，更枉谈参与上市公司的投资决策。再例如，黑幕、操纵市场现象屡有发生，个人投资者处于绝对劣势，市场监管不规范，中小投资者利益易受侵害。资本市场的以上种种问题直接限制了股票价格财富效应的产生。

投资方面，我们发现实际利率的增加会抑制投资，而且抑制作用会逐渐扩大，这同传统的凯恩斯理论是一致的；银行贷款的增加会促进投资，这和我们的预期也是一致的；股票价格的上升对投资的促进作用较为有限。另外，总体来看，上述三个变量对投资的总体解释程度不高。

股票价格上升对投资的促进作用有限，这至少部分地表明q理论在中国目前的经济状况下不成立。我们认为，其中主要的原因有：首先，经济中国有成分大，投资行为的市场动机不足。虽然建立市场经济是我们所追求的目标，但经济中政府色彩浓厚确实不容置疑的事实。从国有银行到国有企业，国有成分占据着中国经济的绝对地位。这种现状决定了现有的绝大多数投资行为市场动机不足。

次贷危机以来，4 万亿元投资的结构就是明证。其次，监管不力，资产价格的上涨造成信贷资金分流，部分地抑制实体经济的发展。对于目前的监管机制和监管能力来说，对资金的来龙去脉的有效监控很难实现。这导致了在股票市场形势较好时，当局为了刺激实体经济所释放的贷款和流动性汇入虚拟经济，在推高股票价格的同时，一定程度上占用了实际投资所需资金。再次，股市的规模也制约着股票价格对投资的促进作用。

5.1.2 货币政策对股市的影响方面

货币供应量方面，如果将我们的分层次结果总结成常用的 M_0，M_1 和 M_2 的指标，我们的结果可以大致表述为：M_0 对股票价格会产生正面影响，M_1 对股票价格的影响较小，M_2 的影响则不甚稳定。这和钱小安（1998 年）的结论基本是一致的。以现金形式持有的流动性理论上会对股票价格产生助推效应。定期存款的增加则反映了居民和企业的储蓄意愿较强，从而居民的消费意愿和企业的投资意愿相对较低。这可能是由于经济个体对未来经济前景的不确定所导致的，可能会对股票价格产生向下的压力。其他层次的货币供应的影响可能相对较复杂。

当然，一些研究结论认为，货币供应量不会影响股票价格（如刘熀松，2004 年）。但我们认为，在考虑股票价格走势时，不加入实体经济（即 GDP）的变量可能会产生更严重的估计偏差①。

利率方面，实际利率会对股票价格产生一定的抑制作用。这和传统的经济学理论的结果是一致的，反映了中央银行的利率在调控金融资产价格上是有效果的。如果考虑预期的因素，这可以解释为中央银行的利率调控在一定程度上不能完全被市场所预期到，因此，它会对市场造成一定的抑制作用。当然，从量上来看，利率对股票价格的负面影响相对较小。这部分反映了至少货币政策在股票价格上的影响受到中国股市客观条件的制约，另一方面可能也在一定程度上反映了中央银行在进行利率调整时存在保护市场的考虑。

实体经济和股票价格走势相关性弱。这一结论既和现有研究一致，也符合常识。多年来，中国股市发展存在一些不容忽视的问题，市场整体规模小，监管不完善，缺乏有效的制衡机制，导致市场易被操纵，甚至被称为“赌场”。总体来看，从股市建立开始到现在，股票市场并没有扮演理论上的“宏观经济晴雨表”的角色，甚至在很多阶段我们发现，实体经济的走势和股票价格的走势是相反的。

另外，需要强调的是，对于资本市场来说，以季度为频率可能较低，月度甚

---

① 这里，需要在加入 GDP 的数据频率导致的偏差和不加入 GDP 的遗漏变量导致的偏差之间权衡。我们认为，后者可能造成的后果更为严重，因此，我们使用加入 GDP 的模型进行估计。

至周的频率应更能反映出货币政策对股市的影响。这就可能导致估计时出现一定偏差，直观上这种偏差应是向下的，也就是说降低频率可能会低估货币政策的影响。考虑到这一点，综合我们以上的实证结果，我们认为，货币政策会影响金融资产价格。

5.2 政策建议

基于我们对金融资产价格和货币政策之间关系的研究，为了进一步增强中国货币政策的有效性，同时促进资本市场的健康发展，我们提出以下政策建议：

（1）继续扩大股票市场规模。股票市场规模的扩大不仅可以改善融资结构，扩大直接融资比重，拓展居民的投资渠道，还能增加企业对货币供应量的吸收能力，有助于增强货币政策的有效性。具体地：加快IPO和上市公司再融资从核准制向注册制过渡，鼓励更多符合规定的企业上市融资；鼓励金融创新，在加强监管能力的同时逐步引入发展成熟的金融衍生品，引导股票市场健康发展；鼓励H股和红筹股回归等。

（2）完善股票市场运行和监管机制。尽快解决大小非问题，努力向全流通的趋势迈进。加强股票市场的法制化建设和金融监管力度，坚决打击虚假信息披露、内幕交易和市场操纵等违法违规行为并严厉惩处相关责任人，维持市场正常秩序，切实保护投资者尤其是中小投资者的利益，向股票市场真正成为宏观经济晴雨表的方向努力。加快融资融券、股指期货等金融创新产品的推出步伐，改变我国股市的单边特点。

（3）逐步将金融资产价格纳入货币政策目标体系中。虽然实证研究表明，我国的股票市场对消费和投资的影响都不大，但随着股票市场规模的不断扩大以及整体经济市场化程度的加速，金融资产价格对实体经济的影响将会明显增强。而且，我们的研究还表明，中央银行的货币政策工具可以对股市产生明显影响。鉴于以上分析，我们建议，着手编制包括金融资产价格的广义物价指数，精确把握金融资产价格的信息以及其对实体经济的影响，并将其纳入货币政策目标体系中，增强货币政策的有效性。

参考文献

（1） Ahearne, Alan G., JohnAmmer, Brian M. Doyle, Linda S. Kole, and Robert F. Martin, 2005, "Horse Prices and Monetary Policy: A Cross – Country Study", FRB International Finance Discussion Paper No. 841.

（2） Borio C and Lowe P, 2002, Assessing the risk of banking crises, BIS Quarterly Review, December Goodhart, C., 1995a," Price Stability and Financial Fragility”, in the Central Bank and the Financial System , MIT Press.

(3) Goodhart, C. , 1995b, “Financial Globalization, Derivatives, Volatility, and the Challenge for the Policies of Central Banks”, in Monetary Policy in an Integrated World Economy, ed. by H. Siebert, Institute Weltwirtschaff an der Universitat Kiel.

(4) Mishkin , F. S. , 2007, Housing and the Monetary Transmission Mechanism, paper presented at the Federal Reserve Bank of Kansas City 31. Economic Policy Symposium, August31 – September 1.

(5) 刘煜松：“中国货币供应量与股市价格的实证研究”，《管理世界》，2004 年第 2 期。

(6) 吕江林：“我国的货币政策是否应对股价变动做出反应”，《经济研究》，2005 年第 3 期。

(7) 钱小安：“资产价格变化对货币政策的影响”，《经济研究》，1998 年第 1 期。

(8) 瞿强：“资产价格与货币政策”，《经济研究》，2001 年第 7 期。

(9) 伍戈：“货币政策与资产价格：经典理论、美联储实践及现实思考”，《南开经济研究》，2007 年第 4 期。

(10) 易纲、王召：“货币政策与金融资产价格”，《经济研究》，2002 年第 3 期。

（作者单位：太平洋证券股份有限公司，北京师范大学金融研究中心）

三等奖

美元、经济周期和资产周期分析框架及推论
——对冲贬值将在2009年四季度中卷土重来（摘要）

• 于 军 郤 峰 刘 可 曲晓兴 彭子妲 刘 津

如何兼顾短、中、长期的配置操作一直以来是策略研究的重中之重，这涉及对大的经济周期的判断，也涉及对短期市场价格反应机制的理解，我们从A股市场结构出发进行探索。A股市场主要被金融、石油、煤炭三大行业主宰。A股市场的结构决定其不仅是部分受制于国内宏观经济，而且很大程度上受制于流动性和商品价格的变化，这是其一。其二，A股上市公司中，周期性行业上市公司为数众多，股价变动逻辑与产品价格变化紧密相关。因此，本文研究的目的为试图通过美元指数将经济周期波动和全球资产价格体系连接在一起，为A股市场投资作参考。

美元分析框架：美元在资产周期中的现金功能和经济周期中的本位货币功能使得美元指数走势可以反映资产周期和经济周期的变化，因此也是我们观测全球流动性以及资产价格变化的首要指标。分析美元需要划分两个阶段。第一个阶段：在经济周期衰退末期与复苏前期，美元走势变化主要是风险偏好与避险情绪的博弈；第二个阶段：在经济复苏阶段，美元走势主要体现本位货币功能的变化，其走势为购买力平价、利率平价、风险溢价三者相对收益所左右。

美元与经济周期中，弱美元促进全球经济周期性复苏。从1870年以来国际货币体系的演变角度看，尤其是第二次世界大战后美元成为世界货币后，美元主要承载着两大功能：第一，从全球经济周期角度讲的本位货币功能；第二，从全球资产周期角度讲的现金避险和投机功能。从本位货币功能上讲，美元与全球经济周期形成互动，在非技术进步推动的经济复苏下，美元本位对于世界经济的作用可简单概括为：美元涨，世界经济收缩；美元跌，货币发行加大，世界经济进

入扩张。

美元与资产周期中，未来偏好贵金属、农产品和基本金属。在我们的分析框架下，我们认为美元与资产周期的关系可以分为五个阶段。第一阶段，信贷开始放松，美元趋于下跌，此时只有债券市场处于牛市；第二阶段，在经济增速见底后，股票（尤其是新兴市场股票）和大宗商品表现出色；第三阶段，在物价水平见底后，其增长速度低于经济增长的恢复速度，商品中的贵金属开始凸现吸引力；第四阶段，在物价水平的增长速度超过经济恢复的增长速度后，贵金属和农产品、股票（尤其是新兴市场股票）将越来越有吸引力；第五阶段，经济增长速度达到顶峰后，开始加息，信贷紧缩，需求下降，通货膨胀回落，没有一个市场处于牛市，现金为王。我们认为目前市场处在资产周期第三阶段，未来贵金属、农产品和基本金属的机会较大。

对冲贬值有望在 2009 年第 4 季度至 2010 年第 1 季度卷土重来。随着美联储提前加息预期的落空以及美国本土投资回报率未来面临长期向下的趋势，全球资金中短期将从美元、美国国债等安全资产流出、中长期将从以美国股市为主的本土风险资产中流出。而基于对冲贬值的考虑，资金可能集中涌向商品市场和新兴市场。我们预计，国际资本会在前景看好的新兴国家追逐更高回报率，由此导致这些国家的货币对美元升值，其中中国尤其具有吸引力。

（作者单位：中信证券股份有限公司）

中国资产价格波动与实体经济稳定影响程度与影响机制研究（摘要）

• 吕立新　饶　明

在现代经济金融理论中，资产价格波动与实体经济之间的相关性，以及资产价格波动影响实体经济的程度与机制，一直是一个备受关注的重要问题。尽管国内外学者对此问题进行了比较多而且也比较深入的研究，但资产价格波动影响实体经济稳定的机制尚未完全被我们所知晓。从国内已有研究成果看，以局部均衡分析居多，而且在研究样本选择方面，几乎都以全社会消费品零售总额代替消费，以全社会城镇固定资产投资代替投资，据此展开的研究很有可能弱化了资产价格波动的财富效应和投资效应。为此，本课题在研究样本选择方面进行改进，试图以股票价格波动为例对其影响消费、投资和实体经济总体的程度和机制进行实证研究，并就我国资本市场的发展提出有针对性的政策建议。

与国内其他相关研究相比，本课题在样本选择方面突出了资产价格波动影响消费和影响投资的针对性。一是以县及以上城市的社会消费品零售总额代替消费；二是以扣除国家预算的城镇固定资产投资代替投资。为实现研究目标，本课题从局部均衡分析的角度构建了资产价格影响消费和投资的模型，从一般均衡分析的角度构建了引入资产价格的 IS – LM 扩展模型。在实证研究过程中，本课题采用现代时间序列分析的 ADF 检验、Granger 因果检验、Johansen 协整检验、VECM 检验、脉冲响应分析和预测方差分解分析等多种方法进行了综合分析，以期多角度全方位地揭示我国资产价格波动影响实体经济稳定的影响程度、影响过程和内在机理。

本课题的实证研究结果表明，我国股票价格波动与实体经济波动为正相关关系，而且在不同的滞后期股票价格波动还是影响消费、投资和实体经济总体波动的 Granger 原因。在财富效应方面，股票价格波动对城市消费具有显著的财富效应，长期影响系数为 0.309，短期影响系数会呈阶梯型逐渐上升到 0.113，相对于国民收入的增长，股价上涨在第 4 期后更容易刺激城市消费支出的增长。从影响的动态过程来看，股价波动对城市消费支出尽管存在较为显著的促进作用，但股票价格上涨并不会立即带来城市消费支出的增长。在投资效应方面，与利率变动相比，股价波动对企业投资的影响依然比较微弱，长期影响系数为0.011，短期影响系数为0.023。相对于实际利率的变动，在第8期后股票价格上涨更容易对我国企业固定资产投资的增长产生促进作用。从影响的动态过程看，股票价格的上涨，对投资的波动既会造成正向冲击，也会造成负向冲击，但总的来讲是正向冲击多于负向冲击。在对实体经济总体的影响程度和影响机制方面，股票价格波动是通过影响商品市场总需求和货币市场总需求的均衡来影响实体经济总体的，影响系数为0.004；尽管影响程度比较微弱，但也表明我国资产价格波动与实体经济波动并非是不相关或者是负相关。

基于实证研究的结果，我们提出了三点促进我国资本市场健康发展的政策建议。一是要从多方面规范资本市场健康发展，促进股市财富效应的发挥。包括从制度层面规范资本市场的发展，促进资本市场平稳发展，尤其是要保持股市增长的长期性和股市回报率的稳定性，给予城乡居民更多的参与股票投资的机会，使其持有股票的数量不断增长。二是要大力发展股份制经济，培育更多的上市公司，扩大企业通过资本市场融资进行投资的比重，以促进股市投资效应的发挥。三是在交易性货币供给的增长方面，也应考虑股票这一资产价格波动引致的交易性货币需求因素，以避免股票价格上涨分流实体经济所需的货币资金。

总的来讲，本文研究除了在研究样本选择方面更加突出了资产价格波动对消费和对投资影响的针对性以外，在分析和研究方法上还有以下四个特点：一是实证研究与规范相结合；二是理论研究与经验相结合；三是局部均衡分析与一般均衡分析相结合；四是长期分析与短期分析相结合，并且采用了长短期动态调整分析。

（作者单位：信达证券股份有限公司）

资本市场创新对消费增长的影响研究（摘要）

• 马保明　侯　巍　樊廷让　邓晓兰　翟太煌　黄显林

资本市场创新是资本市场的参与者利用新的观念、新的技术、新的管理方法或组织形式对资本市场中的基本要素进行重新组合，推出新的工具、新的机构、新的市场，提高金融资产的流动效率，规避风险和追逐盈利。资本市场创新包括产品（业务）创新、制度创新、管理创新、市场创新。

我国资本市场的发展过程是一个不断创新的过程。从股票发行制度的设立及演变、市场产品的多样化发展、市场主体的构成到市场监管体系的完善等方面都发生了很大变化。股权分置改革是我国资本市场的根本性变革，为资本市场进一步发展铺平了道路。2009 年 10 月推出的创业板对于培植高新企业、推动就业、扩大消费具有重大意义。

本文研究的目的主要为：资本市场创新对居民消费的作用机制是否存在？效果如何？我国资本市场创新发展的路径应如何进一步规划，以有效促进消费等实体经济活动？

凯恩斯认为现期绝对收入影响消费；弗里德曼认为消费取决于持久收入，但暂时性收入的变动会引起消费波动；莫迪利亚尼则认为消费水平与实际财富、理性预期的长期收入有关。

其他诸多学者对资本市场影响消费的研究结果都在很大程度上肯定资本市场对消费水平的影响，得出的相关结论都是要在资本市场的产品、参与主体、交易方式、制度保障等方面进行创新，激活资本市场的配置资源功能，通过资本市场的财富效应来刺激消费的增长。

劳动收入和财富收入构成的收入总和增加是居民消费增长的基础。资本市场通过强化外在监督和融通资金在很大程度上改进上市企业的经营绩效，从而带来职工薪酬的增加，提升城镇家庭的长期收入水平。偶发性的资本利得会提高现期消费。如果暂时性财富收入持续增长，就会提高持久收入预期，引导人们消费观念发生变化。鉴于此，资本市场创新发展促进消费增长的途径为：①通过影响上市公司经营绩效增进居民消费；②通过影响城镇家庭持久收入预期推动消费增长。

围绕以上思路本文做了实证检验，得出结论为，社会化融资提高了企业运营效率，职工收入增加，城镇家庭有能力进行消费和投资，这是收入效应；资本市场迅速发展吸引居民减少当期的消费支出，增加对资本市场的投入，这是资本市场对消费的替代效应。现阶段替代效应大于收入效应。在十余年的考察期内，股价指数上涨对居民即期消费具有显著推动作用。股指如果能够持续保持上行趋势，势必改变家庭持久收入预期，推动居民消费水平上升。

为了推动消费增长，本文提出一些相关政策建议：

不能因为美国资本市场创新带来的问题，停止我国资本市场创新的步伐。我国资本市场要想获得新的发展动力，创新是唯一的道路。

在目前消费低迷的情况下，应当繁荣我国的资本市场，推进股票市场和债券市场的均衡发展。现阶段亟须实现交易所与银行间债券市场的统一互联。

监管者应当积极把握资本市场内在发展规律，创新监管手段，加强基础性制度建设，切实保护投资者的合法权益，维护市场平稳运行。拓展渠道增加居民可支配收入，如发展多种形式的员工持股、股权激励制度，以及划拨国有股做实个人养老金账户等来提高居民参与资本分配的程度。

有序推出证券期货等新品种，如股指期货、国债期货等对冲工具，使社保机构等能有效实现保值增值，间接解决居民的后顾之忧。

政府应当改革收入分配政策，提高劳动收入在国民收入中的比重，使工薪阶层收入能够随着经济增长而同步提高。提高财税转移支付力度，缩小贫富差距，扩大政府提供公共服务的消费支出。

统筹兼顾，进一步推动社保、医疗、住房、教育等领域的改革，逐步降低居民在这些领域的支出负担，为中长期消费增长提供持续动力。鼓励个人信贷消费，发展文化、休闲及家政等多种服务消费，提升各类消费品及其相关服务的质量与档次。

（作者单位：山西证券股份有限公司、西安交通大学经济与金融学院）

产业政策调整影响资产价格的实证研究（摘要）

• 黄　琳　罗标强　戴欢欢

2008 年 9 月，拥有 158 年历史的华尔街第四大投资银行雷曼兄弟公司轰然倒塌，引发了全球金融海啸。为了抵御金融危机的冲击，各国政府纷纷救市，出台一系列经济刺激计划。

2008 年第四季度，中国开始实施积极的财政政策和适度宽松的货币政策，并于 2009 年初陆续出台了钢铁、汽车、纺织、装备制造、船舶、电子信息、轻工、石化、有色金属和物流十大产业振兴规划。刺激政策的累积效应使中国经济于 2009 年一季度实现 V 形反转。中国股市"晴雨表"作用表现充分，上证综指从 2008 年 10 月的 1664 最低点涨至 2008 年 8 月的 3478 最高点，涨幅高达 109%。值得一提的是，十大产业振兴规划的相继出台，使股票市场的相关行业板块出现了轮番上涨的态势。如汽车、船舶等行业的振兴规划推出后，相关受益个股随后均受到市场资金的热烈追捧，其中福田汽车、东风汽车、中国船舶、广船国际等受益于产业振兴规划的个股，持续成为市场的焦点。那么，十大产业振兴规划与相关行业股票指数的轮番上涨之间，是否存在内在的联系？产业政策调整对资产价格是否产生影响？产生什么影响？影响有多大？持续时间有多长？

为了探究这些问题的本质，本文就产业政策调整对资产价格的影响进行了理论和实证两方面的深入研究。理论方面，对产业政策的概念、起源、理论基础及资产价格的影响因素进行了分析，并理顺了产业政策对资产价格影响的传导渠道。实证方面，利用事件研究法，将干预模型创造性地运用于产业政策调整对资产价格影响的分析并得出如下结论：产业政策调整对资产价格将产生影响，短期内由于市场的政策预期，出台政策前资产价格上升幅度较大，但随着政策的兑现，资产价格的涨势逐渐减弱。但从中长期来看，随着产业政策逐渐发挥效力，产业发展得以提升，产业内的企业业绩大幅上涨，对应的股票估值被低估，吸引资金介入，资产价格被推升。

在理论和实证分析的基础上，本文提出两条建议：

第一，政策层面。由于产业政策调整将对资产价格产生影响，且资产价格的变动通常比实体经济提前反应，因此，政府出台产业政策之前可关注资产价格的变化，以确定产业政策出台的时间，从而避免产业政策调整带来的资产价格的大幅震荡。资产价格虽不是宏观调控的最终目标，但可以纳入宏观调控关注的范畴，以使宏观调控更加有效。

第二，市场层面。由于产业政策与资产价格之间存在较强相关性，因此，在产业政策出台之前，投资者可以先挖掘可能受益的上市企业，先行买入，等待政策兑现，获取较高的短期投资收益。从中长期来看，投资者可密切关注产业政策扶持的受益行业，挖掘被低估的上市公司，提前布局、长期持有，必能获取良好的投资收益。由于我国产业结构升级很难在短期内完成，未来我国产业政策还会不断调整，在此背景下，资本市场存在丰富的结构性投资机会。

（作者单位：东吴证券有限责任公司）

金融深化、资本市场发展与产业升级的实证研究（摘要）

• 崔秀红　黄仕川　胡海浪　丁小玲

2009 年，随着中央实施应对国际金融危机的一揽子计划及有关产业政策的效果日益显现，各大支柱性产业开始逐渐走出 2008 年连续 3 个季度的低迷状态。在政府所采取的一揽子计划中，金融市场成为了计划实施的重要媒介，国家的财税与经济刺激政策通过银行信贷、政府债券等多种方式加以实施。在各大行业缓慢、曲折回升过程中，由于行业间发展恢复速度的差异，部分产业处于弱势，部分产业又呈现产能过剩的局面，中央政府及时提出“增强大局意识，在保增长中推行行业结构调整”的重要指示。基于在国家“保增长与调结构”的历史背景下，本文的研究目标在于对国内资本市场与金融市场发展对产业升级与重点行业发展的影响进行实证研究，就金融与资本市场发展是否能够促进产业结构的调整优化、我国的经验数据是否支持、其作用机理和作用程度如何等一系列问题进行实证研究，具有重要的理论与实践意义。

在研究过程中，重点采用了实证与规范相结合方法，就金融深化、资本市场发展对产业升级的影响作用进行规范的理论分析，构建金融深化、资本市场发展促进产业升级的数理模型，利用面板数据和时间序列数，采用固定效应模型、随机效应模型和一阶差分广义矩阵法（DIF－GMM）等实证方法进行实证研究，力求通过严谨的理论与实证研究得出正确的研究结论。课题重点就金融资本市场发展影响工业产业结构和第三产业结构进行了实证研究，并得出以下基本结论：

1. 金融深化对工业产业结构升级影响显著。金融发展促进了工业产业内部结构调整，金融市场在工业重心由劳动密集型产业向资本密集型产业转化中发挥了重要作用，但在产业重心向技术密集型转移的过程中作用尚不明显。现阶段，我国金融资源配置仍不合理，对高技术产业和高附加值产业的金融支持力度有待加强。任何一轮经济危机中，新经济、新产业总能在带领国家经济走出低谷中发挥重要作用，因此在全球金融危机背景下，我国金融资源必须向高技术产业倾斜。新生的创业板上市公司以技术密集型企业为主，这对于未来我国产业结构的升级有重要的促进作用。

2. 我国资本市场结构不尽合理，对产业结构升级作用有限。一方面，我国资本市场服务国民经济全局的能力不断提升。金融、电力、石化等各领域的骨干国有企业已经上市，国有控股或参股的上市公司大都成为各行业的领军企业，通过资本市场特别是证券市场推进我国产业结构调整的潜力很大。另一方面，资本市场的相对发展对工业产业结构的影响尚不显著，中国股票市场的制度设计应该在股票市场促进风险改善、信息收集和企业监控等功能的实现方面重点加强。

3. 金融深化、资本市场发展对第三产业结构升级作用复杂。金融结构调整、金融开放和金融法治环境改善带来的效益都被第二产业吸收，第三产业仍然处于金融弱势地位，症结在于金融资源的错配问题。发挥金融体系作用，促进第三产业就业增长，金融资源配置是关键。第三产业吸收的国内投资集中于金融服务业和房地产业，而对其他行业形成抑制。金融资源过度流向政策倾斜或导向的部门，导致金融产业在资本密集型的重化工产业结构向服务业产业结构转变中的作用未能充分发挥，而对金融资本市场融资规模和信贷结构进行调整，将有效地促进产业结构向着理想的方向发展。

在坚持保增长与调结构的双重背景下，金融资本市场大有可为，且必须担当起这个重任。课题最后针对研究中发现的问题，提出一定对策建议：积极调整资本市场结构，强化资本市场资源配置功能，实现以“资本市场结构”调整促“产业结构调整”；构建多元化融资渠道、提高金融资源运作效率和加快金融创新步伐；正确处理金融创新与金融监管的关系等。

（作者单位：西南证券股份有限公司）

投资者教育专项课题类

一等奖

基于体检概念的投资行为测评
——激发投资者主动接受教育的动力

• 陈　晖　姚帅君　马超群

1. 投资者教育的困境

投资者教育的困境如图 1 所示。

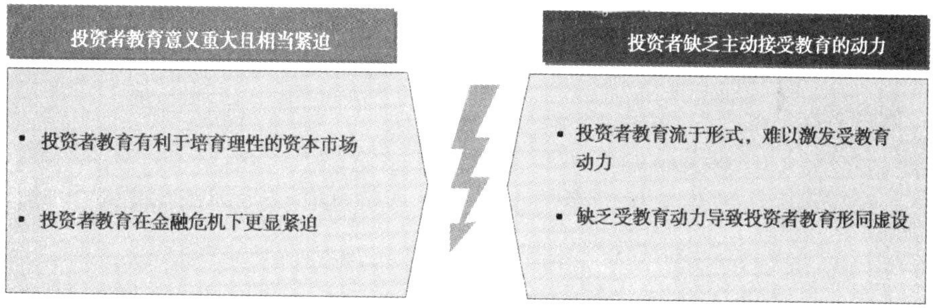

图 1　投资者教育的困境

1.1　投资者教育对我国资本市场意义重大

《中国证券业协会会员投资者教育工作指引》对投资者教育的定义是中国证券业协会的各类会员单位针对投资于证券市场的社会公众开展的普及证券知识、宣传政策法规、揭示市场风险、引导依法维权等各项活动。从定义上看，投资者教育的执行主体是证券公司，教育对象是社会公众，而教育的内容则对我国资本市场的发展意义重大。

1.1.1　投资者教育有利于培育理性资本市场

(1) 投资者教育有助于培育理性投资主体。调查显示，我国投资者普遍存在“卖盈持亏”、过度交易、频繁换股等非理性行为。投资者教育是矫正投资者非理性行为偏差的有效方法，有助于为证券市场培育理性的投资主体。

(2) 投资者教育工作有助于保护投资者权益。投资者能通过投资者教育获得法律法规知识和权益维护流程，能更容易发现一些不法行为，在自身利益受到损害时能更有效地运用各种法律手段维护自己的利益。

(3) 投资者教育有利于改善证券市场信息不对称状况。信息不对称导致效率低下。解决途径有多种，比如加强信息披露，或强化中介的信息解读能力，但终极途径还是提高投资者自身对信息的判断能力，而这就依赖于投资者教育。

1.1.2 投资者教育在金融危机下更显紧迫

我国证券市场经过多年发展已积累了数千万的个人投资者，而相当多的个人投资者缺乏投资经验，更缺乏投资知识。经过2008年金融危机，无论是证券市场投资者还是理财产品购买者，都遭受巨大损失。这表明，我国的投资者教育已经刻不容缓，必须全面、深入地开展下去。

1.2 我国投资者教育的困境：投资者缺乏受教育动力

虽然投资者教育如此重要和紧迫，但目前我国的投资者教育却普遍面临着困境：广大的股民投资者缺乏主动接受投资教育的动力。

1.2.1 投资者教育流于形式，难以激发受教育动力

我国投资者教育工作的现状是：首先，教育内容多以法律法规、投资知识、投资者权益保护等为主，一方面艰涩枯燥而难以引起投资者的学习兴趣，另一方面普适性高而无法做到与投资者的个体差异和情况相关，无法引起投资者的关注。

其次，投资者教育形式多以灌输、讲授等单向教育方式为主，注重对投资者进行信息输出，而不重视投资者的反馈和互动。所以，我国的投资者教育往往是投资者“被教育”，而非投资者“主动学习”，这样的投资者教育，难以激发投资者接受教育的动力。

1.2.2 缺乏受教育动力导致投资者教育形同虚设

正因为投资者缺乏主动接受教育的动力，所以虽然每个证券公司都在网站上设立了投资者教育的栏目，但投资者却很少会主动来学习，投资者教育有投入却得不到投资者素质提升的相应回报，仅仅沦为了满足监管机关要求的摆设。所以说整个证券行业所面临的受教育动力不足的问题已经使得投资者教育形同虚设。

2. 解决困境的探索：基于体检概念的投资行为测评

解决投资者教育困境的探索如图2所示。

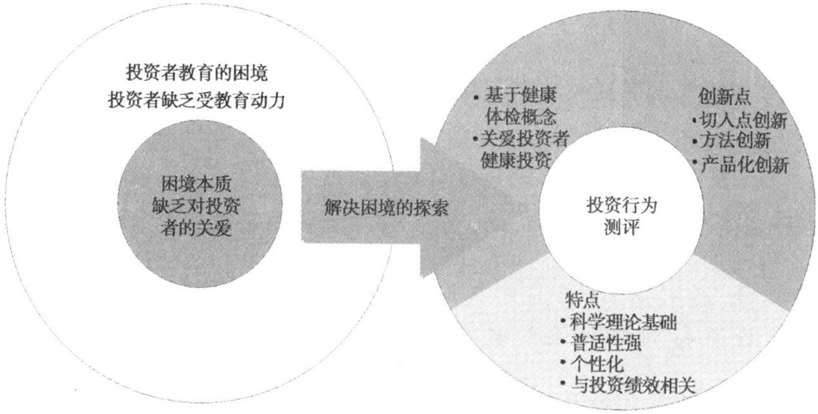

图2 解决投资者教育困境的探索

2.1 困境本质：缺乏对投资者自身的真正关心

投资者教育的动力问题如此严重，但导致此问题的真正原因却是投资者教育的根本理念：投资者教育一直以来都把投资者作为非理性的不合格投资者和需要被教育改造的对象，而从来没有从根本上去关心投资者自身——关心投资者自身的投资行为和投资心理健康问题——关心投资者的切身利益。投资者实际上并非不合格和抵触学习，只是因为缺少对其本身的关心和帮助。如果我们能够感同身受地去关爱投资者的投资健康，那么投资者自然会有动力来了解和学习更多有利于其自身投资的知识。从这种意义上，“投资者教育”这个说法都显得不甚合适，“投资者关心”、“投资者关注”或“投资者关爱”显然更好。

所以，要解决投资者教育的动力问题并促进投资者教育事业的发展，只有以“投资者关爱”理念为指导，切实关心投资者自身的投资问题。

2.2 关爱投资者：健康体检的启示

我们对于如何关爱投资者的方法源于健康体检的启示。当今社会，快节奏的都市生活给人们的身体健康带来负面影响，但有些人由于不知道自身存在哪些健康隐患以及严重程度，所以没有把健康问题重视起来，结果直到疾病晚期病痛显现才发现，但为时已晚。所以现在许多企业每年都会对员工进行健康体检。通过体检，员工可以及时发现自身的健康隐患，从而有动力去采取措施预防和改善。

投资行为测评也是出于同样的考虑。通过测评发现和关注投资者所存在的投资健康隐患，而这些隐患又实实在在影响到其投资业绩，投资者就会有动力去学习相关知识以改善投资健康状况，提升投资收益。

2.3 投资行为测评：关爱投资者健康投资

投资行为测评是根据心理学和投资学理论设计的一套投资行为检查系统，包括测评问卷和量化分析两部分。测评问卷会定性地显示出投资者所存在的投资行为偏差类型和严重程度，而量化分析则通过对投资者过往交易数据的量化分析来定量地揭示其投资行为偏差。所以，该测评系统将用定性和定量的方法双重检测出投资者自身偏差，引起对偏差的重视，进而激发学习和改善的动力。

2.4 投资行为测评系统的创新特点

（1）投资行为测评的创新。

①切入点创新。传统的投资者教育从投资者应掌握的知识和技能入手，而不是从投资者自身入手，导致教育形式以单向的灌输式为主，教育效果的好坏完全取决于投资者的兴趣。如果投资者有兴趣，就能主动学习掌握；如果投资者没有兴趣，则教育达不到应有的效果。投资行为测评从认识自身为切入点，能广泛激发投资者的兴趣。哪怕投资者对投资知识不感兴趣，对认识自我也会感兴趣。这种兴趣能激发投资者在不知不觉中培养学习的动力。

②方法创新。传统的投资者教育以投资知识架构为体系，方法的区别多体现在知识形式的区别上，如动漫、宣传手册、课堂讲解等。投资行为测评整理了行为金融学研究成果，形成了不同于传统的、独特而首创的理论体系。同时，投资行为测评系统将问卷调查和数量化分析方法相结合，综合了定性分析和定量分析方法，在独特的理论体系指导下，比传统的投资者教育更精确、更深入地打动投资者，能取得更好的教育效果。

③产品化创新。投资行为测评系统是一个产品化系统，通过IT技术和系统整合，能达到大规模使用和个性化定制，即投资行为测评系统能大范围地应用于数量庞大的投资者，又能准确找出投资者个体之间的差异，针对性地给出适用于投资者个人的判断和建议。

（2）投资行为测评系统的特点。

①具有科学的理论基础。测评系统设计的理论基础是行为金融学研究成果。本研究结合心理学在整理西方行为金融学研究成果的基础上对理论要点进行了分类梳理，使体系更加科学和清晰。

②普适性强。测评系统对投资者各种非理性行为进行了系统归类，筛选出我国投资者表现普遍、对投资绩效影响较大的非理性行为，具有较高的普适性。

③个性化。测评系统是对投资者的账户绩效进行分析，量化评估的结果充分体现了个体差异，与投资者自身情况联系紧密，充分体现了个性化特点。

④与投资绩效直接相关。测评系统对投资者账户进行分析，直接反映投资者的投资绩效受非理性行为影响的程度。这种与投资者投资绩效的直接关联，能激发投资者寻找解决办法的决心和热情，从而解决投资者自我学习的动力问题。

3. 投资行为测评的构建

3.1 测评整体流程

测评整体流程如图3所示。

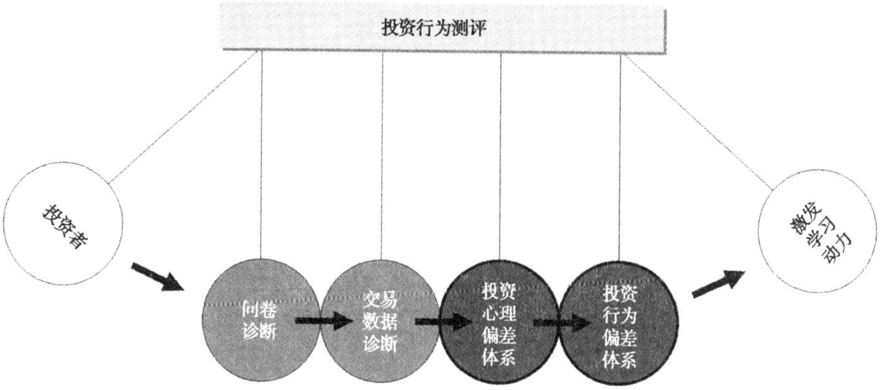

图3 测评整体流程

投资行为测评既然是对行为偏差的检查，那么就应当解决两个问题：第一，投资者存在哪些非理性行为，即投资行为偏差类型的诊断过程；第二，如何用系统的理论来解释这些行为背后深层次原因，即投资行为偏差的解释过程（见图4）。

诊断过程包括问卷诊断和交易数据诊断两部分：问卷诊断是以行为金融理论为基础，使用心理学问卷调查的方法来检测出投资者的偏差；交易数据诊断通过对该投资者过往的交易数据进行数量分析，来进一步验证其存在的偏差类型。

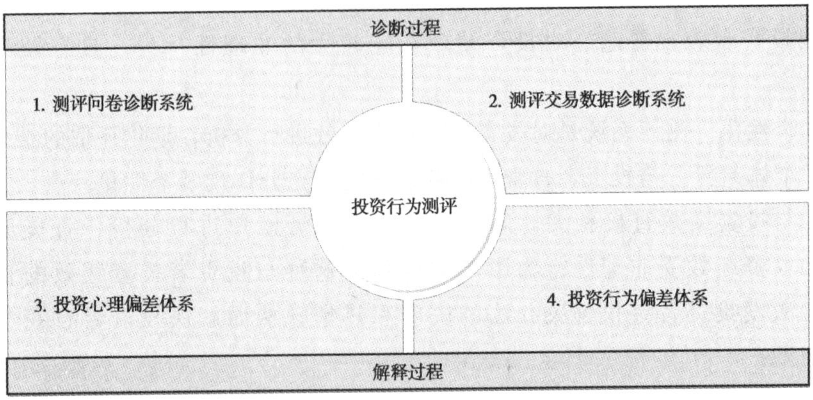

图 4　投资行为测评的 4 个组成部分

解释过程包括投资心理偏差体系和投资行为偏差体系两部分。投资心理偏差体系主要运用行为金融理论来解释投资者偏差背后深层次的心理原因；投资行为偏差体系则进一步解释上述投资心理偏差会导致哪些非理性的投资行为。

3.2　投资行为偏差体系的构建

投资行为偏差体系的构建遵循 MECE 法则的两个要求：第一，要保证体系的结构全面而清晰；第二，要保证该体系涵盖所有主要的投资者非理性行为。

针对第一个要求，我们以一位普通投资者的投资全过程作为建立体系的着眼点，以保证囊括所有的投资方面，同时投资全过程又被拆分为如图 5 所示的结构。

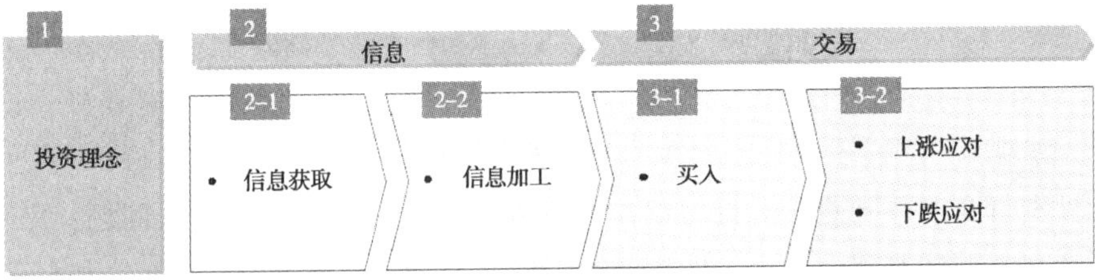

图 5　投资行为偏差体系的框架

针对第二个要求，我们难以保证投资者的所有错误都囊括在体系中。但是通过大量的文献搜集以及营业部对投资者的问卷反馈，我们汇总了投资者易犯的具有代表性的错误，而且该体系是开放式的，一旦新的错误类型被发现就会被添加到该体系当中。投资行为偏差体系的结构和样本如表 1 所示。

表 1 投资行为偏差体系

大类	中类	小类	行为偏差举例	心理根源
投资理念	理念缺失	理念缺失	缺少稳定的投资理念，买卖无规律，随意性大。	
	理念	基本观念	以赚快钱和大钱的心态投资：认为炒股可以让人一朝暴富。	启发式偏差
		做前学	不理会自己所犯的错误，不能从中吸取教训以避免重犯：投资者总喜欢忘记失败的操作，而只记住胜利的喜悦。	
		资产配置缺失	不懂投资组合的意义：投资者简单地认为谨慎投资就是全部买入低风险的股票。	过度自信
信息	信息获取	权威效应	过于依赖经纪人，认为他们无所不知。	框架效应
		小道消息	根据小道消息选股：股民常常依据朋友、报纸、广告或者互联网所传达的小道消息选择股票。	熟悉性偏差
	信息加工	过滤负面信息	股民持有某只股票后总是倾向于寻找能求证自己决策的正面信息，下意识地忽视负面信息。	自豪、懊恼心理
交易	买入	计划缺失	个体投资者喜欢跟着感觉购买股票，缺少系统而具体的购买计划；其投资活动常为个体主观的冲动性和别人意见的传染性所左右。	
		跟风	投资者热衷于寻找那些在过去几天或者一段时间表现出色的“热门股”投资，认为过去涨得好的股票将来也会涨得好。	羊群效应
		顾小失大	投资者分析股票时往往无法抓住公司的关键因素，而受一些并不真正紧要事情的影响，比如：分股、增加分红、新闻发布、咨询公司建议等。	代表性偏差
		投资策略	认为只要投资蓝筹股就可以高枕无忧。	代表性偏差
	上涨应对	过度自信	投资者一旦在股市上获利，就愿意用新赚来的钱去买风险更大的股票，并且更频繁地交易。	赌场的钱心理
		通胀因素	投资者往往过分短视，过分注重短期获利，没意识到通货膨胀的长期影响往往大于股票短期盈利。	锚定效应
		卖盈	投资者往往守着亏损的股票，却乐于卖出盈利的股票。	心理账户
		止盈	面对上涨的股票不知何时该卖，或者总想在顶点卖出。	自我控制
	下跌应对	安于现状	投资者一旦购买了某只股票，会更强烈地相信这种股票会涨。即使股票下跌也依然固执己见。	禀赋效应
		扳平症	“我这次的股票一定要把上次的损失弥补回来。”赔钱的投资者总不忘过去的损失，试图找机会翻本，并因此愿意冒更大的风险。	沉淀成本效应

续表

大类	中类	小类	行为偏差举例	心理根源
交易	下跌应对	亏损恐惧	投资者在股价下跌时心理会有种“被蛇咬”的痛苦，不分清下跌属于回调还是趋势就急于卖掉股票，不愿经历财富短期性损失所带来的痛苦。	蛇咬效应
		频繁买卖	性格急躁的投资者倾向于频繁交易股票或者看见新闻报道后瞬间作出交易，朝秦暮楚，总想捉大黑马。	情感因素 过度自信
		守亏	投资者在股价下跌时，冒着进一步下跌的风险继续持有股票，希望股价有朝一日能涨回来。	禀赋效应
		止损	设立了止损线却不能及时执行，怀有股票会涨回来的侥幸心理。	损失厌恶

3.3 投资心理偏差体系的构建

投资心理偏差体系的构建基础如图 6 所示。

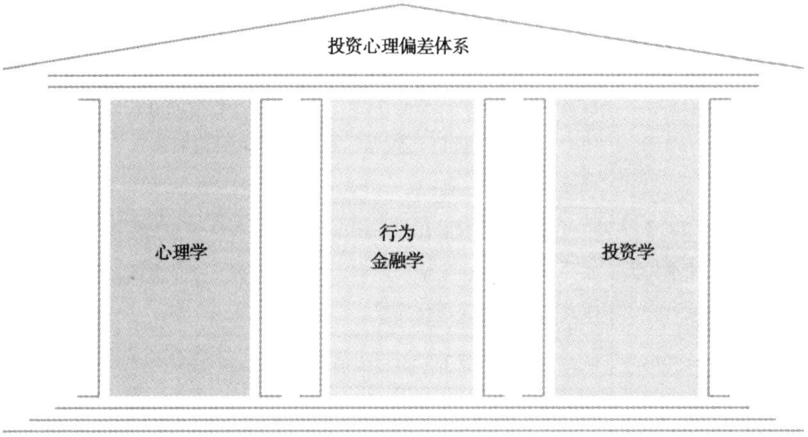

图 6 投资心理偏差体系的构建基础

3.3.1 选择行为金融学作为理论基础的原因

上文的投资行为偏差体系汇总了投资者常犯的错误，那么投资心理偏差体系将为这些错误提供解释。我们选择行为金融学这个工具来构建投资心理偏差体系，原因是：首先，非理性行为与投资者决策过程中的认知、情绪等心理因素密切相关，所以应当从心理学角度寻找原因；其次，这些非理性行为又发生在投资领域，所以分析的角度不能偏离投资学与金融学。而行为金融学正是心理学、投资学和金融学的交叉学科，所以适合作为我们的研究工具。除此之外，还有两点原因：

（1）行为金融学见解独到。

行为金融学的研究成果往往揭示出看似正常的日常行为背后所隐藏的非理性偏差，这些偏差往往被人们所忽略，所以看过之后会给人恍然大悟的感觉。

（2）行为金融学案例亲切有趣。

行为金融学以普通人日常生活作为案例蓝本，往往需要投资者在假设的具体情境中进行抉择，使接受教育的人有种身历其境的感觉，不会感到枯燥。

3.3.2　基于行为金融学的投资心理偏差体系构建

自2002年丹尼尔·卡尼曼（Daniel Kahneman）和弗农·史密斯（Vernon Smith）获得诺贝尔经济学奖之后，行为金融学获得了较快的发展，但是到目前为止仍然没有一个类似传统经济学那样完善的体系。行为金融学的理论虽多，但都是分散的，并存在着一定的重叠和交叉。

所以本研究的一个关键工作就是总结当前的行为金融理论，为测评建立一套系统的、比较全面的，且层次结构清晰的理论体系，即投资心理偏差体系。该体系的建立借鉴了健康体检的特征——健康体检由分工明确的各个科室（如眼科、耳鼻喉科等）来分别完成，且合起来又能涵盖人体健康的各个主要方面。所以，我们将金融投资过程视为一个心理过程，从心理学的认知、情绪和意志三个“科室”来构建测评的理论体系，将诸多行为金融理论分别放入认知过程、情绪过程和意志过程这三个“科室”当中：在这个体系中，认知过程会产生系统性的认知偏差；情绪过程会导致系统或非系统性的选择偏好；意志过程既可能受认知偏差的影响，又可能受情绪偏差影响。这些偏差从不同角度导致投资决策的偏差。

另外，我们虽然总结了行为金融学研究形成的近百个理论，但不可能全部使用，因为考虑到投资者完成测评的时间和精力——测评项目过多会使投资者疲劳，产生厌烦情绪。所以从这些理论中挑选出15个。挑选的标准是：首先，要满足涵盖心理学的认知、情绪和意志三个方面的重要特征以保证测评的全面性；其次，要剔除各理论之间的重叠和交叉因素，使所选理论自身最具代表性，能够反映重要的投资行为；最后，每一个类别的内部又根据各理论的特征作了进一步的归类。例如禀赋效应、蛇咬效应、沉淀成本效益和自豪、懊恼心理从根源上讲都属于广义的损失厌恶，所以将这些理论归为一类以使整个体系层次更清晰（见图7）。

3.3.3　投资心理偏差体系与投资行为偏差体系的结合

投资行为偏差体系和投资心理偏差体系构建完成之后就应当结合起来，用后者解释前者。这个过程我们通过逐项的对比行为金融学的理论要点与投资者错误的行为特点来匹配，发现大部分非理性行为都可以从行为金融学的理论上找到解

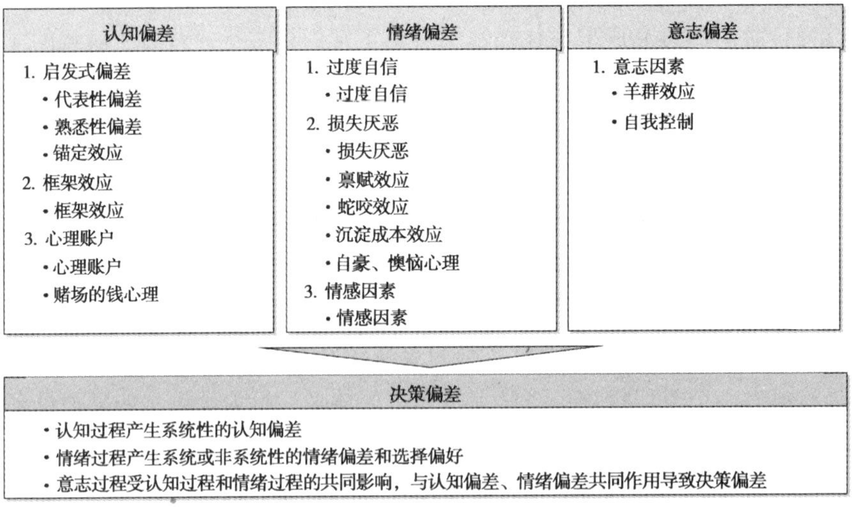

图 7　投资心理偏差体系

释。匹配的结果样本参见表 1 的最后一列。

3.4　测评问卷诊断系统的设计

测评问卷诊断的设计要素如图 8 所示。

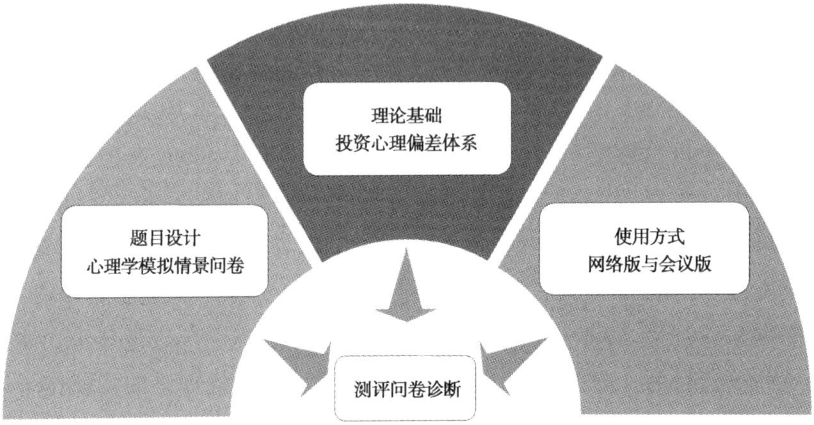

图 8　测评问卷诊断的设计要素

3.4.1　测评问卷题目的设计

测评解释过程构建完成之后，需要为测评设计具体的诊断方式和项目。心理学的自我报告法是首先被采用的诊断方式。原因是投资者的投资决策是内部的心理过程，心理学能够依靠投资者对问题的自我报告间接发掘其内心情况，再通过合理的方法量化投资者的答案，以使不同投资者之间可以进行有意义的比较。自我报告法又分为问卷法和交互式的访谈法。为了使产品标准化并提高测评推广的效率，我们选择了问卷法。

每套测评问卷包含15道题目，分别代表投资心理偏差体系中的15个理论要点。因为题目以考核决策选择为主，所以在形式上是选择题。

题目内容是在借鉴心理学实验的基础上，以投资者熟悉的日常生活中的决策场景为主设计的。这样设计有两点好处：第一，使投资者有如身临其境般作决策，从而增加测评的趣味性。第二，可以避免自我报告法的局限性。自我报告法存在固有的局限：一旦答题者意识到问卷题目的目的，就很可能受社会期望的影响，比如为了获得赞许或者给他人留下好印象等，从而给出误导性答案而隐瞒自己的真实想法。但是，通过把测评题目设计为具体的生活情境，很大程度上隐藏了题目所要考核的真实目的，从而避免了局限性（见表2）。

表2　测评项目和样题

理论要点	理论要点简介	样题
1. 代表性偏差	当判断一个事物时，人们通常会与其他的事物或者一个群体进行类比。如果具有相似性，那么就认为是相同的事物，这种简化的分析方法就是代表性偏差。	小李是个文静、喜欢看书并关注社会问题的女孩。她在大学时主修文学和环境学。那么，她最有可能从事下面哪项工作？ A. 图书管理员。 B. 图书管理员，同时也是山地俱乐部会员。 C. 银行职员。
2. 熟悉性偏差	人们分析某事件前，通常先在记忆中搜索该事件，并根据对该事件的熟悉程度来判断其发生的概率，认为容易联想到的事件发生的概率大于难以联想的事件。	你常去一家川菜馆，附近又开了一家。和你口味相似的朋友向你强力推荐新开的川菜馆，你自己还没去吃过。一天你要请客，你选哪家？ A. 常去的川菜馆，因为对那里很熟悉。 B. 新开的川菜馆，因为和你口味相似朋友的强力推荐。 C. 再去找家新的饭馆。
3. 锚定效应	人们在决策时往往难以衡量各选项的内在价值，这时会先将某个事物确定为参考点或“锚”，其他事物与之相比较得出各自的相对价值，“锚”的存在会制约人们对事件的客观估计。	《××证券报》的订阅方式有下面三种，你会选择哪一种？ A. 电子版49元/年。 B. 印刷版129元/年。 C. 电子版加印刷版套餐129元/年。
4. 框架效应	心理学研究表明，呈现和描述事物的方式会影响我们的判断。决策者从来不会孤立地感知和分析一个事物，而是结合事物发生时所处的背景来解读新的信息，这就造成表述不同则感知不同。	你认为下面哪个学生的期末考试成绩会更高？ 小明：每周用25小时的课外时间学习。 小亮：每周用25小时的课外时间学习。小亮有一个弟弟和一个妹妹，且每两周要去看望外公外婆一次，每周和朋友踢球一次。 A. 小明。 B. 小亮。 C. 难以判断。

续表

理论要点	理论要点简介	样题
5. 心理账户	人们的大脑倾向于对不同的事件分开管理，就如同放入彼此独立的账户中分别计算各自的成本与收益，不同账户之间存在“非替代性”。	你最近看上了一个名牌上衣，但500元的标价令你望而却步。今天你买彩票幸运地中了1000元大奖，你打算怎么处置这笔奖金？ A. 把奖金和工资存在一起。 B. 用奖金去购买那件上衣，把剩下的钱存起来。 C. 用奖金去购买那件上衣，用剩下的钱跟亲戚朋友们吃喝玩乐享受一次。
6. 赌场的钱心理	赌客在赢钱之后不会将新赚来的钱视为自己的钱，心理上仍认为是赌场的钱。所以当他们用赢来了的钱赌博时，似乎是在用赌场的钱在赌，所以敢冒更大的风险。	你第一次来澳门赌场，赌场赠送你价值30元的筹码，用这些免费得来的筹码，你会玩下面哪种赌博？ A. 赢则赚1000元，赢的概率为1%。 B. 赢则赚100元，赢的概率为11%。 C. 赢则赚30元，赢的概率为41%。
7. 过度自信	过于自信是指人们往往过高地估计自己的认知能力、判断能力和直觉，低估了风险和机会的因素，并夸大了自己对形势的把握程度。	跟你路上遇到的其他司机相比，你认为自己开车（或者骑车）的技术如何？ A. 高于平均水平。 B. 相当于平均水平。 C. 低于平均水平。
8. 损失厌恶	心理学实验表明人们厌恶的并不是风险，而是损失。面对相同数量的收益和损失，损失给人们所带来的痛苦要远大于收益所带来的快感。人类行为的基本动机是规避损失。	你常去的那家酒楼推出“回馈老客户送礼活动”，你凭会员卡可以在下面两种现金抵用券中选一个： A. 花8元购买价值20元的现金抵用券。 B. 免费获得价值10元的现金抵用券。
9. 禀赋效应	人们作为买者还是卖者的身份会影响其对商品价值的评估，人们出售自己物品时的要价通常高于他们购买相同物品的买价，人们一旦拥有了某件物品，对该物品的价值评估就会高于未拥有之前。	你在超市结账时排队的人特别多，你排的那队移动得又特慢，你会： A. 站着不动。因为有可能换到另一队而另一队的速度反而变得更慢。 B. 换到另一队。 C. 把腿伸过去一点，隐约把两支队都占了。
10. 蛇咬效应	人们在因某件事而遭受损失后会变得更加保守，并且避免再从事该类事件。就如同蛇通常不会攻击人，但偶然发生后，人们会变得更加怕蛇，所谓“一朝被蛇咬，十年怕井绳”。	假设你是一家公司的老总，你的助理是华东学院管理学毕业的，但他工作很不上心，而且搞砸了几单很大的生意，这时你会： A. 招聘新的助理，但凡是华东学院管理学的都不要。 B. 招聘新的助理，如果有华东学院管理学的还可以考虑。 C. 仍然留用现在的助理。

续表

理论要点	理论要点简介	样题
11. 沉淀成本效应	人们总是喜欢考虑过去的无法挽回的成本，并且一旦为某件事投入了金钱、努力和时间，就倾向于继续为这件事投入。	下班路上你买了一盒快餐，但你的朋友突然来电话约你一起吃晚饭，你吃得很撑回到家，那么如何处置这盒快餐？（快餐不能留到第二天） A. 吃掉，虽然已经快撑死了。 B. 煲个汤或者买点下饭的菜，搭配在一起或许能吃下去。 C. 扔掉。
12. 情感因素	克雷奇研究表明快乐、悲哀、愤怒和恐惧为四项基本情绪。研究证实：对货币收益或亏损的情感回应强烈的投资者的交易表现比其他人差得多。	你在餐厅叫了碗面，但是过了 20 分钟面还没有端上来，这时你会： A. 愤怒地走出餐厅，让其他人也知道你的强烈不满，并去另一家餐厅。 B. 叫服务员过来，要求立即上菜，否则就离开。 C. 叫经理过来，有礼貌地向他表示你的感受，直到得到道歉或折扣为止。
13. 自豪、懊恼心理	自豪是指当人们认识到自己以前的决定被证明是好决定时所引发的情感上的快乐；懊恼是指被证明是糟糕的决定时所造成的痛苦。人们倾向于寻求自豪并避免懊恼。	你有两处房产，情况如下： 房产甲：因地理位置、环境等因素较好，房价自购置后持续上涨； 房产乙：本来条件挺好，但因政府规划的改变，房价持续下跌，已跌破购买价。 假设你现在急需套现，那么你会卖掉哪处房产？ A. 卖房产甲，这样可以获得收益，卖房产乙则只能面对亏损。 B. 卖房产乙。 C. 卖哪个都行。
14. 自我控制	自我控制是从心理学的角度来考察人们在意志层面对自我行为的控制能力。	即使在非常生气的时候，你也很少用极端的言语来伤害别人？ A. 不是　　B. 介于 A 与 C 之间　　C. 是的
15. 羊群效应	由于信息不充分，普通人很难对未来的不确定性做出合理预期，往往通过观察周围人群的行为而提取信息，在这种信息的不断传递中，许多人的信息大致相同且彼此强化，从而产生行为趋同。	最近流传这样的说法：一种可食用的茉莉花很有营养，市场需求很旺，卖它一本万利。你周围的人开始想方设法种植这种茉莉花，你会： A. 把自家后院和亲戚朋友家能利用的土地都改种这种茉莉花。 B. 借钱建立一个专门种植这种茉莉花的农场做大规模经营。 C. 不去理会，静观其变。

3.4.2 测评问卷诊断的使用方式

(1) 测评问卷网络版。

为了方便测评的推广运用，我们开发了网络版测评。网络版测评可以方便投资者在互联网上作答完成。

(2) 测评问卷会议版。

会议版测评是为了方便营业部在定期召开的投资报告会上对与会的投资者进行统一测评，利用会议现场的学习气氛使投资者互相影响，进而激发学习动力。因为会议现场往往难以让投资者全部完成15道题目，所以会议版测评精选了5道题目，能够让投资者快速地完成并给予现场的讲解和讨论。

3.5 测评交易数据诊断系统的设计

测评交易数据诊断系统会对测评问卷诊断系统所诊断出来的非理性偏差类型作进一步的量化分析验证，该系统运用数量的方法分析投资者过往的交易数据，从而证实其所存在的非理性偏差。本研究选择处置效应（损失厌恶）、过度交易和熟悉性交易三个理论进行研究（见图9）。选择这三者的原因将在下文介绍。

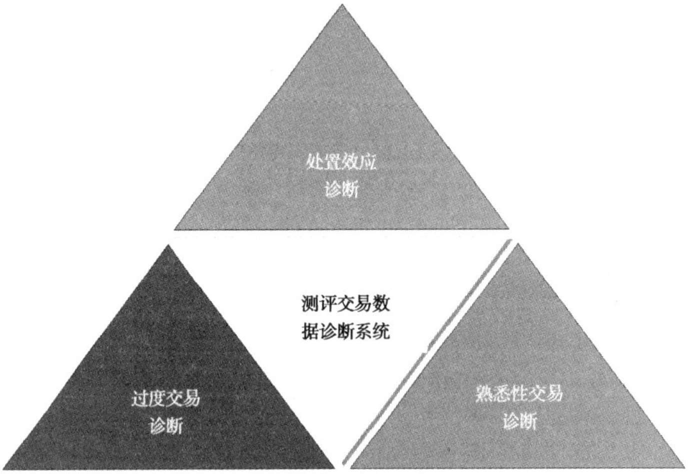

图9 测评交易数据诊断系统的构成

3.5.1 投资者的处置效应

投资者处置效应测评的设计思路如图10所示。

(1) 理论基础与设计思路。

投资者太快地出售盈利的资产，而太久地持有亏损的资产的这种倾向被称为处置效应。这一效应归结于投资者的心理，是由于投资者为避免实现损失带来的

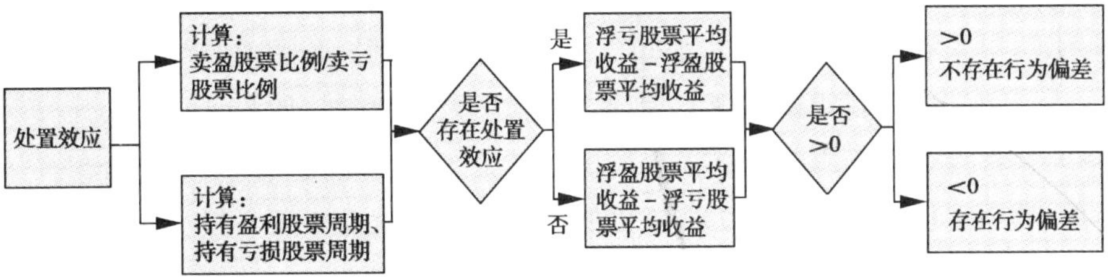

图 10　投资者处置效应测评的设计思路

后悔而回避实现损失，因为一旦亏损的时候卖出了就证明投资者之前的投资决策都是错误的；反而投资者往往过快地实现盈利，这是由于投资者希望自我确认，证明自己决策的正确性。

处置效应的基本结论是投资者更愿意卖出盈利股票和继续持有亏损股票。一般认为，处置效应直接导致投资者在交易过程中容易出现两个现象：

①卖出盈利股票的比例超过卖出亏损股票的比例；

②持有亏损股票的周期长于持有盈利股票的周期。

处置效应并不能简单地认为是投资者卖出盈利股票的数目将远远超过卖出亏损股票的数量。因为投资者在选择股票能力和市场时机把握的能力不同，可能会导致投资者股票组合的整体浮亏状况存在较大的差异。比如，在牛市时的投资者股票组合中可能会出现大部分的股票都处于盈利状态，卖出更多的盈利股票是自然现象；在熊市时投资者所选择的股票组合可能出现大多数股票都处于亏损状态，亏损股票的数目远远超过盈利股票数目，投资者卖出的股票必然是亏损的多于盈利的。因此通过比较卖出盈利股票的比例与卖出亏损股票的比例，较简单地比较卖出盈利股票的数目与亏损股票的数目更合理。

投资者的处置效应倾向并不一定意味着投资者是非理性的，它也可能与投资者采取反向投资策略有关。当股价上涨处于盈利状态，投资者可能会降低股价进一步上涨的预期，出售盈利股票也在情理之中；当股票价格下跌，投资者可能预期股价反转上涨的可能性更大，也有理由继续持有亏损股票。

我们可以通过统一投资者卖出盈利股票比例与卖出亏损股票比例，以及投资者持有盈利股票的平均周期与持有亏损股票的平均周期来判断投资者在投资决策过程中是否存在处置效应。但评价投资者这一投资决策特征的正确与否，我们需要进一步观察对比投资者账户中盈利股票组合未来的收益情况与亏损股票组合未来的收益情况。对卖出时点而言，如果未来盈利股票组合的平均收益率更高，投资者就更应该卖出亏损股票组合，处置效应就是错误的；如果未来亏损股票的平均收益率更高，投资者就更应该卖出盈利股票组合，处置效应就是对的。

（2）具体设计方法。

①卖出盈利股票的比例超过卖出亏损股票的比例。采用 Odean 衡量处置效应的方法，用实现盈利比例与现实亏损之差来度量处置效应的程度。有卖出交易的每一天，将投资者账户内所有卖出股票与其买入均价对比，如果卖出价格高于买入均价就是实现盈利，如果卖出均价低于买入均价就是实现亏损。有卖出交易的每一天，如果持仓股票的当日均价高于买入均价，则是账面盈利股票；如果当日均价低于买入均价，则是账面亏损。然后分别计算实现盈利比例（PGR）和实现亏损比例（PLR），最后处置效应等于实现盈利比例/实现亏损比例。计算公式如下：

处置效应 = 实现盈利比例（PGR）/实现亏损比例（PLR）

$$实现亏损比例（PLR）=\frac{实现亏损次数}{实现亏损次数+账面亏损次数}$$

$$实现盈利比例（PGR）=\frac{实现盈利次数}{实现盈利次数+账面盈利次数}$$

②持有亏损股票的周期长于持有盈利股票的周期。

一只股票从开始进入投资者账户的持仓到这只股票全部被卖出，合并计算为持有一次该股票，统计期间所有交易日的数目为一个持股周期；统计所有持有股票的持股周期，平均就可以得到平均持股周期。

对每个持仓股票，当日最新的结算价（收盘价）高于买入均价的时候，该股票属于账面盈利状态；当日最新的计算价低于买入均价的时候，该股票就属于账面亏损状态。统计每次持有股票过程中处于账面盈利的交易日的数目和处于账面亏损的交易日的数目，然后平均就可以计算持盈平均周期和持亏平均周期。

最后，用持亏平均周期/持盈平均周期来衡量投资者的处置效应。

③账面盈利股票组合与账面亏损股票组合未来收益率走势图。

处置效应对不同投资者的投资绩效产生效果的方向也是不同的，需要对不同的投资账户进行不同的分析。为了检验投资者“售盈持亏”或“售亏持盈”行为对投资决策产生的影响，我们以卖出时点为基准计算了投资者处于账面盈利浮盈股票组合和浮亏股票组合的未来收益率的走势图，使投资者可以直观、清楚地看出其在选择卖出股票时应该售出“盈利的股票”还是应该售出“亏损的股票”（见图 11）。

3.5.2 投资者的过度交易

（1）理论基础与设计思路。

Odean 在 1998 年提出：“投资者由于过度自信而导致过度交易，高交易率的交易账户所获的净利润要低于低交易率的交易账户。” Barber 和 Odean（2000）对美国某大型折扣经纪商所属的 78000 个账户按其换手率分组，发现过度交易会

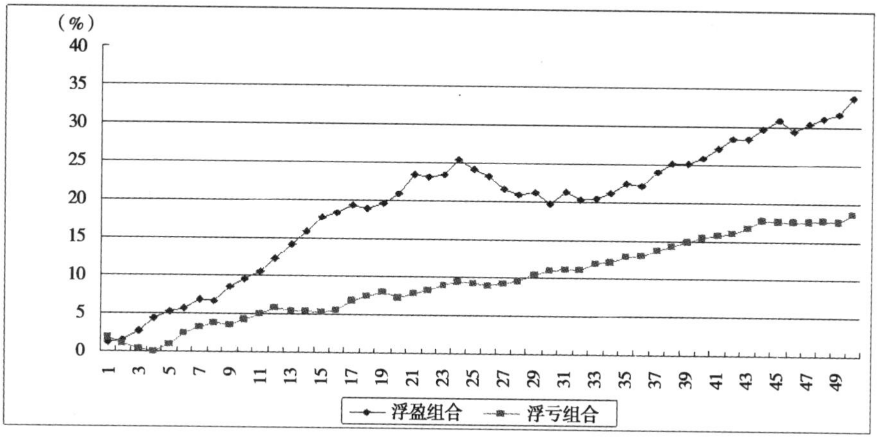

图 11　浮盈、浮亏组合未来收益走势图

大大降低投资者的收益率，其根源在于投资者存在过度自信的倾向 ，从而导致过高的交易量和交易成本。

国内证券市场一直以来都表现出过高交易量，换手率惊人。国内也有大量的研究发现，投资者存在着由于过度交易而降低收益率的现象。投资者过度交易的原因解释有很多，有的人认为投资者选择股票时聪明敏锐造成过度交易，也有人认为投资者过度自信是造成过度交易的主要原因，而投资者的处置效应也可能导致投资者过度交易。总而言之，普遍认为投资者过度交易会大大损伤投资者的收益率。

投资者过于频繁的买卖、股票换手率高，简单地来看就是过度交易。已有研究也都是以这种标准来分析投资者是否过度交易。其实根据传统理论，只要交易产生的潜在收益大于或等于交易成本，投资者就应该积极交易，这样的交易就不叫过度交易。现实中只要投资者买入的股票表现总是好于投资者卖出的股票的表现，投资者即使频繁交易也是提高了投资收益，不能称之为过度交易。因此判断过度交易，就是要看投资者是否卖出差的股票，而买入好的股票（见图 12）。

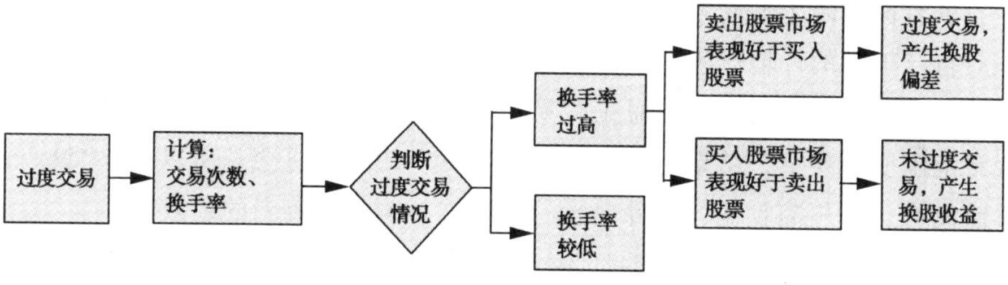

图 12　投资者过度交易测评的设计思路

（2）具体设计方法。

首先，计算投资者评估周期内的交易次数与换手率并与同期市场指数的换手率进行对比，如果投资者的换手率较低，显然不能认为投资者过度交易。

其次，对于换手率较高的投资者更重要的是分析投资者是否卖出差的股票，而买入好的股票，这样才能判断投资是否存在过度交易。也就是分析投资者是否存在换股偏差。

买入股票的平均收益率 = 股票买入后未来 N 个交易日的平均收益率；

卖出股票的平均收益率 = 股票卖出后未来 N 个交易日的平均收益率；

换股收益 = 买入股票的平均收益率 - 卖出股票的平均收益率 - 交易费；

如果换股收益大于 0，投资者就不存在过度交易；如果换股收益小于 0，投资者就存在过度交易。未来使投资者更清楚其换股产生的收益，N 取从 1 到 50 并画出走势图，使投资者可以直观地看出其换股产生的收益影响（见表 3 和图 13）。

表 3　　账户交易频率表

投资周期长度	买卖次数	换手率	同期 HS300 换手率
494	80	22.28	8.66

3.5.3　投资者的熟悉性交易

（1）理论基础与设计思路。

Grinblatt 和 Keloharju（2001）利用芬兰的数据发现，当地投资者在选择股票的时候会倾向于购买地理位置离自己近的、用当地语言进行公告的、以及公司首席执行官拥有当地文化背景的公司的股票。投资者对临近地理区域公司的偏好可能由于投资者可以比较容易地获得离他们比较近的公司的信息，他们可以与公司职员、管理者以及公司原材料供应商进行交流；可以从当地媒体中获得该公司的重要信息；甚至可能与当地公司主管人员有亲近的私人关系。这些都使他们对本地公司有相对的信息优势。

投资者面对陌生的问题时对不确定性情景可能会存在厌恶心理，另一方面他可能对自己熟悉的环境产生过度偏爱。这样可能导致投资分散化不足，投资过度集中于投资者熟悉的股票上，总是交易相同的股票。交易熟悉的股票会将投资者的视野范围变得狭窄，结果忽略市场上其他更好的投资机会。所以如果交易熟悉股票而没有获得超额收益，这种熟悉的短视就影响了投资者的绩效。

所以就需要对总是交易熟悉股票的投资者分析其交易熟悉股票是否提高了投资收益，还是限制了其投资范围（见图 14）。

（2）具体设计方法。

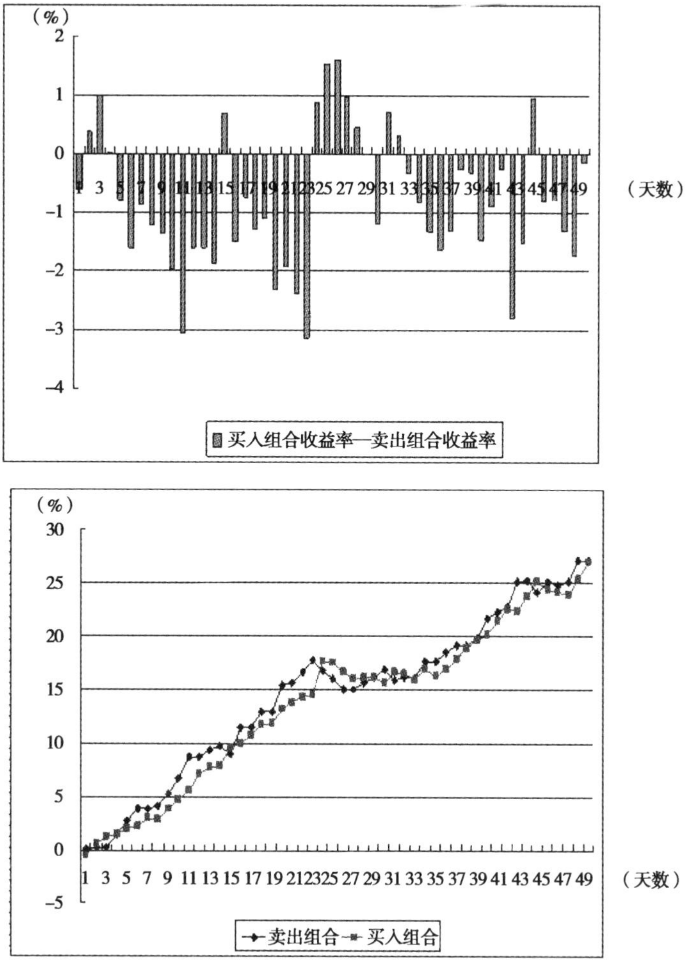

图 13　账户买入股票、卖出股票收益率对比分析图

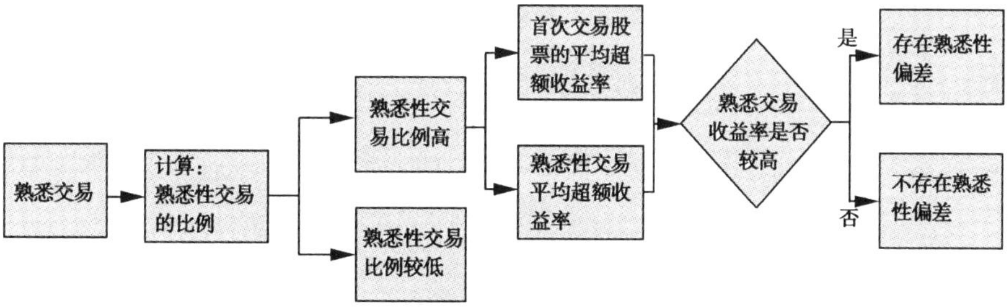

图 14　投资者熟悉性交易测评的设计思路

首先，对每位投资者计算出每次交易股票的收益率，投资者分批买入和卖出

的行为都合并统一为一次交易。

接着，计算投资首次交易每个股票代码的收益率与其重复交易以前交易过的股票代码的收益率。每次计算交易收益率的同时也计算了市场同期的收益率，进而计算超额收益率。

直接对比首次交易的收益与熟悉性交易的收益率，可能由于处于不同的市场周期而产生较大的差异，因此直接对比可能存在偏差。所以还需要对比首次交易的超额收益率与熟悉性交易的超额收益率，才可能发现投资交易熟悉的股票是否真正有改善投资绩效的作用（见表4）。

表4　　账户熟悉性偏差

	交易次数	平均收益率（年化）	平均超额收益率（年化）
首次交易	41	97.5507%	-41.7772%
熟悉性交易	13	-0.6761%	-92.2698%
熟悉性偏差		-98.2268%	-50.4925%

4. 测评效果的检验

开发投资行为测评的目的是用来激发投资者主动受教育的动力。下面我们将对测评目标的达成进行检验。

4.1　测评问卷诊断的效果（见图15）

测评问卷诊断系统的效果检验如图15所示。

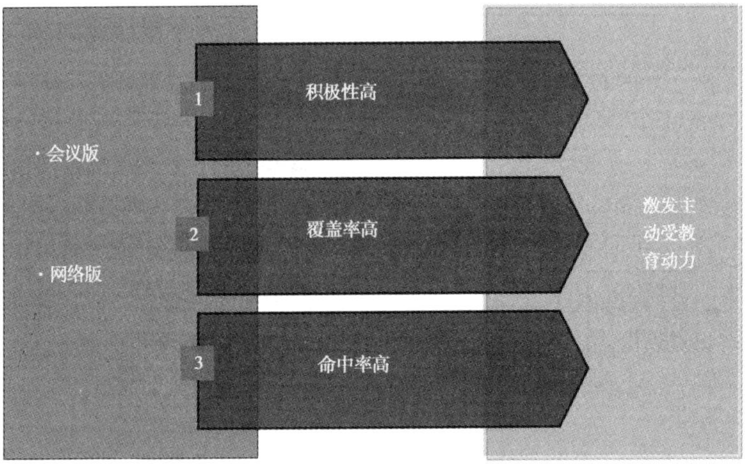

图15　测评问卷诊断系统的效果检验

4.1.1　测评问卷会议版的效果

测评会议版目前已在两家营业部试点使用。针对营业部的反馈意见，我们重点关注两方面：第一，会议版测评是否体现出大部分投资者的非理性行为偏差；第二，与会投资者在接受会议版测评之后是否表现出更浓厚的兴趣和学习动力。

（1）测评揭示投资者偏差。

针对第一个关注点，我们使用一家试点营业部的统计数据（见图 16）。因为每道题有 3 个选项分别代表理性、非理性偏差和严重非理性偏差。图中的百分比代表选择各选项的人数占比。数据虽然是会议现场的粗略统计，不够精准，但能够大体反映测评结果。

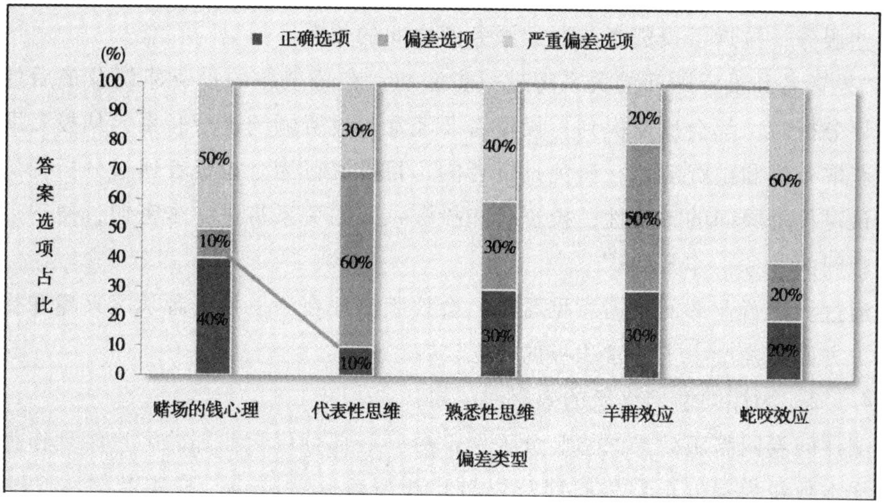

图 16　问卷诊断会议版测评结果

图 16 显示，大部分与会投资者都存在着 5 种心理偏差。只有赌场的钱心理情况较好，但正确率也仅为 40%。而熟悉性思维和羊群效应两题分别只有 30% 的投资者回答正确，其中答对羊群效应的多为老股民。蛇咬效应和代表性思维则仅有 20% 和 10% 的投资者回答正确。

另一家营业部试用会议版测评也出现类似结果：参与测评的 565 位投资者中，平均每道题的正确比例不到 25%，正确率最低的是代表性思维，仅为 13%，正确率最高的是羊群效应，达到 40%。

所以，大部分投资者在测评中都作出了非理性的投资选择，这一方面是与市场上大部分投资者是亏损的事实相符合；另一方面也表明会议版测评的确揭示出了投资者中所普遍存在的投资行为偏差。

（2）测评激发投资者兴趣。

针对第二个关注点，营业部试用会议版测评的反馈意见摘要如下：

“投资者对此类活动的配合度极高：所有的参会者都兴致勃勃地进行测评，而且对于每道题自己的选择都有观点，投资者在习惯报告会的形式之后，互动的形式对他们的吸引力很高”。

“测评能够反映出投资者在投资中潜意识容易犯的投资错误：在听完分析师的解答和分析后，投资者经常能感同身受，而且能举出自己在投资中失误的实例，说明测评的题目是具有科学依据的，而且非常贴近投资者的投资行为。”

“投资者对客户服务的依赖度有所提高：在每道题的最后，分析师都会告诉投资者如何避免这些投资行为错误，这个时候，我们会详细介绍营业部的服务体系，说明投资者可以享受到什么样的服务。投资者当场就会询问如何准确及时获取这些服务，拉近了投资者与证券服务商之间的关系。”

“投资者和投资顾问的关系将进一步密切：在每道题的投资建议及最后的综合测评分析时，都会反复提到，投资者要经常与投资顾问进行联系，从投资顾问那里获取资讯和投资建议，避免投资者的盲目投资行为。投资者通过分析师的说明会认可投资顾问的重要性，投资者和投资顾问的关系将进一步密切，便于后期投资顾问的服务工作开展。”

通过上述营业部的反馈意见看出，会议版测评在激发投资者学习兴趣和受教育动力方面的确产生了非常积极的效果。

4.1.2　测评问卷网络版的效果

测评问卷网络版效果的检验分为两部分：一部分以营业部的客户经理作为样本，样本数量为 131 个；另一部分以散户投资者作为样本，样本数量为 299 个(见图 17 和图 18)。

(1) 测评总体效果。

图 17 和图 18 显示，无论普通投资者还是客户经理，测评结果都不理想。客户经理测评总分为正的人数仅占全体被测人数的 38.17%，而普通投资者为 40.13%，略高于客户经理。如果将测评比作投资过程，那么测评为负分意味着大部分投资者的总体投资收益都为负。所以说，网络版测评能覆盖大部分客户经理和普通投资者所存在的投资心理偏差，这种高命中率保证了绝大多数投资者都能通过测评来认识自身的投资偏差，从而激发改善的动力。

此外，比较客户经理和普通投资者的数据还可以看出：客户经理测评总分集中在 -1 分，约占 12.98%；而普通投资者集中在 0 分，约占 8.64%，第二密集得分为 +2 分，约占 7.97%。所以无论是前面的正分人数占比，还是得分的分布情况，普通投资者都优于客户经理。这个对比结果比较出乎意料，因为一般的看法是证券公司是投资者教育的执行机构，而客户经理作为直接与投资者接触的人

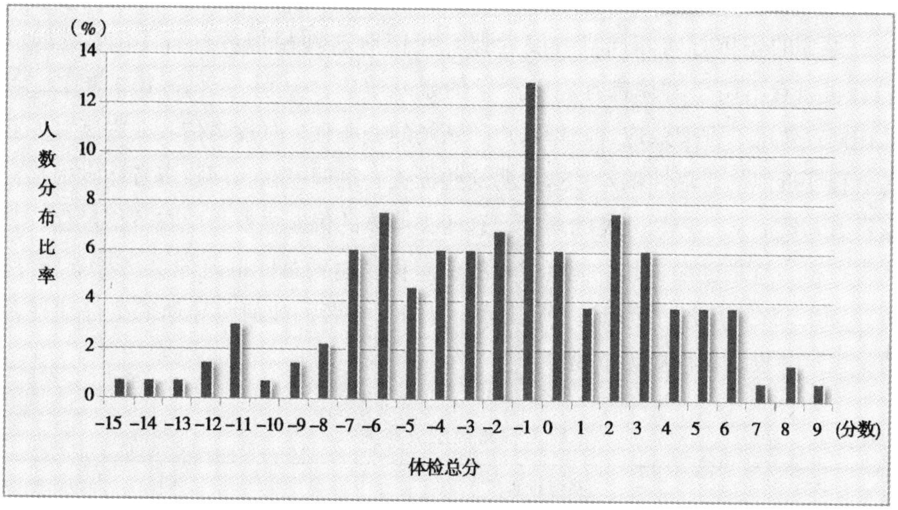

图 17　客户经理测评结果分布

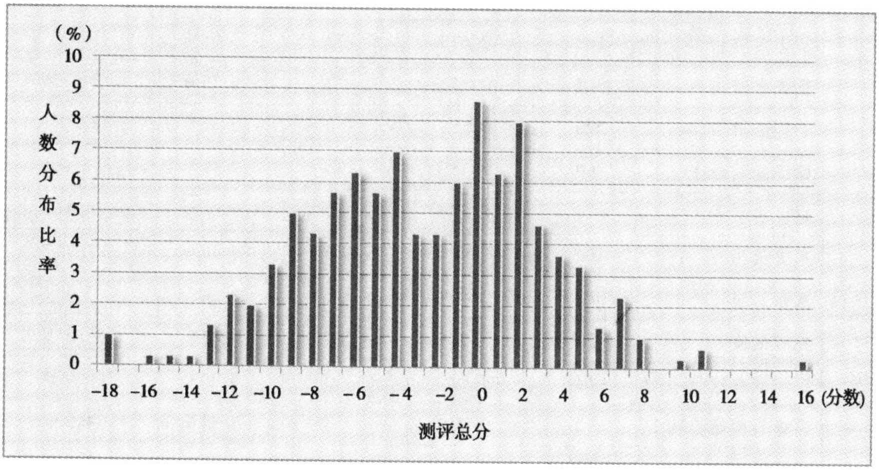

图 18　普通投资者测评结果分布

员更直接担当起这个责任。这种反常的结果让我们推导出两个结论：第一，目前证券公司的客户经理在理性投资上并不比普通投资者做得更好，所以客户经理也应当列入被教育的对象，只有其自身素质提高了，才能更好地引导和服务投资者；第二，仅依靠客户经理来教育投资者是不够的，因为测评显示他们与普通投资者的理性投资水平相当，所以建立一套投资者教育的系统工具来取代客户经理的部分职能，比如本研究所开发的投资行为测评系统，那么教育会取得更好的效果。

（2）测评的行为偏差类型分布。

客户经理与普通投资者在非理性投资行为偏差类型的分布上具有高度的相似性——得分的正负方向相同且程度近似。我们对这种相似度进行了定量比较（见表5），可以看出两个群体都存在着严重的禀赋效应，分别占到23.10%和22.34%。同时在锚定效应、框架效应、心理账户、赌场的钱心理、过度自信和损失厌恶方面也存在着程度近似的非理性偏差，这说明这些投资心理偏差在我国投资者样本中相对显著且具有共性。从心理学分类的角度，这两类群体的偏差主要集中在情绪过程，其次是认知过程、意志过程。其中情绪过程的偏差程度达到总体偏差的56.57%（普通投资者）和52.51%（客户经理）。所以对于我国投资者，如何引导他们更好地控制自身情绪以冷静投资显得更为重要。

表5　　　　行为偏差类型分布对比

心理分类	偏差类型	普通投资者		客户经理		分布比率差异程度
		分布量	分布比率	分布量	分布比率	
认知过程	代表性偏差	9	0.68%	41	6.07%	79.91%
	熟悉性偏差	20	1.50%	7	1.04%	18.48%
	锚定效应	-102	-7.67%	-72	-10.65%	16.24%
	框架效应	-2	-0.15%	-12	-1.78%	84.37%
	心理账户	-220	-16.55%	-70	-10.36%	23.04%
	赌场的钱心理	-99	-7.45%	-54	-7.99%	3.49%
情绪过程	过度自信	-74	-5.57%	-33	-4.88%	6.57%
	损失厌恶	-106	-7.98%	-46	-6.80%	7.92%
	禀赋效应	-307	-23.10%	-151	-22.34%	1.68%
	蛇咬效应	70	5.27%	64	9.47%	28.51%
	沉淀成本效应	-64	-4.82%	0	0.00%	100.00%
	自豪、懊恼心理	12	0.90%	3	0.44%	34.09%
	情绪影响	147	11.06%	76	11.24%	0.81%
意志过程	羊群效应	69	5.19%	35	5.18%	0.14%
	自我控制	28	2.11%	12	1.78%	8.54%

注：分布量为所有样本在该种偏差上得分的汇总。分布比率为该种偏差的分布量占到全部分布量绝对值之和的比率。分布比率差异程度是用普通投资者与客户经理分布比率的差额再除以二者之和的绝对值。

我们从表5中挑选两群体共有的且差异程度小于10%的共性偏差作进一步的分析。这些偏差包括赌场的钱心理、过度自信、损失厌恶和禀赋效应。而根据前面对行为金融理论体系的研究和分类，禀赋效应实际上是广义上的损失厌恶。另一方面，根据前面对投资者错误的总结，赌场的钱心理与过度自信心理的一个共同特征是引起投资者的过度交易。同时，为了使研究对象更完整，我们还选择了两个群体都表现较好的熟悉性偏差。所以我们将作进一步数量分析的对象锁定为处置效应（损失厌恶）、过度交易和熟悉性偏差。

4.2 测评交易数据诊断的实证效果

4.2.1 处置效应的实证效果（见图 19）

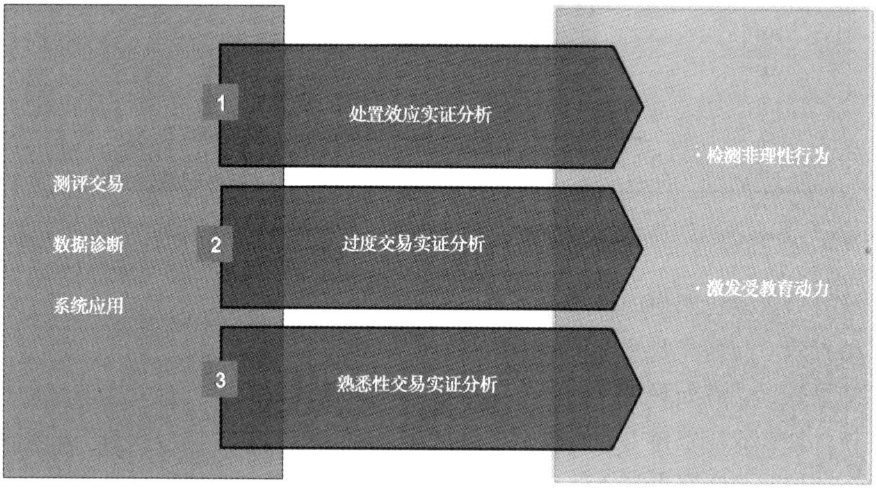

图 19 测评交易数据诊断系统的实证效果

（1）数据来源。

所选数据为某营业部 2007 年 6 月 1 日至 2009 年 6 月 30 日区间的所有交易数据，有效的交易账户共有 15793 个。股票的复权价格来源于聚源数据库。在进行投资者非理性行为的分析过程中，目前只针对投资者的沪、深两市 A 股交易行为进行了分析，权证、B 股等品种的交易行为暂不包含在此报告中。

（2）结果分析。

15793 个有效交易账户中，剔除 B 股、权证交易数据后，以及部分由于在统计期前的数据导致无法准确测量的外，共有 10132 个账户准确计算了其处置效应，其中 7693 个账户处置效应 >1；147 个账户处置效应 =1；2292 个账户处置效应 <1。

总计有 76% 的账户表现出处置效应。所有账户处置效应分布如图 20 所示。

①处置效应与收益率的关系。

所有账户平均收益率 = -0.0237；

有处置效应账户的平均收益率 = -0.0525；

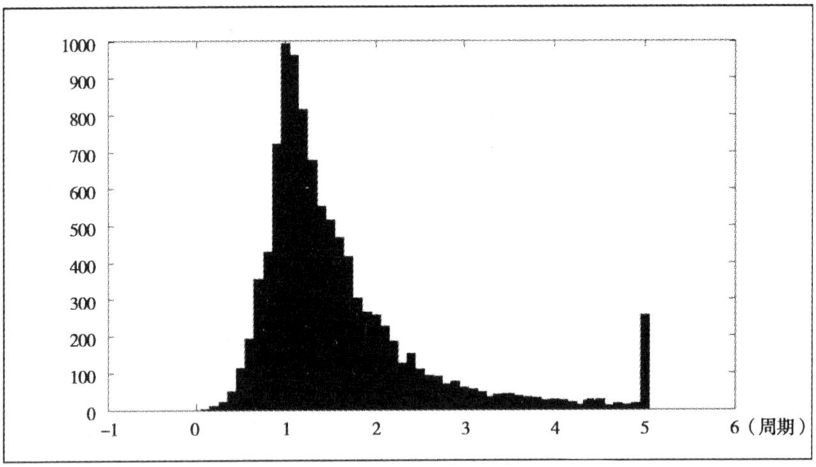

图 20　全部账户处置效应分布

没有处置效应账户的平均收益率 = -0.0156；

处置效应与账户收益率的相关系数 = 0.0139。

结果显示，有处置效应的投资者群体平均收益率远小于没有处置效应的投资者群体，处置效应整体上导致投资者收益率下降。但处置效应与收益率的相关性并不高，说明判断有无处置效应较为实用，但在具体数值上比较意义不大。

②处置效应与持股周期的关系。处置效应直接导致的结果就是过长时间地持有亏损股票，而较短时间地持有盈利股票。总计 15793 个有效交易账户中，有效计算了 15146 个账户的平均持股周期、平均持盈周期、平均持亏周期。其中 13053 个账户的持亏周期大于持盈周期，2024 个账户持盈周期大于持亏周期，69 个账户持盈周期等于持亏周期。

总计 86.18% 的账户平均持盈周期小于平均持亏周期，从持股周期上表现出处置效应特征（见表 6）。

表 6　　处置效应与持股周期

相关系数	持股周期	平均收益率	处置效应
持股周期	1		
平均收益率	-0.0441	1	
处置效应	0.2619	-0.0226	1

相应可以看出平均持股周期与投资收益率的关系不大，而与处置效应却有一定的关系，可以看出投资者可能由于处置效应而不愿卖出亏损股票，导致持股周期的变长。投资者可能不是主动地长期持有，而是被动地长期持有。

③两个评价标准的一致性。投资者处置效应表现出两个交易行为特征：卖出盈利股票的比例超过卖出亏损股票的比例；持有亏损股票的周期长于持有盈利股票的周期（见表7）。

表7 处置效应的两个交易行为

	有行为1	无行为1
有行为2	7271	1783
无行为2	422	501

在有效评估的10132个账户中，两种行为的一致性高达76.70%。

④账面盈利股票组合与账面亏损股票组合未来收益率走势。选取了668个账户，计算其账面盈利股票组合与账面亏损股票组合在其账户平均持股周期未来平均收益率，有338个账户账面亏损股票未来收益超过账面盈利股票，即有50.4%的账户更适合卖出亏损股票。而这些账户中有491个账户体现出处置效应，占总账户的73.6%（见表8）。

表8 处置效应与决策结果

	处置效应（卖盈持亏）	没有处置效应（卖亏持盈）
浮亏组合 > 浮盈组合	244	93
浮盈组合 > 浮亏组合	247	83
决策正确率	49.7%	47.2%

（3）结论。

①76%的账户表现出处置效应：更倾向卖出盈利股票而持有亏损股票；

②有处置效应的账户的平均收益率低于没有处置效应的账户3.5%，但账户收益率与处置效应的数值不具有显著相关性；

③86.18%的账户平均持盈周期小于平均持亏周期，从持股周期上表现出处置效应特征；持股周期与处置效应相关性为26.19%，处置效应可能导致被动持有而延长持股周期；

④卖盈持亏与持有盈利股票周期长于亏损股票，两种行为一致性达76.70%；

⑤在交易最频繁的668个账户中，73.5%的账户表现出处置效应，有51%的账户表现出决策偏差；

⑥处置效应在样本投资者中存在较为普遍，而且有较大部分投资者由于处置效应而产生投资绩效偏差。

4.2.2 过度交易实证分析

(1) 结果分析。

①账户交易次数分析。15462个投资者交易两年平均买卖次数为117次，其交易次数分布如图21所示。

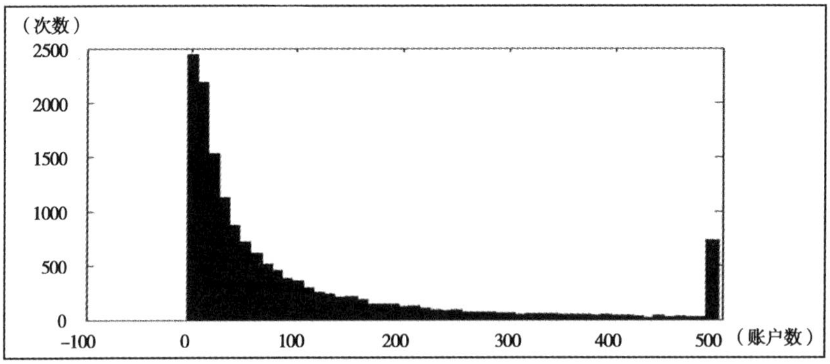

图21 账户交易次数分布

统计投资者交易次数与其收益率，可以看出投资者交易次数越多，其收益率有一定的下降趋势，但是收益率与交易次数的相关系数为-0.0361，因此不能简单地说投资者交易次数越多就越不好。而需要进一步分析投资者过多交易是否产生了换股偏差，来判断投资者是否真的过度交易了。

②账户换手率分析。统计有效的15 205个交易账户在这两年内每日的交易额以及平均每日换手率。平均日换手率为11.18%，中位数为5.26%，具体分布如图22所示。

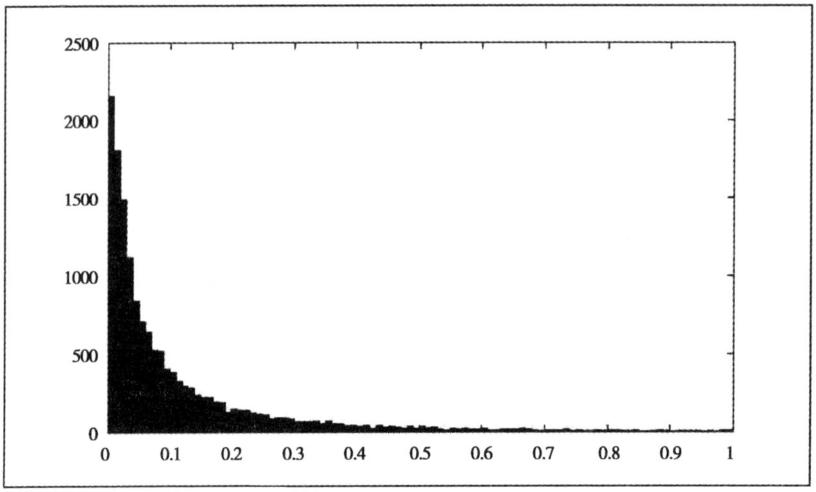

图22 交易额与换手率分布

投资者的高换手率是否导致其收益率大幅下降？我们将所有账户按其换手率排名分为10组，计算其平均换手率与平均收益率。统计结果显示当换手率增加时，有降低投资收益的趋势（见图23）。

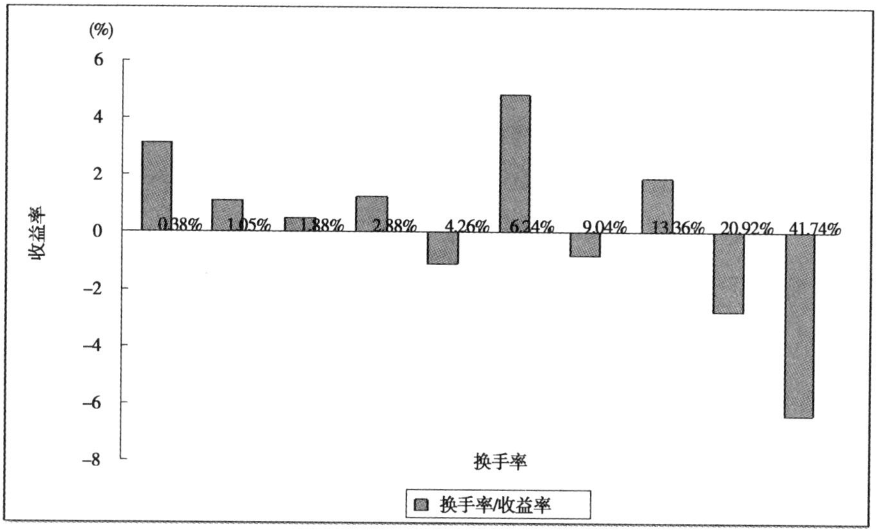

图23 收益率与换手率分布

③投资者的换股偏差。统计了交易最频繁的1038个账户，买入股票的平均收益－卖出股票的平均收益＝－0.18%，总体上交易最频繁的这些账户其每次换股是产生了损失。

买入股票在其平均持股周期表现好于卖出平均持股周期的仅有476个，有363个账户其买入股票组合收益率减去卖出股票收益率＞0.002（估算其换股的成本为2‰）。仅有35%的交易者换股带来正的收益，65%的交易账户存在换股偏差，有过度交易的现象。

（2）结论。

①总体上看，样本投资者的交易过于频繁，而且换手率也较高，日均换手率达到了11.18%。

②通过分组统计，换手率高的投资者的平均收益相对较低。

③另外对交易最频繁的账户统计分析发现，65%的账户换股是产生损失的，有过度交易的现象，只有35%的账户能通过换股产生收益。

④在样本客户中，过度交易的现象也较为明显，对投资者收益的损害也较大。

4.2.3 熟悉性交易实证分析

（1）结果分析。

在全部15793个交易账户中，有10530个账户交易了熟悉的股票，占67%。

每个账户平均有 5 次熟悉性交易。

另外统计，有熟悉性交易账户的所有交易中，平均有 24.48% 的交易为熟悉性交易，其中位数为 22.22%。

对每个有熟悉性交易的账户，分别计算其第一次购买某只股票的平均超额收益率和购买熟悉股票的平均超额收益率，发现 10530 个账户中，第一次购买股票的平均超额收益率为 0.77%，熟悉性股票交易的平均超额收益率为 -0.37%。其中有 5233 个账户购买熟悉性的股票没有取得更高的超额收益率，即 49.7% 的熟悉性交易产生投资偏差。每个账户熟悉性交易超额收益——第一次交易股票的超额收益分布如图 24 所示。

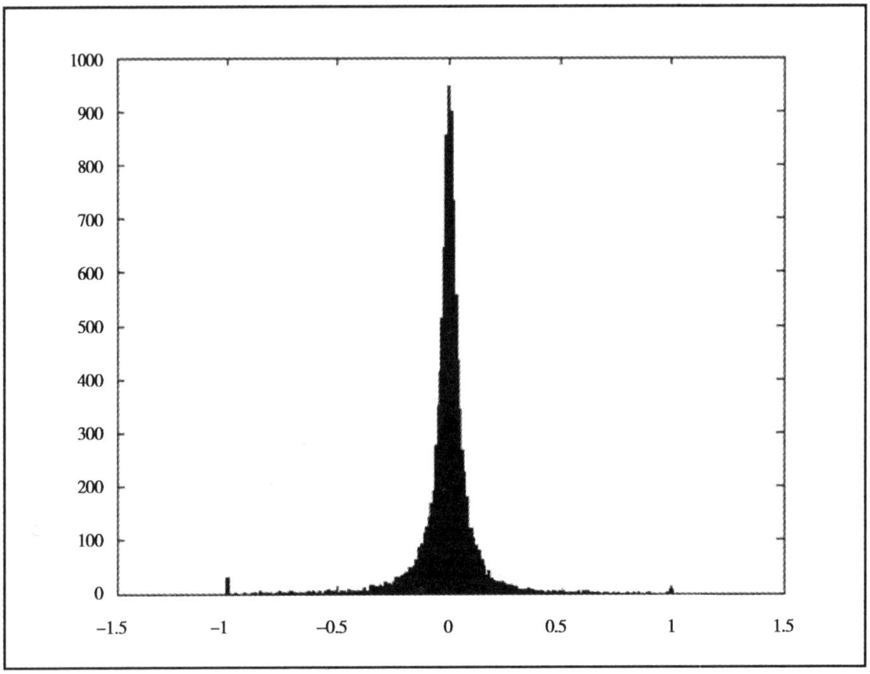

图 24 熟悉性交易收益分布

对于熟悉性交易次数较多的账户，熟悉性交易次数大于 30 次且其熟悉性交易占其总交易比例大于 22% 的账户共有 1107 个。其中 600 个账户熟悉性交易能获得更高的超额收益，占 54%；507 个账户熟悉性交易没有能获得更高的超额收益，占 46%。

（2）结论。

①约占 67% 的账户交易过熟悉性股票，总体上第一次购买股票的平均超额收益率为 0.77%，熟悉性股票交易的平均超额收益率为 -0.37%，熟悉性交易

收益率较低。

②对每个账户统计，49.7%的账户熟悉性交易产生投资偏差，超额收益率有所降低。

③熟悉性交易次数较多的账户，46%的账户熟悉性交易产生投资偏差，超额收益率有所降低。

④样本中存在熟悉性交易的客户也较多，熟悉性交易对近50%的投资者而言产生绩效偏差。

5. 主要结论和研究展望

5.1 主要结论

通过问卷调查和交易数据分析，以及行为金融理论的深入解释，能够激发投资者主动接受教育的动力（见图25）。

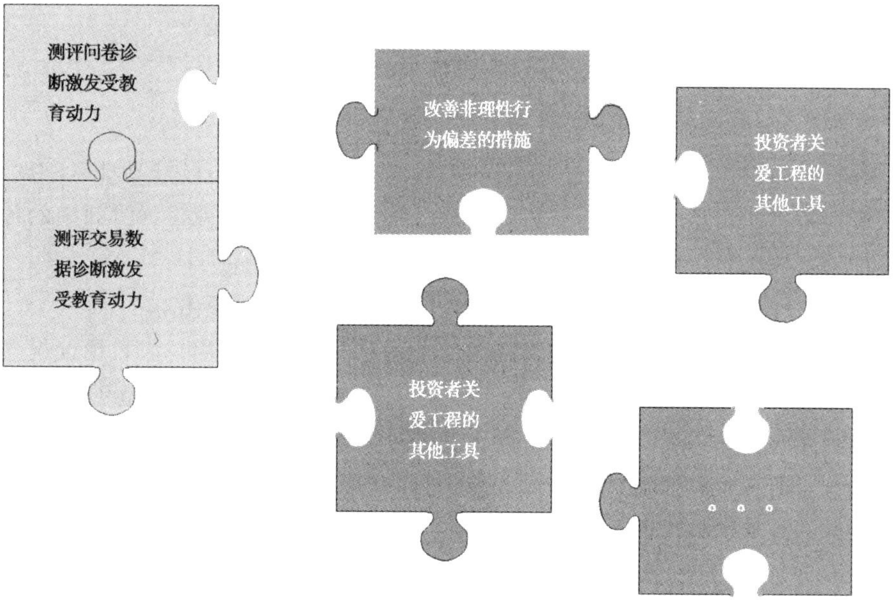

图25 投资者关爱工程：研究结论和展望

5.1.1 测评问卷诊断系统的动力效用

（1）该问卷诊断系统能够覆盖投资者普遍存在的非理性行为偏差，能够引导投资者认识自身的问题。

（2）大部分投资者都存在测评问卷所检验的偏差类型，这说明该测评问卷的命中率很高。

(3) 测评问卷用行为金融理论来解释非理性行为偏差的方式激发了投资者的兴趣，例如两个营业部试用会议版体检问卷的反馈意见证明了测评问卷和行为金融理论带给投资者浓厚的学习热情。

5.1.2 测评交易数据诊断系统的动力效用

(1) 交易诊断系统重点检测3种非理性交易行为偏差，在样本投资者中分别占到76%、65%和49.7%。交易诊断系统可以有效地发现绝大多数投资者非理性交易行为，帮助投资者发现交易行为中存在的问题。

(2) 非理性交易行为将直接导致投资绩效偏差，针对每位投资者，诊断系统将订制化地统计、分析其交易行为对其投资绩效的影响。通过图、表的形式展示其交易行为对投资收益的影响，最直接地触动投资者。使投资者了解加强学习、改善交易行为，对其投资收益能带来多大的改善。

(3) 通过对投资者个性化地进行量身的交易行为与其对投资绩效的影响对比分析，投资者会深刻认识非理性交易行为对投资收益的影响，自发产生迫切需求，主动学习、改善交易行为、提高投资收益。

5.2 研究展望：投资者关爱的深化

5.2.1 改善措施的进一步研究

投资行为测评虽然能够指出投资者的非理性投资行为及背后的原因，但仍没有系统地指出纠正这些偏差的方法和途径。我们下一步的研究将为测评中的各类非理性偏差提供解决的方案。

5.2.2 投资行为测评的推广使用和投资者关爱工程的深化

本研究中，投资行为测评仅仅是在个别营业部小范围试用，而且也仅仅是我们“投资者关爱”工程的一个部分。下一步，我们一方面会更大范围地推广投资行为测评并搜集广大投资者的反馈意见以改善系统，使该测评在激发投资者受教育动力方面有更好的表现；另一方面，我们会进一步深化投资者关爱工程，研发出更多工具来关爱投资者。

参考文献

[1] Barber Brad M. and Odean Terrance, 2000, “Trading is Hazardous to Your Wealth: The Common Stock Investment Performance of Individual Investors”, Journal of Finance, April, pp. 773 – 806.

[2] Daniel Kahneman and Amos Tversky, “Prospect theory: An analysis of decision under risk”, Econometrica, vol. 47, no. 2 (March): 263 – 292.

[3] Grinblatt, M. , Keloharju, M. , 2001 What makes investors trade? Journal of Finance 56, 589 - 616.

[4] Odean, T. 1998. "Are Investors Reluctant to Realize Their Losses ?" Journal of Finance , vol . 53 , no. 5 (October): 1775 - 98.

[5] Odean, Terrance, 1998b, Volume, volatility, price, and profit when all traders are above average, Journal of Finance, 53, 1887 - 1934.

[6] 莫万贵:"我国股票投资者交易行为的实证研究",复旦大学博士学位论文,2004 年。

[7] 李心丹、王冀宁、傅浩:"中国个体证券投资者交易行为的实证研究",《经济研究》,2002 年第 11 期,54 - 63 页。

[8] 顾海峰:"我国证券市场个人投资者教育问题研究",《上海金融》,2009 年第 5 期,48 - 50 页。

[9] 饶育蕾、刘达锋:《行为金融学》,上海财经大学出版社 2003 年版。

[10] 约翰·诺夫辛格 (John R. Nofsinger):《投资中的心理学》,中国人民大学出版社 2008 年版。

[11] 拉斯·特维德 (Lars Tvede):《金融心理学》,中国人民大学出版社 2003 年版。

[12] 理查德·格里格 (Richard J. Gerrig),菲利普·津巴多 (Philip G. Zimbardo):《心理学与生活》,人民邮电出版社 2008 年版。

[13] 薛求知、黄佩燕、鲁直、张晓蓉:《行为经济学》,复旦大学出版社 2003 年版。

[14] 李国平:《行为金融学》,北京大学出版社 2006 年版。

[15] 崔巍:《行为金融学》,中国发展出版社 2008 年版。

[16] [英] 乔纳森·迈尔斯 (Jonathan Myers):《股市心理学》,中信出版社 2004 年版。

[17] 赵学军、王永宏:"中国股市'处置效应'的实证分析",《金融研究》,2001 年第 7 期,92 - 97 页。

(作者单位:华西证券有限责任公司)

二等奖

投资者非理性行为数量分析与投资者教育方案设计

• 陈　林　王蕴珏　左秀海　康　珊　刘俊希　蒋佳良

1. 导论

1.1　问题的提出与研究意义

目前，国内外的监管部门、非政府组织都在投资者教育工作方面投入了大量的精力，以期能够提升具有复杂结构（知识结构、对风险和收益的认知方式、不同的风险承受能力等）和基数庞大的投资者队伍对资本市场的科学认知水平。而在投资者教育工作中的一个重大现实问题就是普遍存在的投资者非理性行为模式，所以科学有效地修正投资者非理性行为方案的设计对投资者教育工作具有举足轻重的意义。

为全面了解我国证券投资者的实际状况，检验非理性行为的存在特征，并有针对性地开展投资者教育工作，我们针对公司客户开展了问卷调查活动①。

问卷调查结果显示投资者行为具有如下特征：

（1）被调查对象中，85%的投资者存在频繁交易特征，持股时间低于半年②。

（2）在60%投资者不盈利事实下，87%的投资者仍基本相信自己的判断正

① 问卷请参见附件部分《个人投资者投资行为调查问卷》。本次调查共发放问卷120份，回收120份，其中有效问卷115份，答卷有效率为95.83%。

② 问卷题结果显示：45%投资者交易频率2－3次/周，40%投资者交易频率2－3次/月。100%投资者持有股票不超过半年。

确（过度自信），但所有投资者都有获得投资指导的潜在需求和必要[①]。

（3）基本相信自己的投资者，他们之中仅 8% 不会真正受到他人影响[②]。相信自己和轻信他人的矛盾体现在 90% 的投资者之中，体现了较为明显的羊群行为特征。

（4）90% 投资者信喜不信忧，更容易锁定收益而忽略损失[③]。

（5）89% 的被调查投资者卖赢持亏以回避现实损失，其实从结论（4）我们已可以合理推断投资者必然出现结论（5）的行为特点[④]，说明存在显著的处置效应特征。

调查问卷中体现出的问题表明了中国证券市场非理性行为模式的客观存在，而这些非理性行为一方面会给投资者自身带来损失，另一方面会给整个证券市场的健康发展和有效运行带来巨大的隐患。因此，本文预期将非理性行为研究进行数量化测算，并根据数量化的结果，寻找出各种非理性行为间的相关关系，以及显著影响非理性行为的投资者特征，确保能够据此设计出有针对性的非理性行为修正方案，提升对非理性行为的认知和相关投资者教育工作的针对性和科学性，致力于通过投资者教育使其趋于理性化，提高证券市场投资者决策能力和市场运作效率。这对于构建我国完备有效的证券市场投资者教育体系，维护我国证券市场健康、持续稳定的发展具有重要的理论与现实意义。

1.2 预期的创新

（1）在深入学习和研究国内外有关非理性行为学术成果的基础上，并本着形成对非理性行为修正相关的投资者教育工作的实质性借鉴作用，我们预期从以下几个方面对非理性行为的研究进行发展和创新：将过往以概念描述和文字定义为主的非理性行为研究方法进行数量化模型定义，并形成基于证券公司相关数据库和相关软件工具的投资者非理性行为强度值的测算方法。

（2）为了更加深入地认知非理性行为的内在逻辑，根据测算出的投资者非理性行为值来分析各种非理性行为间的相关性，并采用因子分析计算出两个简化的非理性

---

① 问卷题结果显示：87% 投资者基本相信自己的判断，13% 投资者不相信自己的判断，没有投资者非常相信自己，因此我们推测投资者都有获得投资指导的潜在需求；38% 投资者投资盈利，27% 投资者投资亏损，32% 投资者不盈不亏，因此我们推测投资者都有获得投资指导的必要。

② 问卷题结果显示：亲朋好友推荐（61%）、广播电视及一般刊物（58%）、网络（54%）是投资者获取信息的主要渠道，只有 8% 投资者判断不会受到他人意见的影响，而 34% 投资者完全依赖小道消息。

③ 问卷题结果显示：牛市中 90% 以上投资者会追加投资，熊市中 20% 投资者选择立即减少亏损，而 30% 投资者选择加仓。题 12 更明确体现 90% 投资者首先将自己锚定在盈利的参考点上，不考虑实际结果。

④ 问卷题结果显示：当持有的股票大跌时，44% 投资者选择继续持有；持有的股票大涨时，仅 11% 的投资者选择继续持有，投资者中存在卖赢持亏的现象。

行为指标，根据因子得分计算出各种非理性行为在投资者总体非理性程度中的比重。

(3) 基于公司客户关系管理对客户特征的分析结论，将多维度投资者特征作为控制变量，对各种非理性行为进行多因素方差分析，计算出影响每种非理性行为值的主要控制变量，并据此寻求投资者教育工作的方向和具体实施方案。

(4) 根据前面的数量化分析结果，针对不同非理性行为的易感人群设计相应的投资者教育工作方案，方案中包括教育内容、形式等具体建议，将非理性行为的修正工作做到系统性和可操作性。

2. 投资者非理性行为理论综述

2.1 投资者非理性行为的理论渊源

20 世纪初，对投资者心理和证券市场效率的研究开始转向非理性的研究。1902 年，法国心理学家 Tarde 出版了《经济心理学》一书，强调经济现象的主观方面，提出了主观价值论和心理预期的观点，标志着经济心理学①的诞生。经济个体的非理性方面及其重要影响开始受到学术界关注。

而20 世纪30 年代实验经济学（Experimental Economic)② 兴起，要求在可控条件下针对某一现象，通过控制某些条件，观察决策者行为并分析实验结果，而结论和证据与传统经济学结论相去甚远，对传统经济理论提出了挑战。

伴随经济心理学、实验经济学兴起发展，行为经济学（Behavioral Economics)③ 产生，虽然可以认为它更多的是管理方面的经济学，但是它开始从驳斥人

① 经济心理学：强调经济个体的非理性方面及其重要影响。如 1942 年 Reynaud 在其著作《政治经济学和实验经济学》中提出，人的行为并不是严格合乎逻辑的，而往往存在非理性因素；被誉为美国经济心理学之父的 Katona 则在 20 世纪五六十年代通过对消费心理的研究后指出，消费者动机、倾向和期望是影响周期性经济变动的重要因素，并提出了消费感情指标（CSI）这一心理预期指标。然而直到 20 世纪 80 年代，经济心理学的研究并未引起人们的广泛关注，综合而言，这段时期的研究主要集中在对消费者心理的研究上，理性心理的观念仍在整个经济界占据主导地位。

② 实验经济学：检验、比较和完善经济理论，目的是通过设计和模拟实验环境，探求经济行为的因果机制，验证经济理论或帮助政府制定经济政策。实验经济学的发展经历了两个阶段：第一阶段是 20 世纪 30 - 50 年代的三大标志性经济实验类别——个人选择理论实验、博弈理论实验、产业组织实验；第二阶段是 20 世纪 60 年代至今，实验经济学取得了飞速发展，设计和构思不断创新，方法不断完善。

③ 行为经济学：运用心理学、社会学、决策科学等理论和方法研究个人或群体的经济行为规律。从 20 世纪 50 年代起，行为经济学的研究工作在美国等西方国家迅速发展起来。该学科研究的最高成就即建立了预测经济趋势的指标体系，能较正确地反映未来经济发展趋势，并为美国历次经济形势变化所证实。2001 年美国经济学会将克拉克奖（Clark Medal）颁给加州大学伯克利分校的经济学家马修·拉宾（Matthew Rabin），这是第一位研究行为经济学的经济学家获得这一奖项。它驳斥了传统经济学假设的人类行为都是合理且自私的，因此会导致个人与社会整体福利水平的最大化，认为人类行为会受到社会价值观制约，而不会导致利益最大化的行为。这触及了许多正统经济学根本无法解释的人类的非理性行为。

的理性发展到驳斥市场的有效性。2002 年 10 月 8 日，瑞典皇家科学院宣布将 2002 年度诺贝尔经济学奖授予美国普林斯顿大学的丹尼尔·卡纳曼（Daniel Kahneman）和美国乔治－梅森大学的弗农·史密斯（Vernon L. Smith）。丹尼尔·卡纳曼和他的合作者阿莫斯·特维斯基（Amos Tversky）将心理学应用于经济学研究，对传统经济学中“经济人”的无限理性、无限控制力和无限自私自利等三个假定进行了修正，并进一步提出了既非完全理性，又不是凡事皆自私的“现实人”假设，从而为一个新的研究领域奠定了基础。而弗农·史密斯建立了实验室，并将其作为一种工具应用于经验经济分析中，发展了一整套实验研究方法，并设定了经济学研究实验的可靠标准。

行为金融学（Behavioral Finance）是行为经济学衍生出来的众多分支学科之一。它把经典的经济学和占主流地位的现代金融学理论与心理学、决策科学综合在一起，力图解释是什么因素造成了证券价格的异常现象，同时开始更多地关注和重视投资者是如何产生系统认知偏差的事实。

总体上看，现有行为金融学主要在两个方向展开：一是占主流地位的现代金融理论所存在缺陷的实证分析，研究金融市场上可观存在的人们的诸多行为认知偏差；二是试图从心理学、社会学、人类学和认知心理学的角度来认识金融市场上的异常现象。目前国内的研究没有突破国际学术界的范畴。但总的来看，两个方向的研究都限定在认知非理性行为及由非理性行为导致的非有效市场的范畴。

2.2 非理性行为的分类及实证研究文献和方法综述

沿用行为金融学目前的经典分类，目前对非理性行为的分类主要包括过度交易、锚定行为、处置效应以及“羊群行为”。下面就四种非理性行为的规范定义和相关实证研究进行阐述。

2.2.1 过度交易及其实证研究文献和方法综述

过度交易是指人们利用个人已有的信息过度频繁地交易的市场行为，而实际上那些信息不能够给他的行为提供任何支持。由于证券的交易和换手需要一定的成本，一旦出现了过高的换手率会造成通过证券换手所形成的成本远高于所取得的利益，这将损害投资者的财富积累。

心理学对投资者如此大费周折去进行一项无法使自己效用最大化，甚至是降低自己收益的事的最出色解释即：投资者的自我归因偏差导致投资者的过度自信，投资者的过度自信可能会导致他们认为自己对信息的处理会比别人正确，认为自己能比别人从这些公开的信息中发现更多、更有用的潜在信息，因此他们很可能会认为自己比别人更能够准确地预测市场的走向或者更准确地评估资产的价值，从而造成投机性交易，实际成为了过度交易。同时，过度自信引致的控制力错觉也是导致过度交易的一个重要因素。

上述对过度交易的概念继承了欧登（Terrance Odean）以及布拉德·巴伯（Brad Barber）的定义。欧登通过对某大券商提供的78 000个账户交易记录进行实证分析，研究了过度自信所带来的投资者行为特征，布拉德也证实了这点。国内彭星辉、汪晓虹、刘博等人的研究结果与欧登的研究结论基本吻合，采取的方法也主要是调查分析法，即通过对某经纪商中心数据或某时间段某市场投资者库抽样提取交易数据为基础来检验中国市场个人投资者是否存在过度交易行为。

2.2.2 锚定行为及实证研究文献和方法综述

所谓锚定行为，是指当人们在平时生活和投资决策中，通常以一个初始值作为决策判断的参考点，并由此开始去考虑进一步的信息，通过可能获得的反馈来调整自己初始时刻的决策，获得事件的最终决策办法。

Enneth L. Fisher与Meir Statman（2000年）从所进行的一个月内投资者收益与该月内情绪变动相关性的研究中发现，标准普尔（S&P500）指数的收益每增加1%，个体投资者的情绪跟随变化1%，而股评人士的情绪跟随变化0.98%。股票价格研究中心指数收益每增加1%，个体投资者的情绪跟随变化0.67%，股评人士的情绪也变动0.67%，历史收益率与投资者情绪之间呈现出显著的正相关关系。这种相关关系表明投资者对市场的判断受到历史收益率数据的影响，也就是说投资者在对市场进行判断时存在锚定效应[①]。在国内，饶育蕾、刘达锋（2003年）得出结论：一周内上证综合指数每上涨1%，券商情绪指标上涨1.0014%，并且上证综合指数的历史收益率与券商的情绪指标变动之间有较显著的回归关系，从而说明我国机构投资者在对市场进行判断时存在锚定行为[②]。李远（2005年）得出在一周内上证综合指数的收益率每上涨1%，机构投资者的BSI就相应变动2.266%，这说明上证综指收益率和证券公司BSI变化之间具有较强的正的回归关系，由此可见，我国的机构投资者在短期内存在锚定行为。

2.2.3 处置效应及其实证研究文献和方法综述

处置效应是一种比较典型的投资者认知偏差，表现为投资者对投资赢利的“确定性心理”和对亏损的“损失厌恶心理”，在行为上主要表现为在盈利面前趋向回避风险，急于卖出赢利的股票以锁定利润，而不愿卖出亏损股票实现损失的现象。心理学认为投资者的确认偏差心理、认知失谐心理以及损失厌恶和后悔厌恶的情绪心理都是导致投资者在投资行为上产生处置效应的重要原因。处置效应也是很多投资者，特别是个人投资者盈少亏多的重要原因。

---

① 李远：《证券投资者的非理性行为》，南京理工大学出版社，2005年版。

② 饶育蕾、刘达锋：《行为金融学》，上海财经大学出版社．2003年版。

Martin Weber 和 Colin Camere（1998）通过实验分析了参加实验的投资者买卖 6 种风险资产，资产价格在每一阶段波动，与贝叶斯最优化相反，投资者倾向于出售赢家、持有输家。Odean（1998，1999）用现实盈利比例与现实亏损比例之差验证了美国股票投资者存在着较强的售盈持亏的行为趋向，而且这种行为动机不能用组合重组、减少交易成本和反转预期等理性的原因来解释。但是，Odean 发现出于避税考虑，美国股票投资者在 12 月份卖出的亏损股票较多，处置效应在 12 月份较不明显 。Mark Grinblatt 和 Matti Keloharju（2001）使用芬兰股市的整个交易数据亦证实投资者趋于回避实现损失。Barberis 和 Huang（2001）的研究指出投资者往往是对拥有的单只股票回避损失，而不是针对整个投资组合回避损失。在国内，赵学军、王永宏（2001）对中国股市的处置效应进行了实证研究，发现中国个体证券投资者的处置效应倾向比美国投资者更加严重，他们更加倾向于卖出盈利股票，继续持有亏损股票，反映出中国投资者更加不理性的一面。吕岚和李学（2002）以某证券公司提供的全体投资者的交易数据，对中国股市的处置效应进行了实证分析，结果得出中国股票市场存在处置效应，且个体投资者的处置效应比机构投资者的更加强烈。李青（2003）利用某证券营业部共 9 945 个股票账户在 1998 - 2000 年的交易数据得出中国股市同样存在处置效应，并且处置效应与投资者预期股价反转而采取反向投资策略是一致的。莫万贵（2004）采用国内某著名证券公司 1998 年 6 月 - 2003 年 2 月投资者股票交易记录数据，研究得出大户投资者的处置效应最强、中户次之、散户最弱，并且投资者在大盘持续上升期间不存在处置效应，而在大盘持续下降期间则存在；另外从投资者总体看，并不存在处置效应的 12 月效应，只有大户投资者具有明显的 12 月效应。

2.2.4 “羊群行为”及其实证研究文献和方法综述

羊群行为是个人在社会群体压力下，放弃自己的意见，转变原有的态度，采取与大多数人一致的行为，也被称为从众行为或群体行为。所谓“随波逐流”、“人云亦云”就是“羊群行为”最好的写照①。

最早提出“羊群行为”的凯恩斯（Keynes）在 1936 年指出：“投资收益日复一日地波动，显然存在着某种莫名的群体偏激，甚至是一种荒谬的情绪在影响着整个市场的行为。”

无论是基于理性缺陷，抑或基于信息不对称，甚至于基于声誉、报酬的“羊群行为”，上述现象以及凯恩斯的名言都强调“羊群行为”对于整个市场必然产生巨大影响，无论这个市场效应是有效的还是无效的。因此各国学术界、投

① 陆剑清：《行为金融学》，立信会计出版社，2009 年版。

资界和监管部门都围绕各国金融市场进行“羊群行为”的实证研究。总的来说，目前没有特定的可检验模型，通常采取纯粹的统计学方法来测量在特定的证券市场上是否发生了从聚现象（Clustering of Decisions），而不考虑发生这种行为的内在原因。其中最普遍用来测量“羊群行为”的模型是LSV模型。Lakonishok、Shleifer和Vishny在1992年使用了341个不同的基金经理管理的769只美国免税权益基金作为样本，以基金经理为分析单位，数据取自1985－1989年的面板数据，由每一期结束时被每个基金持有的每一股票的份额数量组成，所考察的基金管理总数为1240亿美元。最后得出结论：基金经理不存在显著的“羊群行为”，但在小公司股票交易方面具有轻微的“羊群行为”，主要原因是小公司公开信息较少，因此基金经理在交易小公司股票时比较注重观察其他基金的交易行为。Grinblatt、Titman和Wermers在1995年根据1974－1984年274个共同基金组合的变化数据，同样发现样本基金不存在显著意义上的“羊群行为”。但Werners又在1999年以1975－1994年美国股市的所有共同基金为研究对象，得出“羊群效应”H（i，t）的均值是3.4，样本基金在整体意义上存在一定程度的“羊群行为”，因此他认为共同基金的“羊群行为”可能是理性的，加速了股价吸收新信息的速度，因而有利于市场的稳定。宋军和吴冲锋在2001年以1998年10月－2000年9月区间共8个季度的我国基金为研究对象，结果发现我国基金同样存在“羊群行为”现象，2001年使用个股收益率分散度指标发现我国证券市场的“羊群行为”程度高于美国证券市场的“羊群行为”程度，并进一步发现我国股市投资者采用的“羊群行为”是非理性的，并且是“真羊群行为”①。他们还在2003年以2000年全年在《中国证券报》发表的股评家对大盘的走势的预测文章为研究对象，建立了一个股评家“羊群行为”的检验模型，发现股评家对舆论存在明显的“羊群行为”，历史收益率、市场乐观情绪、股评家预测的一致程度、股评家的能力、初始声誉等因素都会影响到股评家的“羊群行为”，并且股评家的“羊群行为”很可能是非理性的。孙培源和施东晖在2002年基于CAPM建立了检验“羊群行为”的回归模型，采取了CSAD方法，选取沪、深股市所有个股的日收盘价数据进行实证分析，样本期间为1992年1月2日－2000年12月29日。结果表明，在政策干预频繁和信息不对称严重的市场环境下，我国股市存在一定程度“羊群行为”，并导致系统风险在总风险中占较大比例。

2.3 理论综述

本章我们首先从非理性行为的理论渊源出发，提出了基于“理性人”与

---

① 宋军、吴冲锋：“证券市场中羊群行为的比较研究”，《统计研究》，2001年第11期。

“有效市场”假设的非理性行为及非理性行为的心理学定义，并重点描述了过度交易、锚定行为、处置效应以及“羊群行为”4种非理性行为主要类别，简要介绍了它们在国内外实证研究分析的现状。

无论从理论溯源抑或实证分析现状来看，正如我们前文提到，目前对于非理性行为的研究主要包括两个方面：一是验证目前占主流地位的现代金融理论存在缺陷，研究存在诸多行为的认知偏差；二是试图从心理学、社会学、管理学、人类学等方面来认识金融市场的异常现象。总的来看，都停留在比较认知的层面。认识到非理性行为和市场无效与实际的投资者教育之间缺乏一个过渡指导的环节。这就是本课题致力于完成的地方。我们基于目前研究成果的定义和模型为初拟，通过测算出四种分类行为的公式，希望能找到一些可控的阀值或投资者特征，从而对投资者进行有分类的、有针对性的、行之有效的投资者教育策略。

3. 中国投资者非理性行为的实证研究

3.1 非理性行为指标的数量化定义

基于非理性行为研究的理论成果，通过对各种非理性行为的本质理解，我们对四种非理性行为进行了数理化定义，具体思路如下：

3.1.1 过度交易

过度交易是指人们利用个人已有的信息过度频繁交易的市场行为，而实际上那些信息不能够给他的行为提供任何支持。证券的交易和换手需要一定的成本，一旦出现了过高的换手率会造成通过证券换手所形成的成本远高于所取得的利益，这将损害投资者的财富积累。

据此我们对过度交易行为（Overtrade，简称OT）定义为投资者在交易过程产生的相关费用对其投资回报率的影响程度。测算将基于投资者在每只股票过程中的过度交易行为强度，并将较长时间段的过度交易行为进行分期计算，并最终计算其平均水平作为该投资者过度交易行为强度的结果，以防止因计算时期过长而模糊其某个时点或较短时间内的非理性行为。测算公式具体如下：

$$OT = \frac{\sum_{m=1}^{M} \frac{\sum_{i}^{n} (R_{(1,i,m)} - R_{(0,i,m)}) / R_{(0,i,m)}}{\sum_{i=1}^{n} i}}{M} \tag{1}$$

$R_{(1,i,m)} = \frac{S_{(1,i,m)} - B_{(0,i,m)}}{B_{(0,i,m)}}$为在不考虑交易费用的情况下，某投资者在 m 期投

资股票 i 的收益率；其中 $S_{(1,i,m)}$ 为股票 i 在 m 月份的总卖出金额或者月末市值，$B_{(0,i,m)}$ 为买入金额或者月初市值，M 为样本所包含的月份个数；

$R_{(0,i,m)} = \dfrac{S_{(1,i,m)} - B_{(0,i,m)} - TE_{(i,m)}}{B_{(0,i,m)}}$ 为某投资者在 m 期投资股票 i 的实际收益率；其中 $TE_{(i,m)}$ 为投资者在 m 月份交易股票 i 所产生的印花税、过户费和交易佣金之和。

3.1.2 锚定行为

所谓锚定行为，是指人们在平时生活和投资决策中，通常以一个初始值作为决策判断的参考点，并由此开始去考虑进一步的信息，通过可能获得的反馈来调整自己初始时刻的决策，获得事件的最终决策办法。

根据概念性定义，我们设计了锚定行为的数量化测度公式（Anchor Behavior，简称 AB），设计思路为：投资者会根据历史行情来判断未来走势，一旦形成短暂趋势或规律，便认为获得了进行投资决策和行为的依据；具体地说，我们认为凡是在单只股票出现连续 3 天上涨或连续 3 天下跌后进行买入或者卖出的投资者，即存在锚定行为倾向，并把其产生的相关成交金额作为锚定交易量；而锚定行为的严重程度则取决于锚定交易量在其总成交量的占比。

$$AB = (T_{ab}/T_{total}) \tag{2}$$

公式中锚定交易量 $T_{ab} = \sum_{i}^{m} \sum_{t=1}^{n} T_{i,a_t}$

其中 T_{i,a_t} 是指客户在股票 i 的第 t 个锚定点（可以为买入锚定点或者卖出锚定点，锚定点的定义为某只股票连续出现 3 天上涨或下跌，则第 4 个交易日即为买入或卖出锚定点）的成交金额；n 代表投资者参与的股票 i 的锚定点总数，m 代表客户参与的股票个数。

3.1.3 处置效应

由于处置效应是一种比较典型的投资者认知偏差，表现为投资者对投资赢利的“确定性心理”和对亏损的“损失厌恶心理”，在行为上主要表现为在盈利面前趋向回避风险，急于卖出赢利的股票以锁定利润，而不愿卖出亏损股票实现损失的现象。

据此我们设计了处置效应行为（Disposition Effect Behavior，简称 DB）的数量化测算方法，设计的思路是将投资者在一定时期内历史持仓股票中出现达到某个固定亏损比例、或者某个固定盈利比例定义为一个处置效应点（在两个不同交易日出现的同一固定盈利或亏损比率算作两个处置效应点①），而客户在达到

① 本文中将固定亏损比例定为 10%，固定盈利比例定为 5%。

固定亏损比例而没有卖出或者在达到盈利比例采取卖出的行为定义为实现的处置效应点；进而将该投资者实现处置效应点个数与其所有处置效应点总数之比作为初始处置效应行为值，最后再采用总体均值和其他参数进行调整。测算公式如下：

$$DB_{(j,t)} = (\sum_{i=1}^{n} \frac{p_i}{T_j} - A_{db}) \times adj \tag{3}$$

其中，$DB_{(j,t)}$ 为投资者 j 在 t 时期内的处置效应值，p_i 为投资者 j 的一个实现处置效应点，T_j 为投资者 j 的全部处置效应点，所有投资者（个数为 N）的处置效应平均值 $A_{db} = \frac{\sum_{j=1}^{N} DB_{(j,t)}}{N}$；$adj$ 为根据统计检验的误差调整系数。

3.1.4 “羊群行为”

金融市场中的“羊群行为”是指由于受到其他投资者采取的投资策略的影响而采取相同的投资策略，即投资者的选择完全依赖于舆论而不是基于自己所挖掘的信息。在测算某只股票的“羊群效应”方面，Lakonishoketal 在 1992 的 LSV① 方法最为直观和科学，即通过测算某只股票在某段时间内的超买和超卖程度来定义。

但是测算单只股票的“羊群效应”并不能回归到客户层面，因而我们基于单只股票的“羊群效应”设计了单个投资者“羊群行为”的数量化指标，总体思路是基于客户在一定时期内的交易情况，根据 LSV 方法测算出其操作的所有证券的“羊群效应”值，并最终将客户操作的全部证券“羊群效应”值进行累加，求得该投资者的“羊群行为”值。具体测度公式如下：

$$HB = \frac{\sum_{t=1}^{m} \sum_{i=1}^{n} H_{(i,t)}}{m} \tag{4}$$

其中 $H_{(i,t)}$ 为股票 i 在 t 期的羊群效应值，n 为客户在本月操作股票的个数；m 为样本考察的周期个数。

① 根据 Lakonishoketal（1992）的研究，$B(i,t)$ 以代表 t 季度买入股票 i 的投资者数量，$S(i,t)$ 代表 t 季度卖出股票 i 的投资者数量，羊群行为的测度函数 $H(i,t)$ 为：$H(i,t) = \left| \frac{B(i,t)}{B(i,t) - S(i,t)} - p(t) \right| - AF$，其中 $p(t) = \frac{\sum_{i-1}^{N} B(i,t)}{\sum_{i-1}^{N} B(i,t) + \sum_{i-1}^{N} S(i,t)}$，该项在整个季度中是常数，代表在整个季度中，买方在整个交易双方中的比例；AF 为调整项，代表在没有羊群行为时 $\left| \frac{B(i,t)}{B(i,t) - S(i,t)} - p(t) \right|$ 的期望值。

3.2 非理性行为测算的数据来源及测算步骤

3.2.1 投资者样本选取及数据来源

综合四种非理性行为的数量化定义方案分析，我们选取的投资者应该在较长时间范围内有交易记录或证券持仓，并在此基础上根据客户价值特征、所处地区①、年龄、投资年限、性别等多个特征进行分层抽样，最终从中选取了27189名在2009年1月1日-2009年10月30日内有连续交易记录或证券持仓的投资者作为分析样本。

数据来源主要包括三个数据库，即历史持仓数据库、历史成交明细数据库、历史行情数据库。数据涵盖期限为2009年1月1日-2009年10月30日。

具体计算中将对27189名投资者的历史持仓、成交明细和证券历史行情进行交叉调用。计算工具为Microsoft SQL Server 、MS Excel 2007。

3.2.2 四种非理性行为的测算步骤

(1) 过度交易行为的测算过程。

第一步：根据历史成交明细计算出在本月份操作针对每只股票的买入金额、卖出金额和产生交易费用小计；根据历史持仓明细计算出投资者期初持仓与期末持仓；并以投资者编号为索引将相关数据进行对应列示。

第二步：根据过度交易行为测算公式（1）计算出每个投资者在本月针对每只股票投资中过度交易行为值，然后按照投资者对其所有持仓或交易股票的过度交易行为值进行相加作为其本月过度交易行为强度值。

第三步：对2009年1-10月每个客户进行逐月测算②，测算出10个月份的过度交易行为值，并最终进行算术平均作为该投资者的最终过度交易行为值。

(2) 锚定行为测算过程。

第一步：确定锚定点，即根据证券历史行情数据库对每只股票进行识别，并将出现连续3个交易日收盘上涨或者下跌的第4个交易日为买入或卖出锚定点；形成包含证券代码、交易类别和交易日期的锚定点数据表。

第二步：根据历史成交明细数据库和刚刚计算出的锚定点数据表计算出每位投资者在各锚定的成交量；并最终计算每个投资者在2009年1-10月间在所有锚定点和其所投资证券的汇总锚定交易量。

---

① 此处地区按照发达程度划分为三个等级：北京、上海、深圳作为A级地区；各省省会作为B级地区；其他地级城市作为C级地区。

② 逐月测算客户过度交易会有效降低因计算时间跨度过大而产生的模糊情况。

第三步：根据锚定行为测算方法公式（2），先根据历史成交明细计算出每名投资者的交易量汇总，进而计算出每位投资者的锚定行为强度值。

（3）处置效应的测算过程。

第一步：设定亏损比例为10%，盈利比例为5%，同时根据历史持仓明细、客户交易流水和历史行情数据库，以交易日为单位，针对每只股票计算时点持有亏损超过10%，或者时点盈利不高于5%的股票的处置效应点总数。

第二步：根据投资者在各处置效应点的操作情况，计算每个投资者在每只股票上的实现处置点个数；并根据公式（3）计算出每个客户的处置效应强度值。

第三步：计算样本总体期望处置效应值，并据此测算出每个投资者的相对处置效应值，即用样本总体对每个投资者的处置效应值进行调整，以有效降低初始计算的偏差。

（4）"羊群行为"的测算过程

如前面所述，"羊群行为"的测度方法是先根据LSV方法计算每只股票在2009年1月－10月的"羊群效应"值，然后再根据投资者的交易情况来测算每个投资者的"羊群行为"强度值；最后将投资者10个月的"羊群行为"进行算术平均。具体测算过程如下：

第一步：根据LSV方法所需，我们对历史成交明细数据库进行处理，得到每只股票的买入和卖出参与人数，进而计算出LSV方法中P(t)、AF；并最终计算出每只股票的"羊群效应"值。

第二步：再次应用历史成交明细，计算每个投资者每个月操作的证券代码、交易类别。

3.2.3 非理性行为强度测算结果

我们根据前面设计的各种非理性行为的数量化测算公式，以及2009年1－10月的持仓数据、成交明细数据和历史行情数据，测算出了27189名投资者的非理性行为强度值，结果如表1所示（由于篇幅限制，在此列举了编号前30名的投资者）。

表1　　投资者非理性行为的测算结果

BH（投资者编号）	OT（过度交易）	AB（锚定行为）	DB（处置行为）	HB（羊群行为）
00001	0.09562	—	1.08470	0.08212
00002	0.23743	0.07986	0.97332	0.16412
00003	1.71116	0.10439	1.08486	0.81485
00004	0.00304	—	1.02998	0.02376

续表

BH(投资者编号)	OT(过度交易)	AB(锚定行为)	DB(处置行为)	HB(羊群行为)
00005	0.09729	0.05788	1.00528	0.09578
00006	0.25254	0.06364	1.01626	0.85051
00007	0.07494	0.12834	1.04918	0.15111
00008	—	—	0.87322	—
00009	0.12965	0.11737	0.97113	0.02482
00010	0.58670	0.12750	0.96538	0.23489
00011	0.03639	0.07676	0.99915	0.08187
00012	0.03502	0.06238	0.89310	0.08092
00013	0.10916	0.14297	0.91292	0.19864
00014	0.16171	—	1.00303	0.02020
00015	0.05858	0.12060	1.03116	0.17858
00016	0.05436	0.14293	1.04271	0.30202
00017	0.11336	0.01200	0.90673	0.12252
00018	0.15378	—	0.12511	0.02264
00019	0.19245	0.18172	1.14506	0.40751
00020	0.00984	0.07770	0.87418	0.02397
00021	0.08872	0.10586	1.04493	0.16759
00022	0.05178	0.08564	0.96964	0.15028
00023	0.15215	0.10366	0.93805	0.23039
00024	0.11645	0.19649	0.92235	0.09693
00025	0.19862	0.09890	1.05647	0.38820
00026	0.12954	0.10759	1.10948	0.11970
00027	0.16176	—	0.95505	0.01055
00028	0.06624	0.03219	0.97725	0.04784
00029	0.28690	0.12635	0.89882	1.89891
00030	—	—	0.89086	—

3.3 投资者非理性行为并发性研究与因子分析

目前的研究成果采用4种非理性行为对投资者的总体非理性程度进行定义，而这4种非理性行为又采用文字性的方法描述，很难对4种非理性行为的相关关系进行陈述，进而无法对非理性行为的整体研究和定义进行简化。

基于此种情况，我们将在4种投资者非理性行为数量化定义和测算的基础上，来检验4种非理性行为间的相关性，并将通过因子分析来简化衡量投资者非理性行为强度的指标，并进而简化对非理性行为的定义和认知。

3.3.1　非理性行为间的相关性研究

为了深入研究投资者非理性行为的内在逻辑，我们试图找出4种非理性行为的相关性，即是否有哪几种行为会在特定人群中并发，为此，我们首先就非理性行为的并发性进行了研究，方法如下：

为了直观判断4种非理性行为间的相关关系，同时考虑4种非理性行为不一定符合正态分布，所以采用了Kendall's tau－b相关性检验，4种非理性行为处置效应（DB）、过度交易（OT）、"羊群行为"（HB）和锚定行为（AB）的相关性检验结果如表2所示。

表2　各种非理性行为的相关矩阵

			DB	OT	HB	AB
Kendall's tau－b	DB	Correlation Coefficient	1.000	.068**	.036**	.020**
		Sig.（2－tailed）	.	.000	.000	.000
	OT	Correlation Coefficient	.068**	1.000	.428**	.192**
		Sig.（2－tailed）	.000	.	.000	.000
	HB	Correlation Coefficient	.036**	.428**	1.000	.243**
		Sig.（2－tailed）	.000	.000	.	.000
	AB	Correlation Coefficient	.020**	.192**	.243**	1.000
		Sig.（2－tailed）	.000	.000	.000	.

注：1>Correlation Coefficient是指相关系数。

2>Sig.（2－tailed）是指针对相关系数所作的双边T检验，置信度为99%。

从统计检验的结果不难分析，过度交易行为（OT）、"羊群行为"（HB）、锚定行为（AB）三者的相关性最高，而处置效应（DB）相对独立。而相关的T检验结果也表明这些相关系数是高度显著的。

3.3.2　非理性行为的因子分析

通过相关性检验，我们可以初步判断个别非理性行为间存在相关关系，这一方面表明，某几种非理性行为是存在着并发性的，即同一投资者可能同时受到几种非理性行为的影响和困扰，这为我们投资者教育工作的展开提供了有力参考；另一方面，这种相关性为我们简化定义和整体描述非理性行为提供了有效支持。在此，我们采用因子分析，试图得到非理性行为总体的数量化定义方法，分析过程如下：

首先，我们就样本数据是否适合因子分析进行相关检验，检验主要包括KMO（Kaiser－Meyer－Olkin）检验和巴特利特球形检验（Bartlett Test of Sphericity)，检验结果见表3。

表3　　因子分析的条件检验（KMO and Bartlett's Test）

Kaiser – Meyer – Olkin Measure of Sampling Adequacy.		0.802
Bartlett's Test of Sphericity	Approx. Chi – Square	186.816
	df	6
	Sig.	0.000

表3中，KMO检验值等于0.802[①]，表明样本数据适合因子分析，同时巴特利特球形检验的P尾值约为0.0001，高度显著，拒绝零假设，也很好地表明了样本数据适合因子分析。在KMO检验和巴特利特球形检验通过的基础上，我们将四种非理性行为进行了因子分析，结果如表4所示。

表4　　非理性行为因子分析结果（因子荷载矩阵）

	Component	
	1	2
DB	-0.071	0.923
OT	0.305	0.381
HB	0.725	-0.060
AB	0.679	-0.010

Extraction Method: Principal Component Analysis.（基于主成分分析）。

分析结果表明，4种非理性行为可以简化为两个新的非线性相关的变量，其中第一个变量主要由 *OT*、*HB* 和 *AB* 决定，第二个变量主要由 *DB* 决定，进而我们获得了投资者非理性行为的简单数量化定义方法，即：

$$I_1 = -0.071 \times DB + 0.305 \times OT + 0.725 \times HB + 0.679 \times AB \quad (5)$$

$$I_2 = 0.923 \times DB + 0.381 \times OT - 0.060 \times HB - 0.010 \times AB \quad (6)$$

据此，我们可以将非理性行为简化成两种新的定义模式。一是AHO主导型非理性行为，即为锚定行为（*AB*）、羊群行为（*HB*）和过度交易行为（*OT*）并发型非理性行为。直观表现为：这类非理性行为投资者通常进行短线技术分析、容易受到周围人影响并频繁改变投资决策进而产生过度交易。另一个是 *DB* 主导型非理性行为，即处置效应（*DB*）为主导性因素，直观表现为：投资纪律性差，

---

① *KMO* 检验的标准如下：$0.9 < KMO$：非常适合；$0.8 < KMO < 0.9$：适合；$0.7 < KMO < 0.8$：一般；$0.6 < KMO < 0.7$：不太适合；$KMO < 0.5$：不适合。

价值分析意识淡薄，缺乏止损能力。

3.4 投资者非理性行为的多因素方差分析——基于投资者多维度特征

由于客户非理性行为具有抽象性和复杂性，所以我们试图通过建立投资者多维度特征与各种非理性行为的相关性，进而来探究非理性行为的原因，以及投资者教育的工作方向。我们选取的投资者特征包括以下几个维度：年龄（AGE）、交易经验年限（Exp）、投资者价值分类（SEG）、性别（Gender）、所处地区（Region）、是否配备客户经理（Assistant）。特征的具体定义如下：

（1）年龄。

我们将投资者年龄划分为不同年龄段，分别为20岁以下；20-30岁；30-40岁；40-50岁；50-60岁；60岁以上。

（2）交易经验年限。

根据投资的交易经验年限（即客户在历史成交明细数据库存在的最早记录）划分为6个水平：1年；1-2年；2-3年；3-4年；4-5年；5年以上。

（3）投资者价值分类。

根据客户近12月的平均资产和交易量占比，从高到低将客户划分8个等级，分别为A、B、C、D、E、F、G、机构投资者①。

（4）性别分类。

男性和女性。

（5）所处地区。

按照发达程度划分为三个等级：北京、上海、深圳作为A级地区；省会城市作为B级地区；其他地级城市作为C级地区。

（6）是否配备客户经理。

指客户是否有专职的客户经理来对其服务。

3.4.1 基于投资者特征的非理性行为均值比较分析

首先使用SPSS进行均值比较，得到各个投资者特征非理性行为的直观差异，结果如下：

（1）年龄特征。

年龄特征均值比较分析结果表明，不同的年龄在处置效应（DB）、过度交易（OT）和锚定行为（AB）三种非理性行为水平方面表现出了差异。在处置效应方面，30岁以下投资者和60岁以上投资者存在相对严重的非理性；过度交易方

---

① 机构投资者在此不作分析。

面，随着年龄的增加，过度交易的行为有下降趋势；而在锚定行为方面，30－50岁客户相对理性，其他各年龄段客户均存在非理性。

(2) 交易经验年限。

交易经验年限不同，对应的四种非理性行为也有显著的差异。例如在拥有1－2年或者3－4年交易经验时，更容易产生过度交易行为。而随着交易年限的累积，处置效应的非理性行为会减少。

(3) 客户价值分类。

客户价值分类对处置效应、羊群行为和锚定行为有显著的影响（见图1），随着客户价值的下降，更容易发生以上3种非理性行为。

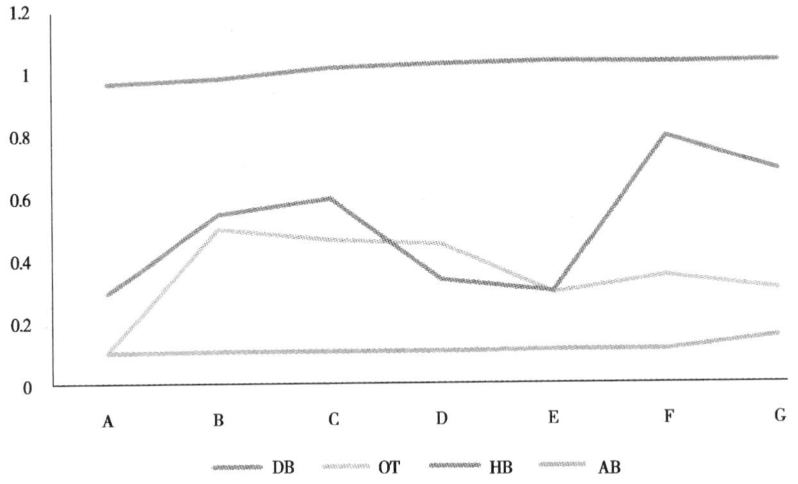

图1 客户价值对应的非理性行为水平

(4) 所处区域。

投资者所处不同区域表现出的“羊群行为”水平有差异（见图2），即随着发达程度的提高，“羊群行为”有所下降。而这一因素对其他非理性行为的影响不显著。

(5) 是否配备客户经理。

均值比较分析表明，配备客户经理的客户能有效降低其过度交易的非理性水平，而对其他非理性行为的影响目前还不显著（见图3）。

(6) 性别。

分析表明，性别因素对投资者各种非理性行为影响不够显著。因而在后续分析中，可以暂不考虑。

3.4.2 影响非理性行为的多因素方差分析

考虑非理性行为的成因较为复杂，我们通过研究各种投资者特征对各类非理性行为的直接和间接影响，并据此定义出受各种非理性行为影响的重点群体；研

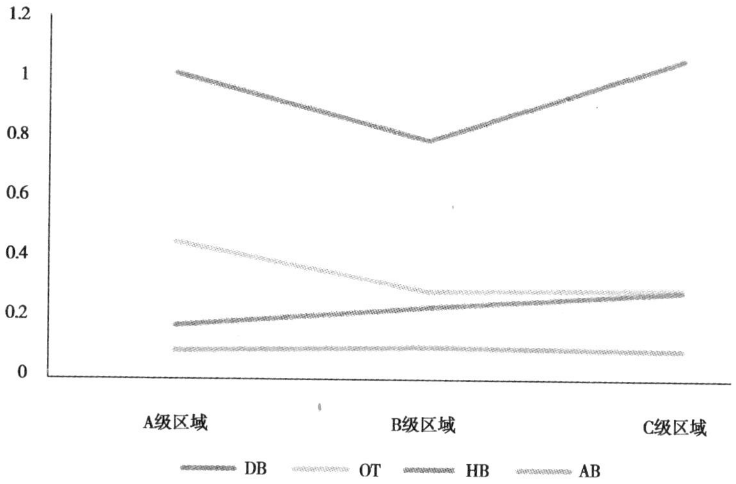

图 2　投资者所处不同地区对应的非理性行为水平

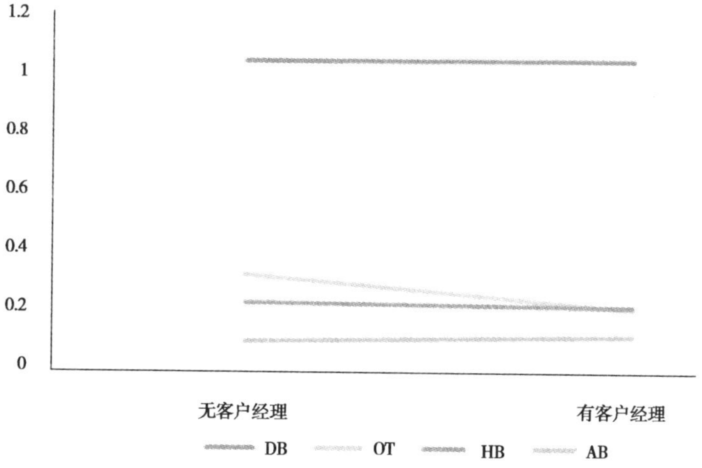

图 3　投资者是否配备客户经理服务对应的各种非理性行为水平

究的思路是首先计算出投资者的多维度特征，接下来采用多因素方差分析的方法检验出哪些投资者特征对非理性行为的解释能力比较强。

在模型选取方面，由于考虑到客户的特征为离散变量，而非理性行为强度值为连续变量，在检验离散变量对连续变量的影响时，方差分析的方法最为合适，即多个离散的控制变量的直接作用和交互作用对连续型随机变量的影响分析。从问题的本身看也比较合适，我们可以计算出不同组别的投资者特征对非理性行为的影响强度。下面按照四种非理性行为逐一测算其影响因素。

（1）过度交易行为（OT）的影响因素。

通过前面的均值比较分析，我们选取年龄（AGE）、投资经验年限（Exp）

和是否有客户经理服务（Assistant）三个投资者特征作为控制变量，对过度交易的影响因素作了方差分析。分析过程如下：

首先，对方差分析的前提进行了检验，即方差同质性检验（Homogeneity of variance test），采用的方法为李维恩总体方差相等性检验（Levene's Test of Equality of Error Variances），检验结果相伴概率为0.238，大于显著性水平0.05，因此可以认为被各投资者特征分成各个组总体方差是相等的，满足方差检验的前提条件（见表5）。

表5　　过度交易行为的方差同质性检验

F	df1	df2	Sig.
3.399	46	27142	.238

a. Design: Intercept + AGE + assistant + exp + AGE * assistant + AGE * exp + assistant * exp + AGE * assistant * exp

其次，将各特征对过度交易行为强度的独立影响和交叉影响进行分析，过程中建立了饱和模型，因此总的离差平方和分为3个部分：年龄、交易经验年限和是否有客户经理3个控制变量对过度交易行为的独立作用部分、3个控制变量的交叉作用部分以及随机变量影响部分。得到如下分析结果（见表6）。

表6　　过度交易行为的方差分析结果

Source	Type III Sum of Squares	df	Mean Square	F	Sig.
Corrected Model	428.866[a]	46	9.323	0.567	0.000
Intercept	10.986	1	10.986	0.668	0.000
AGE	8.322	6	0.720	0.044	0.000
assistant	6.975	1	0.975	0.059	0.002
exp	36.045	5	7.209	0.438	0.000
AGE * assistant	0.543	4	0.136	0.008	0.132
AGE * exp	103.647	25	4.146	0.252	0.000
assistant * exp	0.140	1	0.140	0.009	0.226
AGE * assistant * exp	0.624	4	0.156	0.009	0.158
Error	446679.139	27142	16.457		
Total	449952.647	27189			
Corrected Total	447108.005	27188			

a. R Squared = 0.901 (Adjusted R Squared = 0.851)

表6显示：年龄、投资经验年限和是否有客户经理对过度交易非理性行为造成了显著性的影响。对多个控制变量交互作用部分，年龄和投资经验对观察结果

造成了显著影响。

（2）锚定行为（AB）的影响因素。

分析方法同过度交易行为，我们选取了客户价值分类、年龄和交易经验年限进行控制变量。首先，伴随概率 0.305 大于 0.05 的显著性水平表明通过了方差同质性检验（见表 7）。此外方差检验的结果表明，年龄、投资经验和客户价值分类作为独立控制变量显著地影响了锚定行为；同时年龄和客户价值分类的交互作用对锚定行为的影响是显著的（见表 8）。

表 7　　锚定行为的方差同质性检验

F	df1	df2	Sig.
1.183	200	26988	.305

a. Design: Intercept + AGE + exp + SEG + AGE * exp + AGE * SEG + exp * SEG + AGE * exp * SEG

表 8　　锚定行为的方差分析结果

Source	Type III Sum of Squares	df	Mean Square	F	Sig.
Corrected Model	2.280[a]	200	.011	3.082	0.004
Intercept	2.181	1	2.181	206.942	0.000
AGE	4.066	6	0.011	16.037	0.001
exp	3.132	5	0.026	12.512	0.001
SEG	2.060	7	0.009	18.817	0.000
AGE * exp	0.113	25	0.005	0.429	0.994
AGE * SEG	5.259	32	0.008	0.767	0.000
exp * SEG	0.347	31	0.011	1.063	0.372
AGE * exp * SEG	0.596	94	0.006	0.602	0.999
Error	284.382	26988	0.011		
Total	568.057	27189			
Corrected Total	286.662	27188			

a. R Squared = 0.608 (Adjusted R Squared = 0.601)

（3）处置效应（DB）的影响因素。

对处置效应的分析，结合均值比较分析，我们同样选取了年龄、投资经验年限和客户价值分类 3 个控制变量，分析结果表明，3 个控制变量的独立作用和三个变量的交互作用都对投资者的处置效应行为产生了显著性影响（见表9和表10）。

表9　处置效应行为的方差同质性检验

F	df1	df2	Sig.
4.529	200	26988	.436

a. Design：Intercept + SEG + AGE + exp + SEG * AGE + SEG * exp + AGE * exp + SEG * AGE * exp。

表10　处置效应的方差分析结果

Source	Type III Sum of Squares	df	Mean Square	F	Sig.
Corrected Model	28.302[a]	200	0.142	4.494	0.000
Intercept	188.293	1	188.293	5980.322	0.000
SEG	0.844	7	0.121	3.829	0.000
AGE	0.524	6	0.087	2.775	0.001
exp	0.382	5	0.076	2.428	0.003
SEG * AGE	2.558	32	0.049	1.547	0.000
SEG * exp	3.756	31	0.121	3.848	0.000
AGE * exp	1.975	25	0.079	2.509	0.000
SEG * AGE * exp	5.802	94	0.062	1.960	0.000
Error	849.728	26988	0.031		
Total	30199.126	27189			
Corrected Total	878.029	27188			

a. R Squared = 0.732（Adjusted R Squared = 0.725）。

（4）“羊群行为”（HB）的影响因素。

方差同质性检验表明，选择交易经验年限、客户价值分类和所处区域3个因素作为控制变量能够满足“羊群行为”方差分析的前提检验（相伴概率0.210大于0.05的显著性水平）。同时方差分析的结果表明，这3个因素无论是其独立作用部分，还是3个变量的交互作用部分，都对最终的“羊群行为”构成了显著性影响（见表11和表12）。

表11　“羊群行为”的方差同质性检验

F	df1	df2	Sig.
9.571	101	27087	0.210

a. Design：Intercept + exp + SEG + REGION + exp * SEG + exp * REGION + SEG * REGION + exp * SEG * REGION

表 12 “羊群行为”的方差分析结果

Source	Type III Sum of Squares	df	Mean Square	F	Sig.
Corrected Model	595.829[a]	101	5.899	50.956	0.000
Intercept	63.817	1	63.817	551.231	0.000
exp	50.558	5	10.112	87.340	0.000
SEG	75.672	7	10.810	93.376	0.000
REGION	13.438	2	6.719	58.037	0.000
exp * SEG	108.464	31	3.499	30.222	0.000
exp * REGION	89.733	8	11.217	96.885	0.000
SEG * REGION	48.247	12	4.021	34.729	0.000
exp * SEG * REGION	112.062	36	3.113	26.888	0.000
Error	3135.923	27087	0.116		
Total	5228.980	27189			
Corrected Total	3731.752	27188			

a. R Squared = 0.660 (Adjusted R Squared = 0.657)

3.5 小结

在本章，我们完成了对四种非理性行为的数理化定义和测算，并对其相关性进行了检验，采用因子分析得到了 AHO 型非理性行为和 D 型非理性行为；更为重要的是，通过投资者特征与非理性行为的方差分析，得到了特定非理性行为会显著地受哪些投资者特征所影响，为我们下面投资者教育方案的设计提供了明确方向。

4. 基于投资者教育的非理性行为修正建议

由上文实证研究结论所知，在不同年龄、客户价值和地域、投资经验和是否配置客户经理的投资者集合中，四种非理性行为的倾向程度是不同的。依据这四种非理性行为特征以及我们对投资者多维度的分析，我们进而提出对原有投资者教育模式的改进建议。

为体现“投资者保护”和“适当性原则”，我们对四种非理性行为倾向的特征投资者提出改进后的投资者教育整体框架，即：通过系统标识客户号，通过对应的不同投资者服务渠道和个性化标定投资者教育内容，完成不同类别客户对应享有各自的差别化投资者教育服务体系，同时采取措施减少因内容与客户特征不对应所产生的无效服务“噪音”。

在我们的改进计划中，框架的内容应包含三个部分：受非理性行为影响的不同客户的特征鉴别、投资者教育改进措施和投资者教育实现路径。

4.1 不同投资者的特征鉴别

4.1.1 受“过度交易”影响的投资者行为特征

经分析，30岁以下年龄段和投资经验缺乏以及无客户经理服务的投资者最具有“过度交易”行为倾向。我们认为，一个以股票收益为生的食利型投资者，其对市场缺乏充足了解，那么他最有可能经常进行反复、简单的操作来达到预期，而这几乎是缘木求鱼。并且，由于舍本逐末的操作经常产生偏离预期的结果，而没有专业咨询机构的帮助，这类投资者会导致非理性交易的自我强化，并最终失去理性纠偏机会和对市场的正确判断。因此，作为券商，完全有必要对这类客户积极关注，并在充分了解他们的倾向之后，给予适当指导。

作为社会就业主力的中青年入市者，显然他们对自己的财富积累和账面上的“浮动盈亏”更具有把握能力。但是这种能力并不意味着他们拥有成熟的“财商”和投资理念，而作为社会中坚力量的自信，会使他们产生战胜市场的欲望，这体现在这个年龄段的投资者大多具有很强烈的交易动机，不断地频繁操作，并极易忽略交易成本，但令人扼腕的是，与此同时，他们也恰恰是各大券商的“核心或价值客户”。

我们认为，对这类客户，在他们“勤奋”交易的同时，更应着重引导他们通过主动和被动的学习来提高自身投资能力。

对于有能力积极参与市场的投资者，一方面鼓励他们多学，多了解市场；另一方面，券商将更多的专业化咨询服务资源向此类客户倾斜，减少因客户自身不关注或无法关注到市场信息导致的信息不对称，减少因长期信息不对称影响他们形成不良投资风格。这样一个年龄段的投资者，其接受程度足以保证学习效果，而且，我们认为，只要是投资风险市场获利的客户，都在潜意识中存在“理性经济人”的本性，也不会缺乏学习的动机，即所谓“规避风险、获取收益”。

4.1.2 受“锚定行为”影响的投资者行为特征

20岁以下60岁以上年龄段客户、低价值客户和投资经验2年以下的投资者“锚定行为”特征突出。

该年龄段的客户因为对自己判断能力缺乏信心或过于自信，他们总是紧随市场的走势而产生情绪波动，投资纪律不严明。

低价值客户与交易经验低于2年的客户同样如此，出于对自身资产的过度敏感而缺乏操作信心，或因地域因素致使信息不对称较明显，体现在他们更侧重于技术面的指标分析和忽视市场基本面的判断；其受旁人或者市场情绪影响较大，导致形成“锚定行为”的非理性操作。

针对具有“锚定行为”特征的客户，我们分析，他们主要的行为体现在：缺乏自信和操作纪律不严明。因此，投资者教育的侧重点，将着重于树立他们的自信和对交易行为的约束。在现实的投资者教育工作中，进一步分析此类客户的特征，会发现他们具备一个共性——客观或主观上大都缺乏受投资者教育的机会。由于该类客户自身与社会的紧密度不足，通过网络等形式得到的专业咨询机会减少，这一事实情况尤其体现在60岁以上的投资者和二线城市的投资者。从专业指导的效果看，也较20－40岁年龄段和高价值段客户的效果更差。

4.1.3　受“处置效应”影响的投资者行为特征

经分析，低价值客户和20岁以下60岁以上年龄段客户、以及投资经验在2年以下客户最容易受“处置效应”行为的影响。

我们认为，一方面，这类客户对自身入市资产的变化更为敏感。例如，一个20岁的年轻人，其财产的来源可能是刚刚获得的工资收入或父母给予的资产支持，其资产总额在一定程度上受到限制。这类客户承担亏损的压力大，而用于改善因交易错误所需的后续资金匮乏，所以，他们对亏损或盈利的感受显得特别敏感；而对于60岁以上的投资者，入市资产可能多半来源于退休金。很显然，他们对利用退休金产生资本利得的期望值大于退休金所能产生的银行孳息，而退休金本身又几乎是他们余生唯一的保障。因此，我们很难想像他们能对自己的浮动盈亏保持平静心态。此类客户因对财富的把握能力欠缺，在投资操作上较为谨小慎微，也缺乏有效对策发挥理解力或创造力。其他低价值客户也基本类同此类客户。

相比严谨而成规模的成熟投资机构，低价值客户和20岁以下60岁以上年龄段的客户很难有专业的知识来判断风险资产的价格趋势，通常在他们刚刚盈利的时候，就迅速地进行获利了结，而在亏损的时候，则大多采取“鸵鸟政策”——视而不见。他们对自己投资的市场或者股票，似乎不是信心不足就是信心过度。不言而喻，除了投资个性上的差异，对市场或者投资股票的方法逻辑缺乏深入了解才是产生认知偏差的主要原因。

4.1.4　受“羊群效应”影响的投资者行为特征

低价值客户和二线城市投资者最容易受“羊群效应”行为的影响。

我们经常会发现一些很有趣的问题，就是一些小道消息总是在民间流传，而该消息的当局人却往往最后一个知道。很明显的是，资产价值越低的客户，他们更热衷于对市场传闻的接受和传播，并且对此种投资方法的获利有效性深信不疑。在一些相对封闭的小城市，由于地域关系，但凡人为制造的消息一经传播，似乎也没有更快的反应机制让传闻迅速消失，因此“以讹传讹”的效果显著，加之缺乏准确的信息进行纠偏或因地理位置偏远造成信息滞后，在某一个阶段，这些虚假信息将被当成真实的信息令投资者充分吸收，并作出非理性行为。从我们对投资者的调查问卷中也验证了这一点。

某些投资者总是认为从众等于顺应趋势，但“羊群效应”一旦体现在大多数低价值客户的群体中，可能就意味着是盲从。盲从在多数情况下体现在投资者对某个说法，或者某个人（如股评家或黑嘴）表现出异乎寻常的信任。因信任某个人或市场流传的一种说法或观点，就对自己的交易行为进行改变，也即受到了“羊群效应”的作用。因此，针对这类受非理性影响的客户，我们将不仅侧重于专业知识的普及，更要提高投资者对信息的识别能力，甚至帮助投资者屏蔽那些不利于投资操作的信息“噪音”。

4.2 投资者教育改进措施

主要思路是采用流程管理和信息系统辅助来实现事先、事中和事后教育。

基于年龄、客户价值和地域、投资经验等特征对非理性行为的关联程度，投资者教育的改进措施是通过流程化管理和信息系统辅助，特别针对具备非理性行为倾向的投资者进行事前调查、归类和引导，对非理性行为倾向的“易感人群”进行事中提醒和教育，对已经具有非理性行为风格的投资者进行纠偏和“免疫”。

本文涉及的年龄、客户价值、投资经验和地域四个集合辨识因子，通常可以通过开户环节①的身份确认和投资者调查问卷得到确认。以这四个辨识因子为出发点，我们可以进一步判断投资者具有何种非理性行为倾向，以此作为新开户投资者教育差别化的依据。因此，该阶段的投资者教育的内容和形式，更多偏向于对客户特征进行辨识（见表13）。

表13　对新开户投资者特征进行辨识

客户特征 \ 非理性行为	锚定行为	处置行为	过度交易	羊群效应
20岁以下、60岁以上	√	√		
20－40岁			√	
投资经验低于2年	√	√	√	√
低价值客户	√	√		√
二线地域	√		√	√

① 对于转户的投资者，投资经验确认较为重要。

当具备某种非理性行为倾向的投资者一旦产生交易行为，系统应对投资者交易行为进行跟踪，并观察投资者非理性行为倾向的程度，在预先设定的阀值附近作出反应。我们在跟踪、分析投资者行为倾向程度的同时，还会将倾向程度和分析结果回归非理性行为模型，并不断科学完善该模型，而后续的投资者教育工作将据此进行事中的引导和服务。因此，该阶段投资者教育的内容和形式，是结合投资者行为特征辨识和非理性行为倾向的强弱指标所作出的判断。

对已有非理性行为倾向的投资者或其行为特征与非理性行为完全吻合，系统将自动提醒此类客户，明确其有非理性行为倾向，并将结果回归至模型进行确认。后续投资者教育工作的内容和形式，将基于确定的某种非理性行为倾向来实施。

我们认为，无论对于何种非理性行为程度的投资者，都应该在出现非理性行为的事前、事中和事后，使其能够接受到相应的投资者教育。这种差别化教育模式，是通过优化投资者教育流程以及系统管理来实现的。例如，对不同年龄、不同职业、不同地域新开户投资者进行的教育，是通过“入市培训”、“提供持仓个股报告”和对交易频繁客户提供“资产变动报告”过程，将投资者教育融入具体业务流程，并把握不同特征客户的每一个交易环节，令投资者尽可能避免受到非理性行为影响，进而减少投资亏损。

4.3 投资者教育实现路径

根据以上的客户特征分析和投资者教育改进方案，我们为不同客户特征和不同的非理性行为倾向程度，匹配了差别化的投资者教育实现路径（见表14）。

表14　　差别化投资者教育实现路径

服务方式		服务内容	受非理性行为影响的行为特征			
			锚定行为	处置效应	羊群效应	过度交易
主动	非现场	在线培训	√	√	√	√
		专业报告			√	√
		持仓个股分析		√	√	√
		在线咨询	√	√	√	√
		有奖竞猜	√	√	√	√
		电话咨询	√	√	√	√
		投资论坛	√			√
		资产变动报告				√
	现场	投资者教育材料索取	√	√	√	√
		投资者教育专栏设置	√	√	√	√
		交割单及交易流水	√	√	√	√
		现场咨询	√	√	√	√

续表

服务方式		服务内容	受非理性行为影响的行为特征			
			锚定行为	处置效应	羊群效应	过度交易
被动	非现场	咨询信息	√	√	√	√
		资产变动报告	√	√		
		电话回访	√	√		
		简化的研究报告	√	√		
		讲座、培训	√	√	√	
	现场	社区活动	√			
		投资者教育材料发放	√			
		网上资讯信息	√			
		风险提示	√	√	√	√
新开户、风险提示	所有手段	新开户投资者教育	√	√	√	√
		权证、创业板等高风险交易品种投资者教育	√	√	√	√
		非法股评、非法网站、不正当竞争教育	√	√	√	√

4.4 投资者教育需要特别关注的几个问题

4.4.1 对低价值客户和二线城市客户的关注度应提高

尽管低价值客户有更强烈的非理性行为倾向，但实际上低价值客户很容易成为券商投资者教育的盲点。其原因相当简单，即服务成本或高于客户价值贡献。但从我们之前的实证分析得出，低价值客户是非理性行为倾向最为严重的客户群体。

同样，在以往的非理性行为分析的文献中，很少有对二线城市或地级市投资者作深入的了解。而我们此次的分析，将这一类客户纳入分析样本中，并对这类客户的非理性行为进行了检验，结论如上。

因此，券商在进行投资者教育过程中，应该重视这样一个群体，采取必要的措施，打造完整的投资者教育体系，尽可能多形式地对这类群体进行投资者教育和引导。

4.4.2 普及教育的作用和建议

事实上，任何投资者在入市之前，都应该具备所需要或者所容许的投资能力。然而，实际情况并非如此，从我们对客户的其他指标，例如：在学历、投资年限的考察中发现，有为数不少的低学历和无投资经历的投资者直接投入股票市场中。这一点在中国证券市场尤其显著。因此，国内的投资知识普及工作应尽快、尽可能地覆盖到更广的范围。

我们建议，第一，需要通过社区普及、媒体宣传等公共手段加强对民众的投资知识普及，提高大多数老百姓对证券市场的认知度，培育正确的投资理念或投资哲学。第二，对已经加入证券市场的投资者，尤其是针对新开户的投资者、年纪较轻或年长的投资者系统地进行交易前入市培训，并纳入投资者的诚信管理中。第三，投资者门槛的设定。我们认为，投资有风险，对投资者的专业能力必须提出一定要求。尤其在当前，我国正逐步形成多层次资本市场，其对应的应该是多层次的投资者结构。从投资者保护的角度，投资者进入门槛的设定也是这一原则的体现。

4.4.3 专业性分类指导体现“适当性”并贯穿投资者教育始终

专业性评价一直是衡量券商经营能力的重要指标，对投资者实施专业性指导也是体现券商自身的专业能力并作用于投资者的主要手段。在对客户交易行为的了解和分析后，将客户进行合理分类、实施专业性的分类指导则是券商投资者教育适当性原则与专业性相融合的充分体现，并覆盖所有客户、贯穿投资者教育始终。

在专业性分类指导中，我们认为，如果要对投资者行为具备更为精准的分析，就需要进一步提高对客户的认识度，以及更全面地分析影响客户交易行为的因素。因此，需要寻找出更多维度的客户辨识因子，构建出全方位差别化的客户信息分析和管理体系。

附件：个人投资者投资行为调查问卷

个人投资者投资行为调查问卷

1. 参加调查问卷人数：【120】　2. 有效问卷：【115】				
1. 您的股票交易频率如何：				
A. 每天均有交易【0】	B. 每周交易 2 - 3 次【52】	C. 每月交易 2 - 3 次【46】	D. 每半年交易几次【17】	E. 一年以上才交易【0】
2. 您的股票一般持有期限：				
A. 1 周以内【15】	B. 1 周 - 1 个月【20】	C. 1 - 6 个月【80】	D. 6 个月 - 1 年【0】	E. 1 年以上【0】
3. 您相信自己的判断吗：				
A. 非常相信【0】	B. 基本相信【104】	C. 不太相信【11】		
4. 您投资股市以来总体收益如何：				
A. 盈利【45】	B. 亏损【32】	C. 不赢不亏【38】		

续表

5. 您获取股市信息的主要渠道（可多选）：				
A. 中国证监会指定的报纸、刊物【11】	B. 广播电视及一般刊物【70】	C. 股评家的推荐【10】	D. 网上的信息【65】	E. 亲朋好友的推荐【73】
F. 股民的交流【9】	G. 证券营业部【35】			
6. 当您经过慎重选择发现了有盈利可能的股票，正准备买入时，发现股评家和周围的亲朋好友却看空后市，这时您会采取何种策略：				
A. 坚持自己的操作【10】	B. 认为他们的建议有道理，暂时放弃自己的操作【40】	C. 既考虑别人的建议，又尝试性地少量买进【33】	D. 看具体情况而定【32】	
7. 您选择股票的依据：				
A. 基本分析【13】	B. 技术分析【0】	C. 二者皆有【45】	D. 朋友的小道消息【47】	E. 分析师的推荐【10】
8. 当股市处于牛市时，您会如何操作：				
A. 卖出股票【9】	B. 追加投资，买入股票【98】	C. 保持观望【8】	D. 远离股市【0】	
9. 当股市处于熊市时，您会如何操作：				
A. 卖出股票【21】	B. 逐步买入股票【38】	C. 保持观望【56】	D. 远离股市【0】	
10. 如果你持有的股票今天大涨，你接下来会如何操作：				
A. 继续持有，等待股价上涨更高【13】	B. 马上卖掉，实现自己的盈利【15】	C. 不同的情况有不同的操作策略【87】		
11. 如果你持有的股票今天大跌，你接下来会如何操作：				
A. 继续持有，等待股价上涨【53】	B. 马上卖掉，减少损失【33】	C. 不同的情况有不同的操作策略【29】		
12. A、B两个人分别得到了以下不同的投资回报，您认为哪个人感觉上会更好：				
A. 两只股票，一只赚200元，一只亏25元【11】	B. 有一只股票赚了175元【104】			
13. 如果过去一段时间股市一直上涨，你认为将来股价会：				
A. 上涨【26】	B. 下跌【8】	C. 持平（变化不大）【21】	D. 无法判断【60】	

参考文献

[1] Brad Barber, Terrance Odean. Boys Will Be Boys Gender, Overconfidence, and Common Stock Investment: Quarterly Journal of Economics, 2001 (116), 261 - 292.

[2] Brown G. W & von Neumann J. Solutions of games by di ® erential equations. Annals of Mathematical Studies, 1950, 24, 73 - 79.

[3] Shleifer, Andrei, and Robert Vishny. "The limits of arbitrage". Journal of Finance, 1997, 52, 35 - 55.

[4] Hirshleifer David. Investor psychology and asset pricing. Journal of Finance, 2001, 56, 1533 - 1597.

[5] 陆剑清:《行为金融学》,立信会计出版社2009年版。

[6] 宋军、吴冲锋:"证券市场中羊群行为的比较研究",《统计研究》,2001年第11期。

[7] 李远:《证券投资者的非理性行为》,南京理工大学,2005年。

[8] 饶育蕾、刘达锋:《行为金融学》,上海财经大学出版社2003年版。

[9] 亚当·斯密:《国富论》,北京出版社1976年版。

[10] 刘凤芹等:《当代西方经济学》,东北财经大学出版社1999年版。

[11] 汪应洛、黄长征:"有限理性与复杂经济系统研究方法论",《中国软科学》,1997年。

[12] 王国成:"理性的困惑——我国若干基本经济理论问题的对策思考",《经济经纬》,1997年。

[13] 杨奇志:"投资者行为及其行为金融学解释",《现代管理科学》,2005年第2期。

[14] 王筱璐、时勘、宋逢明、陈卓思:"我国行为金融学研究的心理学思考",《管理评论》,2004年第11期。

[15] 刘红忠、张昉:"投资者情绪与上市公司投资——行为金融角度的实证分析",《复旦学报(社会科学版)》,2004年第5期。

[16] 高蔷、朱虹:"行为金融学与传统金融学的比较分析",《商业研究》,2005年第2期。

[17] 徐子尧、张雄、顾迎春:"行为金融理论在资本市场中的应用",《软科学》,2004年第4期。

(作者单位:华宝证券有限责任公司)

投资者教育与券商盈利模式研究

• 郑云娟　刘　英

1. 引言

证券市场发展的经验表明：一个完善的投资者教育体系，应该由监管机构、证券交易所、证券机构、民间投资者教育机构、投资者权益组织等机构组成，形成一个多层次的、互为补充的以便满足投资者各种需求的教育体系。证券机构（包括证券公司和各类专业服务机构）作为投资者与资本市场间的桥梁，是与投资者直接打交道最多的机构，在投资者教育中具有特殊的地位和作用，是承担教育投资者社会责任的主要载体。证券机构进行投资者教育是教育体系的重要组成部分。

随着我国资本市场的发展，我国证券市场的投资者队伍不断壮大。尤其自2006 年以来，中国股市走牛产生的财富效应，使大量银行储蓄客户分流到证券市场，其中增加了不少新基民、新股民。但 2008 年的金融危机更让股民记忆犹新，上海证券综合指数（以下简称“上证综指”）从 6000 多点直线下跌至 1700 点附近，跌幅近 70%，市场迅速下跌，由牛市转为熊市。在波动如此剧烈的证券市场中，股民患得患失的心态暴露无遗，一些投资者由于对证券市场缺乏足够深刻的认识，对证券市场知识、法规、历史了解甚少，盲目投资，股票被套，投机色彩严重，投资理念缺失，不能理性对待由于股市下跌带来的经济损失。另外，我国资本市场仍处于新兴加转轨的阶段，市场基础还比较薄弱，风险防范和化解的自我调节机制尚未完全形成，当市场环境发生变化时，股市不可避免地会出现大的波动。中国资本市场“新兴加转轨”的特征与投资者规模、结构的变化决定了在我国进行投资者教育的必要性和迫切性。

券商作为资本市场中专业的金融服务性营利机构，其功能定位主要是发掘投资价值，设计出证券产品并尽最大可能销售出去，在为客户提供优质高效服务的同时获取自身的经济利益。目前我国券商的利润主要来自证券经纪、证券发行承销、证券自营、资产管理业务和其他业务，其中，经纪业务是证券公司最主要的收入来源。中小投资者是经纪业务的主要客户，但享受的券商服务非常有限，不少投资者只是使用券商的交易通道，与证券公司交流甚少。中小投资者作为券商的主要客户，为券商经纪业务的收入作出了很大的贡献。因此，券商与中小投资者应加强沟通，为他们提供优质服务，实现客户忠诚度的稳定提升，从而实现更为良好的经营绩效的盈利模式。其中，券商为投资者提供优质服务的主要内容就是做好投资者教育工作，得到投资者的认可。

本文首先对我国券商开展的投资者教育工作的现状进行了分析，在对比国外券商开展投资者教育情况后，发现我国券商开展的投资者教育存在着不少问题。接着对目前我国券商的盈利模式现状进行了分析，在分析中发现，与国外盈利模式相比，我国券商的盈利模式单一固化，需要不断地创新和转型。最后在券商盈利模式——各项业务的视角下，对如何开展投资者教育工作进行了深入的分析。

2. 国内外券商投资者教育开展情况

2.1 投资者教育的内涵

投资者教育，是指针对个人投资者进行的一种有目的、有计划、有组织的传播有关投资知识，传授有关投资经验，培养有关投资技能，倡导理性的投资观念，提示相关的投资风险，告知投资者的权利和保护途径，提高投资者素质的一项系统的社会活动。其目的就是用简单的语言向投资者解释他们在投资过程中所面临的各种问题。

国际证券事务监察委员会组织（IOSCO）为各国投资者教育工作提出了6项基本原则：（1）投资者教育应有助于监管者保护投资者；（2）投资者教育不应被视为是对市场参与者监管工作的替代；（3）投资者教育没有一个固定的模式，相反，它可以有多种形式，这取决于监管者的特定目标、投资者的成熟度和可供使用的资源；（4）鉴于投资者的市场经验和投资行为成熟度的层次不一，一个广泛适用的投资者教育计划是不现实的；（5）投资者教育不能也不应等同于投资咨询；（6）投资者教育应该是公正、非营利的，应避免与市场参与者的任何产品或服务有明显的联系。

投资者教育的最终目的是培养投资者健康、理性的投资理念和习惯，从而既保护投资者自身的合法权益和利益，促进资本市场的和谐健康发展，也能加强我国资本市场的建设，促进市场的稳定运行。

2.2 国内券商投资者教育开展情况

从目前来看，我国从事投资者教育的机构主要有新闻媒体及出版业、证券业协会、证券交易所、证券监管机构和证券中介机构等。中国证券业协会规定：会员单位及其分支机构（含分公司、证券营业部等）是投资者教育的主体，证券公司把投资者教育和风险揭示工作融入各项业务流程和客户服务体系的各个环节中去，让投资者充分理解“买者自负”的原则，真正明白“股市有风险，入市须谨慎”的警示。在中国证券业协会和证券监管机构的协助、指引和监督下，各证券公司开展了如火如荼的投资者教育活动，将常规性投资者教育和集中性投资者教育相结合。常规教育主要包括：投资者园地建设、各环节充分揭示风险、利用各种形式普及证券知识；集中性教育主要形式有：法制讲座、股民学校、知识竞赛、法律咨询、赠阅投资者教育丛书等形式多样的普法宣传教育活动。

证券公司在开展投资者教育工作时，注重对普通投资者的普及教育与特殊人群的重点教育，特别关注年龄在50岁以上、下岗人员、在校学生、贷款炒股者等。特别是对于缺乏投资常识、拿养老钱炒股和利用住房抵押贷款投资入市的投资者，营业部工作人员更应该切实告诫其不要超越自己的风险承受能力盲目投资，不将日常生活必需的资金和必备资金投入股市。针对新入市的投资者和中小投资者普遍缺乏证券基础知识及风险意识，券商各营业部举办了经常性的知识讲座，普及证券知识，宣传风险教育。其中风险教育主要涵盖以下内容：（1）风险形成的原因；（2）风险的分类；（3）如何理性地判断自己是否具备投资条件；（4）如何确定自己的风险承受能力；（5）如何保持一个理性的投资心态等。帮助投资者对风险、对自己有一个正确的了解。基础知识包括：从基本的股市术语、简单的操作逐渐到K线的含义、均线理论、技术指标的运用，大到K线组合形态、时间周期等内容，增加投资者的知识积累。部分证券公司投资者教育开展情况见表1。

表1　　11家券商投资者教育特色方案

券商名称	投资者教育方案	途径
中信证券	形式多样，重点突出	（1）在公司网站设立专家解答栏目、营业部论坛栏目，随时解答投资者问题；（2）在营业部办好“股民学校”授课点，对投资者开展现场教育；（3）建立和完善营业部现有的投资者园地和信息公告栏，包括证券基础知识、营业部基本开户、交易流程、证券信息公告、投资风险教育等内容，并有专人维护；（4）利用短信、公司网上交易和营业部钱龙行情揭示界面动态，提示交易信息和交易风险；（5）根据实际工作中碰到的问题，编制《证券投资常见问题汇编》等介绍投资理财知识的小册子，向投资者发放。

续表

券商名称	投资者教育方案	途径
国泰君安	高管负责，多部门协调推进	(1) 投资者教育活动由副总裁总协调，零售客户总部牵头策划、组织、监督实施及情况检查，分支机构在接到公司通知后的5日内上报本分支机构投资者教育及风险揭示的具体方案；(2) 公司总部开通公司电视直播和短信风险提示，组织户外广告宣传；(3) 分支机构通过股民学校、投资者教育专场、投资者教育园地、咨询热线等灵活多样的形式开展教育活动；(4) 要求各股民学校授课点每月组织两次授课活动，各地区总部或分支机构联合《上海证券报》全年开展10次左右的大型活动。
国信证券	加强与投资者交流沟通	(1) 在多年开展投资者教育基础上，公司把投资者教育定位成与投资者的交流沟通，而不是单纯的说教；(2) 通过视频、光盘等形式录制投资者教育内容，分发给投资者。
申银万国	“三步骤”教育直通车	从《投资者须知——交易规则》、《投资者须知——风险篇》、《投资者须知——法律法规篇》三步骤34个方面为投资者定制了基本的风险揭示常见问题，为新投资者“扫盲”准备了较为系统的材料。
广发证券	力争珠三角教育“排头兵”	在广州、珠海开辟新股民教育园地，按股票市场、股指期货、基金投资等知识选派讲师，对不同金融工具及其风险特征进行针对新投资者的专门教育。
中信金通	前台客户经理再培训	(1) 投资者教育工作小组制定了《中信金通证券从业人员再学习大纲》，帮助提高客户经理和员工的综合素质；(2) 在公司网站开辟“投资者教育”栏目，系统介绍证券知识、投资风险；(3) 设立专家解答、营业部论坛栏目，随时解答投资者问题；(4) 根据实际工作中遇到的问题，编制《证券投资常见问题汇编》等向投资者发放。
国都证券	11城“投资者教育嘉年华”	(1) 北京、上海、深圳、南京、武汉、杭州、西安、成都、长春、郑州、开封共11个城市的所有营业部参加“《上海证券报》股民学校走进新股民全国活动”；(2) 派出优秀的分析师加入“《上海证券报》股民学校全国巡讲团”，为广大投资者解疑释惑。
方正证券	短信、横幅提示投资者理性投资	(1) 通过公司网站、公司客户服务平台、公司网上交易系统等多种形式，以跑马灯、弹出页提醒投资者理性投资；(2) 给保留手机号码的十几万名投资者，发出“理性投资，安全第一”的提示短信；(3) 在每个网点悬挂同样内容的横幅；(4) 每个营业部网点重新制作投资者园地专栏；(5) 公司制作了12万本《投资者入市指南》分发给广大投资者。
兴业证券	以“投资者教育案例”为核心	(1) 编写一套“投资者教育案例”，采用案例、故事等生动活泼的形式让投资者自己思考，从而变被动接受为主动学习；(2) 探索运用动漫、游戏、知识竞赛等手段开展知识普及教育。

续表

券商名称	投资者教育方案	途径
东吴证券	董事长倾心教育工作组	（1）成立了以董事长为组长的投资者教育工作小组以及工作办公室，开展系列投资者教育工作。在工作组的统一部署下，股民学校开设初级班、中级班、高级班，定期进行投资者轮回培训；（2）结合投资园地，定期进行投资者的风险教育。
华龙证券	立足西部要求二级培训	（1）从公司总部抽调专人组建讲师团，并请求《上海证券报》股民学校讲师团等帮助公司培训投资者教育方面的二级培训师，立足西部和广大基层开展多种形式的投资者教育；（2）以兰州为主课堂，辅以兰州、天水等投资者需求迫切的地方城市设立授课点。

资料来源：中国证券网－上海证券报。

2.3 海外券商投资者教育特征

国外最初的投资者教育是由消费者组织、证券中介机构、专业的投资教育机构、学校等进行的，政府的作用只是组织协调、提供法律上和财务上的协助。但是，20 世纪 90 年代，投资者教育的发展发生了重大变革。各个证券市场的监管者纷纷把投资者教育作为监管工作的重要内容，把投资者教育作为投资者权益保护的重要内容和重要途径。通过开展投资者教育，提高投资者的自我保护能力，进而降低监管成本，同时保证投资者教育的公正性和客观性。经过多年的实践，境外主要证券市场的投资者教育已经非常成熟，均已形成了由证券监管部门、证券交易所、证券公司、证券咨询机构、投资者权益组织、专业投资教育机构、学校等构成的投资者教育网络，证券公司仍是开展投资者教育工作的重要领域。以下分别对美国、英国、澳大利亚等国家的证券中介机构的投资者教育活动进行概括介绍。

2.3.1 一对一的美国投资者教育

美国证券市场的中介机构包括证券公司、经纪人、证券咨询机构，为投资者提供的服务非常广泛。尽管目前采用网上交易越来越多，不过大多数美国人的投资还是通过经纪人完成，或者是在咨询投资顾问后再进行投资。据一份调查显示，超过 60% 的开有投资账户的家庭会寻求投资顾问的咨询意见，因此，所有的证券中介机构为开发市场都非常重视投资者教育。他们通过投资顾问（经纪人）来向每位个人客户提供咨询和投资者服务，将投资者教育工作充分融入投资顾问对客户的日常服务中进行。根据自身特点，他们主要强调的是一对一的咨询，即每个经纪人在充分了解客户情况的基础上，向客户推介各种投资产品，回答他们所有的问题。因此，投资顾问是证券经营机构投资者教育工作的关键，是经纪业务模式发展的主流趋势。该模式主要依靠和凭借公司专业化的经纪队伍与庞大的市场研究力量，为客户提供各种理财服务，如美林模式。该种模式的优势在于提供高端化、专业化、人性化、全方位的投资理财服务，容易抓住资金量大的重点客户和机构、基金投资者。除一对一的咨询外，中介机构还凭借自己的强大经济实力，开展面向社会大众的教育活动。措施包括免费寄送投资宣传册、举办各种免费的学习班、开设专门的网址等。

2.3.2　享有高信任度的英国投资者教育

英国是世界上第一个股票交易所诞生的地方，资本市场已经非常成熟，与此相应的，投资者教育也相当发达。英国政府及监管当局倡导金融企业应将公众的理财能力教育纳入金融企业的社会义务之中，并在其定期报告中予以专门披露。因此，英国各金融服务和中介机构除积极参与政府和监管当局的教育战略、给予相应的人力和资金支持以外，还资助独立的中介教育组织开展专业的教育普及计划，同时结合各自业务开展各有特色的投资者教育活动。英国保诚集团（Prudential）由于较早就开展针对中小学生和年轻人的理财教育活动，并把公司利益与开发新客户、培养潜在客户有机结合，近期获得了投资者教育项目亚太金融教育大奖。正是由于投资中介管理严格，从业人员非常自律，他们的投资咨询和对投资者的宣传教育在广大投资者中享有很高的信誉。英国金融（包括证券）监管机构——金融服务局在2000年4月进行的一份调查表明，中介机构的证券咨询在投资者中受到的信任程度比金融服务局还高。

2.3.3　面向机构投资者的澳大利亚投资者教育

在澳大利亚证券市场中，机构投资者占据主导地位，其中社保基金、共同基金以及养老基金稳定持有大部分股份。随着证券市场的不断发展，机构投资者的比例也在不断增加。相反，散户比例则非常小。因此，中介机构除通过印发书面宣传品、讲座、各种媒体宣传、网站、对客户提供咨询服务等方式向个人投资者提供该机构的介绍和有关投资知识与技能的信息外，还相当重视对机构投资者开展投资者教育。澳大利亚最日常的投资者教育活动是举办定期的投资专题研讨会，研讨会的主题涉及市场的各个方面，并针对不同类型的投资者，有的适合广泛的投资群体，有的则偏重于某一领域的专业投资人员。澳大利亚经常举办各种大型论坛，为各个地区的投资者和管理者提供一个交流和见面的机会。一般论坛都有特定的主题，会邀请在此方面的专家参加并发表演说，对于广大投资者来说这是一个非常好的与专业人士接触的机会。除此之外，澳大利亚各种投资者教育活动还包括各种证券业博览会。博览会的内容包括投资者可与证券专业人士直接对话，参观展览，了解股票市场的运作情况，与经纪人、上市公司以及其他市场参与者交谈。这种博览会给投资者提供了聆听最高端专家和券商的声音的机会，从而更好地了解股票、期权、权证以及各种其他投资工具。

2.4　我国券商投资者教育工作存在的问题

在券商一系列的投资者教育工作中，主要以证券交易营业部的投资者教育工作最具有代表性和影响力，以证券交易营业部为授课点，由各大券商为主办人，通过各种途径和形式向投资者传授基本金融投资知识、证券操作技巧和风险揭示。不过，投资者教育工作仍存在着以下不足之处：

2.4.1　投资者教育工作形式还有待进一步多样化

由于客观条件和资金投入的限制，投资者教育工作的形式还比较单一，分发教材和“一教众听”还是目前所采用的最主要方式，这种方式往往使投资者觉得枯燥，有时参与积极性不高。

2.4.2　师资队伍的综合技能需进一步提高

目前，投资者教育师资队伍主要以研发部门或者营业部的咨询人员为主，这些人员虽然在市场研究和投资咨询方面具有丰富的经验，但同时具备金融、财务、法律法规、教育心理学和口才等多方面知识的人员不多，在一定程度上影响了投资者教育的效果。

2.4.3　投资者教育工作的宣传窗口还有待完善

在网站的投资者教育专栏建设方面，还存在着内容不够丰富、网速较慢等问题，在一定程度上影响了投资者教育的效果。一些营业部投资者园地建设流于形式，缺乏特色；栏目内容不够全面和深入，更新不及时；风险提示不到位；园地栏目位置设置不合理，版面设计过于粗糙等。部分营业部负责人和员工对投资者教育工作的重要性和必要性认识仍不够深刻，少数营业部投资者教育工作落实工作不够积极主动，应付了事、走过场的现象依然存在。

2.4.4　各类风险提示有待进一步强化

在风险提示教育方面，还存在着教育不到位的问题，流于表面形式。在投资者开户时，营业部在客户开户环节中，并没有监督客户认真阅读证券交易、权证、基金等各类风险揭示书，草草地走过场，然后让客户在合同上签字；对新入市投资者进行证券知识的普及和对各类证券产品的风险收益特征培训和讲解不够深刻；同时，营业部对客户投资偏好和风险控制能力了解较少。在证券新业务、新产品的知识普及、业务宣传及风险提示方面不够详尽。

3. 国内券商盈利模式发展趋势

3.1 国内券商盈利模式现状分析

3.1.1 我国券商经营业绩与市场高度正相关

长期以来，我国证券公司以规模经营作为盈利模式的基础，佣金收入成为盈利的主要来源，盈亏状况同我国证券市场的制度安排相对应，伴随着市场行情的波动而出现盈利和亏损的更迭。改革开放后，在我国证券市场建立的初期，证券市场品种少，证券公司业务单一，但由于监管体制设置了较高的行业壁垒，从而使券商产生了丰厚的利润空间。自2001年以来，市场行情发生逆转，加之佣金制度改革、国际资本进入等因素，原有证券公司盈利模式的不适应性凸现出来，证券业出现连续5年的全行业亏损。其中，2003年、2004年证券业亏损最为严重。

自2003年开展综合治理以来，到2008年我国证券行业的整体经营绩效已经有了全面改观，结束了行业整体性亏损局面，经营风险得到有效控制。2006年104家券商实现净利润255亿元；2007年随着股指节节高升，券商全面实现盈利，净利润也创下了历史纪录的1306亿元；2008年受金融危机影响，大盘深度调整，8家券商报亏，但行业仍实现净利润494亿元（见表2）。

表2 中国证券公司盈利状况表 （单位：亿元）

年份	2001	2002	2003	2004	2005	2006	2007	2008
证券公司家数	97	122	131	114	115	104	106	107
全行业利润总额	64.99	-25.93	37	103.64	-118.02	255	1306.62	494.18
平均每家利润总额	0.67	-0.21	0.28	0.91	-1.03	2.45	12.33	4.62

资料来源：2001-2004年数据来源何诚颖："基于管理学视角下的券商盈利模式创新与业务整合路径"，《中国证券》，2006年第6期。2005年和2006年数据分别来源于中国证券期货统计年鉴2006、2007。2007年和2008年数据出自中国证券业协会。

3.1.2 现有业务结构下盈利模式难突破

在经历了2008年金融危机和大盘深幅调整的情况下，我国券商的盈利情况急剧下降，监管层暂停了IPO，给证券公司各项业务的开展带来了前所未有的挑战，但行业性亏损的局面不会再出现。而传统业务对营业收入贡献比重越来越高，从图1可见，经纪业务（此处包括利息收入）比重从2006年的47%上升至2008年的76%；自营业务是2008年券商重灾区，严重拖累了经营业绩，所占比重从34%下降到5%。

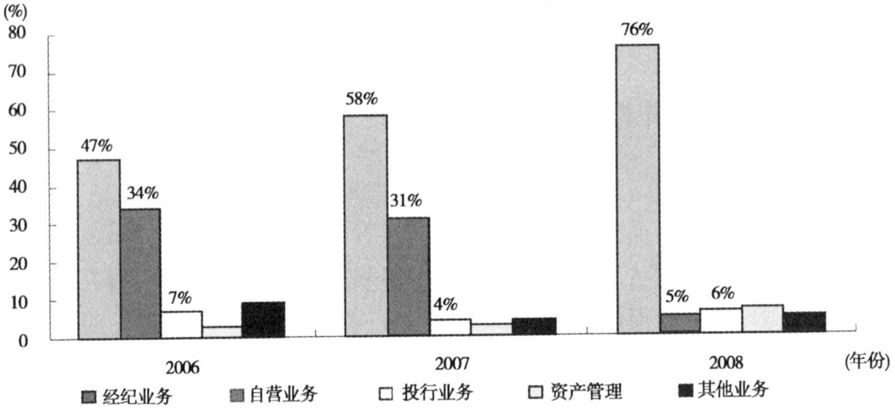

资料来源：中国证券业协会。

图1 2006－2008年国内券商经纪业务比重逐步攀升

对行业收入结构的分析则表明：证券公司业务与股票市场高度关联，业务高度波动的本质特征导致自营业务经营绩效在财务周期内的表现倚重投资的时机选择和品种选择；作为证券公司最主要的收入来源，经纪业务和自营业务的收入占比在过去3年中均超过80%，两者的变化趋势是过去几年之中证券公司价值变化的主导因素；在短期内创新业务难有突破性进展、投资银行业务占比仍难以超过10%的前提下，凸显了经纪业务的重要性。

影响国内券商持续盈利能力的不仅是盈利增长的动力，更重要的是单一、垄断性的利润来源使盈利能力变得异常不稳定和脆弱。盈利途径有限且固化，业务拓展能力和创新能力低。多年来我国证券公司的盈利业务主要集中在证券发行业务、经纪业务、自营业务和委托投资管理业务4大传统业务上，4块业务收入占到证券公司总收入的80%以上。我国证券业2001年和2006年相比盈利途径变化不大，经纪业务和自营业务依然是证券公司的主要收入来源；2006年发行业务收入虽然有很大幅度的提高，也主要归于市场扩容的结果。可见，我国证券公司新的盈利途径并没有打开，业务创新依然处于探索阶段。而传统业务最大的特点就是与市场状况高度相关，证券公司只能被动地去接受市场，造成证券公司盈利处于极大的市场系统风险之中。

3.2 国外投资银行盈利模式借鉴

3.2.1 中美券商业务结构对比

比较中、美证券公司收入结构不难发现，中、美证券公司业务大类差异不大，但具体业务内容差异很大，我国证券公司业务结构明显不平衡。从图1可看出，中国证券公司严重依赖经纪业务的收入，而来自投资银行和自营业务的收入对总收入的贡献相对较小。美国证券公司收入构成主要是投资银行业、交易收入、佣金、资产管理及息差等，且各项业务收入比例较为接近，表明收入来源多样，在收入结构上具有明显的优势。从业务内容上看，美国证券公司的收入结构更为多元化，其投资银行收入产生于证券承销、兼并与收购及财务顾问等传统投资银行业务，债券承销收入占比很大，兼并收购与发行业务平分秋色；交易及主体交易收入主要来自固定收益产品及相关衍生品、股票及相关衍生品的场内外代理交易、做市及自营交易、直接投资等业务；佣金收入主要包括代理股票、权证、商品、保险产品等各种证券品种交易与清算所收取的费用以及共同基金、对冲基金的分销费用；资产管理收入是为客户提供投资咨询、财务规划、资产组合等业务从而收取管理费和激励金，或为对冲基金及养老基金等机构提供各项服务，从中收取费用。相形之下，我国证券公司业务内容显得较为单一。

3.2.2 佣金自由化后向创新业务转型是关键

国外证券公司发展历程表明，改善收入结构的路径不在于抑制或者单方面发展某项业务，而应通过转换经营模式，创新传统业务，积极开拓新业务品种，丰富收入来源，增加收入的稳定性。

1975 年佣金自由化改革加剧了行业的变化。1933 - 1975 年间，美国投资银行主要从事传统业务，即一级市场证券承销和二级市场证券交易和经纪业务，业务收入稳定，风险不大。1975 年佣金自由化使得竞争激烈，投资银行不得不通过新业务和新产品开拓业务，行业收入结构出现较大变化：传统的佣金、证券承销收入比重大幅下降，交易和投资收益明显增加，特别是随着业务创新和多元化，不能归于传统业务范畴的其他业务收入比重从 1973 年约 10% 的比重上升到 2007 年的 62% （见表 3）。

表 3 美国证券行业收益来源 （单位:%）

业务活动 \ 年份	1973	1983	1986	1991	2001	2003	2006	2007
佣金	56	28	21	16	16	21	11	12
交易和投资	8	26	27	24	24	27	22	14
证券承销	9	12	12	6	6	8	5	6
保证金贷款	13	7	6	6	5	2	5	7
商品	4	3	2	3	2	-1	-0.13	0.37
其他	10	24	32	45	47	42	56	62
合计	100	100	100	100	100	100	100	100

资料来源：美国证券和金融市场交易商协会。

2009年以来，在经纪人制度规范、服务升级以及中小券商以佣金换市场的竞争策略冲击下，行业佣金率水平快速下降。网点设立逐步放开、市场竞争日益充分、市场效率不断提升，都将导致佣金率的下降，其中，最大风险来自营业网点放开设立，从监管取向来看，逐步渐进放开是必然选择。同时，佣金率的结构也将发生实质性变化，即通道佣金下降、增值服务佣金上升，这也意味着不同券商、不同地域的佣金率将差异化。佣金率是券商经纪业务盈利水平的直接衡量指标，对券商盈利模式带来了极大的挑战。在创新业务逐步开展的预期下，券商纷纷图谋扩大资本规模，引发了新一轮融资潮，期待在创新业务的试点资格上一争高下，并获得市场先机。

3.3 券商新盈利模式转型下急需投资者教育

3.3.1 创新业务推出丰富投资者教育

美国资本市场和证券业20多年的发展历程表明，证券公司在资本市场的快速发展中资本规模和盈利能力成倍增长。美国券商在收入结构变迁中，通过经营模式革新使业务内涵不断丰富、深化，这使我们对国内券商的业务发展方向有了更清晰的认识，融资融券、直接投资等新业务的规模和收益增长将尤为迅速。

与此相对应的，我国证券公司盈利模式正在发生转型，原先那种依靠经纪业务和主动投资的盈利模式已经无法持续，券商必须及时随市场转型，从过去以主动投资为主、依靠稳定佣金收入的盈利模式，转变为以控制风险、提供专业服务为主、以创新服务为核心的新盈利模式。创新是券商核心竞争力的基本要素，也是构建券商新盈利模式的主要手段。对证券公司而言，系统创新中产品（服务）创新是核心，组织创新是保障，管理创新是基础。证券公司的系统创新至少应包括上述三项创新，也是从下到上的三个层次，否则只能是单项的创新，并不能保证券商的核心竞争力。

随着创业板的推出，市场对创新业务，如融资融券、股指期货等推出预期信号放大。其实早在2008年年底就有11家净资本条件符合要求的券商参加了融资融券业务联网测试，积极筹备业务。融资融券业务的推出，将彻底改变券商的盈利模式。目前的A股市场只具有单向操作获取盈利的功能，而融资融券业务具有杠杆效应及做空机制的特点，将提供双向盈利的模式。一方面，在上涨中，通过融资购买股票，就可以放大投资者的收益，因此具有杠杆特征；另一方面，融券业务为投资者提供了做空的途径。投资者如果看淡某只股票后市，可以先跟券商借来该只股票卖出，如果该股真如预期一样下跌，投资者可以再低位买回该股还给券商，其间的差价就是投资者的收益。

融资融券的推出，对我国资本市场的完善和健康发展是必不可少的。而且，融资融券用得好，不仅能够活跃股市，也能让投资者运用更多的投资工具。但我们也必须看到，融资融券是一把双刃剑。因此，无论是券商，还是有关管理部门，都有责任向投资者发出警示，进行风险教育，让每一个参与者能够真正弄懂融资融券，了解其风险。特别是证券公司在开展业务的同时，必须高度重视融资融券风险教育。只有在券商建立了相应的业务风险控制制度以及投资者充分了解融资融券风险的前提下，融资融券的推出才能顺利进行。

3.3.2　合规管理体系建设强化投资者教育

投资者教育首先应该注重维护客户的资产安全，赢得客户的信任。在2001年之后，证券业连年全行业亏损及爆发券商生存危机、信誉危机和人才危机，在此背景下，监管层对券商进行了大刀阔斧的改革。近几年，证券公司全行业经受了市场结构性调整的严峻考验。面对这场考验，证券行业正在发生明显变化，发展趋势向好。特别是在股权分置改革完成之后，证券市场全面好转，在2006年以来大牛市行情的带动下步入行业的景气时代，券商盈利能力以及资产规模都上了新台阶。在综合治理完成后，证券公司全面实现客户资金的第三方存管，从业务操作和技术层面达到风险监管的要求，合规管理，把好风险管理关。原来全行业历史遗留的客户交易结算资金缺口、违规理财、账外经营、国债回购等违规现象得以遏制，行业风险得到了充分释放，客户资产的安全度大大提高。

中国证监会于2008年7月发布了《证券公司合规管理试行规定》，对合规管理的基本制度作出了明确规定。2009年，中国证监会又将推动行业健全、完善合规管理制度作为工作重点，并将合规管理纳入了证券公司分类评价的范围。中国证监会已经明确从2010年起，将把合规管理实施状况纳入证券公司常规监管，作为证监部门日常现场检查、非现场检查、案件查处、事故分析等工作的重要内容。

要使证券公司的合规管理不断取得实际效果，必须全面规划，远近结合，突出重点，狠抓落实，切实为投资者利益负责，主要体现在以下几个方面：一是强化对营销行为，特别是证券经纪业务营销行为的合规管理；二是以创业板市场投资者适当性管理为新起点，切实提高对客户行为的合规管理水平；三是妥善处理客户投诉，高度重视媒体报道，通过处理客户投诉和媒体报道反映的问题，促进合规管理；四是建立健全信息隔离制度，防范利益冲突；五是加强新产品、新业务的合规管理，防范业务和产品创新中的违规行为；六是完善合规管理措施，确保投资银行业务合规开展。

3.3.3　客户服务宗旨提升投资者教育

证券投资者作为证券公司的主要客户，是所有利润来源的重心，所有的产品创新、服务创新都是为了更好地为投资者服务。随着佣金价格战的延续、营业网点的扩容，都给开发新客户、维护老客户带来了新的挑战。而高质量的投资者教育工作，未来将成为监管层衡量券商核心竞争力的考核指标之一，做好投资者教育工作将是证券公司发展的重要工作之一。

投资者教育对于证券市场发展的现实意义不言而喻。投资者作为证券公司的主要客户，是公司盈利的重要来源，是证券公司构想盈利模式转型的服务对象。因此，本文认为投资者教育是证券公司从事证券营销的重要内容之一，应该从客户服务角度入手，对客户资产、投资习惯、忠诚度、投资需求等方面进行问卷调查，从客户细分入手，使得产品创新和服务创新为投资者所接受，并取得预期盈利效果，从而达到改善盈利模式的初衷。

投资者教育不应该当作监管层下达的某一项任务来完成，而应该提升至完善证券公司业务体系的一大举措上来，作为客户服务的主要内容之一，是对证券公司各项业务开展的一大补充。目前，中小投资者主要是经纪业务的客户，享受的券商服务非常有限，随着网上交易系统的普遍操作应用，有不少投资者仅仅享用了券商交易通道，而与证券公司基本没有交流，而且这种情形有进一步扩大的趋势。因此，如何加强投资者与券商的良性沟通，提供优质服务，得到投资者认可，实现客户忠诚度的稳定提升，从而实现经营绩效良好的盈利模式，是当前证券公司投资者教育的一大新课题。

4. 基于券商盈利模式视角下的投资者教育

投资者教育成功的关键是时时做，重复重复再重复，教育教育再教育，要有主动性，要了解投资者的行为方式，要给投资者提供公平的教育，要说服投资者去买适合自己的产品，对复杂产品，要提供预警。投资者教育的最终目的是培养投资者健康、理性的投资理念和习惯，从而既保护投资者自身的合法权益和利益，促进资本市场的和谐健康发展，也能加强我国资本市场的建设，促进市场的稳定运行。

本文从业务结构角度来分析盈利模式，盈利模式改进离不开产品和服务创新，而传统业务流程再造和创新业务的发展都为投资者教育工作预留了空间。经纪业务部门作为投资者教育的主管部门，应立足营业部，多形式开展多层次的投资者教育工作。资产管理业务部门与投资银行部门联合经纪业务部门，立足资产管理业务和投资银行业务，开展有针对性的投资者教育活动。

4.1 经纪业务竞争格局变化下的投资者教育

当前由于面临佣金下调、行业垄断打破、外资进入、营业网点扩张、网上交易替代等多重挑战，我国证券行业正处在一个战略、组织、服务、技术以及盈利模式的急剧转型时期。券商纷纷转向推行“客户导向”，从简单的佣金价格竞争转向客户服务竞争，充分利用信息技术和网络力量来提高服务质量，改变传统证券营销模式。在此背景下，证券公司组织的投资者教育应注入新的内容，做到留住现有老客户，发展新客户，争取潜在客户，改变传统的“坐收佣金”的盈利模式。在经纪业务竞争格局下，证券公司可从以下几个方面着手，加强开展投资者教育活动。

4.1.1 投资者分类

根据调查显示①：我国个人证券投资者职业分布广泛，以普通职员居多；工薪阶层是投资主力军，新股民中中低收入占多；积蓄和工资收入是投资的主要资金来源；投资者逐步扩大到乡镇、农村。因此，对投资者开展投资者教育活动，应该根据他们的职业类型、收入来源、文化层次、入市时间长短进行分别教育、专门教育。在对入市多年的投资者进行教育时，应主要偏重各类新的证券投资品种，如开放式基金、权证、股指期货等品种的风险揭示教育；对新入市投资者重点进行全面的风险教育；对潜在入市者主要是进行风险警示教育，不要盲目入市，其中重点是年龄在50岁以上、下岗人员、在校学生、风险承受能力较弱的潜在投资者。

在影响投资者的因素中，交易频率、投资分散程度、入市时间、市值规模与其盈利状况有较为明显的关联，频繁买卖难以获利。由于很多投资者对自身的风险偏好不是很了解，特别是“处置效应”的研究表明投资者在不能采取有效的止损策略下，容易陷入市场整体性风险中，这就是2008年以来很多股民被深套的一大原因。因此，证券公司可以对投资者进行风险偏好测试，让其清楚地知道风险和承担风险是两个概念，同时了解自身的风险承受极限。根据风险偏好投资者和风险厌恶投资者显著不同的投资习惯，在提供金融知识培训中要有所区分，有所侧重。

4.1.2 渠道建设

这里的渠道指投资者与券商的关键沟通机制，要倾听客户的声音。客户的声音包括客户的正常需求、顾客投诉、顾客满意和不满意的声音。对客户进行业务分类，建立相应的平台，了解并确定顾客的需求及期望。

---

① 刘敏慧：“2007－2008年度个人证券投资者状况调查综述”，http：//www. sipf. com. cn。

（1）完善客户投诉处理系统。对于客户的投诉，要畅通投诉渠道。投诉渠道主要有：电话、网站、传真、公司现场、营业现场、媒体、信件等。证券公司首先要建立完善的客户投诉处理系统，完善《客户投诉管理办法》、《经纪业务客户回访管理办法》等管理制度，规范客户投诉处理和回访的业务流程，实现对公司服务和产品的质量追踪反馈。首先，对不同类型客户设立不同的投诉渠道；其次，规范投诉受理流程；再次，规定投诉处理标准；最后，及时跟踪处理结果。

（2）重视客户满意度的提升。通过制订《客户满意度调查方案》，确定客户满意度模型，对确定客户满意、不满意和忠诚的调查方法进行策划，通过人员拜访、电话访问等形式进行对客户满意度测评工作，对调查数据进行分析，将客户满意与不满意的信息作为改进的依据。每年定期组织客户满意度调查，查找客户不满意之处，并及时制定措施，进行改善，提高客户满意度。调查样本采用有代表性的客户，样本回收率50%以上视为本次调查有效。每个纬度的调查得分采用加权平均，得出最后的总满意度分值（见图2）。

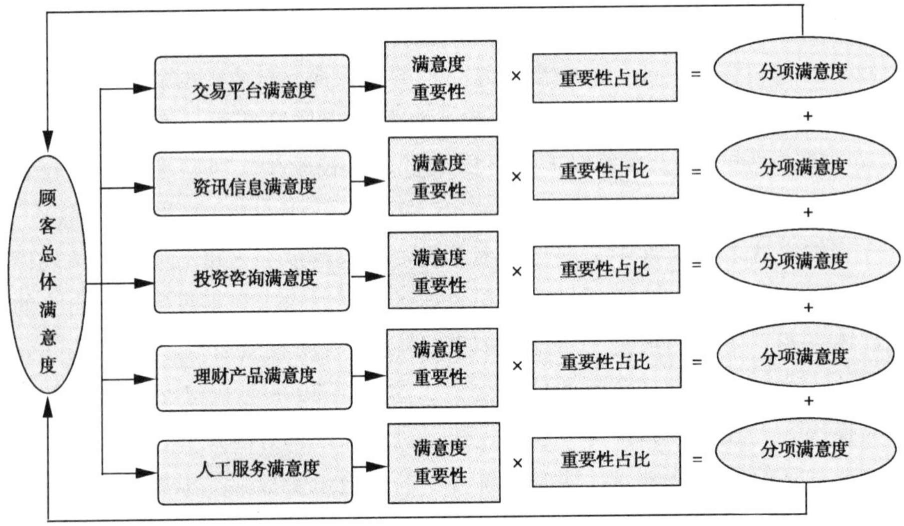

图2　经纪业务客户满意度调查模型

（3）了解客户的不满意。客户不满意是其对接受服务的效果低于期望值，主要通过投诉、抱怨、需求反馈、客户流失情况等情况来体现（见表4）。通过分析客户的不满意情况，及时发现自身短板，并对行业标杆情况进行对比分析，积极制定应对策略，不断提高产品创新能力和提升服务质量，达到与客户的契合。

表 4　　××证券公司客户不满意统计表

问题	不满意内容	主要原因	整改措施	涉及部门	预计完成时间	预防纠正时间
1	客户要求降低手续费费率	其他券商以低佣金招揽公司客户	公司相应地降低费率或提供理财服务	各营业网点	3-7 个工作日	1-2 个月的时间
2	客户对电话委托新系统的流程变更不适应	电话委托新老系统更替后，对新电话委托菜单进行调整	通过大力宣传和系统不断的优化，使客户能够尽快地适应新系统	信息技术总部；各营业网点	1-3 个工作日	1-3 个月

4.1.3　经纪人队伍的建设

2009 年 4 月 13 日《证券经纪人管理暂行规定》正式施行，对证券公司经纪人的资格条件和执业行为、证券公司的管理责任等进行规范。根据证券公司的授权，证券经纪人可以向客户介绍证券公司和证券市场的基本情况、证券投资的基本知识及相关业务流程、与证券交易有关的法律法规，向客户传递由证券公司统一提供的研究报告及与证券投资有关的信息，向客户传递由证券公司统一提供的证券类金融产品宣传推介材料及有关信息。

近年来，随着证券市场的持续发展和证券行业竞争的加剧，一些证券公司积极探索发展证券经纪人队伍。这对促进证券市场发展发挥了积极作用。但由于部分证券公司管理不到位、证券经纪人总体素质有待提高等原因，出现了少数证券经纪人为招揽客户而无序竞争、接受客户全权委托、诱导客户频繁交易等扰乱市场秩序、损害投资者合法权益的问题。针对这些问题，监管部门已经采取措施，督促证券公司予以规范，并推出上述管理暂行规定。目前，我国证券经纪人在服务方式方面与国外成熟市场的操作模式有很大的差异，而经纪人模式是我们发展的方向。国外的经验表明，投资者教育已完全融入证券经纪人对客户的日常服务中，从而构成投资者教育的重要一环。

要建立和完善我国证券经纪人制度的建设，有必要将投资者教育纳入其中，在明确证券经纪人职责范围的基础上，进一步明确经纪人的资格要求、客户服务原则、职业道德规范、持续培训要求等内容，并建立经纪人信息数据库以备投资者查询。

4.1.4　投资者教育的发展

投资者教育应该建立在对投资者科学分类、建立沟通渠道和经纪人制度基础上，同时保证投资者教育基金的充足、合理分配。由于股票投资具有高风险高回报的特点，投资者首先应加强风险意识。制定出一个投资方针，确定一个投资目标及可投资额是必要的。如果想在股市中长期而稳定地获利，就必须时刻把控制风险放在第一位。其次要加强股票投资分析。事实上，股票投资不仅是一种具有一定风险的投资行为，也是一种智力活动。股票投资的收益取决于多方面的因素，关键是投资者的决策水平。股票投资分析包括股票基本面分析和技术分析。当投资者决定在股票市场投资时，他要选择哪种股票，这是一个复杂的决策过程，要有一套选择股票的技术方法，而不是盲目跟从。投资者教育的主要目标就是培育理性的投资者，能够将收益和风险相匹配，实现资产收益效用最大化。

4.2 投资银行业务下的投资者教育

证券经营机构的投资银行业务范围主要有公司上市推荐及保荐、证券发行承销、上市公司配股承销、上市公司新股增发承销等。投资银行业务直接面对的客户是上市公司，间接客户对象则是购买这些上市公司股票的投资者。因此，投资银行部门与经纪业务部门应携起手来，共同开展投资者教育活动。

当证券公司承销的是在主板市场上市的公司时，证券公司应全面系统地向投资者介绍公司的基本情况，以供投资者作出决策。当证券公司承销的是在中小企业板上市的公司时，证券公司应向投资者重点介绍上市公司的核心优势、盈利能力和潜在风险等。当证券公司承销的是在创业板上市的公司时，在招股说明书中应全面地进行风险因素揭示。创业板是一个全新的市场，上市公司的风险、流动性风险、估值风险、操作风险、信息不对称、理解偏差风险和退市风险，都使得创业板的投资风险相对更大。投资者在投资处于成长期、规模较小、经营稳定性相对较低的创业板股票时，更需要成熟的投资理念、较强的市场分析能力和风险承受能力。因此，证券公司可以通过创业板学堂、投资者服务热线问答、创业板知识大奖赛、创业板投资者自测系统等形式生动活泼地向投资者展示创业板的相关知识和风险。

证券公司要有针对性地进行风险提示。除了日常的普及宣传外，对于未来将对客户造成重大损失或者存在收益机会的信息进行针对性提醒。如某只权证的发行、创设和行权三个敏感和关键的时点，某只新股的发行申购，可通过手机短信、电话、网站、走马灯等形式提示投资者，加大对投资者的法律、法规和政策的普及和咨询，加大处理投诉力度。证券公司还应向投资者重点强调炒新股存在的巨大风险，同时加强培育他们理性、健康的投资理念和习惯。

4.3 资产管理业务下的投资者教育

资产管理业务是证券经营机构在传统业务基础上发展的新型业务，投资者将自己的资产交给证券机构，由证券机构为投资者提供理财服务。投资者将自己的资金交给训练有素的专业人员进行管理，避免了因专业知识和投资经验不足而可能引起的不必要风险，对整个证券市场发展也有一定的稳定作用。投资理财专家在为投资者提供各种理财产品时，也不能忽视投资者教育工作。

对集合资产管理业务来说，投资理财专家须向投资者详细介绍各种集合资产管理计划产品的特点、投资方向、风险收益特征等内容，并对相关业务规则、计划说明书和集合资产管理合同进行讲解。同时，向投资者说明集合资产管理产品也存在着一定的风险，如管理风险、流动性风险、信用风险及其他风险；特定投资品种、特定投资组合设计也蕴含着特定的风险，如衍生品风险、汇率风险等。更为重要的是，投资理财专家应提醒投资者综合考虑自身的资产与收入状况、投资经验、风险偏好，选择与自身风险承受能力相匹配的集合资产管理产品。对于定向资产管理业务来说，资产管理人根据投资者的特定需求，向投资者提供所需要的各项服务，如独具特色的投资计划、组合选择、风险评估与绩效衡量等，并充分发挥资产管理投资研究团队的实战研究能力和投资技能，与投资者达到互惠共赢的效果。

作为提供资产管理服务的供给方，可以以电话函件、顾客拜访、投资报告会、产品推介会、回访机制、公司调研等方式进行投资者教育，倾听需求方的声音，拉近与需求方的距离。这样一来，不仅可以了解投资者对理财产品的需求、业务资讯需求、对资产管理团队的满意程度，而且可以为投资者提供更好的服务和产品。

4.4 创新业务下的投资者教育

国内券商最主要的收入来源于经纪业务，这种单一、垄断性的利润来源使得其盈利能力变得异常不稳定和脆弱。国外券商的发展历程表明，收入结构的改变要通过转换经营模式，创新传统业务，积极开拓新业务品种。在券商推广和开展创新业务时，还应花大力气对投资者进行教育，增加投资者对创新业务的认识。

4.4.1 融资融券业务

融资融券作为我国资本市场长期酝酿的重要基础性交易制度，对市场的每一位参与者而言，意味着风险和机遇并存。对投资者来说，融资融券是一把“双刃剑”，放大收益的同时也放大了风险，给投资者带来了超出其风险承受能力的风险。投资者在将股票作为担保品进行融资时，既需要承担原有的股价变化带来的损失风险，又要承担新投资股票带来的损失风险，同时还要支付相应的利息。因此，投资者的亏损可能比在现金交易方式下更为严重，导致超出其风险承受能力。基于此，券商应该向投资者更详细具体地介绍融资融券这项新业务，做好投资者教育工作。

首先，对投资者进行风险提示教育。融资融券交易与普通证券交易不同，其具有财务杠杆放大效应，也就是说，投资者虽然有机会以约定的担保物获取较大的收益，但也有可能在短时间内蒙受巨额损失。因此，证券公司应向投资者强调融资融券的潜在巨大风险，告诫投资者在参与融资融券交易前要审慎评估自身的经济状况和财务能力，充分考虑是否适宜参与此类杠杆性交易。

其次，向投资者介绍融资融券相关法规和知识。融资融券不同于普通的证券交易，以全国人大颁布的新《证券法》为基础，以中国证券业协会、中国证监会、证券交易所、证券登记结算公司颁布的相关规章制度为具体指南，为融资融券业务提供了法律保障。证券公司应向投资者介绍有关法律法规的规定，向投资者充分介绍融资融券关联方的权利和义务。

最后，对投资者介绍融资融券业务开户及交易流程。在向投资者介绍了以上关于融资融券的基本知识以后，最后应向投资者详细介绍融资融券业务怎么开户和如何进行交易，如客户需要具备什么样的资格才能开户，融资融券开户的步骤是什么，客户可以通过什么方式进行交易等等问题。

4.4.2 股指期货业务

中国股市的单边市及暴涨暴跌，原因之一就是由于没有股指期货等对冲工具熨平股票现货市场的巨大波动。以基金为代表的机构投资者只能在牛市中高歌猛进，而在熊市面前全行业集体消沉，束手无策。在股市大调整中，个人投资者只能通过抛售股票这条“羊肠小道”来避免更大的损失，结果导致抛盘剧增，“羊群效应”愈演愈烈，出现股市的非理性大跌。股指期货的全称是股票价格指数期货，也可称为股价指数期货；期指，是指以股价指数为标的物的标准化期货合约，双方约定在未来的某个特定日期，可以按照事先确定的股价指数的大小，进行标的指数的买卖。作为期货交易的一种类型，股指期货交易与普通商品期货交易具有基本相同的特征和流程。股指期货为股票现货市场提供对冲风险功能，是投资者规避股票市场系统性风险的必要手段。

证券公司可以采用印制大量教育读物、互联网、专栏刊登文章、系列教育节目和仿真交易等方式向投资者推出股指期货方面的教育。根据股指期货业务推出进度，证券公司通过组织股指期货投资巡回报告、股指期货业务培训和开展股指期货投资者现场咨询交流活动，制作股指期货投资者教育宣传折页和手册，向投资者介绍股指期货入市指南、交易理论、投资技巧及风险教育等，为新业务的开展做好前期各项准备工作。

4.5 全面客户管理下的投资者教育

4.5.1 全面客户关系管理体系的建立

所谓客户关系管理系统，泛指目前在证券市场上国内外软件公司所开发的各种旨在提高客户管理效率、增加客户盈利率和满意度的软件系统，主要包括客户呼叫中心、网络交易系统、经纪人管理系统、数据仓库系统、分析型 CRM 系统等①。对于客户关系管理（简称 CRM）的发展渊源，许多学者都认为主要得益于两个驱动力：一是关系营销理论中对客户忠诚度与盈利率之间关系的揭示；二是 IT 和数据仓库领域的技术进步，可以利用 CRM 软件系统、数据挖掘等 IT 技术来现实执行关系营销的战略。客户关系管理（CRM）理论构成可以分为战略、营销和技术三个层面。发展至今，随着券商服务升级的需要，CRM 系统建设的重要性也不断体现出来，是对证券公司客户资源、公司资源的综合整合，达到事半功倍的效果。

4.5.2 投资者教育的重心

全面客户关系管理的服务体系，通过客户经理团队、电话座席团队、投资顾问团队全面了解和分析客户信息，提供客户所需要的服务和产品，并以客户满意度为绩效考核指标，持续提升客户价值。公司通过提升服务、创新产品、整合资源、有效激励、强化优势、树立品牌等拓展客户，并不断提高与客户的契合度，建立一套全面客户关系管理模型，持续提升客户关系紧密度。

全面客户管理体系模型的核心精神就是让客户充分享受投资生活，通过高质量的专业服务，实现投资者从追求高收益的物质享受转向体会投资乐趣的精神享受的转变，实现客户价值的双重增长。

利用客户管理系统，深入分析投资者风险收益偏好，以及投资组合的风险与收益。依据分析结果，有针对性地为投资者提供个性化的投资咨询和风险提示工作。在以总部专职分析师为核心，地区总部分析师、营业部客户经理为业务骨干的客户服务管理体系下，组建投资者教育培训团队，充分发挥人才、网点、地域等方面的资源优势，并将投资者教育纳入日常客户服务管理流程。总部专职分析师、地区分析师和客户经理根据投资者的风险偏好、教育程度、投资规模等情况，实施投资者教育逐级管理、多层次服务（见图 3）。

---

① 楼天阳："中国券商 CRM 应用的策略模式探讨"，《北京工商大学学报》（社会科学版），2003 年 9 月，第 18 卷，第 5 期。

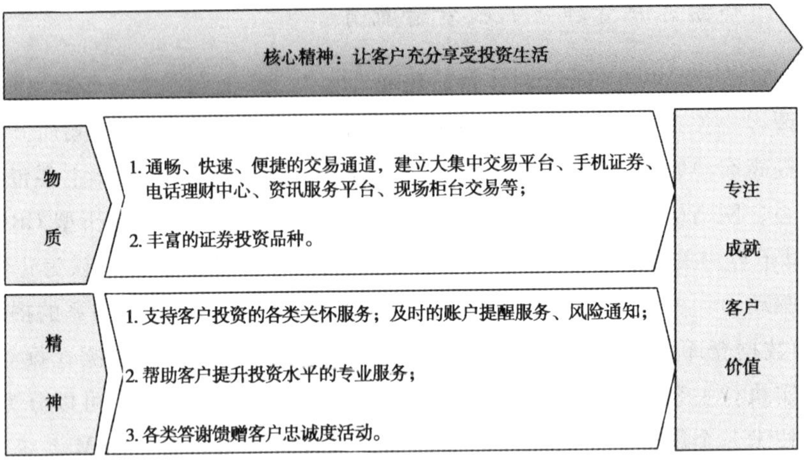

图 3　全面客户关系管理模型

5. 结论与建议

证券公司与投资者这种天然的客户关系注定了证券公司为客户提供服务是其实现盈利的主要方式。经纪业务作为券商最主要的盈利来源，在佣金率下调成未来趋势的情形下，对证券公司的盈利模式构成新的挑战。因此，做好投资者教育工作，赢得投资者的信任，是其提高客户忠诚度、挖掘潜在客户的一大重要营销策略。

培育理性的投资主体不仅是证券市场规范发展的重要条件，也是证券市场建设的一项长期任务。监管部门除了健全法律、法规，依法加强监管，促进证券市场不断规范化发展之外，有必要针对我国证券市场投资者以中小散户为主的特征，借鉴发达市场经济国家和地区的通行做法，开展持续性、系统性的投资者教育，普及证券市场基础知识、金融和法律知识，帮助投资者熟悉市场，认识规律和风险，增强自我保护能力，同时也有利于我国证券市场走向理性和成熟。证券公司必须从管理费用中提取充足的费用作为投资者教育基金，专项用于投资者教育工作，必须建立健全证券销售适用性管理制度，完善投资者服务中心的建设，完善客观有效的证券风险评价体系，开展主动式的投资者教育活动。

参考文献：

[1] Daniel. Kahneman, Amos Tversky, The theory: Ananalysis of decision making under risk [J], Econometrica, 1999, 47, 263 - 291.

[2] Robert J. Shiller, From Efficient Markets Theory to Behavioral finance [R], Cowles Foundation Discussion Paper, 2002, No. 1385.

［3］顾海峰：“投资者教育与证券市场稳定的传导机制研究——行为金融学视角的探讨”，《科学决策》，2009 年第 6 期。

［4］庄学敏：“投资者信心、投资者行为与投资者教育效率研究”，《经济管理》，2009 年第 2 期（总第 458 期）。

［5］何琳洁、连进军、马超群：“中国证券市场投资者教育探析”，《邵阳学院学报》（社会科学版），2008 年第 7 卷第 4 期。

［6］王金文：“中国证券市场的‘羊群行为’及对策研究”，《时代经贸》，2007 年 6 月，第 5 卷总第 69 期。

［7］万俊毅、柳松：“美国机构投资者的发展历程及其启示”，《商场现代化》，2005 年第 18 期。

［8］李心丹、王冀宁、傅浩：“中国个体证券投资者交易行为的实证研究”，《经济研究》，2002 年第 11 期。

［9］顾海峰：“我国证券市场个人投资者教育问题研究”，《上海金融》，2009 年第 5 期。

［10］刘洁：“海外投资者保护基金制度及借鉴”，《证券市场导报》，2005 年 8 月。

［11］陶诚、孟凡征、孙韦、季军：“投资者行为研究”，《金融纵横》，2008 年第 3 期。

［12］方毅祖：“关于加强和改进投资者教育工作的若干建议”，《中国证券》，2008 年第 2 期。

［13］罗锋：“创新服务型盈利模式：中国券商盈利模式的战略选择”，《特区经济》，2004 年第 9 期。

［14］蔡春平、牛丽娟、幸丽霞：“美林集团的发展路径、盈利模式及启示”，《财会月刊》，2008 年第 24 期。

［15］韦彩梅：“我国大券商盈利模式构建探讨”，《现代商贸工业》，2009 年第 17 期。

［16］姚禄仕、刘韧、张竹云：“我国证券公司的盈利模式及其重构研究”，《合肥工业大学学报（社会科学版）》，2007 年 10 月。

（作者单位：国信证券股份有限公司）

三等奖

证券市场投资者教育长期规划研究（摘要）

• 吕丽华　鲍松柏　张　雷

近几十年来，各国资本市场发展的历史表明投资者是资本市场赖以生存发展最重要的基础，投资者保护是完善资本市场的充分条件。发达证券市场的证券立法进程实质上是不断加强证券市场公平建设，持续强化投资者保护力度的过程。各国政府为实施更加高效的投资者保护，除了不断修改法律法规体系以适应新形势的需要外，还通过完善监管机构、行业协会和自律组织的职能来实施投资者教育。作为投资者保护的重要手段，投资者教育经过近十年的发展已经渐成体系，在资本市场建设中发挥了极大的作用。

我国证券市场作为一个新兴市场，发展历程不长，法律制度尚待完善，投资群体素质有待提高，投资者保护的理念并不能通过现有立法充分落实。因此，在我国实施广泛的投资者教育更有其必要性。本文在剖析发达证券市场投资者教育体系的基础上，从法学、经济学、行为金融学等角度找出其演化进程的本质因素，综合运用了比较和历史分析、归纳演绎等研究方法，并结合我国证券市场实际情况，建设性地提出六项投资者教育的长期规划建议。

本文的结构安排如下：第一，站在发达证券市场的立场，从经济学基本假设条件来分析投资者教育对于改善资源配置效率的重要意义。一方面，完全信息假说除要求信息在所有投资人之间充分传递外，本质上还需要这些信息被投资者充分理解，实施投资者教育能够使广大投资者充分理解日益复杂的公开信息，例如金融产品、交易规则和法律制度等；另一方面，完全理性假说阐述了投资者在充分信息的条件下所需具备的要素，而投资者教育能够帮助投资者达成这些要素，例如知悉自身投资行为所获取权益的同时承担相应的责任或义务，从长远来看，通过投资者教育培育理性投资人是建设理性市场的必要措施。第二，从立法进程来分析发达国家证券市场投资者教育的演化历程，归纳其背景由来，发现美国、英国、德国和日本等发达国家的投资者教育均植根于其投资者保护理念中，是在证券市场法制以及监管或自律机构职能不断完善的过程中逐步实现的现有投资者教育体系。第三，归纳发达证券市场针对投资者教育的组织架构和经验做法，以及其监管机构、自律组织和中介机构的职能、投资者教育的内容和方式等，借鉴对我国开展投资者教育工作具有极大应用价值的方面。第四，总结我国投资者教育不足之处，即我国的投资者教育体系虽然初具雏形，工作已显成效，但存在相关的法制建设不完善、投资者教育内容和形式创新不足、执行力度不强等问题。第五，借鉴发达国家证券市场投资者教育的理念和经验，在我国已有的投资者教育实践的基础上建议：继续完善现有证券法制，加大违法惩罚力度；建立多层次国民教育体系；加大投资者教育的投入力度和创新教育方式；制定投资者教育工作标准，建立多层次考核体系；细化投资者教育内容；使上市公司参与投资者教育制度化。

（作者单位：世纪证券有限责任公司）

投资者非理性行为分析与投资者教育（摘要）

• 封文丽　刘晓磊

证券市场投资者是理性与非理性的混合个体，其行为初衷是理性的，然而，受自身条件与外部因素的影响，认知过程产生的偏差造成最终的行为非理性。典型的非理性行为包括：“羊群行为”、过度自信与保守和“噪声交易”等。其中，“羊群行为”会造成资产价格的偏离，投资者的过度自信会形成投资者的有限参与和保守心理，“噪声交易”行为具有生存空间，非理性投资者与理性投资者的博弈过程形成动态的市场均衡。

由美国经济学家曼瑟尔·奥尔森于1965年发表的《集体行动的逻辑》一书中提出的“搭便车”理论认为，在证券市场上，如果存在大量中小投资者“搭便车”时，即表现为投资者不理性的跟风行为。而博弈论则认为，信息不对称在客观上给投资者进行博弈留下了广阔的空间和可能性。投资者在搭便车心理因素和信息不对称的客观因素下，不断进行博弈，获取自身利益。行为金融学理论认为，投资者的选择往往受到个人偏好、社会规范、观念习惯的影响，其决策存在着不确定性。投资者认知与行为的偏差如“过度自信”、“代表性启发”、“保守性”、“处置效应”、“锚定效应”等会引起投资或抛售相同股票现象。由于相信机构投资者通常能获得详细准确的信息，并具有专业投资技能，中小投资者往往会跟随其投资行为，在交易中表现为“羊群效应”。理性交易者和“噪声交易”者之间的博弈最终将导致逆向选择，即“噪声交易”者占据市场绝对优势，从而使市场效率弱化甚至消失。

正是由于投资者种种非理性行为，使得我国证券市场股票价格波动异常——基本面异常、技术异常、时间异常和信息异常等，市场的价值发现、资源配置功能削弱，市场有效性降低。

只有对投资者进行理性投资理念教育，克服“搭便车”心理，尽量运用科学的分析方法与工具，对自己的投资作出独立自主的分析与判断，才能避免不必要的损失。广泛、充分的投资者教育，可在一定程度上弱化信息不对称，从而减少信息劣势一方的博弈损失。并且随着成熟投资理念的逐步形成，股市换手率将进一步降低，博弈次数将减少，投机行为将得到抑制。由于“噪声交易”者以自己对价值的判断作为交易依据，其投资行为受股票市场价格影响更大。大量“羊群行为”和“噪声交易”的存在，造成价格失真，引起股市暴涨暴跌，不利于市场的健康发展。因此，需要借助投资者教育，向投资者倡导价值投资理念，使其掌握必备的投资知识与基本理论，提高投资者基本分析与技术分析技巧，进而成为证券市场理性交易者。

在投资的不同阶段，投资者会出现不同的行为偏差，因此需要教育投资者从信息处理、交易和认知三方面不断纠正自身偏差，完善决策能力及决策过程。

给予投资者策略指导是投资者教育的重要内容。本文首先根据中小投资者与机构投资者的不同特点，分别提出针对性的宏观策略建议。之后对基于投资者有限理性及卖空限制的假设和投资者有限的信息加工利用能力，行为金融学提出的两类投资策略——动量交易策略和反向投资策略进行了分析论证，指导投资者寻求并确定由于投资者系统性的行为偏差和心理错误所引起的证券定价偏差，在大多数投资者认识到这些错误之前投资于这些证券，并随着大多数投资者意识到这些错误并投资于这些证券时卖出。随后通过构造一个基于“买输卖赢”和“买赢卖输”的比较检验，验证两种投资策略在我国A股市场投资的可行性及对于时间异常和信息异常的适用性。实证结果表明，由于我国A股市场存在比较明显的过度反应，运用动量交易策略和反向投资策略在理论上能获得比较客观的预期收益。但中小投资者总是晚于庄家使用投资策略，这就导致了跟庄行为中处于不利地位甚至亏损。因此中小投资者应使用与庄家相反的投资策略。

投资者教育是证券市场建设的重要内容，作为一项系统的社会化活动，需要全社会特别是市场各方的广泛参与，进而形成全方位的立体的教育资源网络。但由于不同教育主体承担的部门职能不同，在投资者教育中的角色也应进行分工，以便各司其职，更有效地推进投资者教育。政府及证券监管部门要建立公平、合理的博弈规则，打击违法违规行为，进行投资风险教育、投资者利益保护等。券商及各类中介机构要从被动型服务转向主动服务，由为投资者提供单纯的股评加咨询服务方式向多元化与个性化方向发展，以提高服务质量。科研机构与高等院校要加强新产品开发与推介，向潜在投资者普及投资知识、理性投资理念与风险教育等。上市公司要推进投资者关系管理（Investors Relationship Management），强化与投资者沟通，实现双方共赢。

（作者单位：河北经贸大学）

完善投资者教育体系，构筑投资者教育长效机制（摘要）

• 李建勇　赵桂萍　刘建洲　蔡世锋　邱永忠　兰文波

我国资本市场正处于“新兴加转轨”阶段，投资者群体总体还不成熟，投资者教育的研究和探索具有重大的现实意义。广泛、深入、持久地进行有效的投资者教育，是促进资本市场健康稳定发展的一项基础性制度建设，是保护投资者合法权益的必然要求，也有助于增强投资者的自我保护能力。

作者通过广泛收集文献资料，认真学习和消化美国和日本投资者教育的有益成果和成功经验，并多方面进行数据采集、走访调查和调研，紧密结合我国实际状况，努力探索我国资本市场投资者教育的基本规律，强调要完善投资者教育体系，构筑投资者教育长效机制。

我国资本市场还处于“新兴加转轨”阶段，投资者总体不成熟。我国投资者结构以分散的中小个人投资者为主，成熟理性的投资者队伍还没有壮大起来。文中简要分析了个人投资者的投资心理和非理性投资行为。分析了我国资本市场四个方面的突出矛盾，指出当前我国投资者教育工作存在的主要问题：一是投资者教育法律制度尚不完善；二是投资者教育体系尚不健全，投资者教育的协同效应还没有发挥出来；三是投资者教育投入不足，缺乏持续性；四是对投资者教育的研究尚不深入；五是我国投资者教育工作还存在内容单一、形式简单的倾向，投资者教育的长效机制还没有形成。

文中提出，要广泛、深入、持久地进行有效的投资者教育，就应当致力于建立以监管部门为主导、非营利性机构为主体、中介机构的网点为依托，广大投资者特别是中小投资者积极参与的全方位、多层次、立体化的投资者教育体系。按照责权利相统一原则，监管部门、非营利性机构、中介机构承担共同但有区别的投资者教育责任，投资者教育的侧重点有所不同。文中强调，要进一步整合投资者教育资源，继续拓展投资者教育主体，加强沟通协作，形成投资者教育的合力。作者认为，参照国际惯例和公认的投资者教育原则，在投资者教育体系中，占主导作用、起支配地位的是公益性投资者教育部门，而不是营利性经营机构。

投资者教育与保护投资者利益的关系是手段与目的的关系。投资者教育是手段，投资者利益保护是目的。保护投资者利益是构筑投资者教育长效机制的根本。要积极探索有效的投资者保护体系，将投资者教育与投资者保护更好地结合起来。文中讨论了建立和完善包括从事前预防、事中控制到事后处理的投资者保护体系；建议上市公司进一步完善信息披露机制，证券公司定期披露投资者教育开展情况的报告；建议完善证券投资民事赔偿制度，健全投资者补偿救济制度；将投资者教育同受理投资者的投诉、举报结合起来。同时，投资者自身也要积极主动地知权、维权和行权。

文中讨论了在有限的人力和物力条件下，探索更加有效的投资者教育模式。作者认为，应当加强全国投资者教育的系统规划，健全投资者教育的网络体系，有计划、分步骤地建立和完善全方位、多层次、立体化的投资者教育体系，要积极探索建立和完善从事投资者教育的部门和机构之间进行密切沟通与紧密合作的协同机制。建议制定投资者教育工作的一般指引，提高投资者教育的制度化水平。作者认为，投资者教育对其受众来说应当是“适当的”，必须针对我国投资者的不同需求，分门别类、各有侧重、灵活多样地开展“适当性”投资者教育工作。作者指出，应当加强投资者教育的质量管理，形成自我强化的 PDCA 良性循环机制。建议加强对投资者教育的调查研究，建立投资者教育资料中心数据库，建立和完善投资者教育评估机制，研究如何对投资者教育资料的质量进行系统评估的办法和措施等。

（作者单位：广发证券股份有限公司）

后　记

《中国证券市场发展前沿问题研究（2009）》汇编了2009年度中国证券业协会年度科研课题研究成果中一、二等奖成果的全文和三等奖成果摘要。这些优秀研究成果经历了中国证券业协会科研课题的参考选题发布、课题申报和立项、研究成果提交、评审、公示等一系列工作环节后，从106家证券公司、61家基金管理公司、95家证券投资咨询机构、3家金融资产管理公司、5家资信评级机构、18家基金托管（代销）银行、36家地方证券业协会和部分科研单位提交的205项研究成果中评选出来的。《中国证券市场发展前沿问题研究（2009）》的部分优秀成果还将向有关监管部门、全体会员、主要证券媒体推介。

在2009年度中国证券业协会科研课题组织管理工作中，得到了中国证监会有关部门、广大会员单位、部分兄弟科研单位及证券行业研究人员的大力支持，初评委员会和终评委员会的各位专家为此付出了辛勤劳动，成果推介和普及应用还须相关各方的全力配合，在此一并表示最诚挚的感谢！工作中如有不足之处，敬请包涵，并请继续支持我们的工作。

《中国证券市场发展前沿问题研究（2009）》编委会

2010年5月